Die politischen Systeme im östlichen Europa

Sonja Priebus · Timm Beichelt
Hrsg.

Die politischen Systeme im östlichen Europa

Institutionen, Akteure und Prozesse

 Springer VS

Hrsg.
Sonja Priebus
Kulturwissenschaftliche Fakultät
Europa-Universität Viadrina
Frankfurt (Oder), Deutschland

Timm Beichelt
Kulturwissenschaftliche Fakultät
Europa-Universität Viadrina
Frankfurt (Oder), Deutschland

ISBN 978-3-658-43646-9   ISBN 978-3-658-43647-6 (eBook)
https://doi.org/10.1007/978-3-658-43647-6

Die Deutsche Nationalbibliothek verzeichnet diese Publikation in der Deutschen Nationalbiblio-grafie; detaillierte bibliografische Daten sind im Internet über https://portal.dnb.de abrufbar.

Planung/Lektorat: Jan Treibel
Springer VS ist ein Imprint der eingetragenen Gesellschaft Springer Fachmedien Wiesbaden GmbH und ist ein Teil von Springer Nature.
Die Anschrift der Gesellschaft ist: Abraham-Lincoln-Str. 46, 65189 Wiesbaden, Germany

Wenn Sie dieses Produkt entsorgen, geben Sie das Papier bitte zum Recycling.

Inhaltsverzeichnis

V

Teil II   Elektorale Demokratien

Teil III   Elektorale und geschlossene Autokratien

Die Analyse politischer Systeme im östlichen Europa: Theoretisch-konzeptionelle Annäherung

Sonja Priebus und Timm Beichelt

Zusammenfassung

Das vorliegende Kapitel setzt den theoretisch-konzeptionellen Rahmen zur Analyse politischer Systeme im östlichen Europa. Es führt in die verwandten Konzepte des politischen Systems, des Regierungssystems, des patronalen Regimes sowie der Post-Transformation ein. Anschließend werden die Grundprämissen des historischen Institutionalismus erläutert, der uns nicht nur erlaubt, Entwicklungsdynamiken im Zeitverlauf, sondern auch das Verhältnis zwischen formalen und informellen Institutionen zu erfassen. Das Kapitel schließt mit einigen Anmerkungen zur Entstehung und zum Aufbau des Bandes.

Schlüsselwörter

Politisches System · (Post-)Transformation · Historischer Institutionalismus · Informelle Institutionen · Östliches Europa

S. Priebus (✉) · T. Beichelt
Kulturwissenschaftliche Fakultät, Europa-Universität Viadrina,
Frankfurt (Oder), Deutschland
E-Mail: priebus@europa-uni.de; beichelt@europa-uni.de

© Der/die Autor(en), exklusiv lizenziert an Springer Fachmedien Wiesbaden
Gmbh, ein Teil von Springer Nature 2025
S. Priebus, T. Beichelt (Hrsg.), *Die politischen Systeme im östlichen Europa*,
https://doi.org/10.1007/978-3-658-43647-6_1

1

1   Zum Inhalt und Ziel des vorliegenden Bandes

Mit dem vorliegenden Band verfolgen wir das Ziel, die politischen Systeme der Staaten im östlichen Europa darzustellen und zu verstehen.[1] Insofern knüpfen wir an die von Wolfgang Ismayr im Jahr 2010 in dritter Auflage herausgegebene Publikation mit dem Titel „Die politischen Systeme Osteuropas" an (Ismayr 2010, erste Auflage 2002). Die Region, die wir abdecken, erstreckt sich auf diejenigen europäischen Länder, die vor den Wendejahren 1989–1991 über ein sozialistisches Herrschaftssystem verfügten: Die baltischen Staaten (Litauen, Lettland, Estland), Polen, Tschechien, die Slowakei, Ungarn, Bulgarien, Rumänien, Kroatien, Moldau, Slowenien, Albanien, Bosnien und Herzegowina, Montenegro, Nordmazedonien, Serbien, Kosovo, Russland, Ukraine und Belarus. Ergänzend haben wir ein Kapitel zu den nicht-vollständig anerkannten Staaten Abchasien und Transnistrien in den Band aufgenommen. Nicht behandelt werden die zentralasiatischen Staaten sowie Georgien (Abb. 1).

Über 30 Jahre nach den zwischen 1989 und 1991 erfolgten Systemwechseln finden wir in diesem geografischen Raum eine große Bandbreite an politischen Regimen vor. Tschechien, die Baltischen Länder sowie eine Reihe anderer Staaten sind als mehr oder weniger konsolidierte Demokratien mit funktionierenden Marktwirtschaften bereits seit Jahren Mitglieder der Europäischen Union (EU). Russland und Belarus dagegen haben sich in einem über Jahre andauernden Prozess zu verfestigten Autokratien und damit zu Gegenpolen des gesellschaftlichen und politischen Ordnungsmodells der EU entwickelt. Obwohl sich viele Staaten des östlichen Europa zwar mehr oder weniger eindeutig entweder dem demokratischen oder autoritären Regimetypus zuordnen lassen, gibt es zahlreiche Grautöne sowie einige Staaten, die im unterschiedlichen Ausmaß demokratische Rückschritte erlebt haben.

Die Klammer für das Erfassen der politischen Systeme eben dieser Staaten liegt in deren jüngeren Vergangenheit, nämlich in der Zeit zwischen 1945 und 1989/91, als deren Herrschaftsformen dem Modell des Staatssozialismus – verbunden mit einer zentral gelenkten Planwirtschaft – folgten. Hinzu kam in den meisten Ländern die Abhängigkeit vom regionalen Hegemon, der Sowjetunion. Die staatssozialistische Vergangenheit und die enge Anbindung an die Sowjetunion sind somit prägende Merkmale aller Länder des östlichen Europa. Die Bedeutung

---

[1] Wir danken einer Reihe von Kolleginnen und Kollegen und insbesondere Petra Stykow zu Kommentaren zu einer früheren Fassung dieses Manuskripts. Verbleibende Fehler oder Ungenauigkeiten gehen allein zu unseren Lasten.

Abb. 1 Die Staaten des östlichen Europa. (Quelle: bearbeitete Abbildung nach https://commons.wikimedia.org/wiki/File:Artsakh_Transnistria_Locator.png)

dieser Vergangenheit für die Regimeentwicklung seit den frühen 1990er-Jahren lässt sich begrifflich als sozialistisches Erbe fassen; Ken Jowitt sprach von „Leninist legacies" (Jowitt 1992).

Trotz des gemeinsamen Vermächtnisses und trotz ähnlicher Rahmenbedingungen lassen sich im östlichen Europa unterschiedliche Entwicklungspfade und Regime identifizieren. Zwar mussten die Staaten in den 1990er-Jahren einerseits ähnliche Herausforderungen mit Blick auf dem Umbau der politischen Institutionen und den Umgang mit den ineffizienten sozialistischen Wirtschaftssystemen meistern. Andererseits wurde jedoch bald offensichtlich, dass sich die historischen, kulturellen und gesellschaftlichen Gegebenheiten auch innerhalb des vermeintlich homogenen „Ostblocks" deutlich unterschieden. Vor diesem Hintergrund wird in jüngeren Jahren die vermeintliche Einzigartigkeit des Umbruchs von 1989–1991 infrage gestellt (LaPorte und Lussier 2011; Wittenberg 2015; Lussier und LaPorte 2022). Der „Leninismus" stellt in einem Abstand von mehr als dreißig Jahren somit lediglich ein Erbe unter mehreren dar, welches mit vor-sozialistischen sowie post-transformatorischen Erfahrungen, Strukturen und Interaktionsmustern interagiert oder von diesen überlagert wird.

Wenn wir vom politischen System sprechen, impliziert dies üblicherweise gerade *keine* intensive Beschäftigung mit historischen Erbschaften. Um jedoch der dynamischen Entwicklung der Systeme gerecht zu werden, haben wir uns beim Herausgeben dieses Bandes bewusst für eine nicht-statische und nicht rein deskriptive Herangehensweise entschieden. Wir kombinieren den Systemansatz, der sich mit den Beziehungen zwischen Institutionen und Strukturen von Gesellschaften und politischen Regimen beschäftigt, mit dem Ansatz des historischen Institutionalismus, der soziales und politisches Handeln aus historisch gewachsenen Pfaden und Ereignissen ableitet (siehe unten). Indem wir also Ansätze der Vergleichenden Politikwissenschaft mit der Perspektive des historischen Institutionalismus verknüpfen, versuchen wir nicht nur eine Antwort auf die Frage zu geben, *wie* die jeweiligen politischen Systeme ausgestaltet sind und funktionieren. Es geht uns auch darum zu erläutern, *warum* sie so ausgestaltet sind, wie sie sind.

Die Beiträge in diesem Buch geben einen empirischen Überblick über die politischen Entwicklungen in 21 Staaten des östlichen Europa sowie in den zwei nicht-vollständig anerkannten Staaten Abchasien und Transnistrien.[2] Dabei steht die Frage im Vordergrund, wie sich das jeweilige politische System nach seiner Institutionalisierung im Zuge der Transformation und der sich anschließenden Post-Transformation, d. h. in der Zeit nach dem Systemwechsel (siehe unten), entwickelt hat, wie dessen wichtigste Institutionen gegenwärtig aussehen und in der politischen Realität funktionieren. Außerdem werden die Entwicklung und die Strukturen der jeweiligen Systeme aus neo-institutionalistischer Perspektive gedeutet. Die wichtigsten theoretischen Konzepte, an denen sich die Länderkapitel – mitunter explizit, mitunter auch nur implizit – ausrichten, werden in den beiden folgenden Abschnitten skizziert.

---

[2] Im Unterschied zum Kosovo, der zwar ebenfalls kein vollständig anerkannter Staat ist, wird Abchasien nur von wenigen Staaten und Transnistrien nur von Russland anerkannt. Wegen des höheren Grades an Unabhängigkeit und zwischenstaatlicher Anerkennung wird der Kosovo mit einem eigenen Kapitel bedacht.

2 Theoretisch-konzeptioneller Ansatz der Länderkapitel

2.1 Politisches System, Regierungssystem und patronales Regime

Im Einklang mit der von der Systemtheorie beeinflussten strukturell-funktionellen Perspektive von Almond und Kollegen fassen wir das *politische System* als ein „set of institutions concerned with formulating and implementing the collective goals of a society or of groups within it" (Almond et al. 1996, S. 29). Politische Systeme setzen sich somit aus bestimmten Elementen (Strukturen) zusammen und müssen bestimmte Funktionen erfüllen (Problemlösung). Die Strukturen werden dabei aus *formalen* Kerninstitutionen wie Parlamenten, Regierungen oder Gerichten gebildet. Hinzu kommen Institutionen oder Akteure, denen mitunter keine rechtlich normierte Rolle zukommt, für das Funktionieren moderner politischer Systeme dennoch entscheidend sind, so etwa Medien, welche als „vierte Gewalt" einen essenziellen Beitrag zur Information der Öffentlichkeit leisten. Ebenso treten *informelle Institutionen* hinzu, die die formalen Institutionen entweder stützen oder diesen entgegenwirken (siehe unten). Die strukturell-funktionelle Sicht nehmen wir nicht nur ein, um Beziehungen zwischen den Institutionen bzw. Strukturen beschreiben zu können. Produktiv wird der Systemansatz auch durch seine Eigenschaft, Äquivalente für das Erfüllen bestimmter Funktionen zu berücksichtigen. Je nach Kontext und Regime kann ein und dieselbe Funktion von variierenden Institutionen wahrgenommen werden, z. B. kann die Regelsetzung in der Außenpolitik von Regierungen oder Präsidenten ausgehen.

Der Begriff des politischen Systems wird oft deckungsgleich mit dem des *Regierungssystems* verwendet. Genaugenommen wird damit jedoch lediglich der Aufbau und die Funktionsweise der obersten Staatsorgane sowie ihre Beziehungen untereinander erfasst (Schmidt 2010, S. 677). Das Regierungssystem stellt somit lediglich einen Ausschnitt des politischen Systems dar, indem es vor allem die drei Kerninstitutionen Parlament, Regierung und Staatspräsident und damit im Wesentlichen das Verhältnis zwischen Legislative und Exekutive beinhaltet. Folglich ist das politische System das umfassendere und übergeordnete Konzept, in dem Regierungssystem, Regime und Staat ihren Platz finden. Die Beiträge in diesem Band konzentrieren sich vorrangig, aber nicht ausschließlich, auf das Regierungssystem, indem mit den Instrumenten der (vergleichenden) Regierungslehre die drei zentralen politischen Institutionen betrachtet werden.

Wichtig ist das Konzept des Regierungssystems nicht zuletzt wegen seiner Untertypen. Grundsätzlich wird zwischen parlamentarischen und präsidentiellen Regierungssystemen unterschieden. Demnach besteht das primäre Unterscheidungsmerkmal zwischen den beiden Typen in der Abberufbarkeit der Regierung durch das Parlament – ein Recht, welches Parlamenten in parlamentarischen, jedoch nicht in präsidentiellen Systemen zusteht (Steffani 1983). Bedeutsam für die Funktionsweise dieser unterschiedlichen Regierungssysteme sind zudem weitere Merkmale, so die Direktwahl des Staatspräsidenten, eine doppelköpfige oder geschlossene Exekutive, die Zugehörigkeit des Regierungschefs zum Parlament, der Dualismus zwischen Exekutive und Legislative im Präsidentialismus sowie der Dualismus zwischen parlamentarischer Mehrheit und Opposition im Parlamentarismus (Croissant 2010).

Besonders in jenen Staaten des östlichen Europa, in denen die alten Eliten während des Regimewechsels eine gewisse Machtstellung bewahren konnten, wurden den Parlamenten vergleichsweise starke Präsidenten mit eigener Legitimation durch Direktwahl zur Seite gestellt. Dieser ursprünglich als semi-präsidentiell bezeichnete Typ (Duverger 1980) wurde in Reaktion auf die neuen Kombinationen in Mittel- und Osteuropa in weitere Untertypen unterteilt. Je nach Kompetenzausstattung des Präsidenten wird seither häufig zwischen präsidentiellen, präsidentiell-parlamentarischen, parlamentarisch-präsidentiellen sowie parlamentarischen Regierungssystemen mit oder ohne Direktwahl des Präsidenten unterschieden (Shugart und Carey 1992; Beichelt und Keudel 2011). Allerdings ist diese Setzung in der typologischen Diskussion – insbesondere im Lichte der Fälle Belarus und Russland – nicht unumstritten, denn in ihr spiegelt sich nicht wider, dass der präsidentielle Typus mit den USA als wichtigstem Referenzpunkt auf ein System der Checks and Balances setzt, während sich Systeme mit starkem Präsidenten im postsozialistischen Raum durch Machtinstrumente auszeichnen, mit denen institutionelle Gegengewichte ausgeschaltet werden können. Um der tatsächlichen Funktionsweise der Regierungssysteme im östlichen Europa näherzukommen, sprechen wir in Anlehnung an Henry Hale (2015, S. 78–90) sowie insbesondere an den Beitrag von Baumann/Stykow in diesem Band von „präsidentialistischen" Regierungssystemen (siehe Beichelt/Priebus in diesem Band).

Die empirische Spannbreite der Typen von Regierungssystemen ist vor allem den Verfassungsgebungen im Zuge der Systemwechsel und den dadurch entstandenen Verfassungsystemen geschuldet (siehe Kitschelt 1994; Fruhstorfer und Hein 2016). Während in manchen Staaten die Verfassungsgeber an vorsozialistische Traditionen anknüpften, wurde in anderen auf importierte Verfassungselemente zurückgegriffen, ohne dass es in der eigenen Verfassungsgeschichte Vorbilder gegeben hätte. Dabei bestimmten die konkreten Machtverhältnisse der an der

Verfassungsgebung beteiligten Akteure die Ausgestaltung der Regierungssysteme (Przeworski 1991, S. 80–88; Bos 2004, Kap. 2). Dort, wo die Machtverhältnisse nicht ausgewogen waren, kamen meist Kompromisse zum Tragen, die nicht nur in einer großen Bandbreite an unterschiedlichen Regierungssystemen mündeten (siehe Beichelt und Keudel 2011), sondern später oft zu Verfassungskonflikten führten (Raadt 2009).

Eine innovative, in der allgemeinen Regierungslehre häufig übersehene, jedoch für das östliche Europa relevante Perspektive bietet das Konzept des „patronalen Regimes" (Hale 2015).[3] Dieses Analysekonzept entwickelte Henry Hale mit Blick auf die Regimedynamiken in „Eurasien", im Wesentlichen den Nachfolgestaaten der Sowjetunion, da er es für wenig zielführend hält, die dort entstandenen politischen Systeme entlang der für die Analyse westlicher Demokratien entwickelten Konzepte zu untersuchen. Anstelle von Kategorien wie Partizipation, politischen Parteien oder Verfassungsmustern empfiehlt er das Konzept der „patronalen Politik" (patronal politics), welche er definiert als

„politics in societies where individuals organize their political and economic pursuits primarily around the personalized exchange of concrete rewards and punishments through chains of actual acquaintance, and not primarily around abstract, impersonal principles such as ideological belief or categorizations like economic class that include many people one has not actually met in person" (Hale 2015, S. 9–10).

In patronalen Regimen werden Ressourcen und Sanktionen nicht auf Grundlage von abstrakten Prinzipien und Regeln, sondern auf Basis persönlicher Beziehungen verteilt. Aus diesem Grund erscheint eine Fokussierung allein auf formale Strukturen und Institutionen, welche in der vergleichenden Regierungslehre zumeist dominierte, als unzureichend für das Verständnis von Politik im postsowjetischen Raum. Stattdessen, so Hale, solle sich der analytische Blick auch auf die patronalen Netzwerke und damit auf die informellen Regeln des politischen Systems richten.

Macht konzentriert sich entsprechend in großen Netzwerken abhängiger Klienten, wodurch sich Regime etablieren, die wie Pyramiden aufgebaut sind: Ein Patron – häufig der Staatspräsident – stützt seine Macht auf Netzwerke, die sich in den formalen Institutionen nicht immer oder nur bedingt wiederfinden (siehe unten). In „patronalistischen Gesellschaften" sind machtpolitische Gleichgewichte dann gegeben, wenn Individuen ihre politischen und wirtschaftlichen Ziele im Rahmen personalisierter Austauschbeziehungen organisieren (Hale 2015, S. 20). Die formale Machtausstattung von Institutionen, z. B. des Präsidenten oder der Regierung,

---

[3] So etwa Magyar (2016); Klíma (2019); Magyar und Madlovics (2023).

stellt nur eine Variable innerhalb einer längeren Gleichung dar, mit der Regimecharakterisierungen so ausfallen können, „wie die Dinge tatsächlich funktionieren"
(Hale 2015, S. 9). Dabei unterscheidet Hale nach der Anzahl der Pyramiden, unter
deren Patrons sich Netzwerke bilden (Hale 2015, S. 10). Existiert (zu einem gegebenen Zeitpunkt) *ein* Hauptnetzwerk, spricht er von einem „single-pyramid system". Gibt es dagegen in einem Staat mehrere konkurrierende Netzwerke mit Patrons, die sich in der höchsten Machtposition auch abwechseln können, bestehen
„competing-pyramid systems" (Hale 2015, S. 61–94).

Die Existenz einer oder mehrerer Pyramiden kann, muss aber nicht auf den
durch die Verfassung vorgegebenen formal-institutionellen Konstellationen beruhen. Hale betont, dass der Typus der Verfassung, also ob es sich um eine präsidentielle, eine parlamentarische oder eine Verfassung mit geteilter Exekutive handelt,
durchaus Einfluss darauf hat, ob sich ein System mit einer oder mit konkurrierenden Pyramiden herausbildet (Hale 2015, S. 77). Existiert etwa neben dem
Präsidentenamt mit dem Premierminister oder der Regierung eine weitere Institution mit formal erheblichen Machtressourcen, können sich konkurrierende Pyramiden um diese institutionellen Cluster ranken.

Neben den Verfassungen spielen Wahlen im Denkkontext patronaler Regime
die Rolle von legitimierenden Instanzen. Sie bilden formale Rahmen, in denen die
Erwartungen der Individuen in patronalen Netzwerken zu einem gewissen Grad
gelenkt werden können. Wahlen werden auf „uneven playingfields" organisiert –
eine Mannschaft spielt bergauf, die andere spielt bergab (Levitsky und Way 2002).
In Autokratien oder hybriden Regimen wird auf diese Weise die Gefahr begrenzt,
Wahlen tatsächlich zu verlieren. Zugleich kommt Wahlen (und anderen formalen
Institutionen) die Funktion zu, Informationen über gesellschaftliche Unzufriedenheit zu sammeln und nachrangige Kader im pyramidalen System auf ihre Gefolgschaft beim Erbringen erwünschter Wahlergebnisse abzuklopfen (Hale 2015, S. 68).

Eine zentrale Aussage Hales ist, dass das Funktionieren politischer Systeme
unter Berücksichtigung realer Machtverteilungen nicht mehr allein auf formale Institutionen zurückgeführt werden kann. Stattdessen sind es informelle Dynamiken
in Form solcher Netzwerke, die maßgeblich für das Verständnis der Funktionslogik
des politischen Systems sind. Die Sichtweisen von Shugart und Carey sowie Hale
stehen sich dabei nicht antagonistisch gegenüber, sondern betonen lediglich unterschiedliche Aspekte politischer Regime. Während sich Shugart und Carey auf das
Verfassungsgefüge und damit auf die formalen Institutionen konzentrieren, orientiert sich Hale an den tatsächlich vorhandenen Machtzentren. Hales Perspektive
betont so die Notwendigkeit, hinter die Kulissen der formalen Verfassungsarrange-
ments zu blicken. Da er Elemente patronaler Politik nicht nur in postsowjetischen
Staaten, sondern auch in EU-Mitgliedstaaten mit einigermaßen konsolidierten

Demokratien identifiziert (Hale 2015, S. 60), kann das Konzept des patronalen Regimes helfen, bei der Analyse der politischen Systeme im östlichen Europa informelle und formale Aspekte zu verknüpfen (siehe unten).

2.2   Historischer Institutionalismus

Während das Konzept des politischen Systems als deskriptives Analyseraster zum Vergleich der Ausgestaltung politischer Systeme genutzt wird, greifen wir auf den Ansatz des historischen Institutionalismus zurück, um die Entstehung eben dieser politischen Systeme zu erklären. Er hilft uns zu verstehen, warum sich ein bestimmtes politisches System in einem Land entwickelt und etabliert hat.

Der historische Institutionalismus ist eine Spielart des ab den 1980er-Jahren dominierenden neo-institutionalistischen Programms, welches den (politischen) Institutionen eine maßgeblich strukturierende Wirkung auf politische Entscheidungen einräumt. Institutionen sind dabei

„formal or informal procedures, routines, norms and conventions embedded in the organizational structure of the polity or political economy. They can range from rules of a constitutional order or the standard operating procedures of a bureaucracy to the conventions governing trade union behaviour or bank-firm relations. In general, historical institutionalists associate institutions with organizations and the rules or conventions promulgated by formal organization" (Hall und Taylor 1996, S. 938).

Institutionen ermöglichen und beschränken soziales Handeln, indem sie Akteuren bestimmte Handlungsalternativen anbieten, andere dagegen erschweren. Durch diese institutionellen Strukturen, so die zentrale Annahme, werden Akteure in ihren Entscheidungsoptionen begrenzt (institutional constraints). Allerdings, und das ist eine weitere Prämisse, ist das Interaktionsverhältnis bidirektional: Obgleich Institutionen Akteure beschränken, werden Institutionen von Akteuren selbst erschaffen und verändert.

Je nach neo-institutionalistischer Spielart werden Akteuren unterschiedliche Handlungslogiken zugeschrieben. Die Rational Choice-Variante geht davon aus, dass Akteure der Logik der Konsequenz folgen, also Vor- und Nachteile gründlich abwägen und somit als Nutzenmaximierer auftreten. Die soziologische Spielart geht dagegen davon aus, dass Akteure gemäß der Logik der Angemessenheit handeln und sich an (geschriebenen oder ungeschriebenen) Regeln orientieren (siehe hierzu March und Olsen 1989). Der historische Institutionalismus erachtet beide Logiken als handlungsleitend: Akteure handeln rational, sind in ihrer Rationalität aber durch Regeln beschränkt (Hall und Taylor 1996, S. 940; Steinmo 2008, S. 126).

Für die Kapitel dieses Buches ist dabei von Belang, dass der historische Institutionalismus mit einem breiten Institutionenverständnis arbeitet, das sowohl formale als auch informelle Regeln und darüber hinaus Routinen, Normen und Konventionen umfasst. Der Institutionenbegriff beschränkt sich somit nicht nur auf formal kodifizierte Vorschriften wie Verfassungen oder parlamentarische Geschäftsordnungen, sondern erstreckt sich auch auf ungeschriebene Regeln und eingespielte politische Handlungsmuster, denen wiederum bestimmte Ideen zugrunde liegen. Der historische Institutionalismus trägt somit auch Hales Plädoyer Rechnung, stärker auf informelle Regeln zu schauen.

Der Entstehung von Institutionen legt der historische Institutionalismus ein weniger funktionalistisches Verständnis zugrunde. Stattdessen wird auf die Entstehungsbedingungen, insbesondere die vorherrschenden Macht- und Konfliktstrukturen, abgehoben. Institutionen werden als Produkte von Konfliktaustragungsprozessen zwischen Akteuren verstanden, die ihrerseits mit unterschiedlichen Machtressourcen ausgestattet sind (Pierson 2016). Auch wenn diese Akteure über bestimmte Ideen und Präferenzen hinsichtlich der Ausgestaltung bestimmter Institutionen verfügen, wird ihre Fähigkeit, diese durchzusetzen, maßgeblich von ihren Machtressourcen bestimmt. Je nach Machtverteilung können manche Akteure ihre Präferenzen besser, andere wiederum schlechter einbringen und erst recht durchsetzen. Dies wird deutlich, wenn die Entstehungsbedingungen von Verfassungen während der Systemtransformation beleuchtet werden.

An vielen Stellen zeigt sich, dass bestimmte institutionelle Designs weniger mit deren gewünschter Funktion und den Präferenzen der an der Erschaffung beteiligten Akteuren erklärt werden können. Stattdessen sind Institutionen die Verkörperung von Legacies konkreter historischer Prozesse, in denen bestimmte Machtkonstellationen vorherrschten (Thelen 1999, S. 382). Institutionelle Arrangements sind daher nicht einfach als Resultate eines bewussten institutionellen Designs (Elster et al. 1998) anzusehen. Vielmehr sind sie in einem breiteren Sinne als kontingente Ergebnisse historischer Prozesse zu verstehen, die nicht selten „unerwartete" Konsequenzen hervorbringen (Hall und Taylor 1996, S. 942). Diese Konsequenzen können im Widerspruch zu den Erwartungen stehen, mit denen die jeweiligen Institutionen geschaffen wurden.

Jenseits ihrer Entstehung unterscheidet der historische Institutionalismus zwischen zwei Formen des Institutionenwandels, nämlich zwischen langsamem bzw. inkrementellem und raschem bzw. plötzlichem Wandel. Das Konzept der *Pfadabhängigkeit* (Krasner 1984; Pierson 2000) hält dabei Antworten auf die Frage bereit, warum manche Institutionen trotz offensichtlicher Funktionsdefizite stabil bleiben und institutionelle Reformen oft in den gewohnten Bahnen verbleiben.

Pfadabhängigkeit umschreibt die Vorstellung, dass der Wechsel von einem einmal eingespielten Set an Institutionen zu einem alternativen Set selbst dann kaum möglich ist, wenn andere institutionelle Optionen effizienter sind (Krasner 1984, S. 242). Der einmal gewählte Pfad bleibt prägend, weshalb von einem „lock-in" gesprochen wird (Thelen 1999, S. 385). Historische Pfade spielen im vorliegenden Band nicht nur für den Übergang vom Sozialismus zu verschiedenen postsozialistischen Regimen eine Rolle. Sie können auch in späteren Phasen die Regimedynamik prägen, etwa nachdem sozialistische Netzwerke durch postsozialistisch-kapitalistische Netzwerke abgelöst werden, sich dabei aber an hergebrachten Praktiken der Machtausübung orientieren (besonders ausgeprägt findet sich diese Argumentation bei Magyar und Madlovics 2023).

Das Konzept der Pfadabhängigkeit baut auf zwei zentralen Prämissen auf: Erstens, dass wichtige Gründungsentscheidungen einen bestimmten Entwicklungspfad etablieren und zweitens, dass sich Institutionen in Reaktion auf sich wandelnde Umstände zwar weiterentwickeln, dabei aber im Rahmen des festgelegten Pfades verbleiben (Thelen 1999, S. 387). So können Akteure beispielsweise existierende Regeln auf neue Art und Weise interpretieren (Mahoney und Thelen 2010, S. 4)

Von besonderer Bedeutung für die Analyse der Entwicklung politischer Systeme in unserem Band ist das Konzept der *Critical Juncture*. Gemeint sind damit Ereignisse, die einen Pfadwechsel auslösen, also Ereignisse, die die Funktionsweise des Regierungssystems unter Einbeziehung formaler und informeller Institutionen grundlegend verändern. In diesem Sinne definieren Collier und Collier eine Critical Juncture als „a period of significant change, which typically occurs in distinct ways in different countries (…) and which is hypothesized to produce distinct legacies" (Collier und Collier 1991, S. 29). Ein solch umfassender Wandel kann sich entweder rapide oder zeitlich gestreckt über einen längeren Zeitraum vollziehen. An einer Critical Juncture, einer Art Weggabelung, stehen Entscheidungen durch Akteure an, durch die ein neuer Pfad etabliert wird. Die Metapher impliziert dabei, dass diese „neuen Pfade" nicht ohne weiteres wieder verlassen werden können, weil durch Critical Junctures bestimmte zukünftige Ergebnisse zwangsläufig ausgeschlossen werden (Mahoney 2001, S. 113).

Dass Critical Junctures solche Pfadwechsel begünstigen, lässt sich dadurch erklären, dass es sich um Situationen handelt, in denen sonst prägende (z. B. ökonomische, kulturelle, ideologische) Einflüsse auf politische Entscheidungen kaum oder gar nicht mehr gelten, wodurch den Akteuren ein größeres Spektrum an Wahlmöglichkeiten zur Verfügung steht (Capoccia und Kelemen 2007, S. 343). Neben den bereits oben erwähnten Kriegen oder Wirtschaftskrisen kann natürlich eine Reihe weiterer, auch endogener, Faktoren einen Pfadwechsel auslösen. Zu nennen sind mit Bezug auf politische Systeme insbesondere interne Machtverschiebungen (Thelen 1999; Mahoney und Thelen 2010, S. 9), die bis dahin benachteiligten Akteuren eine Gelegenheit für fundamentale Veränderungen und damit auch zur Umverteilung institutioneller Machtressourcen bieten.

Capoccia und Kelemen sprechen von „negativen Fällen" und „near misses", wenn die Bedingungen einer Critical Juncture vorliegen, diese aber nicht zu einem Pfadwechsel geführt haben (Capoccia und Kelemen 2007, S. 352). Um die Bedeutung historischer Ereignisse hinsichtlich ihrer Konsequenzen zu gewichten, unterscheiden wir Critical Junctures von Ereignissen, die zwar prägend für künftige politische Prozesse sind, die aber die grundlegende Funktionsweise des politischen Systems bzw. die Regimelogik nicht verändern. In solchen Fällen sprechen wir von *Meilensteinen*. Frédéric Volpi und Johannes Gerschewski (2020, S. 1030) sprechen in autoritären Regimekontexten von einer „Krise" als „kurzen Momenten institutioneller Fluidität, während derer sich [politische] Prozesse in unterschiedliche Richtungen entwickeln können". Auch solche Krisen wären in der in diesem Band verwendeten Terminologie Meilensteine.

2.3 Demokratie und Autokratie in der Post-Transformation

Einer der zentralen Begriffe, der die Analyse der politischen Systeme des östlichen Europa begleitet, ist jener der Transformation. Der Begriff der Transformation – wir verwenden ihn synonym mit dem der Transition – bezieht sich auf drei idealtypische Phasen, die sich zwar nie trennscharf und auch nicht in allen Transformationsstaaten beobachten ließen, deren Begrifflichkeiten aber bei der Analyse der Politikentwicklung im östlichen Europa immer wieder zur Beschreibung der Wandlungsprozesse herangezogen wurden (Linz und Stepan 1996; Merkel 2010b). Die erste Phase besteht in der Ablösung des sogenannten Ancien Régime: die *Liberalisierung* der politischen Öffentlichkeit und das Ende der Unterdrückung politischer und gesellschaftlicher Opposition. Zweitens lässt sich ein Prozess der *Demokratisierung* identifizieren, also das Abhalten erster halbwegs freier Wahlen und die Einführung demokratischer Institutionen, insbesondere einer Verfassung. In einer dritten Phase „*konsolidiert*" sich die Demokratie, d. h. die Institutionen verfestigen sich dadurch, dass sich die Praktiken der politischen Akteure zunehmend an den formalen Institutionen wie Wahlen, dem wettbewerblich gewählten Parlament oder auch dem Verfassungsgericht orientieren. Auf der empirischen Ebene wurde allerdings schnell deutlich, dass es eine Reihe von Entwicklungen gab, die dem idealtypischen Ablauf widersprachen. In manchen Ländern blieb der Prozess der Demokratisierung stecken, in anderen zeigten sich Tendenzen der Re-Autokratisierung. Das Transformationsparadigma mit seiner Annahme einer linearen Entwicklung Richtung Demokratie galt somit selbst bei früheren Verfechtern bald als überholt (Carothers 2002).

Die politikwissenschaftliche Transformationsforschung blieb häufig an institutionellen Aspekten orientiert. Einige Jahre nach der Zeitenwende von 1989/1991 beschäftigte sie sich vor allem mit Fragen der Klassifizierung jener Regime, die sich weder klar in Richtung einer mehr oder weniger konsolidierten Demokratie oder aber in Richtung der Wiedererrichtung einer Autokratie entwickelten. Dabei wurden zwei Wege eingeschlagen. Ein Zweig der Forschung bevorzugte den Begriff des „hybriden Regimes" (Diamond 2002; Bendel et al. 2002), also einer Mischung aus Elementen der Demokratie und der Autokratie. Andere Autoren kritisierten dieses Vorgehen als unscharf und präferierten, die beiden Hauptregimeformen mit Attributen zu versehen. So kam es zu Konzepten wie der „defekten Demokratie" (Merkel 1999), der „illiberalen Demokratie" (Zakaria 1997) oder der „elektoralen Autokratie" (Shevtsova 2000; Levitsky und Way 2002; Levitsky und Way 2010).

In den letzten beiden Jahrzehnten hat sich die empirische Forschung zur Demokratie- oder Autokratiequalität politischer Regime stark weiterentwickelt und stützt sich auf eine Vielzahl von Indikatoren, mit denen zu bestimmten Zeitpunkten Regimetypen mit Blick auf verschiedene Merkmale von Demokratie und/oder Autokratie identifiziert werden können.[4] Diese mittlerweile sehr leistungsfähigen Indikatorensysteme verfügen über zwei große Vorteile. Erstens erlauben sie, Regime auf der Grundlage ihrer inneren Eigenschaften zu vergleichen und zweitens, einen Überblick über die Regimedynamik der einzelnen Staaten zu liefern. Deren Fokus auf die Qualität der Demokratie kann allerdings auch eine verengende Wirkung entfalten. Die gesellschaftlichen Gegebenheiten, die die Regimeentwicklung treiben, bleiben notwendigerweise unterbelichtet. Ebenso enthalten die Indikatorensysteme nur in begrenztem Maß Informationen über die innere Logik der Regimeentwicklung.

Die Ergebnisse der verschiedenen Demokratieindizes bestätigen, dass das Transformationsparadigma nicht mehr hinreichend ist, um die unterschiedlichen

---

[4] Insbesondere sind die Projekte des Bertelsmann Transformation Index (BTI, https://bti-project.org/en/?&d=D&cb=00000) sowie der Varieties of Democracy (V-Dem, https://www.v-dem.net/publications/democracy-reports/) zu nennen. Die Einordnungen von V-Dem verwenden wir auch zur Gruppierung unserer Länderkapitel (siehe unten).

Entwicklungspfade in der Region abzudecken. Um diesem Umstand Rechnung zu tragen, verwenden wir den Begriff der Post-Transformation. Mit dem Begriff der Post-Transformation verbindet sich der Versuch, die große Bandbreite der empirischen Entwicklungen im östlichen Europa in der Zeit nach dem Systemwechsel abdecken zu können. Post-Transformation ist dabei ein Oberbegriff für Entwicklungen in Transformationsstaaten, die sich jenseits der politischen Prozesse der Liberalisierung, Demokratisierung und Konsolidierung bewegen (vgl. Beichelt und Worschech 2022). Post-Transformation bedeutet nicht, dass die ehemaligen Transformationsstaaten noch immer im Transformationsprozess feststecken, sondern dass deren Entwicklung *nach* der Transformation als nicht abgeschlossen zu sehen ist (Holtmann 2009). Post-Transformation umfasst damit einerseits den der Transformation zeitlich nachgelagerten Wandlungsprozess. Andererseits verweist der Begriff auf fluide Konstellationen, die zumindest teilweise auf spezifische Nachwirkungen der Systemtransformation zurückzuführen sind. Damit unterscheiden sich die politischen Systeme im östlichen Europa von denen in Nord-, Süd- oder Westeuropa, in denen die Regimedynamik mit anderen Arten des sozialen und wirtschaftlichen Wandels verknüpft ist.

Das Konzept der Post-Transformation eröffnet somit einen Blick auf verschiedene Regimekonstellationen, die neben mehr oder minder klar zuzuordnenden Demokratien und Autokratien auch weniger klare Fälle erfassen. Tatsächlich lässt sich gewissermaßen ein Kontinuum bilden (Merkel 2010b, S. 25). Auf der einen Seite stehen konsolidierte Demokratien mit freien und fairen Wahlen sowie einem auf Herrschaftskontrolle und gesellschaftliche Autonomie ausgelegtes Institutionensystem. Auf der anderen Seite stehen Autokratien, in denen keine Wahlfreiheit besteht, Repressionen gegenüber der Zivilgesellschaft, den Medien und der Opposition an der Tagesordnung sind und in denen Institutionen wie der Rechtsstaat kein Gegengewicht zu den politischen Machthabern darstellen. Zwischen diesen beiden Polen befinden sich Mischformen, die als hybride Regime, defekte Demokratien, kompetitive autoritäre Regime, weiche Autokratien oder illiberale Demokratien bezeichnet werden. In den Beiträgen unseres Bandes geht es allerdings nicht primär darum, die Regimequalität der Staaten im östlichen Europa zu einem bestimmten Zeitpunkt bestimmen. Wichtiger, und durch Demokratieindikatoren nicht leicht abzubilden, ist die Frage, wie die zentralen Regimekomponenten miteinander agieren und welche Entwicklungen die jeweiligen politischen Systeme und Regime in der Phase der Post-Transformation durchliefen.

2.4 Der supranationale Kontext

Ob die Staaten bereits die EU-Mitgliedschaft erreicht haben oder nicht: Es ist anzunehmen, dass die Frage der EU-Integration sowie insbesondere eine konkrete Beitrittsperspektive die politische Entwicklung in allen Staaten des östlichen Europa entscheidend beeinflusst und den parteipolitischen Wettstreit verändert. Durch die sogenannte Konditionalitätsstrategie während der Beitrittsphase hat die EU maßgeblich auf die Regimeentwicklung der Kandidatenstaaten Einfluss genommen (Schimmelfennig und Sedelmeier 2005; Grabbe 2007). Der Kern der Konditionalitätsstrategie besteht darin, dass die EU vor und während des Beitrittsprozesses versucht, in den Beitrittsstaaten einen innenpolitischen Wandel zu erzielen, indem sie regelkonformes Verhalten durch bestimmte Anreize belohnt, regelwidriges Verhalten jedoch sanktioniert (Schimmelfennig et al. 2003, S. 322). Diese Strategie wurde und wird von der EU umfassend angewendet, hat sich allerdings nicht in allen Ländern gleichermaßen als erfolgreich erwiesen. Sie hing nicht zuletzt maßgeblich davon ab, wie demokratisch gefestigt das etablierte Regime war (Schimmelfennig und Sedelmeier 2004, 2020).

Dennoch wurde der Einfluss der EU auf die Demokratiequalität als tendenziell positiv wahrgenommen. Obwohl dies in der Transformationstheorie durchaus angelegt war (Offe 1991), kam es im Zuge des (auch von der EU forcierten) wirtschaftlichen Umbaus zunächst nicht zu signifikanten Demokratierückschritten (Sedelmeier 2008; Merkel 2010a). Sichtbar waren allerdings bereits während des Beitrittsprozesses ambivalente Effekte. So konnten z. B. die Parteiensysteme in der sozio-ökonomischen Dimension kaum unterschiedliche Positionierungen ausbilden, ohne dass zugleich der grundsätzliche Konflikt um den Beitritt zur EU ins Spiel gekommen wäre. Zudem erfolgten Anpassungen an Vorgaben der EU zunächst häufig auf der formalen Ebene, während informelle Institutionen weiterhin die Handlungen und Erwartungen der politischen Akteure prägten (Dimitrova 2010). Nach den vollzogenen EU-Beitritten zeigten sich in einigen Ländern entsprechende Verwerfungen. Trotz formaler konstitutioneller und institutioneller Anpassungen in allen Staaten (siehe hierzu Albi 2005; Morlino und Sadurski 2010) waren die öffentlichen Verwaltungen und die Gerichtsbarkeit vieler neuer EU-Staaten nur unzureichend auf das Dickicht der EU-Normen vorbereitet. Vor diesem Hintergrund stellt sich die empirische Frage, wie stark der Einfluss der EU vor, während und insbesondere nach den jeweiligen Beitritten gewesen ist.

Auch jene Staaten, die der EU nicht oder noch nicht beigetreten sind, verfügen über ein dichtes EU-Beziehungsgeflecht. Insbesondere Länder mit Beitrittskandidatenstatus unterliegen teils seit vielen Jahren der Konditionalität. Einerseits scheint der Befund, wonach sie dadurch in bestimmten Bereichen ihrer Politik faktisch nicht vollständig autonom agieren können, ohne aber zugleich näher an die EU zu rücken, nicht übertrieben. Mittlerweile existieren in vielen Staaten des Westlichen Balkans erhebliche Abgrenzungsbemühungen gegenüber der Europäischen Union und der Westorientierung insgesamt.[5] Andererseits wird jedoch der EU selbst inkonsistentes Verhalten gegenüber den Beitrittskandidaten vorgeworfen, da sie aus geopolitischen oder strategischen Interessen bei ausbleibenden Reformen ein Auge zudrücke (Dudley 2020) und bedenkliche informelle Praktiken und State Capture in den Staaten sogar befördere (Richter und Wunsch 2020). Auch hier stellt sich somit die bereits seit vielen Jahren gestellte Frage nach der transformativen Macht Europas (Grabbe 2007; Börzel und Risse 2012).

3 Formale und informelle Institutionen als komplementäre oder konkurrierende Ausdrucksformen politischer Machtausübung

Die Vergleichende Regierungslehre, der historische Institutionalismus und die (Post)Transformation führen zu einer erheblichen theoretischen bzw. konzeptionellen Spannbreite. Um die einzelnen Beiträge nicht ausufern zu lassen und gleichzeitig nicht ein zu starres analytisches Raster anzubieten, haben wir unsere Autor*innen gebeten, die zentralen Institutionen der Regierungssysteme ihrer Länder zu analysieren und dabei deren Entstehung historisch-institutionalistisch herzuleiten, um Regimedynamiken seit den frühen 1990er-Jahren zu erfassen.

Vor diesem Hintergrund haben wir zudem gebeten, die politischen Systeme nicht ausschließlich auf der Basis formaler Institutionen zu betrachten, sondern ebenfalls informelle Institutionen und Praktiken zu berücksichtigen. Damit knüpfen wir einerseits an eine Reihe von Arbeiten in der Transformationsforschung an, die die Bedeutung von historischen Hinterlassenschaften in der Transformations- und Post-Transformationsentwicklung herausstellt (Robinson 2007; z. B. Grzymala-

---

[5] Der russische Überfall auf die Ukraine im Februar 2022 hat allerdings neue Bewegung in die Erweiterungspolitik gebracht. Die Ukraine und Moldau erhielten einen Status als Beitrittskandidat und für einer Reihe von Staaten wurden Beitrittsverhandlungen angekündigt oder eröffnet (Stand: Mai 2024).

Busse 2010). Andererseits tragen wir der allgemein gewachsenen Aufmerksamkeit von informellen Institutionen in der vergleichenden Politikwissenschaft Rechnung (Lauth 2000; Helmke und Levitsky 2004; Köllner 2012).[6]

Wie oben bereits angedeutet, sind formale politische Institutionen formal kodifiziert bzw. normiert und prägen das politische Zusammenleben im Rahmen legaler Regeln. Als formale Kerninstitutionen anzusehen sind Wahlen, Parlamente, Regierungen, Verfassungen und Verfassungsgerichte. Wir führen diese auf die liberaldemokratische Theorie zurück, wie sie etwa von Robert Dahl vertreten wird. Konstitutiv für eine real existierende Demokratie sind bei ihm (1) gewählte Machthaber, (2) freie und faire Wahlen, (3) ein inklusives aktives Wahlrecht, (4) ein umfassendes passives Wahlrecht, (5) Meinungsfreiheit, (6) das Recht auf Zugang zu alternativen Informationen und (7) Assoziationsfreiheit (Dahl 1989, S. 221). Den formalen Institutionen wird unterstellt, dass sie die ihnen theoretisch zugeschriebene Funktionen ausüben: In Wahlen werden die Herrscher bestimmt, Parlamente erlassen Gesetze, Regierungen und Verwaltungen setzen sie um, etc.

Als informell werden dagegen alle politischen Institutionen bezeichnet, die nicht formal kodifiziert sind, von denen dennoch eine regelsetzende Wirkung ausgeht (Lauth 2000; Grunden 2013; Lauth 2014a). Es handelt sich um „shared rules, usually unwritten, that are created, communicated, and enforced outside of officially sanctioned channels" (Helmke und Levitsky 2004, S. 272). Wichtige Manifestationen informeller Politik sind demnach sowohl Institutionen als auch Akteure, die ohne Verankerung im Verfassungsgefüge eine wichtige Rolle im politischen System und in dessen Entscheidungsprozessen spielen.

Mit Informalität werden nicht selten demokratieabträgliche Praktiken verbunden, zum Beispiel *State Capture* (die Vereinnahmung eines Staates durch eine Partei oder durch bestimmte Wirtschaftsinteressen), Stimmenkauf bei Wahlen, Klientelismus oder Korruption. Allerdings übersehen wir wichtige Eigenschaften politischer Systeme, wenn Informalität und Demokratieabträglichkeit als untrennbar verknüpft angesehen werden. Zum Beispiel lässt sich die Politik der alten Bundesrepublik nicht ohne Bezugnahme auf die organisierten Interessen des Rheinischen Kapitalismus verstehen. In Frankreich funktionieren gute Teile des Staatshandelns

---

[6] Das englische Gegensatzpaar formal/informal lässt sich nicht gut ins Deutsche übertragen. Institutionen können als „formal" bezeichnet werden, wenn sie über ein rechtlich-rationales Fundament verfügen (siehe unten). Das Adjektiv „informal" wird allerdings im Duden vor allem mit dem Aspekt der Spontaneität in Verbindung gebracht – Institutionen sind aber gerade auf Dauerhaftigkeit und eben nicht auf Spontaneität ausgerichtet. Daher sprechen wir in Abgrenzung zu den „formalen" von „informellen" Institutionen.

über informelle Elitennetzwerke in Verwaltung, Industrie und Medien. Ähnlich lassen sich in jeder Demokratie informelle Regeln und Netzwerke finden, in das sich die formalen Institutionen einbetten, ohne per se schädlich für die Demokratie zu sein (Radnitz 2011; Azari und Smith 2012; Lauth 2014b).

Auch in der Transformationsliteratur nehmen informelle Institutionen eine interessante Doppelrolle ein. Einerseits werden politische Systeme, in denen informelle Institutionen eine große Rolle im tatsächlichen Politikgeschehen spielen, als latent undemokratisch angesehen. Diese Sichtweise wurde in den 1990er-Jahren geprägt, als umfangreiche Debatten um das beste institutionelle Design für junge Demokratien geführt wurden (Elster 1993; Elster et al. 1998). Andererseits existiert die Position, dass informelle Institutionen und Demokratiequalität nicht per se in Kontrast zu setzen seien (Steinsdorff 2005). In der Transformationsforschung vertrat insbesondere Gero Erdmann die Position, dass kulturelle Praktiken in der Übergangsphase zur Demokratie funktional sein können und dass mithin gewisse Abstände zwischen Verfassungstexten und Verfassungswirklichkeit nicht unbedingt ein Problem darstellen (Erdmann und Engel 2007). Da informelle politische Institutionen in langfristiger Perspektive als Ausfluss allgemeiner sozialer Regeln angesehen werden können und somit eine Kongruenz mit gesellschaftlichen Grundüberzeugungen unterstellt werden kann, erscheint es problematisch, sie per se als unvereinbar mit demokratischen Grundsätzen anzusehen.

Vor diesem Hintergrund ist von unterschiedlichen Konstellationen und Wirkungsweisen informeller Institutionen auszugehen. Auf der einen Seite können informelle Institutionen komplementär zu den formalen Institutionen sein. Wenn informelle Regeln formelle Regeln stützten und ergänzen, nehmen sie eine systemstabilisierende Rolle ein. Auf der anderen Seite können sie zu den formalen Institutionen im Widerspruch stehen und/oder mit diesen konkurrieren. Dann unterminieren sie die formale Ordnung.

Instruktiv ist im Anschluss an diese Überlegung eine Unterscheidung nach formal demokratischen und nicht-demokratischen Regimen. Formale Demokratien, also Regime mit einer faktischen Gültigkeit von Verfassungsnormen, benötigen gewisse informelle Voraussetzungen für ihr Funktionieren. Beispielsweise sind sie auf aktive Mitwirkung einer Mindestzahl von Bürgerinnen und Bürgern angewiesen, um staatliche Ämter besetzen zu können. Allerdings gibt es ebenso informelle Institutionen mit systemgefährdender Tendenz. Dies ist dann der Fall, wenn informelle Institutionen die formale Gültigkeit der Kerninstitutionen – das Entscheidungsgefüge aus Parlament, Regierung, Präsident und den Wahlen als faktischer Legitimierungsgrundlage – außer Kraft setzen. Ein Beispiel für eine unterminierende Tendenz informeller Institutionen wäre, wenn ökonomische Eliten aus ihrem ökonomischen Kapital eine systematische Mitsprache in politischen Angelegenheiten ableiten und diese auch faktisch im politischen System durchsetzen. Ob diese oder andere informelle Institutionen negative Konsequenzen für die Effektivität und Effizienz, Legitimität oder auch Stabilität einer Demokratie hat, muss „fall- oder auch typenspezifisch analysiert werden" (Köllner 2012, S. 15). Inwiefern informelle Institutionen die formale Demokratie aushebeln, ist also eine empirische Frage.

In Autokratien verlaufen die Linien der Kompatibilität analog. Zum einen können die formalen Institutionen selbst autokratiekompatibel gestaltet sein und vorranging dem Machtausbau und -erhalt sowie dem Ausschalten potenzieller Kontrollinstitutionen dienen. Dies ist gegeben, wenn beispielsweise der Präsident auch nach der Verfassung eine Reihe von Gegengewichten ausschalten kann, z. B. durch ein Auflösungsrecht des Parlaments, die Abberufbarkeit der Regierung ohne Parlamentseinverständnis, ein Nominierungsrecht für Verfassungsrichter oder die Kompetenz zum Erlass von Dekreten am Parlament vorbei. Wenn ein einziger Akteur gleich über mehrere solcher Kompetenzen verfügt und das ganze formale System auf ihn ausgerichtet ist, besteht Kongruenz zwischen den informellen und formalen Elementen des Regierungssystems. Wenn in formalen Autokratien mit der Verfassungsordnung inkompatible informelle Praktiken auftreten, können diese aber auch einen liberalisierenden bzw. demokratiefördernden Charakter haben. In diesem Fall können informelle Institutionen einer Demokratisierung Vorschub leisten. Allerdings bleibt auch dies letztendlich eine empirische Frage, da natürlich auch denkbar ist, dass inkongruente informelle Institutionen in Autokratien in Richtung eines anderen Autokratietypus weisen.

Insgesamt kann deshalb nicht per se behauptet werden, dass autoritäre Regime tendenziell stärker auf Basis informeller Arrangements operieren als dies in demokratischen Systemen der Fall ist. Vielmehr kommt es auf den Charakter der formalen Institutionen in autoritären Systemen an. Allerdings verfügen fast alle Staaten des östlichen Europa über zumindest formal demokratische Verfassungen, die meist im Zuge der Demokratisierungsphase entstanden sind. Aus diesem Grund stehen in einigen autokratischen Systemen der Region, und in Regimen mit hybridem Charakter zwischen Autokratie und Demokratie, die informellen Institutionen in der Tendenz im Widerspruch zu den formalen Institutionen.

4   Zum vorliegenden Sammelband

Der Band ist vor dem Hintergrund entstanden, dass in der deutschen – aber auch in der englischsprachigen – Politikwissenschaft ein umfassendes und aktuelles Überblickswerk zu den politischen Systemen der Region des östlichen Europa fehlt.

Aufgrund der hohen politischen Dynamik in der Region sind die einschlägigen politikwissenschaftlichen Standardwerke wie Wolfgang Ismayrs „Die politischen Systeme Osteuropas" oder „Die Regierungssysteme in Mittel- und Osteuropa" von Florian Grotz und Ferdinand Müller-Rommel teils stark überholt. Dies bedeutet natürlich nicht, dass die deutschsprachige auf Mittel-, Südost- und Osteuropa gerichtete vergleichende Politikwissenschaft hierzu nichts hervorgebracht hätte. Im Gegenteil sind in den letzten Jahren zahlreiche Sammelbände oder Monografien zu den politischen Systemen verschiedener Länder erschienen, so etwa zu Ungarn (Bos und Lorenz 2021; Barlai et al. 2023), Tschechien (Lorenz und Formánková 2018), der Slowakei (Lorenz und Dalberg 2023), Polen (Garsztecki et al. 2024), Rumänien (Lorenz und Mariş 2022) oder Russland (Stykow und Baumann 2023). Unser Anliegen war jedoch, ein Überblickswerk zu liefern, welches die politischen Systeme der einzelnen Staaten in kurzen Einzelkapitel aufgegliedert darstellt und somit in universitären Lehrveranstaltungen eingesetzt werden kann.

Eine so große Anzahl an Ländern in Kombination mit der großen theoretischen Spannbreite unseres Konzepts geht notwendigerweise mit Abstrichen bei der Vereinheitlichung sowie Standardisierung der einzelnen Beiträge einher. Zum einen ist die sprachliche, disziplinäre und herkunftsmäßige Vielfalt unserer Autor*innen zu unterstreichen, die sich in den einzelnen Beiträgen unseres Bandes manifestiert. Es erwies sich bereits früh als unmöglich, für alle 21 Staaten sowie die De-Facto-Staaten durchgehend deutschsprachige Autor*innen zu finden. Daher sind im Band viele renommierte Expert*innen aus ihren jeweiligen Ländern vertreten, die ihre Manuskripte zunächst auf Englisch schrieben. Diese wurden dann zunächst maschinell ins Deutsche übersetzt und einer intensiven Nachbearbeitung durch die Herausgeber*innen unterzogen. Die anschließende Durchsicht durch die Autor*innen erfolgte auf der Grundlage von Rückübersetzungen, wodurch möglicherweise Nuancen verloren gingen.

Darüber hinaus haben wir uns nicht für eine starre Kapitelstruktur entschieden, sondern unseren Autor*innen freigestellt, die für das Verständnis der politischen Prozesse ihrer Länder besonders relevanten Aspekte hervorzuheben. Dies erklärt die teils unterschiedlichen Schwerpunktsetzungen der Kapitel: Während beispielsweise manche Kapitel stärker die formalen Institutionen betrachten, stellen andere die Relevanz informeller Institutionen in den Vordergrund. Unser Anliegen, die Spezifika der jeweiligen Systeme herauszustellen, führt logischerweise dazu, dass manche Aspekte der politischen Systeme nicht en detail behandelt werden können. Dafür haben wir unsere Autor*innen jedoch gebeten, zwei bis drei weiterführende Literaturempfehlungen zu nennen. Die einzelnen Kapitel werden zudem durch drei Kontrollfragen abgerundet.

Zum anderen betrifft das Problem der Vereinheitlichung vor allem Namen und Bezeichnungen. Wir haben uns bemüht, alle Eigennamen mit den alphabetischen Sonderzeichen von insgesamt über 20 Sprachen auszuschreiben. Nicht ohne weiteres möglich ist dies allerdings bei Sprachen mit kyrillischem Alphabet, also belarusisch, bulgarisch, russisch, serbokroatisch bzw. serbokroatische Sprachvarietäten (montenegrinisch, serbisch)[7] und ukrainisch. Nicht für alle dieser Sprachen gibt es Dudenumschriften. Wir haben uns deshalb für die (von uns) sogenannte Wikipedia-Umschrift entschieden, die sich üblicherweise an den Dudenumschriften orientiert und bei „kleinen" Sprachen Vorschläge macht, die sich an ihr orientieren.

Zuletzt noch eine Erklärung zur Gliederung des Bandes. Wir haben die Beiträge des Bandes nach Regimetypen geordnet. Hierfür legen wir, allerdings mit einem gewissen Blick auf prospektive Entwicklungen, die V-Dem-Daten des Göteborger Projekts „Varieties of Democracy" (V-Dem) zugrunde (siehe Grafik 1).[8] Das Projekt unterscheidet zwischen liberalen Demokratien, elektoralen Demokratien, elektoralen Autokratien und geschlossenen Autokratien. Wir übernehmen diese vier Regimetypen, ohne uns allerdings der zugrunde liegenden Indizes und Bewertungen vollständig zu verschreiben. Dies hat weniger mit einer grundsätzlichen Skepsis gegenüber der Sinnhaftigkeit der Normierung von Regimes und Regimeeigenschaften zu tun, sondern mit der Konzeption unseres Bandes. Es geht uns und den Autor*innen darum, unter Berücksichtigung des historischen Institutionalismus Regimeverläufe und Systemdynamiken darzustellen, während sich Indikatoren wie diejenigen von V-Dem immer auf einzelne Messpunkte beziehen. Folglich ändern sich Bewertungen und Regimezuordnungen über die Zeit, was häufig keine eindeutige Zuordnung zu den Typen zulässt, die mit den Messpunkten assoziiert sind. Daher legen wir diejenigen Regimetypen zugrunde, denen die einzelnen Länder in den letzten zehn Jahren überwiegend zugeordnet waren und zeichnen damit ungefähre Trends für die mutmaßliche Regimeentwicklung in den nächsten Jahren vor.

Folglich stufen wir Estland, Lettland, Litauen, die Slowakei, Slowenien und Tschechien als liberale Demokratien ein. Abb. 2 verdeutlicht dabei, dass Slowenien demokratischen Schwankungen unterliegt und sich möglicherweise aus dieser Gruppe herausbewegen könnte, weshalb die weitere Zuordnung als liberale Demokratie unsicher ist. Albanien, Bosnien und Herzegowina, Bulgarien, Kosovo, Kroatien, Montenegro und Rumänien sind überwiegend elektorale Demokratien,

---

[7] Kroatisch und bosniakisch werden im Regelfall mit lateinischen Buchstaben geschrieben.
[8] Siehe https://www.v-dem.net/, Zugriff am 16.07.2024.

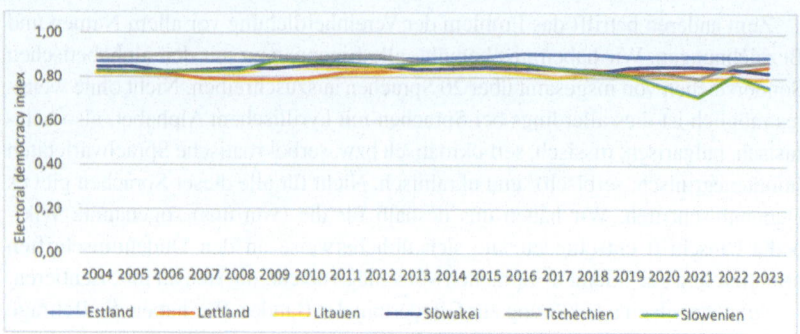

Abb. 2 Liberale Demokratien im östlichen Europa. (Quelle: V-Dem Coppedge 2024)

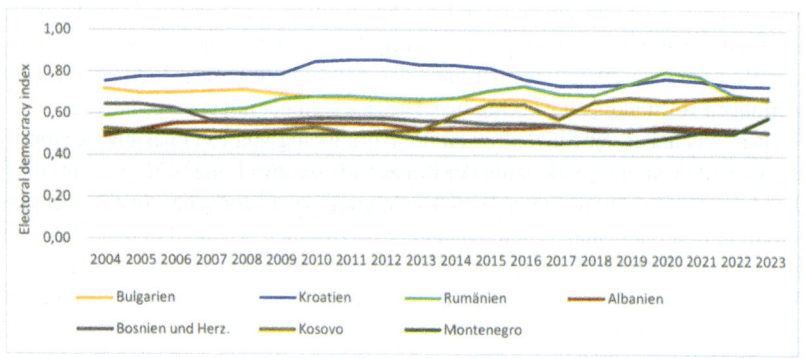

Abb. 3 Elektorale Demokratien im östlichen Europa. (Quelle: V-Dem Coppedge 2024)

d. h. es handelt sich um Demokratien mit freien und fairen Wahlen und schwächer ausgeprägten rechtsstaatlichen Institutionen (Abb. 3). Hier gibt es keine unklaren Fälle; allerdings variiert das Demokratieniveau innerhalb dieser Gruppe erheblich.

In den Daten von V-Dem fungieren Belarus, Russland, Serbien und Ungarn seit Jahren als elektorale Autokratien (Abb. 4). Da wir jedoch aufgrund jüngerer Entwicklungen in Belarus und Russland sowie beachtlicher Unterschiede zwischen diesen Ländern und Ungarn sowie Serbien sehen, tendieren wir dazu, Russland und Belarus als geschlossene Autokratien einzustufen. Deshalb nennen wir diese Gruppe in der Struktur des Bandes „elektorale und geschlossene Autokratien".

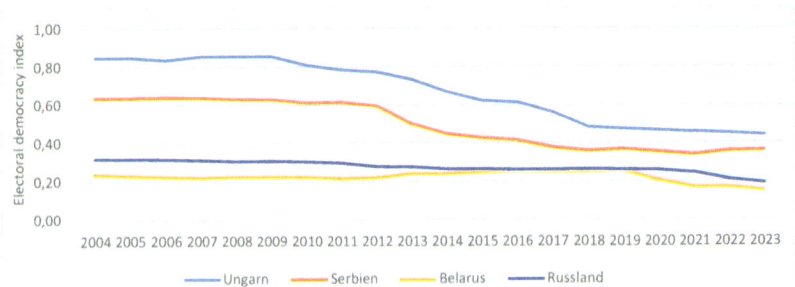

Abb. 4 Elektorale und geschlossene Autokratien im östlichen Europa. (Quelle: V-Dem Coppedge 2024)

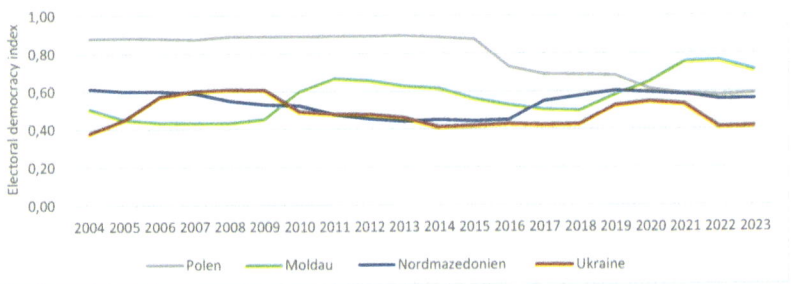

Abb. 5 Dynamische Regime im östlichen Europa. (Quelle: V-Dem Coppedge 2024)

Zuletzt ordnen wir vier Staaten, bei denen der Regimecharakter nicht eindeutig ist, als „dynamische Regime" ein (Abb. 5). Hierbei orientieren wir uns an Hales Konzept der „Regimezyklen", wonach manche Staaten zwischen stärker demokratischen und stärker autokratischen Phasen changieren und die Entwicklung somit dynamisch verläuft. Dies war und ist in Moldau, Nordmazedonien und der Ukraine eindeutig der Fall. Wir ordnen darüber hinaus Polen dieser Gruppe zu, da sich das Land in den Jahren 2015 bis 2023 von einer liberalen Demokratie zu einer elektoralen Autokratie entwickelte und auch nach den durch die demokratische Opposition gewonnenen Parlamentswahlen im Herbst 2023 eine Re-Demokratisierung noch längst nicht garantiert ist.

Wir sind uns natürlich bewusst, dass solch eine Strukturierung des Bandes nicht über alle Kritik erhaben ist. Wir ziehen sie der Gruppierung nach geografischen Subregionen jedoch vor allem deshalb vor, weil in unserem Band die Logik des Regierens in einem bestimmten politischen System sowie die Regimeentwicklung in

Mittelpunkt stehen. Selbst wenn die Regimeform nicht immer ganz eindeutig ist, ergeben sich aus der Unterscheidung von Demokratie und Autokratie sowie der Stärke oder Schwäche von potenziellen Kontrollinstitutionen wichtige Anhaltspunkte über den Charakter eines politischen Systems. Die Beiträge des Bandes wurden bis zum Frühsommer 2024 aktualisiert.

Literatur

Albi, Anneli (2005): *EU enlargement and the constitutions of Central and Eastern Europe*. Cambridge, New York: Cambridge University Press.

Almond, Gabriel Abraham; Powell, G. Bingham; Mundt, Robert J. (1996): *Comparative politics. A theoretical framework*. New York: HarperCollins.

Azari, Julia R.; Smith, Jennifer K. (2012): „Unwritten Rules: Informal Institutions in Established Democracies", *Perspectives on Politics*, Jg. 10, S. 37–55.

Barlai, Melani; Hartleb; Florian; Mikecz, Dániel (2023): *Das politische System Ungarns*. Baden-Baden: Nomos.

Beichelt, Timm; Keudel, Dorothea (2011): „Horizontale Gewaltenteilung: Präsidenten, Regierungen und Parlamente", in: Florian Grotz; Ferdinand Müller-Rommel (Hg.): *Regierungssysteme in Mittel- und Osteuropa. Die neuen EU-Staaten im Vergleich*. Wiesbaden: VS Verlag für Sozialwissenschaften, S. 68–85.

Beichelt, Timm; Worschech, Susann (2022): „Transformation and Post-Transformation", in: Sebastian M. Büttner; Monika Eigmüller; Susann Worschech (Hg.): *Sociology of Europeanization*. Oldenburg: De Gruyter, S. 133–166.

Bendel, Petra; Croissant, Aurel; Rüb, Friedbert (Hg.) (2002): *Hybride Regime. Zur Konzeption und Empirie demokratischer Grauzonen*. Opladen: Leske + Budrich.

Börzel, Tanja A.; Risse, Thomas (2012): „From Europeanisation to Diffusion: Introduction", *West European Politics*, Jg. 35, S. 1–19.

Bos, Ellen (2004): *Verfassungsgebung und Systemwechsel. Die Institutionalisierung von Demokratie im postsozialistischen Osteuropa*. Wiesbaden: VS Verlag für Sozialwissenschaften.

Bos, Ellen; Lorenz, Astrid (Hg.) (2021): *Das politische System Ungarns. Nationale Demokratieentwicklung, Orbán und die EU*. Wiesbaden: Springer VS.

Capoccia, Giovanni; Kelemen, R. Daniel (2007): „The Study of Critical Junctures: Theory, Narrative, and Counterfactuals in Historical Institutionalism", *World Politics*, Jg. 59, S. 341–369.

Carothers, Thomas (2002): „The End of the Transition Paradigm", *Journal of Democracy*, Jg. 13, S. 5–21.

Collier, Ruth Berins; Collier, David (1991): *Shaping the political arena. Critical junctures, the Labor Movement, and regime dynamics in Latin America*. Princeton: Princeton University Press.

Coppedge, Michael (2024): V-Dem Dataset v14: V-Dem. Download unter: https://www.v-dem.net/data/the-v-dem-dataset/.

Croissant, Aurel (2010): „Regierungssysteme und Demokratietypen", in: Hans-Joachim Lauth (Hg.): *Vergleichende Regierungslehre. Eine Einführung.* Wiesbaden: VS Verlag für Sozialwissenschaften, S. 117–139.

Dahl, Robert A. (1989): *Democracy and its Critics.* New Haven: Yale University Press.

Diamond, Larry (2002): „Thinking About Hybrid Regimes", *Journal of Democracy,* Jg. 13, S. 21–35.

Dimitrova, Antoaneta L. (2010): „The new member states of the EU in the aftermath of enlargement. Do new European rules remain empty shells?", *Journal of European Public Policy,* Jg. 17, S. 137–148.

Dudley, Danijela (2020): „European Union membership conditionality: the Copenhagen criteria and the quality of democracy", *Southeast European and Black Sea Studies,* Jg. 20, S. 525–545.

Duverger, Maurice (1980): „A New Political System Model: Semi-Presidential Government", *European Journal of Political Research,* S. 165–187.

Elster, Jon (1993): „Constitution-Making in Eastern Europe. Rebuilding the Boat in the Open Sea", *Public Administration,* Jg. 71, S. 169–217.

Elster, Jon; Offe, Claus; Preuss, Ulrich K. (Hg.) (1998): *Institutional Design in Post-Communist Societies. Rebuilding the ship at sea.* Cambridge: Cambridge University Press.

Erdmann, Gero; Engel, Ulf (2007): „Neopatrimonialism Reconsidered. Critical Review and Elaboration of an Elusive Concept", *Journal of Commonwealth and Comparative Studies,* Jg. 45, S. 95–119.

Fruhstorfer, Anna; Hein, Michael (Hg.) (2016): *Constitutional politics in Central and Eastern Europe. From post-socialist transition to the reform of political systems.* Wiesbaden: Springer VS.

Garsztecki, Stefan; Grzeszczak, Robert; Maatsch, Aleksandra; Wojtaszyn, Dariusz (2024): *Das politische System Polens.* Baden-Baden: Nomos.

Grabbe, Heather (2007): *The EU's Transformative Power. Europeanization Through Conditionality in Central and Eastern Europe.* Basingstoke: Palgrave.

Grunden, Timo (2013): „Formales und informelles Regieren in rechtsstaatlichen Demokratien: Analysezugänge und Untersuchungsgegenstände", in: Kai-Rudolf Korte; Timo Grunden (Hg.): *Handbuch Regierungsforschung.* Wiesbaden: VS Verlag für Sozialwissenschaften, S. 219–228.

Grzymala-Busse, Anna (2010): „The Best Laid Plans: The Impact of Informal Rules on Formal Institutions in Transitional Regimes", *Studies in Comparative International Development,* Jg. 45, S. 311–333.

Hale, Henry E. (2015): *Patronal Politics: Eurasian Regime Dynamics in Comparative Perspective. Eurasian regime dynamics in comparative perspective.* New York: Cambridge University Press.

Hall, Peter A.; Taylor, Rosemary C. R. (1996): „Political Science and the Three New Institutionalisms", *Political Studies,* XLIV, S. 936–957.

Helmke, Gretchen; Levitsky, Steven (2004): „Informal Institutions and Comparative Politics: A Research Agenda", *Perspectives on Politics,* Jg. 2, S. 725–740.

Holtmann, Everhard (2009): „Transition, Transformation, Posttransformation – Zur Heuristik des Systemwandels in longitudinaler Perspektive. SFB 580 Mitteilungen 31". Halle, Jena: S. 21–37.

Ismayr, Wolfgang (Hg.) (2010): *Die politischen Systeme Osteuropas.* Wiesbaden: VS Verlag für Sozialwissenschaften.

Jowitt, Ken (1992): „The Leninist Legacy", in: Ken Jowitt (Hg.): *New World Disorder: The Leninist Distinction.* Berkeley: University of California Press, S. 284–305.

Kitschelt, Herbert (1994): „Rationale Verfassungswahl? Zum Design von Regierungssystemen in neuen Konkurrenzdemokratien. Antrittsvorlesung Humboldt-Universität zu Berlin, 02.05.1994".

Klíma, Michal (2019): *Informal politics in post-Communist Europe. Political parties, clientelism, and state capture.* London, New York, New York: Routledge.

Köllner, Patrick (2012): Informelle Politik und informelle Institutionen. GIGA Working Papers 192/2012, 2012.

Krasner, Stephen D. (1984): „Approaches to the State: Alternative Conceptions and Historical Dynamics", *Comparative Politics,* Jg. 16, S. 223–246.

LaPorte, Jody; Lussier, Danielle N. (2011): „What Is the Leninist Legacy? Assessing Twenty Years of Scholarship", *Slavic Review,* Jg. 70, S. 637–654.

Lauth, Hans-Joachim (2014a): „Analytische Konzeption für den Vergleich politischer Systeme", in: Hans-Joachim Lauth (Hg.): *Politische Systeme im Vergleich. Formale und informelle Institutionen im politischen Prozess.* München: De Gruyter Oldenbourg, S. 3–50.

Lauth, Hans-Joachim (Hg.) (2014b): *Politische Systeme im Vergleich. Formale und informelle Institutionen im politischen Prozess.* München: De Gruyter Oldenbourg.

Lauth, Hans-Joachim (2000): „Informal Institutions and Democracy", *Democratization,* Jg. 7, S. 21–50.

Levitsky, Steven; Way, Lucan (2010): *Competitive authoritarianism. Hybrid regimes after the Cold War.* Cambridge, New York: Cambridge University Press.

Levitsky, Steven; Way, Lucan A. (2002): „The Rise of Competitive Authoritarianism", *Journal of Democracy,* Jg. 13, S. 51–65.

Linz, Juan; Stepan, Alfred (1996): *Problems of Democratic Transition and Consolidation.* Baltimore/London: Johns Hopkins University Press.

Lorenz, Astrid; Dalberg, Dirk Mathias (Hg.) (2023): *Das politische System der Slowakei. Konstante Kurswechsel in der Mitte Europas.* Wiesbaden: Springer VS.

Lorenz, Astrid; Formánková, Hana (Hg.) (2018): *Das politische System Tschechiens.* Wiesbaden: Springer VS.

Lorenz, Astrid; Mariş, Daniela-Maria (Hg.) (2022): *Das politische System Rumäniens. Entwicklung und Herausforderungen in Europa.* Wiesbaden: Springer VS.

Lussier, Danielle N.; LaPorte, Jody (2022): „Leninist Extinction? Critical Junctures, Legacies, and the Study of Post-Communism", in: David Collier; Gerardo L. Munck (Hg.): *Critical junctures and historical legacies. Insights and methods for comparative social science.* Lanham: Rowman & Littlefield, S. 289–314.

Magyar, Bálint (2016): *Post-Communist Mafia State. The Case of Hungary.* Budapest, New York: Central European University Press.

Magyar, Bálint; Madlovics, Bálint (2023): *Postkommunistische Regime. Akteure, Institutionen und Dynamiken.* Wiesbaden: Springer Fachmedien.

Mahoney, James (2001): „Path-Dependent Explanations of Regime Change: Central America in Comparative Perspective", *Studies in Comparative International Development,* Jg. 36, S. 111–141.

Mahoney, James; Thelen, Kathleen (2010): „A Theory of Gradual Institutional Change", in: James Mahoney; Kathleen Ann Thelen (Hg.): *Explaining institutional change. Ambiguity, agency, and power.* Cambridge, New York: Cambridge University Press, S. 1–37.

March, James G.; Olsen, Johan P. (1989): *Rediscovering Institutions. The Organizational Basis of Politics.* New York: The Free Press.

Merkel, Wolfgang (1999): „Defekte Demokratien", in: Wolfgang Merkel; Andreas Busch (Hg.): *Demokratie in Ost und West.* Frankfurt am Main: Suhrkamp, S. 361–381.

Merkel, Wolfgang (2010a): „Plausible theory, unexpected results: The rapid democratic consolidation in central and eastern Europe", in: Heinrich Best; Agnieszka Wenninger (Hg.): *Landmark 1989. Central and Eastern European societies twenty years after the system change.* Berlin: Lit, S. 7–26.

Merkel, Wolfgang (2010b): *Systemtransformation. Eine Einführung in die Theorie und Empirie der Transformationsforschung. Zweite Auflage.* Wiesbaden: VS Verlag für Sozialwissenschaften.

Morlino, Leonardo; Sadurski, Wojciech (Hg.) (2010): *Democratization and the European Union. Comparing Central and Eastern European post-communist countries.* London, New York: Routledge Taylor & Francis Group.

Offe, Claus (1991): „Das Dilemma der Gleichzeitigkeit. Demokratisierung und Marktwirtschaft in Osteuropa", *Merkur,* 45, 4/1991, S. 279–292.

Pierson, Paul (2000): „The Limits of Design: Explaining Institutional Origins and Change", *Governance,* Jg. 13, S. 475–499.

Pierson, Paul (2016): „Power in Historical Institutionalism", in: Sven Steinmo (Hg.): *The Oxford Handbook of Historical Institutionalism.* Oxford: Oxford University Press, S. 124–141.

Przeworski, Adam (1991): *Democracy and the Market. Political and Economic Reforms in Eastern Europe and Latin America.* Cambridge: Cambridge University Press.

Raadt, Jasper de (2009): „Contested Constitutions", *East European Politics and Societies: and Cultures,* Jg. 23, S. 315–338.

Radnitz, Scott (2011): „Informal Politics and the State", *Comparative Politics,* Jg. 43, S. 351–371.

Richter, Solveig; Wunsch, Natasha (2020): „Money, power, glory: the linkages between EU conditionality and state capture in the Western Balkans", *Journal of European Public Policy,* Jg. 27, S. 41–62.

Robinson, Neil (2007): „The political is personal: Corruption, clientelism, patronage, informal practices and the dynamics of post-communism", *Europe-Asia Studies,* Jg. 59, S. 1217–1224.

Schimmelfennig, Frank; Engert, Stefan; Knobel, Heiko (2003): „Europäisierung in Osteuropa: Reaktionen auf die demokratische Konditionalität", *Österreichische Zeitschrift für Politikwissenschaft,* Jg. 32, S. 321–337.

Schimmelfennig, Frank; Sedelmeier, Ulrich (2004): „Governance by conditionality. EU rule transfer to the candidate countries of Central and Eastern Europe", *Journal of European Public Policy,* Jg. 11, S. 661–679.

Schimmelfennig, Frank; Sedelmeier, Ulrich (Hg.) (2005): *The Europeanization of Central and Eastern Europe.* Ithaca: Cornell University Press.

Schimmelfennig, Frank; Sedelmeier, Ulrich (2020): „The Europeanization of Eastern Europe: the external incentives model revisited", *Journal of European Public Policy,* Jg. 27, S. 814–833.

Schmidt, Manfred G. (2010): *Wörterbuch zur Politik. Dritte Auflage.* Stuttgart: Kröner.

Sedelmeier, Ulrich (2008): „After conditionality: post-accession compliance with EU law in East Central Europe", *Journal of European Public Policy,* Jg. 15, S. 806–825.

Shevtsova, Lilia (2000): „Can Electoral Autocracy Survive?", *Journal of Democracy,* Jg. 11, S. 36–38.

Shugart, Matthew Soberg; Carey, John M. (1992): *Presidents and Assemblies. Constitutional Design and Electoral Dynamics.* Cambridge: Cambridge University Press.

Steffani, Winfried (1983): „Zur Unterscheidung parlamentarischer und präsidentieller Regierungssysteme", *Zeitschrift für Parlamentsfragen,* S. 390–401.

Steinmo, Sven (2008): „Historical Institutionalism", in: Donatella Della Porta; Michael Keating (Hg.): *Approaches and methodologies in the social sciences. A pluralist perspective.* Cambridge: Cambridge University Press, S. 118–138.

Steinsdorff, Silvia von (2005): „Gute und schlechte Informalität? Informelle Politik in West und Ost", *Osteuropa,* Jg. 55, S. 5–15.

Stykow, Petra; Baumann, Julia (2023): *Das politische System Russlands.* Baden-Baden: Nomos.

Thelen, Kathleen (1999): „Historical Institutionalism im Comparative Politics", *Annual Review of Political Science,* Jg. 2, S. 369–404.

Volpi, Frédéric; Gerschewski, Johannes (2020): „Crises and critical junctures in authoritarian regimes: addressing uprisings' temporalities and discontinuities", *Third World Quarterly,* Jg. 41, S. 1030–1045.

Wittenberg, Jason (2015): „Conceptualizing Historical Legacies", *East European Politics & Societies,* Jg. 29, S. 366–378.

Zakaria, Fareed (1997): „The rise of illiberal democracy", *Foreign Affairs,* S. 22–43.

Teil I
Liberale Demokratien

Estland: Parlamentarisches System und ethnische Spaltung

Magdalena Solska und Mélody Gugelmann

Zusammenfassung

Das wichtigste Erbe der Sowjetzeit – die gemischte ethnische Zusammensetzung der Gesellschaft – prägt bis heute das Regierungs- und Parteiensystem Estlands. In den Jahren 1988 bis 1992 erfolgte die erste und bisher letzte Critical Juncture für die Entwicklung des politischen Systems. Die aus den Gründungswahlen 1992 hervorgegangene neue estnische Regierungselite besaß die nötige Legitimation, um institutionelle und wirtschaftliche Reformen umzusetzen. Sie prägte einen liberalen Kurs, an dem sich die politischen Entscheidungen aller späteren Regierungen orientierten.

Schlüsselwörter

Estland · Ethnisches Cleavage · Legalismus · Ethno-Politik · Parlamentarismus

M. Solska (✉) · M. Gugelmann
Departement für Sozialarbeit, Sozialpolitik und globale Entwicklung,
Universität Fribourg, Fribourg, Schweiz
E-Mail: magdalena.solska@unifr.ch; melody.gugelmann@unifr.ch

Tab. 1 Das politische System Estlands im Überblick

Verfassung	Verabschiedet: 1992
	Geändert: 2003 (zwei Änderungen), 2007, 2011, 2015
	Verfassungsänderungsregel: Initiativrecht haben 1/5 der Abgeordneten und Präsident der Republik. Verabschiedung durch Parlament in 2 Abstimmungen, wobei qualifizierte Mehrheit in erster und 3/5-Mehrheit in zweiter Abstimmung nötig
	Abschnitte I und XV („Allgemeine Bestimmungen" und „Änderungen des Grundgesetzes") nur durch Volksreferenden änderbar. Verfassungsänderungen durch Referenden bedürfen vorheriger 3/5-Mehrheit im Parlament
	Möglichkeit einer Verfassungsänderung im Dringlichkeitsverfahren: Einleitung durch 4/5-Mehrheit im Parlament, Verabschiedung mit 2/3-Mehrheit in einer Lesung
Regierungs-system	Parlamentarisch
Präsident	Wahlmodus und Amtszeit: indirekt durch Parlament gewählt für 5 Jahre, einmalige Wiederwahl möglich
	Für Kandidatur Unterstützung von mind. 20 Abgeordneten nötig
	Wenn kein Kandidat innerhalb von 3 Runden nötige Anzahl Stimmen (2/3-Mehrheit) erhält, wird Wahlversammlung aus Abgeordneten des Parlaments und der örtlichen Selbstverwaltungsräte gegründet. Die Wahlversammlung wählt in max. 2 Runden mit einfacher Mehrheit den Präsidenten. Wenn beide Runden erfolglos, geht Wahl zurück ans Parlament
	Kompetenzen: 1) Gesetzesinitiativrecht; 2) Vetorecht gegen verabschiedete Gesetze, welches mit einfacher Mehrheit im Parlament überstimmt werden kann; danach Möglichkeit, Gesetz zur Überprüfung an Verfassungskammer weiterzuleiten; 3) Recht, an Parlamentssitzungen teilzunehmen; 4) Recht, Verordnungen zu erlassen, müssen aber von einem Mitglied der Regierung gegengezeichnet werden, gewisse Bereiche ausgeschlossen (Gesetze von Verfassungsrang, Steuergesetze, Staatshaushalt); 5) Ernennung des Premierministers und Minister; 6) Vorschlag des Vorsitzenden des Obersten Gerichts, des Rates der Estnischen Bank, des Rechnungsprüfungsamtes, des Justizkanzlers und Befehlshaber oder Oberbefehlshaber der Streitkräfte; 7) Recht zur Auflösung des Parlaments unter bestimmten Bedingungen mit anschließender Ausrufung von Neuwahlen wenn: a) Parlament sich nicht auf Nominierung des Premierministerkandidaten einigen kann, b) Regierung nach Misstrauensvotum gegen Premierminister oder Regierung dem Präsidenten Neuwahlen vorschlägt, c) ein der Volksabstimmung unterworfener Gesetzesentwurf nicht angenommen wird, d) Parlament Staatshaushalt nicht innerhalb der ersten 2 Monate des Haushaltsjahres annimmt
Regierung (Kernexekutive)	Mitglieder: Premierminister und 13 Minister sowie Minister ohne Ressort. Inkompatibilität zwischen Ministeramt und Abgeordnetenmandat
	Auswahl: Ernennung des Kandidaten für Amt des Premierministers durch Präsidenten (in der Regel Vorsitzender stärkster Partei). Wenn Kandidat im Parlament keine Mehrheit findet, kann Präsident innerhalb von 7 Tagen zweiten Kandidaten benennen, danach geht Recht zur Kandidatenbestimmung an Parlament zurück. Parlament bestätigt Kandidaten, danach Regierungsbildung durch Premierminister
	Abberufung: einfaches Misstrauensvotum des Parlaments gegen Regierung als Ganzes, gegen Ministerpräsidenten oder einzelne Minister

(Fortsetzung)

Tab. 1 (Fortsetzung)

Parlament	Aufbau: eine Kammer (*Riigikogu*) mit 101 Abgeordneten und 11 ständigen Fachausschüssen; Möglichkeit von Untersuchungs- und Sonderausschüssen Bildung einer Fraktion durch mind. 5 Abgeordnete; Wechsel der Fraktion zwischen Wahlen untersagt
	Dauer Legislaturperiode: 4 Jahre
	Funktionen: 1) Gesetzgebung: Gesetzesinitiativrecht hat jeder Abgeordnete, Fraktionen und Ausschüsse; Parlament hat Gesetzgebungsvollmacht in allen Bereichen; 2) Kontrolle der Exekutive: Interpellationsrecht, Akteneinsicht, Beamtenbefragung und Zeugenvorladung, Untersuchungsausschüsse (mit Recht, Personen vorzuladen und Informationen und Dokumente zur Prüfung zu verlangen, Vorschläge zur Änderung von Gesetzen), Misstrauensvotum gegen Regierung; 3) Wahl des Parlamentsvorsitzenden und zweier Stellvertreter, Wahl des Staatspräsidenten, Ernennung des Vorsitzenden des Staatsgerichtshofs, des Vorsitzenden des Rates der Estnischen Bank, des Staatskontrolleurs, des Justizkanzlers und Befehlshaber oder Oberbefehlshaber der Streitkräfte auf Vorschlag des Präsidenten der Republik, Ernennung der Mitglieder des Staatsgerichtshofs auf Vorschlag des Vorsitzenden des Staatsgerichtshofs und Mitglieder des Rates der Estnischen Bank
Wahlsystem	Verhältniswahl mit Personenstimmen, zwölf Wahlkreise mit 5–14 Mandaten, 5 %-Hürde

Quelle: Eigene Darstellung

1 Einleitung

Estland wird als eine der wenigen vollständig konsolidierten Demokratien im post-kommunistischen Raum angesehen. Berücksichtigt man die Tatsache, dass Estland über einen häufig als konsolidierungsabträglich eingeschätzten ethnischen Cleavage[1] verfügt, erscheinen der frühe Zeitpunkt sowie der Grad an demokratischer Institutionalisierung als regelrechte „success story" (Laar 2002).

Zum Zeitpunkt der Unabhängigkeitsbestrebung sah sich die estnische Gesellschaft mit einer russischsprachigen Minderheit konfrontiert, die rund ein Drittel der Bevölkerung ausmachte (Statistics Estonia 2021). Die ethnische Spaltung strukturierte den entstehenden politischen Raum. Bereits im Jahr 1988 sprachen sich etwa die *Estnische Nationale Unabhängigkeitspartei* und viele Bürgerkomitees für die Wiederherstellung der Eigenstaatlichkeit samt der Staatsbürgerschaft aus der Zwischenkriegszeit aus (siehe Infobox 1 zum legalistischen Prinzip). Die moderate *Nationalfront (Rahvarinne)* dagegen zog einen Weg zur Unabhän-

---

[1] Der Begriff impliziert eine gesellschaftliche Trennlinie zwischen gesellschaftlichen Gruppen, die durch eine kollektive Identität verbunden sowie durch eine politische Partei vertreten sind (Mair 2006).

gigkeit vor, der die neue ethnische Zusammensetzung der Gesellschaft berücksichtigte (Pettai 2007). Die Nachfolgeparteien der genannten politischen Kräfte prägen die estnische Politik bis heute – *Pro Patria* ist aus den Bürgerkomitees hervorgegangen, die *Zentrumpartei* hat ihre Wurzeln im Kern der *Nationalfront*.

Die erste und bisher auch letzte Critical Juncture in der politischen Entwicklung Estlands besteht in einer Abfolge von Ereignissen: dem Auftreten neuer politischer Kräfte (1988), den ersten kompetitiven Wahlen zum Obersten Rat noch innerhalb der Sowjetunion (März 1990), der nationalen Unabhängigkeit (August 1991), dem neuen Staatsbürgerschaftsgesetz (Februar 1992), einer neuen Verfassung (Juni 1992) und schließlich den Gründungswahlen zum Riigikogu (September 1992). Das Staatsbürgerschaftsgesetz von 1992 sah vor, dass nur die Staatsbürger der Zwischenkriegszeit sowie ihre Nachkommen automatisch Staatsbürger des unabhängigen Estlands wurden. Über 80 % der ethnischen Russen konnten wegen des restriktiven Staatsbürgerschaftsgesetzes nicht an den Gründungswahlen teilnehmen und kein einziger ethnisch-russischer Kandidat schaffte es ins neue Parlament (Kask 1996, S. 210).

Aus den Gründungswahlen ging eine neue Regierung unter Führung der nationalkonservativen *Pro Patria* unter Mart Laar in einer Koalition mit den *Moderaten* (später *Estnische Sozialdemokratische Partei*, SDE) und der *Estnischen Nationalen Unabhängigkeitspartei* hervor. Diese besaß die nötige Legitimation, um institutionelle und wirtschaftliche Reformen umzusetzen, welche den Rahmen für alle späteren Regierungen bildete. Im Verlauf der weiteren politischen Entwicklung lassen sich zwei Meilensteine erkennen: der EU-Beitrittsprozess, beginnend mit den Verhandlungen 1997, und der Wandel des Parteiensystems ab 2016.

Die andauernde Popularität des nationalkonservativ-liberalen Lagers, bestehend aus *Pro Patria* und der 1995 gegründeten *Reformpartei*, entsprang dem Grundkonsens der Titularnation über einen radikalen Bruch mit dem Sowjetsozialismus und brachte eine anschließende lineare Entwicklung des Regierungssystems mit stabilen demokratischen Institutionen hervor. Die aus dem radikalen Eliten- und Systemwechsel resultierende politische Dominanz der Titularnation hatte eine „technokratische", auf ethnischer Ausgrenzung basierende Politik zur Folge, die vor allem in sozioökonomischen und außenpolitischen Fragen wenig Raum für Opposition zulässt und sich damit negativ auf die Qualität der Demokratie, vor allem auf Partizipationsrechte, auswirkt (Cianetti 2018, S. 318).

Wie auch in den anderen Länderbeiträgen des vorliegenden Sammelbandes liefert Tab. 1 einen Überblick über das entstandene politische System (Stand: Juli 2024).

2 Parlamentarisches Regierungssystem

Die Institutionen des estnischen Regierungssystems entwickelten sich zunächst im Kontext der Sowjetunion. Unter der Sowjetbesatzung war der Name Oberster Sowjet gebräuchlich; es handelte sich um ein Pseudoparlament. Die seit 1990 verwendete Bezeichnung als Oberster Rat beinhaltete im Selbstverständnis bereits eine Abkehr vom sowjetischen Modell. Seit den Parlamentswahlen 1992 wird die estnische Nationalversammlung in Anlehnung an die zwischenkriegszeitliche Unabhängigkeit wieder Riigikogu genannt.

Die wichtigsten Gründungsentscheidungen des neuen politischen Systems fanden unter einem starken Einfluss einer radikalen, mehrheitlich estnischen Elite in der von August 1991 bis April 1992 tätigen verfassungsgebenden Versammlung statt. Diese setzte sich aus 30 Mitgliedern des Obersten Rates und 30 Mitgliedern des Estnischen Kongresses, einer Art *grass-roots*-Schattenparlament (Raudla 2010) zusammen, das von 1990 bis 1992 bestand. An den Wahlen zum Kongress durften, wie bereits erwähnt, nur diejenigen Bewohner und deren Nachkommen teilnehmen, die bereits vor 1940 Staatsbürger der Estnischen Republik waren. Die *Bürgerkomitee-Bewegung* hatte seit 1989 die entsprechenden „legitimen Staatsbürger" registriert und die Wahlen zum Kongress im Februar 1990 organisiert. Als Ergebnis war die *Estnische Nationale Unabhängigkeitspartei* im Kongress mit den meisten Sitzen vertreten.

Angesichts der Entscheidung für ein parlamentarisches Regierungssystem, in dessen Zentrum der Riigikogu stand, zeigten sich Konflikte vor allem bezüglich der verfassungsmäßigen Kompetenzen des Präsidenten. Die *Nationalfront (Rahvarinne)* bevorzugte einen starken, direkt gewählten Präsidenten, während Vertreter der *Unabhängigkeitspartei Estlands* im Estnischen Kongress die Stellung des Präsidenten schwächen wollten. Bei den jeweiligen Präferenzen spielten einerseits historische Erfahrungen der Zwischenkriegszeit eine Rolle. Andererseits waren auch aktuelle parteipolitische Interessen von Bedeutung. Der vor den ersten Wahlen aussichtsreiche Präsidentschaftskandidat Arnold Rüütel, ein ehemaliger Kommunist und später Gründer der *Estnischen Volksunion*, war vielen Mitgliedern der verfassungsgebenden Versammlung und vor allem des Kongresses ein Dorn im Auge. Unter diesen Umständen war es aus deren Sicht naheliegend, der Institution des Präsidenten keine große Macht zu verleihen (Raudla 2010, S. 257). Schließlich setzten sich die Befürworter der indirekten Wahl durch. Seit 1996 wird der Staatspräsident somit für fünf Jahre durch das Parlament bzw. von einer Wahlversammlung gewählt und verfügt primär über repräsentative und Ernennungsfunktionen.

Der Staatspräsident wird durch eine parlamentarische Zweidrittelmehrheit gewählt. Da in der Regel jedoch keine Koalition je über eine solche Mehrheit (67 von 101 Stimmen) verfügt, ist eine überparteiliche Einigung mit Teilen der Opposition nötig. Dies ermöglicht der Opposition, einen eigenen Kandidaten ins Rennen zu bringen, wenn die Regierungskoalition in dieser Frage zerstritten ist (Nikolenyi 2014, S. 128–129). Die estnische Verfassung schreibt zwar vor, dass der Präsident während seiner Amtszeit keiner Partei angehört. Ein dem jeweils eigenen Lager entstammender Vetospieler in der Exekutive ist jedoch besonders für die Parteien der Opposition ein Vorteil. Aber auch die Regierungsmehrheit hat ein großes Interesse am Sieg „ihres" Kandidaten, um eine gespaltene Exekutive zu verhindern (Nikolenyi 2014, S. 139). Die Kandidatenwahl und die Strategien im Vorfeld der Präsidentschaftswahl gelten daher als eine der wichtigsten Bewährungsproben für Regierungskoalitionen. So hat die *Zentrumpartei*, während sie 2001 in der Opposition war, ihren Kandidaten Arnold Rüütel erfolgreich ins Präsidentenamt gewählt. Die Regierungskoalition, bestehend aus *Pro Patria, Reformpartei* und den *Moderaten*, hatte sich auf keine erfolgreiche Strategie einigen können, um ihren Kandidaten genügend zu unterstützen. Während dieser Verhandlungen wurden somit die zwischenparteilichen Differenzen der Regierungsparteien deutlich und die Koalition zerfiel noch im selben Jahr, woraufhin die *Zentrumpartei* an der Seite der *Reformpartei* für ein Jahr Einzug in die Regierung hielt.

Das estnische Parlament, der Riigikogu, besteht aus einer Kammer mit 101 Abgeordneten. Es wählt einen dreiköpfigen Parlamentsvorstand, bestehend aus einem Parlamentspräsidenten und zwei Stellvertretern, wobei der zweite Stellvertreter jeweils der Opposition angehört.[2] Der Parlamentsvorstand vertritt das Parlament in internationalen und nationalen Angelegenheiten und bestimmt die Tagesordnung (Art. 53 Geschäftsordnung Riigikogu). Die ständigen Ausschüsse sind mit den Gesetzesentwürfen und der Regierungskontrolle beauftragt. Die Opposition stellt jeweils zwei Ausschussvorsitzende, und zwar im Anti-Korruptionsausschuss und im Budget-Kontrollausschuss. Zudem steht fast allen parlamentarischen Ausschüssen sowohl strukturell als auch inhaltlich ein Ministerium gegenüber, was die Kontrolle der Exekutive durch das Parlament erleichtert. Darüber hinaus hat die parlamentarische Opposition die Möglichkeit, neben Interpellationen und parlamentarischen Fragen in der wöchentlichen, live übertragenen Fragestunde dem Premierminister und den Ministern Fragen zu stellen und Erklärungen zu fordern. Im Gesetzgebungsprozess spielt jedoch – wie in parlamentarischen Systemen üb-

---

[2] Dies ist dem Wahlverfahren für die Stellvertreter geschuldet: Sie werden zusammen in einer Wahl gewählt, sodass der Zweitplatzierte (üblicherweise von der Opposition gewählt) den zweiten Stellvertreterposten erhält.

lich – die Exekutive eine überragende Rolle, denn ein Großteil der Gesetzesentwürfe wird von der Regierung initiiert. Das zeigt sich auch im Recht der Regierung, alle nicht von ihr initiierten Gesetzentwürfe zu kommentieren (Riigikogu 2023). Die ständigen Ausschüsse im Parlament, einzelne Abgeordnete, Fraktionen und die Regierung haben ebenfalls das Recht auf Gesetzesinitiative (Art. 90 Geschäftsordnung Riigikogu).

Die Abgeordneten sind in Fraktionen organisiert; diese müssen über mindestens fünf Abgeordnete verfügen. Unabhängige bzw. fraktionslose Abgeordnete sind im estnischen Parlament eine Seltenheit. Abgeordnete dürfen während der Legislaturperiode ihre Fraktion verlassen (bzw. können ausgeschlossen werden), dürfen dann aber keiner anderen Fraktion beitreten. Die Möglichkeit des „Fraktionstourismus" (Steinsdorff 2011) wurde 1995 mit dem Ziel eingeschränkt, die Fraktionsdisziplin zu fördern, um die Mehrheiten im Parlament zu stärken und die Bindung der Parlamentsmehrheit an die Exekutive zu erhöhen. Dies ist insofern wichtig, als dass eine Inkompatibilität zwischen Kabinettsmitgliedschaft und Abgeordnetenmandat besteht. Trotz der hierdurch gestärkten Fraktionsdisziplin bleiben Regierungskoalitionen jedoch häufig instabil. Bislang ist es noch nicht vorgekommen, dass eine Regierungskoalition eine ganze Legislaturperiode durchgehalten hätte.

In Estland sind Mehrparteien-Koalitionen von drei Parteien die Norm. Nur selten waren lediglich zwei Parteien an der Regierung beteiligt, so z. B. während der Minderheitsregierungen unter Siim Kallas (2002–2003), unter Andrus Ansip (2009–2011) und der Mehrheitsregierung unter Kaja Kallas (2021–2022). Koalitionen werden in Estland häufig eher von „pragmatischem Kalkül" als von inhaltlicher, programmlicher Übereinstimmung getrieben (Lagerspetz und Maier 2010, S. 90). So bildeten etwa die Sozialdemokraten seit 2007 fünf Koalitionen mit der liberalen *Reformpartei* und der nationalkonservativen *Pro Patria*,[3] wobei die Partei schmerzhafte Eingeständnisse z. B. in der Sozialpolitik machen musste (Braghiroli und Petsinis 2019, S. 444). Allerdings orientierten sich diese Zusammenschlüsse am ethnischen Cleavage und dienten vor allem dazu, die *Zentrumpartei* von den Hallen der Macht fernzuhalten, obwohl diese jeweils die stärkste oder zweitstärkste Fraktion im Parlament war. Interessanterweise waren es dann aber oftmals nicht inhaltliche politische Auseinandersetzungen, welche die Regierungen zu Fall brachten, sondern Korruptionsvorwürfe und „persönliche Rivalitäten zwischen Spitzenpolitikern" (Lagerspetz und Maier 2010, S. 92).

---

[3] 1995 schloss sich *Pro Patria* zusammen mit der *Unabhängigkeitspartei* zu *Pro Patria Union* zusammen. Diese fusionierte wiederum 2006 mit der neuen Partei *Res Publica* und bildete die *Union Pro Patria und Res Publica*. Sie fungiert aktuell unter dem Namen *Pro Patria* (bzw. Vaterland, *Isamaa*).

Während die Einführung des Präsidentenamtes einen umstrittenen Aspekt in der verfassungsgebenden Versammlung darstellte, wurde nach 50 Jahren sowjetischer Justizwillkür die Notwendigkeit einer Verfassungsgerichtsbarkeit nie in Frage gestellt. Die Verfassungskammer ist eine der vier Kammern des Obersten Gerichts, wobei der Präsident des Obersten Gerichts der Kammer vorsteht. Anträge an die Verfassungskammer können das Staatsoberhaupt, die Regionalverwaltungen sowie der Justizkanzler stellen. Der Justizkanzler, der auf die Verfassung von 1938 zurückgeht, ist eine unabhängige Amtsperson, die für die Überprüfung aller Gesetze auf nationaler und lokaler Ebene verantwortlich ist und seit 1999 gleichzeitig als Ombudsmann für Menschenrechte fungiert. Darüber hinaus kann auch der Riigikogu eine Stellungnahme der Verfassungskammer zur Vereinbarkeit eines Gesetzesentwurfs mit dem Recht der Europäischen Union verlangen, wenn dieses Gesetz notwendig ist, um die Pflichten der EU-Mitgliedschaft zu erfüllen (Art. 7-1 Constitutional Review Procedure Act).

Die Verfassungskammer spielte in den 1990ern bei Kompetenzstreitigkeiten zwischen dem Präsidenten und dem Parlament sowie der Regierung und dem Parlament eine wichtige Rolle (Pettai 2005, S. 96–98). Auch in Fragen der Minderheitenrechte konnte die Verfassungskammer einem drohenden ethnopolitischen Konflikt entgegenwirken. 1993 wurde in Estland ein Ausländergesetz verabschiedet, welches allen Nicht-Staatsbürgern vorschrieb, entweder eine neue Aufenthaltserlaubnis innerhalb eines Jahres zu beantragen oder auszuwandern. Die lokalen Regierungen in den von der russischsprachigen Minderheit bewohnten Städten Narva und Sillamäe reagierten auf das Ausländergesetz mit Referenden über die „territoriale Autonomie" der nordöstlichen Region. Die friedliche Lösung des Konfliktes war der Vermittlung der OSZE zu verdanken (Pettai 2005). Sie schlug den lokalen Eliten vor, eine Entscheidung der Verfassungskammer über die Rechtmäßigkeit eines solchen Referendums anzunehmen. Diese erklärte ein solches Referendum aus vornehmlich prozeduralen Gründen für verfassungswidrig und der Konflikt wurde auf rechtsstaatlichem Wege beigelegt (Pettai 2005, S. 105–106).

3   Wahlsystem

Auch das Wahlsystem wurde 1992 durch die verfassungsgebende Versammlung eingeführt und ist seither nur in geringem Ausmaß verändert worden. Es handelt sich um ein zweistufiges Verhältniswahlsystem, bei welchem die Mandate über drei verschiedene Mechanismen verteilt werden und die Wähler im Wesentlichen für einen bestimmten Kandidaten (der unabhängig oder über eine Parteiliste kandidiert) stimmen (Mölder 2013). Unabhängige Kandidaten werden in einem Wahlkreis aufgrund eines persönlichen Mandats gewählt, wenn sie Stimmen erhalten, die der einfachen Quote (Anzahl der in einem Wahlkreis abgegebenen Stimmen geteilt durch die Größe des Wahlkreises) entsprechen oder diese übersteigen. Die Zuteilung der Sitze in den Wahlkreisen über offene Parteilisten (d. h. nach Beliebtheit der Kandidaten geordnet) erfolgt auf der Grundlage der Anzahl an Stimmen, welche die Partei im Wahlkreis erhalten hat (Wahlkreismandate). Schließlich werden die Sitze, die nicht durch Einzel- und Wahlkreismandate besetzt wurden, auf nationaler Ebene nach geschlossenen Listen, nach einem modifizierten d'Hondt-Verfahren auf die Parteien verteilt (Ausgleichsmandate). Seit 1992 gilt eine landesweite Sperrklausel von 5 % für Wahlkreis- und Ausgleichsmandate.

Obwohl das Wahlsystem grundsätzlich erhalten geblieben ist, wurden einige Änderungen vorgenommen, die für die Entwicklung der Parteien und des Parteiensystems maßgeblich waren. So wurde 2003 die Zahl der Ausgleichsmandate zugunsten der Wahlkreismandate reduziert. Diese Entwicklung sollte die Kandidaten dazu bewegen, sich intensiver in den Wahlkreisen zu engagieren und die Bindung an die Wähler zu stärken (Mölder 2013). Seit 1995 können neben Einzelkandidaten nur noch registrierte Parteien Kandidaten aufstellen. 1999 wurde die Möglichkeit, Wahlbündnisse im Vorfeld der Wahlen zu gründen, abgeschafft. Dies sollte die spätere Spaltung in mehrere Fraktionen im Parlament verhindern und die Parteien zu Fusionen bewegen. Zudem müssen seit 2014 neue Parteien mindestens 500, statt bis dahin 1000, registrierte Mitglieder bei ihrer Gründung aufweisen. Die staatliche Parteienfinanzierung steht seit 1996 vor allem den Parteien zu, die die Sperrklausel von 5 % überschreiten. Jedoch erhalten politische Parteien mit mehr als einem Prozent der Stimmen auch eine jährliche Vergütung (Pettai 2018, S. 188). Insgesamt kann man feststellen, dass die Bestimmungen des Wahlsystems, die Organisation der Parteien und die Parteienfinanzierung vor allem die bereits existierenden, im Parlament vertretenen Parteien stärken.

4   Wandel des Parteiensystems

Das Parteiensystem Estlands wird bis heute maßgeblich durch Trennlinien geprägt, die bereits im Unabhängigkeitsprozess vorhanden waren. Auf der einen Seite befindet sich das nationalkonservative und wirtschaftlich liberale Lager, auf der anderen die sozio-ökonomisch eher linke *Zentrumpartei*, welche auch als Partei der russischsprachigen Bevölkerung gilt.

Bis 2016 war das Parteiensystem durch die Dominanz der *Reformpartei* in der Regierung und die Daueropposition der *Zentrumpartei* gekennzeichnet. Die 1995 von Siim Kallas gegründete liberale *Reformpartei* war an jeder Regierung beteiligt und stellte seit 2002 fast jeden Premierminister. Ausnahmen waren die Regierungen unter Juhan Parts (*Res Publica*) von 2003 bis 2005 sowie Jüri Ratas (*Zentrumpartei*) von 2016 bis 2019 und 2019 bis 2021. Die *Reformpartei* verfügte häufig über die größte Verhandlungsmacht bei Koalitionsbildungen, weil sie in der Lage war, ihren stärksten Konkurrenten, die *Zentrumpartei*, als pro-russische Partei darzustellen und so politisch zu marginalisieren (Saarts and Allemann 2022). Zusätzlich weist sie mit über 12.000 die meisten Mitglieder unter den estnischen Parteien auf. Hinzu kommen markante Führungspersönlichkeiten wie Siim Kallas (1994–2004), Andrus Ansip (2004–2014) oder Kaja Kallas, die seit 2021 bis 2024 erste Frau im Amt der Regierungschefin war.

Die *Zentrumpartei* repräsentiert am stärksten die politischen Anliegen der russischsprachigen Bevölkerung und wird von mehr als 75 % der russischsprachigen Wähler unterstützt (Saarts 2015). Der Partei wurden enge Kontakte zum Kreml vorgeworfen. Zudem war der langjährige Vorsitzende der Partei und Bürgermeister von Tallinn, Edgar Savisaar, in mehrere Korruptionsaffären verwickelt. Seit 2016, als Jüri Ratas zum neuen Parteivorsitzenden gewählt wurde, gilt die *Zentrumpartei* allerdings als koalitionsfähig. Nach dem Misstrauensvotum gegen Ministerpräsident Taavi Rõivas (*Reformpartei*) 2016 hatte die *Zentrumpartei* das erste Mal in der Geschichte die Gelegenheit, den Premierminister zu stellen und bildete gemeinsam mit der *Sozialdemokratischen Partei, Pro Patria und Res Publica* eine Koalition, was durchaus als Meilenstein in der Entwicklung des Parteiensystems verstanden werden kann.

Seit dem Beginn des Transformationsprozesses sahen die estnischen Eliten in dezidiert neoliberalen Reformen (die sich stark auf die sozioökonomische Lebensrealität der Bevölkerung auswirkten) eine alternativlose Notwendigkeit. Kritik an den neoliberalen Reformen, an ihrer Geschwindigkeit und ihrem Ausmaß, wurden als Vorliebe der Russischsprachigen für eine stärkere Sozialpolitik, Sozialismus und Rückständigkeit diskreditiert (Cianetti 2018, S. 328).

Interessanterweise haben die Dominanz der liberalen *Reformpartei* und die Marginalisierung der Opposition, die in den ersten zwanzig Jahren nach der Unabhängigkeit vorherrschten, die Konsolidierung der demokratischen Institutionen nicht untergraben. Im Gegenteil konnten sich die Institutionen gerade wegen des Ausschlusses reformkritischer Stimmen konsolidieren. Jedoch weist das demokratische System damit qualitative Defizite in Bezug auf ausgehöhlte politische Debatten im demokratischen Prozess auf, welche von der nationalen Mehrheit bestimmt werden (Cianetti 2018).

Ein weiteres Anzeichen für den Wandel des Parteiensystems ist der Erfolg der *Estnischen Konservativen Volkspartei* (EKRE). 2015 ebnete die andauernde politische Dominanz eines politischen Lagers sowie die damals einsetzende Migrationskrise zum ersten Mal der rechtspopulistischen, EU-skeptischen Partei EKRE den Weg ins Parlament. 2019 zog sie als drittstärkste Kraft in den Riigikogu ein und war bei der Regierungsbildung aufgrund der parteipolitischen Zusammensetzung des Parlaments kaum zu ignorieren. Die *Reformpartei* unter Kaja Kallas wurde mit 34 Sitzen stärkste Partei im Parlament, schloss allerdings eine Koalition mit EKRE aus, sodass sie keine Mehrheit finden konnte. Das Mandat zur Regierungsbildung ging somit an die mit 26 Sitzen zweitplatzierte *Zentrumpartei*, die zusammen mit EKRE und *Pro Patria* die zweite Regierung Ratas bildete.

Diese Koalition war von erheblichen Turbulenzen geprägt, welche größtenteils auf die provokative Rhetorik der EKRE und eine ungewöhnlich hohe Fluktuation bei ihren Ministern zurückzuführen waren. Die Partei polarisierte mit der politischen Agenda und Aussagen zu Migration und Gleichberechtigung. Sie hatte zwar einen geringen Einfluss auf die politischen Entscheidungen, dafür aber einen großen Einfluss auf die politische Atmosphäre (BTI 2022). So wurde zum Beispiel die Justiz einer einschüchternden Rhetorik ausgesetzt. Der seit Januar 2021 amtierende Parteivorsitzende Martin Helme versprach, dass „die Köpfe der Richter rollen werden", wenn EKRE an die Macht komme (BTI 2022). 2019 versuchte der von EKRE gestellte Innenminister, den Polizeichef rechtswidrig zu entlassen, was zu einem (erfolglosen) Misstrauensvotum gegen die ganze Regierung führte. Nach weniger als zwei Jahren zerbrach die Koalition letztendlich wegen Korruptionsvorwürfen gegen die *Zentrumpartei*.

Das Aufkommen einer rechtspopulistischen, nationalistische Töne ansprechenden Partei wie EKRE ist in dem Sinne keine neue Entwicklung, wenn man bedenkt, dass der Diskurs über die Notwendigkeit einer russischen Dekolonialisierung und die Anwesenheit einer russischen Minderheit als Gefahr für den estnischen Nationalstaat bereits in der Unabhängigkeitsbewegung vorhanden war (Solska 2011, S. 1093). Zum ersten Mal ist dieses Profil jedoch mit einem EU-skeptischen Narrativ verbunden.

5   Westintegration zwischen „Rückkehr zur Heimat" und Minderheitenpolitik

Nach fast fünfzig Jahren sowjetischer Herrschaft stand für Estland der demokratische Systemwechsel im Zeichen der Westintegration. Die Rückkehr nach Europa stellte den Rahmen für die neue Unabhängigkeit und nationale Selbstbestimmung dar. Die nationalen, reformorientierten Kräfte erhofften sich mit der Westintegration einen nicht hintergehbaren Wendepunkt zu erreichen. So argumentierte Mart Laar, Estlands erster Premierminister „[F]ull membership in NATO and the European Union [...] is the only effective guarantee against negative developments in the region" (Laar 2002, S. 83). Die Integration in westliche Organisationen war einerseits kulturell (Zugehörigkeit zur „europäischen Zivilisation") und andererseits sicherheitspolitisch (Angst vor den imperialistischen Ambitionen Russlands; russischsprachige Bevölkerung als Zielscheibe für russische Softpower) motiviert. Der 2004 erfolgte EU-Beitritt, welchem bei einem Referendum zwei Drittel der Wahlberechtigten bei einer Wahlbeteiligung von 64 % zustimmten, wurde als „symbolischer Endpunkt" des Transformationsprozesses gesehen (Schimmelfennig und Schwellnus 2011, S. 281).

Im EU-Beitrittsprozess stand Estland an der Spitze der drei baltischen Staaten. Die Beitrittsverhandlungen begannen bereits 1997 parallel zu denen Polens, Sloweniens, Tschechiens und Ungarns. Seit der wiedererlangten Unabhängigkeit durchlief Estland dank des starken Elitenkonsens einen raschen und linearen Demokratisierungsprozess. Bereits 1994 galt es gemäß etablierter Demokratieindizes als liberale Demokratie (Pettai 2019, S. 40), sodass die politische Konditionalität des EU-Beitritts als demokratisierende Kraft in Estland nicht von Nöten war, um die Eliten zu „disziplinieren" oder nicht-demokratiekonforme Vetospieler auszuschalten. Trotzdem stellten die 1997 aufgenommenen Beitrittsverhandlung einen Meilenstein dar. Mit der Aufnahme Estlands in die Gruppe der mitteleuropäischen Länder wurde erstens verdeutlicht, dass die EU bereit sein würde, post-sowjetische Staaten aufzunehmen, sofern sie erfolgreiche demokratische und wirtschaftliche Reformen durchführten. Zweitens stellten die aus der Sowjetbesatzung hervorgehenden geopolitischen Herausforderungen sowie die Minderheitenproblematik per se kein Ausschlusskriterium für den Beitritt dar (Pettai 2019, S. 47). Dieses Signal bekräftigte die Hoffnung auf eine zukünftige EU-Mitgliedschaft. Gleichzeitig legten die Beitrittsverhandlungen auch die aufzuholenden Defizite offen (Schimmelfennig und Schwellnus 2011, S. 285).

Diese betrafen die Minderheitenpolitik. Die EU stellte im Bereich der Minderheitenrechte, die als Teil der Menschenrechte in den Kopenhagener Kriterien verankert waren, klare Forderungen an das junge politische System (Schimmelfennig und Schwellnus 2011, S. 289–290). Allerdings waren diese Forderungen international umstritten: Erstens, weil die EU selbst keinen allgemein gültigen Standard im Umgang mit Minderheiten vorweisen konnte und zweitens, weil die westlichen Mächte das legalistische Prinzip in Estland nicht in Frage stellten, hatten sie doch selbst die de facto Annexion der Baltischen Staaten als illegal bewertet (siehe Infobox 1 zum legalistischen Prinzip). Von diesem Standpunkt aus betrachtet erschienen die estnischen Staatsbürgerschaftsgesetze nicht nur mit internationalem Gesetz kompatibel (Pettai und Kallas 2008, S. 110), sondern verglichen mit westeuropäischen Staatsbürgerschafts- und Minderheitengesetzen sogar liberal, sodass bisweilen von „doppelten Standards" die Rede war (Smith 2020, S. 244).

Die Forderungen betrafen konkret das Staatsbürgerschaftsgesetz sowie die Sprach- und Integrationspolitik (Pettai und Kallas 2008). Diese beinhalteten erstens die Vereinfachung des Einbürgerungsgesetzes, vor allem für staatenlose Kinder und zweitens eine stärkere Förderung von estnischen Sprachkenntnissen für Nicht-Esten (Pettai und Kallas 2008, S. 113). Ersterem kam Estland bereits im Dezember 1998 mit einer Gesetzesänderung nach, wonach staatenlose Eltern die estnische Staatsbürgerschaft für ihre Kinder bis zu deren 15. Lebensjahr beantragen können (Urdze 2012, S. 205). Die Verbesserung der Sprachkenntnisse für Nicht-Esten unterstützte die EU mit 6,8 Mio. € (Pettai und Kallas 2008, S. 111).

Die EU-Beitrittskonditionalität konnte zwar insgesamt keinen neuen Trend in der Minderheitenpolitik setzen (Pettai und Kallas 2008). Die Knüpfung des EU-Beitritts an klare Forderungen in der Minderheitenpolitik schuf jedoch Anreize, um die estnischen Eliten auf dem Pfad der Inklusion zu halten und das Maß an ethnozentrierter Politik zugunsten von Inklusion zu verringern. Dennoch hat der internationale Druck kein Umdenken in der Minderheitenpolitik bzw. keine Auseinandersetzung mit den tiefer gehenden strukturellen Problemen wie der sozialen Ungleichheit bewirkt (Sasse 2008, S. 852; vgl. dazu auch Cianetti 2018). Auch wenn die Minderheitenpolitik heute mehr auf Inklusion statt auf Exklusion setzt, wurden in der Regierungspraxis keine Räume für politische Debatten und Kontroversen geschaffen, die dem neoliberalen Reformtrend der Regierungsparteien hätten entgegenwirken können (Cianetti 2018).

Infobox 1: Das legalistische Prinzip
Nach dem legalistischen Prinzip ist das Handeln von Staaten im internationalen Kontext an konkretes Recht – in diesem Fall an Völkerrecht – gebunden. Im Sinne des legalistischen Prinzips verstanden die politischen Kräfte rund um die *Bürgerkomitee-Bewegung* die auf dem Territorium Estlands errichtete Estnische Sozialistische Sowjetrepublik samt ihrer Institutionen und Machthaber als illegale Besatzermächte. Tatsächlich war Estland 1940 von der sowjetischen Armee überfallen und gewaltsam einverleibt worden. Die Annexion Estlands wurde auch von den westlichen Mächten nie anerkannt und so blieb Estland de jure ein unabhängiges Land, welches de facto seine Souveränität verloren hatte. Gemäß des Prinzips sind somit alle in der Sowjetzeit errichteten politischen Institutionen sowie die Migration nicht-estnischer Sowjetbürger auf estnisches Territorium illegal (Visek 1997, S. 316).

Die Umsetzung des legalistischen Prinzips bedeutete in der Praxis, dass nach der wiederhergestellten Unabhängigkeit 1991 nur diejenigen rechtmäßige Bürger sein konnten, deren Vorfahren bereits vor der sowjetischen Annexion 1940 Staatsbürger der Estnischen Republik waren. Ein entsprechendes Staatsbürgerschaftsgesetz wurde 1992 angenommen, wodurch 500.000 mehrheitlich russischsprachige Sowjetbürger staatenlos wurden (Pettai und Kallas 2008, S. 107). Dadurch entstand in den ersten Jahren nach der Unabhängigkeit eine mehrheitlich ethnisch estnische Wählerschaft, was das politische System maßgeblich beeinflusste.

Heute haben rund 85 % der in Estland lebenden Menschen die estnische Staatsbürgerschaft, sechs Prozent die Staatsbürgerschaft der Russischen Föderation, fünf Prozent sind staatenlos (Statistics Estonia 2021). Über 90 % der 15- bis 29-jährigen Bewohner Estlands sprechen Estnisch.

6   Fazit

Die aus der Sowjetunion vererbte ethnische Spaltung führte Anfang der 1990er-Jahre zu einem Systemwechsel, welchem die Wiederherstellung der Eigenstaatlichkeit und der Staatsbürgerschaft aus der Zwischenkriegszeit zugrunde lag. Die klare Dominanz des pro-europäischen, wirtschaftsliberalen und nationalkonservativen Lagers trug maßgeblich zur Stabilisierung der demokratischen Institutionen bei. Paradoxerweise beruhte jedoch der Erfolg des estnischen demokratischen Systems primär auf dem Ausschluss der ethnischen Minderheit und der Marginalisierung der größten parlamentarischen Oppositionspartei, der *Zentrumpartei*. Angesichts des elektoralen Erfolgs der rechtspopulistischen EKRE müssen die Mainstream-Parteien nun mehr denn je die Wähler im Auge behalten, für die der Liberalismus in Estland zu weit gegangen ist.

Die demokratischen Institutionen erweisen sich weiterhin als robust und funktionsfähig. Wichtige, wenn auch für die Bevölkerung schmerzhafte, Wirtschaftsreformen wurden durchgeführt und haben Estlands Wirtschaft auf lange Sicht im europäischen Vergleich konkurrenzfähig gemacht. Auch wenn die Regierungskoalitionen instabil sind, sind die Fraktionen im Parlament in der Lage, neue Koalitionen zu bilden und Neuwahlen vorzubeugen, was für eine gewisse Funktionstüchtigkeit des Regierungssystems spricht. Immerhin konnten diese Regierungen nach einer Reihe radikaler Wirtschaftsreformen in den 1990er-Jahren eine umfassende Rentenreform und 2016/17 eine Reform der Kommunalverwaltung durchführen. Zudem legt jede estnische Regierung viel Wert auf den Ausbau von E-Governance und E-Partizipation (Pettai 2021). Die IT-Gesellschaft ist zu einem der politischen Wahrzeichen Estlands geworden. Bei den Parlamentswahlen 2023 gaben mehr als 51 % der Wähler ihre Stimme online ab. 2012 half die E-Partizipation der Bewältigung einer großen politischen Krise, als mehrere Vertreter zivilgesellschaftlicher Organisationen der damaligen Regierung vorwarfen, sich zu sehr von Bürgern abgeschottet zu haben. Präsident Toomas Hendrik Ilves leitete daraufhin einen öffentlichen Konsultationsprozess ein, welcher später als „Volksversammlung" bekannt wurde und sich stark auf ein Online-Portal zur Diskussion politischer Reformen stützte (Pettai 2018, S. 190–192).

Gleichzeitig weist Estland ein vergleichsweise hohes Maß an Vertrauen in die Demokratie sowie in einzelne demokratische Institutionen auf. Laut Eurobarometer (Standard Eurobarometer 2018) liegt die Zufriedenheit mit der Funktionsweise der demokratischen Ordnung auf nationaler Ebene in Estland mit 58 % sehr nahe am EU-Durchschnitt und gehört zu den höchsten unter den mittel- und osteuropäischen Mitgliedstaaten.

Kontrollfragen

(1) Inwiefern prägte die aus der Sowjetzeit stammende ethnische Zusammensetzung der estnischen Gesellschaft den Transformationsprozess und den Aufbau des neuen politischen Systems in Estland?

(2) Warum konnte sich die liberale *Reformpartei* als eine dominante Partei etablieren?

(3) Welche Rolle spielte die EU in Bezug auf die Entwicklung der Minderheitenrechte?

Weiterführende Literatur:

1. Mikkel, Evald. 2006. Patterns of Party Formation in Estonia: Consolidation Unaccomplished. In *Post-Communist EU Member States*, Hrsg. Susanne Jungerstam-Mulders, 23–49. London: Routledge.

Erläutert übersichtlich die Entwicklung der politischen Parteien und des Parteiensystems in Estland.

2. Duvold, Kjetil, Sten Beglund, und Joakim Ekman. 2020. *Political Culture in the Baltic States. Between National and European Integration.* New York: Palgrave Macmillan.

Bietet einen guten Überblick über den Wandel der politischen Kultur in multiethnischen Gesellschaften der Baltischen Staaten.

Literatur

Braghiroli, Stefano, und Vassilis Petsinis. 2019. Between party-systems and identity-politics: the populist and radical right in Estonia and Latvia. *European Politics and Society* 20 (4): 431–449.

BTI. 2022. Bertelsmann Stiftung, Country Report – Estonia. Gütersloh: Bertelsmann Stiftung.

Cianetti, Licia. 2018. Consolidated technocratic and ethnic hollowness, but no backsliding: reassessing Europeanisation in Estonia and Latvia. *East European Politics* 34 (3): 317–336.

Constitutional Review Procedure Act. https://www.riigiteataja.ee/en/eli/528062017007/consolide. Zugegriffen am 17.10.2023.

Geschäftsordnung Riigikogu. https://www.riigiteataja.ee/en/eli/518112014003/consolide. Zugegriffen am 13.08.2023.

Kask, Peet. 1996. Institutional development of the parliament of Estonia. *The Journal of Legislative Studies* 2 (1): 193–212.

Laar, Mart. 2002. Estonia's Sucess Story. In *Democracy after Communism*, Hrsg. Larry Diamond, und Marc F. Plattner, 78–83. Baltimore: The Johns Hopkins University Press.

Lagerspetz, Mikko, und Konrad Maier. 2010. Das politische System Estlands. In *Die politischen Systeme Osteuropas*, Hrsg. Wolfgang Ismayr, 79–121. 3. Auflage. Wiesbaden: VS Verlag für Sozialwissenschaften.

Mair, Peter. 2006. Cleavages. In *Handbook of Party Politics*, Hrsg. Richard Katz, und William Crotty, 371–376. London: SAGE Publications Ltd.

Mölder, Martin. 2013. Fluid Voters behind a Stabilising Party System? Investigating Party System Parameters in Estonia. Aufsatz vorgetragen auf 41. ECPR Joint Sessions of Workshops Johannes Gutenberg-Universität, Mainz 11–16 März.

Nikolenyi, Csaba. 2014. *Institutional Design and Party Government in Post-Communist Europe*. Oxford: Oxford University Press.

Pettai, Vello. 2005. Democratic Norm Building and Constitutional Discourse Formation in Estonia. In *Rethinking the Rule of Law after Communism*, Hrsg. Adam Czarnota, Martin Krygier, und Wojciech Sadurski, 89–117. Budapest: Central European University Press.

Pettai, Vello. 2007. The Construction of State Identity and Its Legacies: Legal Restorationism in Estonia. *Ab Imperio* 2007 (3): 403–426.

Pettai, Vello. 2018. Balancing between consolidation and cartel. The effects of party law in Estonia. In *The Regulation of Post-Communist Party Politics*, Hrsg. Fernando Casal Bértoa, und Ingrid van Biezen, 175–194. New York: Routlegde.

Pettai, Vello. 2019. The Baltic States: Keeping the Faith in Turbulent Times. *Canadian Journal of European and Russian Studies* 13 (2): 39–63.

Pettai, Vello. 2021. National identity and re-identity in post-Soviet Estonia. *Journal of Baltic Studies* 52 (3): 425–436.

Pettai, Vello, und Kristina Kallas. 2008. Estonia: Conditionality amidst a legal straightjacket. In *Minority Rights in Central and Eastern Europe*, Hrsg. Bernd Rechel, 104–118. London: Routledge.

Raudla, Ringa. 2010. Explaining constitution-makers' preferences: the cases of Estonia and the United States. *Constitutional Political Economy* 21:249–269.

Riigikogu. 2023. Legislative work. https://www.riigikogu.ee/en/introduction-and-history/ riigikogu-tasks-organisation-work/what-does-riigikogu/legislative-work/. Zugegriffen am: 13.08.2023.

Saarts, Tõnis. 2015. Persistence and Decline of Political Parties: The Case of Estonia. *East European Politics* 31 (2): 208–228.

Saarts, Tõnis, und Marleen Allemann. 2022. The Long-Term Governmental Parties in Post-Communist Democracies. *Problems of Post-Communism* 69 (6): 461–472.

Sasse, Gwendolyn. 2008. The politics of EU conditionality: the norm of minority protection during and beyond EU accession. *Journal of East Public Policy* 15 (6): 842–860.

Schimmelfennig, Frank, und Guido Schwellnus. 2011. Die supranationale Ebene: innenpolitische Konsequenzen des EU-Beitritts. In *Regierungssysteme in Mittel- und Osteuropa*, Hrsg. Florian Grotz, und Ferdinand Müller-Rommel, 281–299. Wiesbaden: VS Verlag für Sozialwissenschaften.

Smith, David J. 2020. The "Quadratic Nexus" Revisited: Nation-Building in Estonia Through the Prism of National Cultural Autonomy. *Nationalities Papers* 48 (2): 235–250.

Solska, Magdalena. 2011. Citizenship, Collective Identity and the International Impact on Integration Policy in Estonia, Latvia and Lithuania. *Europe-Asia Studies* 63 (6): 1089–1108.

Standard Eurobarometer 89. 2018. *Public Opinion in the European Union*. https://europa.eu/ eurobarometer/surveys/detail/2180. Zugegriffen am 17.10.2023.

Statistics Estonia. 2021. https://rahvaloendus.ee/en/results/demographic-and-ethno-cultural-characteristics-of-the-population. Zugegriffen am 30.07.2023.

Steinsdorff von, Silvia. 2011. Parlamente: Binnenorganisation im Spannungsfeld von Inklusion und Effizienz. In *Regierungssysteme in Mittel- und Osteuropa*, Hrsg. Florian Grotz, und Ferdinand Müller-Rommel, 171–193. Wiesbaden: VS Verlag für Sozialwissenschaften.

Urdze, Andrejs. 2012. Minderheiten und Minderheitenpolitik in den baltischen Staaten. In *Die politischen Systeme der baltischen Staaten*, Hrsg. Michèle Knodt, und Sigita Urdze, 197–216. Wiesbaden: VS Verlag für Sozialwissenschaften.

Visek, Richard C. 1997. Creating the Ethnic Electorate through Legal Restorationism: Citizenship Rights in Estonia. *Harvard International Law Journal* 38 (2): 315–374.

Lettland: Parlamentarisches System und geringe gesellschaftliche Partizipation

Claudia-Y. Matthes

Zusammenfassung

Lettland ist eine gefestigte Demokratie, deren Funktionsfähigkeit jedoch durch die geringe Wahlbeteiligung und Parteienbindung, politische Korruption sowie die Konflikte zwischen lettischer und russischsprachiger Bevölkerung beeinträchtigt ist. EU-Skepsis findet wenig Resonanz, vielmehr gilt die Einbindung in westliche Bündnisse als Garant für die Wahrung nationaler Souveränität, insbesondere nach Russlands Invasion der Ukraine.

Schlüsselwörter

Ethnopolitik · Divided democracy · Nationale Souveränität · Korruption · Fluides Parteiensystem

C.-Y. Matthes (✉)
Institut für Sozialwissenschaften, Humboldt-Universität zu Berlin, Berlin, Deutschland
E-Mail: claudia.matthes@sowi.hu-berlin.de

© Der/die Autor(en), exklusiv lizenziert an Springer Fachmedien Wiesbaden GmbH, ein Teil von Springer Nature 2025
S. Priebus, T. Beichelt (Hrsg.), *Die politischen Systeme im östlichen Europa*, https://doi.org/10.1007/978-3-658-43647-6_3

Tab. 1 Das politische System Lettlands im Überblick

Verfassung	Verabschiedet: 1922, teilweise und vorläufig wieder in Kraft gesetzt 1990, vollständig in Kraft gesetzt 1993 Geändert: 1994, 1996, 1997, 1998, 2002, 2003, 2004, 2005, 2007, 2009, 2013, 2014, 2016, 2018
	Verfassungsänderungsregel: Initiativrecht haben Präsident, Regierung, Parlamentsausschuss oder mind. 5 Abgeordnete. Verabschiedung durch parlamentarische 2/3-Mehrheit; bei Änderung des Verfassungskerns (Art. 1–3 und 6) zusätzlich Volksabstimmung nötig
Regierungssystem	Parlamentarisch
Staatspräsident	Wahlmodus und Amtszeit: indirekt durch Parlament mit mind. 51 Stimmen für 4 Jahre, einmalige Wiederwahl möglich. Abwahl oder strafrechtliche Anklage mit 2/3-Mehrheit möglich
	Kompetenzen: 1) Gesetzesinitiativrecht und Recht, Verfassungsänderungen einzubringen; 2) Suspensives Veto gegenüber Parlament und Recht, Inkrafttreten eines Gesetzes für 2 Monate auf Antrag von mind. 1/3 des Parlaments auszusetzen (über fraglichen Entwurf kann, mit einigen Ausnahmen, auf Wunsch von 1/10 der Wahlberechtigten auch durch Referendum entschieden werden); 3) Ernennung des Premierministers; 4) Auflösung des Parlaments auf Grundlage eines Referendums; 5) Recht, außerordentliche Sitzungen des Kabinetts zu leiten
Regierung (Kernexekutive)	Mitglieder: Premierminister und Kabinett (Anzahl der Minister durch Gesetz bestimmt)
	Auswahl: Ernennung des Premierministers durch Staatspräsidenten, anschließend Vertrauensabstimmung durch Parlament
	Abberufung: Misstrauensvotum gegen Premierminister durch Parlament führt zu Rücktritt des gesamten Kabinetts, Misstrauensvotum gegen einzelne Minister möglich; Vertrauensfrage durch Premierminister. Bei gescheitertem Haushaltsentwurf ist Rücktritt der Regierung zwingend
Parlament	Dauer Legislaturperiode: 4 Jahre
	Aufbau: eine Kammer (*Saeima*) mit 100 Abgeordneten, 16–17 Ausschüsse
	Bildung einer Fraktion durch mind. 5 Abgeordnete derselben Wahlliste
	Funktionen: 1) Gesetzgebung: Initiativrecht durch Ausschuss oder mind. 5 Abgeordnete; 2) Kontrolle der Exekutive: Interpellationen, Fragen, Pflicht der Regierung, Akten und Dokumente vorzulegen, Untersuchungsausschüsse, Misstrauensvotum; 3) Verabschiedung Staatshaushalt; 4) Bestätigung der Ernennung von, bzw. Wahl u. a. von Richtern, Generalstaatsanwalt, Direktor der Nationalbank
Wahlsystem	Verhältniswahl mit offener Liste und Präferenzstimme für Kandidaten; 5 %-Hürde
	Proportionale Verteilung der Sitze in fünf Wahlkreisen nach Sainte-Laguë/Schepers-Verfahren

Quelle: Eigene Darstellung

1   Einleitung

Die politischen Verhältnisse in Lettland sind in vielerlei Hinsicht geprägt von den Erfahrungen jahrhundertelanger Fremdherrschaft. Die Wahrung kultureller Eigenständigkeit sowie der lettischen Sprache und Traditionen sind daher ein wesentliches Motiv lettischer Politik. Schon im 19. Jahrhundert wurde der Prozess der nationalen Erweckung gegen deutsche Obrigkeit und das russische Zarenreich zum Motor für politische Autonomieforderungen. Über die Wiederentdeckung lettischer Volkslieder entstand eine Bewegung, die auch demokratische Rechte einklagte, bis Lettland schließlich gegen Ende des Ersten Weltkriegs 1918 eine parlamentarische Republik begründen konnte (Tauber 2012).[1]

Auch der Widerstand gegen das sozialistische Herrschaftssystem manifestierte sich zuerst in Abgrenzung von der sowjetischen Strategie, nationale Identitäten aufzulösen. Menschenrechte und Umweltschutz wurden dabei als Teilaspekte der nationalen Frage artikuliert (Matthes 1998, S. 51–52). Ab Mitte der 1980er-Jahre wurden die Sängerfeste für lettische Volkslieder zu einer spezifischen Protestform, die den Namen „singende Revolution" begründete. Eine andere Aktion mit ikonografischer Bedeutung war der „Baltische Weg": Zwei Millionen Menschen hielten sich am 23. August 1989, dem Jahrestag des Hitler-Stalin-Paktes, auf einer Strecke von über 650 km von Litauen bis nach Estland an den Händen, um auf die Annexion ihrer Länder im Jahr 1940[2] aufmerksam zu machen (Dreifelds 1996, S. 34).

Die *Volksfront Lettlands* (*Latvijas Tautas Fronte*), die sich bis zum Ende der Sowjetunion zu einer breiten Sammlungsbewegung mit ca. 250.000 Mitgliedern entwickelt hatte, forcierte die weitere politische Transformation. Sie forderte freie Wahlen und die schrittweise Durchsetzung demokratischer Reformen, während die kleinere, radikalere *Lettische Nationale Unabhängigkeitsbewegung* (*Latvijas Nacionālās Neatkarības Kustība*, LNNK) verlangte, die nationale Souveränität sofort wiederherzustellen (Matthes 2013, S. 49, 54). Bei der Wahl zum Obersten Sowjet Lettlands am 8. März 1990, bei der die Opposition erstmals teilnehmen durfte, erhielt die *Volksfront* eine klare Mehrheit und konnte ihren Weg des Wandels fortsetzen. Das folgende Jahr prägte die Auflösung des sozialistischen Sys-

---

[1] Nach einem anfänglichen sozialen und wirtschaftlichen Aufschwung kam es während der Wirtschaftskrise Ende der 1920er-Jahre zu politischen Konflikten und Staatspräsident Kārlis Ulmanis reagierte mit einem Staatsstreich. In der Nacht vom 15. zum 16. Mai 1934 verhängte er den Ausnahmezustand, löste das Parlament auf, verbot politische Parteien und regierte bis 1940 autoritär.

[2] Im Juli 1940 marschierte die Rote Armee ein und im Juli 1941 besetzte Nazi-Deutschland das lettische Staatsgebiet, bis es die Sowjetunion im Oktober 1944 erneut eroberte (Tauber 2012).

tems sowie der *Kommunistischen Partei Lettlands* (*Latvijas Komunistiska partija*, LKP), aber auch ein gewaltsamer, obgleich erfolgloser, Putschversuch im Januar 1991 mit dem Ziel, das alte Herrschaftsmodell zu restaurieren (Matthes 1998, S. 55–58; Schmidt 2010, S. 124). Im August 1991 musste die Sowjetunion Lettlands Unabhängigkeit endgültig akzeptieren.

In institutioneller Hinsicht verlief die Transformation recht geradlinig und der Übergang zur Demokratie blieb bisher die einzige Critical Juncture. Das allgemeine Verständnis war, dass die Verfassung von 1922 (*Satversme*) noch Gültigkeit besaß und reaktiviert werden sollte. Die Geschichte des Landes ergab aber auch konfliktbeladene Pfadabhängigkeiten, welche bis heute Mentalitäten und politische Entscheidungen prägen. So entstand aus den Regelungen zur Staatsbürgerschaft eine ethnopolitische Konfliktlinie zwischen russischer und lettischer Bevölkerung, weshalb Lettland auch als „divided democracy" (Agarin und Nakai 2021) bezeichnet wird. Verbunden damit sind eine geringe politische Beteiligung sowie ein volatiles, gesellschaftlich kaum verankertes Parteiensystem. Der EU-Beitritt 2004, den die Elite und Bevölkerung klar unterstützen und in einem Referendum bekräftigten (Auers 2021; Mikkel und Pridham 2004), erwies sich insofern als Meilenstein, als dass Lettland sein Staatsbürgerschaftsgesetz zuvor liberalisieren musste. Auch danach hat sich das Land zumeist als integrationsfreundlich erwiesen, das Erbe der sowjetischen Okkupation prägt Politik und Gesellschaft weiterhin. Im Folgenden werden die Pfadabhängigkeiten präzisiert und anschließend die Funktionsweise der politischen Institutionen analysiert.

Wie auch in den anderen Länderbeiträgen des vorliegenden Sammelbandes liefert Tab. 1 einen Überblick über das entstandene politische System (Stand: Juli 2024).

2 Grundzüge des politischen Systems

2.1 Die Regelungen zu Staatsbürgerschaft und Staatssprache

Das Primat der institutionellen Kontinuität sowie das Schicksal Lettlands nach der Besetzung durch die Sowjetunion bildeten die Rahmenbedingungen für die Frage, wer Staatsbürger:in sein und damit den politischen Prozess nach der Unabhängigkeit mitgestalten konnte. Zunächst betraf dies die ersten freien Wahlen 1993. Das Parlament setzte das Staatsbürgerschaftsgesetz von 1937 wieder in Kraft, sodass alle Einwohner:innen, die danach ins Land gekommen waren, keinen Status und kein Wahlrecht hatten (Schmidt 2010, S. 127). Ein neues Gesetz von 1994 bestätigte für alle diejenigen, die vor der Okkupation am 17. Juni 1940 in Lettland gelebt hatten, sowie für ihre Nachkommen die lettische Staatsbürgerschaft. Diese Bedingung erfüllten ungefähr 200.000 der rund 900.000 Personen russischer Herkunft in Lettland, womit 40 % der damals 2,6 Mio. Einwohner:innen von der Staatsbürgerschaft ausgeschlossen waren. Ihnen wurde ermöglicht, diese zu beantragen, wenn sie folgende Bedingungen erfüllten: Sie mussten seit dem Stichtag des 4. Mai 1990 – als Lettland sich erstmalig für unabhängig erklärte – für mindestens fünf Jahre in Land gelebt haben, die Sprache sprechen, eine legale Einkommensquelle sowie Kenntnisse der lettischen Geschichte und Nationalhymne nachweisen und auf andere Staatsbürgerschaften verzichten. Allerdings konnten Anträge nur nach einem sogenannten „Fenstersystem" in bestimmten Alterskohorten gestellt werden, wobei jüngere Menschen schneller als ältere eingebürgert werden sollten und Menschen, die nicht in Lettland geboren worden waren, erst ab 2001 (Lammich und Ušaka 1995, S. 69).

Eine ursprünglich noch strengere Variante wurde auf Druck der Organisation für Sicherheit und Zusammenarbeit in Europa (OSZE) und des Europarats verworfen. Insgesamt implizierte dieses Gesetz für Nicht-Staatsbürger:innen erhebliche Einschränkungen. Sie konnten sich nur partiell an der Privatisierung beteiligen, keinen Grund und Boden, Immobilien, Unternehmen sowie bestimmte Lizenzen erwerben und sie erhielten geringere Sozialleistungen (Schmidt 2010, S. 128). Inzwischen hat sich ihr Status, abgesehen vom Wahlrecht, in vielen Bereichen angeglichen (Karklins 2021, S. 458).

Begründet wurde dieses Gesetz von 1994 nicht nur mit der Besetzung Lettlands, sondern auch den demografischen Folgen und dem damit verbundenen menschlichen Leid. Denn wie in anderen Teilen ihres Herrschaftsgebiets hatte die politische Führung der Sowjetunion einen massiven Bevölkerungstransfer veranlasst: Am 14. Juni 1941 wurden rund 16.000 Menschen nach Sibirien deportiert, zuvor waren ca. 20.000 Personen aus politischen Gründen verhaftet worden. Zahlreiche weitere Lett:innen emigrierten danach oder wurden von den Nazis ermordet. Zum Ende des Krieges waren weite Teile der intellektuellen Elite des Landes, inklusive 90 % der jüdischen Bevölkerung, ausgelöscht. Die Einwohnerzahl hatte sich Schätzungen zufolge bis 1945 um ca. 30 % reduziert. 1949 vollzogen die sowjetischen Behörden im Zuge der Kollektivierung der Landwirtschaft neue Deportation nach Sibirien (Onken 2003). Ab den 1950er-Jahren entsandten sie viele russische und russophone Militärangehörige sowie Industriearbeiter:innen nach Lettland (Matthes 2013). Die ethnische Zusammensetzung der Bevölkerung veränderte sich, die Verwendung der lettischen Sprache wurde untersagt und Kulturschaffende drangsaliert. 1989 definierten sich nur noch 52 % der Bevölkerung als lettisch, während es 1935 75,7 % gewesen waren (Götz et al. 1998, S. 306).

Als Reaktion auf die frühere Benachteiligung der lettischen Sprache erhob der Oberste Sowjet Lettlands schon 1989 Lettisch zur Staatssprache, auch in mehrheitlich nicht-lettischen Kommunen (Götz et al. 1998, S. 318–321). Ab dem 5. Mai 1992 wurde ein Sprachnachweis im Arbeitsleben erforderlich, das jeweils notwendige

Sprachniveau für jeden Beruf definiert und staatlich organisierte Sprachkurse angeboten. Trotzdem kritisierten Betroffene sowie die OSZE die Härte der Sprachprüfungen, knappe oder fehlende Übergangsfristen und die Kontrolle durch Sprachinspektor:innen. Diese waren befugt, bei unzulässigem Gebrauch des Russischen Ordnungsstrafen zu verhängen (Götz et al. 1998, S. 322, Schmidt 2010, S. 129).

In den Beitrittsverhandlungen monierte die EU dies als Exklusion von Teilen der Bevölkerung und setzte 1997 die Beitrittsgespräche für zwei Jahre aus (Eihmanis 2019, S. 4). Die damalige Staatspräsidentin Vaira Vīķe-Freiberga engagierte sich daraufhin für die Anpassung beider Gesetze. Nicht-Staatsbürger:innen erhielten einen speziellen Pass, die Einbürgerungsfenster wurden 1998 getilgt und die Anforderungen ans Lettische im Berufsleben verringert, sodass der Beitrittsprozess fortgesetzt wurde. Spätere Reformen und Reformversuche, zum Teil durch Referenden angestoßen, erleichterten den Erwerb der Staatsbürgerschaft. Die Verwendung des Lettischen in Schulen und Medien ist weiter umstritten (Karklins 2021, S. 460). Die gesetzlichen Reformen in Sachen Staatsbürgerschaft und Sprachgebrauch sind in Tab. 2 zusammengefasst.

Tab. 2 Reformen bei Staatsbürgerschafts- und Sprachengesetz nach 1998

Jahr	
2002	Bewerber:innen für öffentliche Ämter müssen nicht mehr die höchste Stufe an Sprachfertigkeit im Lettischen nachweisen
2003	Verfassungsgericht kippt das Gesetz, dass Medien zu mindestens 75 % Lettisch nutzen müssen
2004	In Schulen ethnischer Minderheiten muss 60 % des Unterrichts auf Lettisch erfolgen
2007	Ombudsman für Minderheiten eingeführt, um mögliche Diskriminierungen zu kontrollieren
2012	Erfolgloses Referendum zur Einführung des Russischen als zweite Amtssprache mit 70 % Wahlbeteiligung und 75 % Nein-Stimmen
2013	Möglichkeit der doppelten Staatsangehörigkeit für Bürger von EU-, EFTA- und einigen anderen Staaten eingeführt
2018	Einschränkung des Gebrauchs von Minderheitensprachen an Schulen und Universitäten
2019	In Lettland geborene Kinder von Nicht-Staatsbürger:innen erhalten seit 01.01.2020 automatisch die lettische Staatsangehörigkeit (zuvor nur auf Antrag)
2021	Gesetz von 2018 für verfassungswidrig befunden, Änderung erlaubt aber nur das Unterrichten in offiziellen EU-Sprachen, russischsprachige Schulen müssen auf Lettisch umstellen
2022	Möglichkeit des Entzugs der lettischen Staatsangehörigkeit für Täter von u. a. Genozid und Kriegsverbrechen

Quelle: Eigene Zusammenstellung nach Mikkel und Pridham 2004; Karklins 2021; Citizenship Law 2022

Das Bemühen der lettischen Regierung, wenn auch durch äußeren Druck, die Annahme der lettischen Staatsbürgerschaft attraktiver zu machen, verfolgte zwei Ziele: die Anzahl der Nicht-Staatsbürger:innen zu reduzieren sowie Russlands Versuchen, russische Pässe an in Lettland lebende Russ:innen auszugeben, etwas entgegenzusetzen. Tatsächlich gelang dies, mit jeweils einem Peak bei der Abschaffung der Einbürgerungsfenster 1998 und der EU-Erweiterung 2004 (Šūpule et al. 2014, S. 25). Zudem wanderten mindestens 100.000 russische Einwohner:innen aus Lettland aus. Heute haben noch immer rund acht Prozent der Bevölkerung einen russischen Pass bzw. den für Nicht-Staatsbürger:innen, was zum Teil daran liegt, dass letztere inzwischen im Schengen-Raum frei reisen können, Personen mit lettischem Pass hingegen für Verwandtenbesuche in Russland ein Visum brauchen oder sie den Sprachtest ablehnen. Insgesamt hat sich der Anteil der Einwohner:innen ohne Lettisch-Kenntnisse verringert (Karklins 2021, S. 459).

Die beiden Gesetze zur Staatsbürgerschaft und zur Staatssprache spiegeln somit nicht nur das politische Klima der Umbruchsphase, sondern stellten Weichen für die politische Teilhabe und den gesellschaftlichen Zusammenhalt, ähnlich wie es in manchen anderen Staaten für die Verfassungsgebung gilt. Trotz der Reformen blieb die ethnopolitische Konfliktlinie virulent.

2.2   Das Regierungssystem Lettlands nach 1990

Aufgrund des Konsenses darüber, dass eine rechtliche Kontinuität der ersten Republik bestand, gab es keine Debatte darüber, ob das politische System einen parlamentarischen oder präsidentiellen Charakter haben sollte. Letzteres wäre angesichts des autoritären Systems zwischen 1934 und 1940 denkbar gewesen, zumal an Präsident Ulmanis' Amtszeit wegen der folgenden Okkupation oft positiv erinnert wird (Auers 2021, S. 68). Die Verfassung, die einst als eine der modernsten Europas galt, behielt jedoch ihren ursprünglichen Wortlaut.

Mit den ersten freien Wahlen am 5. und 6. Juni 1993 endete die Übergangsphase, die im März 1990 mit der Wahl zum Obersten Sowjet (danach umbenannt in Obersten Rat und ab 1993 wieder in *Saeima*) und der ersten Unabhängigkeitserklärung vom 4. Mai 1990 eingesetzt hatte. In dieser Zeit bestand verfassungspolitisch eine gewisse Unklarheit, da noch nicht alle Staatsorgane wieder besetzt waren und die Verfassung weder einen Grundrechteteil noch Regelungen zur Judikative oder den Rechten und Pflichten der Staatsbürger:innen enthielt. Die Teile der sowjetischen Verfassung, die der *Satversme* nicht widersprachen, galten daher bis zur Verabschiedung entsprechender Ergänzungen durch das Verfassungsgesetz vom 10. Dezember 1991 fort (Schmidt 2010, S. 126).

Weitere Anpassungen der Verfassung erfolgten nach 1993. 1994 senkte das Parlament das Wahlalter von 21 auf 18 Jahre, führte 1996 ein Verfassungsgericht ein und entschied im Dezember 1997, seine Legislaturperiode sowie die Amtszeit der:des Staatspräsident:in von drei auf vier Jahre zu verlängern. Im Wahlrecht wurde eine Sperrklausel eingeführt: 1993 mussten Parteien mehr als vier Prozent der Stimmen holen, ab 1995 waren es fünf Prozent (Matthes 2013). 2014 verabschiedete das Parlament eine Präambel für die Verfassung, die zuvor recht kontrovers diskutiert worden war. Sie hob Lettlands Werte und Selbstverständnis als christliche Nation sowie Lettisch als Staatssprache hervor. Dieser Akt war eine Reaktion auf das Referendum, das versucht hatte, Russisch als zweite Amtssprache zu etablieren (Urdze 2019, S. 1394–1395).

Die Regierung, die aus den Wahlen zur fünften *Saeima* – in Fortführung der Zählweise von vor 1934 – im Juni 1993 hervorging, bestand aus einer Koalition der konservativ-liberalen Partei *Lettlands Weg* (*Latvijas Ceļš*, LC) und der *Bauern-union* (*Latviešu Zemnieku Savienība*, LZS) mit Valdis Birkavs (*LC*) als Premierminister. Sie zerbrach schon im Sommer darauf an einem Streit über Agrarsubventionen, sodass es 1995 zu Neuwahlen kam. Bis heute ist ein Merkmal des lettischen Systems die Instabilität der Regierungen, keine blieb die volle Legislaturperiode im Amt. Insgesamt sind die politischen Parteien schwach – mehrere Male lagen bei Wahlen Parteien vorne, die weniger als ein Jahr zuvor gegründet worden waren. Dadurch formieren sich zumeist Minderheitsregierungen oder Regierungen mit übergroßen Mehrheiten aus drei bis fünf Parteien. Die Premierminister:innen sind nicht durch ein konstruktives Misstrauensvotum geschützt und haben wegen der Koalitionsformate keine besondere Macht gegenüber ihren Kabinetten. Nur wenige Regierungen wurden bislang wiedergewählt: Aigars Kalvītis von der konservativen *Volkspartei* (*Tautas Parti*, TP) im November 2006 und Valdis Dombrovskis, später EU-Kommissar, von der Mitte-Rechts Partei *Neue Zeit* (*Jaunas Laiks*, JL) im Oktober 2010. Auch sie schafften es nicht, eine zweite Amtszeit über vier Jahre hinweg zu überstehen. Krišjānis Kariņš von der liberal-konservativen *Neuen Einigkeit* (*Jaunā Vienotība*, JV), im Oktober 2022 im Amt bestätigt, trat im August 2023 wegen mangelnden Rückhalts in seiner Koalition zurück. Parteien, welche die Interessen der russophonen Bevölkerung vertreten, waren nie Teil einer Regierung (Agarin und Nakai 2021, S. 538). Mitunter haben sie aber Minderheits- und Übergangsregierungen gestützt oder ihre Stimmen waren bei Abstimmungen über Gesetze, Wahlen für Richter:innen oder andere Ämter entscheidend (Matthes 2013, S. 53; Karklins 2021, S. 462).

An der Fluidität des Parteiensystems leidet neben der Regierungsstabilität auch die Parlamentsarbeit. So hat sich kein konstruktiver Dualismus zwischen Regierungsmehrheit und Opposition herausgebildet und Abgeordnete wechseln häufig ihre Fraktion. Parlamentarische Gepflogenheiten wie die Beteiligung der Opposition im Parlamentspräsidium werden praktiziert, bei der Besetzung der Ausschussvorsitze hingegen wird der Proporz nicht immer respektiert. Die Opposition nimmt ihre Kontrollfunktion wahr, nutzt Fragestunden oder setzt Untersuchungsausschüsse ein (Schmidt 2010, S. 135). In der Gesetzgebung aber fehlt es oft an Expertise. Bezüglich der großen Linien wie Westbindung, liberaler Wirtschaftspolitik oder Euro-Beitritt gibt es selten Konflikte, in weltanschaulichen Fragen schon (Bertelsmann 2022, S. 12). Die Verfassung ermöglicht auch eine Volksgesetzgebung, die ein Zehntel der Wahlberechtigten initiieren kann. Dieses Mittel nutzen Interessenverbände sowie politische Parteien aller Couleur mit unterschiedlichem Erfolg (Schmidt 2010, S. 150–151).

Das Amt des:der durch das Parlament gewählten Staatspräsident:in ist zwar eher repräsentativer Natur, doch das zersplitterte Parteiensystem erforderte oft seine/ihre Steuerung der Regierungsbildung. Trotz mitunter komplizierter Verhandlungen gelang die Ernennung eines:r mehrheitsfähigen Kandidat:in als Regierungschef:in bisher stets in weniger als drei Versuchen. Diese politische Konstellation nutzten manche Staatspräsident:innen zur Profilierung, ebenso ihre Kompetenzen in der Gesetzgebung durch ihr Initiativ- und suspensives Vetorecht. Gerade letzteres hat sich in der Praxis als Mittel zur Verbesserung der Gesetzgebung erwiesen und in 80 % der Fälle nahm die *Saeima* die Änderungsvorschläge an (Abolina 2019). Einwände kann der:die Staatspräsident:in nur einmal vorbringen und das Parlament kann sie überstimmen (Schmidt 2010, S. 131). Im politischen Alltag entstehen Konflikte zwischen Premierminister:in und Präsident:in, aber sie bedrohen nicht die Funktionsfähigkeit des politischen Systems.

Der erste Staatspräsident Guntis Ulmanis (1993–1999) von der *Bauernunion* präsentierte sich zunächst als politischer Nachfolger seines Onkels Kārlis Ulmanis. Ende der 1990er-Jahre aber neigte er in der Staatsbürgerschaftsfrage dem liberalen Spektrum zu. Die ihm nachfolgende Vaira Vīķe-Freiberga (1999–2007), eine reimmigrierte kanadisch-lettische Psychologie-Professorin, erarbeitete sich hohen Respekt bei der Bevölkerung, weil sie im März 2007 die Revision einiger demokratisch fragwürdiger Gesetze zur nationalen Sicherheit herbeiführte. Der politisch unbekannte Arzt Valdis Zatlers (2007–2011) setzte sich vor allem für die Bekämpfung der Korruption ein. Im Mai 2011 initiierte er die Auflösung des Parlaments als dieses sich weigerte, die Immunität eines Abgeordneten aufzuheben, welcher der Korruption verdächtigt wurde (Urdze 2019, S. 1397). Zatlers verlor seine Wiederwahl ausgerechnet gegen den Oligarchen Andris Bērziņš (2011–2015). Dieser, sowie sein Nachfolger Raimonds Vējonis (2015–2019), der einem anderen Oligarchen, Aivars Lembergs, nahestand, waren der Demokratie wenig förderlich. Seit 2019 war der in Deutschland aufgewachsene Egils Levits, in den 1990er-Jahre Justizminister, später Botschafter sowie Richter, zuletzt am Europäischen Gerichtshof, im Amt (Auers 2021, S. 69). Da keine Partei seine Wiederwahl ausreichend unterstützte, trat er nicht noch einmal an, und am 8. Juli 2023 wählte die *Saeima* den früheren Außenminister Edgars Rinkēvičs zum Staatspräsidenten.

2.3   Wahlen, Parteien und politische Korruption

Die Wahlbeteiligung in Lettland war Anfang der 1990er-Jahre vergleichsweise hoch. 1993 stimmten 89 % der Wahlberechtigten ab, 1995 und danach noch 70–77 %, aber seit der Wahl von 2006 beteiligen sich nur um die 60 %. Enge Kontakte zwischen Abgeordneten und Wähler:innen bestehen wegen des Verhältniswahlrechts nicht; Parteien in Lettland haben im europäischen Vergleich die geringsten Mitgliederzahlen (Bertelsmann 2022, S. 15). Die Organisation für Sicherheit und Zusammenarbeit in Europa (OSZE), die regelmäßig die Wahlen in Lettland beobachtet, bezeichnet diese als frei und fair, dennoch gibt es mitunter den Vorwurf des Stimmenkaufs. Für die sinkende Wahlbeteiligung werden verschiedene Erklärungen herangezogen: das geringe Vertrauen in politische Parteien, die wirtschaftlichen und sozialen Sorgen vieler Menschen – Lettland durchlebte 1995 sowie 2008 bis 2010 extreme Wirtschaftskrisen (Eihmanis 2019) –, und daraus resultierend eine geringe Neigung bzw. Kapazität, sich politisch zu engagieren (Rūse 2015). Auch wegen der andauernden Debatte über die Staatsbürgerschaft und die Frage, wer zur Wahlbevölkerung gehört, wandten sich viele Menschen vom politischen Geschehen ab (Agarin und Nakai 2021). Darunter waren sowohl Personen, die weitere Liberalisierungen der Staatsbürgerschaftsrechts ablehnten, als auch solche, die sich politisch nicht repräsentiert fühlten, obgleich Nichtstaatsbürger:innen seit Juni 2006 Mitglied einer Partei sein können. Sie müssen eine ständige Aufenthaltsgenehmigung haben und ihr Anteil in der Partei darf weniger als 50 % betragen. Zuvor konnten sie sich nur in sozialen Organisationen und Vereinigungen betätigen (Schmidt 2010, S. 153).

In ideologischer Hinsicht teilt die ethnopolitische Konfliktlinie das Parteiensystem und die Wähler:innenschaft noch immer in zwei Lager. Zwar betonen die lettisch-orientierten Parteien die nationale Frage inzwischen unterschiedlich stark (Braghiroli und Petsinis 2019) und auch die zwei Parteien, welche sich für die russophone Bevölkerung einsetzen, sind unterschiedlich radikal (Karklins 2021), aber die Trennung verläuft noch immer entlang der Haltung zur Unabhängigkeit und Staatsbürgerschaft.

Der Wahlkampf 1990 bildete die erste Zäsur für die Formierung politischer Parteien, die sich währenddessen und danach aus den Sammlungsbewegungen bildeten:

Aus *Volksfront* und LNNK entstanden Parteien, die sich als rechts, d. h. „pro-lettisch" bezeichneten, in Abgrenzung zur linken *Interfront (Internacionālā Darbaļaužu fronte)* und KPL. Aus ihnen gründeten sich die Organisation[3] *Gleichberechtigung (Līdztiesība)*, die sich für die russischstämmige Bevölkerung einsetzte, und 1994 die *Sozialistische Partei Lettlands (Latvijas Sociālistiskā Partija)*. Die einzige Partei, welche einen Mittelweg propagierte, war *Harmonie für Lettland (Tautas Saskaņas Partija, TSP)*. Sie hatte ihre Wurzeln in der Volksfront, forderte einen Ausgleich mit Russophonen ein und vertrat sozialdemokratische Positionen (Matthes 1998, S. 69–75).

Innerhalb dieser Lager blieb das Parteienspektrum in Bewegung: Die liberalkonservative Partei LC, die seit 1993 mehrmals den Premierminister stellte, ging später mit *Lettlands Erste Partei (Latvijas Pirmā partija, LPP)* zusammen, löste sich aber 2011 auf. Die rechts-nationale *Vaterland und Freiheit (Tevzeme un Brivibai, TB)* verband sich 1997 mit der LNNK und 2011 mit weiteren Parteien zur *Nationalen Allianz (Nacionālā apvienība, NA)*. 2002 fusionierte die ebenfalls rechts-konservative *Bauernunion* mit den *Grünen* zur *Union der Grünen und Bauern (Zaļo un Zemnieku Savienība, ZZS)*, 2022 spalteten sie sich.

Einige der Gruppierungen, die die russophone Bevölkerung vertraten, sammelten sich 1998 in dem Bündnis *Für Menschenrechte in einem vereinten Lettland (Par cilvēka tiesībām vienotā Latvijā, PCTVL)*. Diese Partei wurde 2009 ins Europaparlament gewählt. Die TSP vereinigte sich 2005 mit anderen kleineren Parteien zum linken Bündnis *Harmonie Zentrum (Saskaņas Centrs, SC)* (Matthes 2013, S. 57–58), das in weiter wechselnder Formation, teilweise umbenannt, bei drei Parlamentswahlen in Folge (2011, 2014, 2018) stärkste Kraft wurde. Die Partei wird inzwischen auch von Lett:innen gewählt, stellte in Riga von 2009 bis 2019 den Bürgermeister, blieb aber uneindeutig in ihrer Beziehung zu Russland sowie der Bewertung der sowjetischen Vergangenheit (Karklins 2021, S. 462). 2022 landete sie als Folge des russischen Angriffskrieges gegen die Ukraine bei unter fünf Prozent der Wähler:innenstimmen.

Ein weiteres Phänomen des lettischen Parteiensystems ist der politische Erfolg dreier Oligarchen ab Ende der 1990er-Jahre. Andris Šķēle, Inhaber einer lettischen Unternehmensgruppe, gründete 1998 die konservativ-wirtschaftsliberale TP, für die er zwei Mal zum Premierminister gewählt wurde. Seine Amtsführung war umstritten. Er berief mehrmals Minister, denen Kontakte zur organisierten Kriminalität nachgesagt wurden, und verfolgte dubiose Privatisierungsverfahren. 2008 wurde ihm vorgeworfen, die staatlichen Anteile der größten Mobilfunkfirma Lettlands auf nicht angemessene Art erworben zu haben (Schmidt 2010, S. 143). Ainārs Šlesers übernahm 2006 die LPP/LC und diente mehrmals als Minister. Im Januar

---

[3] Keine Partei, weil ihre Mitglieder nicht die lettische Staatsbürgerschaft besaßen.

2006 wollte er ein Gesetz durchsetzen, das es NGOs mit ausländischer Förderung verbieten sollte, die Aktivitäten lettischer Parteien zu beobachten und später wurde er der versuchten Bestechung des Bürgermeisters der Stadt Jūrmala überführt (Matthes 2013, S. 59).[4] Aivars Lembergs, seit 1988 Bürgermeister von Ventspils und Besitzer der Ölfirma Ventspils Nafta, die auch Anteile an drei großen lettischen Tageszeitungen, Neatkarīgā Rīta Avīze, Latvijas Avīze und Vakara Ziņas, und anderen Medien hielt, finanzierte und führte zeitweise die ZZS (Schmidt 2010, S. 161). Bei der Parlamentswahl 2006 trat Lembergs als ihr Spitzenkandidat an, wurde aber im März darauf kurzzeitig wegen des Verdachts inhaftiert, Bestechungsgelder in Höhe von fünf Millionen Lat an andere Parteien und Politiker gezahlt zu haben. Das Verfahren zog sich bis 2021 (Bertelsmann 2022, S. 13).[5] Der Einfluss der Oligarchen ist nur partiell zurückgegangen und die ZZS war weiter im Parlament vertreten. 2017 wurde ein heimliches Treffen der drei Oligarchen mit anderen Politiker:innen veröffentlicht (Auers 2021, S. 73) und sowohl Lembergs als auch Šlesers kandidierten bei der Parlamentswahl 2022. Programmatisch verorten sich die auch die Oligarchen im wirtschaftsliberalen bis rechts-konservativen Lager.

Begünstigt wurde der politische Erfolg der Oligarchen durch die lockeren Regelungen zur Parteien- und Wahlkampffinanzierung. Bis 2008/09 ließ das lettische Parteiengesetz politische Kampagnen in den Medien nahezu unbeschränkt zu und kannte weder eine staatliche Parteienfinanzierung oder Wahlkampfkostenerstattung, noch reglementierte es Privatspenden. 2010 änderte sich dies (Schmidt 2010, S. 153) und 2019 initiierte Staatspräsident Levits ein Gesetz, welches die staatliche Unterstützung für politische Parteien erhöhte und deren private Förderung beschränkte (Auers 2021, S. 71).

In Reaktion auf die Oligarchen gründeten sich immer wieder neue Parteien, um die politische Korruption zu bekämpfen, wie die liberale *Neue Zeit* (*Jaunais laiks*, JL) im Jahr 2002, die 2011 mit der liberal-konservativen Partei *Einigkeit* (*Vienotība*) verschmolz, die *Neue Konservative Partei* (*Jaunā konservatīvā partija*, JKP) in 2014 oder die rechts-populistische Partei *Wem gehört der Staat* (*Kam pieder valsts?*, KPV) in 2016. Die meisten Spaltungen oder Neugründungen politischer Parteien sind jedoch personell begründet, wobei manche Persönlichkeiten längere Zeit in wechselnden Parteien politisch aktiv sind. Erst in jüngster Zeit prägen identitätsbezogene oder sozialpolitische Themen politische Präferenzen, wobei

---

[4] Delna, die Abteilung von Transparency International in Riga, sowie Providus, die von der Soros Foundation gefördert werden, hatten sich kritisch über das Gebahren mancher Politiker geäußert.

[5] Lembergs wurde zu fünf Jahren Gefängnis verurteilt aber nach einem Jahr unter Auflagen wieder freigesetzt.

populistische Parteien weiter die ethnopolitische Konfliktlinie bedienen (Matthes 2022), aber auch eine Partei wie *Die Progressiven* (*Progresīvie*, PRO) ins Parlament gelangte. 2023 beteiligte sich PRO an der Bildung einer neuen Regierung.

2.4 Kontrollinstitutionen: Verfassungsgericht und Anti-Korruptionsbehörde

Das Verfassungsgericht als vergleichsweise neue Institution in Lettland ist als Kontrollinstanz konzipiert. Seine sieben Richter:innen, die auf zehn Jahre mit einfacher Mehrheit von der *Saeima* gewählt werden, können durch die Regierung, den:die Staatspräsident:in, mindestens 20 Abgeordnete oder andere Institutionen mit einem Antrag auf abstrakte Normenkontrolle aktiviert werden (Urdze 2019, S. 1400). Der Zugang zum Gericht wurde kontinuierlich erweitert; seit 2001 ist auch eine individuelle Verfassungsbeschwerde möglich. 2020 urteilte das Gericht, dass auch die Familien gleichgeschlechtlicher Paare Schutz genießen, woraufhin die NA eine Änderung der Verfassung forderte, um die Ehe als Bündnis zwischen Mann und Frau zu definieren (Bertelsmann 2022, S. 12).

Insgesamt genießt das Verfassungsgericht ein hohes Vertrauen. Den 2004 eingeführten Verwaltungsgerichten wird ebenfalls gute Arbeit attestiert (Monciunskaite 2022). So haben sich nach weiteren Reformen die Personalsituation, das Ausbildungsniveau der Richter:innen und auch die Gehälter deutlich verbessert. Das normale Justizwesen hingegen wird durch zahlreiche Fälle von Korruption beeinträchtigt, was die EU und lettische NGOs seit Jahren monieren. Sie kritisieren die Kompetenz der Richter:innen, den Einfluss des Justizministeriums auf deren Auswahl, die Finanzierung der Gerichte sowie die Dauer der Verfahren, wobei der Fall Lembergs nur ein, wenn auch das prominenteste, Beispiel ist. Heimliche Absprachen zwischen Anwält:innen und Richter:innen erfolgen häufig (Bertelsmann 2022, S. 13).

Nachdem insbesondere die Weltbank schon 1997 mehr Engagement bei der Bekämpfung der Korruption gefordert hatte und die Regierung Bērziņš 2001 einige halbherzige Gesetze initiiert hatte, setzte sich die Regierung unter Einars Repše (JL) gezielt gegen Korruption ein. Sie richtete 2003 ein Anti-Korruptionsbüro (Korupcijas Novēršanas un Apkarošanas Birojs, KNAB) ein, welches allerdings direkt der Regierung untersteht und darum immer wieder um seine Unabhängigkeit kämpfen musste (Pridham 2009, S. 67–68, Eihmanis 2019, S. 6). Unterstützt wird das KNAB durch den Lettischen Rechnungshof, den/die Generalstaatsanwalt:in und entsprechende Polizeieinheiten. Es ermittelt in Korruptionsfällen, wirkt bei der Formulierung relevanter Gesetze mit und kontrolliert die Finanzen der politischen Parteien. Im März 2007 half es, den Oligarchen Aivars Lembergs zu überführen (Auers 2021).

Das KNAB konnte trotz seiner geringen finanziellen und personellen Ausstattung weitere Fälle aufdecken und trug dazu bei, das Unrechtsbewusstsein der Bevölkerung gegenüber Korruption zu schärfen. Als die Regierung Kalvītis 2007 versuchte, den unbequemen KNAB-Direktor Aleksejs Loskutovs aus fadenscheinigen Gründen abzusetzen, gingen erstmals wieder so viele Menschen wie bei der singenden Revolution auf die Straße (Eihmanis 2019, S. 8). Auch wenn es zwischenzeitlich an politischer Unterstützung mangelte, ist das KNAB eine unabhängige Institution geblieben. Zumindest das Ausmaß an wahrgenommener Korruption ist im letzten Jahrzehnt gesunken und ein Whistleblower-Gesetz von 2019 schützt nun Informant:innen (Bertelsmann 2022, S. 32). Insgesamt wirken die informellen Strukturen nicht systembedrohend. Sie zeigen jedoch, dass der politische Betrieb in Lettland kein starkes gesellschaftliches Fundament aufweist, was den Oligarchen ihre andauernde Verquickung von politischen und wirtschaftlichen Aktivitäten erleichtert.

3   Fazit

Institutionell ist das lettische Regierungssystem stabil und trotz der zahlreichen politischen Konflikte sowie fragilen Regierungen standen das demokratische System und seine Verfassung nie zur Disposition. Der Übergang vom sozialistischen Herrschaftssystem ist demzufolge erfolgreich geglückt. Dass sich Lettland, trotz mancher kritischen Töne, insgesamt so deutlich positiv gegenüber EU und NATO positioniert, hat sowohl mit seiner Geschichte als auch der Politik des heutigen Russlands zu tun. Als Ostseeanrainerstaat hat Lettland zudem enge institutionelle, kulturelle und ökonomische Beziehungen in diese Region und nach Nordeuropa entwickelt. Innenpolitisch ist die ethnopolitische Konfliktlinie zwischen russischsprachiger und lettischer Bevölkerung trotz aller Differenzierungen und dem Anerkennen gemischter Identitäten noch immer wirksam. Dies zeigt sich in den Spaltungen im Parteien- und im Mediensystem, in Debatten über die Verkehrssprache im Berufsleben sowie im Bildungssektor. Der EU-Beitritt stellte einen Meilenstein dar, da die entsprechende Gesetzgebung liberalisiert wurde, den Pfad als solchen hat jedoch kaum eine politische Partei verlassen.

Diese Konfliktlinie blieb auch angesichts der andauernden Einmischung aus Russland bzw. seiner „hybriden Kriegsführung" (Karklins 2021, S. 464) auf der Agenda und erschwerte die Konzentration auf andere Anliegen der Bevölkerung in der Sozial- und Wirtschaftspolitik sowie im Umgang mit dem demografischen Wandel. Dieser ist, bedingt durch Auswanderung von Fachkräften nach Westeuropa sowie geringe Geburtenraten, ein Problem für ein kleines Land wie Lettland.

Viele Umfragen und Studien zeigen die paradoxe Situation, dass Wähler:innen unzufrieden sind mit der Dominanz ethnopolitisch motivierter Politiken und somit bereit sind, neue Parteien zu unterstützen, die andere Angebote versprechen (Agarin und Nakai 2021). Sobald diese aber einmal gewählt sind, verfallen auch sie oft wieder der ethnopolitischen Rhetorik, was die Entfremdung zur Wähler:innenschaft weiter verstärkt. Die geringe gesellschaftliche Verankerung der politischen Parteien und die schwache Partizipationsneigung der Bevölkerung bedrohen zwar nicht die Stabilität der Demokratie, führen jedoch zur Trennung von politischer Klasse und Gesellschaft. Insbesondere russischsprachige Wähler:innen mussten zudem erleben, dass die von ihnen gewählte Partei SC zwar häufig erfolgreich war, aber nie in die Regierung kam. Ihr Verlust bei der Wahl 2022 zeigt nun, dass trotz der bestehenden Unklarheit über die Bewertung der Geschichte und der Rolle Russlands offensichtlich eine Mehrheit der Russischsprachigen in ihrer Haltung zur Invasion der Ukraine einig ist. Die Konsequenzen dieser Ereignisse lassen sich noch nicht absehen, aber womöglich findet die lettische Gesellschaft darüber künftig zu einem stärkeren Miteinander.

Kontrollfragen:

(1) Welche Relevanz haben die sowjetische Okkupation sowie die sozialistische Vergangenheit für das politische System der Gegenwart?
(2) Warum herrscht in Lettland ein relativ hohes Niveau an Korruption?
(3) Welche Auswirkungen hat die geringe Partizipationsneigung?

Weiterführende Literatur:

1. Dreifelds, Juris. 1996. *Latvia in Transition*. Cambridge, New York: Cambridge University Press.

Fundierte Darstellung des politischen Umbruchs.

2. Schmidt, Thomas. 2010. Das politische System Lettlands. In *Die politischen Systeme Osteuropas*, Hrsg. Wolfgang Ismayr, 123–170. Wiesbaden: Verlag für Sozialwissenschaften.

Detaillierte Beschreibung der politischen Verfassungspraxis.

3. Onken, Eva-Clarita. 2003. *Demokratisierung der Geschichte in Lettland.*
   Staatsbürgerliches Bewußtsein und Geschichtspolitik im ersten Jahrzehnt
   der Unabhängigkeit. Hamburg: Reinhold Krämer Verlag.

   Differenzierte Analyse der komplexen Vergangenheitspolitik im Umgang
   mit Diktatur und Okkupation.

Literatur

Abolina, Inese. 2019. Latvia – Suspensive Veto Practice. Presidential Power Blog. https://
presidential-power.net/?p=10528. Zugegriffen am 14.06.2023.

Agarin, Timofey, und Ryo Nakai. 2021. Political dejection in a divided society: a challenge
for Latvia's democracy? *Journal of Baltic Studies* 52 (4): 521–546.

Auers, Daunis. 2021. Latvia: 20 Years Stability … or Stagnation? In *Demokratie im postkommunistischen Raum. Erfolge, Defizite, Risiken,* Hrsg. Günter Verheugen, Karel
Vodička, und Martin Brusis, 67-79. Wiesbaden: Springer VS.

Bertelsmann Stiftung. 2022. *BTI 2022 Country Report — Latvia.* Gütersloh: Bertelsmann
Stiftung.

Braghiroli, Stefano, und Vassilis Petsinis. 2019. Between party-systems and identity-politics:
the populist and radical right in Estonia and Latvia. *European Politics and Society* 20 (4):
431–449.

Citizenship Law. 2022. *Citizenship law. Legal Acts of the Republic of Latvia.* https://likumi.
lv/ta/en/en/id/57512. Zugegriffen am 28.05.2024.

Dreifelds, Juris. 1996. *Latvia in Transition.* Cambridge, New York: Cambridge University Press.

Eihmanis, Edgars. 2019. Latvia and the European Union. *Oxford Research Encyclopedia of
Politics.* https://oxfordre.com/politics/view/10.1093/acrefore/9780190228637.001.0001/
acrefore-9780190228637-e-1039. Zugegriffen am 15.05.2023.

Götz, Norbert, Gottfried Hanne, und Eva-Clarita Onken. 1998. Ethnopolitik. In *Handbuch
Baltikum heute,* Hrsg. Heike Graf und Manfred Kerner, 299–334. Berlin: Berlin Verlag
Arno Spitz GmbH.

Karklins, Rasma. 2021. Integration in Latvia: a success story? *Journal of Baltic Studies*
52 (3): 455–470.

Lammich, Siegfried, und Anita Ušaka. 1995. Entwicklung des Rechtsystems Lettlands seit
der Unabhängigkeitserklärung von 1990. *Recht in Ost und West* 39 (3): 65–71.

Matthes, Claudia-Yvette. 1998. Das politische und Rechtssystem Lettlands. In *Handbuch
Baltikum heute,* Hrsg. Heike Graf und Manfred Kerner, 49–88. Berlin: Berlin Verlag
Arno Spitz GmbH.

Matthes, Claudia-Yvette. 2013. Lettland. In *Vom Ostblock zur EU. Systemtransformation
1990-2012 im Vergleich,* Hrsg. Günther Heydemann, und Karel Vodicka, 47–75. Göttin-
gen: Vandenhoeck & Rupprecht.

Matthes, Claudia-Yvette. 2022. Rechtspopulismus in den baltischen Staaten. In *Aufstand der Außenseiter. Die Herausforderung der europäischen Politik durch den neuen Populismus,* Hrsg. Frank Decker, Bernd Henningsen, und Marcel Lewandowsky, 429–447. Baden-Baden: Nomos-Verlag.

Mikkel, Evald, und Geoffrey Pridham. 2004. Clinching the 'Return to Europe': The Referendums on EU Accession in Estonia and Latvia. *West European Politics* 27 (4): 716–748.

Monciunskaite, Beatrice. 2022. The Risks to Judicial Independence in Latvia: A View Eighteen Years Since EU Accession. *Croatian Yearbook of European Law and Policy* 18:128–149.

Onken, Eva-Clarita. 2003: *Demokratisierung der Geschichte in Lettland. Staatsbürgerliches Bewußtsein und Geschichtspolitik im ersten Jahrzehnt der Unabhängigkeit.* Hamburg: Reinhold Krämer Verlag.

Pridham, Geoffrey. 2009: Securing the only Game in Town: The EU's Political Conditionality and Democratic Consolidation in Post-Soviet Latvia. *Europe-Asia Studies* 61 (1): 51–84.

Rūse, Ilze. 2015. Civil Society Participation in Advocating Interests on EU Legislation. *East European Politics and Societies: And Cultures.* https://doi.org/10.1177/0888325415581880.

Schmidt, Thomas. 2010. Das politische System Lettlands. In *Die politischen Systeme Osteuropas,* Hrsg. Wolfgang Ismayr, 123–170. Wiesbaden: Verlag für Sozialwissenschaften.

Šūpule, Inese, Iveta Bebriša, und Evija Kļave. 2014. *Analysis of Integration of Latvian Non-Citizens.* Riga: Baltic Institute of Social Sciences.

Tauber, Joachim. 2012. Die Geschichte der baltischen Staaten bis 1945. In *Die politischen Systeme der baltischen Staaten. Eine Einführung,* Hrsg. Michèle Knodt, und Sigita Urdze, 17–33. Wiesbaden: Springer VS.

Urdze, Sigita. 2019. Lettland. In *Handbuch der europäischen Verfassungsgeschichte im 20. Jahrhundert.* Bd. 5, Hrsg. Arthur Benz, Stephen Bröchler, und Hans-Joachim Lauth, 1391–1415. Bonn: Dietz.

Litauen: Parlamentarisches System und instabiles Parteiensystem

Magdalena Solska und Mélody Gugelmann

Zusammenfassung

Die rasche Pluralisierung der Gesellschaft nach 1988, die Gründungswahlen 1990 und die Verabschiedung einer neuen Verfassung 1992 stellen die bisher einzige Critical Juncture in der Entwicklung der demokratischen Ordnung in Litauen dar. Während das formale institutionelle Design des litauischen Regierungssystems seit dem Systemwechsel im Großen und Ganzen unverändert geblieben ist, wurden die einzelnen Institutionen durch ihre Amtsträger geprägt. Das in Europa erste Impeachment-Verfahren gegen den Präsidenten 2004 kann als die bisher wichtigste Bewährungsprobe und damit als Meilenstein in der demokratischen Entwicklung des Landes betrachtet werden.

Schlüsselwörter

Litauen · Doppelte Exekutive · Impeachment · Parlamentarische Opposition · Parteiensystem

M. Solska (✉) · M. Gugelmann
Departement für Sozialarbeit, Sozialpolitik und globale Entwicklung,
Universität Fribourg, Fribourg, Schweiz
E-Mail: magdalena.solska@unifr.ch; melody.gugelmann@unifr.ch

Tab. 1 Das politische System Litauens im Überblick

Verfassung	Verabschiedet: 1992
	Geändert: 1996 (zwei Änderungen), 2002, 2003 (drei Änderungen), 2004 (zwei Änderungen), 2006, 2019, 2022 (drei Änderungen)
	Verfassungsänderungsregel: Initiativrecht haben 1/4 der Abgeordneten oder 30.000 Wahlberechtigte. Verabschiedung eines neuen Verfassungsgesetzes mit absoluter Mehrheit, Veränderung eines bestehenden Verfassungsgesetzes mit 3/5-Mehrheit. Art. 1 sowie Kap. 1 und 14 („Der litauische Staat" und „Änderung der Verfassung") nur durch Referendum änderbar
Regierungssystem	Parlamentarisch mit direkt gewähltem Präsidenten
Präsident	Wahlmodus und Amtszeit: direkt gewählt für 5 Jahre; einmalige Wiederwahl möglich
	Für Kandidatur 20.000 Unterschriften von Wahlberechtigten nötig. Im 1. Wahlgang bei Wahlbeteiligung von mind. 50 % absolute Mehrheit der Stimmen nötig, andernfalls Stichwahl zwischen zwei Kandidaten mit Mehrheit der Stimmen
	Kompetenzen: 1) Gesetzesinitiativrecht; 2) Vetorecht, welches Parlament mit absoluter Mehrheit bei gewöhnlichen Gesetzen und 3/5-Mehrheit bei Gesetzen mit Verfassungsrang überstimmen kann; 3) Ausrufung Ausnahmezustand sowie Kriegszustand (wobei bei ersterem die Zustimmung der Regierung und bei beiden die Bestätigung des *Seimas* nötig); 4) Entscheidet über grundlegende Fragen der Außenpolitik, führt diese jedoch zusammen mit Regierung durch; 5) Ernennung und Entlassung des Premierministers mit Zustimmung des Parlaments, Erteilung des Auftrags zur Regierungsbildung und Bestätigung ihrer Zusammensetzung; 6) Vorschlag an *Seimas* für drei Verfassungsrichter sowie Präsident des Verfassungsgerichts, Ernennung Kandidaten für Richterämter am Appellationsgericht, Bezirks- und Amtsgerichte, eines Kandidaten des Obersten Gerichts, mit Zustimmung des Parlaments Ernennung des Generalstaatsanwalts, des Vorstandsvorsitzenden der Nationalbank, des Armeechefs und des Leiters des Sicherheitsamtes; 7) Recht auf Parlamentsauflösung wenn: a) Parlament innerhalb von 30 Tagen keine Entscheidung über vorgelegtes Regierungsprogramm fällt bzw. innerhalb von 60 Tagen dieses zweimal ablehnt; b) wenn Regierung nach einem Misstrauensvotum Präsidenten Neuwahlen vorschlägt

(Fortsetzung)

Tab. 1 (Fortsetzung)

Regierung (Kernexekutive)	Mitglieder: Premierminister und Fachminister
	Auswahl: Ernennung des Premierministers durch Präsidenten mit Zustimmung des Parlaments, anschließend Zusammenstellung des Ministerkabinetts durch Premierminister Bestätigung des Kabinetts durch Präsidenten, nicht aber durch Parlament Abberufung: einfaches Misstrauensvotum des Parlaments gegen einzelne Minister, Premierminister oder ganze Regierung
Parlament	Aufbau: eine Kammer (*Seimas*) mit 141 Abgeordneten; 16 parlamentarische Komitees und 11 ständige Ausschüsse; Möglichkeit zur Einrichtung von ad hoc Untersuchungsausschüssen Bildung einer Fraktion durch mind. 7 Abgeordnete
	Dauer Legislaturperiode: 4 Jahre
	Funktionen: 1) Gesetzgebung: Initiativrecht hat jeder Abgeordnete; 2) Kontrolle: Interpellation durch 1/5 der Abgeordneten an Premierminister oder Minister, Anfragen an Premierminister, einzelne Minister oder andere Staatsbeamte, Recht der ständigen Ausschüsse, Beamte und Zeugen vorzuladen und Akteneinsichtsrecht; 3) Wahl: Bestätigung der Wahl des Premierministers, Wahl des Parlamentspräsidenten und seines Stellvertreters, Wahl der Obersten Richter und Verfassungsrichter (auf Vorschlag des Präsidenten, des Obersten Gerichtshofs und des Parlamentsvorstehers), Ernennung und Entlassung des Vorsitzenden des Rechnungsprüfungsamtes und des Präsidenten der Bankenverwaltung
Wahlsystem	Gemischtes Wahlsystem: 70 der 141 Abgeordneten nach Verhältniswahl, 71 in Direktwahl nach Mehrheitswahl in Einpersonenwahlkreisen, 5 %-Hürde

Quelle: Eigene Darstellung

1 Einleitung

Den Grundstein für die Entwicklung des heutigen politischen Systems Litauens legten die ersten freien Wahlen zum Obersten Sowjet im Februar 1990. Sie brachten die neuen politischen Kräfte hervor, welche die heutigen demokratischen Strukturen schufen. Den Wahlen gingen bereits einige zentrale Ereignisse voraus: Zum einen wurde 1988 die Nationalfront *Sąjūdis* mit dem Musikprofessor Vytautas Landsbergis an ihrer Spitze gegründet. Mit einer enormen Mobilisierungskraft konnte *Sąjūdis* Druck auf die kommunistische Führung ausüben, vor allem mittels friedlicher Demonstrationen und Kundgebungen (Solska 2009). Zum anderen erklärte die *Kommunistische Partei Litauens* (*Lietuvos komunistų partija*, LKP) unter ihrem ersten Sekretär Algirdas Brazauskas im Februar 1990 die „Wiederherstellung eines unabhängigen litauischen Staates" zu ihrem Hauptziel (Butenschön 1992, S. 259). Diese Positionierung verlieh der KPL die Legitimität einer national gesinnten Partei.[1]

Die rasche Pluralisierung der Gesellschaft ab 1988, die Gründungswahlen 1990 und die Verabschiedung einer neuen Verfassung 1992 stellen zusammengefasst die bisher einzige Critical Juncture in der Entwicklung der demokratischen Ordnung dar. Das Regierungssystem sowie das Wahlsystem sind Ergebnis eines am Ende der 1980er-Jahren entstandenen Elitenkonsenses. Die Nachfolgeparteien der ersten relevanten politischen Kräfte (*Sąjūdis* und *Reformkommunisten*) prägen bis heute die litauische Politik. Trotzdem bleibt das Parteiensystem fragmentiert und die Wählervolatilität hoch. Zum einen lässt sich das auf die schwache Institutionalisierung der neuen, oft populistischen Parteien zurückführen. So tragen zahlreiche Abspaltungen während der Legislaturperiode entscheidend zur Fragmentierung bei. Zum anderen fördert das niedrige Vertrauen in politische Parteien die Volatilität. Zudem bietet das für die Hälfte der Parlamentssitze angewendete Mehrheitswahlrecht auch Einzelkandidaten erfolgversprechende Möglichkeiten. Die üblichen Mehrparteien-Koalitionen erleben einen auffällig häufigen Ministerwechsel. Dennoch konnten sie seit 2008 stets die volle Legislaturperiode unter einem Premierminister überstehen. Das zeugt von der Disziplin der parlamentarischen Mehrheit, die zusätzlich durch Kompatibilität von Abgeordnetenmandat und Ministeramt gestärkt wird.

Wie auch in den anderen Länderbeiträgen des vorliegenden Sammelbandes liefert Tab. 1 einen Überblick über das entstandene politische System (Stand: Juli 2024).

2 Kernaspekte des politischen Systems

Aus den ersten freien Wahlen zum Obersten Sowjet ging *Sąjūdis* mit einer Zweidrittelmehrheit als Siegerin hervor. Die unter Kazimiera Prunskienė (*Sąjūdis*) geformte erste Regierung trieb nicht nur Wirtschaftsreformen und den Demokratisierungsprozess voran, sondern gleichzeitig auch den Aufbau der Eigenstaatlichkeit (Kneuer 2012, S. 81). Am 11. März 1990 erklärte Litauen seine Unabhängigkeit. Wie in Estland auch, nahm 1990 das litauische Parlament, das seit der Unabhängigkeits-

---

[1] Im Vergleich zu Lettland und Estland bestand die KPL hauptsächlich aus ethnischen Litauern, was ihre Wahrnehmung als nationale Elite ebenfalls verstärkte.

erklärung wieder *Seimas* hieß, die Arbeit an einer neuen Verfassung auf. Zwischen 1990 und 1992 entstanden insgesamt sieben Verfassungsentwürfe, welche das ganze Spektrum von einem präsidentiellen Regierungssystem bis zu einem klassischen parlamentarischen Regierungssystem abdeckten (Urbanavičius 1999, S. 168). Vor allem die Machtverteilung zwischen Legislative und Exekutive erwies sich als Streitpunkt zwischen *Sąjūdis* und den *Reformkommunisten*. Schließlich wurde als Kompromisslösung ein parlamentarisches Regierungssystem mit einem direkt gewählten Präsidenten eingeführt. Der damals mangelnde politische Wille, die Macht des Präsidenten in der Verfassung genau zu definieren, bietet allerdings den amtierenden Präsidenten bis heute die Möglichkeit, ihre Machtsphären neu zu interpretieren bzw. auszudehnen (Raunio und Sedelius 2019, S. 646) und prägt somit das intra-exekutive Machtverhältnis. Wichtig ist in diesem Zusammenhang, dass der Systemwechsel auf einer allgemeinen Akzeptanz der demokratischen Spielregeln zwischen *Sąjūdis* und den *Reformkommunisten* basierte. Somit bildete der aus der Gründungswahl hervorgehende demokratische Verfahrenskonsens der Eliten die Grundlage für die lineare Entwicklung des demokratischen Systems. Beide für die Etablierung dieser Spielregeln verantwortlichen politischen Lager entpuppten sich im Nachhinein als autonom und anpassungsfähig, und prägen bis heute das litauische Parteiensystem.[2]

Die neue Verfassung wurde im Oktober 1992 verabschiedet und in einem Referendum angenommen. Der in der Präambel festgehaltene Bezug zum historischen Litauen symbolisiert die über die Sowjetbesatzung hinweg fortdauernde Eigenstaatlichkeit und legt den Grundstein für die „Rückkehr zur europäischen Heimat". Damit wurden die Segel für einen EU-Integrationsprozess gesetzt, der 2004 mit dem Beitritt endete. Auch wenn Litauen bereits sehr früh funktionsfähige demokratische Institutionen aufgebaut hatte, wirkte sich die Aussicht auf eine EU-Mitgliedschaft dennoch stabilisierend auf die Institutionenordnung aus.

2.1 Das parlamentarische Regierungssystem und die doppelte Exekutive

Der Verfassungstext spiegelt einen Kompromiss zwischen den wichtigsten Akteuren in der Gründungsphase wider. Der von 1990 bis 1992 amtierende Präsident des Obersten Rats bzw. nach der Unabhängigkeit des *Seimas*, Landsbergis, sprach sich

---

[2] Im Dezember 1990 wandelte sich die unabhängige *Kommunistische Partei Litauens* in die *Litauische Demokratische Arbeitspartei* (*Lietuvos demokratinė darbo partija*, LDDP) und 1993 wurde *Sąjūdis* zur *Vaterlandsunion* (*Konservative Litauens*) (*Tėvynės sąjunga* (*Lietuvos konservatoriai*), TS (LK)).

für ein starkes Präsidentenamt aus. Damit verfolgte er das Ziel, die Position der ehemaligen Kommunisten zu schwächen und anstehende Reformen zu schützen (Landsbergis 1997). Er akzeptierte jedoch das Scheitern des Referendums über die Einführung des präsidentiellen Regierungssystems im Mai 1992 sowie den darauffolgenden Erdrutschsieg der Postkommunisten in den Parlamentswahlen 1992. Folglich entstand gewissermaßen als Kompromiss ein parlamentarisches Regierungssystem mit direkt gewähltem Präsidenten. Die Regierung wird zwar vom Präsidenten bestätigt, ist jedoch dem Parlament gegenüber verantwortlich und kann von diesem abberufen werden. (Art. 75 VerfLit). Viele Autoren stufen das litauische Regierungssystem als semipräsidentiell (siehe z. B. Raunio und Sedelius 2019; Jastramskis 2021) bzw. parlamentarisch-präsidentiell (Shugart und Carey 1992) ein. Dabei betrachten sie die direktdemokratische Legitimität und die Kompetenzen des litauischen Präsidenten in außenpolitischen Fragen, das Gesetzesinitiativrecht und das Vetorecht sowie die formelle Benennung des Premierministers als ausschlaggebend. Würde man Steffani (1979) folgen, handelte es sich jedoch nach dessen Typologie um ein parlamentarisches Regierungssystem.[3]

Tatsächlich sind die präsidentiellen Befugnisse in Litauen nicht nur zeremonieller Art. Durch seine direktdemokratische Legitimation besitzt der auf fünf Jahre gewählte litauische Präsident eine mächtigere Stellung als seine Pendants in Lettland und Estland. Dennoch sind in Litauen intra-exekutive Konflikte zwischen dem Präsidenten und der Regierung selten, obwohl es keine formellen Koordinationsmechanismen innerhalb der doppelten Exekutive gibt (Raunio und Sedelius 2020). Allerdings haben die Präsidenten ihre Aufgaben immer wieder selbst neu interpretiert und die Institution durch ihr eigenes Handeln mitgeprägt, wodurch eine Diskrepanz zwischen den in der Verfassung verankerten formalen Befugnissen und der informellen Macht des Präsidenten in der Praxis entstanden ist.

Laut Verfassungstext nominiert der Präsident mit Zustimmung des *Seimas* den Premierminister und beauftragt ihn mit der Regierungsbildung, deren Zusammensetzung der Präsident bestätigt. In der Verfassungspraxis beteiligt sich der Präsident jedoch oft aus eigener Initiative an der Regierungsbildung. So weigerte sich beispielsweise im Jahr 2012 Dalia Grybauskaitė, die Beteiligung der *Arbeitspartei* (*Darbo partija*, DP) von Viktor Uspaskich an der Regierungskoalition zu akzeptieren, weil diese eine populistische, mit informellen Netzwerken in Russland verbundene und unerfahrene Partei darstelle (Jastramskis 2021). Folglich dauerte die Koalitionsbildung mehrere Wochen, allerdings musste Grybauskaitė den Wider-

---

[3] Ein Vorteil von Steffanis Typologie ist, dass sich die Zuordnung anhand eines einzigen Unterscheidungsmerkmals – der Abberufbarkeit der Regierung aus politischen Gründen – vornehmen lässt. So können alle bestehenden Regierungssysteme präzise eingeordnet werden.

stand letztlich aufgeben. Das Mitwirken des Präsidenten bei der Regierungsbildung kann aber in einem volatilen Parteiensystem auch funktions- und stabilitätsfördernd sein. Dies war der Fall, als nach den Parlamentswahlen 2016 die *Union der Bauern und Grünen* (*Lietuvos valstiečių ir žaliųjų sąjunga*, LVŽS) den Premierminister stellte. Die Partei verfügte mangels Institutionalisierung nicht über genügend Personal, um die Ministerposten zu besetzen. Die Präsidentin unterstützte den Premierminister bei der Regierungsbildung, indem sie eigene Kandidaten vorschlug (Pukelis und Jastramskis 2021, S. 475).

Ein richtungsweisendes Ereignis, welches die Institution des Präsidenten stärkte, erfolgte unter der Präsidentschaft von Valdas Adamkus (1998–2003), der den seinerzeit amtierenden Premierminister Gediminas Vagnorius zum Rücktritt zwang. Die beiden hatten sich über Wirtschaftsreformen zerstritten und obwohl der Präsident weder die formale Macht hatte, Minister oder Premierminister zu entlassen, noch über eine große Unterstützung im Parlament verfügte, konnte er sich auf seine direktdemokratische Legitimation und seine Beliebtheit in der Bevölkerung stützend durchsetzen (Raunio und Sedelius 2019, S. 650). Diese Praxis zeigt, dass der Präsident seine Macht über informelle Kanäle ausbauen konnte, da seine Kompetenzen in der Verfassung nur zurückhaltend geregelt sind (Raunio und Sedelius 2020, S. 55). Die tendenziell personenzentrierte Politik Litauens sowie die Wahrnehmung des Präsidenten als unabhängige überparteiliche Institution fördert dessen starke Position weiter (Raunio und Sedelius 2019).

Die litauische Verfassung lässt dem Präsidenten ebenfalls viel Spielraum in der Form und Intensität der Zusammenarbeit mit dem Premierminister und dem Ministerkabinett. Institutionell verankert ist nur der Verteidigungsrat (Art. 140 VerfLit), dessen Vorsitzender der Präsident ist und welcher im Bereich der Sicherheitspolitik den Rahmen für die intra-exekutive Zusammenarbeit bietet. Ansonsten bestehen keine formal-institutionellen Koordinationsmechanismen, obgleich solche als wichtig für die Konfliktreduzierung und damit die Funktionsfähigkeit der Regierung gesehen werden (Raunio und Sedelius 2020, S. 62–63).

Die Institution des Präsidenten vereinigt in sich ein direktdemokratisch legitimiertes Mandat, an das konkrete (innenpolitische) Erwartungen geknüpft sind, mit limitierten formal-institutionellen Machtbefugnissen in innenpolitischen Fragen. Um diese Kluft zu überwinden, nutzen Präsidenten regelmäßig informelle Strategien zur Ausweitung ihrer Befugnisse (Raunio und Sedelius 2019, S. 642). So unterhalten litauische Präsidenten in der Praxis Politikberater in Bereichen außerhalb ihrer präsidentiellen Kompetenzen wie etwa der Wirtschafts-, Sozial- oder Innenpolitik (Raunio und Sedelius 2019, S. 651) und nehmen Einfluss auf die innenpolitische Entscheidungsfindung. So versuchen sie auch, ihre Wahlversprechen umzusetzen.

Die informelle Einflussnahme auf konkrete Vorhaben zeigte sich, als das Parlament 2009 ein international kritisiertes „Gesetz zum Schutz von Minderjährigen vor schädlichen Folgen öffentlicher Informationen" verabschiedete, welches die Verbreitung von Informationen über Homosexualität an Minderjährige verbot. Präsidentin Dalia Grybauskaitė lehnte das Gesetz ab, war aber verfassungsmäßig gezwungen, dieses zu unterschreiben, da ihr Vorgänger bereits ein Veto eingelegt hatte, welches im Parlament überstimmt worden war. Die limitierten formalen Befugnisse veranlassten die Präsidentin zur Strategie „of going public" (Raunio und Sedelius 2020, S. 55), indem sie das Gesetz aufs Schärfste kritisierte, auch auf europäischer Ebene. Zwar konnte ihr Protest das Gesetz nicht stoppen, er bewirkte jedoch eine Abschwächung in der Wortwahl (Padskocimaite 2016). Auch wenn die verfassungsmäßigen Befugnisse des Präsidenten eingeschränkt sind, kann der Amtsinhaber mit seiner politischen Autorität, sowohl im Inland als auch auf internationaler Ebene Druck auf die Regierung ausüben.

Auch außenpolitisch baute Grybauskaitė ihre eigene Rolle aus (Park und Paulionyte 2016). Anders als ihr Vorgänger nahm Grybauskaitė ohne den Premierminister am Europäischen Rat teil, was ihren formalen Arbeitsbereich klar überschritt (Raunio und Sedelius 2019, S. 654). Auch gelang es ihr, während ihrer ersten Amtsperiode die Außenpolitik ohne den Außenminister zu steuern und zwang diesen 2010 sogar zum Rücktritt (Park und Paulionyte 2016, S. 513). Differenzen zwischen den beiden gab es unter anderem im Umgang mit dem Nachbarland Belarus. Die Präsidentin bekundete im Nachgang einer CIA-Gefängnis-Affäre in Litauen ihr Misstrauen gegenüber dem Außenminister, der aufgrund mangelnder Rückendeckung der schwachen Regierung zurücktrat. Der politische Kontext begünstigte die Stellung der Präsidentin, deren Mandat sich auf hohe Zustimmungswerte in der Bevölkerung stützte.

Insgesamt prägt die vage Kompetenzaufteilung innerhalb der doppelten Exekutive das Regierungssystem maßgeblich. Der Präsident kann zwar die Ministerwahl informell beeinflussen, ist aber in gewissen Belangen vom Premierminister, bzw. der parlamentarischen Mehrheit abhängig.[4] Dies schafft Kompromissanreize und zwingt den Präsidenten, „ihre Schlachten vorsichtig zu wählen" (Pukelis und Jas-

---

[4] So entscheidet das litauische Staatsoberhaupt „über die grundlegenden Fragen der Außenpolitik und führt die Außenpolitik zusammen mit der Regierung durch" (Art. 84 VerfLit). Nach der Unterzeichnung des Präsidenten bedürfen internationale Verträge auch der Ratifizierung durch das Parlament. Die Gegenzeichnung des Regierungschefs oder des zuständigen Ministers ist auch bei der Verleihung der höchsten militärischen Dienstgrade, der Verkündung des Kriegs- und Ausnahmezustandes und der Ernennung bzw. Abberufung litauischer diplomatischer Vertreter notwendig. Zusätzlich impliziert jede Parlamentsauflösung durch den Präsidenten eine Kontrolle dieser Maßnahme durch den neu gewählten Seimas (Art. 58 und 87 VerfLit).

tramskis 2021, S. 474). Somit beeinflusst die in der Gründungsphase getroffene Entscheidung, die Rolle des Präsidenten nicht durch geschriebene Gesetze einzuschränken, die Funktionsweise des Regierungssystems weiterhin.[5] Trotz des gesteigerten Konfliktpotenzials innerhalb der Exekutive zeigt sich das Regierungssystem jedoch im Großen und Ganzen als vergleichsweise stabil (Raunio und Sedelius 2020).

2.2   Opposition und Verfassungsgericht

Der *Seimas*, das Parlament, besteht aus einer Kammer mit 141 Abgeordneten. Im „Spannungsfeld von Inklusion und Effizienz" (so der Titel Steinsdorffs 2011) müssen Parlamente in ihrer Organisation ein Gleichgewicht zwischen der Einbindung möglichst vieler Abgeordneten in Entscheidungsprozessen einerseits, und einem durch die Parlamentsmehrheit gegebenen effizienten Mehrheitsprinzip andererseits, finden. Litauen sticht als System mit starken Partizipationsmöglichkeiten der Opposition heraus. Die Einbindung der Opposition in die parlamentarische Entscheidungsfindung war in der Gründungsphase ein wichtiger Grundstein für den Verfahrenskonsens der Elite und schlug sich auch im institutionellen Design nieder. Bis heute kennt das Regierungssystem keine Dominanz einer einzelnen Partei. Das hängt unter anderem mit der Verankerung der beiden „alten" Parteien zusammen, von denen bisher fast immer abwechselnd eine an jeder Regierung beteiligt war.

Eine Oppositionsfraktion, die mehr als die Hälfte der parlamentarischen Minderheit ausmacht, kann einen offiziellen Oppositionsführer wählen, welcher einen Lohn erhält, und die parlamentarische Minderheit im *Seimas*-Präsidium vertritt. Einmal im Monat kann die Opposition die Tagungsagenda des *Seimas* mitbestimmen. Des Weiteren verfügt die parlamentarische Minderheit bei Verfassungsänderungen de facto über ein Vetorecht. Ein Fünftel der Abgeordneten kann einen Minister oder den Premierminister für eine Interpellation ins Parlament bestellen (Art. 61 VerfLit). Ein weiterer Kontrollmechanismus des Parlaments besteht durch die ständigen Komitees, welche strukturell mit den Resorts der Ministerien korrespondieren und eine direkte Kontrolle der Exekutive erleichtern. Die 1999 eingeführte neue Geschäftsordnung räumte der Arbeit der Komitees mehr Bedeutung ein und erteilte diesen weitere Befugnisse (Seimas 2021), womit sie zu den wichtigsten Instanzen im Gesetzgebungsprozess wurden. Auch die Konsultation von

---

[5]Auch wenn es erfolgreiche Versuche gab, die Macht des Präsidenten durch verfassungsgerichtliche Urteile formal einzuschränken (siehe dazu Urbanavičius 1999, S. 156–157).

Experten und zivilgesellschaftlichen Akteuren findet in den zuständigen Komitees statt. Dies erhöht strukturell die Möglichkeit der Opposition, an Gesetzgebungsverfahren zu partizipieren (Müller-Rommel und Grotz 2011, S. 311).

Die Opposition kann mit einem Fünftel der Abgeordneten auch Gesetze zur Überprüfung ihrer Verfassungsmäßigkeit an das Verfassungsgericht senden.[6] Das Verfassungsgericht wurde 1993 eingeführt und besteht aus neun Verfassungsrichtern. Diese werden für neun Jahre ernannt, alle drei Jahre setzt sich das Gericht durch die Ernennung dreier neuer Richter neu zusammen. Die Kandidaten werden vom Präsidenten der Republik, vom Parlamentssprecher und vom Präsidenten des Obersten Gerichtshofs vorgeschlagen und vom Parlament mit einfacher Mehrheit gewählt. In der Praxis bedeutet das, dass die jeweilige parlamentarische Mehrheit immer einen eigenen Kandidaten durchsetzt.

Die Bewährungsprobe für die litauische Verfassungsordnung und die Unabhängigkeit des Verfassungsgerichts stellte das erste in Europa durchgeführte Impeachment-Verfahren gegen Präsident Rolandas Paksas im Jahre 2004 dar.[7] Ihm wurde unter anderem die illegale Vergabe der litauischen Staatsbürgerschaft an einen russischen Unternehmer vorgeworfen, der seinen Präsidentschaftswahlkampf finanziell unterstützt hatte. Gemäß der Verfassung (Art. 86 und 106) darf das Parlament lediglich dann für eine Amtsenthebung des Präsidenten stimmen, wenn das Verfassungsgericht urteilt, dass dessen Verletzungen der Verfassung schwerwiegend sind. 2004 wurde Paksas mit einer Mehrheit von drei Fünfteln nach einem entsprechenden Beschluss des Verfassungsgerichtes seines Amtes enthoben. Dieses Ereignis hat unmittelbar eine fruchtbare Debatte über Kampagnen- und Parteienfinanzierung ausgelöst (Clark und Verseckaitė 2005, S. 23). Im August 2004, wenige Monate nach dem Amtsenthebungsverfahren, trat das neue Gesetz zur Regulierung und Transparenz von Wahlkampf- und Parteienfinanzierung in Kraft (Republik Litauen 2004).[8]

Im Jahr 2020 ereignete sich ein weiterer Vorfall, der das Verhältnis zwischen Exekutive und Verfassungsgericht illustriert (Monciuskaite 2022). Die Regierungsmehrheit unter der *Union der Bauern und Grünen Litauens* (LVŽS), lehnte alle

---

[6] Der Präsident kann nur Regierungsverordnungen, nicht aber Gesetze zur Prüfung ans Verfassungsgericht schicken.

[7] Ein Amtsenthebungsverfahren gegen den Präsidenten ist in der Verfassung Litauens formal geregelt. Eingeleitet werden kann es für den Bruch seines Eides, da dies als schwerwiegende Verletzung der Verfassung angesehen wird. Zu Details über den ganzen Prozess siehe Vaičaitis 2012, S. 165–166.

[8] Das Gesetz wurde zuletzt 2019 geändert. Trotz der im europäischen Vergleich überdurchschnittlich hohen Regulierung der Parteien- und Wahlkampffinanzierung bleiben systematischer Amtsmissbrauch und Korruption von Vertretern politischer Parteien ein Problem in Litauen.

nominierten Kandidaten für die vakanten Richterposten des Verfassungsgerichts ab. Dadurch mussten die alten Richter über ihre verfassungsrechtliche Dienstzeit hinaus auf ihren Posten bleiben, darunter auch der Präsident des Verfassungsgerichts Dainius Žalimas (Verfassungsgericht Litauens 2020a). Dies war das erste Mal, dass eine Richterwahl im Parlament blockiert wurde und zeigte, dass Richterwahlen zum Spielball parteipolitischer Kräfte werden können.

Die Krise spitzte sich weiter zu, als im Juni desselben Jahres das Verfassungsgericht eine von der Regierungspartei LVŽS 2018 initiierte und geleitete ad hoc Untersuchungskommission zur Aufdeckung illegaler Einflussnahme auf Politiker, Staatsbedienstete und politische Entscheidungsprozesse in Litauen als verfassungswidrig befand und deren Geltungsbereich limitierte (Verfassungsgericht Litauens 2020b). Daraufhin lancierte die damalige Regierungspartei eine Diffamierungskampagne gegen Verfassungsgerichtspräsident Dainius Žalimas mit dem Ziel, die Glaubwürdigkeit der Instanz zu untergraben und Einfluss auf zukünftige Entscheidungen auszuüben (Monciunskaite 2022, S. 58). Die Verfassungsrichter werteten das Verhalten der Regierungspartei in einem öffentlichen Statement als „politischen Druck" und verurteilten den Angriff auf das verfassungsrechtliche Prinzip der Gewaltenteilung und der Unabhängigkeit der Justiz (Verfassungsgericht Litauens 2020c). Ob dieser Versuch zur Beeinflussung der Verfassungsrichter ein einmaliger Ausrutscher war, wird sich erst zeigen.[9]

2.3   Wahlen und Parteiensystem

2.3.1   Wahlsystem

Auch das 1992 eingeführte gemischte Wahlsystem stellt einen Kompromiss zwischen *Sąjūdis* und der *Litauischen Demokratischen Arbeitspartei* (LDDP) dar. Die Hälfte der Abgeordneten wird in 71 Einpersonenwahlkreisen nach dem Mehrheitswahlsystem, die restlichen 70 Parlamentarier über offene Parteilisten in einem einzelnen nationalen Wahlkreis gewählt. Die Stimmenverrechnung erfolgt dabei proportional, nach dem einfachen Hare-Verfahren. In den Einpersonenwahlkreisen wird in zwei Wahlgängen gewählt, sofern kein Kandidat im ersten Wahlgang die absolute Mehrheit der Stimmen auf sich vereinen kann. Bei der Wahl über die Parteilisten gilt eine Hürde von fünf Prozent für Parteien und sieben Prozent für

---

[9] Die drei Richterposten konnten erst nach den Neuwahlen des *Seimas* (2020) besetzt werden. Zwei Verfassungsrichter wurden am 14. Januar 2021 neu gewählt, während der Präsident des Verfassungsgerichts erst am 18. Mai nach einer erfolgreichen Neuwahl ersetzt wurde (Monciunskaite 2022, S. 59–60).

Wahlbündnisse. Zu betonen ist, dass das Mischsystem weder die typischen Vorteile des Verhältniswahlsystems (Repräsentation) noch diese des Mehrheitswahlsystems (Rechenschaft) aufweist (Jastramskis 2019). Im Gegenteil führt das litauische Mischsystem zur viertstärksten Disproportionalität in Europa (nach Frankreich, Großbritannien und Ungarn). Ein Defizit besteht weiter darin, dass ethnische Minderheiten (z. B. die polnische) aufgrund der Fünfprozenthürde benachteiligt werden. Diese Effekte werden zusätzlich durch eine relativ hohe Wählervolatilität und eine schwache Institutionalisierung der meisten litauischen Parteien gestärkt.

Im Juni 2022 verabschiedete das Parlament ein neues Wahlgesetz mit Verfassungsrang (Jastramskis und Ramonaitė 2023, S. 7), was bedeutet, dass künftige Gesetzesänderungen einer Dreifünftelmehrheit im Parlament bedürfen. Das Wahlgesetz führte mehrere Änderungen in Bezug auf politische Parteien und Wahlkampagnen ein. Das bisherige Verbot des politischen Wahlkampfs am Tag vor der Wahl wurde aufgehoben. Außerdem wurden neue Regeln für die Verbreitung politischer Werbung verabschiedet. Eine weitere Änderung führt die Möglichkeit ein, bei den Parlamentswahlen bis zu drei Einpersonenwahlkreise für im Ausland lebende litauische Staatsbürger zu bilden.

2.3.2 Entwicklung des Parteiensystems

Wie bereits angedeutet, blieb für etwa ein Jahrzehnt nach dem Systemwechsel die stabile Zwei-Lager-Konstellation aus Konservativen und Sozialdemokraten bestehen. Der Anteil der von ihnen gewonnenen Parlamentssitze verringerte sich allerdings sukzessiv von etwa 59 % im Jahr 1992 auf 35 % in 2020 (ZWK Litauen 2023). Dies geschah zugunsten neuer Parteien, die oft erst kurz vor dem Einzug in den *Seimas* gegründet wurden. Ein Wandel deutete sich nach der Jahrtausendwende an. Im Jahr 2004 betraten drei neue Parteien die Bühne: die vom russischstämmigen Geschäftsmann Viktor Uspaskich geführte *Arbeitspartei* (DP), die *Partei der Liberalen Demokraten* unter Rolandas Paksas sowie die *Union der Bauern und der Partei Neue Demokratie* (*Valstiečių ir Naujosios demokratijos partijų sąjunga*, VNDS) unter Kazimiera Prunskienė, später umbenannt in *Union der Bauern und Grünen Litauens* (LVŽS). Sie gewannen insgesamt 42 % der Parlamentssitze (Jurkynas 2005, S. 14). Es folgten 2008 die *Partei der Wiedergeburt des Volkes* (*Tautos pažangos partija*, TPP), 2012 die Partei *Der Weg des Mutes* (*Drąsos kelias*, DK) und 2016 das *Antikorruptions-Bündnis* (*Antikorupcinė koalicija*, AKK). Diese neuen Parteien sind kaum in der Gesellschaft verankert, nutzen aber die Anti-Establishment-Stimmung aus und gründen sich häufig um einen charismatischen Leader herum (Ramonaitė 2008, S. 91).

Im Laufe der Zeit etablierte sich zusätzlich ein zentristisch-liberaler Block, bestehend zunächst aus der *Liberalen Union Litauens* (*Lietuvos laisvės sąjunga (liberalai)*, LLS), den *Liberalen und Zentrumsunion (Liberalų ir centro sąjunga*, LiCS) und in der aktuellen Legislaturperiode repräsentiert durch die *Liberale Bewegung der Republik Litauens (Lietuvos Respublikos liberalų sąjūdis*, LRLS) und deren Abspaltung, die *Freiheitsunion* (Ramonaitė 2020). Diese Parteien werden oft neben Konservativen und Sozialdemokraten als das dritte Lager angesehen. Insgesamt bleibt der politische Einfluss neuer Parteien jedoch begrenzt, da diese typischerweise von den großen traditionellen Parteien in den jeweiligen Regierungskoalitionen dominiert werden.

In der Tat waren Sozialdemokraten oder Konservative bisher an fast jeder Regierung beteiligt und meistens stellten sie auch den Premierminister.[10] Ihre Fortdauer kann man vor allem auf die durch weitgehende ethnische Homogenität bedingte, spezifische Cleavage-Struktur sowie die organisatorische Stärke der beiden Parteien zurückführen. Der primäre Cleavage war dabei der zwischen denen mit einer positiveren Einstellung zur kommunistischen Vergangenheit (Verlierer der Systemtransformation) und denjenigen, die die kommunistische Zeit negativ bewerten (subjektive Gewinner der Systemtransformation). Diese Spaltung umfasst auch die geopolitische Ausrichtung (Einstellung zu Russland) und korreliert am besten mit dem Links-Rechts-Schema (Ramonaitė 2020).

Ihre dominante Position im Parteiensystem verstärkten beide politischen Kräfte durch strategische Zusammenschlüsse. So fusionierte die LDDP 2001 mit der historischen *Sozialdemokratischen Partei Litauens (Lietuvos socialdemokratų partija*, LSDP) und fungiert seither unter ihrem Namen. Die Konservativen schlossen sich 2008 mit den *Litauischen Christdemokraten (Lietuvos krikščionys demokratai*, LKD) zur *Vaterlandsunion-Christdemokraten Litauens (Tėvynės sąjunga – Lietuvos krikščionys demokratai*, TS-LKD) zusammen. Das Mischwahlsystem bewegt dabei die politischen Parteien dazu, sich in den Einpersonenwahlkreisen auf Grassroots-Kampagnen zu konzertieren und einzelne Kandidaten zu fördern. So versuchen die Sozialdemokraten den direkten Kontakt mit den Wählern zu stärken und ihrer Wahrnehmung als ehemals kommunistische Partei mit Verbindungen nach Moskau entgegenzuwirken (Smith 2020, S. 60–61). Gleichzeitig müssen die LSDP-Kandidaten ihr linkes ideologisches Profil aufgrund des verbreiteten Einflusses der katholischen Kirche auf der lokalen Ebene häufig mäßigen, wovon vor allem die Konservativen profitieren (Smith 2020, S. 60) (siehe Infobox 1).

---

[10] Eine Ausnahme war die kurzlebige Regierung 2000 bis 2001 aus der *Liberalen Union Litauens (Lietuvos liberalų sąjunga*, LLS), der *Neuen Union (Sozialliberale) (Naujoji Sąjunga (Socialliberalai)*, NS) und zwei anderen kleinen Parteien. 2016 gewann unerwartet die LVŽS, und bildete eine Regierung mit den Sozialdemokraten. Ihr politischer Einfluss wurde jedoch durch eine bröckelnde parlamentarische Mehrheit eingeschränkt.

Infobox 1: Die Rolle der katholischen Kirche im politischen Prozess
77 % der litauischen Bevölkerung bezeichnet sich als der katholischen Kirche zugehörig (Schröder und Petrusauskaite 2013). Obwohl es keine offizielle Staatsreligion gibt (Art. 43 VerfLit), genießt die katholische Kirche eine Sonderstellung. Dies ist nicht zuletzt darauf zurückzuführen, dass sie eine wichtige Rolle in der litauischen Unabhängigkeitsbewegung der 1980er-Jahre spielte und mit der national-kulturellen Selbstbestimmung assoziiert wird. Die Sowjetmacht hatte religiöse Institutionen systematisch unterdrückt und Kirchenvertreter verfolgt (Zapor Cruz 2014, S. 503), weshalb zahlreiche Geistliche der *Sąjūdis* beitraten (Nalivaikė 2020). Nach der Transformation behielt die katholische Kirche ihre Stellung in der Gesellschaft und begann, Einfluss auf Wahlen auf lokaler Ebene zu nehmen (Nalivaikė 2020, S. 130–131). Darüber hinaus unterhalten hohe Kirchenvertreter Beziehungen zu Politikern und werden von diesen konsultiert, was die Meinungsbildung beeinflusst (Nalivaikė 2020, S. 134). Diese Strukturen werden von den politischen Akteuren als ungeschriebene „Spielregeln" akzeptiert und praktiziert.

3   Fazit

Seit der Wiedererlangung seiner Unabhängigkeit und der Geburtsstunde des heutigen Regierungssystems mit den Gründungswahlen 1990 und der neuen Verfassung 1992 hat Litauen einen linearen Transformationsprozess durchgemacht und seine demokratischen Institutionen bereits Mitte der 1990er-Jahre konsolidiert (Pettai 2019, S. 40). Das System zeigte sich 2004 resistent gegen die Korruptionsversuche des damaligen Präsidenten Paksas. Dies gilt als Zeichen dafür, dass sich die demokratischen Institutionen als widerstandsfähig erweisen.

In seiner Gesamtheit verfügt das litauische Regierungssystem über funktionierende Checks and Balances Mechanismen, welche politische Alleingänge verhindern. So ist der litauische Präsident weiterhin auf die Unterstützung des Premierministers und der parlamentarischen Mehrheit angewiesen. Die direktdemokratische Legitimation des Präsidenten stärkt jedoch dessen Position, vor allem wenn er sich einem Premierminister mit Minderheitenregierung, einer schwachen Regierungskoalition oder einem Premierminister einer schwach institutionalisierten Partei gegenübersieht (Pukelis und Jastramskis 2021). Zudem sind die meisten

Präsidenten parteilos (Jastramskis 2021), was ihre Rolle als überparteiliche Stabilitätsanker betont. Gleichzeitig fallen die weitgehenden Rechte der parlamentarischen Opposition und das starke, unabhängige Verfassungsgericht auf.

Die zwei großen politischen Lager rund um die *Sozialdemokratische Partei* und die konservative *Vaterlandsunion-Christdemokraten Litauens*, prägen bis heute den Parteienwettbewerb. Der Fortbestand einer starken sozialdemokratischen Partei – trotz ihrer Spaltung 2017 – stellt dabei eine Ausnahme im regionalen Vergleich dar und half, einen deutlichen Rechtsruck zu verhindern. Neue, schwach institutionalisierte, oft populistische Parteien werden schnell marginalisiert. Korruptionsskandale und ein allgemein schwaches Vertrauen in politische Institutionen und Parteien begünstigen eine personenzentrierte Politik.

Kontrollfragen

(1) Wie hat sich der Elitekonsens am Ende der 1980er-Jahre auf die institutionelle Ausrichtung des Regierungssystems ausgewirkt?

(2) Warum wird das litauische Regierungssystem von manchen als parlamentarisch, von anderen wiederum als semipräsidentielles oder parlamentarisch-präsidentielles System eingeordnet?

(3) Warum konnten sich die beiden „alten" Parteien – *Vaterlandsunion-Christdemokraten Litauens* (TS-LKD) und *Sozialdemokratische Partei Litauens* (LSDP) – bis heute behaupten, trotz der Wählervolatilität und Fragmentierung des Parteiensystems?

Weiterführende Literatur

1. Auers, Daunis. 2015. *Comparative Politics and Government of the Baltic States. Estonia, Latvia and Lithuania in the 21st Century*. New York: Palgrave Macmillan.

Bietet einen guten Überblick über die politischen Systeme und Politik der baltischen Staaten.

2. Krupavičius Algis. 2013. Lithuania's President: A Formal and Informal Power. In *Presidents Above Parties? Presidents in Central and Eastern Europe. Their Formal Competencies and Informal Power*, Hrsg. Vít Hloušek, 205–232. Brno: Masaryk University.

Erläutert ausführlich die Kompetenzen und Rolle des Präsidenten.

3. Smith, Alison F. 2020. *Political Party Membership in New Democracies. Electoral Rules in Central and East Europe.* Cham: Springer International Publishing.

Erläutert übersichtlich die Entwicklung der politischen Parteien u. a. in Litauen.

Literatur

Butenschön, Marianna. 1992. *Estland, Lettland, Litauen. Das Baltikum auf dem langen Weg in die Freiheit.* München/Zürich: Piper.

Clark, Terry D., und Eglé Verseckaitė. 2005. PaksasGate: Lithuania Impeaches a President. *Problems of Post-Communism* 52 (3): 16–24.

Jastramskis, Mažvydas. 2019. Effects of the Mixed Parallel Electoral System in Lithuania: The Worst of All Worlds? *Parliamentary Affairs* 72 (3): 561–587.

Jastramskis, Mažvydas. 2021. Explaining the Success of Non-Partisan Presidents in Lithuania. *East European Politics* 37 (2): 193–213.

Jastramskis, Mažvydas, und Ainė Ramonaitė. 2023. Lithuania: Political Developments and Data in 2022. *European Journal of Political Research Political Data Yearbook* 62 (1): 326–335.

Jurkynas, Mindaugas. 2005. The 2004 General Election and Left-Right Change in Lithuania. *Lithuanian Political Science Yearbook 2004*, 11–30.

Kneuer, Marianne. 2012. Die baltischen Staaten als Transformationsstaaten. In *Die politischen Systeme der baltischen Staaten*, Hrsg. Michèle Knodt, und Sigita Urdze, 75–96. Wiesbaden: VS Verlag für Sozialwissenschaften.

Landsbergis, Vytautas. 1997. *Jahre der Entscheidung. Litauen auf dem Weg in die Freiheit. Eine politische Autobiographie.* Ostfildern: Tertium.

Monciunskaite, Beatrice. 2022. To Live and to Learn: The EU Commission's Failure to Recognise Rule of Law Deficiencies in Lithuania. *Hague Journal on the Rule of Law* 14:49–72.

Müller-Rommel, Ferdinand, und Florian Grotz. 2011. Die Regierungssysteme der neuen EU-Staaten: institutionelle Konfigurationen und Entwicklungspfade. In *Regierungssysteme in Mittel- und Osteuropa*, Hrsg. Florian Grotz, und Ferdinand Müller-Rommel, 303–320. Wiesbaden: VS Verlag für Sozialwissenschaften.

Nalivaikė, Augustė. 2020. Religious Influence in Policy-Making: A Case of Sexual Education in Lithuania. *Public Policy and Administration* 19 (1): 126–138.

Padskocimaite, Ausra. 2016. LGBT Rights in Post-Conditionality Lithuania One Step Forward, One Step Back. *Baltic Worlds* 3 (2016): 4–9. https://balticworlds.com/lgbt-rights-in-post-conditionality-litauen/. Zugegriffen: 13. Juni 2023.

Park, Ausra, und Milda Paulionyte. 2016. Lithuania's foreign policy under Grybauskaite: change or continuity? *Journal of Contemporary European Studies* 24 (4): 509–531.

Pettai, Vello. 2019. The Baltic States: Keeping the Faith in Turbulent Times. *Canadian Journal of European and Russian Studies* 13 (2): 39–63.

Pukelis, L., und Mažvydas Jastramskis. 2021. Prime ministers, presidents and ministerial selection in Lithuania. *East European Politics* 37 (3): 466–480.

Ramonaitė, Ainė. 2008. Changing Nature of Partisanship in a Post-Communist Society: Comparing "Old" and "New" Parties in Lithuania. *Lithuanian Political Science Yearbook 2007*, 91–110.

Ramonaitė, Ainė. 2020. Mapping the Political Space in Lithuania: The Discrepancy between Party Elites and Party Supporters. *Journal of Baltic Studies* 51 (4): 477–496.

Raunio, Tapio, und Thomas Sedelius. 2019. Shifting Power-Centres of Semi-Presidentialism: Exploring Executive Coordination in Lithuania. *Government and Opposition* 54 (4): 637–660.

Raunio, Tapio, und Thomas Sedelius. 2020. Presidents and Cabinets: Coordinating Executive Leadership in Premier-Presidential Reigmes. *Political Studies Review* 18 (1): 53–70.

Republik Litauen. 2004. Law on Funding of Political Campaigns and Control of Funding thereof. Nr. IX-2428, 23. August 2004. E-Semais. https://e-seimas.lrs.lt/portal/legalAct/lt/TA D/4de81f801dbb11eb9604df942ee8e443?jfwid=bkaxmc6k. Zugegriffen am 09.10.2023.

Schröder, Ingo, und Vita Petrusauskaite. 2013. Pluralism of Traditions in a Catholic Majority Society: Catholic Hegemony vis-à-vis Nationalism and Ethnic Experience. *Ethnicity Studies* 2:69–81.

Seimas. 2021. Legislative Procedure. Seimas der Republik Litauen. https://www.lrs.lt/sip/ portal.show?p_r=35365&p_k=2&p_t=161668. Zugegriffen am 13.08.2023.

Shugart, Matthew, und John M. Carey. 1992. *Presidents and Assemblies: Constitutional Design and Electoral Dynamics*. Cambridge: Cambridge University Press.

Smith, Alison F. 2020. Political Parties and Their Members in Lithuania. *Journal of Baltic Studies* 51 (1): 51–68.

Solska, Magdalena. 2009. Systemwechsel und Unabhängigkeit: Polen und Litauen 1988–1991. In *Autoritarismus in Mittel- und Osteuropa*, Hrsg. Jerzy Maćków, 182–198. Wiesbaden: VS Verlag für Sozialwissenschaften.

Steffani, Winfried. 1979. *Parlamentarische und präsidentielle Demokratie. Strukturelle Aspekte westlicher Demokratien*. Opladen: Westdeutscher Verlag.

Steinsdorff, Silvia von. 2011. Parlamente: Binnenorganisation im Spannungsfeld von Inklusion und Effizienz. In *Regierungssysteme in Mittel- und Osteuropa*, Hrsg. Florian Grtoz, und Ferdinand Müler-Rommel, 171–193. Wiesbaden: VS Verlag für Sozialwissenschaften.

Urbanavičius, Dainius. 1999. Lithuania. In *Semi-presidentialism in Europe*, Hrsg. Robert Elgie, 150–169. Oxford: Oxford University Press.

Vaičaitis, Vaidota. 2012. Konstitutionelle Verfasstheit der baltischen Staaten. In *Die politischen Systeme der baltischen Staaten*, Hrsg. Michèle Knodt, und Sigita Urdze, 153–172. Wiesbaden: VS Verlag für Sozialwissenschaften.

Verfassungsgericht Litauens. 2020a. As new justices of the Constitutional Court have not been appointed by the Seimas, the Court continues to work in its current composition. Verfasungsgericht der Republik Litauen. https://lrkt.lt/en/as-new-justices-of-the-constitutional-court-have-not-been-appointed-by-the-seimas-the-court-continues-to-work-in-its-current-composition/1614. Zugegriffen am 13.06.2023.

Verfassungsgericht Litauens. 2020b. The Constitutional Court: An ad hoc investigation commission of the Seimas must not be entrusted with tasks of boundless scope. Verfassungsgericht der Republik Litauen. https://lrkt.lt/en/about-the-court/news/1342/the-constitutional-court-an-ad-hoc-investigation-commission-of-the-seimas-must-not-be-entrusted-with-tasks-of-boundless-scope:227. Zugegriffen am 13.06.2023.

Verfassungsgericht Litauens. 2020c. Statement by the Constitutional Court. Verfassungsgericht der Republik Litauen. https://lrkt.lt/en/news/other-news/statement-by-the-constitutional-court/1624. Zugegriffen am 13.06.2023.

Zapor Cruz, Miranda. 2014. The Role of Catholicism in the Development of Lithuanian National Identity. *Church History and Religious Culture* 94:479–504.

ZWK Litauen. 2023. Elections sorted by the date. Zentrale Wahlkommission der Republik Litauen. https://www.vrk.lt/en/pagal-data. Zugegriffen am 01.11.2023.

Slowakei: Parlamentarisches System und majoritäres Politikverständnis

Branislav Dolný und Darina Malová

Zusammenfassung

Die demokratische Entwicklung der Slowakei ist geprägt von Konflikten zwischen formalen und informellen politischen Regeln. Erstere, die sich an der parlamentarischen Regierungsform orientieren, sind konsensual angelegt. Die informellen Regeln entsprechen dagegen eher einer unkontrollierten Mehrheitsdemokratie. Diese Diskrepanz hat die demokratische Konsolidierung erschwert, wobei die Parlamentswahlen von 1998 eine besondere Bedeutung hatten, da sie die vierjährige halbautokratische Herrschaft von Vladimír Mečiar beendeten. Die Regierungsübernahme durch die populistische SMER-Partei unter Robert Fico in den Jahren 2006, 2012 und erneut 2023 sind Beleg eines teilweise populistischen, konfrontativen und chaotischen Regierungsstils. Einen Wendepunkt stellt das Jahr 2018 dar, als ein politischer Mord die tiefgreifende Vereinnahmung des Staates durch informelle Netzwerke unter Premierminister Fico offenbarte. Der erneute Wahlsieg von SMER im Jahr 2023 deutet allerdings auf eine schwache Konsolidierung der Demokratie hin.

Schlüsselwörter

Slowakei · Verfassung · Demokratische Konsolidierung · Machtteilung · Mehrheitsherrschaft

B. Dolný (✉) · D. Malová
Katedra politológie, Univerzita Komenského v Bratislave, Bratislava, Slowakei
E-Mail: branislav.dolny@uniba.sk; darina.malova@uniba.sk

© Der/die Autor(en), exklusiv lizenziert an Springer Fachmedien Wiesbaden
Gmbh, ein Teil von Springer Nature 2025
S. Priebus, T. Beichelt (Hrsg.), *Die politischen Systeme im östlichen Europa*,
https://doi.org/10.1007/978-3-658-43647-6_5

Tab. 1 Das politische System der Slowakei im Überblick

Verfassung	Verabschiedet: 1992
	Geändert: 1998, 1999, 2001 (zwei Änderungen), 2004 (drei Änderungen), 2005, 2006 (zwei Änderungen), 2010, 2011, 2012, 2014 (zwei Änderungen), 2015, 2017 (drei Änderungen), 2019 (zwei Änderungen), 2020 (drei Änderungen), 2022, 2023 (zwei Änderungen)
	Verfassungsänderungsregel: Initiativrecht hat jeder Abgeordnete, eine Gruppe von Abgeordneten, Ausschüsse und die Regierung. Annahme mit 3/5-Mehrheit im Parlament
Regierungssystem	Parlamentarisch mit direkt gewähltem Präsidenten
Präsident	Wahlmodus: zwischen 1993 und 1999 indirekt durch Parlament gewählt, seit 1999 direkt gewählt auf 5 Jahre, einmalige Wiederwahl möglich
	Nominierung durch mind. 15 Abgeordnete oder 15.000 Unterschriften von Wahlberechtigten
	Im 1. Wahlgang Mehrheit der Stimmen aller Wähler nötig, andernfalls Stichwahl zwischen den zwei Kandidaten mit meisten Stimmen mit absoluter Mehrheit
	Zuständigkeiten: 1) Ernennung des Premierministers und der Mitglieder der Regierung; 2) Ernennung ausgewählter Staatsbeamter und Richter auf Vorschlag des Parlaments oder des Justizrats; 3) Auswahl der Richter des Verfassungsgerichts aus den vom Parlament nominierten Kandidaten; 4) Ankündigung eines Referendums; 5) Recht, gegen Gesetze Veto einzulegen (welches Parlament mit einfacher Mehrheit überstimmen kann) und zur Überweisung von Gesetzen an Verfassungsgericht zur Überprüfung derer Verfassunsgmäßigkeit; 6) Recht zur Auflösung des Parlaments, wenn a) dieses innerhalb von 6 Monaten nach Ernennung der Regierung das Regierungsprogramm nicht annimmt, b) es innerhalb von 3 Monaten ein Gesetz, welches mit Vertrauensfrage verbunden ist, nicht annimmt, c) Parlament über 3 Monate handlungsunfähig ist oder d) Sitzungsperiode länger als erlaubt unterbrochen ist
Regierung (Kern-Exekutive)	Mitglieder: Premierminister, stellvertretender Premierminister, Minister
	Auswahl: Vorschläge für Regierungsmitglieder durch Premierminister, Ernennung Regierungsmitglieder durch Präsidenten. Präsentation Regierungsprogramm und Vertrauensabstimmung innerhalb von 30 Tagen
	Abberufung: einfaches Misstrauensvotum des Parlaments gegen einzelne Regierungsmitglieder; Misstrauensvotum gegen Premierminister führt zur Entlassung gesamter Regierung

(Fortsetzung)

Tab. 1 (Fortsetzung)

Parlament	Dauer Legislaturperiode: 4 Jahre
	Struktur: eine Kammer (*Nationalversammlung*) mit 150 Abgeordneten, ständige Ausschüsse Bildung einer Fraktion durch mind. 8 Abgeordnete
	Funktionen: 1) Gesetzgebung: Initiativrecht hat Nationalversammlung und jeder Abgeordnete; 2) Kontrolle der Exekutive: Misstrauensvotum gegen Regierung, Interpellation, Fragen an Regierungsmitglieder, Zitierrecht vor Ausschüsse, Bestätigung Regierungsposition für den Rat der EU durch den Ausschuss für EU-Angelegenheiten; 3) Genehmigung des Staatshaushalts; 4) Vorschläge für Kandidaten für Verfassungsgericht; 5) Entscheidung über Vorschläge für Volksabstimmungen; 6) Genehmigung von internationalen Verträgen
Wahlsystem	Verhältniswahl in einem nationalen Wahlkreis, 5 %-Hürde

Quelle: Eigene Darstellung

1 Einleitung

Seit der Gründung der Slowakei als eigenständiger Staat im Jahr 1993 haben sich die grundlegenden verfassungsrechtlichen Regelungen und Befugnisse der Institutionen trotz vieler Verfassungsänderungen kaum verändert und entsprechen der parlamentarischen Regierungsform. Der Weg der slowakischen Transformation war allerdings nicht linear, wobei die Diskrepanz zwischen den formalen und informellen Institutionen eine bedeutende Rolle spielte.

In diesem Kapitel wird argumentiert, dass es drei Hauptphasen der Demokratieentwicklung gab, in denen die politischen Akteure der Slowakei entweder einem majoritären oder einem konsensualen Modus der Entscheidungsfindung folgten. Dieser Einschätzung liegt zugrunde, dass es im Zuge der Transformation Verschiebungen zwischen einer majoritären und einer auf der Idee der beschränkenden Gewaltenteilung beruhenden Logik gab. Während die Institutionen der parlamentarischen Demokratie auf den Prinzipien der Machtteilung und des Konsenses beruhen, verstieß der frühere Ministerpräsident Vladimír Mečiar, der von 1994 bis 1998 an der Macht war, gegen die diese Prinzipien stützenden informellen Regeln. Er nutzte seine Befugnisse unter anderem, um den Wettbewerb vor den Wahlen zu untergraben. Zwar wurde Mečiar 1998 abgewählt, aber in den folgenden Legislaturperioden kam die Logik der Mehrheitsdemokratie immer wieder zum Vorschein.

Auf dieser Basis können wir mehrere Phasen der politischen Entwicklung der Slowakei unterscheiden. Noch im tschechoslowakischen Verbund war Mečiars *Bewegung für eine Demokratische Slowakei* (HZDS) im Jahr 1992 bei den Wahlen zum Slowakischen Nationalrat zur stärksten Partei geworden. Bei den Wahlen von 1994 wiederholte sich der Erfolg, wobei die HZDS jedoch (erneut) auf Koalitionspartner angewiesen war und eine rechts- sowie eine linkspopulistische Partei in die Koalition aufnahm. In dieser Konstellation wurden Impulse der Opposition und der Zivilgesellschaft nur begrenzt berücksichtigt. Stattdessen bestanden Mečiar und seine Koalitionsparteien darauf, als parlamentarische Mehrheit die Macht bei sich zu konzentrieren und Politik in diesem Sinne zu gestalten. Opposition und Medien wurden bedrängt und in ihrer Handlungsfreiheit eingeschränkt. In der Folge wurde der demokratische Charakter des Staates und der Integrationsprozess in die EU und die NATO in Frage gestellt und eine tiefe politische Polarisierung entfacht.

Der Kampf um den grundlegenden Charakter des Regimes und die Spielregeln gipfelte in den Parlamentswahlen von 1998, die als Critical Juncture angesehen werden können. Dank einer erfolgreichen Mobilisierung wurde Mečiars Regierung abgewählt und durch eine pro-demokratische und integrationsfreundliche Koalition unter Mikuláš Dzurinda ersetzt. Das politische Regime wandte sich der Stärkung der Grundsätze der Machtteilung und der konsensorientierten politischen Kultur zu; der von Mečiar eingeschlagene Weg des partiellen Autoritarismus wurde revidiert. Der Zeitraum von 1998 bis 2002 kann somit als die zweite Phase der Entwicklung der demokratischen Spielregeln der Slowakei bezeichnet werden, welche mit den Beitritten zur EU und zur NATO im Jahr 2004 symbolisch abgeschlossen wurde. Nach dem EU-Beitritt begann eine dritte und längere Phase, in der einerseits die formalen konsensualen Regeln der (einschränkenden) Machtteilung weiter eingehalten und gestärkt wurden, in der aber andererseits weiterhin Praktiken vorherrschten, die auf ein mehrheitliches Demokratieverständnis schließen lassen. Dies galt besonders von 2006 bis 2010 und erneut von 2012 bis 2020, als die linkspopulistische SMER – *Slowakische Sozialdemokratie* (SMER-SD) an der Macht war, die meiste Zeit davon unter Premierminister Robert Fico.

Anfang des Jahres 2018 wurde die Republik schließlich durch den Mord an dem Enthüllungsjournalisten Ján Kuciak erschüttert. Der Mord löste Massenproteste aus, die schließlich zum Rücktritt Ficos und zu anschließenden Untersuchungen führten, die aufdeckten, dass eine Reihe von Oligarchen und Spitzenbeamten Kontrolle über staatliche Institutionen inklusive der Polizei, der Gerichte und der Steuerbehörden ausübte. Der Rücktritt Ficos 2018 und die Wahlen 2020 führten zu einem Machtwechsel und einer neuen, jedoch kurzlebigen Regierung. Die vorgezogenen Parlamentswahlen vom Herbst 2023 gewann erneut die SMER. Ihr Regierungsantritt in einer Koalition aus der SMER-Abspaltung *Hlas* (Stimme) sowie der *Slowakischen Nationalpartei* (SNS) wirft die Frage auf, wie verfestigt und resilient die formalen Regeln der slowakischen Demokratie sind. Bereits kurz nach Amtsantritt begann die Regierung Fico, Anti-Korruptionsstrukturen abzubauen, den öffentlich-rechtlichen Rundfunk zu reformieren, die Justiz und Zivilgesellschaft unter Druck zu setzten und die Rolle der Opposition zu schmälern. Folglich stellt sich die Frage, ob mit dem Regierungswechsel 2023 eine vierte Phase der Demokratieentwicklung begonnen hat.

Wie auch in den anderen Länderbeiträgen des vorliegenden Sammelbandes liefert Tab. 1 einen Überblick über das entstandene politische System (Stand: Juli 2024).

2   Verfassung und formale Institutionen

Die 1992 kurz vor der formalen Unabhängigkeit 1993 eilig verabschiedete Verfassung (siehe unten) begründet die Slowakei als parlamentarische Demokratie mit starken Befugnissen des Parlaments und seiner einzelnen Mitglieder, einer untergeordneten Stellung der Regierung und einem Präsidenten mit hauptsächlich repräsentativen Befugnissen.

Die verfassungsmäßig stärkste Institution ist das Einkammerparlament, der Nationalrat der Slowakischen Republik, mit 150 Abgeordneten. Gemäß der parlamentarischen Regierungsform nimmt er eine übergeordnete Position gegenüber der Regierung ein. Diese ist ihrerseits verpflichtet, ihr Programm innerhalb von 30 Tagen nach ihrer Ernennung dem Parlament zur Genehmigung vorzulegen. Ein Vorschlag für ein Misstrauensvotum kann von einer Gruppe von mindestens 30 Abgeordneten gegen die gesamte Regierung oder ein einzelnes Mitglied der Regierung gestellt werden; für beides ist eine absolute Mehrheit erforderlich. Für eine Verfassungsänderung ist eine Mehrheit von drei Fünfteln aller Abgeordneten (90 Stimmen) nötig, gleiches gilt für die Ausrufung vorgezogener Neuwahlen. Die Sitzungen des Parlaments werden vom Parlamentspräsidenten oder seinen Stellvertretern geleitet, die in geheimer Abstimmung mit der Unterstützung von mindestens 76 Abgeordneten gewählt und abgewählt werden. Das Parlament verfügt über ein System von ständigen Ausschüssen. Über die Zusammensetzung der Ausschüsse entscheidet die Mehrheit der Abgeordneten, doch werden ihre fachliche Ausrichtung und die proportionale Vertretung der einzelnen Parteien in der Regel respektiert, mit Ausnahme des Zeitraums zwischen 1994 bis 1998. Seit den Wahlen von 1998 schreibt das Gesetz eine proportionale Vertretung in den Ausschüssen vor, welche die Nachrichtendienste beaufsichtigen.

Der Präsident ist Teil der Exekutive. Von 1993 bis 1999 wurde der Präsident vom Parlament mit einer Dreifünftelmehrheit gewählt. Nachdem es das Parlament 1998 jedoch nach fünf Wahlrunden nicht geschafft hatte, einen neuen Präsidenten zu wählen und die Befugnisse des Präsidenten auf Ministerpräsident Mečiar übergingen, wurde nach dessen Abwahl durch eine Verfassungsänderung 1999 die Direktwahl eingeführt. Seitdem wird eine Direktwahl in zwei Wahlgängen durchgeführt, falls kein Kandidat in der ersten Runde eine absolute Mehrheit erhält. Hinsichtlich seiner verfassungsmäßigen Kompetenzausstattung ist der Präsident schwach, so kann zum Beispiel sein Veto gegen Gesetze durch eine einfache Mehrheit von 76 Abgeordneten überstimmt werden. Allerdings kann der Präsident eine wichtige Rolle bei der Regierungsbildung spielen, da die Verfassung seine Rolle bei der Ernennung des Ministerpräsidenten nicht durch weitere Vorgaben einschränkt. Das Erfordernis eines Vertrauensvotums des Parlaments gegenüber der Regierung setzt jedoch implizit voraus, dass der Präsident den Willen des Parlaments bei der Nominierung des Regierungschefs respektiert. Der Präsident ernennt zudem Richter, den Generalstaatsanwalt und die Richter des Verfassungsgerichts, allerdings auf Grundlage von Vorschlägen des Parlaments oder anderer Institutionen. Dabei ist formalrechtlich nicht eindeutig geregelt, ob der Präsident vorgeschlagene Kandidaten ernennen muss: Während das Verfassungsgericht in einigen Fällen die Ablehnung vorgeschlagener Kandidaten zugelassen hat (Minister, Generalstaatsanwalt), tat es dies in anderen Fällen nicht (Verfassungsrichter).

Den Präsidenten seines Amtes zu entheben ist formal schwierig. Eine Möglichkeit ist eine vorgezogene Neuwahl nach einem gescheiterten Versuch der Abberufung des Präsidenten durch ein Plebiszit auf Antrag einer Dreifünftelmehrheit des Parlaments. Das Plebiszit erfordert dabei die Unterstützung einer Mehrheit aller Wahlberechtigten. Ist die Abstimmung nicht erfolgreich, löst der Präsident das Parlament auf, während zugleich eine neue Amtszeit des Präsidenten beginnt. Die zweite Möglichkeit, den Präsidenten abzusetzen, ist ein Amtsenthebungsverfahren wegen Verletzung der Verfassung oder wegen Hochverrats. Ein Amtsenthebungsverfahren kann von einer Dreifünftelmehrheit der Abgeordneten eingeleitet werden, worüber das Verfassungsgericht entscheidet.

Die verfassungsmäßigen Befugnisse der Regierung sind relativ schwach und ihre Autorität hängt von einer Mehrheit im Parlament ab. Die Verfassung verleiht dem Premierminister keine besonderen Befugnisse, sondern enthält lediglich die Vorgabe, dass die Regierung mit Mehrheit entscheidet. Eines der wenigen Instrumente zur Disziplinierung ihrer parlamentarischen Mehrheit besteht für die Regierung darin, die Abstimmung über ein vorgeschlagenes Gesetz mit einer Vertrauensabstimmung zu verbinden. Die Macht des Premierministers und seine Stellung im Kabinett hängen also von den Regeln der Koalitionsregierung, von seiner Stellung in der eigenen Partei, aber auch von seiner Persönlichkeit ab (Haughton 2002; Blondel et al. 2007; Szomolányi und Karvai 2019).

Das Verfassungsgericht besteht aus 13 Richtern, die vom Parlament nominiert und vom Präsidenten für eine Amtszeit von 12 Jahren ernannt werden. Um eine Pattsituation zu vermeiden, muss das Parlament die doppelte Anzahl von Kandidaten für die vakanten Stellen benennen. Das Verfassungsgericht legt die Verfassung aus, entscheidet über die Vereinbarkeit von Gesetzen mit der Verfassung, über Wahlbeschwerden und über die Verletzung individueller verfassungsmäßig garantierter Rechte. Die Anrufungsrechte an das Verfassungsgericht sind weit gefasst und umfassen auch natürliche Personen.

Eine wichtige Rolle spielt die in der Verfassung verankerte Möglichkeit eines Referendums. Der Präsident kündigt ein Referendum entweder auf Vorschlag des Parlaments oder aufgrund einer Petition von mindestens 350.000 Bürgern an, wobei menschenrechtsbezogene und Steuerfragen ausgeschlossen sind. Der Präsident hat die Möglichkeit, eine vorgelegte Frage vom Verfassungsgericht prüfen zu lassen, bevor er das Referendum ankündigt. Obwohl Referenden häufig initiiert und abgehalten werden (zuletzt 2023, als die Bürger über die vorzeitige Beendigung der Legislaturperiode durch eine Änderung der Verfassung abstimmten), hat es bisher nur ein einziges gültiges Referendum gegeben, und zwar über den EU-Beitritt des Landes, an dem sich etwas mehr als die Hälfte der Wähler (52 %) beteiligte. Der wesentliche Grund für das häufige Scheitern ist die Anforderung einer Mindestbeteiligung von 50 % aller Wähler an der Abstimmung.

3   Mečiarismus: Uneingeschränkte Mehrheitsherrschaft (1994–1998)

Die Slowakei durchlief in den frühen 1990er-Jahren einen schwierigen Übergang vom Kommunismus zur Demokratie. Das Land stand vor mehreren Herausforderungen, die den Demokratisierungsprozess erschwerten und die Entwicklung und Konsolidierung demokratischer Regeln behinderten. Erstens gab es in der Slowakei keine Tradition und keine Erfahrungen mit einer unabhängigen Staatlichkeit. Die Gründung eines neuen Nationalstaats erschwerte die Umstellung auf Demokratie und Marktwirtschaft (Szomolányi 2004; Henderson 2002). Zweitens beruhte das kommunistische System auf einem hierarchischen Herrschaftsverständnis, was eine Hypothek für die demokratische Kompromissfindung darstellte. Drittens hat sich die in aller Eile ausgearbeitete Verfassung als unzureichend erwiesen, um die Konsolidierung der Demokratie zu fördern, da sie mehrere vage Bestimmungen hinsichtlich der Gewaltenteilung zwischen den wichtigsten Institutionen enthielt und damit den Weg für Konflikte über die verfassungsrechtlichen Regeln ebnete. Und schließlich führte der politische Stil zentraler politischer Akteure, insbesondere des Premierministers Vladimír Mečiar mit seiner Präferenz für das Mehrheitsprinzip und seinem Winner-takes-it-all-Ansatz, zu Machtkonzentration und Machtmissbrauch.

Nach dem Systemwechsel, der als Critical Juncture eingeordnet werden kann, fanden im Jahr 1990 zunächst Gründungswahlen und im Jahr 1992 vorgezogene

Neuwahlen in der Tschechischen und Slowakischen Föderalen Republik, wie das Land seit 1990 offiziell hieß, statt. Bei Letzteren gewann Vladimir Mečiar, der Vorsitzende der *Bewegung für eine demokratische Slowakei* (HZDS), 74 von 150 Sitzen und bildete eine inoffizielle Koalition mit der nationalistischen *Slowakischen Nationalpartei* (SNS). Nach den Wahlen wurde deutlich, dass in beiden Landesteilen die jeweiligen Wahlgewinner, in der Slowakei Mečiar und in Tschechien Václav Klaus, kein Interesse an der Aufrechterhaltung eines gemeinsamen Staates hatten. Im Juli 1992 einigten sie sich auf dessen Auflösung, obwohl keine der Parteien für diese Lösung geworben hatte und die Mehrheit der Bürger die Teilung nicht unterstützte. In der Slowakei wurde daraufhin der 1990 begonnene Prozess der Verfassungsgebung abgeschlossen und die Verfassung bereits am 01. September 1992 durch den Slowakischen Nationalrat angenommen (Malová 2001). Die Verfassung war somit in Eile ausgearbeitet worden, ohne dass die Funktionsweise der Institutionen, ihre wechselseitigen Beziehungen und das Verfassungssystem als Ganzes vorher eingehend erörtert worden wären. Infolge entstand ein unausgewogenes Ergebnis zweier unterschiedlicher Verfassungstraditionen, nämlich der Tschechoslowakei der Zwischenkriegszeit und der kommunistischen Verfassung.

Die sich daraus ergebenden Funktionsdefizite wurden in den ersten Monaten nach der Unabhängigkeit der Slowakei bei der Wahl des Präsidenten deutlich. Nach dem Wortlaut der Verfassung brauchte dieser zur Wahl die Unterstützung einer Dreifünftelmehrheit der Parlamentsmitglieder, was sich als hohe Hürde erwies. Schließlich einigte sich die Regierungsmehrheit mit Teilen der Opposition auf die Unterstützung der Kandidatur von Michal Kováč, einem Mitglied der HZDS, allerdings unter der Bedingung, dass dieser nach seiner Wahl auf seine Parteimitgliedschaft verzichten würde. Damit wurde die wichtige informelle Regel etabliert, wonach der Präsident ein autonomer und überparteilicher Akteur zu sein hat. Präsident Kováč distanzierte sich schnell von seiner Partei und wurde zu einem Kritiker der Politik von Vladimír Mečiar, was zu Konflikten zwischen den beiden führte. Die insgesamt volatile Situation führte im Herbst 1994 abermals zu vorgezogenen Wahlen. Erneut konnte die HZDS, diesmal mit etwa 35 % der Stimmen, gewinnen. Daraufhin gelang es ihr, mit der nationalistischen SNS und dem linksradikalen *Verband der slowakischen Arbeiter* (ZRS) eine Koalitionsregierung zu bilden. Diese ungewöhnliche Koalitionskostellation zeigte, dass im Parteiensystem Fragen der nationalen Identität wichtiger waren als sozio-ökonomische Themen (Henderson 2002).

Mečiar trat infolge für ein majoritäres Demokratieverständnis ein, welches den Grundsatz der Gewaltenteilung nicht respektierte. Dies führte rasch zu Konflikten mit der Opposition und dem Präsidenten. Bis 1994 hatte die fehlende interne Parteikohärenz zu einer Art Versammlungsregierung geführt. Nach 1994 gelang es Mečiar und seiner Regierung jedoch, bei den Koalitionsfraktionen eine strenge Parteidisziplin durchzusetzen, wodurch die Regierung dem Parlament gegenüber eine dominante Position einnehmen konnte. Die Satzungen von Parlament und Regierung wurden entsprechend geändert. Bereits in der ersten Sitzung des Parlaments nach den Wahlen 1994 setzte die neue Parlamentsmehrheit ein Winner-takes-it-all-Prinzip durch, was zu einer Marginalisierung der Opposition führte: Den Oppositionsfraktionen wurde der Vorsitz in den parlamentarischen Ausschüssen und die Mitgliedschaft in den Aufsichtsgremien des Parlaments entzogen und die Regierung berief Oppositionsmitglieder in die parlamentarischen Ausschüsse, ohne ihre jeweilige Expertise zu berücksichtigen. In derselben Sitzung ersetzte die Parlamentsmehrheit auch die Spitzenbeamten von 38 staatlichen und öffentlichen Einrichtungen (Belko und Kopeček 2003).

Die Anforderungen an die Parteidisziplin der HZDS-Abgeordneten gingen so weit, dass sie das freie Mandat der Abgeordneten in Frage stellten. Angeblich mussten die HZDS-Kandidaten vor den Wahlen undatierte Rücktrittserklärungen von ihrem Mandat unterschreiben. Im Jahr 1996 kündigte etwa der HZDS-Abgeordnete František Gaulieder seinen Austritt aus der Partei an. Tatsächlich kam wenig später ein Rücktrittsschreiben von ihm an die Öffentlichkeit, obwohl er beteuerte, sein Mandat nicht zurückgeben zu wollen. Dennoch nahm die Parlamentsmehrheit seinen Rücktritt einfach an. In ähnlicher Weise beschloss die Mehrheit, dass an die Stelle eines verstorbenen Abgeordneten ein von der Partei benannter Ersatzkandidat treten sollte und nicht der Kandidat mit den meisten Vorzugsstimmen, wie es das Wahlgesetz vorschrieb. Zwar entschied in beiden Fällen das Verfassungsgericht, dass die verfassungsmäßigen Rechte der Abgeordneten verletzt worden waren. Allerdings verlieh die Verfassung dem Verfassungsgericht nicht die explizite Befugnis, die Entscheidung des Parlaments aufzuheben (Malová und Rybář 2000).

Die Befugnisse des Präsidenten waren umstritten, da die unklare Benennung seiner Kompetenzen durch die Verfassung dem Präsidenten einen relativ starken Einfluss auf die Exekutive ermöglichte. Dies führte aufgrund des angespannten Verhältnisses zwischen Präsident Kováč und Premierminister Mečiar zu institutionellen Konflikten innerhalb der Exekutive. So lehnte Kováč mehrere Personalvorschläge für Regierungsmitglieder ab, was vom Verfassungsgericht für rechtmäßig erklärt wurde. Die Bemühung der Regierungsmehrheit, Kováč abzusetzen, fiel mit der Entführung seines Sohns durch den slowakischen Geheimdienst zusammen. Dies stellte nur einen von mehreren Belegen für die kriminellen Praktiken des Staates während der Amtszeit von Mečiar dar (Malová und Rybář 1999).

Nach Ablauf der Amtszeit des Präsidenten drohte eine schwere Verfassungskrise. Die Regierung Mečiar konnte keine Dreifünftelmehrheit im Parlament für die Wahl eines neuen Kandidaten erreichen. Für den Fall eines vakanten

Präsidentenamtes übertrug die Verfassung einige Kompetenzen auf die Regierung, jedoch enthielt sie keine Regeln für den Rücktritt des Kabinetts nach den Wahlen. Es war daher unklar, wie der Premierminister und die Regierung abgesetzt werden konnten. Die Verfassungskrise wurde kurz vor den Wahlen durch eine Verfassungsänderung gelöst, welche die Ernennungsbefugnisse des Präsidenten im Falle eines unbesetzten Präsidentenamtes auf den Parlamentsvorsitzenden übertrug (Malová und Rybář 2000).

Insgesamt war die Phase zwischen 1994 bis 1998 durch politisches Chaos und Manipulationsversuche demokratischer Institutionen durch Mečiar und seine Koalition geprägt. Bei den Wahlen 1998 gewannen jedoch und trotz dieser Hindernisse Parteien der Opposition. Dieser oppositionelle Wahlsieg war nicht nur den Kontrollinstitutionen, insbesondere dem Verfassungsgericht und dem Präsidenten, sondern vor allem der Zivilgesellschaft und den Medien zu verdanken. Diese konnten durch das Argument, die Slowakei könne als einziges Land Mitteleuropas von der NATO- sowie der EU-Mitgliedschaft ausgeschlossen werden, die Wählerschaft mobilisieren. Die Befürchtungen veranlassten die zuvor zersplitterte politische Opposition, sich zusammenzuschließen und ein breites Bündnis verschiedener NGOs und Interessengruppen, einschließlich der Gewerkschaften, zu bilden. Diese breite Mobilisierung trug wesentlich zur Niederlage von Mečiar bei den Wahlen 1998 bei (Fisher 2006; Malová et al. 2005).

4   Politik des Konsenses und der Machtteilung (1998–2002)

Die Wahlniederlage von Mečiar und seiner HZDS im Jahr 1998 kann als Meilenstein für die Demokratisierung der Slowakei angesehen werden. Obwohl die HZDS die stärkste Partei blieb, bildeten mehrere Oppositionsparteien, die sich in der von Mikuláš Dzurinda geführten *Slowakischen Demokratischen Koalition* (SDK) zusammenschlossen, eine Regierung. Die Oppositionsführer machten sich die Kritik der Europäischen Union zunutze und präsentierten sich als kompetente und vertrauenswürdige Alternative zu Mečiar (Malová et al. 2005). Die neue heterogene Koalitionsregierung aus SDK – bestehend aus der konservativen KDH, der *Demokratischen Partei* (DS), der liberalen *Demokratischen Union* (DU), der linken *Sozialdemokratischen Partei der Slowakei* (SDSS) sowie der *Partei der Grünen* (SZS) und der *Partei der Ungarischen Koalition* (SMK-MKP) – vereinte vor allem ihre Opposition gegen den Mečiarismus und das Ziel der EU-Mitgliedschaft. Die Einbeziehung der ungarischen Minderheit in die Regierung galt als wichtiger Schritt, um durch die Schwächung nationalistischer Tendenzen in der slowakischen Regierung internationales Vertrauen wiederzuerlangen.

Praktisch diente die Politik der Regierung Dzurinda dem Ziel, die Jahre des Mečiarismus zu überwinden und den Weg für die Aufnahme der Slowakei in die NATO und die EU zu ebnen (Rhodes 2001). Innenpolitisch bedeutete dies, dass die Oppositionsparteien ihre Mitwirkungsrechte zurückerhielten. Hierbei wurden vier informelle Regeln etabliert (Malová et al. 2005): (1) Nominierungen von Parteien für parlamentarische Ämter werden von allen Abgeordneten respektiert und nicht angefochten; (2) die Opposition hat Anspruch auf mindestens einen stellvertretenden Parlamentsvorsitz; (3) sie kann die Ausschussvorsitzposten im Verhältnis zu ihrer Stärke im Parlament besetzen; und (4) sie hat Anspruch auf den Vorsitz der Sonderausschüsse zur Überwachung der Geheimdienste. Diese Regeln zielten darauf ab, einen kooperativeren Ansatz bei der Entscheidungsfindung im Parlament zu fördern und die Rolle der Opposition zu stärken.

Neben den informellen Regeln im Parlament verabschiedete die Koalition auch wichtige Verfassungsänderungen, um die in der vorangegangenen Periode aufgetretenen Kompetenzunklarheiten und Defizite zu beseitigen. Diese betrafen vor allem die Wahl und die Kompetenzen des Präsidenten sowie die Stärkung der Kontrollmechanismen und der Machtteilung (Malová und Rybář 2008). Die Einführung der Direktwahl des Präsidenten war nicht mit einer Stärkung seiner Kompetenzen verbunden, ihm wurden sogar einige zuvor umstrittene Befugnisse entzogen, so insbesondere das Recht, Kabinettssitzungen zu leiten und ohne Einladung an Parlamentssitzungen teilzunehmen. Einerseits wurden so seine Möglichkeiten, in die tägliche Arbeit von Parlament und Regierung einzugreifen, deutlich verringert. Andererseits behielt er jedoch einige entscheidende Befugnisse, unter anderem das Recht, den Premierminister, einzelne Minister und höhere Staatsbeamte zu ernennen und ein Referendum einzuberufen. Während vor der Einführung der Direktwahl das slowakische System eindeutig als parlamentarisch eingestuft wurde, fällt dessen Einordnung nach 1999 unterschiedlich aus (Brunclík und Kubát 2018, S. 134). Während es manche als semipräsidentiell (Malová und Rybař 2008) einordnen und es sich gemäß Shugart und Carey (1992) als parlamentarisch-präsidentielles Regierungssystem einordnen ließe, wird es meist als parlamentarisches System, wenn auch mit einem direkt gewählten Staatspräsidenten geführt (Brunclík und Kubát 2018, S. 140). Dieser Einordnung schließen wir uns an.

Wenige Jahre später, im Jahr 2001, führte die von Dzurinda geführte Koalition eine umfassende Verfassungsreform durch, bei der etwa 40 % des Textes geändert wurde (Orosz 2012, S. 42). Ein Hauptziel war die Schaffung neuer Aufsichtsinstitutionen, die Stärkung der Gewaltenteilung und weiterer Mechanismen zur Verhinderung von Machtmissbrauch. Zudem ging es um die Vorbereitung des EU-Beitritts. Infolgedessen wurden mehrere Institutionen eingeführt, die auf die

Stärkung der Gewaltenteilung und der Rechenschaftspflicht der Exekutive ab-
zielten (z. B. der Oberste Rechnungshof, die regionale Selbstverwaltung, das Amt
des Ombudsmanns und die Organe der gerichtlichen Selbstverwaltung). Die Struktur und die Befugnisse des Verfassungsgerichts wurden ebenfalls geändert, um
seine Unabhängigkeit zu stärken. Die Zahl der Richter wurde von zehn auf 13 erhöht und ihre Amtszeit auf 12 Jahre verlängert, ohne die Möglichkeit einer Wieder-
ernennung. Die wichtigste Neuerung war das Recht, die Wirksamkeit von Gesetzen auszusetzen, bis eine endgültige Entscheidung über deren Vereinbarkeit mit
der Verfassung getroffen ist.

Darüber hinaus machte die Regierung Dzurinda auch einige von Mečiar initiierte Änderungen des Wahlgesetzes rückgängig und hob das De-facto-Verbot von
Wahlkoalitionen auf. Beibehalten wurde, dass das ganze Land einen einzigen
Wahlkreis bildet. Die Beibehaltung der Verhältniswahl in einem Wahlkreis in Verbindung mit einer verbesserten staatlichen Finanzierung der politischen Parteien
erhöhte die Anreize zur Gründung neuer politischer Parteien und wirkte sich ambivalent auf die Entwicklung des Parteiensystems aus. Einerseits wirkte die erhöhte
Proportionalität der Zersplitterung des Parteiensystems entgegen. Andererseits
untergrub das großzügige System staatlicher Parteienfinanzierung die Notwendigkeit der Parteien, auf soziale Gruppen und Nichtregierungsorganisationen zuzu-
gehen sowie lokale und regionale Organisationen zu bilden. Die bis heute gültigen
Regeln begünstigen die Bildung von elitendominierten Parteien, welche auf große
Mitgliederzahlen sowie regionale Organisationsstrukturen verzichten können.

Die Reform des Regierungssystems kann, wie bereits angedeutet, zu einem erheblichen Teil als Strategie im Umgang mit den Erwartungen der EU angesehen
werden. Die politische Konditionalität der EU hatte drei wichtige Folgen. Erstens
bestimmte sie den Schwerpunkt zahlreicher politischer Reformen. Zweitens förderte sie die Schaffung neuer politischer Institutionen und Agenturen. Und schließlich beeinflusste sie das Verhalten der politischen Eliten. Infolgedessen wurden die
horizontale Machtverteilung, der Schutz der Menschen- und Minderheitenrechte
und die Stärkung der Verwaltungskapazität des Staates gewährleistet (Malová und
Dolný 2008). Da diese Prozesse jedoch ausschließlich von den politischen und
bürokratischen Eliten kontrolliert wurden, wurde die Exekutive gestärkt und die
Beteiligung der Bürger und der Zivilgesellschaft faktisch eingeschränkt (Malová
et al. 2005). Dennoch kann festgehalten werden, dass die Konsolidierung der slowakischen Demokratie und der Prozess der Europäisierung voneinander wechsel-
seitig abhängige politische Entwicklungen waren (Harris 2004). Die Bestrebung
zur Rückkehr nach Europa förderte den politischen Konsens zwischen den wichtigsten politischen Parteien der Slowakei; die Bürger teilten dieses Ziel weitgehend
(Henderson 2004).

5   Höhen und Tiefen der slowakischen Demokratie (2002–2023)

Die dritte Phase der demokratischen Transformation der Slowakei begann nach den Wahlen von 2002 und führte zunächst zu einer Stabilisierung der Institutionenordnung. Nationalistische und autoritäre Parteien wurden an den Rand gedrängt. Der Parteienwettbewerb verlagerte sich auf das Links-Rechts-Schema in Anlehnung an Lipset und Rokkan (1967), was zu drei aufeinanderfolgenden Regierungswechseln zwischen von Mitte-Rechts- und Mitte-Links-Parteien führte. Mikuláš Dzurindas Regierung (2002–2006) führte mehrere neoliberale Strukturreformen durch, um ausländische Direktinvestitionen zur Ankurbelung der Wirtschaft zu fördern. Durch diesen Kurs ergaben sich für bestimmte Bevölkerungsgruppen hohe soziale Kosten. Bereits bei den Wahlen 2002 führte die neue Partei SMER (*Richtung*) unter Führung von Robert Fico einen auf dieses Thema fokussierten Wahlkampf, erlitt jedoch eine massive Niederlage.

Während ihrer Zeit in der Opposition (2002–2006) stärkte die SMER (2005 unbenannt in *SMER – Sozialdemokratie*, SMER-SD) schrittweise ihr linkes ideologisches Profil, indem sie sich auf die Kritik an den sozialen Folgen der Politik der vorherigen Regierung konzentrierte, eine Umverteilungsagenda verfolgte und eine Anti-Establishment-Rhetorik mit populistischen Appellen ergänzte. Die sozialdemokratische Identität der Partei blieb jedoch schwach, und sie ist eher als linkspopulistisch einzuordnen. Durch ihre erfolgreiche Kritik an der neoliberalen und unsozialen Politik der Dzurinda-Koalition gewann SMER-SD die Wahlen 2006 und bildete anschließend eine Koalition mit der rechts-populistischen HZDS und der nationalistischen SNS. Obwohl diese Koalitionszusammensetzung Bedenken hinsichtlich der Verschlechterung der Demokratiequalität schürte, revidierte die erste Regierung Fico die meisten Reformen der Vorgängerregierung nicht – nicht zuletzt, um die Kriterien für die Einführung des Euro zum 01. Januar 2009 zu erfüllen. So zeigte die Slowakei in den ersten Jahren nach dem EU-Beitritt, dass sie trotz populistischer und nationalistischer Regierungsparteien über eine funktionierende Mehrparteiendemokratie in einem marktwirtschaftlichen Umfeld verfügte (Malová 2017).

Allerdings begannen unter der von SMER-SD geführten Regierung Korruption und Klientelismus zu florieren, was zu deren Niederlage in den Wahlen 2010 beitrug. Die neue konservative Vier-Parteien-Koalitionsregierung unter Iveta Radičová war nur von kurzer Dauer und brach schon 2011 auseinander, als sich die beteiligten Parteien nicht auf eine Zustimmung zur Einrichtung der Europäischen Finanzstabilisierungsfazilität einigen konnte, welche die EU zur Stützung der griechischen

Finanzen einrichtete (Szomolányi und Karvai 2019). Es folgten Neuwahlen im Jahr 2012, aus denen SMER-SD nicht nur wieder als stärkste Partei hervorging, sondern sogar die erste Einparteienregierung seit der Transformation und der Unabhängigkeit formieren konnte. Trotz anfänglicher Befürchtungen missbrauchten die SMER-SD und Fico ihre Mehrheit nicht und nutzten auch nicht die sich bietende Gelegenheit zur Änderung des Wahlgesetzes zum eigenen Vorteil.

Die nächsten Wahlen 2016 brachten eine neue Dynamik in das Parteiensystem und den Wahlwettbewerb (Rybář und Spáč 2017), da eine Reihe neuer politischer Parteien, darunter die rechtsextreme *Kotleba – Volkspartei Unsere Slowakei* (ĽS-NS), in das Parlament gewählt wurde. Dadurch wurde die seit 1998 andauernde Konstellation von Machtwechseln zwischen verschiedenen Parteienbündnissen jeweils auf der rechten wie der linken sozio-ökonomischen Dimension durchbrochen. Trotz des Verlusts ihrer Mehrheit im Parlament blieb die SMER-SD die stärkste Partei und konnte eine heterogene Regierungskoalition bilden, zu der erneut die *Slowakische Nationalpartei* (SNS), aber auch die ungarische Minderheitenpartei *Most-Híd* (*Brücke*) sowie die *Netzwerkpartei*, eine Partei der rechten Mitte, gehörten. Diese Koalition verdeutlichte, dass sich ein Jahrzehnt nach dem EU-Beitritt Fragen der kulturellen Identität mit dem nach wie vor wichtigen Thema der Korruption verbanden (Haughton et al. 2022).

Die Regierungswechsel zwischen 2002 und 2016 waren jeweils Folge des politischen Wettbewerbs und stellen insofern politische Richtungswechsel auf Grundlage demokratischer Praktiken dar. Im Jahr 2018 wurde dieser Zustand allerdings durch die das Land erschütternde Ermordung des Enthüllungsjournalisten Ján Kuciak sowie seiner Verlobten Martina Kušnírová beendet. Kuciak hatte zu Wirtschaftsverbrechen und organisierter Kriminalität in der Slowakei recherchiert. Im Zuge der Ermittlungsarbeiten stellte sich schnell heraus, dass eine Reihe von Beamten staatlicher Institutionen einschließlich der Polizei, der Gerichte und der Steuerbehörden in kriminelle Netzwerke verstrickt waren oder diese deckten. Die Erkenntnisse lösten Massenproteste aus, denen sich die Regierung nicht entziehen konnte. Nach einigen Wochen trat Ministerpräsident Fico zurück, da er die Vorwürfe, es habe eine „Vereinnahmung des Staates" durch Oligarchen und Kriminelle gegeben, nicht entkräften konnte (Gál und Malová 2021).

Die Frage der ordnungsgemäßen Staatsführung, insbesondere die Korruption, wurde zum beherrschenden Thema vor den Wahlen 2020. Der politische Neuling Igor Matovič und seine Bewegung *Gewöhnliche Menschen und unabhängige Persönlichkeiten* (OĽaNO) gingen dank seines Images als authentischer und unerschütterlicher Kämpfer gegen die Korruption als klare Sieger aus der Wahl hervor. Matovič bildete eine Koalition mit der liberalen *Freiheit und Solidarität* (SaS), der populistischen Partei *Wir sind eine Familie* (SR) und der Partei des ehemaligen Präsidenten Kiska *Für das Volk* (ZL). Matovičs populistischer und konfrontativer Stil vertrug sich allerdings nicht mit den Herausforderungen, die zunächst durch die Corona-Pandemie und später durch den Angriffskrieg Russlands gegen die Ukraine entstanden (Dolný 2023). Er konnte sich nur für etwa ein Jahr im Amt halten; auch im Anschluss an seinen Rücktritt blieb die Koalition instabil. Diese brach Ende 2022 zusammen und es folgten vorgezogene Neuwahlen.

Nach dem aggressiven und offensiven Wahlkampf mit illiberalen und prorussischen Appellen kehrte 2023 Robert Fico durch seinen Wahlsieg in das Amt des Ministerpräsidenten zurück. Er bildete eine Koalition mit der Partei *Hlas* (*Stimme*), einer Abspaltung der SMER, die sich als moderne, europäische sozialdemokratische Partei präsentiert, und der SNS mit einigen verschwörungstheoretischen und prorussischen Aktivisten in ihren Reihen. Angesichts der Aufnahme der extremistischen SNS in die Koalition suspendierte die *Sozialdemokratische Partei Europas* (SPE) die Mitgliedschaft von SMER und *Hlas* in der SPE. Der künftige Kurs der slowakischen Demokratie erscheint ungewiss. Einerseits sprechen das gemäßigte Profil der *Hlas* und Ficos früherer Regierungspragmatismus von 2006 bis 2010 und 2012 bis 2018 nicht für einen Rückfall in majoritäre Zustände. Andererseits hat die Koalition im ersten Jahr im Amt Maßnahmen und Reformen durchgesetzt, welche die liberale Demokratie beschädigen. So wurde das Strafgesetzbuch reformiert und Anti-Korruptionsstrukturen aufgelöst, was insbesondere Fico und verurteilten Verbündeten zugutekommt. Liberale private Medien werden diffamiert und die öffentlich-rechtliche Rundfunkanstalt RTVS wurde durch die neue STVR mit größeren Einflussmöglichkeiten der Regierung ersetzt. Die Zivilgesellschaft gerät zunehmend unter Druck, ebenso wie die Justiz. Die Opposition sieht sich einer weiteren Marginalisierung ausgesetzt, da die unter Dzurinda etablierten informellen Regeln zum Einbezug der Opposition in die parlamentarische Arbeit oft verletzt werden.

Am Ende dieser vergleichsweise langen Phase einer etablierten Wettbewerbsdemokratie zeigt sich damit ein gewisser Widerspruch zwischen dem Grundkonsens für die Demokratie und einem politischen Stil, der die Verfassung als Objekt des Konflikts identifiziert. In inhaltlichen Fragen neigen die slowakischen Akteure wiederholt zu Verfassungsänderungen. So wurden auf der Grundlage von Ad-hoc-Vereinbarungen die verfassungsmäßige Definition der Ehe als Verbindung zwischen einem Mann und einer Frau, der Schutz des slowakischen Wassers vor dem Export und der Schutz landwirtschaftlicher Flächen vor dem freien Verkauf an ausländische Bürger in die Verfassung aufgenommen. Ebenfalls verfassungsrechtlich verankert wurde das Verhältniswahlsystem mit einem einzigen landesweiten Wahlkreis.

Die Nutzung der Verfassung für politische Interessen geht mit einer Tendenz zur aktivistischen Auslegung der Verfassung durch das Verfassungsgericht einher. So entschied das Gericht im Jahr 2019 über die Verfassungswidrigkeit von Verfassungsgesetzen, die davor lange als verfassungskonform gegolten hatten. Darüber hinaus hat das Gericht einen materiellen Kern der Verfassung identifiziert, der nicht geändert werden kann und sich selbst die Befugnis erteilt, die Übereinstimmung von Verfassungsgesetzen und -änderungen mit diesem Verfassungskern zu bewerten. Das Parlament reagierte darauf, indem es dem Gericht ausdrücklich die Befugnis absprach, die Verfassungsmäßigkeit von Verfassungsgesetzen zu beurteilen (Šipulová und Steuer 2023). Dennoch hat diese umstrittene Entscheidung das Potenzial, das Gleichgewicht zwischen dem Parlament und dem Verfassungsgericht sowie den Charakter der Verfassungsordnung selbst grundlegend zu verändern.

Trotz Kontinuität in Kernfragen der Demokratie lässt sich somit konstatieren, dass sich die Logik der Kompromissorientierung in der Slowakei nicht vollständig etabliert hat. Oftmals, und nicht zuletzt bei den Wahlen 2023, lässt sich ein wiederholtes Erstarken der majoritären Logik, wie sie in den 1990er-Jahren dominant war, feststellen. Besonders deutlich wird dies immer wieder mit Blick auf den Umgang mit der parlamentarischen Opposition. Gesetzesvorschläge der Opposition werden in der Regel automatisch in der ersten Lesung abgelehnt, von der Opposition initiierte Sondersitzungen nicht zugelassen und parlamentsübergreifende Gesetzesinitiativen sind eine große Seltenheit. Infolgedessen ist die Opposition aus dem Gesetzgebungsprozess weitgehend ausgegrenzt und muss sich auf andere Instrumente wie Anträge auf Entlassung von Regierungsmitgliedern, Interpellationen und emotionale Reden in Parlamentsdebatten beschränken.

6   Fazit

Während des Transformationsprozesses fand im Grunde ein fortlaufender Kampf um die Stärkung der formalen Institutionen des parlamentarischen Systems statt. Die Parlamentswahlen von 1998 stellen dabei einerseits die einzige Critical Juncture der Regimeentwicklung dar. Andererseits rankten sich weitere Wendepunkte in den Jahren 2002 und 2018 um den Kern des Konflikts, der im Jahr 1998 zunächst aufgelöst wurde: die Vereinnahmung der politischen Institutionen durch die parlamentarische Mehrheit bzw. die Regierung. Dadurch ist das politische System von einem dauerhaften Reibungsverhältnis zwischen den formalen und den informellen Regeln geprägt, nämlich dem auf politische Kompromisse ausgelegten Parlamentarismus auf der einen und der politischen Praxis, in der die Institutionen einem uneingeschränkten Mehrheitsdenken folgen, auf der anderen Seite. Insbesondere in der Frühphase hat dieser Widerspruch die demokratische Konsolidierung behindert (Malová und Rybář 2000).

Drei Jahrzehnte der Transformation und des Aufbaus eines neuen National-staates haben mithin ein gemischtes – aber immer noch demokratisches – politi-sches System hervorgebracht. Das schwach institutionalisierte Parteiensystem mit elitären und personalisierten Parteien hat es jedoch versäumt, starke und stabile Verbindungen zur (Zivil-)Gesellschaft aufzubauen. Daher leidet die Slowakei weiterhin unter einem hohen Maß an Vetternwirtschaft, einem geringen Vertrauen der Bevölkerung in die Parteien, einem hohen Maß an regionaler Ungleichheit und einem anhaltend geringen Maß an Rechenschaftspflicht.

Kontrollfragen

(1) Warum hat sich die Konsolidierung der Demokratie in der Slowakei ver-zögert und warum war sie schließlich erfolgreich?

(2) Warum hat die Einführung der direkten Präsidentschaftswahl nicht zu einer deutlichen Stärkung der Position des Präsidenten im System geführt?

(3) Warum ist das slowakische Parteiensystem so instabil?

Weiterführende Lektüre

Fisher, Sharon. 2006. *Political change in post-communist Slovakia and Croatia from nationalist to Europeanist.* New York: Palgrave Macmillan.
  Behandelt das Spannungsfeld zwischen nationalistischen und pro-euro-päischen Kräften.
Haughton, Tim. 2002. Vladimír Mečiar and his Role in the 1994–1998 Slovak Coalition Government. *Europe-Asia Studies* 54 (8): 1319–1338.
  Geht auf die Rolle der Person Mečiars in der Koalition ein.
Harris, Erika, und Karen Henderson. 2019. Slovakia since 1989. In *Central and Southeast European Politics since 1989*, Hrsg. Sabrina P. Ramet, und Christine M. Hassenstab, 191–220. Cambridge: Cambridge University Press.
  Gibt einen präzisen Überblick über die politische Entwicklung der Slowakei.

Literatur

Belko, Marián and Lubomír Kopeček. 2003. Moc zákonodárná. In *Od Mečiara k Dzurindovi. Slovenská politika a politický systém v prvním desetiletí samostatnosti. [From Mečiar to Dzurinda. Slovak politics and political system in the first decade of independence]*, Hrsg. Lubomír Kopeček, 32–48. Brno: Masarykova Univerzita.

Blondel, Jean, Ferdinand Müller-Rommel, und Darina Malová. 2007. *Governing New European Democracies*. Basingstoke: Palgrave Macmillan.

Brunclík, Miloš, und Mikal Kubát. 2018. *Semi-presidentialism, Parliarmentarism and Presidents. Presidential Politics in Central Europe*. 1. Auflage. London: Routledge.

Dolný, Branislav. 2023. Slovakia: Gradual Settlement of Rules in an Unstable Environment. In *Coalition Politics in Central Eastern Europe Governing in Times of Crisis*, Hrsg. Torbjörn Bergman, Gabriella Ilonszki, und Johan Hellström, 240–262. Abingdon: Routledge.

Fisher, Sharon. 2006. *Political change in post-communist Slovakia and Croatia from nationalist to Europeanist*. New York: Palgrave Macmillan.

Gál, Zsolt, und Darina Malová. 2021. Tatra tiger or mafia state inside the elite club? In *The Political Economy of the Eurozone in Central and Eastern Europe. Why In, Why Out?*, Hrsg. Krisztina Arató, Boglarka Koller, und Anita Pelle, 165–183. Abingdon: Routledge.

Harris, E. 2004. Europeanization of Slovakia. *Comparative European Politics* 2 (2): 185–211.

Haughton, Tim. 2002. Vladimír Mečiar and his Role in the 1994–1998 Slovak Coalition Government. *Europe-Asia Studies* 54 (8): 1319–1338.

Haughton, Tim, Marek Rybář, und Kevin Deegan-Krause. 2022. Corruption, Campaigning, and Novelty: The 2020 Parliamentary Elections and the Evolving Patterns of Party Politics in Slovakia. *East European Politics and Societies: and Cultures* 36 (3): 728–752.

Henderson, Karen. 2002. *Slovakia. The escape from invisibility*. London: Routledge.

Henderson, Karen. 2004. EU Accession and the New Slovak Consensus. *West European Politics* 27 (4): 652–670.

Lipset, Seymour M., und Stein Rokkan. 1967. Party Systems and Voter Alignments: Cross-National Perspectives. New York, London: The Free Press.

Malová, Darina. 2001. Slovakia: From the Ambiguous Constitution to the Dominance of Informal Rules. In *Democratic Consolidation in Eastern Europe Volume 1: Institutional Engineering*, Hrsg. Jan Zielonka, 347–379. Oxford: Oxford University Press.

Malová, Darina. 2017. *Transformation Experiences in Slovakia Governing Uncertainty*. Berlin: Friedrich Ebert Stiftung, Dept. for Central and Eastern Europe. https://library.fes.de/pdf-files/id-moe/13081.pdf.

Malová, Darina, und Branislav Dolný. 2008. The Eastern Enlargement of the European Union: Challenges to Democracy? *Human Affairs* 18 (1): 67–80.

Malová, Darina, und Marek Rybář. 1999. The Impact of Constitutional Rules on Institutionalization of Democracy in Slovakia. In *Success or Failure? Ten Years After*. Hrsg. Vladimir Dvořáková, 68–70. Prag: Česká společnost pro politické vědy.

Malová, Darina, und Marek Rybář. 2000. The Troubled Institutionalization of Parliamentary Democracy in Slovakia. *Politicka misao. Croatian Political Science Review* 37 (2): 99–115.

Malová, Darina, und Marek Rybár. 2008. Slovakia's presidency: Consolidating democracy by curbing ambiguous powers. In *Semi-presidentialism in Central and Eastern Europe*, Hrsg. Robert Elgie, und Sophie Moestrup, 182–200. Manchester: Manchester University Press.

Malová, Darina, Marek Rybář, und Erik Láštic. 2005. *Slovensko ako nový členský štát Európskej Únie: výzva z periférie? [Slovakia as a new member state of the European Union: a challenge from the periphery?]*. Bratislava: Friedrich Ebert Stiftung.

Orosz, Ladislav. 2012. 'Dvadsať rokov Ústavy Slovenskej republiky' [Twenty years of the Constitution of the Slovak Republic]. *Roczniki administracji i prawa rok* 12:35–52.

Rhodes, Matthew. 2001. Slovakia after Mečiar: A Midterm Report. *Problems of Post-Communism* 48 (4): 3–13.

Rybář, Marek, und Peter Spáč. 2017. The March 2016 parliamentary elections in Slovakia: A political earthquake. *Electoral Studies* 45:153–156.

Shugart, Matthew S., und John M. Carey. 1992. *Presidents and Assemblies*. Cambridge: Cambridge University Press.

Šipulová, Katarina, und Max Steuer. 2023. From minimalism to the substantive core and back: The Slovak Constitutional Court and (the lack of) constitutional identity. In *The jurisprudence of particularism: National identity claims in Central Europe*, Hrsg. Kriszta Kovács, 81–104. Oxford, London, New York, New Delhi, Sydney: Hart Publishing.

Szomolányi, Soňa. 2004. Slovakia: From a Difficult Case of Transition to a Consolidated Central European Democracy. In *Democracy and Market Economics in Central and Eastern Europe: Are New Institutions Being Consolidated?*, Hrsg. Tadayuki Hayashi, 149–188. Sapporo: Slavic Research Center, Hokkaido University.

Szomolányi, Soňa, und Alexander Karvai. 2019. 'Slovakia. From National-Populist to Alternating Right and Left Coalitions.' In *Coalition Governance in Central Eastern Europe*, Hrsg. Torbjörn Bergman, Gabriella Ilonszki, und Wolfgang C. Müller, 435–474. Oxford: Oxford University Press.

Slowenien: Parlamentarisches System und polarisierte politische Kultur

Susanne Pickel, Thomas Bickl und Simona Kustec

Zusammenfassung

Nach 1989 hat Slowenien die beiden kritischen Phasen – die Trennung von Jugoslawien und die formale Errichtung eines demokratischen Systems – mit nur geringen Unterbrechungen erfolgreich durchlaufen. Die wichtigsten Herausforderungen betreffen die Menschenrechte, den Mangel an politischem Vertrauen und die daraus resultierende Instabilität des Parteiensystems, sowie die politische und wirtschaftliche Korruption. Diese Faktoren beeinträchtigen die Stabilität von Politik, Wirtschaft und Gesellschaft in Slowenien insgesamt. Gerade in der Covid-19-Pandemie traten diese Herausforderungen noch deutlicher hervor und haben zu einer temporären Regression der ansonsten stabilen Demokratie geführt.

Schlüsselwörter

Slowenien · Staatsbürgerschaft · Parteiensystem · Vorgezogene Wahlen · Korruption · Menschenrechte

S. Pickel (✉)
Fachbereich Gesellschaftswissenschaften, Institut für Politikwissenschaft, Universität Duisburg-Essen, Duisburg, Deutschland
E-Mail: susanne.pickel@uni-due.de

T. Bickl
Brüssel, Belgien
E-Mail: tbickl@hotmail.com

S. Kustec
Faculty of Management, University of Primorska, Koper, Slowenien
E-Mail: Simona.Kustec@fm-kp.si

© Der/die Autor(en), exklusiv lizenziert an Springer Fachmedien Wiesbaden   105
GmbH, ein Teil von Springer Nature 2025
S. Priebus, T. Beichelt (Hrsg.), *Die politischen Systeme im östlichen Europa*,
https://doi.org/10.1007/978-3-658-43647-6_6

Tab. 1 Das politische System Sloweniens im Überblick

Verfassung	Verabschiedet: 1991 Geändert: 1997, 2000, 2003, 2004 (drei Änderungen), 2006, 2013 (zwei Änderungen), 2016, 2021
	Verfassungsänderungsregel: Initiativrecht haben 20 Parlamentsabgeordnete, Regierung und 30.000 Wähler Einleitung des Verfahrens durch Staatsrat mit 2/3-Mehrheit, Annahme durch 2/3-Mehrheit in Nationalversammlung. Fakultatives Referendum auf Verlangen von 30 Abgeordneten der Nationalversammlung (Quorum: Mehrheit von 50 % der Wahlberechtigten)
Regierungssystem	Parlamentarisch mit direkt gewähltem Präsidenten
Staatspräsident	Wahlmodus und Amtszeit: direkt gewählt für 5 Jahre, einmalige Wiederwahl möglich Im 1. Wahlgang absolute Mehrheit nötig, ansonsten Stichwahl zwischen zwei Kandidaten mit meisten Stimmen Abwahl durch Klage der Nationalversammlung vor dem Verfassungsgericht und Entscheidung mit 2/3-Mehrheit möglich
	Kompetenzen: 1) Völkerrechtliche Vertretung Sloweniens; 2) Oberbefehlshaber der Streitkräfte; 3) Vorschlag für Amt des Ministerpräsidenten; 4) Auflösung der Nationalversammlung nach a) Misstrauensvotum oder b) gescheiterter Wahl eines Ministerpräsidenten; 5) Verkündigung der Gesetze (kein Vetorecht); 6) Vorschlag der Verfassungsrichter; 7) Ernennung von Staatsbeamten; 8) Notstandsverordnungen auf Antrag der Regierung
Regierung (Kernexekutive)	Mitglieder: Ministerpräsident und Minister
	Auswahl: Vorschlag des Ministerpräsidenten durch Staatspräsidenten und Wahl durch Nationalversammlung; Ernennung der Minister auf Vorschlag des Ministerpräsidenten durch Nationalversammlung Abberufung: 1) konstruktives Misstrauensvotum gegen Ministerpräsidenten, einfaches Misstrauensvotum gegen einzelne Minister; 2) Vertrauensfrage der Regierung; 3) Amtsenthebung durch Misstrauen nach Interpellation über Tätigkeit der Regierung oder einzelner Minister; 4) Ministeranklage vor dem Verfassungsgericht

(Fortsetzung)

Tab. 1 (Fortsetzung)

Parlament	Aufbau: zwei Kammern: *Nationalversammlung* mit 90 Abgeordneten (autochthone ungarische und italienische Minderheiten wählen je einen eigenen Vertreter) und *Staatsrat* mit 40 Mitgliedern, davon Vertreter der lokalen Interessen (22); jeweils 4 Vertreter von Arbeitgebern, Arbeitnehmern, Bauern, Gewerbetreibende, freie Berufe; 6 Vertreter nicht-wirtschaftlicher Interessen
	Nationalversammlung: variierende Anzahl an Fachausschüssen, nur Ausschüsse für Angelegenheiten der nationalen Minderheiten, für die Aufsicht über die Geheimdienste und für die Haushaltsaufsicht festgelegt
	Bildung einer Fraktion durch mind. 4 Abgeordnete derselben Wahlliste; die beiden Vertreter der italienischen und ungarischen Minderheit (jeweils 1 Sitz) haben automatisch Fraktionsstatus
	Dauer Legislaturperiode: Abgeordnete der Nationalversammlung auf 4 Jahre gewählt; Mitglieder des Staatsrates indirekt durch Wahlkollegium (Wahlmänner und -frauen aus Organisationen der Interessengruppen und Gemeinden) auf 5 Jahre gewählt
	Asymmetrischer Bikameralismus, d. h. Nationalversammlung verfügt über stärkere Kompetenzen
	Funktionen Nationalversammlung: 1) Gesetzgebung (inkl. Verabschiedung Staatshaushalt): Initiativrecht hat jeder Abgeordnete; 2) Kontrolle der Exekutive: Parlamentarische Untersuchungsausschüsse, konstruktives Misstrauensvotum gegen Ministerpräsidenten, Misstrauensvotum gegen einzelne Minister, Interpellation gegen Regierung oder einzelne Minister; 3) Entscheidung über Amtsenthebungsverfahren gegen Staatspräsidenten, Ministerpräsidenten und Minister vor dem Verfassungsgericht; 4) Ratifikation von Verträgen; 5) Ansetzen von Referenden; 6) Ernennung und Entlassung von Inhabern hoher öffentlicher Ämter, u. a. Verfassungsrichter, Gouverneur der Zentralbank
	Funktionen Staatsrat: 1) Gesetzgebung: aufschiebendes Vetorecht bei Gesetzesinitiativen der Nationalversammlung; 2) Stellungnahmen an die Nationalversammlung; 3) Verlangen von Referenden und Untersuchungsausschüssen
Wahlsystem	Verhältniswahl in 8 Mehrpersonenwahlkreisen aus je 11 Wahlbezirken in lose gebundenen Listen und Einzelstimmen mit proportionaler Präferenzstimme; 4 %-Hürde; je ein Vertreter der ungarischen und italienischen Minderheit

Quelle: Eigene Darstellung

1   Einleitung

Sloweniens erste staatsähnliche Erfahrung stammt aus der Zeit, als das Land Teil des Habsburger Reiches, danach des Königreichs der Serben, Kroaten und Slowenen (1918–1929), dann des Königreichs Jugoslawien (1929–1945) und anschließend Teil der Sozialistischen Föderalen Republik Jugoslawien (SFRJ; 1945–1991) war (Ramet 2006; Štih et al. 2016). Bis zum Zerfall der SFRJ in den 1990er-Jahren war Slowenien die nördlichste Teilrepublik des Landes. Noch im jugoslawischen Verbund fanden im April 1990 die ersten freien Wahlen statt. Am 23. Dezember 1990 votierten in einem Referendum 88,5 % der Slowenen[1] für die Loslösung von Jugoslawien. Am 25. Juni 1991 trat zum ersten Mal in der Geschichte des Landes die Unabhängigkeit in Kraft, in deren Folge ein parlamentarisches Regierungssystem mit direkt gewähltem Präsidenten eingeführt wurde.

Der Übergang zur Souveränität, verbunden mit dem zehntägigen Krieg mit dem jugoslawischen Militär im Sommer des Jahres, stellt die bisher einzige Critical Juncture der slowenischen Entwicklung seit 1990 dar. Erste internationale Anerkennungen und der UN-Beitritt folgten kurz später. 1992 wurden die ersten freien Parlamentswahlen entsprechend der neuen slowenischen Verfassung vom 23. Dezember 1991 abgehalten, womit der Schritt in die Demokratie vollzogen war. Die Konstituierung der ersten Nationalversammlung am 23. Dezember 1992 und die Bildung der Regierung am 25. Januar 1993 besiegelten die staatliche Unabhängigkeit. Mit der schrittweisen Integration des Landes in die internationale Staatengemeinschaft wurde ein Meilenstein der demokratischen und internationalen Entwicklung Sloweniens erreicht: Am 1. Mai 2004 trat das Land der EU bei, am 1. Januar 2007 wurde es Mitglied der Eurozone und am 21. Dezember 2007 Mitglied des Schengen-Raums. Am 29. März 2004 erfolgte die Aufnahme Sloweniens in die NATO und am 21. Juli 2010 in die OECD.

Im Vergleich zu vielen anderen osteuropäischen Ländern verlief die politische Entwicklung in Slowenien in den ersten beiden Jahrzehnten nach dem Umbruch nur mit geringfügigen Unterbrechungen. Das Land wurde von verschiedenen, meist Mitte-Links-Koalitionen geführt (2004–2008 und 2012/13 Mitte-Rechts), und die Machtwechsel erfolgten unter gegenseitiger Anerkennung der Wahlergebnisse. Obwohl die slowenische Verfassung relativ häufig geändert wurde und das Parteiensystem recht volatil ist, ist das parlamentarische System weitgehend intakt geblieben. Seit 2011 bestimmten stets vorgezogene Wahlen über die Zusammensetzung der Nationalversammlung. Erst 2022 wurden wieder Wahlen nach einer

---

[1] Wahlbeteiligung: 93,2 %, absolutes Ergebnis Ja-Stimmen: 95,7 %.

regulären Legislaturperiode durchgeführt. Von den ersten Wahlen bis zu den Wahlen 2011 war auch eine nationalistische Partei (SNS) im Parlament vertreten, die aber die rechtspopulistische Entwicklung nicht so entscheidend beeinflusste wie in Kroatien, der Slowakei und Ungarn. Während der Corona-Pandemie wurde die damalige Regierung unter Janez Janša (*Slowenische Demokratische Partei*, SDS) als Verursacherin von Einschränkungen der Demokratie ausgemacht. Die Zukunft wird zeigen, ob es sich dabei lediglich um eine vorübergehende Episode der Autokratisierung des Regierungssystems handelte (Stand: Dezember 2024).

Wie auch in den anderen Länderbeiträgen des vorliegenden Sammelbandes liefert Tab. 1 einen Überblick über das entstandene politische System (Stand: Juli 2024).

2   Das politische System Sloweniens nach 1991

Für die Regelung der Staatsbürgerschaft verweist die Verfassung der Republik Slowenien auf das Staatsbürgerschaftsgesetz vom 25. Juni 1991. Diesem zufolge wird die Staatsbürgerschaft durch Abstammung, durch Geburt auf dem Gebiet der Republik Slowenien, durch Einbürgerung und durch einen völkerrechtlichen Vertrag erworben (Novak 2020, S. 5). Die Rechte der autochthonen italienischen und ungarischen Minderheiten und die „Sorge" für die der Slowenen im Ausland haben Verfassungsrang (Art. 5).

Die gleichen Rechte gelten jedoch nicht für die kroatische und serbische Minderheit, da diese nicht als autochthone nationale Minderheiten firmieren (Pickel und Schwarz 2019, S. 1073). Obwohl die Regeln für die Staatsbürgerschaft rechtlich klar festgelegt sind, sind sie nicht unproblematisch. In der jugoslawischen Föderation verfügte jeder Bürger faktisch über zwei Staatsbürgerschaften: die der Föderation und die der Gliedstaaten. In jedem Gliedstaat besaß jeder Bürger der Föderation die vollen Staatsbürgerrechte. Binnenmigration war häufig, ebenso wie Eheschließungen zwischen Menschen aus verschiedenen jugoslawischen Geburtsländern und Wirtschaftsmigrationen.

Als der Vielvölkerstaat Jugoslawien 1991 zusammenbrach, lebten rund 200.000 Menschen aus anderen Republiken in Slowenien und waren als ständige Einwohner registriert. Mit der Unabhängigkeit Sloweniens konnten sie innerhalb von sechs Monaten die slowenische Staatsbürgerschaft beantragen. Etwa 170.000 Menschen kamen diesem Antrag nach, mehrere Tausend verließen Slowenien (Wengert 2010) oder ihre Anträge wurden rechtswidrig wegen fehlender Originaldokumente abgelehnt (Nack 2023). Einen Tag später wurden alle slowenischen Einwohner, die keinen gültigen Antrag gestellt hatten, aus dem Register der

Daueraufenthaltsberechtigten gestrichen. Im Jahr 2010 gab das slowenische Innenministerium noch die Zahl von 25.671 „Izbrisani" an, was etwa 1,3 % der slowenischen Bevölkerung entspricht (Nack 2023).

Im selben Jahr wurde ein Gesetz verabschiedet, das es den Ausgelöschten ermöglichte, ihren Status innerhalb von drei Jahren individuell zu regeln. Eine kollektive Anerkennung des Aufenthaltsrechts war damit nicht verbunden. Etwa die Hälfte der Izbrisani nutzten die Möglichkeit, einen Antrag zu stellen und erhielt ab 2013 eine minimale Entschädigungszahlung. Das Gesetz lief im Juli 2013 aus. Zurück blieben Menschen, die offiziell nicht existieren, keine Rechte haben und sich nun illegal in Slowenien aufhalten, obwohl das slowenische Verfassungsgericht die Streichung 1998 und 2003 für verfassungswidrig erklärt hatte. Ein individueller Antrag auf Wiederherstellung des Status dauerte seit 2013 rund sieben Jahre. Ausgelöschte Personen und ihre Nachkommen sind Opfer von Diskriminierung und Vorurteilen. Sie stehen stellvertretend für die schwierigen Herausforderungen, die nach dem Zusammenbruch der SFRJ auf die einzelnen Nachfolgestaaten zukamen.

2.1   Politische Ordnung

Die politische Ordnung der Republik Slowenien leitet sich aus dem Selbstbestimmungsrecht der jugoslawischen Republiken ab, welches bereits 1974 in der Verfassung der SFRJ verankert wurde. Daher handelte es sich im Prinzip um einen verfassungskonformen Prozess, als 1989 in Slowenien eine Versammlung aus sozialistischen Reformern und allen Oppositionsgruppen des Landes einberufen wurde. Sie sollte eine neue Verfassung ausarbeiten, die auf Mehrparteienwahlen und intermediärem Pluralismus beruhen und mit der Vorherrschaft des Bundes der Kommunisten brechen sollte. Die Versammlung entschied sich dabei für ein parlamentarisches System. In einem Referendum im Dezember 1990 über die Unabhängigkeit Sloweniens wurden grundlegende Hoheitsrechte von der jugoslawischen Republik auf den slowenischen Staat übertragen. Im Juni 1991 nahm die Verfassungsversammlung das grundlegende Verfassungsdokument über die Autonomie und Unabhängigkeit der Republik Slowenien an. Mit der Zustimmung im Dezember 1991 durch alle drei damaligen Kammern[2] bei vier Gegenstimmen trat die föderale Verfas-

---

[2] In der jugoslawischen Teilrepublik Slowenien gab es drei Kammern: den Gemeinderat (Abgeordnete aus den Gemeinden), den Rat der vereinten Arbeit (Abgeordnete aus der Wirtschaft und Nicht-Wirtschaft) und den Gesellschaftspolitischen Rat (Abgeordnete, gewählt aus den Parteien-Listen; Kristan 1993, S. 342).

sung außer Kraft (Lukšič 2004, S. 640–641). Gleichzeitig wurde das Selbstbestimmungsrecht des slowenischen Volkes in Art. 3 VerfSlw als „dauerhaft und unveräußerlich" festgeschrieben (Pickel und Schwarz 2019, S. 1073).

Obwohl Verfassungsänderungen einer Zweidrittelmehrheit im Parlament bedürfen, ist die slowenische Verfassung seit 1991 elfmal geändert worden. Wichtige Veränderungen betrafen den Aufbau höherer Hürden beim Abhalten von Referenden und die Übertragung zentralstaatlicher Befugnisse auf Gemeinden und Bürger. Auch auf die Finanzkrise der Jahre 2010 bis 2013 wurde auf Verfassungsebene reagiert, indem mit zusätzlichen Haushaltsverpflichtungen ein Eingriff der EU-Troika verhindert werden sollte.

Mit der Verfassung von 1991 wurde ein parlamentarisches Zweikammersystem eingeführt. In der ersten Kammer, der Nationalversammlung, kommen 88 Abgeordnete und jeweils ein Repräsentant der ungarischen und italienischen verfassungsrechtlich anerkannten Minderheiten zusammen, die nach Verhältniswahlrecht auf vier Jahre gewählt werden. Auf Vorschlag des Staatspräsidenten wählen die Mitglieder der Nationalversammlung den Premierminister und die Regierung, welche ihnen gegenüber rechenschaftspflichtig sind und die sie durch einen Misstrauensantrag absetzen können. Dabei kann die Nationalversammlung auch einzelnen Ministern gegenüber ein Misstrauensvotum aussprechen. Dies kommt häufig vor, war aber bisher nur zweimal erfolgreich (siehe Tab. 1).

Die zweite Kammer, der Staatsrat, stellt eine slowenische Besonderheit dar. Er wird alle fünf Jahre, also nicht gleichzeitig mit der ersten Kammer, indirekt durch ein Wahlkollegium gewählt. Teilweise aus intermediären Organisationen besetzt, vertritt er gemäß der Verfassung diverse soziale, wirtschaftliche, berufliche und lokale Interessen. Die zweite Kammer wirkt bei der Verabschiedung von Gesetzen mit und überprüft ihre Auslegung. Nach der Verfassung ist der Staatsrat befugt, eine erneute Abstimmung über von der Nationalversammlung verabschiedete Gesetze zu beantragen (aufschiebendes Veto), Stellungnahmen abzugeben oder der Nationalversammlung die Verabschiedung von Gesetzen oder die Änderung einzelner Gesetzesbestimmungen vorzuschlagen. Des Weiteren kann der Staatsrat ein Verfahren zur Verabschiedung einer korrekten Auslegung eines Gesetzes einleiten, eine parlamentarische Untersuchung beantragen und ein Verfahren zur Überprüfung der Verfassungsmäßigkeit und Rechtmäßigkeit von Verordnungen und Gesetzen beim Verfassungsgerichtshof initiieren. Die Existenz des Staatsrates hängt mit den Überresten des Versammlungssystems aus der jugoslawischen Ära zusammen. Wenngleich Initiativen zu seiner Abschaffung oft Wahlversprechen von Parteien sind, wurde bisher noch kein formelles Verfahren eingeleitet.

Obwohl das Amt des Staatspräsidenten laut Verfassung das höchste politische Amt im politischen System des Landes ist, was durch seine direkte Legitimation durch das Volk unterstrichen wird, nimmt der Präsident lediglich eine symbolisch-repräsentative Rolle ein. Im Gegensatz zu vielen seiner Kollegen der Region verfügt er nicht einmal über ein Veto gegen vom Parlament verabschiedete Gesetze. Allerdings entscheidet er über Begnadigungen, die in der Öffentlichkeit mitunter kritisiert werden. Auf Ersuchen der Nationalversammlung muss sich der Präsident der Republik zu einem bestimmten Thema äußern, was bislang jedoch eher die Ausnahme als die Regel war.

Nach neun Parlamentswahlen hatte Slowenien bisher 13 Koalitionsregierungen (Stand: Dezember 2024), darunter jeweils zwei Regierungen in den Legislaturperioden 1996–2000, 2000–2004, 2011–2014 und 2018–2022. Nach der ersten frei gewählten Regierung des Bündnisses DEMOS unter dem christdemokratischen Ministerpräsidenten Alojz Peterle (1990–1992) wurde die Regierung 1993 bis 1996 von der *Liberalen Demokratie Sloweniens* (*Liberalna demokracija Slovenije*, LDS) geführt, deren Vorsitzender Janez Drnovšek auch Ministerpräsident wurde. Mit einer kurzen sechsmonatigen Ausnahme im Jahr 2000 führte die LDS ununterbrochen alle slowenischen Regierungen bis 2004, als eine Mitte-Rechts-Koalition mit der *Slowenischen Demokratischen Partei* (*Slovenska demokratska stranka*, SDS) zum ersten Mal die Wahlen gewann. Diese Koalition mit Janez Janša als Premierminister ist bis heute die einzige slowenische Regierung, welche während der gesamten Legislaturperiode weder den Koalitionspartner gewechselt hat, noch zerbrochen ist.

Die SDS-geführten Regierungen mit Janša als Ministerpräsident waren auch während der Legislaturperioden ab 2011 (bis Anfang 2013) und ab 2018 (2020–2022) im Amt. Alle übrigen Regierungen Sloweniens wurden von Mitte-Links-Parteien geführt. Nach der Regierungszeit der *Sozialdemokraten* (*Socialni demokrati*, SD; Borut Pahor) von 2008 bis 2011 leiteten fast durchgängig neu gegründete Parteien die Regierungskoalitionen: 2013 bis 2014 die Partei *Positives Slowenien* (*Pozitivna Slovenija*, PS; Alenka Bratušek), 2014 bis knapp vor den Wahlen 2018 die *Partei der Modernen Mitte* (*Stranka Modernega Centra*, SMC; Miro Cerar), 2018 bis 2020 die *Liste Marjan Šarec* (*Lista Marjana Šarca*, LMŠ; Marjan Šarec) und seit den Parlamentswahlen 2022 die *Stimme des Volkes – Freiheitsbewegung* (*Gibanje Svoboda*, GS; Robert Golob). Auch wenn somit das verantwortliche politische Personal häufig wechselte, bleiben die demokratischen Verfahren der Problemlösung funktionsfähig und unangetastet.

Entsprechend beruht auch das formale Zusammenspiel zwischen dem Präsidenten der Republik, der Regierung und dem Parlament auf den klassischen demokratischen Verfassungsmechanismen der gegenseitigen Kontrolle von Exekutive und Legislative. Im Allgemeinen gibt es in der Praxis keine größeren formalen Abweichungen in der Interaktion zwischen den führenden Vertretern der Exekutive und der Legislative (und auch der Judikative), auch wenn die Beziehungen zwischen ihnen je nach der personellen Besetzung mehr oder weniger intensiv und (un)günstig sind. Selbst in den Zeiten einer Kohabitation, in denen die Regierung von der rechts-konservativen SDS geführt wurde und ehemals links-liberale oder sozialdemokratische Politiker das Amt des Präsidenten der Republik innehatten, gab es keine Unterbrechung der Kommunikation mit der Regierung oder der Parlamentsspitze.

Bis zu den Wahlen von 2014 gab es zudem die ungeschriebene Regel, dass der Präsident der Nationalversammlung zur Wahrung der Gewaltenteilung nicht aus der führenden Koalitionspartei kommen sollte. Mit dieser Praxis brach zunächst der SMC und schließlich die derzeit regierende GS, als sie in der Rolle der führenden Regierungsparteien Mitglieder aus ihren eigenen Reihen zu Präsidenten der Nationalversammlung wählen ließen.

Das Verfassungsgericht ist die oberste Kontrollinstanz, die über das politische System und seine Institutionen wacht. Es entscheidet über Verfassungsbeschwerden, mit denen Menschenrechtsverletzungen durch Handlungen von Staatsorganen, kommunalen Einrichtungen und Trägern öffentlicher Gewalt geltend gemacht werden. Zudem überprüft es die Verfassungskonformität von Gesetzen der Legislative und die Verfassungs- und Gesetzesmäßigkeit von Vorschriften der Regierung und entscheidet über die Verfassungswidrigkeit von Parteiaktivitäten. Ebenso entscheidet es über die Amtsenthebungsverfahren gegen den Staatspräsidenten, Ministerpräsidenten und einzelne Minister. Das Verfassungsgericht setzt sich aus neun Richtern zusammen, welche von der Nationalversammlung auf Vorschlag des Präsidenten der Republik aus einem Kreis von Juristen für eine Amtszeit von neun Jahren gewählt werden; eine Wiederwahl ist nicht möglich. Die Richter des Verfassungsgerichts genießen die gleiche Immunität wie die Mitglieder der Nationalversammlung.

2.2 Wahlsystem, Referenden und politische Parteien

In Slowenien werden die Abgeordneten der Nationalversammlung nach Verhältniswahlrecht gewählt. Das Wahlsystem inklusive einer Vierprozenthürde ist seit 2000 in der Verfassung festgeschrieben. Alle Wahlen seit Beginn der 1990er-Jahre, einige davon vorgezogene Wahlen, verliefen im Einklang mit demokratischen Normen (siehe zuletzt Bertelsmann 2022). Als Problem wurde eine Zeitlang die stetig abnehmende Wahlbeteiligung gesehen, die bei den Wahlen von 2014 und 2018 nur noch knapp über 50 % lag. Bei den Wahlen von 2022, die in einem Kontext der Polarisierung zwischen links-liberalen und konservativen Parteien stattfanden, lag die Wahlbeteiligung allerdings wieder bei über 70 % (siehe Tab. 2).

Tab. 2 Wahlergebnisse und Regierungskoalitionen seit 1992

Legislaturperiode	1992–1996	1996–2000	2000–2004	2004–2008	2008–2011	*2011–2014	*2014–2018	*2018–2022	2022–
Wahlbeteiligung %	85,84	73,70	70,36	60,65	63,11	65,60	51,73	52,64	70,97
Anzahl der gewählten Parteien (neu gewählt)	8	7(1)	8(3)	7	7(1/1)	7(2)	7(3)	9(1)	5(1)
Anzahl der nicht wiedergewählten Parteien	/	2	2	1	1	3	3	0	4
Zahl der Regierungskoalitionen pro Legislaturperiode (größte Partei)	1 (LDS)	2 (LDS, SKD)	2 (LDS, LDS)	1 (SDS)	1 (SD)	2 (SDS, PS)	1 (SMC)	2 (LMŠ, SDS)	1 (GS)
Misstrauensvoten gegen Minister (erfolgreich)/gesamte Regierung	7 (1)	LDS: 5 (1)/1 SKD: 1	LDS: 1 LDS: 2/1	3	4	SDS: 2 PS: 5	9/1	LMŠ: 1 SDS: 9	2 + 2 (Jan. 24)/1

Quelle: eigene Zusammenstellung; *vorgezogene Neuwahlen

Das Parteiensystem war in den ersten Jahren und Jahrzehnten von einer Hauptkonfliktlinie geprägt, welche an die historische Spaltung zwischen den Anhängern alter und neuer sozialistischer (emanzipatorischer) und konservativer (katholischer) Gesellschaftsmuster anknüpft und sich mindestens bis in die Zeit des Zweiten Weltkriegs zurückführen lässt (Pickel 2018; Mareš 2011, S. 363; Štuhec 2010, S. 67–68, 72–75). So gab es ab den frühen 1990er-Jahren zunächst zwei politische Strömungen. Auf der einen Seite entstand das sozialdemokratisch bis linke, von der Tradition der Anhänger der Partisanen und Kommunisten geprägte Lager und auf der anderen Seite das konservative, rechte Lager in der Tradition der kirchlich geprägten Slowenen. Dieser Cleavage wurde bald um eine klassisch-liberale Strömung ergänzt, die sich um die LDS gruppierte. Seit den 2010er-Jahren trennt eine Spannungslinie der Wertorientierungen zwischen konservativ-populistischen, sozialdemokratisch-traditionellen, und links-liberalen Kräften die slowenische Wählerschaft zunehmend.[3]

In einem Kontext der politischen Polarisierung und sinkender Vertrauenswerte in die Parteien (siehe Abschn. 2.4) haben sich seit Mitte der 2010er-Jahre neue Parteien um einzelne Persönlichkeiten gebildet. Viele davon erwiesen sich als kurzlebig, was insgesamt zu einer hohen Volatilität im Parteiensystem führte (siehe erneut Tab. 1). Beispielsweise fusionierte die Partei des Bürgermeisters von Ljubljana, Zoran Janković (*Pozitivna Slovenija, Positives Slowenien*, PS), nach einigen Umwegen mit der *Freiheitsbewegung (Gibanje Svoboda*, GS) des seit 2022 amtierenden Ministerpräsidenten Robert Golob. Die *Stranka Mira Cerarja* (SMC) war nach ihrem Gründer, dem Verfassungsrechtler Miro Cerar, benannt. Sie konnte bei den Wahlen 2014 den höchsten Anteil aller Stimmen erringen, wurde später in *Stranka Modernega Centra (Partei des Modernen Zentrums,* SMC) umbenannt, stellte mit Cerar fast vier Jahre den Ministerpräsidenten und ist heute dennoch nahezu von der politischen Bühne verschwunden. Bei anderen stark an Einzelpersonen gebundenen Neugründungen von Parteien, wie der *Liste Marjan Šarec* (LMŠ) des Schauspielers und früheren Bürgermeisters von Kamnik, oder der bereits genannten GS steht noch aus, ob ihre Parteien über eine volle Legislaturperiode in der Regierung bleiben können.

Das Parteiensystem ist nicht nur volatil, sondern auch stark zersplittert. Zwischen 1992 und 2022 saßen in jeder Legislaturperiode zwischen sieben und neun Parteien in der Nationalversammlung, hinzu kamen je ein Vertreter der zwei nationalen Minderheiten. Eine Verschlankung des Parlaments gab es nach den

---

[3] Sowohl die Sozialdemokraten (SD) als auch die Konservativen (SDS) beanspruchen das soziale Element. Die *Linken (Levica)* sehen sich dezidiert links von den Sozialdemokraten. Die Partei von Premier Golob (GS) ist dem links-liberalen-Lager zuzuordnen.

Wahlen von 2022, als nur noch fünf Parteien in die Nationalversammlung einziehen konnten. Hieraus resultiert eine deutliche Konzentration des Parteiensystems bei gleichzeitiger Spaltung zwischen denjenigen Parteien, die am letzten Kabinett Janša beteiligt waren – SDS, NSi (*Neues Slovenien – Die Christdemokraten, Nova Slovenija – Krščansi demokrati*) – und den entsprechenden Oppositionsparteien – SD und *Levica* (*Linke*) sowie der neugegründeten GS. Aus diesen Parteien formte Robert Golob 2022 sein Kabinett.

In seiner Regierungszeit von 2020 bis 2022 wurden Premierminister Janša Maßnahmen zum Umbau der slowenischen Demokratie nach ungarischem und polnischem Muster während der Covid-19-Pandemie vorgeworfen. Die Daten verschiedener, jährlich erhobener Indikatoren des Varieties of Democracy Index belegen diese Regression der slowenischen Demokratie während der letzten Regierungszeit der SDS (V-Dem 2023).[4] So wurden Kontroll-, Freiheits- und Gleichheitsrechte beschnitten und die Unabhängigkeit der Justiz, die effektive Rechtsprechung und die Ahndung von Machtmissbrauch eingeschränkt. Intermediäre und zivilgesellschaftliche Organisationen wurden in ihren Kontrollrechten, -möglichkeiten und -fähigkeiten ebenfalls beschnitten. Betroffen waren auch die Medien. Die Hochkommissarin für Menschenrechte des Europarates hatte in einem Memorandum 2021 zur Presse- und Meinungsfreiheit in Slowenien unter anderem festgestellt, dass sich die Pressefreiheit und die Arbeitsbedingungen von Journalisten verschlechtert haben und kritisierte die Unabhängigkeit gefährdenden Maßnahmen der Regierung gegenüber öffentlich-rechtlichen Medien sowie die mangelnde Transparenz über die Eigentümer und Finanzierung privater Medien. Die Hochkommissarin forderte die Regierung unter anderem auf, feindselige Äußerungen gegenüber Journalisten einzustellen, sowie die Unabhängigkeit der öffentlich-rechtlichen Medien zu respektieren (Europarat 2021). Die Regierung verwies in ihrer Antwort auf den Schutz der Medienfreiheit, der journalistischen Autonomie, sowie der redaktionellen Unabhängigkeit durch das slowenische Mediengesetz. Zudem betonte sie das Recht auch der Regierung auf freie Meinungsäußerung (Comments of the Slovenian Authorities 2021).

Referenden stellen in Slowenien ein wichtiges Element des politischen Systems und der direkten politischen Partizipation dar. Die bedeutendste Volksabstimmung ist das legislative Referendum, dessen Regularien 2013 geändert wurden, nachdem es zu praktischen Problemen mit den vorherigen Entscheidungsregeln – einfache

---

[4] Tatsächlich zeigt V-Dem bereits seit 2016 einen Einbruch in der Qualität der liberalen Demokratie (Liberal Democracy Index) in Slowenien (V-Dem 2023). Der Tiefpunkt wurde 2021 erreicht. Zur Bestimmung der Regression von Demokratie in Slowenien (Ungarn und Polen) siehe auch Pickel 2022.

Mehrheit ohne Quorum – gekommen war (Žuber und Kaučič 2019, S. 139). Nach Art. 90 VerfSlw können mindestens 40.000 Unterschriften von Wahlberechtigten ein Referendum initiieren, um einen Rechtsakt abzulehnen. Dies ist erreicht, wenn mindestens die Hälfte der Abstimmenden mit Nein stimmt, wobei das Quorum 20 % der Wahlberechtigten beträgt. Von Referenden ausgenommen sind dringende Maßnahmen zur Landesverteidigung und zur Bewältigung von Naturkatastrophen, Steuergesetze, Gesetze zur Ausführung des Staatshaushalts sowie Gesetze im Zusammenhang mit den Menschenrechten und Grundfreiheiten.

Zu den wichtigsten Volksabstimmungen gehörten bisher die über die Unabhängigkeit (1990), das Wahlsystem (1996), den EU- und NATO-Beitritt (2003, konsultatives Referendum), den öffentlich-rechtlichen Rundfunk (2005, 2022), die Anerkennung der „Ausgelöschten" (2004), die Ratifizierung des Abkommens mit Kroatien über das Verfahren zur Regelung der Staatsgrenze (2010), das Ehe- und Familiengesetz (2015) sowie das Infrastruktur-Großprojekt Bahnstrecke Divača-Koper (2017/18) (siehe Kukovič und Haček 2021; Žuber und Kaučič 2019, S. 140–141). Anfang 2024 einigten sich alle im Parlament vertretenen Parteien auf die Abhaltung eines Referendums über den Bau eines neuen Reaktors im Kernkraftwerk Krško, dessen Beginn für 2027/28 geplant ist.

2.3   Informelle Politik und Korruption

Korruption ist in Slowenien ein im europäischen Vergleich virulentes Problem. Zwar liegen die Werte des Corruption Perception Index nur leicht über dem EU-Durchschnitt (Transparency International 2023 (CPI; länderdaten.info 2024). Relevant ist die Korruption aber, weil sie nicht nur in der Privatwirtschaft, sondern auch in größerem Umfang in der politischen Sphäre verbreitet ist. Die Vermengung von persönlichen Beziehungen und programmatischer Kooperation hat in vielen Fällen zu persönlicher Bereicherung geführt. So deckte die Antikorruptionskommission im Jahr 2013 auf, dass die Parteivorsitzenden von SDS – Janez Janša – und von PS – Zoran Janković – über Gelder auf ihren Konten verfügten, deren legale Herkunft sie nicht belegen konnten. Daraufhin verlies der Koalitionspartner DL (*Državljanska lista, Bürgerliste*) die Regierung und Ministerpräsident Janša musste nach einem Bericht der Korruptionspräventionskommission und Massenprotesten zurücktreten (Oszvath 2013). Janša wurde am 28. April 2014 in zweiter Instanz zu zwei Jahren Gefängnis und einer zusätzlichen Geldstrafe verurteilt. Im Sommer 2014 musste er in zeitlicher Nähe zu den Wahlen seine Gefängnisstrafe antreten, wurde aber am 12. Dezember 2014 wieder aus der Haft entlassen. Am korrekten juristischen Verfahren ist vor allem vonseiten der SDS heftig gezweifelt worden. Sie stellte sogar die Legalität der Parlamentswahlen 2014 infrage (Pickel und Schwarz 2019, S. 1076). Trotz des Wahlsiegs der PS konnte Janković 2013 aufgrund der Korruptionsvorwürfe nicht Ministerpräsident werden, obwohl die Anschuldigungen nicht strafrechtlich verfolgt wurden. Deshalb übernahm Alenka Bratušek (PS) das Amt.

Seit 2023 untersuchte die Korruptionspräventionskommission in mindestens vier Fällen Vorwürfe gegen den erst seit Mai 2022 amtierenden Ministerpräsident Robert Golob (GS). In einem Fall wird ihm vorgeworfen, den Zeitpunkt der Festnahme zweier mutmaßlicher russischer Spione beeinflusst und Druck auf die Ministerin ausgeübt zu haben (Benec 2023). In einem weiteren Fall geht es um Eigentumserklärungen Golobs, die gesetzeswidrig zu spät eingereicht wurden.

Durch das hohe Maß an Korruption spielt die Kommission für Korruptionsprävention, welche 2010 per Gesetz eingerichtet wurde, eine wichtige Rolle. Sie ist mit der Aufdeckung und Verfolgung von Korruption in vorgerichtlichen oder strafrechtlichen Verfahren betraut. Wie umstritten ihre Tätigkeit ist, zeigt sich daran, dass die Kommission bislang von insgesamt drei Präsidenten und elf Vizepräsidenten geleitet wurde, von denen die Hälfte während ihrer Amtszeit zurückgetreten ist.

2.4   Politische Kultur

Die Demokratie an sich genießt in Slowenien hohes Ansehen: 88 % der Slowenen schätzen sie in der Legitimitätsdimension, aber nur 11 % lehnen gleichzeitig autoritäre Systemvarianten oder Elemente ab. Einen starken Führer, der sich nicht um Wahlen und ein Parlament kümmern muss, halten 27 % und eine Expertenregierung 79 % für wünschenswert. Offensichtlich sind die Bürger von der Parteiendemokratie völlig entfremdet: 80 % der Slowenen könnten sich vorstellen, nichtdemokratische Systemelemente in ein demokratisches politisches System aufzunehmen. 56 % würden die Demokratie am liebsten mit einer Expertenregierung kombinieren (alle Daten siehe EVS 2017). Dies korrespondiert mit der Hinwendung der Wähler zu politischen Gruppierungen, welche von Quereinsteigern geführt werden und erklärt zumindest teilweise deren Wahlerfolge sowie die fast immer folgende Enttäuschung der Wähler.

Solche Einstellungen zeigen aber auch ein hohes Gefährdungspotenzial für die Demokratie: Rein demokratische politische Überzeugungen, die ohne nichtdemokratische Beimischungen auskommen, sind praktisch nicht mehr vorzufinden. Zu diesem Bild der politisch entfremdeten Slowenen passt das fehlende politische Vertrauen (Rieger 2023): Auf einer Skala von + 100 bis − 100 wird das größte Vertrauen der Feuerwehr (+ 94) entgegengebracht, es folgen ausnahmslos unpolitische Institutionen und Organisationen (z. B. Polizei + 21, Bildungssystem

+ 11). Jedwede politische Institution wird mit Misstrauen betrachtet, das Amt des Politikers (− 82) scheint völlig diskreditiert. Der amtierende Ministerpräsident Golob erhält (derzeit noch) bessere Vertrauenswerte (− 42) als sein Amtsvorgänger Janša (− 64), aber wirklich stabilisierende Vertrauensbekundungen sind auch diese Werte nicht.

Ungeachtet ihrer ideologischen Grundorientierung oder parteipolitischen Ausrichtung fühlen sich die meisten Slowenen machtlos gegenüber den Politikern und ihrem Handeln, abgekoppelt von ihren Abgeordneten und haben nicht das Gefühl, in der Politik etwas bewirken zu können (Pickel und Schwarz 2019, S. 1075). 85 % der Slowenen wünschen sich mehr Möglichkeiten zur direkten politischen Mitbestimmung (ISSP 2014). Aufgrund der Instabilität des slowenischen Parteiensystems seit 2008 und der Tatsache, dass bislang erst eine einzige Regierung eine komplette Legislaturperiode überstand, fehlt auch ein sichtbares stabiles Fundament gelebter demokratischer Verfahren und Werte, auf die sich die Bürger beziehen könnten.

2.5   Sloweniens Mitgliedschaft in der Europäischen Union

Am Referendum zum EU-Beitritt Sloweniens 2004 beteiligten sich 60,4 % der Bürgerinnen und Bürger. 89,6 % von ihnen stimmten für den EU-Beitritt des Landes. Somit konnte das Land am 1. Mai 2004 der EU beitreten und war damit der erste von zwei Nachfolgestaaten Jugoslawiens, die bis dato die EU-Mitgliedschaft erreichten (Kroatien trat am 1. Juli 2013 bei). Analog zu den anderen neun Staaten der Osterweiterung 2004 wurden die Herausforderungen der Anpassung an das dichte Regelwerk des EU-Binnenmarktes im Wesentlichen durch Übergangsfristen gelöst. Slowenien ist mit dem Beitritt zum Euro 2007 und zum Schengen-Raum 2008 zusammen genommen auf der höchsten Integrationsebene der EU angekommen, womit der Meilenstein der EU-Integration abgeschlossen ist.

Vor Beginn der slowenischen EU-Beitrittsverhandlungen musste jedoch das Problem des Grunderwerbs von Nicht-Inländern gelöst werden. Historisch bedingte Spannungen zwischen Italien und Slowenien gefährdeten 1994 den Beginn der slowenischen EU-Beitrittsgespräche. Hintergrund ist der Übergang italienischen Territoriums (hauptsächlich Istrien) an Jugoslawien unmittelbar nach dem Zweiten Weltkrieg und die damit verbundene Flucht von 350.000 Italiener, deren Grundbesitz und Eigentum danach unter Tito, dessen Partisanen das faschistische Italien erbittert bekämpft hatten, verstaatlicht wurden.

Während Italien mit dem bilateralen Vertrag von Osimo 1975 endgültig auf Gebietsansprüche gegenüber Jugoslawien verzichtete, blieb die Frage der Eigentumsrechte der nach dem Krieg geflüchteten Italiener offen; sie wurde von der italienischen Regierung 1994 mit einer Veto-Drohung gegenüber Slowenien versehen. Unter Vermittlung der EU-Ratspräsidentschaft gelang 1995 ein Kompromiss, welcher vorsah, dass Slowenien innerhalb von vier Jahren nach Beginn der Beitrittsgespräche das Recht für EU-Bürger auf Erwerb von Grund und Immobilien in Slowenien verankert. Dieser Anspruch sollte mit sofortiger Wirkung für diejenigen gelten, die mindestens drei Jahre auf slowenischem Territorium gelebt hatten, womit die italienischen Flüchtlinge aus Istrien abgedeckt waren. Fragen der Entschädigung oder Restitution blieben jedoch ausgeklammert (Geddes und Taylor 2016, S. 934–6; Europäische Kommission 1997, S. 16).

Ein weiterer bilateraler Konflikt im Zusammenhang mit der EU-Mitgliedschaft, der Grenzstreit mit Kroatien, konnte erst während der späteren kroatischen Beitrittsverhandlungen (vermeintlich) entschärft werden, obwohl der Disput bereits zum Zeitpunkt der slowenischen Beitrittsverhandlungen offenkundig ungelöst war (Europäische Kommission 2000, S. 68, 75).[5] Slowenien erzwang im Herbst 2008 mit einem Veto die Einsetzung eines Schiedsverfahrens, das im Folgejahr unter erfolgreicher Vermittlung der EU-Kommission zustande kam und bereits vor dem Beitritt Kroatiens 2013 begann (Cataldi 2013). Aufgrund unrechtmäßiger Kontakte zwischen der slowenischen Regierung und dem Schiedsgericht zog sich Kroatien jedoch 2015 aus dem Verfahren zurück, obwohl dieses vom Schiedsgericht teilweise neu aufgerollt wurde und 2017 eine völkerrechtlich verbindliche Entscheidung erging. Kroatien erkennt diesen Schiedsspruch jedoch nicht an, sodass es sich um einen Frozen Conflict handelt (Bickl 2021, S. 133–256), der durchaus auf andere bilaterale Konflikte in Südosteuropa im Rahmen der EU-Erweiterung ausstrahlt (siehe Petrović und Wilson 2021; Bickl 2023). Eine tatsächliche Beilegung des Grenzstreits zwischen Slowenien und Kroatien in der Praxis hätten eine erfolgreiche Critical Juncture der Nachbarschaftspolitik darstellen können; dieser Richtungswechsel wurde jedoch verfehlt. Dennoch kann festgehalten werden, dass der Grenzstreit auf beiden Seiten vorrangig Aspekte der nationalen Identität betrifft, und insbesondere nach dem Schengen-Beitritt Kroatiens die politischen oder ökonomischen Auswirkungen des Disputs als eher vernachlässigbar gelten können.

Ungeachtet der allgemeinen Skepsis der Slowenen gegenüber politischen Institutionen und Organisationen (siehe Abschn. 2.4) können die Zustimmungswerte zur Mitgliedschaft des Landes in der EU als nachhaltig positiv gelten. Die Frage, ob es sich bei der Mitgliedschaft Sloweniens in der EU um eine „positive Sache" handelt, beantworteten im November 2023 (ein halbes Jahr vor der Europawahl

---

[5] Territorialkonflikte auf dem Gebiet des ehemaligen Jugoslawiens haben bei Landgrenzen oft mit unklaren oder sich überlappenden Katastergrenzen zu tun, sowie bei den Seegrenzen in der Adria mit der Tatsache, dass diese vor 1991 zwischen den Teilrepubliken gar nicht existierten.

2024), 66 % mit ja. Zum Vergleich: Im Frühjahr 2005, ein knappes Jahr nach dem EU-Beitritt, lag der Zustimmungswert bei lediglich 49 % (Europäische Kommission 2023, 2005). Bei der Wahlbeteiligung an den Wahlen zum Europäischen Parlament ist Slowenien dennoch unter den Schlusslichtern in Europa: 2004, 2009 und 2019 gaben etwa 28 % der Wahlberechtigten ihre Stimme ab, 2014 waren es mit etwa 25 % noch weniger. Bei der Europawahl 2024 lag die Wahlbeteiligung immerhin bei 42 %, etwas unter dem EU-Durchschnitt von 51 %.

3   Fazit

Die Loslösung von der SFRJ und die Transformation vom Sozialismus zur Demokratie, welche die einzige Critical Juncture in der politischen Entwicklung Sloweniens darstellen, können insgesamt als geglückt bezeichnet werden. Dies gilt auch für die Integration in die internationale Staatengemeinschaft. Die EU genießt hohes Ansehen; Slowenien sieht sich als Brücke zwischen Mitteleuropa und dem Balkan. Diese Funktion könnte das Land noch besser ausfüllen, wenn es im Grenzstreit mit Kroatien zu einer Einigung gekommen wäre.

Die institutionalisierte Demokratie hat sich in Slowenien im Allgemeinen gefestigt, auch wenn ein instabiles Parteiensystem, die starke Polarisierung, sowie sprichwörtlich illiberale Praktiken, insbesondere unter Janez Janša, die Demokratie immer wieder auf die Probe stellen. Die meisten Institutionen funktionieren dennoch verfassungsgemäß, obwohl die Regierungen instabil sind, das Parteiensystem volatil sowie personalisiert ist und bestimmte Kontrollinstitutionen wie die Anti-Korruptionsbehörde oder der Rechnungshof in ihrer Durchsetzungsmacht begrenzt sind. Entsprechend sind in der Gesellschaft einige Turbulenzen zu verzeichnen: Zwar schätzen die Menschen die Demokratie, aber die slowenische politische Kultur muss im Sinne der „Civic Culture"-Studie (Almond und Verba 1963) als „alienated" gelten, also als von der Parteiendemokratie enttäuscht, frustriert, politikfern und ohne politisches Vertrauen. Diese Entwicklung gefährdet das Überleben der slowenischen liberalen Demokratie, wie sich besonders in den letzten Amtszeiten von Premierminister Janez Janša gezeigt hat. Auch wenn die Demokratie bislang hohe Zustimmung erfährt, wünscht man sie sich insgesamt solidarischer („angemessener Lebensstandard für alle") und fürsorglicher („Gesundheitsversorgung für alle") (Štuhec 2010, S. 74–75). Dies passt auch zur Definition Sloweniens als Rechts- und Sozialstaat (Art. 2 VerfSlw).

Infolge der Einstellungen der Bevölkerung (politische Kultur) ist das Parteiensystem nicht nur instabil, sondern auch so personalisiert und polarisiert, dass man sagen kann, die repräsentative Parteiendemokratie sei stark in Mitleidenschaft

gezogen worden. Frustrierte Wähler ohne politisches Vertrauen stehen drei Partei-
blöcken gegenüber, von denen zwei politische Gruppen ein aus der Nachkriegszeit
des Zweiten Weltkrieges resultierendes Cleavage bedienen und diese Spaltung
stark personalisieren, während eine dritte (die liberale) Gruppe versucht, dieses
zu durchbrechen. Aufgrund der parteipolitischen Instabilität und des kaum mehr
vorhandenen politischen Vertrauens geben die Wähler immer neuen politischen
Gruppierungen eine Chance, obwohl das slowenische Wirtschafts-, Finanz- und
Sozialsystem anhaltend stabil ist. Aufmerksamkeit wird den aktuellen politischen
Ereignissen jedoch nur vor den Parlamentswahlen geschenkt, ansonsten verhalten
sich die Slowenen eher unpolitisch.

Einige Politiker nehmen es mit der Transparenz und der Integrität gegenüber
Korruption nicht so genau. Korruption ist nicht nur in der Vergangenheit, sondern
auch in der Gegenwart noch immer ein wichtiges Problem in Slowenien. Fragen
der Transparenz und Integrität, welche mit den mehr als zwei Jahrzehnte währen-
den politischen und wirtschaftlichen Problemen zusammenhängen, stellen eine
dauerhafte Konfliktlinie im slowenischen System dar. Die seit 2022 regierende
Koalition wurde bereits im ersten Jahr ihrer Amtszeit von Korruptionsvorwürfen
erschüttert. Es muss sich erst noch zeigen, ob sie Slowenien in eine politische
und wirtschaftliche Zukunft führen kann, die es ermöglicht, das Vertrauen der
Menschen in die Politik(er) zumindest teilweise wiederherzustellen, sodass die
repräsentative Parteiendemokratie eine Stabilisierung erfahren würde.

Kontrollfragen

(1) Wie wirkt die staatliche und politische Vergangenheit Sloweniens als Teil
    der SFRJ bis heute im demokratischen politischen System nach?
(2) Warum ist das Parteiensystem Sloweniens so instabil?
(3) Wie wirkt sich die entfremdete politische Kultur auf die Demokratie Slowe-
    niens aus?

Weiterführende Literatur

1. Pickel, Susanne, und Schwarz, Oliver. 2019. Slowenien. In *Handbuch der
   europäischen Verfassungsgeschichte im 20. und 21. Jahrhundert. Institutionen und Rechtspraxis im gesellschaftlichen Wandel. Band 5: seit 1989*,
   Hrsg. Arthur Benz, Stephan Bröchler, und Hans-Joachim Lauth,
   1053–1082. Bonn: Dietz.

Detaillierte Beschreibung der politischen Verfassungspraxis.

2. Haček, Miro, Simona Kukovič, und Marjan Brezovšek. 2017. *Slovenian Politics and the State.* Washington D. C.: Rowman and Littlefield.

Umfassende und entlang der funktionalen Rollen des institutionellen Systems strukturierte Analyse.

3. Avbelj, Matej, und Jernej Letnar Černič. 2020. *The Impact of European Institutions on the Rule of Law and Democracy. Slovenia and Beyond.* London: Bloomsbury.

Eher rechtswissenschaftlich orientierte Analyse zur Entwicklung von Demokratie und Rechtsstaatlichkeit. Bietet auch Einblicke in die wirtschaftliche Transformation Sloweniens.

Literatur

Almond, Gabriel und Sidney Verba. 1963. *The Civic Culture. Political Attitudes and Democracy in Five Nations.* Newburg Park et. al: Sage.

Benec, Mateja. 2023. Slowenien: Korruptionsuntersuchung gegen Ministerpräsident. *Euractiv,* 06. November 2023. https://www.euractiv.de/section/europa-kompakt/news/slowenien-korruptionsuntersuchung-gegen-ministerpraesident/. Zugegriffen am 10.01.2024.

Bertelsmann. 2022. Bertelsmann Transformation Index. Slowenien Country Report 2022. BTI. https://bti-project.org/de/reports/country-report/SVN#pos4. Zugegriffen am 04.02.2014.

Bickl, Thomas. 2021. *The Border Dispute between Croatia and Slovenia. The Stages of a Protracted Conflict and its Implications for Enlargement.* Cham: Springer. https://doi.org/https://doi.org/10.1007/97-3-030-53333-5.

Bickl, Thomas. 2023. Territorial Disputes in the Post--Yugoslav Space: Nation-Building between Identity Politics and International Law. *Politčke Perspektive* 13 (1): 97–127. https://doi.org/10.20901/pp.13.1.05.

Cataldi, Giuseppe. 2013. Prospects for the Judicial Settlement of the Dispute Between Croatia and Slovenia Over Piran Bay. In *International Courts and the Development of International Law,* Hrsg. Nerina Boschiero, Tullio Scovazzi, Cesare Pitea, und Chiara Ragni, 257–268. Cham: Springer. https://link.springer.com/chapter/10.1007/978-90-6704-894-1_20.

Comments of the Slovenian Authorities to the „Memorandum on freedom of expression and media freedom in Slovenia" by the Commissioner for Human Rights of the Council of Europe. 2021. Council of Europe. https://rm.coe.int/comments-of-the-slovenian-authorities-to-the-memorandum-on-freedom-of-/1680a2b58c. Zugegriffen am 05.03.2024.

Europäische Kommission. 1997. Commission Opinion on Slovenia's Application for Membership of the European Union, KOM(97)2010, 16. Juli 1997. https://op.europa.eu/en/

publication-detail/-/publication/73208bd9-732e-44c8-ab7c-914f822a1aa0/language-en. Zugegriffen am 13.01.2024.

Europäische Kommission. 2000. *Regular Report Slovenia.* Neighbourhood Enlargement, 08. November 2000. https://neighbourhood-enlargement.ec.europa.eu/system/files/ 2016-12/sl_en_1.pdf. Zugegriffen am 14.01.2024.

Europäische Kommission 2005. Standard Eurobarometer 64 – Autumn 2005. https://europa. eu/eurobarometer/surveys/detail/833. Zugegriffen am 13.01.2024.

Europäische Kommission. 2023. Eurobarometer. EP Autumn 2023 Survey: Six months before the 2024 European Elections. https://europa.eu/eurobarometer/surveys/detail/3152. Zugegriffen am 13.01.2024.

Europarat. 2021. Country Memorandum on freedom of expression and media freedom in Slovenia. High Commissioner of Human Rights. CommDH(2021)17, 04. Juni 2021. https://rm.coe.int/memorandum-on-freedom-of-expression-and-media-freedom-in-slovenia/1680a2ae85. Zugegriffen am 05.03.2024.

European Value Study (EVS). 2017. Slowenien. Datensatz. Abrufbar unter https://european-valuesstudy.eu/methodology-data-documentation/survey-2017/full-release-evs2017/. Zugegriffen am 10.01.2024.

Geddes, Andrew, und Andrew Taylor. 2016. Those Who Knock on Europe's Door Must Repent? Bilateral Border Disputes and EU Enlargement. *Political Studies* 64 (4): 930–947. https://journals.sagepub.com/doi/10.1111/1467-9248.12218.

Regierung der Republik Slowenien. 2023. O vladi. Rebublika Slovenija GOV.SI. https:// www.gov.si/drzavni-organi/vlada/o-vladi/. Zugegriffen am 07.02.2024.

International Social Survey Programme (ISSP). 2014. Citizenship II, No. 6670. Datensatz. Abrufbar unter https://www.gesis.org/en/issp/modules/issp-modules-by-topic/citizenship/2014. Zugegriffen am 10.01.2024.

Kristan, Ivan. 1993. Verfassungsentwicklung und Verfassungsordnung Sloweniens. *Zeitschrift für ausländisches öffentliches Recht und Völkerrecht* 53:322–259. https://www.zaoerv.de/53_1993/53_1993_2_b_322_359.pdf. Zugegriffen am 27.02.2024.

Kukovič, Simona, und Miro Haček. 2021. Country Report: Slovenia. Constitution-making and deliberative democracy, CA17135. https://constdelib.com/wp-content/uploads/2021/ 04/Slovenia-report-CA17135.pdf. Zugegriffen am 07.02.2024.

Lukšič, Igor. 2004. Das politische System Sloweniens. In *Die politischen Systeme Osteuropas*, Hrsg. Wolfgang Ismayr, 637–675. 2., aktualisierte Auflage. Wiesbaden: VS Verlag für Sozialwissenschaften.

Lukšič, Igor. 2010. Das politische System Sloweniens. In *Die politischen Systeme Osteuropas*, Hrsg. Wolfgang Ismayr, 729–772. 3., aktualisierte Auflage. Wiesbaden: VS Verlag für Sozialwissenschaften.

Mareš, Miroslav. 2011. Extremismus in Slowenien. In Extremismus in den EU-Staaten, Hrsg. Eckhart Jesse, und Tom Thieme, 361–375. Wiesbaden: VS Verlag für Sozialwissenschaften.

Nack, Clara. 2023. Sloweniens Bürger ohne Rechte: Gelöschte Existenzen. *taz*, 08. November 2023. https://taz.de/Sloweniens-Buerger-ohne-Rechte/!5960077/. Zugegriffen am 20.12.2023.

Nationalversammlung der Republik Slowenien. 2024. https://www.dz-rs.si/wps/portal/en/ Home/!ut/p/z1/04_Sj9CPykssy0xPLMnMz0vMAfIjo8zinfyCTD293Q0N3L2cTAwCjf1 9nYLMgwwNA030wwkpiAJKG-AAjgb6BbmhigCxzCxp/dz/d5/L2dBISEv-Z0FBIS9nQSEh/ Zugegriffen am 04.05.2024.

Nationalversammlung der Republik Slowenien. 2023. Rules of Procedure. Državni zbor. https://
www.dz-rs.si/wps/portal/en/Home/AboutNA/PoliticalSystem/ProcedureRules/!ut/p/z1/04_
Sj9CPykssy0xPLMnMz0vMAfIjo8zivSy9Hb283Q0N3E3dLQwCQ7z9g7w8nNxDnU-
z1w8EKDHAARwP9KGL041EQhd_4gtzQUAC1AZaC/dz/d5/L2dBISEv-
Z0FBIS9nQSEh/. Zugegriffen am 20.12.2023.

Novak, Barbara. 2020. Slowenien. In *Internationales Ehe- und Kindschaftsrecht*, Hrsg. Alexander Bergmann, Murad Ferid, und Dieter Henrich, 1–157. Frankfurt M./Berlin: Verlag für Standesamtswesen.

Ozsváth, Stephan. 2013. Korruptionsvorwürfe gegen slowenische Spitzenpolitiker. *Deutschlandfunk*, 10. Januar 2013. https://www.deutschlandfunk.de/korruptionsvorwuerfe-gegen-slowenische-spitzenpolitiker-100.html. Zugegriffen am 11.01.2024.

Petrović, Miodrag, und Garth Wilson. 2021. Bilateral relations in the Western Balkans as a challenge for EU accession. *Journal of Contemporary European Studies* 29 (2): 201–218. https://doi.org/10.1080/14782804.2020.1865884.

Pickel, Susanne. 2018. *Neue Konflikte –neue gesellschaftliche Koalitionen? Die europäischen Wähler und ihre Parteien. Cleavages in West-und Osteuropa*. Duisburg: DuEPublico https://nbn-resolving.org/urn:nbn:de:hbz:464-20180301-093926-6. Zugegriffen am 04.02. 2024.

Pickel, Susanne. 2022. Demokratiematrix – Exploration. In *Staat, Rechtsstaat und Demokratie*, Hrsg. Wolfgang Muno, Christoph Wagner, Thomas Kestler, und Christoph Mohamad-Klotzbach, 403–431. Wiesbaden: Springer VS.

Pickel, Susanne, und Oliver Schwarz. 2019. Slowenien. In *Handbuch der europäischen Verfassungsgeschichte im 20. und 21. Jahrhundert. Institutionen und Rechtspraxis im gesellschaftlichen Wandel. Band 5: seit 1989*, Hrsg. Arthur Benz, Stephan Bröchler, und Hans-Joachim Lauth, 1053–1082. Bonn: Dietz.

Ramet, Sabrina P. 2006. *The Three Yugoslavias: State-Building and Legitimation, 1918–2005*. Washington D.C.: Woodrow Wilson Center Press.

Rieger, Norbert. 2023. Slowenen verlieren das Vertrauen in politische Institutionen. *Slowenien-Nachrichten*, 12. November 2023. https://slowenien-nachrichten.de/politik/slowenen-verlieren-das-vertrauen-in-politische-institutionen/. Zugegriffen am 10.01.2024.

State Election Commission. 2023. President of the Republic of Slovenia. Državna volilna komisija. https://www.dvk-rs.si/en/elections/president-of-the-republic-of-slovenia/. Zugegriffen am 20.12.2023.

Štih, Pert, Vasko Simoniti, Peter Vodopivec, Katalin Munda Hirnök, Mateja Rihtaršič, und Tamaž Nabergoj. 2016. *Slovenska zgodovina: od prazgodovinskih kultur do začetka 21. Stoletja*. Ljubljana: Modrijan.

Štuhec, Ivan Janez. 2010. Slowenien: eine brüchige Demokratie nach zwanzig Jahren Selbständigkeit. *Südosteuropa-Mitteilungen* 50 (3): 64–78.

Transparency International. 2023. Corruption Perceptions Index. Transparency International. https://www.transparency.org/en/cpi/2023/index/svn. Zugegriffen am 02.05.2024.

Varieties of Democracy (V-Dem). 2023. Country Graph. V-Dem. https://v-dem.net/data_analysis/CountryGraph/. Zugegriffen am 27.02.2024.

Wengert, Veronika. 2010. Gesetz für „Ausgelöschte". *Der Standard*, 09. März 2010. https://www.derstandard.at/story/1267743627660/gesetz-fuer-ausgeloeschte. Zugegriffen am 20.12.2023.

Žuber, Bruna, und Igor Kaučić 2019. Referendum Challenges in the Republic of Slovenia. *Białostockie Studia Prawnicze* 24 (1): 137–150. https://doi.org/10.15290/bsp.2019.24.01.10.

Tschechien: Parlamentarisches System und populistische Herausforderung

Lukáš Novotný

Zusammenfassung

Das Kapitel analysiert die Entwicklung des politischen Systems Tschechiens anhand der Critical Junctures und Meilensteine der tschechischen Politik, zu denen die Gründung des Landes im Jahr 1993, das Oppositionsabkommen von 1998–2002, die Krise der politischen Parteien ODS und ČSSD und der Aufstieg der von Andrej Babiš angeführten Bewegung ANO 2011 ins Parlament und später in die Regierung gehören. Vor allem die Babiš-Regierung, die von Präsident Miloš Zeman unterstützt wurde, stellte eine Bedrohung für die Demokratie dar. Das verfassungsmäßige System der Checks and Balances verhinderte jedoch größere politische Krisen.

Schlüsselwörter

Tschechien · Oppositionsabkommen · Oligarchie · Technokratischer Populismus · Politische Instabilität

L. Novotný (✉)
Katedra politologie, Univerzita Jana Evangelisty Purkyně v Ústí nad Labem,
Ústí nad Labem, Tschechien
E-Mail: lukas.novotny@ujep.cz

© Der/die Autor(en), exklusiv lizenziert an Springer Fachmedien Wiesbaden   127
Gmbh, ein Teil von Springer Nature 2025
S. Priebus, T. Beichelt (Hrsg.), *Die politischen Systeme im östlichen Europa*,
https://doi.org/10.1007/978-3-658-43647-6_7

Tab. 1 Das politische System Tschechiens im Überblick

Verfassung	Verabschiedet: 1993
	Geändert: 1997, 1998, 2000, zwei Änderungen 2001, 2002, 2009, 2012, 2013
	Verfassungsänderungsregel: Initiativrecht hat jeder Abgeordnete, eine Gruppe von Abgeordneten, Senat, Regierung oder Vertretung der lokalen Selbstverwaltungen Annahme durch 3/5 aller Abgeordneten und 3/5 aller Senatoren
Regierungssystem	Parlamentarisch mit direkt gewähltem Präsidenten
Präsident	Wahlmodus und Amtszeit: bis 2013 indirekt gewählt durch gemeinsame Sitzung der beiden Parlamentskammern; seit 2013 direkt gewählt für 5 Jahre, einmalige Wiederwahl möglich
	Nominierung durch mind. 50.000 Wahlberechtigte, mind. 20 Abgeordnete oder 10 Senatoren
	Im 1. Wahlgang mehr als 50 % der Stimmen nötig, andernfalls Stichwahl zwischen zwei Kandidaten mit meisten Stimmen
	Kompetenzen: 1) Vetorecht bei vom Parlament verabschiedeten Gesetzen (ausgenommen sind Verfassungsgesetze); 2) Regierungsbildung: Ernennung des Ministerpräsidenten und Minister; kann Regierung, dessen Rücktritt er angenommen hat, als Übergangsregierung beauftragen; 3) Recht zur Auflösung des Abgeordnetenhauses wenn Abgeordnetenhaus Regierung Vertrauen verweigert; 4) Ernennung von Verfassungsrichtern, des Präsidenten und Stellvertreter des Verfassungsgerichts, des Vorsitzenden und Stellvertreters des Obersten Gerichtshofes, des Präsidenten und Stellvertreters des Rechnungshofes, Mitglieder des Rates der Nationalbank
Regierung (Kernexekutive)	Mitglieder: Ministerpräsident, Stellvertreter und Minister
	Auswahl: Ernennung des Ministerpräsidenten durch Staatspräsidenten, Ernennung der Minister ebenfalls durch Staatspräsidenten auf Vorschlag des Ministerpräsidenten Vertrauensantrag der Regierung innerhalb von 30 Tagen vor Abgeordnetenhaus Abberufung: einfaches Misstrauensvotum des Abgeordnetenhauses gegen Regierung auf Antrag von mind. 50 Abgeordneten, Annahme durch Mehrheit aller Abgeordneten

(Fortsetzung)

Tab. 1 (Fortsetzung)

Parlament	Aufbau: Zwei Kammern, *Abgeordnetenhaus* mit 200 Abgeordneten, *Senat* mit 81 Senatoren, Fachausschüsse und Untersuchungsausschüsse Bildung einer Fraktion durch mind. 3 Abgeordnete und 5 Senatoren
	Dauer Legislaturperiode: Abgeordnetenhaus 4 Jahre; Senat tagt ständig, Senatoren für 6 Jahre gewählt bei Neuwahl von 1/3 der Senatoren alle 2 Jahre
	Asymmetrischer Bikameralismus, d. h. stärkere Rolle des Abgeordnetenhauses Funktionen Abgeordnetenhaus: 1) Gesetzgebung: Initiativrecht hat jeder Abgeordnete und Gruppe von Abgeordneten; 2) Kontrolle der Exekutive: Untersuchungsausschüsse, Interpellationen, Misstrauensvotum; 3) Wahl nach innen (Vorsitzender und Stellvertreter) und außen (insbesondere Vertrauensabstimmung gegenüber Regierung, z. B. auch Vertreter Rundfunkrat) Funktionen Senat: 1) Gesetzgebung: hat Initiativrecht; kann Vorlagen zustimmen, ablehnen oder abändern, kann Abgeordnetenhaus aber überstimmen; 2) Kontrolle der Exekutive: keine Kontrolle gegenüber Regierung, aber Anklage des Staatspräsidenten wegen Hochverrats vor Verfassungsgericht; 3) Wahl nach innen (Senatsvorsitzende und Stellvertreter) und außen (15 Verfassungsrichter auf Vorschlag des Präsidenten)
Wahlsystem	Abgeordnetenhaus: Verhältniswahl in 14 Wahlkreisen mit Präferenzstimme, 5 %-Hürde. Seit 1996 mehrere Wechsel zwischen Grabenwahlsystem und Verhältniswahlrecht, seit 2020 Verhältniswahlrecht mit 5 %-Hürde Senat: Mehrheitswahl mit zwei Wahlgängen

Quelle: Eigene Darstellung

1   Einleitung

Der Staatsgründer Tomáš Garrigue Masaryk sagte kurz nach der Entstehung der Tschechoslowakei: „Demokratie hätten wir nun, jetzt brauchen wir noch Demokraten." Dies beschreibt nicht nur die schwierige Situation des Übergangs von der Monarchie zur Republik nach 1918, sondern lässt sich de facto auch auf die demokratische Konsolidierung nach der Novemberrevolution von 1989 anwenden. Der Übergang zur Demokratie erfolgte über Verhandlungen, d. h. ohne Gewalt und mit einer Einigung zwischen gemäßigten Gruppen sowohl des alten Regimes als auch der Oppositionskräfte. Drei Jahre später löste sich das Land auf und die Tschechische Republik schlug als Fortsetzungsstaat einen friedlichen Weg der demokratischen Konsolidierung ein.

Das Land entwickelte sich zu einem Paradebeispiel für wirtschaftliche Transformation innerhalb des ehemaligen kommunistischen Blocks und zu einem Vorreiter im Prozess der Integration in die Europäische Union (Schimmelfennig und Sedelmeier 2004). Zudem galt Tschechien bald als vollständig konsolidierte Demokratie (Merkel 2007). Aufgrund ihres für die Demokratisierung günstigen historischen Erbes (Kitschelt 2001), ihres offenen Weges in die NATO (1999) und der Tatsache, dass sie keine allzu tiefgreifenden Folgen der Eurozonen- und Wirtschaftskrise von 2008 bis 2012 zu spüren bekam, verfügte die Tschechische Republik über vergleichsweise gute strukturelle Bedingungen für eine demokratische Konsolidierung.

Es ist dabei nicht einfach, bei der Entwicklung des tschechischen politischen Systems zwischen Critical Junctures und Meilensteinen zu unterscheiden. Wenn man einen vollständigen Pfadwechsel als Kriterium für eine Critical Juncture nimmt, lässt sich nur die Novemberrevolution 1989 nennen. Sie löste grundlegende Veränderungen aus und leitete die erste Phase ein, die durch das Entstehen von Institutionen und die scheinbare Konsolidierung des postsozialistischen demokratischen Systems gekennzeichnet war. In dieser Zeit entstand auch die Verfassung der Tschechischen Republik, deren Autoren sich einerseits an westeuropäischen Verfassungen, andererseits aber vor allem an der Verfassungsordnung der Tschechoslowakei der Zwischenkriegszeit orientierten (insbesondere durch die Übernahme des Oberhauses, des Senats). Die Gründung des eigenständigen Staates Tschechien im Jahr 1993 erfüllt dagegen trotz des Einschnitts hinsichtlich der Staatlichkeit nicht die Kriterien für eine Critical Juncture. Nicht nur änderten sich die politischen Kräfteverhältnisse kaum. Auch die Institutionen (das Abgeordnetenhaus und der Senat) knüpften an Bestehendem an; es wurde nicht wirklich eine eigenständige Verfassungsordnung etabliert.

Auch weitere Wegmarken der Systementwicklung sollten als Meilensteine eingestuft werden. Dies gilt für das so genannte Oppositionsabkommen im Jahr 1998, welches den Sieger der vorgezogenen Parlamentswahlen, die *Sozialdemokratie* (ČSSD), und die zweitstärkste Partei, die liberal-konservative *Demokratische Bürgerpartei* (ODS), zu einer pragmatischen Zusammenarbeit zusammenführte. Die Zusammenarbeit dieser beiden Parteien untergrub das bisherige ideologisch geprägte Verständnis von Parteienkonkurrenz und läutete die zweite Phase ein, die durch instabile Regierungen und eine allmählich wachsende Skepsis gegenüber den „alten" Parteien und dem Konzept der post-sozialistischen Konsolidierung gekennzeichnet war. Die dritte Phase begann ab 2013 mit dem Aufstieg der

ANO-Bewegung (*Aktion Unzufriedener Bürger*, zugleich „Ja") mit Andrej Babiš an der Spitze und seiner Beteiligung an der Regierung zunächst als Juniorpartner, ab 2017 dann als führende Kraft. Mit Babiš beobachten wir den Aufstieg von Populismus und illiberalen Bestrebungen in der tschechischen Politik. Seine Abwahl als Regierungschef 2021 sowie seine Nichtwahl als Staatspräsident im Jahr 2023 markieren einen weiteren Meilenstein, da damit die illiberale Phase in der tschechischen Politik zunächst endete.

Dennoch existieren einige grundlegende Probleme, mit denen die Tschechische Republik zu kämpfen hat. Dies sind zunächst die Stärke der illiberalen Kräfte und die Folgen der Einführung der Direktwahl des Präsidenten, welche zu problematischen Beziehungen zwischen den Verfassungsorganen führen. Zusätzlich hat Präsident Miloš Zeman, dessen zweite Amtszeit auf der Prager Burg im Jahr 2023 zu Ende ging, das Zusammenspiel der Verfassungsorgane erheblich gestört (Brunclík und Kubát 2017).

Wie auch in den anderen Länderbeiträgen des vorliegenden Sammelbandes liefert Tab. 1 einen Überblick über das entstandene politische System (Stand: Juli 2024).

2   Grundzüge des politischen Systems

Das tschechische politische System wurde nach dem Zusammenbruch der Tschechoslowakei und im Zuge der Staatsgründung 1993 etabliert. In vielerlei Hinsicht folgt das parlamentarische Regierungssystem in seinem institutionellen Aufbau der Tschechoslowakei der Zwischenkriegszeit. Dies gilt insbesondere für den Senat als Oberhaus des Parlaments. Er erfüllt die Rolle einer regionalen Vertretung, etabliert ein Gleichgewicht zum Abgeordnetenhaus und spielt die Rolle einer „Demokratieversicherung", da er als Kammer nicht aufgelöst werden kann. Der Senat verfügt in der Regel über andere Mehrheiten als das Abgeordnetenhaus, was auf das Zwei-Runden-Wahlsystem und die kleineren Einzelwahlkreise zurückzuführen ist, welche eine ausgleichende Wirkung haben. Das entscheidende politische Machtzentrum ist indes das Abgeordnetenhaus, das unter anderem ein Vertrauensvotum für oder ein Misstrauensvotum gegen die Regierung aussprechen kann. Die Verfassung, welche seit dem 01. Januar 1993 in Kraft ist, hat ein relativ stabiles institutionelles System geschaffen, das insgesamt nur wenige Änderungen erfahren hat.

Die wichtigste institutionelle Änderung war 2012 die Einführung der Direktwahl des Präsidenten. Es sollte hinzugefügt werden, dass dies nicht mit einer Änderung (Stärkung) der Befugnisse des direkt gewählten Präsidenten einherging. Obwohl er die Stärke eines Direktwahlmandats mit hoher Wahlbeteiligung und großem Medieninteresse erlangte, blieben seine Befugnisse die gleichen wie die seiner indirekt gewählten Vorgänger. Dennoch hat die symbolische Aufwertung zu Problemen und einer Tendenz zur Ausweitung seiner Befugnisse geführt. Dies wurde unter dem ersten direkt gewählten Präsidenten Miloš Zeman während seiner beiden fünfjährigen Amtszeiten offensichtlich. Zeman schuf ein System informeller Machtstrukturen, durch das er in Entscheidungsprozesse und auch in Ernennungsbefugnisse eingriff und damit die Regierung schwächte. Die tschechische Politik wurde auch durch die Oligarchisierung und die Präsenz politischer Unternehmer, namentlich Andrej Babiš und Tomio Okamura, erheblich beeinflusst. Wie später noch zu zeigen sein wird, war die tschechische Politik einem starken illiberalen Druck ausgesetzt, insbesondere während der Regierungszeit von Babiš und der Präsidentschaft von Zeman. Dank eines stabilen institutionellen Gefüges und der gegenseitigen Kontrolle konnten diese Tendenzen jedoch zunächst überwunden werden.

2.1   Legislative

Die legislative Gewalt besteht aus zwei Kammern, dem Abgeordnetenhaus und dem Senat, welche direkt vom Volk gewählt und legitimiert werden. Eine gleichzeitige Mitgliedschaft in beiden Kammern ist nicht zulässig. Demgegenüber kann nahezu als Regel gelten, dass Regierungsmitglieder zugleich Mitglieder des Parlaments, d. h. einer der beiden Kammern, sind. Aufgabe des Parlaments ist in erster Reihe die Kontrolle der Regierung und die Verabschiedung von Gesetzen. Die legislative Tätigkeit des Parlaments wird vom Verfassungsgericht mit Sitz in Brünn kontrolliert. In bestimmten Krisensituationen kann das Abgeordnetenhaus (nicht aber der Senat) vom Präsidenten aufgelöst werden. Die Abgeordneten und der Senat als Kammer besitzen selbst ein gesetzgeberisches Initiativrecht. Auch bei manchen internationalen Verträgen ist eine Zustimmung des Parlaments erforderlich. Des Weiteren verkündet das Parlament den Kriegszustand im Falle eines gegnerischen Angriffs oder wenn internationale militärische Bündnisverpflichtungen erfüllt werden müssen. Beide Kammern regeln auf Grundlage bestehender verfassungsrechtlicher Vorgaben ihre inneren Angelegenheiten selbst entweder durch Gesetze oder durch Geschäftsordnungen. Beide richten Ausschüsse und Kommissionen ein, wählen ihre Präsidenten und Vizepräsidenten und ihre Mitglieder können sich gemäß ihrer parteipolitischen Ausrichtung in Fraktionen zusammenschließen. Während der Typus des Redeparlaments in der Vollversammlung der Abgeordneten sein zentrales Forum findet, stehen die Ausschüsse für den Typus des Arbeitsparlaments.

Die heutigen Kammern haben unterschiedliche Geburtsdaten. Gemäß Art. 106 Abs. 1 VerfČR entstand das Abgeordnetenhaus zugleich mit der Gründung der Tschechischen Republik, also zum 01. Januar 1993. Dies geschah durch Umbenennung des Tschechischen Nationalrates, der bereits in der kommunistischen Tschechoslowakei als die „tschechische" regionale Kammer existiert hatte. Die ersten Senatswahlen fanden dagegen erst 1996 statt. Bis dahin sollte, ebenfalls nach Art. 106 VerfČR, eine Art provisorischer Senat tagen. Dazu kam es jedoch nicht. Als Grund dafür wird die politische Praxis genannt, vor allem Folgeprobleme der Trennung der Tschechoslowakei, welche die politischen Akteure so sehr beschäftigten, dass es noch ganze vier Jahre dauerte, bis der Senat entstehen konnte. Deshalb übte das Abgeordnetenhaus bis zur ersten Senatswahl auch dessen Aufgaben aus. In gewisser Weise spiegelte sich darin bereits eine gewisse Missachtung des Senats wider, die bis heute verbreitet ist (Novotný 2018).

Die Schlüsselrolle nimmt also das Abgeordnetenhaus ein, denn hier wird nach den Wahlen die Mehrheit für die Regierung gebildet. Diese Kammer spricht der Regierung das Vertrauen oder das Misstrauen aus und billigt den Staatshaushalt. Daneben hat das Abgeordnetenhaus das letzte Wort, wenn der Senat oder der Präsident zu einer Gesetzvorlage negativ Stellung beziehen, denn Gesetze werden zuerst vom Abgeordnetenhaus verabschiedet, dann vom Senat und Präsidenten. Beide können jedoch vom Abgeordnetenhaus mit der absoluten Mehrheit aller Abgeordneten überstimmt werden. Nur in besonders wichtigen Situationen wird die Zustimmung beider Kammern benötigt. Zu diesem Bereich gehören, wie bereits angedeutet, die Verabschiedung von Verfassungsgesetzen und des Wahlgesetzes, die Ausrufung des Kriegszustands oder die Entsendung von Truppen ins Ausland. Bis zum Januar 2013 gehörte dazu auch die Wahl des Präsidenten. Das Abgeordnetenhaus hat daneben das Recht, die Regierung und ihre Mitglieder zu interpellieren. Man kann also sagen, dass das Abgeordnetenhaus das Machtzentrum der tschechischen Politik ist. Die Legislaturperiode beträgt vier Jahre, das Mandat wird frei ausgeübt.

Der Senat besteht aus 81 Senatoren, die ein sechsjähriges Mandat haben, wobei alle zwei Jahre ein Drittel von ihnen neu gewählt wird. Er hat im legislativen Prozess eine schwächere Position gegenüber dem Abgeordnetenhaus. Seine Rolle wird nur dann gestärkt, wenn das Abgeordnetenhaus aufgelöst wird. Der Präsident des Senats ist formal die zweitwichtigste verfassungsmäßige Person des Landes. Dies kommt symbolisch dadurch zum Ausdruck, dass er die Wahl des Präsidenten der Republik bekannt gibt und der neu gewählte Präsident der Republik in einer gemeinsamen Sitzung beider Kammern den Amtseid leistet. Der Senat verfügt über eine Reihe von ausschließlichen (Zustimmung zur Ernennung der Verfassungsrichter) oder geteilten Ernennungsbefugnissen und kann außerdem mit Zustimmung des Abgeordnetenhauses vor dem Verfassungsgerichtshof Klage gegen den Präsidenten der Republik erheben. Zudem soll der Senat als eine Art Sicherung der Demokratie fungieren. Seine Rolle im politischen System ist jedoch kompliziert und vor allem schwach. Diese Schwäche resultiert auch daraus, dass die Senatoren in zwei Wahlgängen direkt in Einzelwahlkreisen gewählt werden. Dadurch werden häufiger unabhängige Kandidaten gewählt. Parteipolitische Bindungen sind meist nicht so stark ausgeprägt, was oft zu einem Missverständnis nicht nur über die Funktion des Senats, sondern auch über seine Ergebnisse führt. Dies spiegelt sich auch in einer geringeren Wahlbeteiligung wider.

2.2   Exekutive

Neben den wichtigsten Institutionen der Exekutive, also der Regierung und dem Präsidentenamt, gibt es weitere zentrale Verwaltungsorgane des Staates, die in der Regel ebenfalls durch Gesetz geschaffen werden. Auf einer niedrigeren Ebene gehören zur Exekutive vor allem die lokalen Selbstverwaltungsorgane, nämlich die Bezirke als höhere territoriale Selbstverwaltungseinheiten und die Gemeinden als grundlegende territoriale Selbstverwaltungseinheiten. Ein weiterer wichtiger Teil der Exekutive sind die Agenturen und Ämter, welche von den oben genannten Exekutivorganen verwaltet werden, wie z. B. die Polizei der Tschechischen Republik. Im weiteren Sinne sind auch der Oberste Rechnungshof und die Tschechische Nationalbank Teil der Exekutive, doch sind sie in der Verfassung als eigenständige Ämter konzipiert, die von der unmittelbaren Zuständigkeit der obersten Organe der Exekutive ausgenommen sind, um ihre Unabhängigkeit zu gewährleisten (Vodička 2004).

Die Regierung wird in der Verfassung der Tschechischen Republik als oberstes Organ der Exekutive definiert. Sie setzt sich aus dem Premierminister und den Ministern zusammen, die den verschiedenen Ministerien vorstehen. Sie ist dem Abgeordnetenhaus gegenüber rechenschaftspflichtig und muss diese innerhalb von 30 Tagen nach ihrer Ernennung durch den Staatspräsidenten um ihr Vertrauen bitten. Ebenso kann das Abgeordnetenhaus die Regierung durch ein einfaches Misstrauensvotum stürzen. Die Hauptaufgabe der Regierung besteht darin, die Verwaltung des Staates zu leiten. Insbesondere kontrolliert und koordiniert sie die Tätigkeit der Ministerien und anderer zentraler Regierungsstellen. Außerdem trifft sie Entscheidungen und erlässt Verordnungen zur Umsetzung von Gesetzen. Sie spielt auch eine wichtige Rolle im Gesetzgebungsprozess der Tschechischen Republik, da sie gemäß der Verfassung die Gesetzgebungsinitiative innehat. Ebenso wie ein Abgeordneter, eine Gruppe von Abgeordneten, der Senat oder der Rat eines

Bezirkes kann sie Gesetze ins Parlament einbringen. Darüber hinaus kann die Regierung zu allen anderen Vorschlägen Stellung nehmen. Eines der wichtigsten Gesetze, für das die Regierung verantwortlich ist, ist das Haushaltsgesetz. Die Regierung muss es dem Abgeordnetenhaus jedes Jahr mindestens drei Monate vor Beginn des Haushaltsjahres zur Genehmigung vorlegen. Die Regierung überwacht dann die Ausführung des Haushaltsplans.

Als Staatsoberhaupt vertritt der Präsident die Tschechische Republik nach innen und außen und symbolisiert die innere und äußere Souveränität des Staates. Bis 2012 wurde er in einer gemeinsamen Sitzung beider Parlamentskammern gewählt. Seit der weiter unten skizzierten Verfassungsreform von 2013 wird er direkt vom Volk gewählt. Wie bei den Senatswahlen beträgt das Mindestalter für die Wahl zum Präsidenten 40 Jahre. Kandidat für dieses Amt kann werden, wer von mindestens 50.000 wahlberechtigten tschechischen Bürgern oder von mindestens 20 Abgeordneten oder zehn Senatoren vorgeschlagen wird.

Der Präsident hat jedoch nicht nur repräsentative Aufgaben, sondern auch wichtige politische Befugnisse, die sich in unabhängige, gebundene und sonstige Befugnisse unterteilen lassen. Während einige Befugnisse des Präsidenten der Zustimmung eines Regierungsmitglieds bedürfen, die Auslandsreisen des Präsidenten vom Außenminister genehmigt werden müssen usw., ernennt und entlässt der Präsident in Ausübung seiner unabhängigen Befugnisse den Ministerpräsidenten und andere Mitglieder der Regierung und nimmt deren Rücktritt an oder entlässt die gesamte Regierung. Er kann die entlassene oder zurückgetretene Regierung damit beauftragen, die Amtsgeschäfte bis zur Ernennung einer neuen Regierung weiterzuführen. Er hat auch die Befugnis, das Abgeordnetenhaus unter bestimmten Bedingungen aufzulösen. Dies kann er tun, wenn das Abgeordnetenhaus der ernannten Regierung dreimal hintereinander das Vertrauen verweigert, wenn es sich nicht innerhalb von drei Monaten mit einem Gesetzentwurf der Regierung, welches diese mit der Vertrauensfrage verknüpft hat, befasst, wenn es sich für länger als 120 Tage vertagt oder länger als drei Monate nicht tagen kann.

Darüber hinaus ernennt der Präsident die Richter des Verfassungsgerichts, dessen Präsidenten und Vizepräsidenten, den Präsidenten des Obersten Gerichtshofs, den Präsidenten und die Vizepräsidenten des Obersten Rechnungshofs sowie den Gouverneur und die Mitglieder des Bankrats der Tschechischen Nationalbank. Das Staatsoberhaupt unterzeichnet die vom Parlament verabschiedeten Gesetze, hat aber auch ein aufschiebendes Vetorecht, d. h. das Recht, ein vom Parlament verabschiedetes Gesetz zurückzuweisen, mit Ausnahme von Verfassungsgesetzen. Er hat das Recht, Begnadigungen zu gewähren und Strafen umzuwandeln sowie das Recht auf Aufhebung dieser.

Daneben gibt es gebundene Präsidialbefugnisse. Das bedeutet, dass ihre Ausübung der Zustimmung des Premierministers oder des zuständigen Ministers bedürfen. Dazu gehören die Vertretung des Staates nach außen, die Aushandlung und
vor allem die Ratifizierung internationaler Verträge sowie die Tätigkeit des Ober-
befehlshabers der Streitkräfte. Gemeinsam mit dem Außenminister ernennt und
entlässt der Präsident die Botschafter und erteilt die Akkreditierung für ausländische Vertreter in der Tschechischen Republik.

Der Präsident kann jederzeit an den Sitzungen der beiden Kammern des Parlaments sowie der Ausschüsse und Kommissionen teilnehmen und sich aktiv einbringen. Das Gleiche gilt für die Sitzungen der Regierung. Der Präsident kann nur vor
dem Verfassungsgericht wegen Hochverrats angeklagt werden, ansonsten ist er
keinem anderen Verfassungsorgan gegenüber verantwortlich und kann von diesem
nicht abgesetzt werden. Aufgrund seiner Immunität kann er für Straftaten, die er
während seiner Amtszeit begangen hat, nicht belangt werden.

2.3   Judikative

Die Justiz besteht aus dem System der allgemeinen Gerichte, dem Obersten Verwaltungsgericht und dem Verfassungsgericht. Der Oberste Gerichtshof der Tschechischen Republik ist zusammen mit dem Obersten Verwaltungsgericht das höchste
Glied des Justizsystems. Die anderen Glieder sind die beiden Obersten Gerichte,
acht Regionalgerichte und 86 Landkreisgerichte. Das Verfassungsgericht steht
außerhalb des Systems der anderen Gerichte. Es ist ein Organ zum Schutz der
Verfassung, d. h. es befasst sich mit Angelegenheiten, die direkt oder indirekt die
verfassungsmäßige Ordnung betreffen.

Das Verfassungsgericht ist auch beauftragt, sich mit einer eventuellen Verfas-
sungsklage des Senats gegen den Präsidenten der Republik wegen Hochverrats
auseinanderzusetzen. Während der Präsidentschaft von Miloš Zeman war dies relevant, denn der Senat lag wiederholt mit dem Präsidenten wegen seiner umstrittenen Entscheidungen im Streit, z. B. wegen der Ernennung einer geschäftsführenden Regierung gegen den Willen der Kammer oder wegen der Beeinflussung
von Richtern. Der Senat stufte dies als groben Verstoß gegen die Verfassung ein
und entschied sich, eine Klage gegen den Präsidenten anzustrengen. Die Klage des
Senats gelangte jedoch letztlich nicht vor das Verfassungsgericht, da Zeman damals von der Mehrheit der Abgeordnetenkammer unterstützt wurde. Der Präsident
des Verfassungsgerichts, Pavel Rychetský, geriet auch danach häufig in Streit mit
Zeman und kritisierte ihn wiederholt öffentlich in den Medien für sein Vorgehen und seine Bemühungen, „die Verfassung zu verbiegen" (Bezdêková und
Marek 2022).

3   1989–2002: Institutionalisierung und scheinbare Konsolidierung des post-sozialistischen demokratischen Systems

Nach der Critical Juncture rund um den 17. November 1989, die den Fall des kommunistischen Regimes bedeutete, standen die Eliten des Landes vor der Aufgabe, an die Traditionen der vorkommunistischen Ära anzuknüpfen und ein demokratisches Regierungssystem aufzubauen. Bei diesem gewaltfreien ausgehandelten Übergang („transplacement", Huntington 1991, S. 114) spielten die gemäßigten Vertreter der Oppositionsbewegung um Václav Havel, der eine der zentralen Figuren bei den Ereignissen rund um die Novemberrevolution war, eine Schlüsselrolle. Havel war von 1989 bis 1992 der letzte (neunte) Präsident der Tschechoslowakei und von 1993 bis 2003 der erste Präsident der Tschechischen Republik. Außerdem war er einer der Wegbereiter der deutsch-tschechischen Aussöhnung (Novotný 2009, 2013).

Auch wenn Havel die Position der so genannten unpolitischen Politik vertrat, die per se gegen politische Parteien war, etablierte sich dennoch relativ bald ein breites Spektrum politischer Parteien (Respekt 2012). Diese entstanden teilweise durch Neugründungen von Parteien aus der vorkommunistischen Ära (*Tschechische Sozialdemokratische Partei*, ČSSD[1]), durch Umwandlungen der zentralen Bewegung des zivilen Widerstands, dem Bürgerforum (*Bürgerlich-demokratische Partei, ODS; Bürgerlich demokratische Allianz, ODA; Bürgerbewegung, OH*) oder durch kleinere oder größere Reformen der bestehenden Parteien (*Kommunistische Partei Böhmens und Mährens*, KSČM und *Christliche und Demokratische Union – Tschechoslowakische Volkspartei*, KDU-ČSL).

In dieser Phase kann man mit Olson darin übereinstimmen, dass das tschechische politische und wirtschaftliche System dem westlichen demokratischen Modell folgte (Olson 1997). Dennoch gab es einige Abweichungen, etwa eine schwache Partizipation, ein nicht vollständig unabhängiges Mediensystem und Streitigkeiten über die Rechtsprechung (Baylis 1998). Die Instabilität der Regierungen, die ein typisches Phänomen der gesamten politischen Entwicklung in der Tschechischen Republik ist, trat bereits zu diesem Zeitpunkt auf, hatte aber noch nicht zu einer Veränderung des Parteiensystems geführt.

Dieser Zeitraum von 1992 bis 1998 umfasst zwei Amtszeiten von Mitte-Rechts-Regierungen unter der Führung von Ministerpräsident Václav Klaus. Es herrschte ein gemäßigter Parteienpluralismus, allerdings mit der Besonderheit, dass im Ab-

---

[1] Seit 2023 heißt diese Sozialdemokratie, kurz SOCDEM.

geordnetenhaus die rechtsextremen *Republikaner* (SPR-RSČ) und die linksextreme *Kommunistische Partei von Böhmen und Mähren* (KSČM) zusammen um die 20 % der Sitze kontrollierten (Mareš 2011; Mannewitz 2013; Novotný und Thieme 2010; Novotný 2011, 2017). Trotz des gemäßigten Pluralismus war die Parteienlandschaft damit recht polarisiert, was die Bildung von Mehrheitsregierungen einschränkte. Bei der Bildung von Klaus' zweiter Regierung 1996 und vor allem 1997 traten innerparteiliche Probleme und Vorwürfe einer unklaren Parteienfinanzierung auf. Klaus konnte diese Verfehlungen nicht aufklären, was Ende 1997 zum Rücktritt seiner Regierung führte. Die Zeit bis zu den regulären Wahlen 1998 wurde von einer bürokratischen Übergangsregierung unter der Leitung des Gouverneurs der Tschechischen Nationalbank, Josef Tošovský, überbrückt.

Im Juni 1998 fanden vorgezogene Wahlen statt. Hierbei erhielten die Sozialdemokraten unter Miloš Zeman die meisten Stimmen. Nach wochenlangen Verhandlungen zwischen allen Parteien bildete die ČSSD eine Minderheitsregierung und schloss mit der ODS ein Oppositionsabkommen ab (Kopeček 2015). Zum ersten Mal seit der politischen Wende von 1989 regierte eine linksorientierte Regierung, die allerdings aufgrund des Oppositionsabkommens in Wirklichkeit eine große Koalition und zudem ein machtorientiertes Zweckbündnis war (Roberts 2003). Die Macht wurde zwischen den zwei Parteien aufgeteilt, indem die ČSSD alle Ministerposten, die ODS dagegen wichtige Funktionen im Staatsapparat erhielt (Novotný 2018, S. 120). Das Oppositionsabkommen war ein Meilenstein in der tschechischen Politik, da es sich um einen höchst umstrittenen Pakt handelte, der mitunter als „Verrat an den Wählern" angesehen wurde und zudem erheblichen Einfluss auf das Parteiensystem hatte (Novotný 2018, S. 120). Diese Form des Regierens änderte die bisherige Logik der parlamentarischen Demokratie mit dem bis dahin klaren Dualismus zwischen einem Regierungs- und einem Oppositionslager. Dies führte zu einem Vertrauensverlust der Bürger in die politische Elite (Kopeček und Havlík 2008). Ausdruck dafür waren starke soziale Proteste gegen diese Regierung, insbesondere studentische Massendemonstrationen mit dem zentralen Slogan „Wir danken, tretet ab!".

4   Seit 2002: Instabiles Regieren in einem scheinbar stabilen Parteiensystem

Der Zeitraum seit 2002 ist stark vom Einfluss des Oppositionsabkommens geprägt und zeichnet sich durch die Beschädigung des öffentlichen Ansehens der Parteien und infolgedessen durch die Instabilität der Regierungskoalitionen aus.

Die Koalition von 2002 bis 2006 wurde von drei Premierministern der ČSSD (Vladimír Špidla, Stanislav Gross und Jiří Paroubek) geführt. Zwischen 2006 und 2014 gab es zwei von der ODS geführte Regierungen (von Mirek Topolánek und Petr Nečas), aber keine regierte über die gesamte Wahlperiode und beide verloren das Vertrauen im Abgeordnetenhaus. Am Ende der Wahlperioden waren zwei Übergangsregierungen an der Macht (von Jan Fischer und Jiří Rusnok). Dies zeigt die Instabilität der Regierungen in der Tschechischen Republik, welche eine Folge des Oppositionsabkommens war (Kopeček und Havlík 2008). Die beiden großen Parteien waren durch die Korruptionsskandale und das Ausscheiden der beiden Parteivorsitzenden Václav Klaus, der 2003 der zweite tschechische Präsident wurde, und Miloš Zeman (Präsident ab 2013) beeinträchtigt. Beide Abgänge spalteten die jeweilige Partei, und ihren Nachfolgern gelang es nicht, die Interessen der entstandenen Fraktionen in Einklang zu bringen.

Treffend war daher die Charakterisierung als „instabiles Regieren in einem scheinbar stabilen und geschlossenen Parteiensystem" (Hanley 2012, S. 119). In der Tat wurde die anhaltende Unfähigkeit der tschechischen Regierungen, drängende wirtschaftliche und soziale Probleme in den Bereichen Haushalt, Steuern, Gesundheit, Bildung, Renten und Infrastruktur anzugehen, immer deutlicher. Außerdem hat sich seit dem Oppositionsabkommen der Fortschritt in Bezug auf die politische Kultur und Partizipation, die Effizienz der öffentlichen Verwaltung und der Justiz, die Eindämmung der Korruption und die Fähigkeit des Staates, öffentliche Dienstleistungen (Sicherheit, Bildung, Gesundheitsversorgung usw.) zu erbringen, verlangsamt (Vodička 2004; Kubát 2013).

In den frühen 2000er-Jahren wurde auch der Beitrittsprozess des Landes zur Europäischen Union abgeschlossen, welcher reibungslos verlief. Noch der Regierung Zeman gelang es, die bilateralen Streitigkeiten mit Österreich über das Kernkraftwerk Temelín und die Kontroverse über die Gültigkeit der Beneš-Dekrete beizulegen. Der Beitritt selbst wurde durch ein Referendum im Juni 2003 bestätigt, bei dem sich zwei Drittel der Tschechen für den Beitritt aussprachen. Zu diesem Zeitpunkt hatten die Kritiker der EU, angeführt von Václav Klaus als Präsident der Republik, jedoch bereits begonnen, sich bemerkbar zu machen. Während seiner Präsidentschaft wurde Klaus zu einer zentralen Figur des zunächst „weichen" und dann „harten" Euroskeptizismus (Taggart und Szczerbiak 2004). Die ODS, die von Klaus mitgegründet worden war, brach daher allmählich mit seinem Erbe. Heute ist Klaus ein Befürworter des EU-Austritts, und er hat immer noch Anhänger in seiner Mutterpartei, obwohl der derzeitige Parteivorsitzende und Ministerpräsident Petr Fiala pro-europäisch eingestellt ist.

5   2013–2021: Direktwahl des Präsidenten und der Aufstieg von Babiš in der Politik

Eine weitere Phase, beginnend ab 2013, wurde durch einen doppelten Meilenstein eingeleitet: Zum einen erlangte die neu gegründete Partei ANO des Unternehmers und Multimillionärs Andrej Babiš, die dem Typus des technokratischen Populismus zugeordnet wird, Regierungsverantwortung und leitete damit einen „illiberalen Schwenk" (Bustikova und Guasti 2017) ein. Zum anderen ist die Einführung der Direktwahl des Staatspräsidenten mit einer Verfassungsänderung von 2012 zu nennen.

Mit dem Eintritt der politischen Bewegung ANO unter der Führung von Andrej Babiš in die Parlaments- und Regierungspolitik ist der Höhepunkt der Krisenphase der traditionellen großen politischen Parteien (ODS, ČSSD) markiert. Die gesellschaftliche Verankerung beider Parteien nahm sukzessive ab, während die Wähler zur ANO abwanderten. Die Krise von ODS und ČSSD stimmt mit allgemeinen Beobachtungen, etwa von Peter Mair, zu veränderten Formen der repräsentativen Demokratie, überein (Mair 2013). Ebenso ist auf die Diagnose fragmentierter „postdemokratischer" Gesellschaften mit apathischen, verärgerten politischen Verbrauchern und elitären Parteien, die vom großen Geld und den großen Medien abhängig sind, zu verweisen (Crouch 2005). Entsprechend entstanden auch in Tschechien eine erhebliche Politikverdrossenheit und Instabilität, sodass nach den Wahlen 2017 neun Parteien im Abgeordnetenhaus vertreten waren. Es ließ sich eine starke Polarisierung des Parteiensystems zwischen ANO und anderen Parteien beobachten, welche die Koalitionsmöglichkeiten erneut erschwerte. Das Ergebnis war die Bildung einer Minderheitsregierung aus ANO und ČSSD mit Ministerpräsident Andrej Babiš, die von der rechtsradikalen Partei SPD (*Partei der Direkten Demokratie*) geduldet und von Präsident Zeman in jeder Hinsicht unterstützt wurde.

Die ANO-Partei ist eine Business-firm-party (Hopkin und Paolucci 1999; Krouwel 2006) und zeichnet sich durch eine antipolitische, technokratische Suche nach effizienten Lösungen aus, wie sie in Babiš' Versprechen, die Tschechische Republik wie ein Unternehmen zu führen, zum Ausdruck kommt. Babiš präsentierte vor der Wahl im Jahr 2017 in seinem Buch „Wovon ich träume, wenn ich schlafe" eine Vision für die tschechische Demokratie (Cirhan und Kopecký 2020). Diese soll eine weitreichende antipolitische, populistische Plattform für den politischen Wandel bieten: ein stark zentralisiertes System, das Kontrollen und Gegengewichte abschafft, um die Effizienz zu verbessern und die „Dinge zu erledigen" (Maškarinec und Novotný 2020, S. 1).

2013 wurde Miloš Zeman als Präsident gewählt und war durch seine Wiederwahl 2018 insgesamt zehn Jahre im Amt. Wie bereits erwähnt, war er der erste Präsident, der direkt von der tschechischen Bevölkerung gewählt wurde. Der Direkt-wahl ging das Verfassungsgesetz Nr. 71/2012 voraus, zu dem sich die Mitte-Rechts-Regierung von Petr Nečas im Jahr 2010 verpflichtet hatte. Der Grund für diese Änderung war der umstrittene Verlauf der Wahl des Präsidenten der Republik im Jahr 2008, der von einem großen Teil der politischen Vertretung und der Öffentlichkeit als langfristig unhaltbar und eines so hohen Verfassungsamtes un-würdig empfunden wurde. In der Tat war die Wahl von einer Reihe von Unsicher-heiten und Streitigkeiten begleitet. Einige Abgeordnete wurden zur Zielscheibe von Drohungen, als sie angeblich Briefe per Post erhielten, die Kugeln aus Schuss-waffen enthielten. Die Regierung legte daher 2011 einen Entwurf für ein Ver-fassungsgesetz vor, welches die Direktwahl des Präsidenten der Republik durch alle Bürger vorsah.

Zemans Amtsführung war jedoch die ganzen zehn Jahre umstritten. Er unter-stützte nach den Parlamentswahlen 2013 den „Putsch" von führenden Sozialdemo-kraten gegen Parteichef Bohuslav Sobotka. Umstritten war auch seine Unterstüt-zung für Andrej Babiš. 2017 beließ er ihn sogar im Amt des Ministerpräsidenten, obwohl Babiš mit seiner ersten Regierungsformierung gescheitert war und somit nicht das Vertrauen des Parlaments hatte. In seiner Funktion steht Zeman für die in-formelle Ausweitung präsidialer Kompetenzen, womit er einer Präsidentialisie-rung und durch Spannungen zwischen den Verfassungsinstitutionen einer demo-kratischen Regression Vorschub geleistet hat (Diamond 2021). Oft medialisiert wurden Zemans scharfe, polemische Äußerungen (etwa Äußerungen über Sudetendeutsche und Muslime, Amtsverständnis als Präsident oder prorussische Meinungen).

6   Fazit und Ausblick

Bei den letzten Parlamentswahlen im Jahr 2021 wurde Andrej Babiš buchstäblich von der Macht entfernt. Er blieb zusammen mit der SPD in der Opposition, aber eine Regierungsmehrheit innerhalb des Anti-Babiš-Lagers konnte nur auf der Basis von fünf Parteien unter der Führung von Premierminister Petr Fiala von der ODS gebildet werden. Diese Regierung ist programmatisch uneinheitlich und galt daher von jeher als instabil. Wegen ihrer programmatischen Heterogenität stand die Regierungskoalition vor einer Reihe großer Herausforderungen. Sie wollte das enorme Haushaltsdefizit angehen und die öffentlichen Finanzen konsolidieren, versprach eine Rentenreform und wollte die Wahl der öffentlichen Medienauf-sichtsbehörden reformieren (Regierung der Tschechischen Republik 2023).

Doch mit der neuen Regierung schien die tschechische Demokratie ihre Midlife-Crisis, einen beispiellosen Ausflug in den Illiberalismus, zunächst überwunden zu haben. Das politische System hat sich als resilient erwiesen, denn Babiš und seine Regierung konnten es nicht grundlegend verändern (auch wenn sich der politische Diskurs, der Stil und auch politische Kampagnen mit ihm stark geändert haben). Allerdings ist die Gesellschaft durch die populistische Herrschaft polarisiert und zersplittert. Sowohl Babiš als auch der SPD-Vorsitzende Tomio Okamura sind in der Lage, diese Unzufriedenheit kontinuierlich zu schüren. In ihrer Oppositionsrolle sind sie in letzter Zeit deutlich härter geworden, sowohl rhetorisch als auch in der politischen Praxis, z. B. durch Obstruktionen im Abgeordnetenhaus. Andrej Babiš verachtet die Arbeit des Parlaments und bezeichnet sie als Schwatzbude (iDNES 2016).

Im Jahr 2023 gewann Petr Pavel die Präsidentschaftswahl und trat sein Amt im März 2023 an. Pavel hatte sich stark gegen Zeman abgegrenzt, musste sich aber vor allem gegen Andrej Babiš durchsetzen, der zwar nicht gewann, aber mehr Unterstützung erhielt als das Reservoir der ANO-Bewegung ausmacht. Unmittelbar nach seiner Wahl zum Präsidenten beschloss Pavel, die Prager Burg für die Öffentlichkeit zu öffnen (faktisch und symbolisch) und sein Amt ziviler und aktiver auszuüben als Zeman. Er erklärte beispielsweise eine stärkere Interaktion mit dem Senat, indem er Kandidaten für Verfassungsrichter vorschlug. Dies ist ein völlig anderer Ansatz, denn unter Zeman herrschte ein Zustand der Konfrontation, bei dem Kommunikation und Zusammenarbeit mit dem Senat selten waren.

Andrej Babiš ist laut Meinungsumfragen nach wie vor einer der vertrauenswürdigsten Politiker in der Tschechischen Republik und hat eine sehr starke Basis bei den Wählern (in Umfragen liegt er seit langem bei rund 30 %) (iROZHLAS 2021). Dies motiviert ihn, seinen politischen Stil fortzusetzen oder sogar noch zu verschärfen, der vor allem bei der älteren Generation und in wirtschaftlich ärmeren Regionen Anklang findet. Nach der Präsidentschaftswahl wechselte er sein Marketingteam aus, kündigte aber an, dass er sich nicht aus der Politik zurückziehen und sich auf den Sieg bei den nächsten Parlamentswahlen konzentrieren werde.

Obwohl sich also das politische System in den letzten Jahren nicht wesentlich verändert hat, sind doch einige Veränderungen zu beobachten. Es ist dezentraler und zersplitterter (derzeit sitzen sieben politische Parteien in dem Abgeordnetenhaus). Die Stärke der ANO zwingt andere Parteien zur Zusammenarbeit und zur Bildung von Wahlkoalitionen (gleich zwei Wahlbündnisse kandidierten für die Wahlen 2021). Zugleich radikalisiert sich die Opposition, was sich in der allgemeinen Verrohung der politischen und kommunikativen Kultur im Abgeordnetenhaus widerspiegelt.

Kontrollfragen

(1) Was verursachte die Krise der „großen" politischen Parteien ODS und ČSSD und was den Aufstieg von ANO 2011 mit Andrej Babiš?

(2) Skizzieren Sie die illiberalen Bestrebungen während der Präsidentschaft Miloš Zemans und der Ministerpräsidentschaft Andrej Babiš'.

(3) Wie kann erklärt werden, dass das politische System trotz wiederkehrender Verfassungskonflikte zwischen dem Präsidenten und der Regierung nicht reformiert wird?

Weiterführende Literatur

1. Lorenz, Astrid, und Hana Formánková, Hrsg. 2018. *Das politische System Tschechiens.* Wiesbaden: Springer VS.

Bietet den zurzeit aktuellsten Überblick über ausgewählte Aspekte des politischen Systems.

2. Sapper, Manfred, Volker Weichsel, und Vladmír Handl, Hrsg. 2022. *Schlüsselland Tschechien. Politik und Gesellschaft in der Mitte Europas.* Bonn: Bundeszentrale für politische Bildung.

Analysiert ausgewählte politische, gesellschaftliche und wirtschaftliche Entwicklungen.

3. Balík, Stanislav, Vit Hloušek, Lubomír Kopeček, Jan Holzer, Pavel Pšeja, und Andrew Lawrence Roberts, Hrsg. 2017. *Czech Politics: From West to East and Back Again.* Opladen: Barbara Budrich.

Beiträge zur tschechischen Politik ab dem 19. Jahrhundert bis heute.

Literatur

Baylis, Thomas A. 1998. Elite Change After Communism: Eastern Germany, the Czech Republic, and Slovakia. *East European Politics & Societies* 12 (2): 265–299.

Bezděková, Kristýna, und Bruna Marek. 2022. Zeman pobouřil politiky i odborníky. Zvažuje jmenování šéfa Ústavního soudu. *TN CZ*, 12. Dezember 2022. https://tn.nova.cz/zpravodajstvi/clanek/479032-zeman-pobouril-politiky-i-odborniky-zvazuje-jmenovani-sefa-ustavniho-soudu?campaignsrc=tn_clipboard. Zugegriffen: 13. Juli 2023.

Brunclík, Miloš, und Michael Kubát, Hrsg. 2017. *Kdo vládne Česku?: Poloprezidentský režim, přímá volba a pravidla hry*. Brünn: Barrister & Principal Publishing.

Bustikova, Lenka, und Petra Guasti. 2017. The Illiberal Turn or Swerve in Central Europe? *Politics and Governance* 5 (4): 166–176.

Cirhan, Tomáš, und Peter Kopecký. 2020. From Ideology to Interest-Driven Politics: Václav Klaus, Andrej Babiš and Two Eras of Party Leadership in the Czech Republic. In *Party Leaders in Eastern Europe. Personality, Behavior and Consequences*, Hrsg. S. Gherghina, 93–119. London: Palgrave Macmillan.

Crouch, Colin. 2005. *Post-democracy*. Cambridge: Polity Press.

Diamond, Larry. 2021. Democratic Regression in Comparative Perspective: Scope, Methods, and Causes. *Democratization* 28 (1): 22–42.

Hanley, Seán. 2012. Dynamics of new party formation in the Czech Republic 1996–2010: looking for the origins of a 'political earthquake'. *East European Politics* 28 (2): 119–143.

Hopkin, Jonathan, und Catarina Paolucci. 1999. The business firm model of party organisation: Cases from Spain and Italy. *European Journal of Political Research* 35:307–339.

Huntington, Samuel P. 1991. *The third wave: democratization in the late twentieth century*. Norman: University of Oklahoma Press.

iDNES. 2016. Nebudu v opozici a sedět ve žvanírně, radši odejdu pryč, říká Babiš. *iDNES. cz*, 21. Juni 2016. https://www.idnes.cz/zpravy/domaci/nebudu-v-opozici-a-sedet-ve-zvanirne-radsi-odejdu-pryc-rika-babis.A160621_104408_domaci_kop. Zugegriffen: 13. Juli 2023.

iROZHLAS. 2021. Lidé nejvíce věří Babišovi s Bartošem, ukázal průzkum CVVM. Obecně všakobliba politiků klesá. *iROZHLAS.cz*, 28. Juni 2021. https://www.irozhlas.cz/zpravy-domov/pruzkum-cvvm-duvera-neduvera-politici-babis-bartos-rakusan_2106281947_aur. Zugegriffen: 13. Juli 2023.

Kitschelt, Herbert. 2001. Divergent Paths of Postcommunist Democracies. In *Political Parties and Democracy*, Hrsg. Larry Diamond, und Richard Gunther, 299–323. Baltimore: Johns Hopkins University Press.

Kopeček, Lubomír, und Vlastimil Havlík. 2008. Krize vládnutí v České republice. Analýza působení volebního a stranického systému a návrhy možných řešení. *Politologický časopis* 15 (3): 183–205.

Kopeček, Lubomír. 2015. *Deformace demokracie?: Opoziční smlouva a česká politika v letech 1998–2002*. Brno: Barrister & Principal.

Krouwel, André. 2006. Party Models. In *Handbook of Party Politics*, Hrsg. Richard Katz, und William Crotty, 249–269. London: Sage.

Kubát, Michal. 2013. *Současná česká politika. Co s neefektivním režimem?* Brno: Barrister & Principal.

Mair, Peter. 2013. *Ruling the void: the hollowing of western democracy*. London: Verso.

Mannewitz, Tom. 2013. Zwischen verlorenem Posten und Regierungsbank: Parteiförmiger Linksextremismus in Europa. In *Jahrbuch Extremismus & Demokratie*, Hrsg. Uwe Backes, Alexander Gallus, Eckhard Jesse, und Tom Thieme, 57–78. Baden-Baden: Nomos.

Mareš, Miroslav. 2011. Czech extreme right parties an unsuccessful story. *Communist and Post-Communist Studies* 44 (4): 283–298.

Maškarinec, Pavel, und Lukáš Novotný. 2020. Von links nach rechts: Wandel der regionalen Unterstützung für die technokratisch-populistische Bewegung ANO 2011 bei den tschechischen Parlamentswahlen 2013 und 2017. *Österreichische Zeitschrift für Politikwissenschaft* 49 (4): 1–14.

Merkel, Wolfgang. 2007. Gegen alle Theorie? Die Konsolidierung der Demokratie in Ost-mitteleuropa. *Politische Vierteljahresschrift* 48 (3): 413–433.

Novotný, Lukáš. 2009. *Vergangenheitsdiskurse zwischen Deutschen und Tschechen. Untersu-chung zur Perzeption der Geschichte nach 1945*. Baden-Baden: Nomos.

Novotný, Lukáš. 2011. Extremismus in Tschechien. In *Extremismus in den EU-Staaten*, Hrsg. Eckhard Jesse, und Tom Thieme, 397–411. Wiesbaden: VS Verlag für Sozial-wissenschaften.

Novotný, Lukáš. 2013. Die deutsch-tschechischen Beziehungen und die Präsidentschafts-wahl. *Österreichische Zeitschrift für Politikwissenschaft* 44 (4): 12–24.

Novotný, Lukáš. 2017. Der allgegenwärtige Schatten des Kommunismus im tschechischen Parteiensystem. *Österreichische Zeitschrift für Politikwissenschaft* 46 (2): 17–26.

Novotný, Lukáš. 2018. Ein Machtgefüge in Bewegung?. In *Das politische System Tsche-chiens*, Hrsg. Astrid Lorenz, und Hana Formánková, 111–130. Wiesbaden: Springer VS.

Novotný, Lukáš, und Tom Thieme. 2010. Die langen Schatten der Vergangenheit. Politischer Extremismus in Tschechien und der Slowakei. *Totalitarismus und Demokratie* 7 (1): 105–121.

Olson, David M. 1997. Democratization and political participation: the experience of the Czech Republic. In *The consolidation of democracy in East-Central Europe*, Hrsg. Karen Dawisha, und Bruce Parrott, 149–196. Cambridge: Cambridge University Press.

Regierung der Teschechischen Republik. 2023. Programové prohlášení vlády České re-publiky. https://www.vlada.cz/assets/jednani-vlady/programove-prohlaseni/programove-prohlaseni-vlady-Petra-Fialy.pdf. Zugegriffen: 14. Juli 2023.

Respekt. 2012. Rok bez Václava Havla. *Respekt*, 16. Dezember 2012. https://www.respekt.cz/tydenik/2012/51/rok-bez-vaclava-havla. Zugegriffen: 13. Juli 2023.

Roberts, Andrew. 2003. Demythologising the Czech Opposition Agreement. *Europe-Asia Studies* 55 (8): 1273–1303.

Schimmelfennig, Frank, und Ulrich Sedelmeier. 2004. Governance by conditionality: EU rule transfer to the candidate countries of Central and Eastern Europe. *Journal of European Public Policy* 11 (4): 661–679.

Taggart, Paul, und Aleks Szczerbiak. 2004. Contemporary Euroscepticism in the party systems of the European Union candidate states of Central and Eastern Europe. *European Journal of Political Research* 43 (1): 1–27.

Vodička, Karel. 2004. Das politische System Tschechiens. In *Die politischen Systeme Ost-europas*, Hrsg. Wolfgang Ismayr, 247–284. Wiesbaden: VS Verlag für Sozialwissen-schaften.

Teil II
Elektorale Demokratien

Albanien: Parlamentarisches System und patronale Gesellschaft

Norma Osterberg-Kaufmann

Zusammenfassung

Im politischen System Albaniens lässt sich beispielhaft die Regimedynamik patronaler politischer Systeme zeigen, in denen formale Institutionen eine andere Rolle einnehmen als aus liberaler demokratietheoretischer Sicht zu erwarten wäre. Patronale Herrschaftslogiken treten auf informeller Ebene mit den formalen Institutionen in Konkurrenz, die im Wesentlichen lediglich den Funktionsrahmen klientelistischer Netzwerke abstecken. Für Albanien zeichnet der Beitrag entlang zweier Critical Junctures in den Jahren 1991 und 1997/1998 nach, wie sich das Zusammenspiel formaler und informeller Institutionen gestaltet, betrachtet den Einfluss der Europäischen Union und reflektiert den Demokratisierungsprozess der letzten beiden Jahrzehnte.

Schlüsselwörter

Patronale Politik · Informelle Herrschaftsdynamiken · Critical Junctures · Verfassungsgeschichte · Albanien

N. Osterberg-Kaufmann (✉)
Institut für Sozialwissenschaften, Humboldt-Universität zu Berlin, Berlin, Deutschland
E-Mail: norma.osterberg-kaufmann@hu-berlin.de

© Der/die Autor(en), exklusiv lizenziert an Springer Fachmedien Wiesbaden   149
GmbH, ein Teil von Springer Nature 2025
S. Priebus, T. Beichelt (Hrsg.), *Die politischen Systeme im östlichen Europa*,
https://doi.org/10.1007/978-3-658-43647-6_8

Tab. 1 Das politische System Albaniens im Überblick

Verfassung	Verabschiedet: Übergangsverfassung von 1991, neue Verfassung 1998 Geändert: 2007, 2008, 2012, 2016, 2020
	Verfassungsänderungsregel: Initiativrecht hat 1/5 aller Abgeordneten. Zustimmung von 2/3 aller Abgeordneten nötig, um Verfassungsänderung einem Referendum zu unterziehen. Abgeordnete können mit 1/5-Mehrheit beschließen, dass eine bereits angenommene Änderung einem Referendum unterzogen wird
Regierungssystem	Parlamentarisch
Präsident	Wahlmodus und Amtszeit: indirekt durch 3/5-Mehrheit im Parlament für 5 Jahre; einmalige Wiederwahl möglich. Abberufung auf Antrag von 1/4 der Abgeordneten mit 2/3-Mehrheit wegen Verbrechen, Verfassungsbruch oder Amtsunfähigkeit; Beschluss muss vom Verfassungsgericht bestätigt werden
	Kompetenzen: 1) Vetorecht am Ende des Gesetzgebungsprozesses, welches von Parlamentsmehrheit überstimmt werden kann; 2) Verordnungsrecht und Gesetzgebungskompetenzen in Ausnahmesituationen; 3) Außenpolitische Kompetenzen: Unterzeichnung internationaler Abkommen, Oberbefehlshaber der Streitkräfte; 4) Regierungsbildung: ernennt Premierminister als Vorsitzenden des Ministerrats, wobei Vorschlag des Kandidaten von Mehrheit des Parlaments kommen muss; 5) Ernennung von Richtern und anderen Staatsbeamten als Präsident des Hohen Justizrates; 6) Recht zur Auflösung des Parlaments bei a) erfolgreichem Misstrauensvotum gegen Regierung, b) gescheiterter Vertrauensfrage, c) gescheiterter Regierungsbildung
Regierung (Kernexekutive)	Mitglieder: Ministerpräsident und Minister
	Auswahl: Ernennung des Ministerpräsidenten durch Präsidenten auf Vorschlag der Partei oder Parteienkoalition, die über Mehrheit der Sitze im Parlament verfügt Abberufung: konstruktives Misstrauensvotum gegen ganze Regierung, Vertrauensfrage und ggf. Abberufung durch Präsidenten
Parlament	Aufbau: eine Kammer (*Versammlung Albaniens*) mit 140 Abgeordneten; ständige Ausschüsse, temporäre Ausschüsse und Untersuchungsausschüsse Bildung einer Fraktion durch mind. sieben Abgeordnete
	Dauer Legislaturperiode: 4 Jahre
	Funktionen: 1) Gesetzgebung: Initiativrecht hat jeder Abgeordnete; 2) Kontrolle der Exekutive: Vertrauensfrage und Misstrauensvotum, Untersuchungsausschüsse auf Antrag 1/4 aller Abgeordneten; 3) Wählt Präsidenten und Ministerpräsidenten und Mitglieder des Verfassungsgerichts
Wahlsystem	Verhältniswahlsystem mit offenen Listen, 2020 wurde Sperrklausel von 3 % auf 1 %, gesenkt, Koalitionsparteien dürfen nicht mehr als Listen die Wahl antreten, sondern nur als Einzelkandidaten Reformen: 2009, 2020

Quelle: Eigene Darstellung

1 Einleitung

Albanien gilt innerhalb der postkommunistischen – nicht postsowjetischen – Länder Osteuropas als eines der wenigen politischen Systeme, die als patronale politische Systeme zu bezeichnen sind (Kitschelt et al. 1999; Hale 2015). In patronalen Systemen spielen formale Institutionen eine Rolle, aber auf andere Weise, als aus liberaler demokratietheoretischer Sicht erwartbar ist: Klientelistische Netzwerke ergänzen die in der Verfassung verankerten Institutionen. Patronalismus geht tendenziell mit schwächerer Rechtsstaatlichkeit, größerer wahrgenommener Korruption und geringerem Sozialkapital einher (Hale 2015, S. 456). Dies lässt sich auch am albanischen Beispiel beobachten (Osterberg-Kaufmann 2016). Der in Albanien vorzufindende patronale Klientelismus geht auf ein tief verwurzeltes soziales Gleichgewicht zurück, das nicht von heute auf morgen aufgelöst werden kann.

Während des Kalten Krieges stellte Albanien insofern einen Sonderfall dar, als es einerseits bis in die späten 1980er-Jahre einem Leitbild des Kommunismus stalinistischer Prägung folgte, sich aber andererseits der Bündnispolitik der Sowjetunion weitgehend entzog. Nacheinander brach das Land unter seinem langjährigen Führer Enver Hoxha mit Jugoslawien, der Sowjetunion, später China, und verfolgte dabei einen Weg der Isolation. Nicht zuletzt vor dem Hintergrund der Mangelwirtschaft, die das Land in der zweiten Hälfte des 20. Jahrhunderts zu einem des ärmsten Europas machte, schuf die Isolation besondere Bedingungen für einen Klientelismus, der im Inneren von tiefen Gräben des Misstrauens zwischen einzelnen Gruppen und Milieus geprägt war.

Der Fall der *Partei der Arbeit Albaniens (Partia e Punës e Shqipërisë*, PPSH) fand erst im Dezember 1990 statt und damit etwa ein Jahr später als in den umliegenden Staaten des Balkans. Der institutionelle Wandel stellte zweifellos eine Critical Juncture dar. Es öffnete sich ein Zeitfenster zum Aufbau neuer politischer Institutionen, orientiert an Demokratie und politischem Pluralismus. Der Zeitraum des Umbruchs war aber auch geprägt von politischer und wirtschaftlicher Instabilität und dem Aufkommen neuer politischer und wirtschaftlicher Eliten (Schmidt-Neke 1994, 1995; Vickers 1995; Vickers und Pettifer 1997; Hensell 2004), die um die Vorherrschaft konkurrierender klientelistischer Netzwerke kämpften. Die Geltung der formal-demokratischen Institutionenordnung begann mit den ersten freien Wahlen und der Annahme der Übergangsverfassung 1991.

Eine zweite Critical Juncture gab es 1997/1998. Im Land hatte sich eine Reihe von Geldanlagesystemen etabliert, welche hohe Renditen versprachen, die aber schlussendlich zusammenbrachen und vielen Albanern existenzielle finanzielle Verluste bescherten. Es folgten bürgerkriegsähnliche Unruhen mit Gewalt und Plünderungen. Diese führten nicht nur zum Zusammenbruch des sich auf ein klientelistisches Netzwerk stützenden autoritären Systems um Präsident Sali Berisha, sondern schließlich auch zum Zusammenbruch des Staates. Es kam zur Stürmung von Polizeiwachen, Standorten des Inlandsgeheimdienstes, Kasernen, Finanzämtern und anderen Verwaltungseinrichtungen. Waffen und Munition wurden in einer Größenordnung von drei Vierteln der nationalen Waffenbestände erbeutet. Bewaffnete Gruppen übernahmen die Ordnung. Es gab territoriale Gebiete des Landes, die sich der staatlichen Kontrolle entzogen (Schmidt-Neke 1998b; Hensell 1999, 2006).

Die Krise führte zur Entsendung internationaler Friedenstruppen, die eine Schlüsselrolle bei der Stabilisierung der Lage und der Erleichterung des erneuten Übergangs des Landes zur Demokratie spielten. Im Jahr 1998 wurde per Volksabstimmung eine neue Verfassung eingeführt, die im Wesentlichen die Grundlage für die heutige Institutionenordnung bildet (Frankenberg 2001; Schmidt-Neke 2010). Das Erlangen des Status als EU-Beitrittskandidat im Jahr 2014 – ein Meilenstein in der politischen Entwicklung – berührte die politische Ordnung erneut, da dieser Schritt die politische und wirtschaftliche Entwicklung Albaniens sowie die Beziehungen des Landes zu seinen Nachbarn auf dem Balkan und in der weiteren europäischen Region festigte (Peshkopia 2014).

Wie auch in den anderen Länderbeiträgen des vorliegenden Sammelbandes liefert Tab. 1 einen Überblick über das entstandene politische System (Stand: Juli 2024).

2 Die formalen Institutionen des politischen Systems Albaniens

Seit dem Regimewechsel verfügt Albanien über ein parlamentarisches Regierungssystem. In den Anfangsjahren wurde es jedoch auch als semi-präsidentielles System mit einem mächtigen Präsidenten an der Spitze klassifiziert (Rüb 1994). Michael Schmidt-Neke spricht für die Periode von einem „Präsidentialismus der Berisha-Ära" (Schmidt-Neke 2010, S. 1012). Typologisch sind diese Einordnungen aber irreführend, da der Präsident nach der Verfassung von 1991 mit einer Zweidrittelmehrheit im Parlament gewählt wurde.

Die Verfassung sieht eine Gewaltenteilung zwischen der Legislative, der Exekutive und der Judikative vor. Die Exekutivgewalt wird vom Premierminister und dem Ministerrat ausgeübt, die für die Umsetzung der Regierungspolitik und die Verwaltung der Staatsgeschäfte zuständig sind. Die Regierung ist für die Umsetzung und Durchsetzung des Gesetzes verantwortlich, während die Gerichte für die Auslegung und Anwendung des Gesetzes in Streitfällen Verantwortung tragen (Schmidt-Neke 2010). Der Präsident, der vom Parlament für eine Amtszeit von fünf Jahren gewählt wird, fungiert als zeremonielles Staatsoberhaupt, wie in parlamentarischen Demokratien üblich. Er verfügt über ein einmaliges Vetorecht (Art. 76 ConstAlb) und darüber hinaus über einige begrenzte Befugnisse bei der Ernennung von Richtern und anderen Staatsbeamten als Präsident des Hohen Justizrates (Art. 147 ConstAlb).

Das albanische Einkammerparlament ist das höchste gesetzgebende Organ. Es besteht aus 140 Mitgliedern und wird nach Verhältniswahlrecht für vier Jahre gewählt. Die Kontrollfunktion des albanischen Parlaments ist nur bedingt gegeben, da es immer wieder länger anhaltende Parlamentsboykotte durch die jeweilige Opposition gegeben hat (Osterberg-Kaufmann 2016; Tuncer und Troelenberg 2021) oder die Opposition anderweitig die parlamentarische Arbeit behindert.[1] Der Gesetzgebungsprozess, im Rahmen der legislativen Funktion des Parlaments, ist ein mehrstufiger Prozess, der die Ausarbeitung, Überprüfung und Verabschiedung von Gesetzen durch verschiedene Regierungsinstitutionen und -gremien umfasst (Art. 81–84 ConstAlb). Der Prozess beginnt in der Regel mit einem Vorschlag für ein neues Gesetz, der aus verschiedenen Quellen stammen kann. Im Parlament wird der Entwurf zunächst vom zuständigen Ausschuss geprüft und anschließend vom gesamten Parlament in drei Lesungen erörtert und abgestimmt. Der Präsident kann den Gesetzentwurf entweder unterzeichnen oder sein Veto einlegen, welches das Parlament entweder mit einer Mehrheit aller Parlamentsmitglieder überstimmt oder nach einer Überarbeitung erneut vorlegt.

Das Justizsystem besteht aus dem Obersten Gerichtshof, dem Verfassungsgericht und den unteren Gerichten. Dem Verfassungsgericht obliegt die Interpretation der Verfassung (Schmidt-Neke 2004). Die Justiz ist unabhängig von der Exekutive und Legislative und wird vom Hohen Justizrat geleitet (Art. 135–149 ConstAlb). Der Hohe Justizrat hat das italienische Modell Consiglio Superiore della Magistratura zum Vorbild. Er ernennt und entlässt Richter und Staatsanwälte und entscheidet über disziplinarische Maßnahmen. Den Vorsitz hat der Staatspräsident wie auch im italienischen Vorbild. Während der Staatspräsident Italiens sich jedoch auf einen symbolischen Vorsitz beschränkt, hat es in Albanien immer wieder Einmischungen des Staatspräsidenten über den Hohen Justizrat in Justizangelegenheiten gegeben (Schmidt-Neke 2004; Osterberg-Kaufmann 2011). Die Gerichte des Landes werden weithin als ineffizient, unterfinanziert und anfällig für politi-

---

[1] Siehe z. B. Lea Ypi (@lea_ypi). „C. Schmitt, Crisis of Parliamentary Democracy: 'Many norms of parliamentary law function like a superfluous decoration, as though someone had painted the radiator of a central heating system with red flames in order to give the appearance of a blazing fire'." *Twitter*, 20. November 2023. https://twitter.com/lea_ypi/status/1 726612165128524040?s=43&t=EpR-bxcpHPzLHDORD3A3zA (24.11.2023).

sche Einflussnahme wahrgenommen. Die Justiz, und hier deuten sich die informellen Strukturen bereits als parallele Ordnungsprinzipien im politischen System und der Gesellschaft an, gilt als korrupt und de facto wenig unabhängig, und
es bestehen Bedenken hinsichtlich der Unparteilichkeit der Richter, der Qualität
der Gerichtsverfahren und der Richterausbildung (Osterberg-Kaufmann 2011;
Troelenberg 2020).

Die beiden wichtigsten politischen Parteien in Albanien sind die *Sozialistische
Partei* (*Partia Socialiste e Shqipërisë*, PSSH) und die *Demokratische Partei* (*Partia
Demokratike e Shqipërisë*, PDSH). Sie wechseln sich seit der politischen Öffnung
1991 in der Regierungsverantwortung ab. Weitere politische Parteien sind die *Frei-
heitspartei* (*Partia e Lirisë*, früher *Lëvizja Socialiste për Integrim* bzw. *Sozialistische Bewegung für Integration*, LSI), die *Republikanische Partei* (*Partia Republi-
kane Shqiptare*, PRSH), die Partei der çamischen Minderheit *Partei für Gerechtigkeit, Integration und Einheit* (*Partia për Drejtësi, Integrim dhe Unitet*, PDIU) und
die Partei der griechischen Minderheit *Vereinigung für die Menschenrechte* (*Partia
Bashkimi për të Drejtat e Njeriut*, PBDNJ). Auch wenn die Parteinamen anderes
suggerieren, spielen politische Ideologien, auch bei der Frage nach Regierungskoalitionen, keine große Rolle (Jano 2008).

Seit 1991 werden in Albanien regelmäßig Wahlen abgehalten. Dabei hat das
Land erhebliche Fortschritte bei der Stärkung seines Wahlsystems gemacht und
nach den bürgerkriegsähnlichen Unruhen von 1997 eine Reihe von Wahlen mit
hoher Wahlbeteiligung und einer friedlichen Machtübergabe erlebt. Die Frage der
freien und fairen Wahlen in Albanien ist und bleibt jedoch bis heute Gegenstand einiger Kontroversen und Bedenken. So wurden die Parlamentswahlen in Albanien
im Jahr 2021 seitens des Europarats als Fortschritt in Bezug auf die Durchführung
von Wahlen gewertet. Der Prozess verlief friedlich und gut organisiert, und es gab
weniger Berichte über Gewalt und Einschüchterung als bei früheren Wahlen. Dennoch gab es Bedenken hinsichtlich der Unparteilichkeit der Wahlbehörden, und in
einigen Teilen des Landes gab es Vorwürfe des Stimmenkaufs und anderer Formen
der Manipulation. Darüber hinaus gab es Berichte über politische Einmischung in
die Arbeit der Medien, was sich auf den Ausgang der Wahlen auswirken könnte
(Council of Europe 2021).

Die Verfassung garantiert das Recht auf freie Meinungsäußerung (Art. 22 ConstAlb), und die Regierung respektiert dieses Recht im Allgemeinen in der Praxis.
Die Medien unterliegen jedoch nach wie vor der politischen Einflussnahme, und es
gibt wie im Fall der Wahlen von 2021 immer wieder Fälle von politischer Einmischung in die Medien. Die Sprengung einer Hotelanlage im Jahr 2022, deren Besitzer auch Eigentümer einer großen Mediengruppe ist, wird als ein Beispiel für die
schwache Unabhängigkeit der Medien gewertet (Haefner 2022).

3   Das Zusammenspiel formaler und informeller Institutionen von den 1990er-Jahren bis in die Gegenwart

Korruption und Klientelismus, welche als informelle Institutionen im politischen System verankert sind, sind in Albanien ein allgegenwärtiges Problem (Osterberg-Kaufmann 2011; Hensell 2003; Schwandner-Sievers 1996). Im Korruptionswahrnehmungsindex 2022 von Transparency International (2022) liegt das Land, seit Jahren nahezu unverändert, auf Platz 101 von 180 Ländern. Die Einordnung geht vor allem auf ein hohes Maß an Korruption im öffentlichen Sektor zurück. Klientelismus ist ein häufiges Merkmal der albanischen Politik, wobei Klientelnetzwerke und soziale Netzwerke genutzt werden, um im Gegenzug für Wahlunterstützung Gefälligkeiten und Ressourcen an Einzelpersonen zu verteilen.

Die patronalen Strukturen Albaniens wurzeln zum einen im Erbe des Kommunismus. Von Bedeutung für die schwache Geltungskraft der formalen Institutionen ist zum anderen aber auch eine historisch schwache Eigenstaatlichkeit, welche auf die Jahrhunderte osmanischer Fremdherrschaft zurückzuführen ist (Vickers 1995; Kitschelt et al. 1999; Hensell 2004, 2009; Osterberg-Kaufmann 2011). Personalisierte Netzwerke, oder patronale Einpyramidensysteme in der Terminologie von Hale (2015), waren in Albanien während der osmanischen Herrschaft auf lokaler Ebene durch das Gewohnheitsrecht – den Kanun – organisiert (Voell 2004). Unter anderen Vorzeichen blieben sie während der kommunistischen Herrschaft Enver Hoxhas auf nationaler Ebene präsent.[2] In der Phase des Übergangs führte dies zu multiplen, miteinander konkurrierenden Netzwerken in Form von kompetitiven Pyramiden-Arrangements, die bis heute fortbestehen.

Auch wenn es insbesondere im Kontext der EU-Konditionalität Bemühungen gibt, dem Einfluss informeller Institutionen entgegenzuwirken und eine größere Transparenz und Rechenschaftspflicht im formalen politischen System zu fördern, bleibt die Geltungskraft der informellen Institutionen groß. Um zu verstehen, wie das politische System Albaniens funktioniert und woher die bestehenden Funktionsdefizite kommen, gilt es also, neben den formalen politischen Institutionen auch die informellen Institutionen und deren Zusammenspiel zu verstehen.

Dafür werden im Nachfolgenden die jeweiligen Veränderungen im politischen System und deren Zustandekommen durch Verfassungsänderungen betrachtet.

---

[2] Die Pyramide als Symbol für die Herrschaft Hoxhas wurde unabhängig von Hales (2015) späterer Verwendung literarisch bereits im Jahr 1992 von Ismail Kadare in seinem Roman *Die Pyramide* verwendet.

Diese vollzogen sich mit wenigen Ausnahmen unmittelbar im Zusammenhang mit den genannten Critical Junctures: zunächst direkt infolge des Systemwechsels nach 1991, im Zusammenhang mit dem Zusammenbruch 1997 sowie im Rahmen der EU-Konditionalität. Die Verfassungsänderungen ab 2007 unterstreichen den Fortbestand informeller Strukturen und innenpolitischer Machtkämpfe der Logik patronaler Politik folgend, die trotz aller Fortschritte hinsichtlich Albaniens Demokratisierungsbemühungen und des externen Einflusses der EU-Konditionalität nach wie vor vorhanden und relevant sind.

3.1   Die Übergangsverfassung von 1991

Der Systemwechsel in Albanien begann als vorweggenommene Reform innerhalb der *Partei der Arbeit Albaniens* (PPSH), als die Eliten erkannten, dass sie nicht länger in der Lage sein würden, ihr Machtmonopol aufrechtzuerhalten. Trotz erster Reformschritte kam es im Frühjahr 1990 zu regierungsfeindlichen Demonstrationen und Streiks. Die Studentenproteste in Tirana, die sich für bessere Lebensbedingungen einsetzten (Shahini 2021), wurden schließlich politisch, als sie begannen, die Einführung eines vollständiges Mehrparteiensystems für die bevorstehenden Wahlen zu fordern. Da die Unterstützung für die Proteste rasch zunahm, sah sich das Zentralkomitee der PPSH gezwungen, den Forderungen zuzustimmen und ließ im Dezember 1990 unabhängige politische Parteien zu. Am nächsten Tag wurde die *Demokratische Partei* (PDSH) als erste legale Oppositionspartei Albaniens gegründet (Vickers 1995). Gramoz Pashko und Sali Berisha führten die PDSH an; letzterer wurde zu einem der beiden wichtigsten Protagonisten der albanischen Politik.

Obwohl im Frühjahr 1991 mehrere neue Parteien gegründet wurden, gab es zu diesem Zeitpunkt neben der PDSH keine weitere ernst zu nehmende Oppositionspartei. Die einzigen anderen politischen Gegner waren die alte kommunistische Nomenklatura mit Enver Hoxhas immer noch mächtiger Ehefrau Nexhmije Hoxha sowie Ramiz Alia, Nachfolger Hoxhas seit 1985. Allerdings löste der jüngere und liberalere Fatos Nano die alten kommunistischen Eliten ab. Er sollte einige Jahre später der wichtigste politische Gegenspieler von Sali Berisha werden. Bis heute ist die albanische Politik, auch wenn zwischenzeitlich ein Führungswechsel stattgefunden hat,[3] zwischen diesen beiden Parteien stark polarisiert und personalisiert (Jano 2008;

[3] Fatos Nano, als Vorsitzender der PSSH wurde von Edi Rama abgelöst und Sali Berisha, als Vorsitzender der PDSH von Lulzim Basha, drängte sich jedoch in jüngster Zeit zurück an die Parteispitze.

Bieber 2020). Somit etablierten sich die beiden konkurrierenden klientelistischen Netzwerke, die bis heute die Grundlage des patronalen Systems bilden.

Die ersten Parlamentswahlen fanden am 31. März 1991 statt, und es überrascht nicht, dass die PPSH mit allen Ressourcen und Rahmenbedingungen zu ihren Gunsten gewann. Nachdem die PPSH aufgelöst und in *Sozialistische Partei* umbenannt worden war, wurde eines ihrer wichtigsten Ziele die Ausarbeitung einer neuen Verfassung, die von einer Verfassungskommission vorbereitet wurde. Die PSSH hatte aufgrund ihres totalitären Erbes und der damit verbundenen fehlenden Glaubwürdigkeit im Sinne einer tatsächlichen Demokratisierung keine andere Wahl, als die Führung der PDSH bei dieser Reform zu akzeptieren. Beide Parteien schlossen einen parteiübergreifenden Pakt zur Arbeit an einer verfassungsrechtlichen Übergangsregelung (Schmidt-Neke 2009; Peshkopia 2014) und es wurde eine neue, wenn auch provisorische, Verfassung ausgearbeitet. Der neue Verfassungstext enthielt die wichtigsten demokratischen Grundsätze und die Beseitigung des Monopols der PSSH (ehemals PPSH) (Hoppe 1992). Damit bildete die Übergangsverfassung die Grundlage für den Übergang zu demokratischen Reformen.

Aus den zweiten freien Wahlen 1992 ging schließlich die über eine parlamentarische Zweidrittelmehrheit verfügende PDSH siegreich hervor. Das von ihr dominierte Parlament wählte den Parteivorsitzenden Sali Berisha zum Präsidenten. Berisha nutzte in den Folgejahren jede Gelegenheit, die ihm die unvollständigen und vagen Bestimmungen der Übergangsverfassung boten, um seine persönlichen Präferenzen durchzusetzen und sein Amt und sein Netzwerk zu stärken. Wegen des Übergangs in eine Phase der Re-Autokratisierung lassen sich die Wahlen von 1992 als Meilenstein einordnen. Obgleich der Präsident nicht direkt gewählt war und es sich formal um ein parlamentarisches System handelte, verfügte Berisha als Präsident über weitreichende Kompetenzen. So hatte er das Recht, Gesetze zu initiieren, dem Parlament ein Referendum vorzuschlagen und ohne Beschränkung auf bestimmte Politikbereiche per Dekret zu regieren. Er verfügte somit de facto über die Befugnis, Vorschriften unter Umgehung des Parlaments zu erlassen. Es gab keine parlamentarische Kontrolle des Präsidenten, sondern einen starken Präsidenten, der das Parlament marginalisierte (Osterberg-Kaufmann 2011). Unter diesen Umständen gelang es Berisha, sich nach einer kurzen Phase des Wettbewerbs unterschiedlicher konkurrierender Netzwerke mit der Etablierung eines Einpyramidensystems rund um seine Person durchzusetzen. Statt von Demokratisierungsfortschritten war diese Phase von einer zunehmenden Autokratisierung geprägt. Überschritten wurde die Schwelle zur Autokratie schließlich in den Jahren 1996/1997 (Osterberg-Kaufmann 2011, S. 116–119).

3.2   Formale Institutionen unter Druck

Mehrere gescheiterte Verfassungsänderungen in den Jahren 1992, 1993 und 1994
sowie ein gescheitertes Referendum über eine neue Verfassung, die Berishas Einpyramidensystem weiter hätte stärken sollen, deuteten bereits in den 1990er-Jahren
auf eine Schwächung des dominanten Netzwerks hin. Eine anhaltende wirtschaftliche und politische Krise, ein umstrittenes Verfahren bei den Parlamentswahlen
1996 (das von der regierenden PDSH massiv manipuliert wurde), die anhaltende
Polarisierung zwischen der PDSH und der PSSH und nicht zuletzt unrealistische
Erwartungen der Öffentlichkeit an die Regierung, bedrohten die Legitimität von
Präsident Berisha zunehmend. Angesichts des auch innerhalb der PDSH drohenden Machtverlusts begann Berisha durch weitere Verfassungsänderungen mit der
Konsolidierung seiner Macht, indem er die Regierung und die Justiz weiter
schwächte (Schmidt-Neke 1994, 1995).

   1997 verschärften sich die Proteste gegen die zu der Zeit massiv verbreiteten
sogenannten Schneeballsysteme (finanzielle Anlagesysteme) und schlugen in
einen Bürgerkrieg um. Die öffentliche Ordnung brach zusammen und führte
schließlich zum Ende der Regierung Berisha und zum Scheitern der Dritten Republik[4] (Schmidt-Neke 1998a, S. 392). Nur mit internationaler Unterstützung war es
möglich, die Ordnung wiederherzustellen und schließlich neue Parlamentswahlen
abzuhalten. Die internationalen Akteure (vor allem EU, OSZE, Europäischer Rat
und USA) waren primär an der Stabilität des Landes als Partner in der generell
instabilen Westbalkanregion interessiert. Besonders die EU drängte auf eine neue
Verfassung (Peshkopia 2014, S. 49).

   Obwohl die PSSH die Wahlen im Juni 1997 mit absoluter Mehrheit gewann, bildete sie ein Bündnis mit den *Sozialdemokraten* und der *Demokratischen Allianz*
(*Aleanca Demokratike*, AD). Berisha trat zurück, da er die Zusammenarbeit mit der
linken Regierung ablehnte. Rexhep Meidani von der PSSH wurde Präsident, und
sein Parteifreund Fatos Nano wurde zum Premierminister gewählt. Diese Entscheidung gab die Richtung für die künftigen Beziehungen zwischen der Regierung und
dem Präsidenten vor und nahm die bevorstehenden institutionellen Veränderungen
durch eine neue Verfassung vorweg. Künftig sollte die Macht in Form eines parlamentarischen Regierungssystems zwischen einem Premierminister und einem Präsidenten mit eher repräsentativer Funktion aufgeteilt werden.

---

[4]Mit dem Begriff der Dritten Republik wird die Phase von 1991 bis 1997 bezeichnet. Der
Dritten Republik ging die Volksrepublik Albanien als zweite Republik und kurze parlamentarische Episode unter Ahmet Bej Zogu zu Beginn des 20. Jahrhunderts als erste Republik
voraus (Schmidt-Neke 1998b).

Unter der neuen Regierungskoalition konnte die Übergangsverfassung von 1991 durch eine neue Verfassung im Jahr 1998 ersetzt werden. Der Prozess der Verfassungsgebung wurde von der OSZE, der EU und den Regierungen der USA, Deutschlands, Japans und Norwegens finanziert und technisch unterstützt (Peshkopia 2014). Die neue Verfassung wurde im Oktober 1998 vom Parlament verabschiedet (Schmidt-Neke 2009) und in einem Referendum von 50,6 % der Wahlberechtigten mit 93,5 % Zustimmung angenommen (Schmidt-Neke 2010). Das Referendum war notwendig, um die neue Verfassung auf einer soliden Basis zu legitimieren, zumal sich die zweitgrößte Partei – die *Demokratische Partei* – nach ihrer Niederlage bei den vorangegangenen Wahlen nicht am Vorbereitungsprozess dieser Verfassung hatte beteiligen wollen.

Die Verfassung von 1998 ist mit ihrer Abkehr von einem omnipotenten Präsidenten und der Hinwendung zu einem mächtigeren Parlament somit ein direktes Ergebnis der Ära Berisha (Frankenberg 2001). Sie entstand in einem einzigartigen Gelegenheitsfenster und markierte auf formaler Ebene ein starkes Bekenntnis zur Demokratie (Osterberg-Kaufmann 2016). Trotz des formal neuen Verfassungsrahmens blieben jedoch die tradierten Muster patronaler Politik mit ihrer starken Polarisierung zwischen den beiden großen Parteien und den zugehörigen konkurrierenden Netzwerken bestehen und führten zu erneuten Parlamentsboykotten durch die Opposition. Persönliche Konflikte zwischen den politischen Führern Berisha und Nano führten zu einer Personalisierung der Politik und machten jede Zusammenarbeit zwischen der PDSH und der PSSH undenkbar.

Die nachfolgende Periode war durch regelmäßige Machtwechsel nach den jeweiligen Parlamentswahlen in den Jahren 2001, 2005, 2009 und 2013 gekennzeichnet, was in der Konsolidierungsforschung als ein Zeichen der fortschreitenden Konsolidierung der Demokratie gelesen wird (Merkel 2010). Im Anschluss an die Überlegungen von Hale (2015) befand sich Albanien in dem Zeitraum nach der politischen Neuordnung jedoch vielmehr in einer Phase, in der die konkurrierenden Netzwerke im Wettbewerb miteinander standen, ohne dass es einem Netzwerk gelang, dominant zu werden und ein Einpyramiden-Arrangement zu etablieren. Die Verfassung, die den Rahmen dieses unentschiedenen Arrangements formte, blieb nach 1998 fast zehn Jahre lang unangetastet (Osterberg-Kaufmann 2016).

Trotz formalen Fortbestands der Verfassung hielten die politischen Eliten an ihren eigenen, institutionellen Präferenzen fest. Nach acht Jahren Mitte-Links-Koalition gewann 2005 die PDSH die Wahlen und brachte Berisha im Amt des Premierministers zurück an die Macht. Es folgten zahlreiche Verfassungsänderungen (Osterberg-Kaufmann 2016, S. 355–356), welche als Versuch der erneuten Stärkung des eigenen Netzwerkes zu interpretieren sind und wie Hale (2015) es beschreibt, ein back-cycling der Regimedynamik von kompetitiven hin zu einem Einpyramiden-

Netzwerk einläutete. Diese Regimedynamik besteht darin, dass sich Episoden eines Einpyramiden-Netzwerks, wie wir es bis 1997 mit Berisha an der Spitze gesehen haben, mit Perioden miteinander im Wettbewerb stehender Netzwerke ablösen, um schließlich wieder ein dominierendes Netzwerk hervorzubringen.

Die Verfassungsänderungen dieser Periode stärkten die beiden Mehrheitsparteien sowie die jeweilige Regierung, schwächten das Parlament und stellten insgesamt einen Rückschritt gegenüber den demokratischen Errungenschaften von 1998 dar (Ordolli 2008; Schmidt-Neke 2009; Peshkopia 2014, S. 54–55). Somit spiegeln die formalen Verfassungsänderungen durchweg die zugrunde liegenden informellen Machtkämpfe nach patronaler Logik wider.

Die jüngeren Verfassungsänderungen stehen in engem Zusammenhang mit den Bemühungen um einen Beitritt zur Europäischen Union. Sie zielten vor allem auf Reformen des Justizsystems (2016) und Änderungen des Wahlsystems (2020) ab. Beide Reformen wurden von der EU im Rahmen der Zusage zu Beitrittsverhandlungen gefordert, wie auch ein Ende der anhaltenden personalisierten Feindschaft zwischen den beiden großen Parteien und dem Zurückstehen politischer Lösungen hinter Eigeninteressen. Die EU mahnte hier also Reformbedarf sowohl auf der Ebene der formalen als auch der informellen Institutionen an (Piqani 2020; Troelenberg 2020; Ibrahimi 2016).

Ziel der 2016 angestoßenen Justizreform war die Entpolitisierung und Unabhängigkeit der albanischen Justiz (Piqani 2020). Neben neuen Institutionen zur Korruptionsbekämpfung und der Dezentralisierung des Strafverfolgungssystems war vor allem der sogenannte Vetting-Prozess zentraler Bestandteil dieser Reform. Es ging dabei um nicht weniger als die Überprüfung aller Richter und Staatsanwälte hinsichtlich ihrer fachlichen Eignung, der Herkunft ihrer Vermögenswerte und ihrer Integrität (Troelenberg 2020). Hintergrund ist, dass eine Entpolitisierung der albanischen Justiz nie stattgefunden hat; sie war immer ein Spielball der Politik und gilt als hochgradig korrupt. Wann auch immer sich die Möglichkeit bot, platzierten die jeweiligen Regierungen Richterinnen und Richter aus ihren jeweiligen Netzwerken in den Gerichten (Osterberg-Kaufmann 2011). Die Verfassungsänderung wurde von allen 140 Abgeordneten des Parlaments angenommen und zeigte eine Einigkeit über Parteigrenzen hinweg, die es so seit 1998 nicht mehr gegeben hatte. Diese Einigkeit, von internationalen Akteuren herbeigeführt, sollte allerdings nicht über die fortdauernde Polarisierung und Feindseligkeit zwischen der PSSH und der PDSH hinwegtäuschen, die kurz darauf bei der Wahl der neuen Generalstaatsanwältin erneut hervorbrach und sich in Anschuldigungen, Vorwürfen eines Staatsstreichs, Parlamentsboykott, Boykott der Kommunalwahlen durch die PDSH und die LSI, einem Amtsenthebungsverfahren der PSSH gegen den Staatspräsidenten und einer Verfassungskrise entluden (Ibrahimi 2016).

Der Parlamentswahl 2021 gingen weitere Verfassungsänderungen voraus (Tuncer und Troelenberg 2021), welche das Wahlsystem (Art. 83 und 62 ConstAlb), Regelungen zur Amtsenthebung des Präsidenten (Art. 93 ConstAlb), die Rolle des Verfassungsgerichts (Art. 107 ConstAlb) und das Verfahren zur Ernennung und Entlassung von Richtern (Art. 148 ConstAlb) betrafen. Das Ersetzen des bisherigen Systems geschlossener Parteilisten durch ein gemischtes System aus Verhältniswahlrecht und Einzelwahlkreisen war wohl die wichtigste dieser Verfassungsänderungen und eine entscheidende Voraussetzung für die Aufnahme von Verhandlungen über den Beitritt des Landes zur Europäischen Union. Dennoch war die Reform hochgradig umstritten. Edi Rama nutzte seine mächtige Position innerhalb der Regierung, um die Reformen voranzutreiben und ihre Verabschiedung durch das Parlament sicherzustellen. Kritiker argumentierten, dass das neue Wahlsystem zugunsten der Regierungspartei konzipiert wurde und der Prozess weder transparent noch inklusiv gewesen sei (European Western Balkans 2020). Nur mit internationalem Druck und Vermittlungsbemühungen der Botschafter der Vereinigten Staaten, der Europäischen Union und des Vereinigten Königreichs konnten sich die politischen Parteien Albaniens letztlich auf die Reform einigen (European Western Balkans 2020).

Wurden in der Vergangenheit insbesondere Verfassungsänderungen in der Regel im Konsens zwischen Regierungs- und Oppositionsparteien vorgenommen, bricht diese Einigung zugunsten politischer Lösungen in jüngster Zeit immer wieder auf und Feindschaften zwischen Parteien und politischen Akteuren gewinnen die Oberhand. Internationale Akteure wie die EU können zwar über die Konditionalität oder allgemein politischen Druck notwendige Reformen der formalen Institutionen anstoßen und zur Zusammenarbeit der verfeindeten politischen Parteien mahnen, doch informelle patronale Herrschaftslogiken dominieren nach wie vor das politische Geschehen Albaniens und erschweren dessen Demokratisierung.

4   Fazit

Die Analyse der Entwicklung des albanischen politischen Systems zeigt, dass der Zeitraum zwischen 1991 und 1998 eine intensive Phase der konstitutionellen Neugestaltung war. Ein Grund für dieses hohe Maß an Reformaktivitäten war die Unvollständigkeit der Übergangsverfassung von 1991. Anstatt Albanien eine neue Verfassung zu geben, hatten die politischen Akteure die Übergangsverfassung geändert, um sie ihren jeweiligen Interessen anzupassen. Insbesondere Präsident Sali Berisha, der sowohl formal als auch informell trotz parlamentarischen Regierungssystems über starke Machtressourcen verfügte, nutzte die schwache formale Institutionalisierung, um sein klientelistisches Netzwerk, das bis zum Systemzusammenbruch 1997 dominierte, weiter zu stärken.

Nach dem Zusammenbruch des Staates, dem Sturz der von der PDSH geführten Regierung und dem Rücktritt Berishas als Präsident wurde der Weg für radikale Reformen geebnet, die dazu führten, dass Albanien 1998 eine neue Verfassung erhielt. Mit dieser wurde das parlamentarische Regierungssystem mit einem mächtigen Präsidenten an der Spitze, welches de facto semi-präsidentielle Züge aufwies, durch ein parlamentarisches Regierungssystem abgelöst, in dem die exekutive Macht zwischen einem Premierminister und einem repräsentativen Präsidenten geteilt ist und das Parlament gestärkt wurde. Diese Neuausrichtung konnte jedoch nicht zur Demokratisierung eines Systems führen, in dem informelle Dynamiken in Form von Klientelismus und Korruption seit jeher eine große Rolle spielten. Sie änderte hingegen die Rahmenbedingungen der Funktionslogik des patronalen Regimes. Hatte das faktisch semi-präsidentielle Regierungssystem die Herausbildung eines Einpyramiden-Netzwerkes um Berisha begünstigt, führte die institutionelle Neugestaltung als parlamentarisches Regierungssystem eher zum Wettbewerb konkurrierender Netzwerke, der aus einer rein formalen Perspektive für Demokratie gehalten werden kann.

Die nach wie vor starke Personalisierung der albanischen Politik, die starke Polarisierung zwischen den politischen Lagern, der immer wieder aufflammende Boykott des demokratischen Spiels und die immer wieder erkennbaren Versuche der Stärkung der jeweils eigenen Netzwerke können trotz bestimmter Fortschritte in der Stärkung von Transparenz und Responsivität nicht darüber hinwegtäuschen, dass die patronale Logik des Zusammenspiels formaler und informeller Institutionen nach wie vor die Funktionslogik der Politik bestimmt.

Zwar hat Albanien seit der Wiederherstellung der Staatlichkeit nach den bürgerkriegsähnlichen Unruhen 1998 und der Verfassungsneugebung auf Ebene der formalen politischen Institutionen große Fortschritte in Richtung Demokratie gemäß europäischer Vorstellungen gemacht, doch auf informeller Ebene wirken patronale Herrschaftslogiken fort und unterminieren formal-demokratische Bemühungen fortwährend (Osterberg-Kaufmann 2016). Dadurch stagniert die Demokratisierung des politischen Systems Albaniens und geht kaum über bloße Demokratisierungsrhetorik hinaus (Osterberg-Kaufmann 2011, S. 247). Was aus Perspektive der Regimewechselliteratur (Merkel 2010) ab 1998 wie eine hoffnungsvolle Demokratisierung und seit Anfang der 2000er nach einem Stagnieren und Verharren in der Grauzone hybrider Regime aussieht, kann mit Hale (2015) auch als typischer Regimezyklus patronaler Politik interpretiert werden, in dem sich Einpyramiden-Netzwerke in ihrer Dominanz durch Phasen des Wettbewerbs unterschiedlicher klientelistischer Netzwerke ablösen. Wenn auch parlamentarische Regierungssysteme eher den Wettbewerb, als die Dominanz eines einzelnen Netzwerks fördern, kann eine vollständige Demokratisierung in Albanien nicht gelingen, solange Klientelismus und Korruption als informelle Institutionen die Logik des politischen Systems und der Gesellschaft bestimmen.

Kontrollfragen

(1) Wodurch ist das Zusammenspiel formaler und informeller Institutionen in Albanien im Wesentlichen gekennzeichnet?
(2) Wie haben die Critical Junctures seit 1991 die Funktionsweise der albanischen Politik geformt?
(3) Inwieweit kann im Fall Albaniens in der Logik des Regimewechsels von einer Demokratisierung gesprochen werden?

Weiterführende Literatur

1. Schmidt-Neke, Michael. 2010. Das politische System Albaniens. In *Die politischen Systeme Osteuropas*, Hrsg. Wolfgang Ismayr, 1007–1052. Wiesbaden: VS Verlag für Sozialwissenschaften.

Der Beitrag gibt einen umfassenden und detaillierten Überblick über die grundlegende Entwicklung und Funktionsweise des politischen Systems in Albanien für den Zeitraum 1991 bis 2010.

2. Osterberg-Kaufmann, Norma. 2011. *Erfolg und Scheitern von Demokratisierungsprozessen. Fallstudien Albanien und Kroatien.* Wiesbaden: VS Verlag für Sozialwissenschaften.

Beleuchtet die unterschiedlichen Erfolge im Demokratisierungsprozess am Beispiel Albaniens und Kroatiens. Auf der Basis der jeweiligen sozio-ökonomischen Entwicklung und der strukturellen und kulturellen Voraussetzungen zeigt es die Faktoren auf, die die demokratische Entwicklung im Zeitraum von 1990 bis 2010 beeinflusst haben.

3. Peshkopia, Ridvan. 2014. *Conditioning Democratization. Institutional reform and EU-Membership Conditionality in Albania and Macedonia.* London, New York, Dehli: Anthem Press.

Zeigt anhand der Länderstudien Albanien und (Nord-)Mazedonien, welchen Einfluss die Europäische Union auf die Demokratisierung und die demokratische Konsolidierung in zukünftigen Mitgliedsstaaten hat.

Literatur

Bieber, Florian. 2020. *The Rise of Authoritarianism in the Western Balkans*. New Perspectives on South-East-Europe. Cham: Palgrave Pivot.

Constitution of the Republic of Albania. Euralius. Zuletzt überprüft am 29. April 2021. https://euralius.eu/index.php/en/library/albanian-legislation?task=download. send&id=178&catid=9&m=0. Zugegriffen: 14. März 2023

Council of Europe. 2021. Observation of the Parliamentary Elections in Albania. DOC 15293. PACE, Parliamentary Assembly. Zuletzt überprüft am 25. April 2021. https://pace.coe.int/en/files/29217/html. Zugegriffen: 14. März 2023.

European Western Balkans. 2020. Newest changes to election rules move Albania further away from political consensus. European Western Balkans. https://europeanwesternbalkans.com/2020/10/31/newest-changes-to-election-rules-move-albania-further-away-from-political-consensus/. Zugegriffen: 07. September 2023.

Frankenberg, Günter. 2001. Verfassungsgebung zwischen Hobbesianischem Naturzustand und Zivilgesellschaft. *Jahrbuch des öffentlichen Rechts der Gegenwart* 49:443–450.

Haefner, Lars. 2022. Hotel gesprengt. albanien.ch News. https://www.albanien.ch/bb/2022/12/hotel-gesprengt/. Zugegriffen: 14. März 2023.

Hale, Henry E. 2015. *Patronal Politics. Eurasian Regime Dynamics in Comparative Perspective*. New York: Cambridge University Press.

Hensell, Stephen. 1999. Staatsbildung und Staatszerfall in Albanien: Ein Beitrag zur Theorie des Staates in Übergangsgesellschaften. Arbeitspapiere 1999 (2). Hamburg: Universität Hamburg – IPW, Forschungsstelle Kriege, Rüstung und Entwicklung.

Hensell, Stephan. 2003. Typisch Balkan? Patronagenetzwerke, ethnische Zugehörigkeit und Gewaltdynamik in Mazedonien, in: Internationale Politik und Gesellschaft 4:131–146.

Hensell, Stephan. 2004. Periphere osteuropäische Staaten. Zum patrimonialen Sozialismus und seiner Transformation. *WeltTrends* 12 (45): 11–24.

Hensell, Stephan. 2006. Banden und Gangs in Albanien. In *Gewaltordnungen bewaffneter Gruppen: Ökonomie und Herrschaft nichtstaatlicher Akteure in den Kriegen der Gegenwart*, Hrsg. Jutta Bakonyi, Stephan Hensell, und Jens Siegelberg, 179–190. Baden-Baden: Nomos.

Hensell, Stephan. 2009. Die Willkür des Staates. Herrschaft und Verwaltung in Osteuropa. Wiesbaden: VS Verlag für Sozialwissenschaften.

Hoppe, Hans-Joachim. 1992. Demokratischer Machtwechsel in Albanien. *Osteuropa* 42 (7): 609–620.

Ibrahimi, Gent. 2016. Strengthening the Judiciary in Albania – the story behind the success of the 2016 constitutional reforms. ConstitutionNet. https://constitutionnet.org/news/strengthening-judiciary-albania-story-behind-success-2016-constitutional-reforms. Zugegriffen: 07. September 2023.

Jano, Dorian. 2008. On Parties and Party System in Albania: What Implications for Democracy. *Central European Case Studies* 2:85–103.

Kitschelt, Herbert, Zdenka Mansfeldova, Radoslaw Markowski, und Gabor Toka. 1999. *Post-Communist Party Systems: Competition, Representation, and Inter-Party Cooperation*. Cambridge: Cambridge University Press.

Merkel, Wolfgang. 2010. *Systemtransformation. Eine Einführung in die Theorie und Empirie der Transformationsforschung*. Wiesbaden: VS Verlag für Sozialwissenschaften.

Ordolli, Stiltano. 2008. *Histoire constitutionelle de l'Albanie de origins à nos jours*. Zürich: Schulthess Verlag.

Osterberg-Kaufmann, Norma. 2011. Erfolg und Scheitern von Demokratisierungsprozessen. Fallstudien Albanien und Kroatien. Wiesbaden: VS Verlag für Sozialwissenschaften.

Osterberg-Kaufmann, Norma. 2016. Constitutional Politics in Albania. In *Constitutional Politics in Central and Eastern Europe. Between Stability and Change*, Hrsg. Anna Fruhstorfer, und Michael Hein, 333–358. Wiesbaden: Springer VS.

Peshkopia, Ridvan. 2014. *Conditioning Democratization. Institutional reform and EU-Membership Conditionality in Albania and Macedonia*. London, New York, Delhi: Anthem Press.

Piqani, Darinka. 2020. The Rule of Law Paradox in the 2016 Constitutional Amendments in Albania. In *Constitutionalism under Stress. Essays in Honour of Wojciech Sadurski*, Hrsg. Uladzislau Belavusau, und Alexsandra Gliszczyńska-Grabias, 95–110. Oxford: Oxford University Press.

Rüb, Friedbert W. 1994. Schach dem Parlament!: Über semi-präsidentielle Regierungssysteme in einigen postkommunistischen Gesellschaften. *Leviathan* 22 (2): 260–292.

Schmidt-Neke, Michael. 1994. Hoch gepokert, hoch verloren: Berishas Desaster beim Verfassungsreferendum. *Albanische Hefte* 4:8–17.

Schmidt-Neke, Michael. 1995. Albanien vor einer neuen Wende? Das Verfassungsreferendum und seine Konsequenzen. *Südosteuropa* 44 (1–2): 63–88.

Schmidt-Neke, Michael. 1998a. Albanien zwischen zwei Machtwechseln. Staatsstreich oder demokratischer Neubeginn? *Osteuropa* 48 (4): 392–408.

Schmidt-Neke, Michael. 1998b. Regierungswechsel in Albanien: Die Rückkehr der Krise. *Südosteuropa* 47 (10–11): 516–535.

Schmidt-Neke, Michael. 2004. Das politische System Albaniens, In *Die politischen Systeme Osteuropas*, Hrsg. Wolfgang Ismayr, 805–845. Wiesbaden: VS Verlag für Sozialwissenschaften Wiesbaden.

Schmidt-Neke, Michael. 2009. *Die Verfassungen Albaniens. Mit einem Anhang: die Verfassung der Republik Kosova von 1990*. Wiesbaden: Harrassowitz.

Schmidt-Neke, Michael. 2010. Das politische System Albaniens, In *Die politischen Systeme Osteuropas*, Hrsg. Wolfgang Ismayr, 1007–1052. Opladen: Springer Verlag.

Schwandner-Sievers, Stephanie. 1996. Zur Logik der Blutrache in Nordalbanien. Ehre, Symbolik und Gewaltlegitimation. *Sociologus* 46 (2): 109–129.

Shahini, Arjan. 2021. Sullied: The Albanian Student Movement of December 1990. *Frontiers* 2021 (3). https://doi.org/10.3389/fpos.2021.708881.

Transparency International. 2022. Corruption Perceptions Index. Transparency International. https://www.transparency.org/en/cpi/2022. Zugegriffen: 26. Februar 2024.

Troelenberg, Anja. 2020. Justizreform unter Beschuss. Heinrich Böll Stiftung. https://ba.boell.de/de/2020/07/28/justizreform-unter-beschuss. Zugegriffen: 14. März 2023.

Tuncer, Mehmet Gökhan, und Anja Troelenberg. 2021. Wahlen in Albanien zwischen Konsolidierung und Peripherialisierung. Heinrich Böll Stiftung. https://www.boell.de/de/2021/04/30/wahlen-albanien-zwischen-konsolidierung-und-peripherialisierung. Zugegriffen: 23. August 2023.

Vickers, Miranda. 1995. *The Albanians. A Modern History*. New York: Bloomsbury Academic.

Vickers, Miranda, und James Pettifer. 1997. *Albania: From Anarchy to Balkan Identity*. New York: New York University Press.

Voell, Stéphane. 2004. *Das nordalbanische Gewohnheitsrecht und seine mündliche Dimension*. Marburg: Philipps-Universität Marburg.

Bosnien und Herzegowina: Fragmentiertes Regierungssystem und schwache Staatlichkeit

Damir Banović und Harun Išerić

Zusammenfassung

Das Kapitel befasst sich mit der Entwicklung des politischen Systems von Bosnien und Herzegowina von seiner Gründung nach dem Krieg im Jahr 1995 bis zum Jahr 2024. Zunächst wird der soziale, politische und rechtliche Kontext der Entstehung des politischen Systems erörtert. Anschließend werden die wichtigsten Merkmale des politischen Systems, einschließlich der Konkordanzdemokratie und des kooperativen Föderalismus, beschrieben. Wegen ihrer hohen Bedeutung werden weiterhin das Verfassungsgericht, das Amt des Hohen Repräsentanten und die Rolle der Europäischen Union für den innenpolitischen Prozess erörtert.

Schlüsselwörter

Bosnien und Herzegowina · Friedensabkommen von Dayton · Konkordanz · Föderalismus · Interventionismus der internationalen Gemeinschaft · EU-Integration

D. Banović (✉) · H. Išerić
Pravni fakultet, Univerzitet u Sarajevu, Sarajevo, Bosnien und Herzegowina
E-Mail: d.banovic@pfsa.unsa.ba; h.iseric@pfsa.unsa.ba

© Der/die Autor(en), exklusiv lizenziert an Springer Fachmedien Wiesbaden   167
Gmbh, ein Teil von Springer Nature 2025
S. Priebus, T. Beichelt (Hrsg.), *Die politischen Systeme im östlichen Europa*,
https://doi.org/10.1007/978-3-658-43647-6_9

Tab. 1 Das politische System von Bosnien und Herzegowina im Überblick

Verfassung	Verabschiedet: 1995 Geändert: 2009 Verfassungsänderungsregel: Annahme durch 2/3 der anwesenden und abstimmenden Mitglieder der Parlamentarischen Versammlung. Keine Aufhebung oder Verminderung der in Artikel II genannten Rechte und Freiheiten
Regierungssystem	Parlamentarisch
Präsidentschaft	Wahlmodus und Amtszeit: kollektive Präsidentschaft mit drei Mitgliedern (ein Bosniake, ein Kroate und ein Serbe), direkt gewählt mit einfacher Mehrheit auf 4 Jahre Bosniakisches und kroatisches Mitglied von FBiH, serbisches Mitglied von RS gewählt
	Funktionen: 1) Recht auf Gesetzesinitiative; 2) Vorschlag für Haushalt von Bosnien und Herzegowina; 3) Recht zur Auflösung der Völkerkammer der Parlamentarischen Versammlung von Bosnien und Herzegowina (Umstände in Verfassung nicht näher definiert); 4) Außenpolitische und Verteidigungsbefugnisse; 5) Nominierung des Vorsitzenden des Ministerrats; 6) Ernennung des Vorstands der Zentralbank, der Mitglieder des Ständigen Komitees für Militärfragen
Regierung (Kern-Exekutive)	Mitglieder: Vorsitzender des Ministerrats, stellvertretende Vorsitzende des Ministerrats und Minister. 1/3 der Minister kommen aus Republika Srpska, 2/3 der Minister aus FBiH
	Auswahl: Nominierung des Vorsitzenden des Ministerrates durch Präsidentschaft, Bestätigung durch Repräsentantenhaus der Parlamentarischen Versammlung; Ernennung der Stellvertreter und Minister durch Vorsitzenden des Ministerrates; Bestätigung durch Abgeordnetenkammer der Parlamentarischen Versammlung Abberufung: 1) Präsidentschaft hat Recht, Parlamentarischer Versammlung Austausch des Vorsitzenden des Ministerrates vorzuschlagen; bei Annahme des Vorschlags durch Parlamentarische Versammlung tritt Rat als Ganzes zurück; 2) einfaches Misstrauensvotum der Parlamentarischen Versammlung gegenüber Ministerrat; 3) Vorsitzender hat Recht, Parlamentarischer Versammlung Entlassung von Ministern vorzuschlagen

(Fortsetzung)

Tab. 1 (Fortsetzung)

Parlament (*Parlamentarische Versammlung*)	Aufbau: zwei Kammern, das *Repräsentantenhaus* als Unter- und die *Völkerkammer* als Oberhaus; Repräsentantenhaus hat 42 Mitglieder, Völkerkammer 15 Abgeordnete
	Jede Kammer hat ständige Ausschüsse (Repräsentantenhaus 8, Völkerkammer 3); es gibt 6 gemeinsame Ausschüsse. Bildung von Ad-hoc-Ausschüssen und Untersuchungsausschüssen durch beide Kammern
	Bildung einer Fraktion im Repräsentantenhaus durch mind. 3 Abgeordnete. Abgeordnete der Völkerkammer sind in Fraktionen der 3 konstituierenden Völker (Bosniaken, Serben und Kroaten) unterteilt
	Dauer Legislaturperiode: 4 Jahre
	Symmetrischer Bikameralismus
	Funktionen: 1) Gesetzgebung: Gesetzesinitiativen oder Änderung anderer Rechtsakte durch jedes Mitglied beider Kammern möglich; 2) Kontrolle der Exekutive: Recht auf Fragen und Interpellationen, Einsatz von Ad-hoc-Ausschüssen zur Kontrolle über öffentliche Einrichtungen, Verpflichtung des Ministerrats, Parlamentarischer Versammlung Bericht über Haushaltsvollzug vorzulegen; 3) Wahl nach außen: Ernennung des Ombudsmanns von Bosnien und Herzegowina, des obersten Rechnungsprüfers und seiner Stellvertreter, Ernennung der Mitglieder der Zentralen Wahlkommission von Bosnien und Herzegowina durch Völkerkammer; Wahl nach innen: Kollegium, bestehend aus 3 Mitgliedern (Präsident, erster und zweiter stellvertretender Präsident)
Wahlsystem	Verhältniswahl in Mehrpersonenwahlkreisen mit Ausgleichsmandaten, 3 %-Hürde auf Entitätsebene

Quelle: Eigene Darstellung

1   Einleitung

Im ehemaligen Jugoslawien stellte Bosnien und Herzegowina (BiH) einen Bundesstaat dar, der etwas später als Slowenien und Kroatien, nämlich im Jahr 1992, seinen Austritt aus dem jugoslawischen Staatsverbund erklärte. Er verfügt über einen bundesstaatlichen Aufbau; seine Bestandteile sind die Föderation Bosnien und Herzegowina, die Republika Srpska sowie der Brčko-Distrikt, welcher gesondert verwaltet wird.

Die ersten drei Jahre nach der Unabhängigkeitserklärung waren von einem blutigen Krieg geprägt, der 1995 endete. Das Kriegsende stellte bisher die einzige Critical Juncture in der Entwicklung von BiH dar. Im Rahmen des Allgemeinen Rahmenabkommens für Frieden in Bosnien und Herzegowina (General Frame Agreement for Peace, GFAP, auch bekannt als Friedensabkommen von Dayton)[1] wurde eine neue Verfassung etabliert. Das Abkommen schuf ein föderales, fragmentiertes und hochkomplexes politisches System entlang ethnischer Linien mit einer zentralen Rolle für internationale Akteure, von denen der Hohe Repräsentant (HR) der wichtigste ist. Der von der internationalen Gemeinschaft eingesetzte HR stellt die letzte Instanz bei der Auslegung des Friedensabkommens dar. Unter anderem verfügt er über die Befugnis, die Lösung aller Schwierigkeiten, die sich im Zusammenhang mit der zivilen Umsetzung ergeben, nach seinem eigenen Ermessen zu regeln.

Eine entscheidende Rolle für die politische Entwicklung von BiH spielt dabei das mit der Verfassung etablierte Verfassungsgericht. Vor dem Hintergrund der Konflikte zwischen den wichtigsten ethnischen Gruppen nahm es durch seine Urteile häufig eine vermittelnde Rolle ein. Das vielleicht wichtigste Beispiel ist die Entscheidung U-5/98 aus dem Jahr 2000, in welcher das Verfassungsgericht Bestimmungen zweier Entitäten (Föderation BiH [FBiH] und Republika Srpska [RS]) für ungültig erklärte, die nur Serben in der RS und nur Bosniaken und Kroaten in der FBiH zu konstituierenden Völkern machten. Das Verfassungsgericht stellte fest, dass „der Verfassungsgrundsatz der kollektiven Gleichheit der konstituierenden Völker, der sich aus der Benennung von Bosniaken, Kroaten und Serben als konstituierende Völker ergibt, jede besondere Privilegierung für ein oder zwei dieser Völker, jede Vorherrschaft in den Regierungsstrukturen oder jede ethnische Homogenisierung durch Segregation auf der Grundlage einer territorialen Trennung verbietet" (Verfassungsgericht BiH 2000, Abs. 60). Dies kann rückblickend als ein Meilenstein in der Entwicklung des föderalen Staates gewertet werden.

Zugleich illustriert die Entscheidung eines der Grundprobleme des politischen Systems von BiH. Die Trennlinien zwischen den Ethnien lassen sich nur beschränkt institutionell eingrenzen, da kein umfassender Konsens über die staatliche Identität und deren Natur besteht. Konkrete und latente Konflikte können zwar über Institutionen wie das Verfassungsgericht oder den Hohen Vertreter adressiert werden. Diese entfalten aber bisher keine ausreichende Wirksamkeit, um eine Konsolidierung von Demokratie oder Rechtsstaatlichkeit auf dem gesamten Staatsgebiet zu gewährleisten. Die gescheiterte Verfassungsreform von 2006, welche be-

---

[1] Das Dayton-Abkommen und seine Anhänge, einschließlich der Verfassung von Bosnien und Herzegowina, sind abrufbar unter: https://www.ohr.int/dayton-peace-agreement/. Abgerufen am: 03. November 2023.

stehende Defizite des Systems adressieren und zugleich für den EU-Integrationsprozess vorbereiten sollte, steht hierfür geradezu beispielhaft. Das Erreichen des Kandidatenstatus für eine Mitgliedschaft in der Europäischen Union (EU) am 15. Dezember 2022 (Europäischer Rat 2022, Absatz 30) stellt einen weiteren Meilenstein dar, da es BiH zu weitreichenden institutionellen Anpassungen verpflichtet.

Wie auch in den anderen Länderbeiträgen des vorliegenden Sammelbandes liefert Tab. 1 einen Überblick über das entstandene politische System (Stand: Juli 2024).

2   Die Jahre 1992–1995 und das Friedensabkommen von Dayton

Als die kommunistische Herrschaft im östlichen Europa und damit auch im Bundesstaat Jugoslawien zu bröckeln begann, blieben die Gespräche zwischen Serben und Kroaten über eine Reform des Staates erfolglos (vgl. für das Folgende Banović et al. 2021, S. 2–3). Am 15. Oktober 1991, kurz nach den Unabhängigkeitserklärungen Sloweniens und Kroatiens, beschloss das Parlament in Sarajewo, sich von Jugoslawien zu trennen. Auf Ersuchen der EU wurde am 29. Februar und 1. März 1992 ein Referendum über die Unabhängigkeit abgehalten. Obwohl eine Mehrheit der Bürger für die Unabhängigkeit stimmte (99,7 %), repräsentiert diese Zahl nicht die gesamte Bevölkerung, da eine große Zahl bosnischer Serben das Referendum boykottierte oder von der *Serbischen Demokratischen Partei* (SDS) an der Stimmabgabe gehindert wurde. Die EU und die Vereinigten Staaten erkannten Bosnien und Herzegowina am 6. April 1992 als unabhängigen Staat an. Zu diesem Zeitpunkt war der kriegerische Konflikt zwischen Kroatien und der Jugoslawischen Volksarmee bereits ausgebrochen. Bosnien und Herzegowina wurde als multiethnische Republik, zentral gelegen im jugoslawischen Staat, in den Konflikt hineingezogen und zerrissen. Der Krieg zwischen Kroaten und Serben wirkte als Brandbeschleuniger für weitere Segregations- und Desintegrationsprozesse und trieb die Menschen dazu, sich an schlimmen Gräueltaten zu beteiligen: Massentötungen, ethnische Säuberungen, Vergewaltigungen, Zwangsumsiedlungen und Massaker prägten die Jahre 1992 bis 1995.

Die Republika Srpska (RS), der serbische paramilitärische Staat innerhalb von Bosnien und Herzegowina, erklärte am 9. Januar 1992 die Unabhängigkeit von Bosnien und Herzegowina. Dies wurde jedoch von der internationalen Gemeinschaft nicht anerkannt, da das Recht auf Unabhängigkeit bei den Republiken und nicht bei den nationalen/ethnischen Gruppen innerhalb einer Republik angesiedelt ist (Gromes 2007, S. 143). Etwas früher, am 18. November 1991, wurde die Kroatische Gemeinschaft von Herzeg-Bosnien proklamiert (Banović et al. 2021, S. 3). Am 28. August 1993 wurde Herzeg-Bosnien zu einer Republik erklärt, die den größten Teil der Herzegowina und Teile Zentralbosniens umfasste. Bereits in jener Zeit spielte das Verfassungsgericht von Bosnien und Herzegowina eine maßgebliche Rolle, als es feststellte, dass die Gründung der Republik des serbischen Volkes von Bosnien und Herzegowina sowie der kroatischen Gemeinschaft von Herzeg-Bosnien verfassungswidrig sei. Das Gericht argumentierte, dass die Schaffung dieser Parastaaten, welche ausschließlich aus einem Volk bestehen, die in Bosnien und Herzegowina leben, gegen die Verfassungsnorm verstoße, die Bosnien und Herzegowina zu einem souveränen und demokratischen Staat mit gleichberechtigten Bürgern und Völkern sowie einem einheitlichen und unteilbaren Territorium erklärt (Dautbašić 1997, S. 188–190).

Von 1993 bis 1994 wütete in BiH ein Krieg zwischen Bosniaken und Kroaten (siehe für die folgenden Absätze erneut Banović et al. 2021, S. 3–5). Unter dem Druck und der Vermittlung der internationalen Gemeinschaft unterzeichneten Bosniaken und Kroaten 1994 das Washingtoner Friedensabkommen, welche die Föderation BiH begründete und den Konflikt im Lande teilweise löste. Der von serbischen Truppen begangene Völkermord in Srebrenica im Juli 1995 erinnerte die Weltöffentlichkeit jedoch an ihre Hilflosigkeit und Unfähigkeit zu handeln, was ein energisches militärisches Eingreifen der Vereinten Nationen und der NATO zur Folge hatte. Mit Unterstützung der NATO besiegten kroatische und bosnische Truppen das serbische Militär und zwangen es, Verhandlungen aufzunehmen.

Am 21. November 1995 wurde das General Framework Agreement for Peace in Bosnia and Herzegovina (GFAP) in Dayton fertiggestellt und am 14. Dezember 1995 in Paris unterzeichnet. Das Dayton-Abkommen beendete den Krieg und schuf eine neue Rechtsordnung sowie verfassungsrechtliche Regelungen für den Staat Bosnien und Herzegowina. Es teilte das Land jedoch entlang ethnischer Linien und bestätigte die Existenz von zwei Entitäten (föderalen Einheiten): die RS mit einer serbischen Mehrheit (49 % des Territoriums) und die FBiH mit einer bosniakischen und kroatischen Mehrheit (51 % des Territoriums).

Unter dem Motto „Ein Staat, zwei Entitäten und drei Nationen" versuchte das Abkommen, einen Ausgleich zwischen den gegensätzlichen Interessen dreier ethnischer Gruppen zu schaffen und desintegrative politische Kräfte einzudämmen. Es wurden ein komplexes politisches System mit vier Verwaltungsebenen – Staat, Entität, Kantone (nur in der FBiH) und lokalen Selbstverwaltungen (Gemeinden und Städte) – sowie Veto-Mechanismen für die drei ethnischen Gruppen als konstitutive Völker geschaffen. Auf diese Weise wurden wesentliche Elemente von Föderalismus und Konkordanz etabliert, mit denen Elitenverhandlungen für fast alle maßgeblichen Aspekte des politischen Prozesses festgeschrieben wurden.

Darüber hinaus sah das Dayton-Abkommen die Einrichtung des Amts des Hohen Repräsentanten (OHR, Office of the High Representative) vor, eines internationalen Gremiums, das die Umsetzung der zivilen Aspekte des GFAP koordinieren und überwachen sollte. Seit 1997 wurden die Befugnisse des OHR erheblich ausgeweitet, einschließlich des Rechts auf Strafverfolgung und der Befugnis zur Amtsenthebung von Amtsträgern (die sogenannten Bonner Befugnisse). Zur Sicherung des Friedens sah das Abkommen ebenfalls die Stationierung von NATO-Truppen im Lande vor. Im Jahr 2004 wurde diese Aufgabe auf EU-Truppen übertragen, welche bis heute unter anderem die Aufgabe haben, die Streitkräfte von Bosnien und Herzegowina bei ihrer Annäherung an NATO-Standards zu unterstützen.

Eine der Auswirkungen des Krieges in Bosnien und Herzegowina ist die Entstehung dreier mehr oder weniger ethnisch homogener Gebiete im Land. Radikale Veränderungen in der ethnischen Zusammensetzung lassen sich nach den Volkszählungen von 1991 und 2013 nachvollziehen. Während die Zahl der Serben in der Föderation von 475.866 im Jahr 1991 auf 56.550 im Jahr 2013 zurückging, sank die Zahl der Bosniaken in der Republika Srpska von 441.077 im Jahr 1991 auf 171.839 im Jahr 2013 (Banović et al. 2021, S. 5). Viele fanden eine neue Heimat in den Teilen des Landes, in denen ihre ethnische Zugehörigkeit die Mehrheit bildete, während viele andere ins Ausland gingen. Die Schaffung einer territorialen Homogenisierung ermöglichte die Einführung eines multinationalen föderalen Systems, das aber zugleich ethnizitätsbasiert funktioniert und daher als vielleicht problematischste Folge des Krieges gewertet werden kann (Keil 2013, S. 78).

3 Kernelemente des politischen Systems

3.1 Konsensualismus und demokratische Entwicklung

Seit 1995 hatte Bosnien und Herzegowina mehrere parallele Transformationsprozesse zu bewältigen: (1) den Übergang von einer vom Krieg zerrütteten zu einer befriedeten Gesellschaft, (2) die Aufarbeitung der Vergangenheit und der Kriegsverbrechen, (3) den Wiederaufbau des Staates, (4) einen Demokratisierungsprozess, (5) den Übergang von einer kommunistischen Planwirtschaft zu einer kapitalistischen Marktwirtschaft und (6) die Prozesse zur Integration in die NATO und in die Europäische Union. Diese Parallelität der Prozesse forderte die politische Entwicklung der jungen Föderation heraus und beeinflusste ihren Weg nach der Transformation.

Wie bereits verdeutlicht, ist das politische System Bosnien-Herzegowinas auf-
grund seiner konfliktreichen Entwicklung einzigartig. In einem formal-rechtlichen
Sinne verfügt die Verfassung von 1995 über zahlreiche Elemente der von Arend
Lijphart geprägten Konsensdemokratie (Banović 2015, S. 251–252, siehe für das
Folgende auch Banović et al. 2021, S. 7–8). Der konsensuale Charakter des Ver-
fassungssystems spiegelt sich in der Einrichtung eines die verschiedenen gesellschaftlichen Segmente repräsentierenden Mehrparteiensystems sowie in breiten
Regierungskoalitionen, einem proportionalen Wahlrecht, einem Zweikammersystem, ethnischen Quoten, der proportionalen Repräsentation der konstituierenden
Völker, einer einigermaßen proportionalen Repräsentation nationaler Minderheiten
und ethnisch nicht zugeordneter Bürger in gesetzgebenden Organen und Regierungen wider. Zudem sind mehrere Vetomechanismen vorgesehen, insbesondere im
Hinblick auf die Zusammensetzung der Entität und wesentliche nationale Interessen.

All diese konsensualen Elemente werden von einem System der gerichtlichen
Kontrolle, einer unabhängigen Zentralbank und der Zusammenarbeit zwischen
Interessengruppen ergänzt (Banović 2015, S. 252–277). Allerdings steht die tradi-
tionalistische politische Kultur nicht im Einklang mit der formalen Institutionalisierung von Demokratie, Föderalismus und Konkordanz. Stattdessen besteht eine
erhebliche Diskrepanz zwischen dem formalen verfassungsrechtlichen Rahmen
und dem sozialen Kontext, welcher immer noch als post-konfliktiv, postsozialistisch
und ethnisch gespalten beschrieben werden kann (Banović 2015, S. 277). Ohne
eine entsprechende politische Kultur, die Verinnerlichung von Regeln und Verfahren, die Verbreitung demokratischer Werte durch die Aktivierung der Zivilgesellschaft und das demokratische Verhalten der politischen Eliten kann das Land
nicht in die Phase der demokratischen Konsolidierung eintreten. Die Kluft zwischen der Verfassungsordnung und den gesellschaftlichen Gegebenheiten schwächt
so die Konsensdemokratie und die demokratische Leistungsfähigkeit (Banović
2015, S. 278; Banović et al. 2021, S. 7–8).

3.2 Merkmale des bosnischen Föderalismus: Asymmetrie und Koordinierung

BiH gilt als Beispiel für eine asymmetrische und stark dezentralisierte Föderation
(Sahadžić und Woelk 2023, S. 369–371). Während die RS eine einheitliche föderale Einheit bildet, stellt die FBiH eine Föderation aus zehn Kantonen sowie dem
Bezirk Brčko dar. Vor diesem Hintergrund wird argumentiert, der Föderalismus
von BiH sei „eine Form eines international vereinbarten föderalen Systems,

welcher ein integraler Bestandteil des Friedensplans ist, der für Bosnien und Herzegowina einzigartig ist, und dass Bosnien und Herzegowina daher ein neues Modell des Föderalismus darstellt" (Keil 2013, S. 78). Goran Marković (2019, S. 1) bringt das Regime auf die Formel der Konkordanzdemokratie mit föderaler Regierungsform. Da neben den Entitäten auch der Brčko-Distrikt Eingang in die Verfassungsordnung gefunden hat, handelt es sich um ein asymmetrisches Verfassungssystem (Sahadžić und Woelk 2023, S. 369–371). Insgesamt hat sich der bosnisch-herzegowinische Föderalismus aufgrund der Rechtsprechung des Verfassungsgerichts vom dualen zum kooperativen Föderalismus entwickelt (Banović et al. 2021, S. 12). Er basiert auf der „Kombination von Koordination, Kooperation, gegenseitiger Verantwortung, Konsens und der Erwünschtheit gemeinsamer Standards in der gesamten Föderation" (Išerić 2019, S. 39).

3.3   Verfassungsdynamik in Bezug auf Demos und Ethnien

In der Präambel der Verfassung von Bosnien und Herzegowina werden Staatsbürger ausschließlich anhand ihrer ethnischen Zugehörigkeit definiert, und nur die drei vorherrschenden ethnischen Gruppen – Bosniaken, Kroaten und Serben – werden als konstituierende Völker anerkannt. Eine weitere Gruppe wird als „Sonstige" bezeichnet; sie besteht aus 17 anerkannten nationalen Minderheiten, solchen mit gemischtem Hintergrund und solchen ohne ethnische oder nationale Identifikation. Ihre Mitglieder sind zwar bosnische Staatsbürger, verfügen aber nur über eingeschränkte politische Rechte.

Bis zum Jahr 2000 wurde das Prinzip der konstitutiven Entitäten so interpretiert und implementiert, dass die Mitglieder ethnischer Gruppen nur in einem bestimmten Teil des Landes wahlberechtigt waren, d. h. Serben waren die einzigen Wahlberechtigten in der RS und Bosniaken und Kroaten waren die einzigen Wahlberechtigten in der FBiH (siehe für das Folgende Banović et al. 2021, S. 13–15). Daher umfasste das Wahlkreisprinzip einige Teile des Landes ausschließlich durch das Prisma einer bestimmten ethnischen Gruppe. Wie bereits erwähnt, wurde diese Auslegung im Jahr 2000 vor dem Verfassungsgericht angefochten. Eingereicht wurde der Antrag in dieser Angelegenheit durch das ehemalige Präsidentschaftsmitglied Alija Izetbegović, schließlich war das Gericht befugt, die Verfassungsmäßigkeit von Gesetzen (einschließlich der Verfassungen der Entitäten) abstrakt zu überprüfen.

Der Gerichtshof erließ vier Teilurteile (Verfassungsgericht BiH 2000, U-5/98), in denen er feststellte, dass mehrere Artikel der Verfassungen der Entitäten gegen die Verfassung des Staates verstießen. Der Grundsatz der Volkszusammengehörigkeit

wurde neu definiert; gemäß der Entscheidung gibt es nun drei konstituierende ethnische Gruppen im gesamten Gebiet von Bosnien und Herzegowina. Seither gelten
drei normative Prinzipien:

(1) das Prinzip der Multiethnizität, was bedeutet, dass die gesamte Staatsstruktur
    einem Modell multiethnischer Staatlichkeit entspricht, wobei die territoriale
    Abgrenzung nicht zu institutioneller Segregation und nationaler Homogenisie-
    rung innerhalb der staatlichen Institutionen führen soll;
(2) das Prinzip der kollektiven Gleichheit der konstituierenden Völker, was be-
    deutet, dass die effektive politische Beteiligung an Entscheidungsprozessen
    nicht nur durch die individuelle Gleichheit in Bezug auf das Wahlrecht, son-
    dern auch durch die kollektive ethnische Vertretung der drei konstituierenden
    Völker erreicht werden soll;
(3) das Verbot der Diskriminierung sowohl de jure als auch de facto.

Im Anschluss an diese Urteile führten die drei Entitäten Bosnien und Herzegowinas zusätzlich ein System der Parität für deren wichtigste Institutionen sowie
Veto-Mechanismen für die konstituierenden Völker und eine proportionale Vertretung der konstituierenden Völker und der Sonstigen ein (Banović et al. 2021, S. 15).

3.4 Die externe Dimension

Wie bereits in der Einleitung erwähnt, wurde im Abkommen von Dayton der
Hohe Repräsentant als neutraler Schiedsrichter eingeführt, der die ordnungs-
gemäße Auslegung und Umsetzung des Friedensabkommens einschließlich der
Verfassung sicherstellen soll. Die sich aus Anhang 10 des Abkommens ergebenden Befugnisse des Hohen Repräsentanten wurden am 10. Dezember
1997 auf der Bonner Konferenz zur Umsetzung des Friedensabkommens umfassend ausgelegt, wodurch der Hohe Repräsentant ermächtigt wurde, rechts-
verbindliche Entscheidungen zu treffen. Auf dieser Grundlage ergriff er in Folge
verschiedene Maßnahmen, darunter die Verabschiedung von Gesetzen sowohl
auf gesamtstaatlicher als auch auf Entitätsebene, einschließlich Änderungen
ihrer jeweiligen Verfassungen. Weiterhin beinhalteten die Maßnahmen auch
Amtsenthebungen von Beamten oder sogar höchsten gewählten Amtsträgern,
sofern diese nach Einschätzung des Hohen Repräsentanten bei der Umsetzung
des GFAP – insbesondere bei der Zusammenarbeit mit dem Internationalen
Strafgerichtshof für das ehemalige Jugoslawien (ICTY) – nicht ausreichend ko-
operierten (Venedig-Kommission 2005).

Nach einer Periode intensiver internationaler Intervention unter verschiedenen Hohen Repräsentanten, darunter Carlos Westendorp, Wolfgang Petritsch und Paddy Ashdown, wurde der Deutsche Christian Schwarz-Schilling 2006 zum Hohen Repräsentanten ernannt. Er sollte als eigentlich letzter Hoher Repräsentant den Übergang zur lokalen Eigenverantwortung überwachen (Schwarz-Schilling 2006). Im Jahr 2008 verabschiedete der Friedensimplementierungsrat, der Exekutivausschuss der Londoner Friedensimplementierungskonferenz, die so genannte 5 + 2-Agenda (fünf Ziele und zwei Bedingungen).[2] Darin sind die Anforderungen festgelegt, die die Behörden von Bosnien und Herzegowina vor der Schließung des OHR erfüllen müssen. Allerdings ist es seit 2008 zu keinem entscheidenden Durchbruch gekommen, weswegen es gerechtfertigt ist, Bosnien und Herzegowina als Quasi-Protektorat zu bezeichnen. Zuletzt wurde im Oktober 2023 seitens des Hohen Vertreters Christian Schmidt festgestellt, dass es keine Fortschritte bei der Umsetzung der 5 + 2-Agenda gebe (Office of the High Representative 2023, Absatz 52).

Der Wunsch von Schwarz-Schilling, als letzter HR zu fungieren, erfüllte sich nicht. Allerdings nahm die Nutzung der Bonner Befugnisse insbesondere zwischen 2012 und 2021 rapide ab und die Funktion des HR wurde zunehmend als beratend angesehen. Da es jedoch insgesamt an einer wirksamen Aufsicht und der Einbeziehung der internationalen Gemeinschaft mangelte, konnten sich bosnische Politiker nur auf sehr wenige Reformen einigen – diese hätten innenpolitischen Konsens erfordert. Darüber hinaus ermutigte das Fehlen internationaler Sanktionen sowie Drohungen gegen die staatliche Einheit viele Politiker, spalterische Aktionen zu verfolgen.

Neben der Mitwirkung in den formalen Institutionen der internationalen Gemeinschaft waren der Hohe Repräsentant, die US-Regierung und Vertreter der EU an verschiedenen Verhandlungen und Reformversuchen beteiligt, wie zum Beispiel der Militär-, Polizei- und Verfassungsreform. Während die 2007 abgeschlossene Militärreform als Erfolgsgeschichte gilt, scheiterten drei Versuche einer Verfassungsreform. Die ehrgeizigste war das so genannte April-Paket von 2006, welches eine Reform des Wahlmodus und Änderungen der Befugnisse der Präsidentschaft sowie der Parlamentarischen Versammlung vorsah. Das April-Paket scheiterte jedoch genauso wie die späteren Anläufe von Prud und Butmir. Damit blieb das hochkomplexe und für Blockaden anfällige politische System unverändert.

---

[2] Die Tagesordnung ist auf der Website des Amtes des Hohen Repräsentanten verfügbar: https://www.ohr.int/agenda-52/. Zugegriffen am 3. November 2023.

Nach der Ernennung von Christian Schmidt zum HR im Jahr 2021 hat die internationale Gemeinschaft ihre Präsenz im Land wieder verstärkt. Dafür gibt es mehrere Gründe, wobei der wichtigste in der russischen Aggression gegen die Ukraine besteht. Die internationale Gemeinschaft und der HR unternehmen seitdem Versuche, Bosnien und Herzegowina der russischen Einflusssphäre zu entziehen, indem einerseits Verhandlungen über die wichtigsten Wahl- und Verfassungsfragen gefördert und andererseits eine EU-Perspektive für das Land deutlicher gemacht wird. Nachdem BiH 2016 einen Antrag auf EU-Mitgliedschaft gestellt hatte, veröffentlichte die EU-Kommission wenige Jahre später eine Stellungnahme, in der sie feststellte, dass „der rechtliche und institutionelle Rahmen und die Verwaltungs- und Umsetzungskapazität in allen Politikbereichen erheblich angepasst werden [müsse], um die Rechtsvorschriften an den EU-Besitzstand anzunähern und wirksam umzusetzen" (EU-Kommission 2019, S. 15). Die Kommission identifizierte 14 Schlüsselprioritäten, mit deren Umsetzung zumindest begonnen werden sollte, um Verhandlungen über die Mitgliedschaft aufnehmen zu können. Dazu gehörten Prioritäten in den Bereichen Demokratie und Funktionalität, Rechtsstaatlichkeit, Grundrechte und eine Reform der öffentlichen Verwaltung. Obwohl bei allen 14 Prioritäten, einschließlich der Verfassungsreform, keine wesentlichen Fortschritte erzielt wurden, beschloss der Europäische Rat im Dezember 2022, Bosnien und Herzegowina den Kandidatenstatus unter der Bedingung zu gewähren, dass das Land die Prioritäten der EU-Kommission aus der Stellungnahme umsetzt.

4 Das Regierungssystem: nationale Ebene und subnationale Ebene

4.1 Nationale Ebene

Die Parlamentarische Versammlung von Bosnien und Herzegowina (Parlamentarna skupština) ist ein Zweikammerparlament, das sich aus einem Unterhaus (Repräsentantenhaus) und einem Oberhaus (Völkerkammer) zusammensetzt. Das Repräsentantenhaus besteht aus 42 direkt gewählten Abgeordneten, von denen ein Drittel aus dem Gebiet der RS und zwei Drittel aus dem Gebiet der FBiH gewählt werden. Die Völkerkammer hat 15 Abgeordnete, die proportional auf die drei konstituierenden Völker verteilt sind. Die bosniakischen und kroatischen Abgeordneten werden von den bosniakischen und kroatischen Fraktionen des Oberhauses gewählt, die serbischen Delegierten von der Nationalversammlung der RS. Im Entscheidungsprozess können die Delegierten ein ethnisch konnotiertes Veto einlegen. Damit die Gesetze und der Haushalt in Kraft treten können, müssen sie von beiden Kammern verabschiedet werden. Bei Ernennungen ist in einigen Fällen nur die Völkerkammer zuständig, zum Beispiel bei der Ernennung der Mitglieder des Zentralen Wahlausschusses von BiH oder der Ernennung des Vorsitzenden des Ministerrates und der Minister. Die Präsidentschaft von Bosnien und Herzegowina und der Ministerrat bilden die Exekutive auf staatlicher Ebene. Die Präsidentschaft ist ein kollektives Staatsoberhaupt, das sich aus drei Mitgliedern zusammensetzt: einem Bosniaken, einem Kroaten (beide direkt gewählt in FBiH) und einem Serben (direkt gewählt in der RS). Der Vorsitz wechselt alle acht Monate. Außenpolitik, Haushalt und Verteidigung sind die Politikbereiche, in denen er über eine starke Kompetenz verfügt, während seine Kompetenzen in anderen Bereichen begrenzt sind. Entscheidungen werden entweder im Konsens oder in wenigen Fällen – insbesondere der Ernennung des Vorsitzenden des Ministerrates und dem Vorschlag für den Staatshaushalt – mit Mehrheit getroffen. Kommt kein Konsens zustande, kann ein Mitglied der Präsidentschaft, das in der Minderheit geblieben ist, ein aufschiebendes Veto einlegen, welches von der zuständigen Behörde bestätigt werden muss.

Der Ministerrat besteht aus dem Vorsitzenden und neun Ministern, von denen jeder einen Stellvertreter hat (nur der Verteidigungsminister hat zwei). Der Stellvertreter muss einem anderen konstituierenden Volk angehören als der jeweilige Minister. Die konstituierenden Völker müssen im Ministerrat gleichmäßig vertreten sein, wobei höchstens zwei Drittel der Minister aus der FBiH stammen dürfen. Der Vorsitzende wird von der Präsidentschaft von Bosnien und Herzegowina ernannt und vom Repräsentantenhaus bestätigt. Die Minister werden vom Vorsitz ernannt und benötigen ebenfalls die Zustimmung des Repräsentantenhauses. Für den Ministerrat gelten unterschiedliche Abstimmungsregeln, je nachdem, ob es sich um eine endgültige Entscheidung handelt (in diesem Fall muss mindestens ein Minister aus jedem Teilvolk dafür stimmen) oder ob ein anderes Organ das Recht hat, die endgültige Entscheidung über einen Vorschlag des Rates zu treffen (in diesem Fall ist die Mehrheit der Stimmen erforderlich).

Das Verfassungsgericht von Bosnien und Herzegowina entscheidet unter anderem über Menschenrechtsangelegenheiten und überprüft die Verfassungsmäßigkeit von Gesetzen und der Verfassungen der Entitäten. Es setzt sich aus neun Richtern zusammen, sechs inländischen Richtern (gewählt von der Nationalversammlung der RS und dem Repräsentantenhaus der FBiH) und drei internationalen Richtern (ernannt vom Präsidenten des Europäischen Gerichtshofs für Menschenrechte). Der Oberste Rat für Justiz und Staatsanwaltschaft ist die höchste Justizbehörde mit der Aufgabe, eine unabhängige, unparteiische und professionelle Justiz im ganzen Land zu gewährleisten. Das einzige ordentliche Gericht auf staatlicher Ebene ist das Gericht von BiH. Es ist weder ein oberstes staatliches Gericht noch ist es den Gerichten der Entitäten übergeordnet.

4.2   Die subnationale Ebene: Entitäten (Republika Srpska und Föderation von Bosnien und Herzegowina) sowie Bezirk Brčko

Da die Entitäten eine verfassungsmäßige Autonomie und das Recht auf Selbstorganisation genießen, sind sie völlig unterschiedlich organisiert, insbesondere was ihre Exekutiven betrifft.

4.2.1   Republika Srpska

Die Nationalversammlung der RS und der Rat der Völker bilden die gesetzgebende Gewalt der Republika Srpska. Die Nationalversammlung hat 83 direkt gewählte Abgeordnete, darunter mindestens vier Vertreter jedes konstituierenden Volkes. Die Abgeordneten werden für eine Amtszeit von vier Jahren gewählt. Der Rat der Völker ist ein indirekt von der Nationalversammlung gewähltes Gremium mit 28 Abgeordneten, das sich in vier Fraktionen aufteilt: Bosniaken, Serben, Kroaten und Sonstige. Im Gegensatz zur Nationalversammlung, welche umfassendere Befugnisse besitzt, befasst sich der Rat der Völker ausschließlich mit Gesetzen, die von vitalem nationalem Interesse sind.

Die Exekutive der Republika Srpska besteht aus der Regierung, dem Präsidenten und zwei Vizepräsidenten. Da die Regierung vom Parlament gewählt wird, weist die Republika Srpska semipräsidentielle Züge auf. Das Kabinett besteht aus 17 Mitgliedern, d. h. dem Ministerpräsidenten und weiteren 16 Ministern (acht Serben, fünf Bosniaken, drei Kroaten). Ein Minister, der aus der Gruppe der Sonstigen stammt, kann aus der Quote des größten Verfassungsvolkes in die Regierung berufen werden. Die RS verfügt über einen Präsidenten und zwei Vizepräsidenten, wobei alle drei ethnischen Gruppen repräsentiert sein müssen. Sie werden direkt von den Bürgern gewählt. Die politischen Befugnisse sind indes in den Händen des Präsidenten konzentriert, da die Vizepräsidenten keine autonomen Befugnisse haben. Ihr Amt ist somit eher symbolischer Natur.

4.2.2   Föderation von Bosnien und Herzegowina

Die FBiH besteht aus zehn Kantonen, die gewisse Autonomierechte genießen. Die gesetzgebende Körperschaft der FBiH ist das Zweikammerparlament. Es besteht aus dem Repräsentantenhaus mit 98 direkt gewählten Abgeordneten und der gleichberechtigten Volkskammer mit 80 indirekt gewählten Abgeordneten. Die Delegierten der Volkskammer werden von zehn kantonalen Versammlungen gewählt, und zwar proportional zur ethnischen Struktur der Kantone, wodurch sie sich aus vier Gruppen zusammensetzen: Bosniaken, Serben, Kroaten und Sonstigen. Damit

Gesetze, der Haushalt und Verfassungsänderungen verabschiedet werden können, müssen beide Kammern zustimmen. Für die Ernennung der Richter des Verfassungsgerichts der FBiH ist hingegen ausschließlich die Volkskammer zuständig. Die gesetzgebende Behörde in den Kantonen ist der Kantonsrat. Ihre Vertreter, deren Zahl variiert, werden direkt für eine Amtszeit von vier Jahren gewählt. Die Abgeordneten gehören einer der Fraktionen der konstituierenden Völker (Bosniaken, Kroaten und Serben) oder der Fraktion der Sonstigen an. Innerhalb der Fraktionen können die Abgeordneten bei der Entscheidungsfindung ein ethnisches Veto einlegen, über welches das Verfassungsgericht der FBiH endgültig entscheidet.

Der direkt gewählte Präsident und seine beiden Vizepräsidenten gehören jeweils einem der drei konstituierenden Völker an. Der Präsident ernennt mit Zustimmung der beiden Vizepräsidenten die Regierung, welche vom Parlament der FBiH bestätigt werden muss. Sie besteht aus dem Premierminister und 16 Ministern; analog zur RS handelt es sich um acht Bosniaken, fünf Kroaten und drei Serben. Ein Minister, der aus der Gruppe der Sonstigen stammt, kann aus der Quote des größten konstituierenden Volkes in die Regierung berufen werden.

4.2.3   Bezirk Brčko

Der Distrikt Brčko wurde im Jahr 2000 vom Hohen Repräsentanten im Rahmen eines Schiedsverfahrens eingerichtet, nachdem die an der Save gelegene Stadt samt seiner Umgebung weder der RS noch FBiH zugeschlagen werden konnte. Die Bezirksversammlung von Brčko ist die gesetzgebende Behörde. Sie setzt sich aus 31 direkt gewählten Mitgliedern zusammen, darunter zwei Vertreter der nationalen Minderheiten. Die Exekutive des Bezirks besteht aus dem Bürgermeister, dem stellvertretenden Bürgermeister, dem Regierungskoordinator und den Abteilungsleitern, wobei die Höchstzahl der Abteilungen zwölf beträgt. Das Justizsystem des Bezirks besteht aus dem Berufungsgericht (Apelacioni Sud), dem Gericht zweiter Instanz, und dem Grundgericht (Osnovni Sud), dem Gericht erster Instanz. Das Berufungsgericht verfügt über zusätzliche Zuständigkeiten, die denen des Verfassungsgerichts ähneln.

5   Fazit

Das politische System von Bosnien und Herzegowina hat sich seit dem Friedensabkommen von Dayton im Jahr 1995 stabilisiert, verfügt aber bisher weder über eine gefestigte Staatlichkeit noch über eine konsolidierte Demokratie. Mit der Verfassung wurden die Konkordanzdemokratie und eine föderale Regierungsform eingeführt, die den Forderungen der drei größten ethnischen Gruppen bzw. der konstituierenden Völker gerecht werden. In diesem System genießen die repräsentativen und sonstigen Rechte des Einzelnen eine nachrangige Priorität gegenüber den Interessen der Entitäten. Gleiches gilt für die repräsentativen Rechte von Minderheitengruppen.

Die Entwicklung auf der mittleren Regierungsebene und die Auswirkungen der Beschlüsse des Verfassungsgerichts von Bosnien und Herzegowina sowie der Aktivismus der Justiz ermöglichten immerhin die Vertretung nationaler Minderheiten und von Personen, die sich nicht ethnisch identifizieren (die Gruppe der Sonstigen). Sie sind jedoch immer noch nicht in den zentralen (staatlichen) Gremien vertreten, obwohl eine der Verpflichtungen von BiH darin besteht, die Entscheidungen des EGMR umzusetzen und das Recht auf politische Vertretung von Minderheitengruppen einzuführen.

Zu den größten Herausforderungen des politischen Systems gehören weiterhin die häufigen Blockaden in der Arbeit der zentralen Staatsorgane (Regierung und Parlament), welche darauf zurückzuführen sind, dass in Fragen von grundlegender staatlicher Bedeutung kein Konsens erzielt werden kann. Der Kandidatenstatus für die EU sowie die Bildung einer neuen Zentralregierung nach den Parlamentswahlen 2022 schufen jedoch gewisse Voraussetzungen für einen Konsens über die Notwendigkeit, die 14 von der EU-Kommission festgelegten Prioritäten zu erfüllen. Eine besondere Herausforderung ist die Erfüllung aller notwendigen Anforderungen, die von der EU im Verhandlungsprozess aufgrund der föderalen Struktur, der geteilten Zuständigkeiten und der drei verschiedenen Regierungsebenen (Staat – Entität – Kanton) gestellt werden. Die Aussicht auf eine EU-Mitgliedschaft ist jedoch der einzige Punkt, in dem sich alle politischen Vertreter in BiH einig sind und stellt somit ein Feld für gemeinsames Handeln dar.

Kontrollfragen

(1) Welcher Konflikt prägte das neue politische System von Bosnien und Herzegowina?

(2) Was sind die Merkmale der föderalen und konföderativen Demokratie in Bosnien und Herzegowina?

(3) Welche Rolle spielen die EU-Integration und der Europäische Gerichtshof für Menschenrechte bei dem weiteren Aufbau BiHs als demokratischen Staat?

Weiterführende Literatur

1. Sahadžić, Maja, Damir Banović, Dražen Barbarić, und Goran Marković, Hrsg. 2023. *Citizens. Constitution. Europe. Glossary of essential constitutional concepts in BiH.* Sarajevo: University of Sarajevo – Faculty of Law. Abrufbar unter: https://www.balcanicaucaso.org/eng/Projects2/Bosnia-and-Herzegovina-the-Constitution-and-EU-Accession/Citizens-Constitution-Europe.

Das Glossar enthält einen Überblick über Schlüsselkonzepte des Verfassungsrechts und der Politik in Bosnien und Herzegowina.

2. Banović, Damir, Saša Gavrić, und Mariña Barreiro Mariño. 2021. *The Political System of Bosnia and Herzegovina. Institutions – Actors – Processes.* Cham: Springer Cham.

Das Buch bietet einen Überblick über das politische System und führt in die Grundlagen der politischen Strukturen, Akteure und Prozesse ein.

3. Merdžanović, Adis. 2015. *Democracy by Decree. Prospects and Limits of Imposed Consociational Democracy in Bosnia and Herzegovina.* Stuttgart: Ibidem Verlag.

Bietet theoretische und empirische Ansätze zum Verständnis von Konkordanzdemokratien.

Literatur

Banović, Damir, Saša Gavrić, und Mariña Barreiro Mariño. 2021. *The Political System of Bosnia and Herzegovina. Institutions – Actors – Processes.* Cham, Schweiz: Springer.

Banović, Damir. 2015. Parlamentarni sistem Bosne i Hercegovine kao primjena multikulturalnog koncepta političke predstavljenosti kolektiva. *Godišnjak Pravnog fakulteta Univerziteta u Sarajevu* 58:245–278. http://www.pfsa.unsa.ba/pf/wp-content/uploads/2014/08/2015-godisnjak-PFSA.pdf.

Dautbašić, Ismet. 1997. Agresorsko formiranje kolaborističkih tvorevina i djelovanje Ustavnog suda Bosne i Hercegovine na njihovom ukidanju. In *Agresija na Bosnu i Hercegovinu i borba za njen opstanak 1992–1995. godine,* Hrsg. Mustafa Imamović, 179–199. Sarajevo: Pravni fakultet Univerziteta u Sarajevu.

Europäische Kommission. 2019. Stellungnahme der Kommission zum Antrag Bosnien und Herzegowinas auf Beitritt zur Europäischen Union, COM(2019) 261 final, 25. Mai 2019. EUR-lex. https://eur-lex.europa.eu/legal-content/DE/TXT/PDF/?uri=CELEX:52019DC0261. Zugegriffen am 03.11.2023.

Europäischer Rat. 2022. Tagung des Europäischen Rates – Schlussfolgerungen, EUCO 34/22, 15. Dezember 2022. European Council & Council of European Union. https://www.consilium.europa.eu/media/60872/2022-12-15-euco-conclusions-en.pdf. Zugegriffen am 03.11.2023.

Gromes, Thorsten. 2007. *Demokratisierung nach Bürgerkriegen. Das Beispiel Bosnien und Herzegowina*. Frankfurt/New York: Campus.

Išerić, Harun. 2019. Uloga Ustavnog suda BiH u profiliranju federalnog uređenja BiH. Fondacija Centar za javno pravo. https://www.fcjp.ba/analize/Harun_Iseric5-Uloga_Ustavnog_suda_BiH_u_profiliranju_federalnog_uredjenja_BiH.pdf. Zugegriffen 03.11.2023.

Keil, Soeren. 2013. *Multinational Federalism in Bosnia and Herzegovina*. London: Ashgate.

Marković, Goran. 2019. Federalizam i konsocijacija u ustavnom sistemu BiH. Fondacija Centar za javno pravo. https://www.fcjp.ba/analize/Goran_Markovic2-Federalizam_i_konsocijacija_u_ustavnom_sistemu_BiH.pdf. Zugegriffen am 03.11.2023.

Office of the High Representative. 2023. 64th Report of the High Representative for Implementation of the Peace Agreement on BiH to the Secretary-General of the United Nations. Office of the High Representative, 02. November 2023. https://www.ohr.int/64th-report-of-the-high-representative-for-implementation-of-the-peace-agreement-on-bih-to-the-secretary-general-of-the-united-nations/. Zugegriffen am 03.11.2023.

Sahadžić, Maja, und Jens Woelk. 2023. Bosnia and Herzegovina's Federal System. An (A)symmetrical "Twin State". In *Citizens. Constitution. Europe. Glossary of essential constitutional concepts in BiH*, Hrsg. Maja Sahadžić, Damir Banović, Dražen Barbarić, und Garan Marković, 369–373. Sarajevo: University of Sarajevo – Faculty of Law.

Schwarz-Schilling, Christian. 2006. Bosnians will soon take over from the international administration. Office of the High Representative. https://www.ohr.int/article-by-christian-schwarz-schilling-high-representative-for-bih-bosnias-way-forward/. Zugegriffen am 03.11.2023.

Venedig-Kommission. 2005. Opinion on the Constitutional Situation in Bosnia and Herzegovina and the Powers of the High Representative adopted by the Venice Commission at its 62nd plenary session. Venedig, 11.–12. März 2005. Venice Commission. https://www.venice.coe.int/webforms/documents/?pdf=CDL-AD(2005)004-e. Zugegriffen am 03.11.2023.

Verfassungsgericht von Bosnien und Herzegowina. 2000. Third partial decision in case no. U-5/98. Constitutional Court of Bosnia and Herzegovina. https://www.ustavnisud.ba/uploads/odluke/_en/U-5-98-12209.pdf. Zugegriffen am 03.11.2023.

Bulgarien: Parlamentarisches System und instabile Exekutive

Maria Spirova

Zusammenfassung

Die politische Geschichte Bulgariens ist von mehreren Critical Junctures und Meilensteinen geprägt, darunter dem Machterhalt der kommunistischen Nachfolgepartei im Jahr 1990 und dem EU-Beitritt im Jahr 2007. Die Rückkehr des Ex-Monarchen Simeon Sakskoburggotski förderte den Aufstieg populistischer und personalistischer Parteien, insbesondere der Partei GERB. Das Zusammenspiel formeller und informeller Institutionen schafft ein demokratisches politisches System parlamentarischen Typs mit Parteienpluralismus. Allerdings wird dieses durch eine beschränkte Medienfreiheit, Klientelismus, Patronage, Korruption und eine Erosion der Rechtsstaatlichkeit beeinträchtigt. Zu den Herausforderungen für die Demokratie gehört auch, dass Premierminister Bojko Borissow mit seiner Partei GERB sowie eine schwache Opposition zwischen 2009 und 2021 zu politischer Apathie, zersplitterten Parlamenten, vorgezogenen Wahlen und mehreren geschäftsführenden Regierungen geführt haben.

Schlüsselwörter

Zadkulisie · Bojko Borissow · Bulgarische Politik · Rumen Radew · Kooperations- und Kontrollverfahren

M. Spirova (✉)
Instituut Politieke Wetenschap, Universiteit Leiden, Leiden, Niederlande
E-Mail: mspirova@fsw.leidenuniv.nl

Tab. 1 Das politische System Bulgariens im Überblick

Das politische System Bulgariens im Überblick	
Verfassung	Verabschiedet: 1991 Geändert: 2003, 2005, 2006 (zwei Änderungen), 2007 und 2015
	Verfassungsänderungsregel: Initiativrecht haben 1/4 der Abgeordneten und Präsident der Republik. Zustimmung von 3/4 aller Abgeordneten in 3 verschiedenen Abstimmungen zu 3 verschiedenen Terminen. Wenn Vorlage weniger als 3/4, aber mind. 2/3 der Abgeordneten zustimmen, wird diese frühestens 2 Monate später erneut eingebracht und mit 2/3-Mehrheit angenommen
Regierungssystem	Parlamentarisch mit direkt gewähltem Präsidenten
Präsident	Wahlmodus und Amtszeit: direkt gewählt für 5 Jahre, einmalige Wiederwahl möglich Nominierung von Kandidaten durch politische Partei oder 5000 Unterschriften; Im 1. Wahlgang 50 % der Stimmen bei Beteiligungsquorum von mind. 50 % nötig, andernfalls Stichwahl zwischen zwei Kandidaten mit meisten Stimmen mit Mehrheit der Stimmen
	Kompetenzen: 1) Recht, Vorlage zur Verfassungsänderung einzubringen; 2) Vetorecht gegen Gesetze, welches mit einfacher Mehrheit aller Abgeordneten überstimmt werden kann; 3) Recht, in Ausnahmefällen Verordnungen zu erlassen; 4) Unterzeichnung internationaler Verträge; 5) Oberbefehlshaber der Armee; 6) Ernennung des Regierungschefs nach Konsultationen im Parlament; 7) Recht zur Auflösung des Parlaments, wenn kein Kabinett gebildet werden kann
Regierung (Kern-Exekutive)	Mitglieder: Premierminister, Fachminister, ein stellvertretender Premierminister ohne Ministerium
	Auswahl: Ernennung des designierten Premierministers durch Präsident nach Konsultation mit Parteien, anschließend Ernennung der Mitglieder des Ministerrats auf Vorschlag des Premierministers durch Parlament. Änderung der Zusammensetzung des Kabinetts durch Parlament auf Vorschlag des Premierministers Abberufung: einfaches Misstrauensvotum gegen Kabinett, Möglichkeit des Premierministers zur Beantragung einer Vertrauensabstimmung

(Fortsetzung)

Tab. 1 (Fortsetzung)

Das politische System Bulgariens im Überblick

Parlament	Aufbau: eine Kammer mit 240 Mitgliedern, ständige Ausschüsse sowie Ad-hoc-Ausschüsse nach Bedarf Bildung einer Fraktion durch mind. 10 Abgeordnete
	Dauer Legislaturperiode: 4 Jahre
	Funktionen: 1) Gesetzgebung: Initiierung und Verabschiedung von Gesetzen, Gesetzesinitiativrecht hat jeder Abgeordnete; 2) Verabschiedung des Haushalts und Erhebung von Steuern; 3) Kontrolle der Exekutive: Misstrauensvotum, parlamentarische Untersuchungsausschüsse und Fragestunden; 4) Kriegserklärung und Ratifizierung internationaler Verträge; 5) Planung der Präsidentschaftswahlen; 6) Ernennung der Mitglieder des Ministerrates; 7) Wahl eines Teils des Obersten Justizrats und des Verfassungsgerichts sowie eines Teil des Medienrats
Wahlsystem	Verhältniswahlsystem mit 4 %-Hürde und Möglichkeit der Präferenzstimme Ausnahme 2009: damals 31 Abgeordnete in 31 Einpersonenwahlkreisen und 209 Abgeordnete über Verhältniswahlsystem gewählt

Quelle: Eigene Darstellung.

1 Einleitung

In Bulgarien greifen in einem System, welches auf den Grundsätzen des Parlamentarismus und des Parteienpluralismus beruht, formelle und informelle Institutionen ineinander. Die Funktionsweise des politischen Systems wird durch eine eingeschränkte Medienfreiheit und ein System von Klientelismus und Korruption beeinträchtigt. Die beschränkte Unabhängigkeit der Justiz führt zudem zu Rechtsstaatlichkeitsproblemen. Insgesamt tragen all diese Problematiken zu Rückschritten bei Demokratie und Demokratisierung bei.

Zwar hat das Land keine vergleichbaren Rückschritte bei der Demokratisierung wie Ungarn und Polen erlebt, dennoch gehört es zweifellos zu der Gruppe von Ländern, die bereits vor und nach 1990 stark klientelistisch geprägt waren und sind (Hale 2015). In diesem Kontext wird Bulgarien als Regime eines „weichen Dezisionismus" (soft decisionism) charakterisiert, in dem es Premierminister Bojko Borissow über viele Jahre hinweg geschafft hat, erhebliche Macht in seinen Händen zu konzentrieren (Ganev 2018). Premierminister Borissow und seine Partei *Bürger für eine europäische Entwicklung Bulgariens* (GERB) haben zwischen 2009 und 2021 sowie erneut seit 2022 durch eine Koalition mit *Wir setzen den Wandel fort* (PP) eine entscheidende Rolle in der bulgarischen Politik gespielt und gleichzeitig zur Schwäche der Opposition beigetragen. Als Folge dieser Dominanz machen sich Anzeichen politischer Apathie im Land breit.

Die formale institutionelle Ebene ist durch fragmentierte Parlamente, wiederholt vorgezogene Neuwahlen und einen häufigen Rückgriff auf geschäftsführende Regierungen geprägt. Da letztere vom Präsidenten ernannt werden und somit dem Parlament gegenüber nur begrenzt rechenschaftspflichtig sind, wird das Parlament in seiner Rolle als zentrale Institution der Entscheidungsfindung geschmälert, was im Zusammenhang mit dem russischen Angriffskrieg auf die Ukraine besonders deutlich zu Tage getreten ist.

Bulgariens politisches System und seine Geschichte seit 1990 wurden von zwei wichtigen Critical Junctures geprägt. Das erste und wahrscheinlich wichtigste Ereignis waren die ersten freien Wahlen im Juni 1990, bei denen die *Bulgarische Sozialistische Partei* (BSP), die kommunistische Nachfolgepartei, ihre Macht bewahren konnte. Dies verhinderte nicht nur eine Reform innerhalb der Partei, sondern verschaffte den Ex-Kommunisten ein entscheidendes Mitspracherecht bei der Schaffung des neuen demokratischen politischen Systems. Zugleich wurde die Partei als legitimer und wichtiger Akteur der bulgarischen Politik etabliert. Dies wiederum war entscheidend für die Entwicklung des Parteiensystems, da sich die Spaltung in Kommunisten und Antikommunisten verfestigte. Obwohl sich die Machtverhältnisse später änderten und nach 1997 Reformparteien an die Macht kamen, wurden die marktwirtschaftlichen und politischen Reformen in Bulgarien im Vergleich zu vielen anderen postkommunistischen Staaten nur langsam umgesetzt. Während der Regierungszeit der *Union der Demokratischen Kräfte* (SDS) sowie unter der breiten Koalition unter Führung des bulgarischen Ex-Monarchen Simeon Sakskoburggotski wurden große Fortschritte auf dem Weg zum EU-Beitritt erzielt. Das Land trat schließlich 2007 der EU bei, was als Critical Juncture einzustufen ist, da der Beitritt den Kulminationspunkt für die Legitimität des Regierungssystems und die Einhegung antidemokratischer Kräfte darstellte.

Die Rückkehr von Sakskoburggotski stellte insofern einen Meilenstein dar, als dies zugleich das Aufkommen populistischer und personalistischer Parteien beförderte, welche seither die Parteienlandschaft dominieren. Ein Paradebeispiel für diesen Trend ist die GERB. Ihr Machtantritt im Jahr 2009 war insofern ein weiterer Meilenstein, als die Partei ein System miteinander verflochtener politischer und wirtschaftlicher Interessen aufbaute, welches sich gut in das bereits etablierte Muster der Klientelpolitik fügte. Paradoxerweise wurde die Partei und deren System nach dem EU-Beitritt und durch die Integration in die EU-Politik weiter legitimiert.

In Bulgarien gab es zwar immer wieder Widerstand gegen die klientelistisch geprägte Politik, jedoch haben auch zahlreiche Machtwechsel keine neuen Regierungspraktiken etabliert. So scheiterte das von den Sozialisten geführte Kabinett Plamen Orescharski 2013/2014 nach monatelangen Protesten gegen korruptionsverdächtige Ämtervergabe. Dies ermöglichte die Rückkehr von GERB und festigte deren Präsenz im politischen System. 2021 wurde ein weiteres Kabinett aus GERB-Gegnern mit einem ehrgeizigen Reformkurs gebildet, welches aber an Unstimmigkeiten zwischen den Koalitionspartnern scheiterte. Dies war ein weiterer wichtiger Meilenstein, da der Präsident dadurch eine stärkere als von der Verfassung vorgesehene Rolle spielen konnte und so die Tür für eine erneute Rückkehr Borissows öffnete.

Wie auch in den anderen Länderbeiträgen des vorliegenden Sammelbandes liefert Tab. 1 einen Überblick über das entstandene politische System (Stand: Juli 2024).

2   Formale Institutionen

Die Etablierung und Funktionsweise der bulgarischen Demokratie nach 1989 wurde durch das historische Erbe einer langen Zeit der Fremdherrschaft und durch die begrenzte Erfahrung mit demokratischen Institutionen behindert. Bulgariens Geschichte als unabhängiger Staat lässt sich bis ins späte 7. Jahrhundert zurückverfolgen. Das Land erlebte mit der Einführung des Christentums und des kyrillischen Alphabets im 9. Jahrhundert eine Periode starker Staatlichkeit. Ab 1018 war Bulgarien jedoch fast tausend Jahre lang (mit einer kurzen Ausnahme im 14. Jahrhundert) zuerst unter byzantinischer, dann osmanischer Herrschaft. Die Befreiung von den Osmanen erfolgte im Russisch-Türkischen Krieg (1877/1878), was das Bild Russlands als „Befreier" des Landes für die kommenden Jahrzehnte festigte. Das seit 1912 formell unabhängige Königreich Bulgarien schloss sich im Ersten und Zweiten Weltkrieg den Achsenmächten an und versuchte in den 1920er-Jahren kurzzeitig, ein demokratisches Mehrparteiensystem einzuführen. Ab 1934 wurde ein autoritäres monarchisches Regime errichtet, auf das 1945 die Errichtung eines kommunistischen Einparteienstaates folgte. Bulgarien war bis Ende der 1980er-Jahre ein treuer Verbündeter der UdSSR und wurde mitunter als sechzehnte Sowjetrepublik bezeichnet. In den Jahren 1988/1989 ent-

standen nur wenige antikommunistische Oppositionsgruppen und auch der demokratische Übergang, der im November 1989 in Reaktion auf die Regime-
zusammenbrüche in anderen Teilen des sozialistischen Blocks begann, wurde von
den alten Regimeeliten eingeleitet.

Dennoch trieb Bulgarien die Ausarbeitung und Formalisierung seines neuen
Regierungssystems zügig voran. Im Jahr 1990 wurde die Große Nationalversammlung einberufen, welche am 12. Juli 1991 eine neue demokratische Verfassung
verabschiedete (Hein 2016, S. 147–149). Bulgarien war damit das erste post-kommunistische Land, das eine neue Verfassung verabschiedete. Die Verfassung, welche ein parlamentarisches System mit Mehrparteiensystem sowie einen direkt gewählten Präsidenten vorsah, war ein klarer Versuch, mit der kommunistischen Vergangenheit zu brechen. Das Parlament wurde zum Mittelpunkt des politischen
Systems gemacht und mit bedeutenden legislativen Befugnissen sowie Kontrollrechten über die Exekutive ausgestattet. Der Präsident wurde dagegen formal auf
eine weitgehend zeremonielle Rolle beschränkt. In den folgenden Jahrzehnten
wurde jedoch deutlich, dass das Verhältnis zwischen den Organen nicht so eindeutig
ausgestaltet war, was insbesondere in Krisenzeiten zu Spannungen führte.

2.1 Wahl- und Parteiensystem: Durchlässigkeit und Fragmentierung

Die Sicherstellung eines funktionierenden politischen Wettbewerbs durch ein System freier und fairer Wahlen war die oberste Priorität der neuen demokratischen
Akteure. Die Große Nationalversammlung führte 1991 ein Verhältniswahlsystem
ein, welches dem damaligen Anspruch entsprach, möglichst viele konkurrierende
Parteien in den Willensbildungsprozess einzubeziehen. Dementsprechend wurden
die Abgeordneten des Parlaments in 31 Wahlkreisen über regionale Listen gewählt,
wobei das Wahlrecht sicherstellte, dass auf nationaler Ebene Proportionalität gewährleistet war. Eine 4 %-Hürde sollte zudem einer Fragmentierung des Parlaments entgegenwirken.

Das zugrunde liegende Prinzip, die Abgeordneten nach dem Verhältniswahlrecht mit geschlossenen Parteilisten zu wählen, wurde jedoch von Experten und
kleineren, nicht im Parlament vertretenen Parteien dahingehend kritisiert, dass es
die Parteiapparate stärken und den Einfluss politischer Persönlichkeiten beschränken würde. Infolgedessen wurden mehrere Änderungen durchgeführt. So
änderte das Parlament 2009 das Wahlgesetz dahingehend, dass jeweils ein Kandidat in jedem der 31 Wahlkreise direkt gewählt wurde. Diese Neuerung sollte die

Wähler dazu ermutigen, für Personen und nicht für Parteien zu stimmen, hatte jedoch zur Folge, dass die siegreiche Partei in jedem Wahlbezirk einige zusätzliche Sitze erhielt. Mit einer Wahlreform im Jahr 2011 wurden Elemente der Vorzugsstimmenwahl in das Verhältniswahlrecht eingeführt, wobei die 31 Einpersonenwahlkreise abgeschafft, aber alle anderen wichtigen Elemente des Systems beibehalten wurden. In einem nationalen Referendum im Jahr 2016, welches die für eine verbindliche Entscheidung erforderliche Hürde knapp verfehlte, sprachen sich 72 % der Wähler für die Einführung eines Mehrheitswahlsystems aus. Trotz dieser Änderungen blieb das Verhältniswahlrecht mit Listen in relativ großen Mehrpersonenwahlkreisen somit grundsätzlich erhalten.

Das erste Jahrzehnt der Demokratisierung wurde von zwei Parteien dominiert, die den Cleavage Kommunismus versus Antikommunismus widerspiegeln. Auf der einen Seite stand die relativ unreformierte, an der Macht gebliebene *Bulgarische Sozialistische Partei* (BSP), und auf der anderen Seite die *Union der Demokratischen Kräfte* (SDS), eine bunte Koalition aus Mitte-Rechts-Parteien. Die *Bewegung für Rechte und Freiheiten* (DPS) vertrat schon früh die Interessen der türkischen Minderheit im Lande, beteiligte sich aber angesichts der heiklen ethnischen Frage nicht an der Regierungsarbeit. Infolgedessen wechselten sich die BSP und die SDS bis 2001 in der Regierung ab. Durch den anhaltenden Einfluss der Ex-Kommunisten verzögerten sich jedoch wichtige wirtschaftliche und politische Reformen, ebenso wie der EU-Beitrittsprozess.

Die Rückkehr des ehemaligen bulgarischen Monarchen Simeon Sakskoburggotski im Jahr 2001 beendete die Dominanz von BSP und SDS und kann daher als Meilenstein betrachtet werden. Simeon gründete die *Nationale Bewegung Simeon der Zweite* (NDSV) und gewann die Parlamentswahlen mit etwa 42 % der Stimmen, welche mit 120 Mandaten genau die Hälfte der Sitze im Parlament erhielt. In einer Koalitionsregierung mit der DPS regierte Sakskoburggotski das Land bis 2005, musste jedoch einen erheblichen Popularitätsverlust hinnehmen, nachdem klar wurde, dass er nicht der Retter des Landes war, wie er bei seinem Eintritt in die Politik versprochen hatte. Dennoch brachte sein Kabinett das Land auf einen stabilen pro-EU-Kurs und knüpfte damit an die SDS-Reformen der vorangegangenen Regierungen an. Schließlich wurde Bulgarien 2007 EU-Mitglied. Dies verschaffte der damals erweiterten Koalition (BSP, NDSV, DPS) zwar externe Legitimität, aber die Muster politischer Klientelpolitik, welche durch ein über den Beitritt hinaus fortgesetztes Monitoring durch die EU im Rahmen des Kooperations- und Kontrollverfahrens sowie durch Suspendierung von EU-Fördergeldern verdeutlicht wurden, gaben einer Newcomer-Partei Auftrieb.

In Folge wurde die 2006 von Bojko Borissow – ehemals Bürgermeister von Sofia und Polizeichef im NDSV-Kabinett 2001 – gegründete Partei *Bürger für eine europäische Entwicklung Bulgariens* (GERB) zunehmend stärker. 2007 und 2009 gewann sie die Wahlen zum Europäischen Parlament ebenso wie die Kommunalwahlen 2007. Im Jahr 2009 wurde sie schließlich zum wichtigsten Herausforderer der Dreierkoalition. Mit ihrem Versprechen, neue Gesichter in die Politik zu bringen, gewann sie 48,3 % der Sitze im Parlament und bildete ein Einparteien-Minderheitskabinett.

GERBs Wahlsieg stellte einen Meilenstein dar, da er ein Jahrzehnt einleitete, in dem die GERB wiederholt als Siegerin aus und mit Hilfe der DPS ein kompliziertes System miteinander verflochtener wirtschaftlicher und politischer Interessen schuf. Borissow leitete drei verschiedene Kabinette (mit einem kurzen Zwischenspiel in den Jahren 2013/2014) und hatte bis Ende der 2010er-Jahre ein nur schwer zu erschütterndes Imperium aufgebaut (Spirova und Sharenkova-Toshkova 2021).

Zwar erlebte das Land keinen ähnlich gravierenden Demokratieabbau wie etwa Ungarn, durchlief jedoch das, was Ganev als „weichen Dezisionismus" bezeichnete – die Praxis des Premierministers Borissow, persönlich Einfluss auf wichtige politische Entscheidungen im Land zu nehmen. Laut Ganev handelt es sich um die „Missachtung etablierter Verfahren und die Umgehung bestehender Institutionen, [Borissow] interveniert ständig und aufdringlich, um seine Rolle als oberster Entscheidungsträger zu behaupten" (Ganev 2018, S. 100, eigene Übersetzung). Dies ging mit einem drastischen Rückgang der Medienfreiheit und dem unter dem Begriff der *Zadkulisie* (siehe unten) summierten Phänomen einher. Vor dem Hintergrund der gravierenden Demokratierückschritte in anderen EU-Mitgliedstaaten erfuhren die bulgarischen Entwicklungen in der EU jedoch keine große Aufmerksamkeit.

Neben der GERB sind in der Zeit nach 2001 zahlreiche kleinere neue Parteien entstanden und ins Parlament eingezogen, wobei viele von ihnen nur von kurzer Dauer waren. Auf der rechten Seite entstanden mehrere rechtsextreme und nationalistische Formationen, von denen die Partei *Ataka* („Angriff") offen fremdenfeindliche und nationalistische Ideen vertritt. Während der dritten Amtszeit von Borissow (2017–2021) wurde eine gemäßigt nationalistische Partei, die *Vereinigten Patrioten*, in die Regierung aufgenommen. Auf der linken Seite entstanden mehrere Abspaltungen von der BSP und konkurrierten um die linke Mitte, wobei jedoch keine einen dauerhaften Einfluss hinterließ. Insgesamt sorgten diese Trends für ein stark zersplittertes Parteiensystem ohne klare Mehrheiten im Parlament und mit ständig wechselnden Loyalitäten der Parteien.

2.2 Die legislative Macht: Nationalversammlung

Seit 1990 hatten in Bulgarien 14 verschiedene Parlamente die Aufgabe, den rechtlichen Rahmen des neuen Systems auszugestalten. In diesem Rahmen entwickelte die *Narodno Sabranie* ihre Gesetzgebungskompetenz und gestaltete das öffentliche und private Leben mit engem Bezug zum Acquis Communautaire der EU.

Neben der enormen gesetzgebenden Tätigkeit hat sich als wichtigste Funktion des Parlaments jedoch die Kontrolle der Exekutive erwiesen. Das bulgarische Parlament hat das Recht, ein Misstrauensvotum gegen das Kabinett einzuleiten. Ein Misstrauensantrag muss von einem Fünftel aller Abgeordneten der Nationalversammlung unterstützt und von der Mehrheit aller Abgeordneten angenommen werden. Wird die Regierung abgewählt, muss der Premierminister seinen Rücktritt einreichen. Solche Anträge wurden seit 1990 bereits mehrfach initiiert, waren aber bisher nur zweimal erfolgreich. Im Jahr 1991 stellte das SDS-Minderheitskabinett von Filip Dimitrow, nachdem es in der eigenen Partei und in der Unterstützungspartei DPS an Unterstützung verloren hatte, selbst die Vertrauensfrage und verlor sie (Spirova und Kolarova 2019, S. 117). Dies beendete die Amtszeit des ersten Kabinetts der ehemaligen Regimeopposition und ermöglichte der DPS die Rückkehr ins Zentrum der bulgarischen Politik. In den folgenden Legislaturperioden beantragten Oppositionsparteien mehrfach Misstrauensvoten gegen verschiedene Regierungen, hatten damit aber erst wieder 2022 Erfolg. Im Mai 2022 legte einer der Koalitionspartner im Kabinett Kiril Petkow Unstimmigkeiten mit der Koalitionsführung offen und initiierte ein Misstrauensvotum, welches mit knapper Mehrheit angenommen wurde. In der Folge erklärte Petkow dem Parlament den Rücktritt seines Kabinetts.

2.3 Exekutive Macht 1: Instabile Kabinette

Trotz der wenigen erfolgreichen Abberufungen ist die Regierungsstabilität gering: Seit 1990 haben es nur vier der 13 Kabinette geschafft, bis zu den regulären Wahlen im Amt zu bleiben. Diese Instabilität ist im Wesentlichen auf zwei Gründe zurückzuführen: zum einen auf die Instabilität der Parteien und zum anderen auf die Unstimmigkeiten innerhalb der Koalitionen.

Von 1990 bis 1997 waren stets nur drei bis vier Fraktionen im Parlament vertreten, von denen in der Regel eine über die absolute Mehrheit verfügte. Allerdings waren diese Fraktionen meist Zusammenschlüsse mehrerer Parteien, wodurch es zu internen Differenzen und als Folge zur Instabilität der Regierungen kam. Besonders deutlich war dies im Fall der SDS, welche eine Koalition aus mehr als zehn kleineren Parteien war. Sie gewann zwar die Wahlen von 1991 und öffnete damit die Tür für wichtige pro-demokratische Reformen nach dem ausgehandelten Übergang, begann sich aber fast sofort zu spalten; im darauffolgenden Parlament führte dies zu drei Abspaltungen und schließlich zum verfrühten Ende des Kabinetts Dimitrow. Interne Konflikte trugen auch zum Rücktritt des BSP-Kabinetts im Jahr 1997 bei. Erst der SDS gelang es, ihr Koalitionskabinett bis 2001 im Amt zu halten. Es war das erste Kabinett mit einer vollen Amtszeit seit 1990 und ebnete den Weg zur EU- und NATO-Mitgliedschaft. Die darauffolgenden Kabinette Sakskoburggotski und Stanischew überdauerten ebenfalls eine volle Amtszeit und profitierten von der leichten Stabilisierung der Parteiendynamik sowie soliden Koalitionsvereinbarungen.

Mit dem Regierungsantritt von GERB kehrte das Phänomen der instabilen Kabinette zurück. Bei jeder Wahl traten neue Parteien an, die Zahl der Parteien im Parlament nahm zu und damit auch die Fragmentierung, wie die Entwicklung der effektiven Zahl der Parlamentsparteien zeigt (siehe Abb. 1). Das GERB-Kabinett von 2009 war ein Minderheitskabinett mit nur einer Partei, die beiden darauffolgenden Kabinette (Orescharski und Borissow II) waren beide Minderheits-

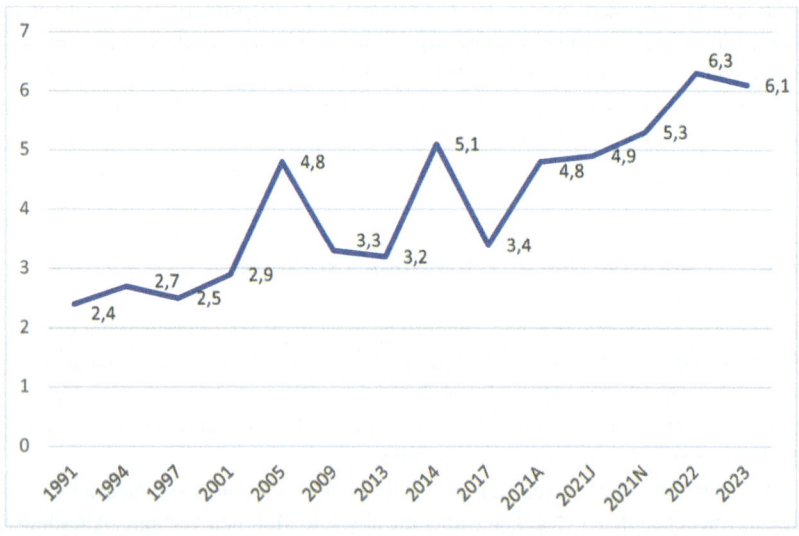

Abb. 1 Zahl der effektiven Parteien in der Nationalversammlung (1991–2023). (Quelle: Casal Bértoa, Fernando. 2023. Database on WHO governs in Europe and beyond. PSGO. Abrufbar unter https://whogoverns.eu/party-systems/effective-number-of-parties/. Zudem eigene Berechnungen der Autorin)

koalitionen. Die fluiden Mehrheiten, mit denen sie arbeiten mussten, machten ihre Unterstützung leicht von zeitweiligen politischen Stimmungen abhängig. Sobald die Parteien glaubten, von vorgezogenen Neuwahlen zu profitieren (wie die DPS im Jahr 2014 und die GERB im Jahr 2016), waren sie daher schnell bereit, eine Regierungskrise zu provozieren, um Neuwahlen auszulösen. Die dritte GERB-Koalition, die in den letzten Jahren ihrer Amtszeit mit sinkender Unterstützung konfrontiert war, verfügte über eine knappe Mehrheit der Sitze und blieb bis zur regulären Wahl Anfang 2021 im Amt.

2021 stellte den Höhepunkt dieser Entwicklung dar. Gleich drei Wahlen waren erforderlich, um eine funktionierende Mehrheit im Parlament zu erlangen. Die ersten beiden Wahlen scheiterten an der Zersplitterung und der politischen Isolation der GERB auf der einen und der BSP und DPS auf der anderen Seite. Im Juli 2021 gewann *Es gibt ein solches Volk* (ITN), eine offen populistische Partei um den Showman Slawi Trifonow, scheiterte aber mit dem Versuch zur Bildung eines Minderheitskabinetts. Bei den Wahlen im November 2022 ermöglichte schließlich eine Vier-Parteien-Koalition eine knappe Mehrheit im Parlament. Teil dieser Koalition wurde auch die neue Partei *Wir setzen den Wandel fort* (PP), eine Partei der rechten Mitte, die vom Präsidenten, der ITN, der BSP und den Resten der SDS unterstützt wurde. Auch diese Konstellation erwies sich jedoch nicht als langlebig und zerbrach innerhalb kurzer Zeit an Konflikten um den Umgang mit dem Angriffskrieg Russlands auf die Ukraine. Insgesamt war die Zeit nach 2021 durch wiederholte vorgezogene Neuwahlen, eine Unfähigkeit zur Bildung stabiler und rechenschaftspflichtiger Regierungen und lange Perioden mit Interimskabinetten geprägt.

2.4   Exekutive Macht 2: Präsidentenamt mit flexibler Macht

Den Kern der Exekutive bildet die Regierung, die vom Parlament – dem tatsächlichen Ort der Macht im bulgarischen politischen System – gewählt wird. Der Premierminister als zentrale Figur der Exekutive „leitet, koordiniert und trägt die Verantwortung für die Gesamtpolitik der Regierung" (Art. 108.2 VerfBG). Dem Präsidenten kommen dabei einige Vetomöglichkeiten zu. Zwar ist seine Position überwiegend zeremonieller Natur, denn er verfügt nur über wenige formale Zuständigkeiten, die ihm mehr als nur symbolische Autorität verleihen. Diese sind seine Position als Oberbefehlshaber der Streitkräfte, das Recht, gegen vom Parlament verabschiedete Gesetze ein Veto einzulegen und so zu verzögern, das Recht, Gesetze dem Verfassungsgericht zur Überprüfung vorzulegen und die Befugnis, Wahlen anzusetzen.

In der Praxis unterscheidet sich der bulgarische Präsident jedoch deutlich von anderen, bloß zeremoniell ausgestalteten Präsidentschaften. Da es das einzige direkt gewählte Exekutivamt ist, verfügt der Präsident über bedeutende informelle Befugnisse, die es ihm ermöglichen, die Verkörperung der Einheit des Staates für sich zu beanspruchen. Die informellen Befugnisse des bulgarischen Präsidenten haben seine formellen Kompetenzen daher deutlich erweitert. Dazu gehören Lobbyarbeit und das Aufzeigen von Problemen durch eine Ansprache in der Nationalversammlung sowie seine Schlüsselrolle bei der Auswahl der Partei, die nach den Wahlen ein Kabinett bilden soll. Die Präsidenten haben ihre Befugnisse unterschiedlich genutzt. Bereits 1992 wurde der Entzug der Unterstützung der DPS für die SDS-Regierung durch eine Ansprache des Präsidenten eingeleitet, in der dieser scharf die Regierung kritisierte. 1997 war Präsident Petar Stojanow maßgeblich an der Ausrufung vorgezogener Neuwahlen beteiligt.

In der Periode 2021/2022 spielte der Präsident eine Schlüsselrolle bei der Bildung und Auflösung von Kabinetten und regierte de facto über die geschäftsführenden Kabinette. Eine besonders bedeutsame formale Kompetenz des bulgarischen Präsidenten ist die Ernennung von geschäftsführenden Kabinetten. Nach der Verfassung muss der Präsident das Parlament auflösen, vorgezogene Neuwahlen ausrufen und ein geschäftsführendes Kabinett ernennen, wenn es dem Parlament dreimal hintereinander nicht gelingt, ein von der Parlamentsmehrheit unterstütztes Kabinett zu bilden. Während dieser Übergangszeit ist der Präsident befugt, den Premierminister und das gesamte Kabinett ohne Einmischung anderer Akteure zu ernennen und zu entlassen. Diese Interimskabinette haben zwar nur begrenzte Befugnisse, können aber dennoch ein wirksames Instrument für den Präsidenten sein, da es keine Verpflichtung gibt, die personelle oder parteipolitische Zusammensetzung dieses Kabinetts mit dem scheidenden Parlament abzustimmen. Tatsächlich wurden in Bulgarien im Zeitraum 1991 bis 2024 elf Interimskabinette eingesetzt, und einige von ihnen haben trotz der verfassungsmäßigen Beschränkung ihrer Befugnisse wichtige Regierungsgeschäfte mit weitreichenden Folgen durchgeführt. Das Interimskabinett von Stefan Sofijanski (Februar-April 1997) bereitete beispielsweise die Einführung eines Currency Board zur Steuerung der makroökonomischen Politik des Landes vor (Spirova und Kolarova 2019, S. 94–95).

Eine Verfassungsänderung vom Dezember 2023 begrenzte die Auswahl potenzieller geschäftsführender Premierminister auf Personen, die eines der folgenden vier staatlichen Ämter bekleiden: Vorsitz der Nationalversammlung, Gouverneur der Bulgarischen Nationalbank oder dessen Stellvertreter, Vorsitz des Rechnungshofs oder dessen Stellvertreter und Ombudsmann oder dessen Stellvertreter. Diese Änderung wurde durchgeführt, um die Macht des Präsidenten und insbesondere die von Präsident Radew einzuschränken, der nach 2021 vier verschiedene geschäftsführende Kabinette ernannt hat, die er für seine eigenen politischen Interessen zu nutzen schien. Ebenso wurde die Verfassung dahingehend geändert, dass die Nationalversammlung so lange tagen muss, bis ein neues Parlament gewählt ist.

Beide Änderungen zusammen stellen sicher, dass die Exekutivgewalt auch dann in den Händen der politisch mächtigen Parteien bleibt, wenn die reguläre Regierung zurücktritt und vom Parlament kein neues Kabinett gewählt werden kann, und nicht auf den Staatspräsidenten übergeht.

Darüber hinaus können die Übergangskabinette in besonders instabilen Zeiten zu einer Erweiterung der Befugnisse des Präsidenten führen, wie der Zeitraum 2021 bis 2023 gezeigt hat. Da das Parlament nicht in der Lage war, ein stabiles Kabinett zu bilden, wurde das Land in 18 von 25 Monaten von Kabinetten regiert, die dem Parlament gegenüber nicht rechenschaftspflichtig waren. Da in diesem Zeitraum auch eine bedeutende politische Spaltung zwischen dem Parlament und dem Präsidenten in Bezug auf die pro- und antirussische Haltung herrschte, hatte die Tatsache, dass der Präsident de facto das Land regierte, auch über die Innenpolitik hinaus Konsequenzen. Infolgedessen ist die tatsächliche Rolle des Präsidenten zum Beispiel während der Amtsperioden der Präsidenten Georgi Parwanow (2002–2012) und Rumen Radew (2016 bis heute) zu einer zentralen politischen Frage im politischen System geworden.

Diese verfassungsrechtlichen Merkmale und politischen Entwicklungen, die auf eine informelle Ausweitung der Befugnisse des Präsidenten hinauslaufen, haben zu konkurrierenden Einordnungen des bulgarischen Systems hinsichtlich der Beziehungen zwischen Exekutive und Legislative geführt. Einige Autoren bezeichnen das Regime als semipräsidentiell (Elgie 2012), während andere es als parlamentarisches Regime mit schwachem Präsidenten einstufen (Shugart und Carey 2012, S. 157). Typologisch handelt es sich zunächst um ein parlamentarisches System mit einem direkt gewählten Präsidenten. In Situationen allerdings, in denen keine stabilen parlamentarischen Mehrheiten vorhanden sind, überführt die Befugnis des Präsidenten, durch geschäftsführende Kabinette zu regieren, das parlamentarische in ein parlamentarisch-präsidentielles System.

2.5   Die Justiz: ein ständiger Anlass zur Sorge

Die bulgarische Verfassung garantiert die Unabhängigkeit der Justiz. Intransparente und nicht wettbewerbliche Ernennungsverfahren in den höchsten Justizorganen sowie Korruptionsvorwürfe haben jedoch ihren Ruf im In- und Ausland getrübt.

Obwohl die EU als Bedingung für den Beitritt unter anderem die Stabilität der Institutionen zur Gewährleistung von Rechtsstaatlichkeit gestellt hatte, wurde die Unabhängigkeit der Justiz bis 2007 nicht erreicht. Bulgarien trat der Europäischen Union im Januar 2007 bei, unterlag aber jahrelang einem Nachbeitrittsmonitoring durch das so genannte Kooperations- und Kontrollverfahren (CVM), welches eigens zur Überwachung der Maßnahmen zur Stärkung der Unabhängigkeit der Justiz, der Transparenz der Gerichtsverfahren, zur Untersuchung von Korruption und zur Bekämpfung der organisierten Kriminalität eingerichtet wurde. Als Reaktion auf anhaltende Probleme beschloss die Europäische Kommission Mitte 2008, die Mittel aus den Fonds PHARE, SAPARD und ISPA einzufrieren. Sie entzog bulgarischen Agenturen die Befugnis zur Mittelverwaltung und machte die weitere Auszahlung von Mitteln von Fortschritten bei der Behebung der festgestellten Probleme abhängig (CVM 2008). In vielerlei Hinsicht unterstützten diese Maßnahmen der EU die Behauptung der damals aufstrebenden GERB, dass die Amtsinhaber korrupt seien und ersetzt werden müssten. In der Zeit nach 2009 wurden verschiedene Reformen durchgeführt und 2019 wurde der CVM-Mechanismus de facto ausgesetzt.[1]

Es bestehen aber bis heute zwei Hauptprobleme fort: die Politisierung von Ernennungen in den hohen Justizorganen und die Rolle des Generalstaatsanwalts in der Politik. So wurde GERB beispielsweise mehrfach für die Art und Weise kritisiert, wie die Partei den Generalstaatsanwalt und die Mitglieder des Obersten Justizrats sowie des Verfassungsgerichts ernannt hat. Kritiker haben das Fehlen klarer Kriterien für die Auswahl der Kandidaten sowie das Fehlen einer öffentlichen Debatte über die politischen und fachlichen Profile der Nominierten angeführt, wodurch sich Ministerpräsident Borissow mit seinen Ernennungen durchsetzen konnte (Spirova 2022).

So wurde beispielsweise die Ernennung von Iwan Geschew zum Generalstaatsanwalt zu einem wichtigen Auslöser der Proteste gegen GERB im Jahr 2020. Geschew war der einzig vorgeschlagene Kandidat, was eine Kontroverse und öffentliche Proteste gegen seine Kandidatur hervorrief. Präsident Radew legte gegen die Ernennung ein Veto ein, dennoch bestätigte eine zweite Abstimmung des Obersten Justizrates Geschew als Generalstaatsanwalt und zwang Radew, seine Ernennung zu akzeptieren. Der Konflikt eskalierte wenig später, als Spezialeinheiten der Staatsanwaltschaft und die Staatsanwälte in das Präsidialamt eindrangen und die Büros von Beratern und anderen Mitarbeitern von Präsident Radew durchsuchten (Bulgarian National Radio News 2020a). Dies führte zu weiteren Anschuldigungen, dass der politische Apparat von GERB versuche, andersdenkende Kräfte zu unterdrücken. Am 2. April 2020 entzog Präsident Radew der Regierung das Vertrauen, weil sie nicht im Interesse der Bürger arbeite (Bulgarian National Radio News 2020b). Die öffentliche Empörung über die angeblichen Absprachen zwischen dem Generalstaatsanwalt, der Regierung und einigen politischen Parteien trug weiter zur Verschärfung der Proteste im Sommer bei. Die politischen Heraus-

---

[1] Im September 2023 wurde das Verfahren sowohl für Bulgarien als auch Rumänien offiziell eingestellt.

forderungen für das Kabinett Borissow III nahmen zu, und 2021 wurde, wie bereits erwähnt, die Dominanz der GERB in der Politik beendet (Spirova 2022).

3   Informelle Institutionen

Wie bereits angedeutet, sind informelle Institutionen für das Funktionieren des politischen System Bulgariens ebenso wichtig wie die formalen Institutionen. Der bulgarische Begriff Zadkulisie, welcher während der öffentlichen Proteste 2020 intensiv verwendet wurde, bedeutet „hinter den Kulissen" und umschreibt die intransparenten Verflechtungen zwischen Politik, Wirtschaft, Medien, Justiz und Verwaltung. Vor diesem Hintergrund ist Henry Hale zuzustimmen, wenn er Bulgarien als gefestigtes konkurrierendes Pyramidensystem mit freien und fairen Wahlen, aber weit verbreiteter Korruption, bezeichnet (Hale 2015, S. 461–462). Bemerkenswert am bulgarischen Fall ist, dass die relevanten Netzwerke über die Jahre nicht konstant geblieben sind, sondern sich erneuert und verschoben haben. Während zunächst die kommunistische Nachfolgepartei BSP das bedeutendste Netzwerk bildete, kamen später Netzwerke um die türkische Minderheitenpartei und ab etwa 2010 die GERB-Netzwerke hinzu.

Politische Klientelpolitik, d. h. die Ernennung von politischen und parteiinternen Loyalisten für Positionen in der staatlichen Verwaltung, gibt es in Bulgarien schon lange. Richard Crampton beschrieb die jungen politischen Parteien in Bulgarien in den späten 1800er-Jahren als „kaum mehr als eine Jagdgesellschaft, die nach Patronage strebt ..." (Crampton 1987, S. 40, eigene Übersetzung). Das Nomenklatura-System der sozialistischen Zeit endete zwar mit den Umbrüchen von 1989/1990, die neuen politischen Parteien entstanden allerdings in einer Gesellschaft, die stark von den Traditionen und Praktiken der *Bulgarischen Kommunistischen Partei* geprägt war. Und auch die Tradition der klientelistischen Besetzung von Management- und Führungspositionen nicht nur in den staatlichen Institutionen, sondern auch in der Wirtschaft, im Bildungs- und Gesundheitswesen, in den sozialen Diensten und in den kulturellen Einrichtungen, welche sich alle in staatlichem Besitz befanden und/oder betrieben wurden, setzte sich auch in der Demokratie fort. Noch im Jahr 2005, also kurz vor dem EU-Beitritt, stellte die Europäische Kommission fest, dass Bulgarien die „Aufteilung der Zuständigkeiten zwischen der politischen und der administrativen Ebene der öffentlichen Verwaltung" noch klären müsse (Europäische Kommission 2006, S. 7). Erst unter dem maßgeblichen Einfluss der Europäischen Union wurde eine Reform des öffentlichen Dienstes als Vorbereitung auf den Beitritt in Gang gesetzt (Dimitrova 2005).

Bis dahin hatte sich allerdings die Praxis der durch Parteien kontrollierten Klientelpolitik bereits wieder fest etabliert. Die erste Nicht-BSP-Regierung, das

Kabinett Dimitrow (1991–1992), begann im Rahmen einer „Entkommunisierungskampagne" mit weitreichenden Personalveränderungen: Sie ersetzte beispielsweise die Hälfte der Mitarbeiter im Ministerrat und 320 Mitarbeiter im Außenministerium (Dimitrov et al. 2006, S. 18). Auch als die *Union der Demokratischen Kräfte* 1997 an die Macht kam, nahm sie im großen Umfang Ersetzungen in den staatlichen Strukturen vor. In dem Bemühen, weitreichende Reformen in allen Regierungsbereichen einzuführen, wurden langjährige Mitglieder der Bürokratie durch jüngere, reformfreudige Personen ersetzt, da die SDS „mit alten Leuten keine neue Politik umsetzen" konnte (Shopov 2006).

Infolge dieser Trends war Parteipatronage in den frühen 2000er-Jahren stark ausgeprägt. Vergleichende Untersuchungen zeigen, dass das Ausmaß der Klientelwirtschaft im Land über dem europäischen Durchschnitt liegt, was auf eine umfangreiche Neubesetzung von Spitzenpositionen in Ministerien, verschiedenen staatlichen Behörden und Kommissionen sowie ausführenden Organisationen wie Krankenhäusern in staatlichem Besitz, Schulen, Unternehmen und den Medien hindeutet (Spirova 2012). Diese Tendenzen setzten sich in den Jahren der politischen Dominanz der GERB fort und verfestigten sich, was erheblich zum allgemein vorherrschenden Geist der Zadkulisie beitrug.

Parteipatronage ist oft direkt und indirekt mit Korruption verbunden, also dem Missbrauch öffentlicher Ämter zum privaten Vorteil. Der Corruption Perception Index von Transparency International, der den subjektiv empfundenen Grad an Korruption anzeigt, lag im Jahr 2022 bei 43/100, was auf systematischen Missbrauch und ineffiziente Korruptionsbekämpfung hinweist (Transparency International 2022a). Die häufigsten Beispiele für Korruption im Land sind der Missbrauch von Geldern und die Zuweisung öffentlicher Mittel über unzulässige Kanäle, politische Einflussnahme in verschiedenen Wirtschaftssektoren, das Fehlen ordnungsgemäßer Verfahren bei der Leitung und Aktivität staatlicher Unternehmen, die Annahme von Bestechungsgeldern für die Ausstellung bulgarischer Aufenthalts- und Staatsbürgerschaftsdokumente für Ausländer, Verbindungen von Beamten zum organisierten Verbrechen und sogenannte geringfügige Korruption in der Verwaltung (Freedom House 2022). Laut des globalen Korruptionsbarometers 2021 mussten 19 % der Bulgaren im Jahr zuvor im öffentlichen Sektor Schmiergelder zahlen, während 32 % persönliche Beziehungen nutzten, um Dienstleistungen zu erhalten (Transparency International 2021). Im TI-Bericht 2022 verdienen mehrere Bereiche besondere Aufmerksamkeit: die Übertragung von Regierungsgewalt auf politisch und finanziell nicht rechenschaftspflichtige Interimskabinette aufgrund der anhaltenden politischen Krise, die Korruption im politischen Prozess, insbesondere die Möglichkeit des Wahlbetrugs, die unzureichend regulierte Lobbytätigkeit sowie das mangelnde Engagement des Kabinetts bei der Korruptionsbekämpfung (Transparency International 2022b).

Der EU-Beitritt des Landes hat das Problem der Zadkulisie kaum behoben. Es gab wiederholt Fälle, in denen EU-Mittel zurückgefordert und von der Europäischen Kommission nach Untersuchungen der Antikorruptionsbehörde OLAF Sanktionen gegen das Land verhängt wurden. So untersuchte OLAF in Bulgarien im Jahr 2022 29 Fälle von möglichem Missbrauch von EU-Mitteln und Korruption und erwog eine Erkundungsmission im Land um herauszufinden, warum EU-Projekte immer an die gleichen Unternehmen gingen (Freedom House 2022). Insgesamt, und sicherlich als Folge von Klientelismus und Korruption, bleibt Bulgarien bis 2023 das ärmste und eines der korruptesten Länder der EU, was zu politischer Apathie, demografischer Abwanderung und gleichzeitig zu einem fruchtbaren Boden für politischen Populismus geführt hat.

4   Fazit

Seit 1989 hat sich Bulgarien von einem Satellitenstaat der UdSSR mit einem Einparteiensystem zu einem EU-Mitgliedstaat mit einem tragfähigen Mehrparteiensystem und individuellen Freiheiten entwickelt. Die frühe demokratische Geschichte des Landes war stark von der Verankerung der kommunistischen Partei im politischen System und der Zersplitterung der pro-westlichen Opposition geprägt, was zu Verzögerungen bei den wirtschaftlichen und politischen Reformen führte. Der Reformschwung nach 1997 brachte große Fortschritte in Richtung NATO und EU, aber unter der Führung des Ex-Monarchen auch eine erste große populistische Partei an die Macht. Die EU-Mitgliedschaft wurde 2007 Realität, erwies sich aber als schwacher Garant für die Abkehr von den etablierten Praktiken der Korruption und der Zadkulisie. Die Dominanz der GERB und die wiederholten erfolglosen Versuche, sie als Regierungspartei abzulösen (2013 und 2021), bestätigten nicht nur die Tendenzen des Klientelismus und eines weichen Dezisionismus, sondern ermöglichten es dem Präsidenten auch, eine größere politische Rolle im System einzunehmen.

Dreiunddreißig Jahre nach dem Ende des Kommunismus zeichnen die politischen Realitäten in Bulgarien kein optimistisches Bild. Der stärkste Indikator dafür ist der drastische Rückgang der Bevölkerung bei der Beteiligung am politischen Prozess seit 1990. Damals nahmen 83,9 % aller Wahlberechtigten an den Wahlen teil, aber dieser Prozentsatz sank schnell auf etwa 60 % in den frühen 2000er-Jahren, auf ca. 50 % in den 2010er-Jahren und erreichte mit 34,4 % bei den vorgezogenen Parlamentswahlen im Juni 2024 einen historischen Tiefstand. Die mangelnde Bereitschaft der bulgarischen Bevölkerung, ihre demokratische Freiheit zum Ausdruck zu bringen, wurde ergänzt durch eine hohe Unzufriedenheit mit der Demokratie (62 % aller Bulgaren laut Eurobarometer, verglichen mit 42 % im EU-Durchschnitt) und eine zunehmende Unzufriedenheit mit den Maßnahmen der Regierung (81 %) (The Sofia Globe 2023). Der

Mangel an politischen Wahlmöglichkeiten und der niedrige Lebensstandard haben viele Bulgaren dazu veranlasst, das Land zu verlassen, um im Ausland ein besseres Schicksal zu suchen. Die Bevölkerung des Landes ist von über acht Millionen Menschen zu Beginn der 1990er-Jahre auf nur noch etwa 6,4 Mio. im Jahr 2021 zurückgegangen und altert, wie auch in anderen europäischen Ländern, schnell.

Diese Trends haben zu stabilen populistischen und nationalistischen Einstellungen in der bulgarischen Wählerschaft geführt. Bulgarien hat eine 85 %ige ethnische bulgarische Mehrheit, aber auch eine 9 %ige türkische Minderheit und eine 5 %ige, aber sehr sichtbare, Roma-Minderheit (Europäische Kommission 2022). Seit 2005 ist mindestens eine nationalistische Partei im Parlament vertreten, manchmal auch im Kabinett, und nationalistische Gefühle und Feindseligkeit gegenüber Minderheiten und Migranten sind im nationalen Diskurs weit verbreitet. Die Feindseligkeit gegenüber Minderheiten und Migranten ist in Bulgarien seit Ende 2010 immer offener geworden, was zum Teil von der Mitte-Rechts-Partei GERB und ihrem Bündnis nationalistischer Parteien gefördert wird (Minority Rights Group International 2023). In den letzten Jahren haben sich diese nationalistischen politischen Gefühle mit traditionellen russophilen Gefühlen vermischt und mehreren pro-russischen und nationalistischen politischen Formationen den Einzug ins Parlament ermöglicht. Derzeit (ab 2023) ist die politische Partei *Wiedergeburt*, die ultranationalistische, euroskeptische und pro-russische Ideen vertritt, die drittgrößte Partei im Parlament und stellt den pro-europäischen Kurs des politischen Systems offen in Frage.

Kritiker sehen Bulgarien als eines der rückständigsten Mitglieder der EU, und internationale Indikatoren weisen auf besorgniserregende Trends bei der Achtung der individuellen Freiheiten hin. Anfang 2023 kam eine kurze Phase des Optimismus auf, als ein vom Parlament unterstütztes Kabinett gebildet wurde, um extreme Parteien in Schach zu halten und nicht verfassungskonforme Lösungen zu verhindern. Dies deutete darauf hin, dass aus der lang anhaltenden Krise von 2021 bis 2023 Lehren gezogen wurden und dass eine stärkere Zivilgesellschaft, die nach dieser Krise entstanden zu sein schien, den Traditionen korrupter Praktiken teilweise entgegenwirken könnten. Dieser Optimismus währte jedoch nur kurz: Bereits im März 2024 brach das Kabinett auseinander, was ein weiteres Jahr ohne Mehrheiten und mit geschäftsführenden Kabinetten einläutete und die seit langem bestehenden Muster verflochtener politischer und wirtschaftlicher Interessen sowie mangelnder Kompromissbereitschaft weiter festigte.

Kontrollfragen

(1) Welche historischen Merkmale des Übergangs zur Demokratie im Jahr 1989 haben die Politik in Bulgarien seitdem maßgeblich beeinflusst?

(2) Welche Unklarheiten der Verfassung ermöglichen es dem Präsidenten, in der Praxis mehr als nur ein zeremonielles Staatsoberhaupt des Landes zu sein?
(3) Wie lässt sich der zunehmende Trend der mangelnden politischen Beteiligung der bulgarischen Bürger erklären?

Weiterführende Literatur

1. Crampton, Richard J. 2019. *A History of Modern Bulgaria 1878–1918.* London: Cambridge University Press.

Bietet einen guten Überblick über die Geschichte des Landes.

2. Spirova, Maria, und Rumyana Kolarova. 2019. Bulgaria: Stable Coalitions of Unstable Parties. In *Coalition Governance in Central Eastern Europe,* Hrsg. Torbjörn Bergman, Gabriella Ilonszki, und Wolfgang C. Müller, 86–128. Oxford: Oxford University Press.

Bietet eine gute und ausführliche Diskussion der Koalitionspolitik in Bulgarien.

3. Ganev, Venelin. 2018. „Soft Decisionism" in Bulgaria. *Journal of Democracy* 29(1): 91–103.

Konzeptionelle Deutung des unter Premierminister Borissow entstandenen Systems.

Literatur

Bulgarian National Radio News. 2020a. Presidential advisors arrested. https://bnr.bg/post/101307313/arestuvan-e-prezidentskiat-savetnik-plamen-uzunov. Zugegriffen am 21.09.2023.
Bulgarian National Radio News. 2020b. President Rumen Radev withdraws confidence from government. https://bnr.bg/en/post/101223539/president-rumen-radev-withdraws-confidence-from-government. Zugegriffen am 21.09.2023.
Crampton, Richard J. 1987. *A Short History of Modern Bulgaria.* London: Cambridge University Press.
CVM. 2008. Cooperation and Verification Mechanism for Bulgaria and Romania. https://commission.europa.eu/strategy-and-policy/policies/justice-and-fundamental-rights/upholding-rule-law/rule-law/assistance-bulgaria-and-romania-under-cvm/cooperation-and-verification-mechanism-bulgaria-and-romania_en. Zugegriffen am 21.09.2023.

Dimitrova, Antoaneta L. 2005. 'Europeanization and Civil Service Reform in Central and Eastern Europe' In *The Europeanization of Central and Eastern Europe*, Hrsg. Frank Schimmelfennig und Ulrich Sedelmeier, 71–90. Ithaca, NY: Cornell University Press.

Dimitrov, Vesselin, Klaus H. Goetz, und Hellmut Wollmann. 2006. *Governing After Communism: Institutions and Policy Making*. Lanham: Rowman and Littlefield Publishers.

Elgie, Robert. 2012. Political Leadership in Old and New Democracies. In *Comparative Political Leadership*, Hrsg. Ludger Helms, 272–291. Basingstoke: Palgrave Macmillan.

Europäische Kommission. 2006. Bulgaria: 2005 Comprehensive Monitoring Report. https://op.europa.eu/en/publication-detail/-/publication/fcd6e3f0-e095-441a-ad4a-708d1f7ab077. Zugegriffen am 30.10.2023.

Europäische Kommission. 2022. Bulgaria: Political, social and economic background and trends. https://eurydice.eacea.ec.europa.eu/national-education-systems/bulgaria/population-demographic-situation-languages-and-religions. Zugegriffen am 21.09.2023.

Freedom House. 2022. Nations in Transit: Bulgaria. https://freedomhouse.org/country/bulgaria/nations-transit/2022. Zugegriffen am 21.09.2023.

Ganev, Venelin. 2018. "Soft Decisionism" in Bulgaria. *Journal of Democracy* 29(1): 91–103.

Hale, Henry E. 2015. *Patronal Politics: Eurasian Regime Dynamics in Comparative Perspective*. New York: Cambridge University Press.

Hein, Michael. 2016. Bulgaria. In *Constitutional politics in Central and Eastern Europe*, Hrsg. Anna Fruhstorfer, und Michael Hein, 145–172. Wiesbaden: Springer.

Minority Rights Group International. 2023. Minorities and Indigenous people in Bulgaria. https://minorityrights.org/country/bulgaria/. Zugegriffen am 21.09.2023.

Shugart, Matthew S., und John M. Carey. 2012. *Presidents and Assemblies*. Cambridge University Press.

Shopov, Waldimir. 2006. Persönliches Interview mit Autorin.

Spirova, Maria. 2012. 'A Tradition We Don't Mess With': Party patronage in Bulgaria. In *Party Patronage and Party Government in European Democracies*, Hrsg. Petr Kopecky, Peter Mair, und Maria Spirova, 54–73. Oxford: Oxford University Press.

Spirova, Maria. 2022. Bulgaria: Political Developments and Data in 2021. *European Journal of Political Research* 61(1): 47–70.

Spirova, Maria, und Radostina Sharenkova-Toshkova. 2021. Juggling friends and foes: Prime Minister Borissov's surprise survival in Bulgaria. *East European Politics* 37(3): 432–447.

Spirova, Maria, und Rumyana Kolarova. 2019. Bulgaria: Stable coalitions of Unstable Parties. In *Coalition Governance in Central Eastern Europe*, Hrsg. Torbjörn Bergman, Gabriella Ilonszki, und Wolfgang C. Müller, 86–128. Oxford: Oxford University Press.

The Sofia Globe. 2023, 06. Juni. Eurobarometer: 62% of Bulgarians not satisfied with the way democracy works in the country. https://sofiaglobe.com/2023/06/06/eurobarometer-62-of-bulgarians-not-satisfied-with-the-way-democracy-works-in-the-country/. Zugegriffen am 21.09.2023.

Transparency International. 2021. Global Corruption Barometer. European Union. https://www.transparency.org/en/gcb/eu/european-union-2021/results/bgr. Zugegriffen am 21.09.2023.

Transparency International. 2022a. Corruption Perceptions Index. https://www.transparency.org/en/cpi/2022/index/bgr. Zugegriffen am 27.07.2023.

Transparency International. 2022b. Bulgaria. https://www.transparency.org/en/countries/bulgaria. Zugegriffen am 27.07.2023.

Kosovo: Parlamentarisches System und starke informelle Institutionen

Burim Mexhuani

Zusammenfassung

Der Kosovo ist ein nicht vollständig anerkannter Staat, der bisher zwei Critical Junctures durchlaufen hat: den Kosovokrieg 1998/99 und die Unabhängigkeit von Serbien 2008. Das Kapitel untersucht das entstandene politische System sowie das hybride Regime, geprägt sowohl von formalen als auch informellen Institutionen. Eine Einordnung der Verfassung und ihrer Institutionen im sozialen, wirtschaftlichen und ethnischen Kontext gibt Aufschluss über die komplexen Wechselwirkungen innerhalb des Systems und zeigt die Bemühungen um eine Balance zwischen lokalen Gegebenheiten und Prinzipien der Rechtsstaatlichkeit.

Schlüsselwörter

Kosovo · Politisches System · Formale Institutionen · Informelle Dynamiken · Critical Juncture

B. Mexhuani (✉)
Faculty of Political Sciences, Independent Researcher,
Pristina, Kosovo
E-Mail: burim.mexhuani@ubt-uni.net

Tab. 1 Das politische System des Kosovo im Überblick

Verfassung	Verabschiedet: 2008
	Geändert: 2012, 2013, 2015, 2016, 2020
	Verfassungsänderungsregel: Initiativrecht haben Regierung, Präsident und 1/4 der Abgeordneten. Annahme durch 2/3 aller Abgeordneten des Parlaments, einschließlich 2/3 aller Abgeordneten, die reservierte oder garantierte Sitze zur Vertretung von Gemeinschaften innehaben, die nicht Mehrheit im Staat bilden
Regierungs-system	Parlamentarisch
Präsident	Wahlmodus und Amtszeit: indirekt gewählt für 5 Jahre, einmalige Wiederwahl möglich. Wahl durch Parlament mit 2/3 aller Mitglieder
	Kompetenzen: 1) Gesetzgebung: Recht, Gesetze und Verfassungs-änderungen zu initiieren; 2) Rücküberweisung verabschiedeter Gesetze, wenn sie als schädlich für die legitimen Interessen der Republik Kosovo oder einer oder mehrerer Gemeinschaften angesehen werden (nur einmal pro Gesetz); 3) Recht zur Teilnahme an Regierungssitzungen; 4) Recht zum Erlass von Dekreten in Ausnahmesituationen (Umfang und Grenzen in Verfassung und Gesetz festgelegt); 5) Außenpolitische Kompetenzen: Vertretung nach außen und Festlegung der Richtung der Außenpolitik in Zusammenarbeit mit Regierung; 6) Rolle bei Regierungsbildung: Er-nennung des Kandidaten für Amt des Ministerpräsidenten auf Vorschlag politischer Partei oder Koalition, die über parlamentarische Mehrheit ver-fügt; 7) Ernennung/Vorschlag von zentralen Akteuren: Ernennung Präsi-dent des Obersten Gerichtshofs, von Richtern, des Generalstaatsanwalts, Staatsanwälte und Leiter der diplomatischen Vertretungen auf Vorschlag der entsprechenden Institutionen oder Gremien; Ernennung des Vor-sitzenden des Zentralen Wahlausschusses, des Gouverneurs der Zentral-bank und anderer Mitglieder des Bankvorstands; 8) Auflösung des Parla-ments nur nach dessen Beschluss über eigene Auflösung möglich
Regierung (Kernexekutive)	Mitglieder: Ministerpräsident, stellvertretende Ministerpräsidenten, Minister
	Auswahl: Vorschlag für Amt des Premierministers durch Präsidenten nach Rücksprache mit Partei oder Koalition, die in Versammlung erforderliche Mehrheit für Bildung einer Regierung hat. Regierung ist gewählt, wenn sie Mehrheit der Stimmen aller Mitglieder des Parlaments erhält
	Abberufung: einfaches Misstrauensvotum auf Antrag von 1/3 aller Abgeordneten gegen gesamte Regierung; Vertrauensfrage auf Antrag des Ministerpräsidenten

(Fortsetzung)

Tab. 1 (Fortsetzung)

Parlament	Aufbau: eine Kammer (Versammlung des Kosovo) mit 120 Ab-geordneten, davon 20 für Vertretung der nicht der Mehrheit an-gehörenden Gemeinschaften im Kosovo: 10 für die serbische Gemein-schaft und 10 für Türken, Bosnier, Roma, Aschkali, Goranen und Ägyp-ter. Ständige Ausschüsse, operative Ausschüsse und Ad-hoc-Ausschüsse Bildung einer Fraktion durch mind. 5 Abgeordnete
	Dauer der Legislaturperiode: 4 Jahre
	Funktionen: 1) Gesetzgebung, inkl. Haushalt: Initiative durch einzelnen oder Gruppe von Abgeordneten; 2) Kontrolle der Exekutive: Unter-suchungsausschüsse, Interpellationen, Misstrauensvotum; 3) Wahl: nach innen (Parlamentspräsident und andere Parlamentsbeamte); nach außen (Präsident, Mitglieder des Justizrates und des Staatsanwaltschaftsrates)
Wahlsystem	Verhältniswahlsystem, 5 %-Hürde für Parteien, Koalitionen und unabhängige Kandidaten; keine Sperrklausel für Parteien, die nationale Minderheiten vertreten

Quelle: Eigene Darstellung

1   Einleitung

Als nicht vollständig anerkannter Staat, der aus den Konflikten der 1990er-Jahre hervorging, ist der Kosovo bei der Schaffung einer stabilen, demokratischen Regierungsform mit großen Herausforderungen konfrontiert gewesen. Nach der Auflösung Jugoslawiens musste der Kosovo ein stabiles politisches System auf-bauen und sich zugleich mit ethnischen Spannungen und Unabhängigkeitsbe-strebungen auseinandersetzen.

Die jüngste Geschichte des Kosovo wurde von zwei Critical Junctures geprägt. Dies waren der Kosovokrieg 1998/99 sowie die Unabhängigkeitserklärung 2008, die den politischen Status des Landes entscheidend veränderte. Darüber hinaus gab es mehrere Meilensteine und Ereignisse, die das politische System geprägt haben, ohne dabei dessen grundlegende Funktionsweise zu verändern. Zu diesen Meilen-steinen gehören Wahlrechtsreformen, welche zu Verschiebungen im Parteiensys-tem geführt haben und Protestbewegungen, die Druck auf die Regierungen aus-geübt und zu greifbaren Ergebnissen geführt haben.

Wie auch in den anderen Länderbeiträgen des vorliegenden Sammelbandes, liefert Tab. 1 einen Überblick über das entstandene politische System (Stand: Juli 2024).

2   Critical Junctures und Meilensteine der politischen Entwicklung des Kosovo

Der auf dem Balkan gelegene Kosovo hat eine komplexe Geschichte durchlebt, die von politischen Unruhen, ethnischen Spannungen und externen Interventionen geprägt gewesen ist. Ein fundiertes Verständnis der wichtigsten historischen Ereignisse, welche die politische Entwicklung des Landes geprägt haben, ist daher unerlässlich, um die aktuellen politischen Entwicklungen des Kosovo zu verstehen.

Der Zerfall Jugoslawiens in den frühen 1990er-Jahren schuf die Voraussetzungen für die später vorherrschenden Konflikte im Kosovo (Malcolm 1999, S. 23). Wie ein UN-Beamter konstatierte: „The collapse of Yugoslavia left Kosovo's future uncertain amidst the turmoil" (UNMIK-Archiv 2001). Der Kosovo-Krieg von 1998/99, der einen Großteil der Infrastruktur des Kosovo zerstörte und über 800.000 Albaner vertrieb (Ramet 2006, S. 45), löste eine humanitäre Krise aus und veranlasste die internationale Gemeinschaft zur Intervention. Der Konflikt wurde in erster Linie durch Spannungen zwischen der albanischen Bevölkerungsmehrheit und den serbischen Truppen, die dem Regime von Slobodan Milošević ergeben waren, ausgelöst. Um Frieden und Stabilität wiederherzustellen, wurde mit der Resolution 1244 des UN-Sicherheitsrates die so genannte Mission der Vereinten Nationen im Kosovo (UNMIK) eingerichtet, welche die Verwaltung des Gebiets übernehmen sollte. Die Resolution zielte darauf ab, die Krise im Sinne einer Übergangsverwaltung durch den Einsatz internationaler ziviler und sicherheitspolitischer Präsenz zu bewältigen (UN-Sicherheitsrat 1999). Die UNMIK übernahm die Exekutiv- und Legislativbefugnisse und überwachte die Übergangszeit und den Aufbau demokratischer Institutionen im Kosovo. Sie sah sich jedoch mit der Herausforderung konfrontiert, ein Gleichgewicht zwischen humanitären Zielen und den politischen Realitäten vor Ort herstellen zu müssen (Juncos 2005, S. 88–108).

Die anschließende Schaffung politischer Institutionen wie der Versammlung des Kosovo (des Parlaments) und die Bildung politischer Parteien legten den Grundstein für die politische Entwicklung des Landes (Cocozzelli 2009, S. 195). Der 2001 verabschiedete Verfassungsrahmen für die provisorische Selbstverwaltung im Kosovo bildete die Grundlage für das heutige politische System. Darin wurde die Aufteilung der Befugnisse zwischen der internationalen Gemeinschaft und den lokalen Institutionen festgelegt, wobei die UNMIK erhebliche Befugnisse erhielt. Mit dem verfassungsrechtlichen Rahmen wurde die Versammlung des Kosovo als gesetzgebendes Organ eingerichtet, welches sich aus gewählten Vertretern verschiedener politischer Parteien zusammensetzt.

Der Kampf um die Unabhängigkeit des Kosovo in den 1990er- und 2000er-Jahren verlief am Rande einer kriegerischen Auseinandersetzung, was erhebliche Auswirkungen auf den Charakter des politischen Prozesses hatte und die Schaffung eines stabilen Systems erschwerte. Durch ihren Einbezug in den politischen Prozess spielten Warlords wie Hashim Thaçi und Ramush Haradinaj in dieser Zeit eine bedeutende Rolle. Angehörige der Kosovo-Befreiungsarmee wurden unter internationaler Aufsicht später zu Ministern und sogar zu Präsidenten des Kosovo. Der militärische Hintergrund dieses neuen politischen Personals hat allerdings, anders als vielleicht zu erwarten, die Entwicklung eines im Großen und Ganzen friedlichen und integrativen politischen Systems nicht untergraben.

Die Unabhängigkeitserklärung von 2008 stellte eine zweite Critical Juncture dar, auch wenn die Unabhängigkeit den endgültigen Status des Kosovo nicht klärte (Williams und Neumann 2000, S. 165). Die Versammlung des Kosovo – das Parlament – beschloss damals, die Unabhängigkeit zu erklären, nachdem Verhandlungen mit Serbien über weitreichende Autonomieschritte gescheitert waren. Diese Erklärung hatte wichtige Auswirkungen auf den politischen Status und die Beziehungen zur internationalen Gemeinschaft. Obwohl die Unabhängigkeit von einer großen Zahl von Ländern anerkannt wurde, ist sie nach wie vor umstritten. So weigern sich unter anderem Serbien und fünf EU-Mitgliedstaaten (Zypern, Griechenland, Rumänien, die Slowakei und Spanien) bis heute (Stand: Februar 2024), den Kosovo anzuerkennen. Insgesamt markierte die Unabhängigkeitserklärung einen bedeutenden Wandel in der politischen Entwicklung des Landes, der die Interaktionen mit der internationalen Gemeinschaft prägte und die Funktionsweise der Institutionen beeinflusste (Warbrick 2008, S. 675–690).

Darüber hinaus haben mehrere Ereignisse das politische System des Kosovo geprägt, ohne dass diese zwangsläufig zu einem Kurswechsel geführt hätten. Ein Meilenstein ist die Wahlrechtsreform von 2007. Mit dieser Reform sollten Bedenken hinsichtlich der Vertretung von Minderheiten ausgeräumt und ein integratives politisches Umfeld gefördert werden (Kelmendi 2022, S. 466). Die Einführung des Verhältniswahlrechts mit offenen Listen und das Absenken der Wahlhürden führten zu einer vielfältigeren und wettbewerbsfähigeren politischen Landschaft (Cocozzelli 2009, S. 201).

Ein weiterer Meilenstein vor der Unabhängigkeit war eine Verfassungsreform, welche die Herausforderungen der Staatsführung und der Machtverteilung adressieren sollte. Der Ahtisaari-Plan, welcher 2007 vom UN-Sondergesandten Martti Ahtisaari vorgeschlagen wurde, empfahl ein dezentralisiertes Regierungssystem für den Kosovo. Dies sollte den Schutz der Minderheitenrechte gewährleisten und die Zusammenarbeit zwischen den verschiedenen Gemeinschaften fördern. Obwohl der Ahtisaari-Plan als Grundlage für spätere Verfassungsreformen diente, gibt es nach wie vor Debatten und Herausforderungen hinsichtlich seiner Umsetzung und seiner praktischen Auswirkungen (Bochsler 2022, S. 589–605).

Protestbewegungen haben sich als gewichtige Faktoren in der politischen Entwicklung des Kosovo erwiesen. Im Jahr 2014 löste die weit verbreitete Frustration über Korruption, wirtschaftliche Stagnation und Probleme der Staatsführung regierungsfeindliche Proteste aus. Diese Proteste, welche als Bewegung *Selbstbestimmung* (*Vetëvendosje*) bekannt wurden, gewannen an Dynamik und mobilisierten Tausende von Menschen, die einen politischen Wandel forderten. Die Protestbewegung kann als Meilenstein der politischen Entwicklung eingestuft werden, da sie die Macht der Zivilgesellschaft bei der Gestaltung politischer Ergebnisse demonstrierte (Hehir 2023, S. 15). Sie sandte eine klare Botschaft an das politische Establishment, dass die Bürger des Kosovo keine passiven Beobachter, sondern aktive Teilnehmer im politischen Prozess sind. Darüber hinaus löste *Selbstbestimmung* eine breitere Diskussion über demokratische Reformen und die Schaffung integrativerer und transparenterer Regierungsstrukturen aus.

Auch der 2011 eingeleitete und von der EU geförderte Dialog zwischen dem Kosovo und Serbien kann als Meilenstein in der politischen Entwicklung gelten. Ziel des Dialogs ist, die Beziehungen zwischen den beiden Entitäten zu normalisieren und offene Fragen zu klären, zum Beispiel in Bereichen wie Grenzmanagement, Handel und der Integration der im Kosovo lebenden ethnischen Serben. Der Dialog hatte tiefgreifende Auswirkungen und beeinflusste die Beziehungen des Landes zu den Nachbarstaaten sowie seine Bestrebungen hinsichtlich seiner EU-Integration (Mexhuani 2023c).

Der Einfluss der EU geht dabei über den Dialogprozess hinaus. Die EU hat sich aktiv am Aufbau von Institutionen im Kosovo beteiligt. Durch ihre Hilfsprogramme und ihr Engagement hat sie Leitlinien und Ressourcen zur Stärkung der Regierungsstrukturen und Institutionen bereitgestellt. Der Einfluss der EU auf den Aufbau von Institutionen hat maßgeblich zur Stärkung der Rechtsstaatlichkeit, zur Förderung der Transparenz und demokratischer Praktiken beigetragen. Insbesondere die EU-Rechtsstaatlichkeitsmission (EULEX) hat eine wichtige Rolle bei der Stärkung der Justiz und der Strafverfolgungsbehörden gespielt (Mexhuani 2023c).

3   Formale Institutionen im Kosovo

Die wichtigste Institution in der Postkonfliktstruktur des Kosovo ist die Verfassung von 2008. Sie griff die Erwartungen der verschiedenen Volksgruppen sowie indirekt der internationalen Gemeinschaft dahingehend auf, dass sie von Kompromissen hinsichtlich der Machtteilung geprägt ist (theoretisch ausgeführt in Lijphart

1968, S. 3–44). Allerdings bestehen Umsetzungsdefizite, welche auf Unstimmig-keiten hinsichtlich der Ausgestaltung der formalen Institutionen zurückzuführen sind (Hartzell und Hoddie 2003, S. 318–332).

In der Verfassung wird der Kosovo als unitarische und repräsentative demo-kratische Republik bezeichnet (Verfassung der Republik Kosovo 2008). Sie sieht ein parlamentarisches Regierungssystem mit einem zeremoniellen Präsidenten und einem starken Premierminister vor, wobei die Exekutivgewalt auf den Präsidenten und die Regierung übertragen ist (Marko 2008). Die Regierung setzt sich aus dem Premierminister und den Ministern zusammen. Der Premierminister wird von der Versammlung des Kosovo aus der Partei oder Koalition gewählt, welche die Mehr-heit der Sitze innehat, während die Minister vom Premierminister ernannt werden (Yabanci 2016, S. 355). Die Regierung ist für die Ausübung exekutiver Funktionen wie die Entwicklung und Umsetzung politischer Maßnahmen, die Vorlage von Gesetzesvorschlägen und die Leitung der öffentlichen Verwaltung zuständig (Mex-huani und Mexhuani 2023, S. 12). Die Verfassung strukturiert die kosovarische Regierung zwar auf der Grundlage des demokratischen Grundsatzes der gegen-seitigen Kontrolle, allerdings haben parteipolitische Streitigkeiten innerhalb der Regierungskoalition die langfristige Stabilität und politische Kohärenz bisweilen oft untergraben (Mexhuani 2023a).

Der Präsident repräsentiert die Einheit des Volkes, vertritt das Land nach innen und außen und ist Garant für das demokratische Funktionieren der Institutionen der Republik Kosovo. Außerdem ratifiziert er in Abstimmung mit der Versammlung internationale Abkommen. Er verfügt über bestimmte Befugnisse im Bereich der Gesetzgebung, unter anderem über ein suspensives Vetorecht (Art. 80 VerfKos). Je-doch hat er keine Befugnis zur Vorlage von Gesetzesentwürfen; dieses Recht liegt bei den Mitgliedern der Versammlung, der Regierung des Kosovo und den ein-zelnen Ministern. Gewählt wird er von der Versammlung für eine Amtszeit von fünf Jahren in geheimer Wahl mit Zweidrittelmehrheit.

Die Legislativgewalt liegt beim Einkammerparlament, der Versammlung des Ko-sovo, welche sich aus 120 Mitgliedern zusammensetzt und nach einem Verhältnis-wahlsystem mit offener Liste für vier Jahre gewählt wird (Mexhuani 2023a, S. 8). Die Versammlung ist als direkt gewähltes Gremium für die Politikgestaltung und die Kontrolle der Regierung zuständig. Von den 120 Sitzen sind 20 für die Vertretung von Minderheiten vorgesehen, wobei zehn Sitze für die serbische Gemeinschaft und wei-tere zehn Sitze für die türkische, bosnische, Roma-, Aschkali, Gora- und ägyptische Minderheit reserviert sind (Art. 64 VerfKos). Um die Gleichstellung der Geschlech-ter zu fördern, hat die Versammlung ein Quotensystem eingeführt, wonach mindes-tens ein Drittel der Versammlung aus weiblichen Abgeordneten bestehen soll. Mit diesen Bestimmungen soll sichergestellt werden, dass die Versammlung die hetero-gene Bevölkerungsstruktur des Kosovo widerspiegelt.

Um die unabhängige Kontrolle der Staatsgewalt zu stärken und die Grundrechte zu schützen, verteilt der demokratische Rahmen des Kosovo die Befugnisse auf weitere Institutionen. Das Verfassungsgericht, welches sich aus neun Richtern zusammensetzt, ist als unabhängiges Justizorgan für die Beilegung von Verfassungsstreitigkeiten zuständig. Die Entscheidungen des Verfassungsgerichts wirken sich auf die Auslegung und Anwendung der Verfassung aus und garantieren die Einhaltung der rechtsstaatlichen Grundsätze. Durch die aktive Beilegung zahlreicher Streitigkeiten spielt das Gericht eine wichtige Rolle bei der Wahrung der in der Verfassung verankerten Grundrechte und -freiheiten.

Auf lokaler Ebene ist der Kosovo in 38 Gemeinden unterteilt, die jeweils einen gewählten Bürgermeister und eine Versammlung haben. Die Gemeindebehörden sind für die öffentlichen Dienstleistungen in ihrem gesetzlich festgelegten Zuständigkeitsbereich verantwortlich. Die Gemeinden spielen als dezentralisierte Einheiten der lokalen Verwaltung eine wichtige Rolle (Bieber 2018, S. 348). Eines der Hauptprobleme einer wirksamen Dezentralisierung im Kosovo ist die Abgrenzung der Zuständigkeiten zwischen zentralen und kommunalen Behörden, wie sie in Art. 123–124 VerfKos verankert ist. Mehrere, sich überschneidende und unklare Zuständigkeitsbereiche, zum Beispiel in der Schulpolitik oder der Raum- und Stadtplanung, haben zu Streitigkeiten über die Erbringung von Dienstleistungen und die Umsetzung der Politik auf lokaler Ebene geführt.

Ebenfalls konfliktgeladen war die Gründung der Vereinigung/Gemeinschaft der Gemeinden mit serbischer Mehrheit im Kosovo[1] (ASK), welche noch nicht vollständig umgesetzt ist. Im Jahr 2015 entschied das Verfassungsgericht, dass deren Grundsätze nicht vollständig mit dem Geist der Verfassung übereinstimmen (Verfassungsgericht der Republik Kosovo 2015). Und obwohl das Brüsseler Abkommen von 2013, welches die Beziehungen zwischen dem Kosovo und Serbien normalisieren sollte, die Grundsätze für die Gründung der ASK enthielt, war ihre Umsetzung Gegenstand anhaltender Konflikte und verfassungsrechtlicher Streitigkeiten. Der Haptstreitpunkt besteht in der Abgrenzung der Befugnisse und Zuständigkeiten zwischen der Zentralregierung des Kosovo und der ASK, wobei sich der Verfassungskonflikt aus den unterschiedlichen Ansichten über das Gleichgewicht zwischen lokaler Autonomie und der Gesamtsouveränität der Regierung des Kosovo ergibt.

Die Bildung politischer Parteien ist im Kosovo durch den historischen Kontext geprägt, insbesondere den Forderungen nach Unabhängigkeit und des Zerfalls der

---

[1] Siehe Vereinigung/Gemeinschaft der Gemeinden mit serbischer Mehrheit im Kosovo – allgemeine Grundsätze, abrufbar unter https://eeas.europa.eu/archives/docs/statements-eeas/docs/150825_02_association-community-of-serb-majority-municipalities-in-kosovo-general-principles-main-elements_en.pdf, Zugegriffen: 22. November 2023.

Sozialistischen Föderativen Republik Jugoslawiens. Die wichtigsten Parteien wie die *Demokratische Liga des Kosovo* (*Lidhja Demokratike e Kosovës*, LDK), die *Demokratische Partei des Kosovo* (*Partia Demokratike e Kosovës*, PDK) und die *Allianz für die Zukunft des Kosovo* (*Aleanca për Ardhmërinë e Kosovës*, AAK) entstanden bereits vor der Unabhängigkeit. Die 1989 gegründete und von Ibrahim Rugova geführte LDK war eine der frühesten und bekanntesten politischen Organisationen des Landes. Die PDK und die AAK entstanden nach dem Krieg und wurden von den ehemaligen Militärkommandanten Hashim Thaçi und Ramush Haradinaj geführt. Die *Serbische Liste* (*Srpska lista*), welche die Kosovo-Serben vertritt, wurde nach der Unabhängigkeit 2008 gegründet, um die Interessen der serbischen Minderheit im politischen System des Kosovo zu vertreten. Dieser Partei ist es gelungen, Unterstützung innerhalb der serbischen Gemeinschaft zu mobilisieren und die meisten Minderheitensitze in der Versammlung zu erringen (EWB 2020).

Neben diesen großen Parteien gibt es kleinere Parteien, die sich mit spezifischen Programmen oder als Vertreter bestimmter Gemeinschaften etabliert haben. Diese konzentrieren sich häufig auf Minderheitenrechte, Umweltbelange oder regionale Interessen. Sie spielen eine entscheidende Rolle bei der Vertretung der vielfältigen Interessen in der multiethnischen und multikulturellen Gesellschaft des Kosovo, tragen aber auch zur Zersplitterung der politischen Landschaft bei und fördern ein Umfeld, in dem Koalitionsregierungen nicht langfristig zusammenarbeiten. Eine Folge sind häufige vorgezogene Parlamentswahlen.

Auch wenn sich in der Postkonfliktphase eine Vielzahl politischer Parteien gebildet hat, welche verschiedene ethnische Gemeinschaften und politische Ziele vertreten, behindern Korruption und schwache Rechenschaftspflicht weiterhin die Demokratisierung (APK 2021; Transparency International 2021). Abgesehen von politischen Parteien spielen auch Interessengruppen und Nichtregierungsorganisationen eine wichtige Rolle im politischen Prozess. Zivilgesellschaftliche Organisationen wie *Democracy for Development* (D4D) oder das *Kosovo Women's Network* (KWN) zeigen, wie zivilgesellschaftliche Akteure zur Gestaltung des nationalen Dialogs beitragen, indem sie Transparenz, Bürgerbeteiligung und eine integrative Politik fördern, die sich an den Menschenrechten und der sozioökonomischen Entwicklung orientiert. Die prominente D4D setzt sich für mehr Transparenz, Rechenschaftspflicht und Rechtsstaatlichkeit in der politischen Landschaft des Kosovo ein und arbeitet aktiv mit Bürgern und politischen Entscheidungsträgern zusammen, um sich für wirksame politische Maßnahmen und Reformen einzusetzen, die der gesamten Gesellschaft zugutekommen (D4D 2023). Das KWN engagiert sich für die Gleichstellung der Geschlechter, die Rechte der Frauen und die Stärkung der politischen Handlungsfähigkeit (KWN 2023).

4   Informelle Dynamiken und ihre Auswirkungen auf das politische System

Informelle Praktiken haben in der kosovarischen Politik traditionell eine große Rolle gespielt, nicht zuletzt bei der Bewältigung grundlegender Konflikte (Marko 2008). Eine wichtige Quelle informeller Dynamiken sind Clan- und Familiennetzwerke mit tiefen sozialen Wurzeln, die über politische Grenzen hinausreichen. Ein bedeutendes Netzwerk stellen die Drenica-Clans dar, deren Zentrum in der gleichnamigen Region im Zentralkosovo liegt. Sie traten vor allem während des Konflikts in den 1990er-Jahren in Erscheinung. Ihre Mitglieder hatten sowohl militärische als auch später politische Führungsrollen inne. Ein weiteres einflussreiches Clan-Netzwerk ist das der Dukagjini, welches sich über die Region im westlichen Kosovo sowie über das benachbarte Montenegro und Albanien erstreckt. Als historisch, wirtschaftlich und sozial mächtiger Clan spielen die Dukagjini-Netzwerke eine Rolle in verschiedenen Gemeinschaften.

Beide Clans haben auch konkrete politische Bedeutung. Der Dukagjini-Clan gruppiert sich um die Großfamilie Haradinaj, einschließlich des prominenten Führers Ramush Haradinaj. Hashim Thaçi, ein ehemaliger Anführer der Kosovo-Befreiungsarmee und späterer Premierminister und Präsident, bezieht einen Teil seines politischen Einflusses aus seiner Zugehörigkeit zu den Drenica-Clans. Diese Netzwerke bilden Allianzen, organisieren den Zugang zu Ressourcen und die Verteilung der politischen Macht; in gewisser Weise sind die politischen Akteure auf ihre Unterstützung und ihren Einfluss angewiesen. Traditionelle Streitbeilegungsmechanismen bleiben ebenfalls wichtig, insbesondere in ländlichen Gebieten und bestimmten ethnischen Gemeinschaften (Dodds et al. 2014). Zwar gibt es formale rechtliche Strukturen, doch integrieren diese informellen Konfliktlösungswege die Gesellschaft und erfüllen daher bestimmte Funktionen im Kontext eines schwachen Staates. Die informelle Sphäre ist mithin grundsätzlich für die Vertrauensbildung zwischen den Volksgruppen und die politische Koordinierung zwischen fragmentierten Parteien von Bedeutung.

Jenseits gesellschaftlicher Traditionen steuern die Machtbeziehungen zwischen prominenten politischen Akteuren und Interessensgruppen die politischen Ereignisse durch informelle Normen der Verhandlung und Entscheidungsfindung. Politische Elitenfamilien verfügen über erheblichen Einfluss, welcher von Generation zu Generation weitergegeben wird, und welche in Netzwerken organisiert sind, die von persönlichen Beziehungen und wirtschaftlich-politischen Verflechtungen geprägt sind (McAllister und White 2007, S. 197–216; Krasniqi 2019, S. 1–15). Politische Parteien sind in diese Netzwerke integriert. Interessensgruppen wie die Kosovarische Handelskammer und branchenspezifische Verbände nutzen ebenfalls ihre Ressourcen und Netzwerke, um sich für eine Politik einzusetzen, die den Interessen ihrer Mitglieder entspricht. Diese Gruppen führen regelmäßige Konsultationen mit politischen Entscheidungsträgern durch und beteiligen sich aktiv am politischen Entscheidungsprozess. Die horizontale Zusammenarbeit zwischen den Parteien und die vertikale Konzentration von Befugnissen sowohl innerhalb als auch zwischen den Regierungszweigen wird in hohem Maße informell hinter verschlossenen Türen ausgehandelt (Han 2020, S. 71–87).

Auch die interethnischen Beziehungen im Kosovo werden stark von informellen Machtteilungsvereinbarungen beeinflusst. Während die Macht verfassungsrechtlich auf Grundlage der territorial-demografischen Repräsentation aufgeteilt ist, hängen politische Übereinkommen in der Praxis eher von informellen Kompromissen zwischen den albanischen und serbischen Elitegruppen ab (Jackson 2023, S. 989–1014). Angesichts der traditionellen Abhängigkeit von informellen Strukturen ist es nicht verwunderlich, dass Klientelismus und sogar die Vereinnahmung des Staates im Kosovo auf fruchtbaren Boden fielen und sich bis heute halten (Elbasani 2018, S. 149–164).

Wie und warum konnten sich diese klientelistischen Netzwerke im Rahmen der international geführten Bemühungen um den Staatsaufbau halten? Eine Erklärung dafür sind die von der UNMIK im öffentlichen Dienst durchgesetzten Einstellungsregeln, die einen Flickenteppich aus uneinheitlichen, sich überschneidenden und schlecht durchsetzbaren Rechtsvorschriften schufen (Zaum 2007). Dies bot lokalen Akteuren die Möglichkeit, loyale Personen in die gesamte staatliche Bürokratie einzuschleusen. Mit der Machtübergabe an die gewählten Behörden nach der Unabhängigkeit wurden die Einstellungsregeln noch stärker den formalen und informellen Strategien politischer Kontrolle durch die regierenden Akteure ausgesetzt (Mexhuani 2023a). Internationale Institutionen haben so zur Entstehung eines hybriden Charakters der kosovarischen Bürokratie beigetragen.

Charakteristischerweise trifft dieser Zustand – allerdings in abgeschwächtem Maße – auch auf die EULEX-Mission der EU zu, welche das Ziel hat, die rechtsstaatlichen Institutionen im Kosovo zu stärken. Während mithin der Schwerpunkt der Mission auf Professionalität und Unparteilichkeit liegt, ist der Charakter der Bürokratie im Kosovo aufgrund der Dominanz politischer Klientelwirtschaft hybrid geblieben. Die EU hat sich zwar bemüht, diese Probleme durch ihre Unterstützung für eine Reform der öffentlichen Verwaltung und Maßnahmen zur Korruptionsbekämpfung anzugehen. Die Auswirkungen dieser Bemühungen werden sich jedoch erst im Zeitverlauf zeigen, schließlich kann das Erbe der über Jahre hinweg aufgebauten klientelistischen Netzwerke nicht über Nacht beseitigt werden (Stacey 2003, S. 936–955).

Im Rahmen dieses Prozesses hat das Ende der überwachten Unabhängigkeit im Jahr 2012 die lokalen Behörden konsolidiert und ihnen den Schlüssel zur staatlichen Macht gegeben (Elbasani 2018, S. 149–164). Vor 2012 arbeiteten die lokalen Behörden unter externer Aufsicht und mit begrenzter Autonomie. Mit dem Ende der überwachten Unabhängigkeit erhielten sie mehr Kontrolle und Entscheidungsbefugnisse über ihre eigenen Angelegenheiten (International Crisis Group 2012). Die Verlagerung hin zu größerer lokaler Autonomie zielte darauf ab, die Rechenschaftspflicht zu erhöhen und die Regierungsführung auf lokaler Ebene zu verbessern (Internationales Republikanisches Institut 2013). In diesem Sinne ermöglich(t)en die internationalen Behörden auch einige Praktiken zur Umwandlung der informellen Institutionen in formalere Strukturen. Insgesamt waren sie in der Lage, ein stärker dezentralisiertes und partizipatives Regierungssystem im Kosovo zu fördern (Europäische Stabilitätsinitiative 2010).

5   Fazit

Beim Kosovo handelt es sich um einen nicht vollständig anerkannten Staat, der bei der Schaffung einer stabilen demokratischen Regierungsform mit erheblichen Herausforderungen konfrontiert war. Vom Kosovokrieg 1998/99 bis zur Unabhängigkeitserklärung 2008 hatten Critical Junctures und Meilensteine tiefgreifende Auswirkungen auf den politischen Weg des Landes. Darüber hinaus haben Wahlrechtsreformen, Protestbewegungen und der laufende Dialog zwischen dem Kosovo und Serbien die Entwicklung der politischen Landschaft beeinflusst.

Ein angemessenes Verständnis des politischen Systems muss zugleich formale und informelle Institutionen umfassen. Letztere sind von besonderer Bedeutung, weil vor und nach der Unabhängigkeit politische Arrangements getroffen werden mussten, die sich allein mit formalen Institutionen nicht erreichen ließen. Ehemalige Feldkommandeure wie Hashim Thaçi und Ramush Haradinaj haben nach der Unabhängigkeit eine große Rolle in der Politik des Kosovo gespielt, ohne dass ihre Kriegsbeteiligung die Bemühungen um die Schaffung eines friedlichen und inklusiven politischen Systems untergraben hätte. Darüber hinaus ist der Einfluss externer Akteure, insbesondere der Europäischen Union, bei der Unterstützung der Bemühungen des Kosovo um den Aufbau von Institutionen hervorzuheben. Die Hilfsprogramme und das Engagement der EU haben zur Stärkung der Rechtsstaatlichkeit sowie zur Förderung der Transparenz und demokratischer Praktiken beigetragen, konnten jedoch die fortdauernde Wirkung informeller Institutionen nicht beenden.

Kontrollfragen

(1) Welche Ereignisse sind Critical Junctures und Meilensteine, welche die Entwicklung des politischen Systems des Kosovo maßgeblich beeinflusst haben?

(2) Wie wirken sich informelle Dynamiken und Institutionen auf formale Institutionen wie die Verfassung und das Regierungssystem aus und wie beeinflussen sie das Funktionieren des politischen Systems des Kosovo?

(3) Wie beeinflusst der Status des Kosovo als nicht vollständig anerkannter Staat seine Aussichten auf weitere Demokratisierung und europäische Integration?

Weiterführende Literatur

1. Malcolm, Noel. 1998. *Kosovo: A Short History.* New York: New York University Press.

Prägnante und dennoch umfassende Geschichte des Kosovo, die ein klares Verständnis der Vergangenheit der Region und ihrer Auswirkungen auf die gegenwärtige politische Situation bietet.

2. Judah, Tim. 2008. Kosovo: *What Everyone Needs to Know.* Oxford: Oxford University Press.

Knappe, aber informative Darstellung der Zeit nach der Unabhängigkeit des Kosovo und Erörterung seiner verfassungsrechtlichen Herausforderungen.

3. Visoka, Gëzim. 2017. Shaping Peace in Kosovo: The Politics of Peacebuilding and Statehood. Cham, Schweiz: Palgrave Macmillan.

Beleuchtet kritisch die Intervention der internationalen Gemeinschaft und die Bemühungen zur Friedenskonsolidierung. Bietet dabei Einblicke in die Herausforderungen und Möglichkeiten beim Aufbau eines friedlichen Staates in einer geteilten Gesellschaft.

Literatur

APK. 2021. Fighting Corruption. Agency for Prevention of Corruption. https://www.akk-ks. org/en/. Zugegriffen: 06. Oktober 2023.

Bieber, Florian. 2018. Patterns of competitive authoritarianism in the Western Balkans. *East European Politics* 34 (3): 337–354. https://doi.org/10.1080/21599165.2018.1490272.

Bochsler, Daniel. 2022. Checkmate? Corporate Power-Sharing, Liberal Voting Rights and the Kosovo Supreme Court. *Ethnopolitics* 22 (5): 589–605. https://doi.org/10.1080/ 17449057.2022.2093563.

Cocozzelli, Fred. 2009. Critical junctures and local agency: how Kosovo became independent. *Southeast European and Black Sea Studies* 9 (1–2): 191–208. https://doi.org/ 10.1080/14683850902723603.

Verfassung der Republik Kosovo. 2008. Constitution of the Republic of Kosovo. Gazeta Zyrtare e Republikës Së Kosovës, 10. Juni 2008. https://gzk.rks-gov.net/ActDetail.aspx? ActID=3702. Zugegriffen: 6. Oktober 2023.

D4D. 2023. Mission and Vision. Democracy for Development. https://d4d-ks.org/. Zugegriffen: 22. November 2023.

Dodds, Anneliese, Jelena Obradovic-Wochnik, und Ahmed Badran. 2014. The new institutionalism in the context of Kosovo's transition: regulatory institutions in contested states. *East European Politics* 30 (4): 436–457. https://doi.org/10.1080/21599165.2014.929572.

Elbasani, Arolda. 2018. State-building or state-capture? Institutional exports, local reception and hybridity of reforms in post-war Kosovo. *Southeast European and Black Sea Studies* 18 (2): 149–164. https://doi.org/10.1080/14683857.2018.1475901.

Europäische Stabilitätsinitiative. 2010. Consolidating Kosovo's Sovereignty: Why it Matters, and What Must Be Done. ESI. https://www.esiweb.org/pdf/esi_document_id_120. pdf. Zugegriffen: 23. Juni 2023.

EWB. 2020. Political parties in Albania fail to meet the deadline on electoral reform. *European Western Balkans*, 01. Juni 2020. https://europeanwesternbalkans.com/countries/ kosovo/political-parties/. Zugegriffen: 22. September 2023.

Han, Kyung Joon. 2020. Reacting to Isolation: How the Political Exclusion of Extreme Right-wing Parties Changes the Party Support. *Representation* 56:71–87. https://doi.org/ 10.1080/00344893.2019.1663906.

Hartzell, Caroline, und Matthew Hoddie. 2003. Institutionalizing Peace: Power Sharing and Post-Civil War Conflict Management. *American Journal of Political Science* 47 (2): 318–332. https://doi.org/10.1111/1540-5907.00022.

Hehir, Aidan. 2023. The relationship between hope and societal stability in Kosovo. *East European Politics* 40 (1): 173–193. https://doi.org/10.1080/21599165.2023.2225047.

International Crisis Group. 2012. Kosovo and Serbia: A New Opportunity for Peace. International Crisis Group. https://www.crisisgroup.org/europe-central-asia/balkans/serbia/ serbia-and-kosovo-path-normalisation. Zugegriffen: 15. Oktober 2023.

Internationales Republikanisches Institut. 2013. Kosovo Local Government Index. IRI. https:// www.iri.org/sites/default/files/2013%20Kosovo%20Local%20Government%20Index.pdf. Zugegriffen: 22. Juni 2022.

Jackson, Christopher M. 2023. Dominant party politics and ethnic coordination after conflict: the Serb List in Kosovo. *Democratization* 30 (6): 989–1014. https://doi.org/10.1080/13510347.2023.2207013.

Juncos, Ana E. 2005. The EU's post-Conflict Intervention in Bosnia and Herzegovina:(re) Integrating the Balkans and/or (re) Inventing the EU? *Southeast European Politics* 6 (2): 88–108. https://citeseerx.ist.psu.edu/document?repid=rep1&type=pdf&doi=1b3923e71 8176181159dd8ecefa7b5f6aeb1faa3.

Kelmendi, Pëllumb. 2022. Rebel Successor Parties and Their Electoral Performance in the Balkans. *Security Studies* 31 (3): 446–482. https://doi.org/10.1080/09636412.2022.2112275.

Krasniqi, Naile. 2019. Kosovo: The development of interest groups in a fragile democracy. *Journal of Public Affairs* 19 (2): 1–15. https://doi.org/10.1002/pa.1721.

KWN. 2023. Strategy 2023–2026. Kosovo Women's Network. https://womensnetwork.org/. Zugegriffen: 22. November 2023.

Lijphart, Abend. 1968. Typologies of Democratic Systems. *Comparative Political Studies* 1 (1): 3–44. https://doi.org/10.1177/001041406800100101.

Malcolm, Noel. 1999. *Kosovo: A Short History.* New York: New York University Press.

Marko, Joseph. „The new Kosovo constitution in a regional comparative perspective." *Review of Central and East European Law* 33, no. 4 (2008): 437–450. https://doi.org/10.1163/157303508X339698

McAllister, Ian, und Stephen White. 2007. Political Parties and Democratic Consolidation in Post-Communist Societies. *Party Politics* 13 (2): 197–216. https://doi.org/10.1177/1354068807073858.

Mexhuani, Burim. 2023a. Ideology and Political Party Dynamics in Kosovo: An Exploration of Political Parties' Program and Ideology. *The Ideology and Politics Journal* 1 (23): 276–293. https://doi.org/10.36169/2227-6068.2023.01.00010.

Mexhuani, Burim. 2023c. The Role of the EU in Shaping Kosovo's Political Future: A Critical Analysis. *Cogent Social Sciences* 9 (1): 2209983. https://doi.org/10.1080/23311886.2023.2209983.

Mexhuani, Burim, and Fitim Mexhuani. 2023. Leadership styles and the legitimacy of Kosovo's leaders. *Cogent Social Sciences* 9 (1). https://doi.org/10.1080/23311886.2023.2242611.

Ramet, Sabrina P. 2006. *The three Yugoslavias: state-building and legitimation, 1918–2005.* Bloomington: Indiana University Press.

Stacey, Jeffrey. 2003. Displacement of the Council via informal dynamics? Comparing the Commission and Parliament. *Journal of European Public Policy* 10 (6): 936–955. https://doi.org/10.1080/1350176032000148379.

Transparency International. 2021. Corruption Perceptions Index. Transparency International. https://www.transparency.org/en/cpi/2021. Zugegriffen: 06. Oktober 2023.

UN-Sicherheitsrat. 1999. Resolution 1244. S/RES/1244, 10. Juni 1999. United Nations Security Council. https://undocs.org/S/RES/1244(1999). Zugegriffen: 22. November 2023.

UNMIK-Archiv. 2001. *Weekly Situation Report.* United Nations Mission in Kosovo Archives. https://unmikarchives.unmissions.org. Zugegriffen: 29. September 2023.

Verfassungsgericht der Republik Kosovo. 2015. Judgment in Case No. KO 130/15. AGJ877/15, 23. Dezember 2015. Gjykata Kushtetuese. https://gjk-ks.org/wp-content/uploads/vendimet/gjk_ko_130_15_ang.pdf. Zugegriffen: 21. November 2023.

Warbrick, Colin. 2008. Kosovo: The Declaration of Independence. *International and Comparative Law* 57 (3): 675–690. https://doi.org/10.1017/S002058930800047X.
Williams, Michael C., und Iver B. Neumann. 2000. From alliance to security community: NATO, Russia, and the power of identity. *Millennium* 29 (2): 357–387. https://doi.org/10.1177/03058298000290020801.
Yabanci, Bilge. 2016. The (Il)legitimacy of EU state building: local support and contention in Kosovo. *Southeast European and Black Sea Studies* 16 (3): 345–376. https://doi.org/10.1080/14683857.2016.1156345.
Zaum, Dominik. 2007. Statebuilding in Kosovo. In *The Sovereignty Paradox: The Norms and Politics of International Statebuilding*, 127–179. Oxford Academic. https://doi.org/10.1093/acprof:oso/9780199207435.003.0005. Zugegriffen: 21. November 2023.

Kroatien: Parlamentarisches System und informelle Machtdynamiken

Zdravko Petak und Višeslav Raos

Zusammenfassung

Die Republik Kroatien durchlief bereits 1989/1990, noch als Teilrepublik des sozialistischen Jugoslawiens, einen demokratischen Transformationsprozess. Nach der Unabhängigkeit 1991 folgte bis 1995 der Kroatische Unabhängigkeitskrieg, welcher die Herausbildung eines semi-autoritären Systems unter Präsident Franjo Tuđman beförderte. Sein Tod sowie die Abwahl seiner Partei 2000 war eine Critical Juncture, infolge derer das politische System reformiert, re-demokratisiert und der Prozess der europäischen Integration vorangetrieben wurde.

Schlüsselwörter

Kroatien · Demokratie · Marktwirtschaft · Europäisierung · Korruption

Z. Petak (✉) · V. Raos
Fakultät der politischen Wissenschaften, Universität Zagreb, Zagreb, Kroatien
E-Mail: zdravko.petak@fpzg.hr; viseslav.raos@fpzg.hr

© Der/die Autor(en), exklusiv lizenziert an Springer Fachmedien Wiesbaden   221
GmbH, ein Teil von Springer Nature 2025
S. Priebus, T. Beichelt (Hrsg.), *Die politischen Systeme im östlichen Europa*,
https://doi.org/10.1007/978-3-658-43647-6_12

Tab. 1 Das politische System Kroatiens im Überblick

Verfassung	Verabschiedet: 1990
	Geändert: 1997, 2000, 2001, 2010, 2013
	Verfassungsänderungsregel: Initiativrecht haben mind. 1/5 der Abgeordneten, Präsident und Regierung. Annahme durch parlamentarische 2/3-Mehrheit oder per Referendum
Regierungssystem	Parlamentarisch mit direkt gewähltem Präsidenten
Präsident	Wahlmodus und Amtszeit: direkt gewählt für 5 Jahre, einmalige Wiederwahl möglich
	Im 1. Wahlgang absolute Mehrheit erforderlich, andernfalls Stichwahl zwischen zwei Kandidaten mit höchster Stimmenzahl
	Kompetenzen: 1) Vorschlag an Regierung zur Abhaltung einer Sondersitzung und Teilnahme an dieser; 2) Auftrag zur Regierungsbildung an Person, die gemäß parlamentarischer Kräfteverhältnisse wahrscheinlich Vertrauen der Mehrheit hat; 3) Recht zur Erlassung von Verordnungen mit Gesetzeskraft während des Kriegszustands (müssen durch Parlament bestätigt werden); 4) Gestaltung der Außen-, Verteidigungs- und Sicherheitspolitik mit Regierung; 5) Ernennung von Botschaftern, Oberoffizieren, und Leitern der Nachrichtendienste, Vorschlag des Präsidenten des Obersten Gerichtshofs; 6) Oberbefehlshaber der Streitkräfte
Regierung	Mitglieder: Premierminister, 3–4 stellvertretende Ministerpräsidenten und 12–14 Minister
	Auswahl: Erteilung des Mandats zur Regierungsbildung durch Staatspräsidenten, Wahl gesamter Regierung durch absolute Mehrheit des Parlaments
	Abberufung: einfaches Misstrauensvotum auf Antrag von 1/5 der Abgeordneten gegen einzelne Minister, Premierminister oder ganze Regierung; Vertrauensfrage durch Ministerpräsidenten
Parlament	Aufbau: bis 2001 zwei Kammern (Abgeordnetenhaus und Gespanschaftenhaus), seit 2001 eine Kammer mit 151 Abgeordneten, ständige Ausschüsse und Untersuchungsausschüsse Bildung einer Fraktion durch mind. drei Abgeordnete
	Dauer Legislaturperiode: 4 Jahre
	Funktionen: 1) Gesetzgebung: Initiativrecht hat jeder Abgeordnete, jede Fraktion und Ausschüsse; 2) Kontrolle der Exekutive: Fragestunde, Interpellationen, Untersuchungsausschüsse, einfaches Misstrauensvotum; 3) Wahl: Richter des Verfassungsgerichtshofs, des Präsidenten des Obersten Gerichtshofs, des Hauptstaatsanwaltes, des Präsidenten des Staatsrechnungshofes, des Gouverneurs der Nationalbank und der Bürgerbeauftragten

(Fortsetzung)

Tab. 1 (Fortsetzung)

Wahlsystem	1990: absolutes Mehrheitswahlrecht mit 7,5 %-Hürde für 2. Wahlgang 1992: Grabenwahlsystem mit 3 %-Hürde auf Landesebene für Listenmandate, 11 Listenmandate für die serbische Minderheit, 4 Einpersonenwahlkreise für andere Minderheiten 1995: Grabenwahlsystem mit 5 %-Hürde auf Landesebene für Listenmandate (7 bzw. 11 % für Koalitionslisten), 7 Abgeordnete der ethnischen Minderheiten nach Mehrheitswahl gewählt, 12 Abgeordnete als Vertreter der Auslandsbürger nach Listenwahl gewählt Seit 2000: Verhältniswahl mit Listen und 5 %-Hürde auf Wahlkreisebene, seit 2015 Präferenzstimme möglich, 8 Abgeordnete der ethnischen Minderheiten nach Mehrheitswahl gewählt, 3 Abgeordnete als Vertreter der Auslandsbürger nach Listenwahl gewählt

Quelle: Eigene Darstellung

1 Einleitung

Bis zu seiner Unabhängigkeit 1991 war Kroatien neben Slowenien eine der höchstentwickelten Teilrepubliken der Jugoslawischen Sozialistischen Föderation. Nach dem Zweiten Weltkrieg wurde Jugoslawien trotz anfänglicher Rückständigkeit in den darauffolgenden 30 Jahren stark modernisiert (Allcock 2000) und entwickelte sich zu einer dynamischen Wirtschaft mit hoher Wachstumsrate (Vojnić 1995). Innerhalb Jugoslawiens galt dies auch für Slowenien und Serbien, deren BIP von 1952 bis 1990 um mehr als das Fünffache wuchs (Bolt und Van Zanden 2020). Das Wachstum stagnierte nach dem Tod des jugoslawischen Präsidenten Josip Broz Tito 1980 jedoch wieder. Kurz darauf entzündeten sich große Konflikte zwischen den Bundesstaaten über die Zukunft des jugoslawischen Bundes und die Rolle der Bundesregierung in der Wirtschaftspolitik (Woodward 1995a), wobei Slowenien und Kroatien an der Beibehaltung der starken Rolle der Bundesstaaten interessiert waren, so wie von der Verfassung von 1974 vorgesehen.

Mit dem Aufstieg von Slobodan Milošević an die Spitze des *Bundes der Kommunisten Serbiens* im Jahr 1986 wurden die bestehenden Regelungen zur Beilegung von Streitigkeiten innerhalb der Föderation in Frage gestellt (Grdešić 2019; Ramet 2002; Rusinow 1988; Woodward 1995a). Nach den Mehrparteienwahlen in Slowenien Anfang April 1990 und kurz darauf in Kroatien wurde klar, dass die neuen politischen Führungen nach Unabhängigkeit streben würden. Im Jahr 1991 zerbrach Jugoslawien an einer Reihe von blutigen Kriegen, insbesondere in Kroatien (1991–1995) sowie Bosnien und Herzegowina (1992–1995) (Seroka und Pavlović 1992; Ramet 2002; Woodward 1995b).

Seit dem Ende des Kroatienkrieges prägen einige Wegmarken die politische Entwicklung Kroatiens. Die Herrschaft von Präsident Franjo Tuđman und der *Kroatischen Demokratischen Union* überdauerte das Kriegsende; Tuđman wurde von weiten Teilen der kroatischen Gesellschaft wegen seiner Widerständigkeit gegen Serbien verehrt. Nach seinem Tod 1999 gewann im Jahr 2000 eine Mitte-Links-Koalition die Wahlen und demokratisierte bzw. reformierte das halbautokratische Züge aufweisende politische System. Diese Critical Juncture begründete einen Pfadwechsel. Die Annäherung an die Europäische Union erfolgte später als im Nachbarstaat Slowenien. Der 2013 vollzogene EU-Beitritt stellt einen Meilenstein dar, da er die Westintegration Kroatiens konsolidierte.

Wie auch in den anderen Länderbeiträgen des vorliegenden Sammelbandes liefert Tab. 1 einen Überblick über das entstandene politische System (Stand: Juli 2024).

2 Das politische System von der Unabhängigkeitserklärung bis zu Tuđmans Tod (1991–1999)

Bereits Anfang 1989 entstanden in Jugoslawien erste Initiativen zur Gründung politischer Parteien. Im Mai 1989 wurde die *Kroatische Sozialliberale Partei (Hrvatska socijalno-liberalna stranka*, HSLS) gegründet, gefolgt von der *Kroatischen Demokratischen Union (Hrvatska demokratska zajednica*, HDZ) unter Franjo Tuđman, dem späteren kroatischen Präsidenten. Im Herbst desselben Jahres reichten zwölf neue politische Parteien eine Petition für Mehrparteienwahlen ein. Am 13. Dezember 1989 beschloss der *Bund der Kommunisten Kroatiens (Savez komunista Hrvatske*, SKH), Wahlen abzuhalten. Gleichzeitig erfolgte ein nahezu vollständiger Austausch der kroatischen kommunistischen Parteiführung, wobei der spätere Premierminister Ivica Račan die Parteileitung übernahm. Kurz darauf, im Januar 1990, verließen die Delegierten Sloweniens und Kroatiens den 14. Kongress der Jugoslawischen Kommunisten, nachdem ihre Vorschläge zur Reform des Bundes abgelehnt worden waren.

Die ersten freien Wahlen verliefen parallel zum Zusammenbruch des sozialistischen Systems, aber noch vor dem Zerfall der jugoslawischen Föderation. Bei diesen Wahlen im April und Mai 1990 erzielte die konservativ-nationalistische HDZ einen entscheidenden Sieg und gewann 58 % der Parlamentssitze. 1991 brachen in vielen Gebieten mit erheblicher serbischer Bevölkerung Aufstände aus. Der daraufhin von 1991 bis 1995 stattfindende Kroatienkrieg, bei dem die serbische Minderheit von der jugoslawischen Armee unterstützt wurde, führte zur Besetzung eines Drittels des kroatischen Territoriums. Darüber hinaus erwies sich der Krieg auch für die demokratische Entwicklung des Landes in den 1990er-Jahren als Critical Juncture. Die Ereignisse des Krieges begünstigten nämlich im Rahmen eines präsidentiell-parlamentarischen Regierungssystems die Entstehung eines vom ersten kroatischen Präsidenten und HDZ-Vorsitzenden Franjo Tuđman geführten Regimes mit semi-autoritären Zügen. Dieses Regierungssystem blieb auch nach der militärischen Befreiung großer Teile des Territoriums im Sommer 1995 bestehen. Der östliche Teil des Landes, inklusive der stark umkämpften Stadt Vukovar, wurde 1998 friedlich wieder in die Verfassungsordnung Kroatiens integriert.

Die erste demokratische Verfassung, die sogenannte Weihnachtsverfassung, wurde im Dezember 1990 verabschiedet. Diese Verfassung, noch im Rahmen des sozialistischen Jugoslawiens, sah ein Dreikammerparlament und eine Kollektivpräsidentschaft vor, welche vom Parlament gewählt wurde. Im Jahr 1992 wurde die Verfassung nach dem Vorbild der französischen Fünften Republik reformiert. So wurde in einem zentralisierten Staat ein präsidentiell-parlamentarisches System mit einem starken Präsidenten und einer Regierung geschaffen, die sowohl dem Parlament als auch dem Staatsoberhaupt verantwortlich ist (Smerdel 2013; Kasapović 2008).

Seit 1993 hatte das Parlament zwei Kammern, ein Abgeordnetenhaus und ein Haus der Gespanschaften (historischer Begriff für eine Verwaltungseinheit). Die zweite Kammer, die regionale Interessen vertreten sollte, war politisch schwach und stand unter der Kontrolle der regierenden Partei (Kasapović 1996, 1997). Zunächst wegen des Kriegs und dann im Kontext der Herrschaft Tuđmans war das Parlament während der 1990er-Jahre kaum in der Lage, die Regierung effektiv zu kontrollieren (Kasapović 2007, 2008).

Das kroatische Wahlsystem wurde besonders in den ersten Jahren nach der Unabhängigkeit mehrmals reformiert, wobei die Änderungen in der Regel dem Zweck dienten, die jeweilige Regierungspartei zu bevorteilen (Kasapović 2010, 2014; Kasapović und Šiber 2001). Bei der ersten Mehrparteienwahl im Frühjahr 1990 wurde das absolute Mehrheitswahlrecht nach dem französischen Vorbild verwendet, wobei die Hürde für die Stichwahl 7,5 % betrug. Zwei Jahre später führte die Regierung das Grabenwahlsystem ein, um eine oppositionelle Front gegen die HDZ zu vermeiden (Kasapović 2014). Für das Verhältniswahlelement galt eine nationale Dreiprozenthürde und das d'Hondt-Verfahren. Seit der Parlamentswahl 1995 werden Parlamentssitze für Auslandsbürger vergeben; tatsächlich gibt es kaum ein Land weltweit, welches das Wahlrecht so großzügig auf seine Diaspora ausgeweitet hat, wie Kroatien (Kasapović 2012).

Nach den ersten Mehrparteienwahlen 1990 bildete sich zunächst ein Zweiparteiensystem mit der HDZ und der *Sozialdemokratischen Partei Kroatiens* (*Socijaldemokratska partija Hrvatske*, SDP) als dominierende Parteien heraus. Im Verlauf der 1990er-Jahre entstand jedoch aufgrund der dominanten Rolle Präsident Tuđmans und seines kontinuierlichen Machtausbaus ein unipolares Parteiensystem mit der HDZ als dominanter Partei (Čular und Nikić Čakar 2019).

Die Konfliktlinien, die das kroatische Parteiensystem und das Wählerverhalten damals wie heute prägten, sind eher weltanschaulich als materiell konnotiert (Henjak und Vuksan-Ćusa 2019). Die wichtigsten Cleavages sind Religion und die Deutung historischer Ereignisse und Erlebnisse (Henjak et al. 2013; Raos 2019). Wer Mitte-Rechts wählt, ist im Durchschnitt religiöser und erachtet die Katholische Kirche als Hauptbestandteil der (ethno)nationalen Identität. Solche Wähler verfügen auch über einen positiven Bezug zu der Tuđman-Zeit und dem Andenken an die Kriegsveteranen aus den 1990er-Jahren. Dagegen empfinden linke Wähler die sozialistische Zeit als eher positiv, betonen das Erbe der Partisanen (antifaschistische Kämpfer im Zweiten Weltkrieg unter Führung von Josip Broz Tito und der Kommunisten) und wollen die Kirche vorwiegend in der Privatsphäre sehen. Jüngere Wähler fühlen sich nicht mit großen Parteien verbunden und stimmen eher für neue parteipolitische Akteure (Raos 2020; Henjak 2017, 2018).

Während der Kriegszeit wurden nicht nur die wichtigsten außen-, verteidigungs- und sicherheitspolitischen Entscheidungen im Amt des Präsidenten getroffen, sondern auch jene, die die Wirtschaftspolitik (Privatisierung, Steuerpolitik) betrafen (Širinić und Nikić Čakar 2019). Der charismatische Führungsstil des Präsidenten hat zu demokratischen Defiziten beigetragen und zu einer Verschmelzung von Partei (HDZ) und Staat geführt (Čular 2000; Kasapović 2000; Fisher 2006; Zakošek 2008). In dieser Periode hatte der Präsident durch seine Rolle als Parteichef auch entscheidenden Einfluss auf die Regierung und die Auswahl individueller Minister. Unter Premierminister Zlatko Mateša wurde die Regierung nach dem Krieg unabhängiger und begann sich selbstständiger mit der Sozial- und Wirtschaftspolitik zu befassen. Ende der 1990er-Jahre entwickelten sich mehrere persönliche Cliquen und Fraktionen innerhalb der HDZ, die sich um das Erbe des Präsidenten stritten, während Tuđman aufgrund seines sich verschlechternden Gesundheitszustandes langsam die Kontrolle über Partei und Regierung verlor.

Auf ökonomischer Ebene erwiesen sich die Privatisierungsprozesse, die bereits Ende der 1980er-Jahre unter der Bundesregierung Marković begannen, als entscheidend für eine spätere starke Verflechtung von Wirtschaft und Politik.[1] Im Jahr 1988 wurden Änderungen an der Verfassung Jugoslawiens vorgenommen, welche die Grundlage für ein liberales Unternehmensgesetz im selben Jahr bildeten. Im Jahr 1990 wurden schließlich das Bundesgesetz über das gesellschaftliche Kapital und das Wertpapiergesetz erlassen. Auf der Grundlage dieser Gesetze begann in Kroatien der Prozess der teilweisen Privatisierung einiger größerer Unternehmen. Dieser wurde jedoch im Frühjahr 1991 angehalten, als offensichtlich wurde, dass Jugoslawien sich im Zerfallsprozess befand (Bićanić 1993). Die neue kroatische Regierung unter der Kontrolle der HDZ verabschiedete 1991 das Gesetz über die Umwandlung von Gesellschaftsunternehmen. Zunächst wurden die Gesellschafts-

---

[1]Ante Marković war von 1982 bis 1986 Premierminister der Teilrepublik Kroatien und dann von 1989 bis 1991 der letzte Premierminister Jugoslawiens.

unternehmen in staatliches Eigentum überführt und anschließend privatisiert. Im Laufe dieses Prozesses wurden viele Firmen an Unternehmer verkauft, die eng mit der Partei HDZ verbunden waren, sodass in der Fachliteratur oft von Oligarchen-Privatisierung gesprochen wird. Dies führte zu einem spezifischen Modell des „Kumpel-Kapitalismus" (Ivanković 2018), erheblichen Arbeitsplatzverlusten und schließlich zum Zusammenbruch vieler Unternehmen. Der Umfang der Wirtschaftskrise, die bereits Anfang der 1980er-Jahre begonnen hatte, veranlasste einen der bekanntesten kroatischen Bankmanager, den Zeitraum von 1980 bis 2020 als „40 verlorene Jahre der kroatischen Wirtschaft" zu bezeichnen (Odak 2022). Der Verlauf der Privatisierung hat die politische Macht der einflussreichsten Unternehmer, die an diesem Prozess beteiligt waren, immens gestärkt. Laut einer Untersuchung der informellen Macht von Interessensgruppen in Kroatien verfügen die Wirtschaftseliten über den höchsten Einfluss auf die politische Sphäre, gefolgt von Vertretern der Katholischen Kirche (Petak et al. 2019, S. 8).

Während der 1990er-Jahre gab es eine starke politische Einflussnahme auf die Justiz. Es wurde eine Personalpolitik propagiert, welche auf direkte oder indirekte Weise zur Abwanderung einer großen Anzahl qualifizierter Juristen aus dem Justizsystem führte. Dies äußerte sich in der Bevorzugung von Richtern und Staatsanwälten, die auf Kosten juristischer Standards für nationale Bewusstseinswerdung eintraten. Der daraus resultierende erhebliche Schwund an Richtern und Staatsanwälten aus dem Justizsystem hatte einen Rückgang der Qualität und Effizienz im Justizwesen zur Folge (Uzelac 2003, S. 306). Unter anderem auch aus diesem Grund blieb Kroatien in den 1990er-Jahren vom Prozess der europäischen Integration ausgeschlossen.

3 Das politische System nach der Verfassungsreform (2000–2012)

Nach dem Tod Tuđmans im Jahr 1999 ging aus den Wahlen 2000 eine von der postkommunistischen *Sozialdemokratischen Partei Kroatiens* geführte Koalitionsregierung unter Ivica Račan hervor. Durch eine umfassende Verfassungsreform wurde das präsidentiell-parlamentarische in ein parlamentarisch-präsidentielles System mit stark beschränkten präsidentiellen Machtbefugnissen umgewandelt. Gleichwohl blieb es bei der Direktwahl des Präsidenten. Dadurch setzte eine Demokratisierung des Systems und schließlich die Konsolidierung der Demokratie ein; dieser gesamte Prozess kann als Critical Juncture gefasst werden (Finn 2021). Gleichzeitig öffnete sich das Land den Prozessen der europäischen Integration und der Europäisierung (Pauković und Raos 2015), nachdem Präsident Tuđman einen Beitritt zur Central European Free Trade Association (CEFTA) bevorzugt und in einer Annäherung an die EU keinen Nutzen gesehen hatte.

Mit den Verfassungsreformen der Jahre 2000 und 2001 wurden dem Präsidenten eine Reihe von Kompetenzen entzogen, sodass im Resultat ein parlamentarisches System mit Direktwahl des Präsidenten entstand. Wie bereits vor 2000 wird der Präsident per Direktwahl mit absoluter Mehrheit gewählt. Allerdings ist nun der Premierminister die maßgebliche Figur innerhalb der doppelköpfigen Exekutive, denn dieser wird vom Parlament gewählt und gegebenenfalls auch wieder abgewählt. Der Präsident hat allerdings nicht nur repräsentative Funktionen; er besitzt gemeinsam mit der Regierung Entscheidungsbefugnisse in der Außen-, Verteidigungs-, und Sicherheitspolitik. Konkret bedeutet dies, dass der Präsident an der Ernennung von Botschaftern, Oberoffizieren und Leitern der Nachrichtendienste beteiligt ist. Die Schlüsselrolle des Premierministers ist auf einen Prozess der Präsidentialisierung von politischen Parteien zurückzuführen (Nikić Čakar 2019, 2021). Deswegen kann auch von einer Entwicklung in Richtung einer Kanzlerdemokratie gesprochen werden.

Im Zuge der Verfassungsreform 2001 wurde auch die zweite Kammer des Parlaments abgeschafft und die Rolle der Oppositionsabgeordneten im Parlament gestärkt (Pauković und Raos 2015; Kasapović 2007). Das Gespanschaftshaus hatte sich weniger durch die Vertretung regionaler Interessen als durch die Versorgung altgedienter Mitglieder der Regierungsparteien ausgezeichnet (Kasapović 1997). Das Abgeordnetenhaus gewann dadurch an Bedeutung. Die von den Sozialdemokraten geführte Regierung Račan (2000–2003) betonte im Gegenzug den Vorrang der Dezentralisierung der öffentlichen Verwaltung und der Übertragung von Haushaltsbefugnissen auf lokale und regionale Ebenen. Allerdings wurden letztlich nur einige Befugnisse in Bereichen wie Grund- und Sekundarschulbildung, Gesundheitsversorgung und Sozialfürsorge auf die Gespanschaften übertragen. Ein Teil der Finanzierung des Bildungswesens ging an Städte, von denen jedoch nur etwa ein Drittel Interesse zeigte. Eine Reduzierung und Konsolidierung der lokalen Selbstverwaltungseinheiten wurde nicht durchgeführt, wodurch Kroatien weiterhin zu den am stärksten zentralisierten Ländern Europas gehört (Petak 2011). Die Verfassungsänderung von 2001 führte die Gespanschaften ausschließlich auf regionaler Ebene ein (Koprić 2001). Das System wurde 2009 erweitert, indem direkte Wahlen von Bürgermeistern, Gemeindevorstehern und Landräten eingeführt wurden, um den Einfluss der Bürger auf die lokale Exekutive zu stärken.

Das Wahlsystem wurde bereits durch eine Wahlreform 1999 geändert. Zum ersten Mal bei der Parlamentswahl im Jahr 2000 angewandt, wird seitdem per Verhältniswahl mit einer Fünfprozenthürde auf Wahlkreisebene gewählt und für die Zuteilung der Mandate die d'Hondtsche Methode verwendet. Es gibt zehn Wahlkreise mit je 14 Abgeordneten. Außerdem gibt es acht Sitze, die für ethnische Minderheiten reserviert sind. Die Zahl der Abgeordneten, die Auslandskroaten vertreten, war zuerst vom Wahlausgang abhängig, wurde jedoch ab der Wahl 2011 auf maximal drei Sitze begrenzt.

Auch das Parteiensystem erlebte nach 2000 einen Wandel und entwickelte sich hin zu einem gemäßigten Pluralismus. Bis zur Parlamentswahl 2015 bildeten die Christdemokraten und die Sozialdemokraten jeweils zwei Wahlblöcke mit weiteren Parteien oder formierten nach den jeweiligen Wahlen Mitte-Rechts-, bzw. Mitte-Links-Koalitionen, weshalb gelegentlich von einer Art Blocksystem gesprochen wurde (Čular 2004). Manche zentristische Parteien, wie die *Sozialliberalen* (HSLS) und die *Bauernpartei* (*Hrvatska seljačka stranka*, HSS), wechselten allerdings zwischen den beiden Lagern und waren an Kabinetten beteiligt, welche sowohl von der SDP als auch von der HDZ geführt wurden. Mit Ausnahme der übergroßen Regierungen Račan I (2000–2001) und Račan II (2001–2002) handelte es sich um Minderheitsregierungen, die durch mehrere Parteien und einzelne Abgeordnete im Parlament unterstützt wurden. Zu den Unterstützerparteien gehörte häufig auch die *Unabhängige Serbisch-Demokratische Partei* (*Samostalna demokratska srpska stranka*, SDSS), die größte Partei der serbischen Minderheit, welche für eine kurze Zeit nach 2007 sowie erneut seit 2020 als Regierungspartei fungiert.

Nach der Parlamentswahl 2000 wirkten informelle Machtstrukturen und der Einfluss verschiedener Gruppen auf die Regierung mit einer zunächst ähnlichen Intensität wie während der Tuđman-Ära fort. Besonders relevant war die Macht der Unternehmenseigentümer, darunter Ivica Todorić, Eigentümer von Kroatiens größtem Unternehmen *Agrokor*. Ursprünglich mit etwa 1000 Mitarbeitern privatisiert, wuchs *Agrokor* zu einem Unternehmen mit über 60.000 Beschäftigten in Einzelhandel, Lebensmittelindustrie und Landwirtschaft. Mitarbeiter dieses Unternehmens erlangten oft hohe Regierungsposten, während ehemalige Politiker in die Leitung des Konzerns wechselten. Trotz der Verflechtungen verweigerte die Regierung allerdings im Jahr 2017, als *Agrokor* in eine massive Liquiditätskrise geriet, eine finanzielle Unterstützung über die Kroatische Bank für Wiederaufbau und Entwicklung. Stattdessen schlug die Regierung vor, *Agrokor* gemäß dem Gesetz über außerordentliche Verwaltungsverfahren zu sanieren und das Unternehmen nicht auf Kosten der Steuerzahler zu retten. Dies führte dazu, dass ausländische Banken, Investmentfonds und teilweise einheimische Aktionäre *Agrokor* übernahmen. Es bleibt unklar, inwieweit der verdeckte Einfluss von Wirtschaftsgruppen nach dem *Agrokor*-Fall reduziert wurde.

Eine Gruppe mit starkem Einfluss auf politische Willensbildung sind die Veteranenverbände. Während des kroatischen Unabhängigkeitskrieges waren zahlreiche Bürger Mitglieder der kroatischen Armee, und nach Kriegsende schlossen sich viele Kriegsveteranen verschiedenen Veteranenverbänden an. Diese Verbände üben maßgeblichen Einfluss auf arbeitsmarkt- und sozialpolitische Angelegenheiten aus, da für sie und ihre Kinder in vielen Gesetzesbestimmungen eine Form der positiven Diskriminierung vorgesehen ist (Dolenec 2017; Dolenec und Širinić 2020). Indizien für politische Einflussnahme gab es beispielsweise im Oktober 2014, als die Veteranenverbände den Rücktritt des für Veteranenfragen zuständigen

Ministers Predrag Matić forderten. Sie errichteten ein Zelt vor dem Ministerium und begannen einen 555 Tage andauernden Protest, der insinuierte, die Interessen der Veteranen würden nicht hinreichend berücksichtigt. Das Hauptziel des politischen Protests bestand darin, die Wiederwahl von zwei Schlüsselfiguren der SDP, Präsident Ivo Josipović und Premierminister Zoran Milanović, zu verhindern.

4   Das politische System nach dem EU-Beitritt (seit 2013)

Der Prozess der Annäherung an die EU wurde durch die Regierungskoalition von sechs Parteien unter der Führung der Sozialdemokraten und Sozialliberalen eingeleitet. Im November 2000 fand in Zagreb ein EU-Gipfeltreffen mit Vertretern aus Albanien, Bosnien und Herzegowina, Kroatien, Mazedonien[2] und der Bundesrepublik Jugoslawien[3] statt. Anschließend wurden Verhandlungen über das Stabilisierungs- und Assoziierungsabkommen eröffnet, welches Kroatien im November 2001 unterzeichnete. Im Februar 2003 wurde der Antrag auf Mitgliedschaft gestellt. Im April 2004 gab daraufhin die Europäische Kommission eine positive Stellungnahme ab, und der Europäische Rat bestätigte bereits im Juni Kroatiens Kandidatenstatus. Die Verhandlungen dauerten von Oktober 2005 bis Juni 2011, und der Beitrittsvertrag wurde schließlich im Dezember desselben Jahres unterzeichnet (Maldini 2019). Anschließend fand ein Beitrittsreferendum statt, mit 66,3 % Ja-Stimmen und einer Beteiligung von 43,5 % (Grubiša 2012). Dies war die niedrigste Beteiligung an einem nationalen Referendum über eine EU-Mitgliedschaft. Im März 2012 ratifizierte das kroatische Parlament den Beitrittsvertrag, am 1. Juli 2013 wurde Kroatien Mitglied der EU.

Der Prozess des EU-Beitritts und die Mitgliedschaft 2013 haben zu einer Europäisierung des politischen Systems geführt (Cipek 2020; Goldner Lang 2012; Špehar und Pepić 2019). Das zeigt sich vor allem im wirtschaftlichen Bereich (Munta 2021), aber auch in den Inhalten der politischen Parteien (Raos 2015). Ähnlich wie in anderen Ländern Südosteuropas wirkte die EU als demokratisierende Kraft in Kroatien (Dolenec 2008), weshalb die Aufnahme in die Union als wichtiger Meilenstein zu erachten ist (Munta et al. 2023).

Der Integrationsprozess war jedoch keineswegs konfliktfrei. So kam es kurz vor dem EU-Beitritt zum ersten Streit zwischen Kroatien und der EU, nachdem Kroatien das Gesetz über den Europäischen Haftbefehl geändert hatte, indem es die Auslieferung seiner Staatsbürger für Straftaten, die vor 2002 begangen wurden, einschränkte. Eine große Dynamik entfaltete der EU-Beitritt hinsichtlich der Bevölkerungsentwicklung. Die Volkszählung von 2021 brachte zutage, dass die Ein-

---

[2] Seit 2018 Nordmazedonien.
[3] Nach 2006 Serbien und Montenegro.

wohnerzahl seit 2011 von 4,2 auf 3,8 Mio. gesunken war. Ursächlich dafür war vor allem eine erhebliche Abwanderung nach Westeuropa, insbesondere nach Deutschland. Im Gegenzug entfalteten die Mittel der Kohäsionspolitik nach einer gewissen Übergangshase eine hohe Bedeutung (Bićanić und Pribičević 2011; Puljz et al. 2019).

Der Europäisierungsprozess führte ebenfalls zu einer Änderung der Machtdynamik im politischen System. So hat der Verfassungsgerichtshof an Macht und Bedeutung gewonnen und sich zu einer wichtigen Kontrollinstanz entwickelt. Zur selben Zeit hat das Parlament neue Kontrollmechanismen entwickelt, wie zum Beispiel die Kommission zur Verhinderung von Interessenskonflikten.

Seit der Europawahl 2013 gibt es in Kroatien bei den Parlamentswahlen und der Europawahl die Möglichkeit, je eine Vorzugstimme für einen Listenkandidaten zu geben. Im selben Jahr wurden auch direkte Wahlen auf lokaler Ebene eingeführt, was die Macht der lokalen Politiker stärkte, da Bürgermeister nun nicht mehr von einer Stadtratsmehrheit abhängig sind.

Der EU-Beitritt hatte auch erhebliche Auswirkungen auf das Parteiensystem. Insbesondere nach der Parlamentswahl 2015 begann die bisherige Lagerstruktur des Parteiensystems aufzubrechen (Cipek et al. 2015; Henjak 2018). Neue Parteien konnten Stimmen von jungen Wählern, Nichtwählern, und Enttäuschten sammeln (Henjak 2017). Hierzu gehören *Živi zid* (*Lebende Wand*), eine Protestbewegung mit euroskeptischen und populistischen Zügen, sowie *Most nezavisnih lista* (*Die Brücke unabhängiger Listen*, Most), ein Netzwerk lokaler Bürgerlisten, welche sich zuerst als zentristische, nichtideologische Opposition zur Korruption und Zentralisierung verstand, aber sich nach der Wahl 2020 zu einer christlich-konservativen populistischen Partei entwickelte. Auch entstanden die *Heimatbewegung* (*Domovinski pokret*, DP), eine nationalistische Partei, die sich als rechter Herausforderer der regierenden HDZ versteht, sowie die *Zentrumpartei* (*Centar*), eine liberale Partei der Akademiker und Anwälte, welche sich für Säkularismus, Bildung, und Modernisierung einsetzt. Letztendlich gibt es auch die grünlinke Plattform *Možemo!* (*Wir können!*), eine Partei mit den Schwerpunkten Minderheitenrechte, Geschlechtergleichheit und nachhaltige Entwicklung. Auffällig ist, dass es seit dem EU-Beitritt nur noch Minderheitsregierungen gegeben hat (Döring et al. 2023).

Seit der EU-Mitgliedschaft zeigt sich die Zivilgesellschaft aktiver als zuvor. Es entstanden zahlreiche Bürgerinitiativen, die sich in die scharfen Auseinandersetzungen zwischen liberalen und christlich-konservativen Kräften auf der Parteiebene einreihen. Die wichtigsten Konflikte betreffen Fragen der Gleichstellung in der Ehe, Abtreibung, Sexualunterricht und Religionsunterricht (Raos 2015; Glaurdić und Vuković 2016; Čepo und Nikić Čakar 2019). So hat im Jahr 2013 eine Bürgerinitiative von katholischen Laiengruppierungen eine Volksabstimmung veranlasst, durch welche die Ehe als Gemeinschaft von Mann und Frau in der Verfassung verankert wurde (Glaurdić und Vuković 2016).

Politische Eingriffe in die Personalpolitik des Justizwesens haben strukturelle Probleme geschaffen, die auch durch die im Zuge des EU-Beitrittsprozesses durchgeführten Justizreformen nicht behoben wurden bzw. werden konnten. (Dallara 2014). Dies hatte zur Folge, dass das Vertrauen der Bürger und Unternehmen in die kroatische Justiz auf einem der niedrigsten Niveaus in der gesamten Europäischen Union liegt (Europäische Kommission 2023). Das Hauptproblem bei der mangelnden Unabhängigkeit der Gerichte liegt in den politischen Eingriffen sowie in verschiedenen Formen der Beeinflussung durch wirtschaftliche und andere partielle Interessen. Der Staatsanwaltschaft und den damit verbundenen justiziellen Organen wie der Antikorruptionsbehörde (USKOK) fehlt es an qualifiziertem Personal mit justizieller Integrität, das dem ständigen Druck mächtiger Politiker widerstehen könnte.

Außerhalb des Justizwesens stellt die auch nach dem EU-Beitritt verbreitete Korruption ein Hauptproblem dar. Zwar wurde eine beträchtliche Anzahl hochrangiger politischer Amtsträger (einschließlich des ehemaligen Premierministers Ivo Sanader) und Geschäftsführer öffentlicher Unternehmen aufgrund der Aktivitäten der Antikorruptionsbehörde (USKOK) angeklagt. Viele dieser Prozesse endeten indes nicht mit rechtskräftigen Urteilen. Dies verringert das öffentliche Vertrauen in das Justizsystem und die Fähigkeit, Korruption einzudämmen. Das Land befindet sich auf der fünftniedrigsten Stelle des Korruptionsindex unter den EU-Mitgliedstaaten (Transparency International 2023). Aus diesem Grund greifen immer mehr Ansätze aus der Perspektive des neuen Institutionalismus zur Erklärung des kroatischen politischen Systems, wie beispielsweise das Konzept des State Capture (Kotarski und Petak 2019, 2021) oder verschiedene Formen klientilistischer Arrangements (Šimić Banović 2019).

5   Fazit

Kroatien zählte zur Zeit des jugoslawischen Sozialismus zu den wirtschaftlich stärksten Ländern. In den 1990er-Jahren bildete sich insbesondere während der Kriegszeit (1991–1995) eine defizitäre Demokratie mit autoritären Zügen unter der Führung von HDZ und ihres Präsidenten Tuđman heraus. Im Jahr 2000 kam es zu einem Regierungswechsel und einer Verfassungsreform, die einen Demokratisierungsschub bewirkte und das Land in eine parlamentarische Demokratie verwandelte. Zur selben Zeit begann der lange Prozess des EU-Beitritts, welcher 2013 vollendet wurde.

Unabhängig von den Prozessen, die nach 2000 zu bedeutenden Fortschritten in Richtung Konsolidierung der Demokratie geführt haben, wird das politische System weiterhin von informellen Machtdynamiken beeinflusst. Dies zeigt sich vor allem durch weit verbreitete Korruption im öffentlichen Dienst und Unternehmen in öffentlicher Hand, aber auch in verschiedenen Formen des Klientelismus, welcher als soziales Vernetzungssystem dient, um politische Unterstützung zu sichern und zu pflegen. Manifestationen solcher informellen Machtformen haben sich auch nach dem EU-Beitritt Kroatiens im Jahr 2013 nicht wesentlich verringert. Jedoch gibt es immer öfter Gerichtsverfahren gegen ehemalige Regierungsmitglieder, die in den letzten vier Jahren vom Europäischen Amt für Betrugsbekämpfung eingereicht wurden. Dies verweist auf die Schlüsselrolle der Europäischen Union als sekundäre Instanz im Kampf gegen Korruption und als wichtigem Akteur bei der Weiterentwicklung des Rechtsstaates und Prinzipien guter Regierungsführung.

Kontrollfragen

(1) Welche Auswirkungen hatte der Prozess des Zerfalls Jugoslawiens auf die Dynamik der Demokratieentwicklung in Kroatien?

(2) Welche Änderungen hat das politische System Kroatiens Anfang der 2000er-Jahre erlebt?

(3) Was bleibt eine strukturelle Schwäche des kroatischen politischen Systems nach dem EU-Beitritt?

Weiterführende Literatur

1. Pauković, Davor, und Višeslav Raos. 2020. The Search for Meaning and Identity: Nation- and State- Building in the Western Balkans. In *The Challenges of Democratization and Reconciliation in the Post-Yugoslav Space*, Hrsg. Eltion Meka, und Stefano Bianchini, 35–58. Baden-Baden: Nomos Verlag.

Dieses Kapitel behandelt die Prozesse der Nationsbildung und Staatsbildung auf dem Westbalkan nach dem Zusammenbruch der Einparteienherrschaft des Kommunismus (1989–1990) und der Auflösung der jugoslawischen Föderation (1991–1992).

2. Petak, Zdravko. 2021. Kroatien: Schwierige Zeiten für eine Verbesserung der Demokratie. In *Demokratie im postkommunistischen EU-Raum: Erfolge, Defizite, Risiken*, Hrsg. Günter Verheugen, Karel Vodička, und Martin Brusis, 49–65. Wiesbaden: Springer VS.

Das Kapitel analysiert die demokratische Entwicklung und ökonomische Transformation in Kroatien seit 1990.

3. Pauković, Davor, und Raos, Višeslav. 2023. Democratic Continuity or Regression? Croatia's Post-EU Political Trajectory. *Southeastern Europe* 47
(2–3): 187–210.

*Der Artikel untersucht das Demokratieniveau in Kroatien nach dem
EU-Beitritt und präsentiert dabei entscheidende Ereignisse, Prozesse und
Akteure unter Verwendung von Demokratieindizes aus dem Varieties of De-
mocracy (V-Dem) Datensatz.*

Literatur

Allcock, John B. 2000. *Explaining Yugoslavia.* New York: Columbia University Press.
Bićanić, Ivo, und Vedrana Pribičević. 2011. A NUTS 2 View of Regional Inequality in Croa-
tia, 1968–2008. In *Decentralization and Local Development in South East Europe*, Hrsg.
William Bartlett, Sanja Maleković, und Vassilis Monastiriotis, 231–251. Basingstoke:
Palgrave Macmillan.
Bićanić, Ivo. 1993. Privatization in Croatia. *East European Politics and Societies* 7 (3): 422–439.
Cipek, Tihomir. 2020. Croatia's Presidency of the European Union and the Western Balkans:
A New Momentum or a Missed Opportunity? *Südosteuropa* 68 (4): 554–568.
Cipek, Tihomir, Tea Trubić, und Miroslav Macan. 2015. Parliamentary Elections in Croatia
2015: Victory without Actual Winners. *Contemporary Southeastern Europe* 2 (2): 99–106.
Čepo, Dario, und Dario Nikić Čakar. 2019. Direct democracy and the rise of political entre-
preneurs: an analysis of citizens' initiatives in post-2010 Croatia. *Annals of the Croatian
Political Science Association* 16 (1): 27–48.
Čular, Goran, und Dario Nikić Čakar. 2019. Institutionalisation of a Charismatic Movement
Party: The Case of Croatian Democratic Union. In *Institutionalisation of Political Par-
ties: Comparative Cases*, Hrsg. Robert Harmel und Lars Svåsand, 171–192. London/
New York: ECPR Press/Rowman & Littlefield.
Čular, Goran. 2000. Political Development in Croatia 1990–2000: Fast Transition – Postpo-
ned Consolidation. *Croatian Political Science Review* 37 (5): 30–46.
Čular, Goran. 2004. Razvoj hrvatskog stranačkog sustava: četiri teze. In *Hrvatska – kako
dalje? zadanosti i mogućnosti*, Hrsg. Josip Kregar, Vlado Puljiz, und Slaven Ravlić,
135–150. Zagreb: Fakultät der Rechtswissenschaften, Universität Zagreb/Zentrum für
Demokratie und Recht Zagreb.
Dallara, Cristina. 2014. *Democracy and Judicial Reforms in South-East Europe: Between the
EU and the Legacies of the Past.* Cham: Springer.
Dolenec, Danijela, und Daniela Širinić. 2020. Mobilizing Against Change: Veteran Organi-
zations As A Pivotal Political Actor. In *Ruling by Other Means: State-Mobilized Move-
ments*, Hrsg. Grzegorz Ekiert, Elizabeth J. Perry, und Xiaojun Yan, 239–260. Boston:
Cambridge University Press.

Dolenec, Danijela. 2008. Europeanization as a Democratising Force in Postcommunist Europe: Croatia in Comparative Perspective. *Croatian Political Science Review* 45 (5): 23–46.

Dolenec, Danijela. 2017. A Soldier's State? Veterans and the Welfare Regime in Croatia. *Annals of the Croatian Political Science Association* 14 (1): 55–76.

Döring, Holger, Alexandra Quaas, Maike Hesse, und Phillip Manow. 2023. Parliaments and governments database (ParlGov): Information on parties, elections and cabinets in established democracies. Development version. ParlGov, 04. November 2023. https://www.parlgov.org/data-info/.

Europäische Kommission. 2023. Flash Eurobarometer 519. Perceived independence of the national justice systems in the EU among the general public. EU, Juni 2023. https://europa.eu/eurobarometer/surveys/detail/2667. Zugegriffen: 04. November 2023.

Finn, Victoria. 2021. Democracy in Croatia: From stagnant 1990s to rapid change 2000–2011. *International Political Science Review* 42 (2): 197–212.

Fisher, Sharon. 2006. *Political Change in Post-Communist Slovakia and Croatia: From Nationalist to Europeanist*. Basingstoke: Palgrave Macmillan.

Glaurdić, Josip, und Vuk Vuković. 2016. Proxy Politics, Economic Protest, or Traditionalist Backlash: Croatia's Referendum on the Constitutional Definition of Marriage. *Europe-Asia Studies* 68 (5): 803–825.

Goldner Lang, Iris. 2012. The Impact of Enlargement(s) on the EU Institutions and Decision-Making Special Focus: Croatia. *Yearbook of European Law* 31 (1): 473–502.

Grdešić, Marko. 2019. *The Shape of Populism – Serbia before the Dissolution of Yugoslavia*. Ann Arbor: University of Michigan Press.

Grubiša, Damir. 2012. ‚Europski referendum' u Hrvatskoj: prijepori, dvojbe i poučci. *Političke analize* 3 (9): 3–9.

Henjak, Andrija, und Bartul Vuksan-Ćusa. 2019. Interesi ili nešto drugo? Ekonomski stavovi i njihova utemeljenost u društvenoj strukturi u Hrvatskoj. *Croatian Sociological Review* 49 (1): 37–60.

Henjak, Andrija, Nenad Zakošek, und Goran Čular. 2013. Croatia. In: *Handbook of Political Change in Eastern Europe*, Hrsg. Sten Berglund, Joakim Ekman, Kevin Deegan Krause und Terje Knutsen, 443–480. 3., überarbeitete Ausgabe. Cheltenham: Edward Elgar Publishing.

Henjak, Andrija. 2017. Lojalnost, glas ili izlazak: izborna participacija i potpora novim strankama u Hrvatskoj. *Annals of the Croatian Political Science Association* 14 (1): 79–103.

Henjak, Andrija. 2018. Nose li parlamentarni izbori 2015. i 2016. godine promjenu političkih rascjepa u Hrvatskoj? *Društvena istraživanja* 27 (3): 383–406.

Ivanković, Željko. 2018. *Slučaj Agrokor: privatizacija i crony kapitalizam*. Zagreb: Jesenski i Turk.

Kasapović, Mirjana, und Ivan Šiber. 2001. Electoral policy and the determinants of electoral behaviour in Croatia (1990–2000). *Central European Political Science Review* 2 (3): 112–139.

Kasapović, Mirjana. 1996. Demokratska tranzicija i političke institucije u Hrvatskoj. *Croatian Political Science Review* 33 (2–3): 84–99.

Kasapović, Mirjana. 1997. Izbori za Županijski dom Sabora. *Croatian Political Science Review* 34 (2): 95–103.

Kasapović, Mirjana. 2000. Electoral Politics in Croatia 1990–2000. *Croatian Political Science Review* 37 (5): 3–20.

Kasapović, Mirjana. 2007. Die politische Entwicklung Kroatiens 1990–2005. In *Der Jugoslawien-Krieg, Handbuch zu Vorgeschichte, Verlauf und Konsequenzen*, Hrsg. Dunja Melčić, 453–460. Wiesbaden: VS Verlag für Sozialwissenschaften.

Kasapović, Mirjana. 2008. Semi-presidentialism in Croatia. In: *Semi-presidentialism in Central and Eastern Europe*, Hrsg. Robert Elgie, und Sophie Moestrup, 51–64. Manchester/New York: Manchester University Press.

Kasapović, Mirjana. 2010. Croatia. In *Elections in Europe*, Hrsg. Dieter Nohlen, und Philip Stöver, 399–426. Baden-Baden: Nomos Verlag.

Kasapović, Mirjana. 2012. Voting Rights, Electoral Systems and Political Representation of Diaspora in Croatia. *Eastern European Politics and Societies* 26 (4): 777–791.

Kasapović, Mirjana. 2014. *Kombinirani izborni sustavi u Europi 1945–2014*. Zagreb: Plejada.

Koprić, Ivan. 2001. Uloga županija u hrvatskom sustavu lokalne samouprave. *Croatian and Comparative Public Administration* 3 (1): 63–87.

Kotarski, Kristijan, und Zdravko Petak, Hrsg. 2019. Croatia's Post-communist Transition Experience: The Paradox of Initial Advantage Turning into a Middle-Income Trap. In *Policy-Making at the European Periphery: The Case of Croatia*, 1–25. Cham: Palgrave Macmillan.

Kotarski, Kristijan, und Zdravko Petak. 2021. When EU Political Convergence Fails in New Member States: Corporate and Party State Capture in Croatia and the Czech Republic. *Europe-Asia Studies* 73 (4): 740–765.

Bolt, Jutta, und Jan Luiten van Zanden. 2020. Maddison style estimates of the evolution of the world economy. A new 2020 update. Madison Project Working paper 15, Maddison Project Database, Version 2020. https://www.rug.nl/ggdc/historicaldevelopment/maddison/publications/wp15.pdf.

Maldini, Pero. 2019. Croatia and the European Union. In *Oxford Encyclopedia of European Union Politics*, Hrsg. Finn Laursen, 1–26. Oxford: Oxford University Press.

Munta, Mario, Brigitte Pircher, und Sonja Bekker. 2023. Ownership of national recovery plans: next generation EU and democratic legitimacy. *Journal of European Public Policy*. https://doi.org/10.1080/13501763.2023.2248202.

Munta, Mario. 2021. *EU Socio-Economic Governance in Central and Eastern Europe: The European Semester and National Employment Policies*. Abingdon/New York: Routledge.

Nikić Čakar, Dario. 2019. The Presidentialisation of Political Parties in Croatia: Institutional Change Matters. In *The Presidentialisation of Political Parties in the Western Balkans*, Hrsg. Gianluca Passarelli, 23–47. Cham: Palgrave Macmillan.

Nikić Čakar, Dario. 2021. Croatia: Strong Prime Ministers and Weak Coalitions. In *Coalition Governance in Western Europe*, Hrsg. Torbjörn Bergman, Hanna Back, und Johan Hellström, 640–679. Oxford/New York: Oxford University Press.

Odak, Damir. 2022. 40 izgubljenih godine hrvatskog gospodarstva. Zagreb: Školska knjiga.

Pauković, Davor, und Višeslav Raos. 2015. Democratic Deficits, Delayed Democratization and Prolonged EU Accession. In *Croatia and the European Union: Changes and Development*, Hrsg. Pero Maldini, und Davor Pauković, 33–52. Farnham: Ashgate.

Petak, Zdravko, Igor Vidačak, und Dalibor Dvorny. 2019. Interest Groups in Croatia: Institutional Development, Strategies, and Influence. *Journal of Public Affairs* 19 (2): e1718. https://doi.org/10.1002/pa.1718.

Petak, Zdravko. 2011. Politics of Decentralization Policy: Explaining the Limited Success of the Croatian Case after 2001. *Croatian Political Science Review* 48 (5): 72–84.

Puljiz, Jakša, Sanja Maleković, und Ivana Keser. 2019. Cohesion Policy in Croatia: What Have We Accomplished So Far? In *Policy-Making at the European Periphery: The Case of Croatia*, Hrsg. Zdravko Petak, und Kristijan Kotarski, 285–302. Cham: Palgrave Macmillan.

Ramet, Sabrina P. 2002. *Balkan Babel: The Disintegration of Yugoslavia from the Death of Tito to the Fall of Milošević*. Boulder: Westview Press.

Raos, Višeslav. 2015. Transformation of the Croatian Party System in the Process of EU Accession. In *Croatia and the European Union: Changes and Development*, Hrsg. Pero Maldini, und Davor Pauković, 159–176. Farnham: Ashgate.

Raos, Višeslav. 2019. Ideology, Partisanship, and Change: Voter Profiles of Main Political Parties in Croatia. *Croatian Political Science Review* 56 (3–4): 7–28.

Raos, Višeslav. 2020. Struktura rascjepa i parlamentarni izbori u Hrvatskoj 2020. u doba pandemije. *Annals of the Croatian Political Science Association* 17 (1): 7–30.

Rusinow, Dennison, Hrsg. 1988. *Yugoslavia: A Fractured Federalism*. Washington: The Wilson Center Press.

Seroka, Jim, und Vukašin Pavlović, Hrsg. 1992. *The Tragedy of Yugoslavia: The Failure of Democratic Transformation*. Armonk: M. E. Sharp.

Šimić Banović, Ružica. 2019. Uhljeb – a post-socialist homo croaticus: a personification of the economy of favours in Croatia? *Post-Communist Economies* 31 (3): 279–300.

Širinić, Daniela, und Dario Nikić Čakar. 2019. Croatian Political Agendas. In *Comparative Policy Agendas: Theory, Tools, Data*, Hrsg. Frank R. Baumgartner, Christian Breunig, und Emiliano Grossman, 74–81. Oxford/New York: Oxford University Press.

Smerdel, Branko. 2013. *Ustavno uređenje europske Hrvatske*. Zagreb: Narodne novine.

Špehar, Hrvoje, und Ivan Pepić. 2019. The Europeanization of the Croatian Political System. In *Policy-Making at the European Periphery: The Case of Croatia*, Hrsg. Zdravko Petak, und Kristijan Kotarski, 47–63. Cham: Palgrave Macmillan.

Transparency International. 2023. Corruption Perceptions Index. Transparency International. https://www.transparency.org/en/cpi/2022. Zugegriffen: 04. November 2023.

Uzelac, Alan. 2003. Reform of the Judiciary in Croatia and Its Limitations: Appointing Presidents of the Courts in the Republic of Croatia and the Outcomes. In *Between Authoritarianism and Democracy: Serbia, Montenegro, Croatia, Vol. I – Institutional Framework*, Hrsg. Dragica Vujadinović, Lino Veljak, Vladimir Goati, und Veselin Pavićević, 303–329. Belgrad: CEDET.

Vojnić, Dragomir. 1995. Disparity and Disintegration: The Economic Dimension of Yugoslavia's Demise. In *Yugoslavia, the Former and Future: Reflections by Scholars from the Region*, Hrsg. Payam Akhavan, und Robert Howse, 75–111. Washington/Genf: The Brookings Institution/The United Nations Research Institute for Social Development.

Woodward, Susan L. 1995a. *Socialist Unemployment: The Political Economy of Yugoslavia*. Princeton: Princeton University Press.

Woodward, Susan L. 1995b. *Balkan Tragedy: Chaos and Dissolution After the Cold War*. Washington: The Brookings Institution.

Zakošek, Nenad. 2008. Democratization, State-building and War: The Cases of Serbia and Croatia. *Democratization* 15 (3): 588–610.

Montenegro: Parlamentarisches System mit langjähriger Einparteiendominanz

Claudia Laštro und Florian Bieber

Zusammenfassung

Das politische System Montenegros zeichnet sich durch zwei Besonderheiten aus. Zum einen ist das Land geprägt durch die 30-jährige Dominanz (1990–2020) der kommunistischen Nachfolgepartei, der *Demokratischen Partei der Sozialisten* (DPS). Zum anderen beeinflusste die Beziehung zum Nachbarn Serbien nachhaltig den Parteienwettbewerb, politische Identitäten sowie die zahlreichen Umbrüche in Montenegros Staatlichkeit. Dieses Kapitel beleuchtet die Anpassungsleistung der zentralen Akteure an Critical Junctures und die Entwicklung der Kerninstitutionen des politischen Systems. Dabei gehen wir auch auf die Systemtransformation unter der Bedingung eines dominanten Parteisystems, auf patronale Strukturen sowie auf die Frage ein, welchen Weg das politische System nach der Wahlniederlage der DPS im Jahr 2020 eingeschlagen hat.

Schlüsselwörter

Dominante Partei · Kompetitiver Autoritarismus · Nationalismus · Polarisierung · Staatsbildung

C. Laštro (✉) · F. Bieber
Zentrum für Südosteuropastudien, Karl-Franzens-Universität Graz, Graz, Österreich
E-Mail: claudia.lastro@uni-graz.at; florian.bieber@uni-graz.at

© Der/die Autor(en), exklusiv lizenziert an Springer Fachmedien Wiesbaden   239
Gmbh, ein Teil von Springer Nature 2025
S. Priebus, T. Beichelt (Hrsg.), *Die politischen Systeme im östlichen Europa*,
https://doi.org/10.1007/978-3-658-43647-6_13

Tab. 1 Das politische System Montenegros im Überblick

Verfassung	Verabschiedet: erste Verfassung 1992; Verfassungscharta von Serbien und Montenegro 2003; Verfassung des unabhängigen Montenegros 2007 Reformiert: 2013
	Verfassungsänderungsregel: Initiativrecht haben Staatspräsident, Regierung und mind. 25 Abgeordnete. Annahme mit 2/3-Mehrheit im Parlament; zur Änderung der Art. 1, 2, 3, 4, 12, 13, 15, 45 und 157 Referendum nötig
Regierungssystem	Parlamentarisch mit direkt gewähltem Präsidenten
Präsident	Wahlmodus und Amtszeit: direkt gewählt auf 5 Jahre, einmalige Wiederwahl möglich
	Kompetenzen: 1) Oberkommandierender der Armee (Entscheidungen in Sicherheitsfragen nur in Abstimmung mit Verteidigungs- und Sicherheitsrat); 2) Ernennung des Ministerpräsidenten; 3) Vorschlag des Premierministers und Richter des Verfassungsgerichtshofs; 4) Proklamierung von Gesetzen (ohne Vetorecht) und Recht zur Initiierung von Verfassungsänderungen; 5) Ausrufung von Wahlen; 6) Vorsitz des Rats zum Schutz der Rechte von nationalen und ethnischen Gruppen
Regierung	Mitglieder: Premierminister, Stellvertreter und Minister
	Auswahl: Vorschlag für Amt des Ministerpräsidenten durch Präsidenten; Wahl des Ministerpräsidenten durch Parlamentsmehrheit
	Abberufung: einfaches Misstrauensvotum gegen ganze Regierung; Vertrauensfrage des Ministerpräsidenten
Parlament	Dauer Legislaturperiode: 4 Jahre
	Aufbau: eine Kammer mit seit 1990 variierender Größe (1990–1992: 125 Abgeordnete, 1992–2007: 1 Abgeordneter pro 6000 Bürger), seit 2007: 81 Abgeordnete; 15 ständige Ausschüsse, zusätzlich weitere ständige und *ad hoc* Ausschüsse
	Bildung einer Fraktion durch mind. 3 Abgeordnete
	Funktionen: 1) Gesetzgebung: Initiativrecht hat jeder Abgeordnete; 2) Kontrolle der Exekutive: Abberufung des Premierministers und der Regierungsminister, Interpellationen, Untersuchungsausschuss auf Antrag von 27 Abgeordneten; 3) Wahl des Regierungschefs, der Richter des Verfassungsgerichts, des Sonderstaatsanwalts und des Richterrats; Wahl und Abberufung der Ombudsperson für Menschenrechte und Freiheiten, des Gouverneurs der Nationalbank, Mitglieder des Rats der Nationalbank, Mitglieder des Rats der staatlichen Rechnungsbehörde, andere Beamte entsprechend des Gesetztes
Wahlsystem	Verhältniswahlsystem in einem Wahlkreis und 3 %-Hürde Reformen: 1990, 1992, 1996, 1998, 2000, 2001, 2002, 2004, 2006, 2011, 2014, 2016, 2018, 2020 Wichtigste Wahlsystemreformen: 1990: Verhältniswahlsystem mit 14 Wahlkreisen und 4 %-Hürde 1996: Gemischtes Wahlsystem (Mehrheits- und Verhältniswahlsystem) mit 20 Wahlkreisen und 4 %-Hürde 1998: Verhältniswahlsystem in einem Wahlkreis, Einführung eines „besonderen Wahlbezirks" für Repräsentanten der albanischen Minderheit Seit 2011: Verhältniswahlsystem in einem Wahlkreis und 3 %-Hürde, Abschaffung des „besonderen Wahlbezirks", stattdessen Einführung einer 0,7 %-Hürde für Minderheitenparteien/-listen, bzw. 0,35 % für Parteien/Listen der kroatischen Minderheit

1   Einleitung

Dieses Kapitel legt seinen Fokus auf die Gründung und die Identität des monte-negrinischen Staates, die postsozialistische Transformation sowie die Kern-institutionen des politischen Systems, nämlich das Parlament, die Regierung, Parteien und das Parteiensystem (Tab. 1). Dabei beleuchten wir insbesondere pfadabhängige Wandlungsprozesse und die patronalen Strukturen des monte-negrinischen Systems. Eine Besonderheit des politischen Systems ist die Be-ziehung zu Serbien, welche unmittelbar Fragen der Staatlichkeit und der nationa-len Identität berührt sowie den politischen Wettbewerb strukturiert. Sie ist auch deshalb von Bedeutung, weil Montenegro sich erst im Jahr 2006 über den Weg eines Referendums von Serbien loslöste und entsprechend die ersten Jahre der Systemtransformation nicht als eigenständiger Staat, sondern zunächst im Ver-bund der Bundesrepublik Jugoslawien (1992–2003) und dann in der Staaten-union Serbien und Montenegro (2003–2006) bewältigte.

Ebenfalls bemerkenswert ist, dass Montenegro das einzige Land im post-sozialistischen Europa ist, in dem die sozialistische Nachfolgepartei bis 2020, also noch 30 Jahre nach Ende des kommunistischen Machtmonopols, ununter-brochen regierte. Die Dominanz der *Demokratischen Partei der Sozialisten* (*Demokratska partija socijalista*, DPS) schlägt sich im politischen System Monte-negros, dem institutionellen Gefüge sowie in der Verstrickung zwischen Politik und Wirtschaftseliten nieder. Trotz der bemerkenswerten Kontinuität hat sich die DPS mehrfach gewandelt. Insbesondere lassen sich zwei Critical Junctures identi-fizieren: die Krise Jugoslawiens 1989/1990 und die Loslösung von Slobodan Milošević 1997/1998, die der Partei – damals noch im Verbund mit Serbien – enorme Anpassungsleistungen abverlangten. Der *Bund der Kommunisten Monte-negros* und nach der Umbenennung die DPS reagierten auf beide Momente mit personellen sowie ideologischen Neuausrichtungen, welche einen neuen Ent-wicklungspfad für die dominante Partei, das politische System und auch den montenegrinischen Staat einleiteten. Es war eben dieser Wandel der DPS und der Institutionen Montenegros, welche zur anhaltenden Vormachtstellung der domi-nanten Partei beitrug. Die Partei war zwar von 1998 bis 2020 auf Koalitionen mit anderen Parteien angewiesen, vermochte aber dennoch ihre Vormachtstellung mit einer Kombination aus selektiver Kooptation, Repression, Klientelismus, Nationa-lismus und externer Legitimierung abzusichern. Zugleich instrumentalisierte die DPS geschickt die nationale Konfliktlinie in der montenegrinischen Gesellschaft (Laštro et al. 2023).

Von 1990 bis 2020 ist Montenegro als kompetitives autoritäres Regime zu qualifizieren, wobei das Regime 1998 mit der Spaltung der DPS und ihrer Öffnung für Koalitionspartner deutlich pluralistischer wurde. Neben geteilten programmatischen Zielen, wie Montenegros Unabhängigkeit oder die euroatlantische Integration des Landes, dienten Regierungsämter, politisierte Besetzungen in der öffentlichen Verwaltung sowie staatliche Aufträge als klientelistischer Kitt, der das Bündnis zwischen der DPS und ihren Partnern zusammenhielt. Auch die Judikative und die Medienlandschaft Montenegros waren von einer starken Politisierung gekennzeichnet. Seit der Abwahl der DPS im August 2020 sind bereits zwei Nachfolgeregierungen an Misstrauensvoten gescheitert. Programmatische Differenzen, ein instabiles Parteiensystem, sowie der Wettbewerb um klientelistische Güter machen die Koalitionen der Post-DPS-Ära fragil. Es ist weiterhin unklar, welche Rolle die DPS zukünftig im politischen System übernehmen wird.

2 Entstehung und Identität des Staates

Im Zentrum der Auseinandersetzungen um die Identität des montenegrinischen Staates steht die Frage der eigenständigen Staatlichkeit. Historisch waren die Grenzen zwischen den Identitätskategorien Montenegrinisch, Serbisch oder Jugoslawisch fließend und korrespondierten mit den konkurrierenden politischen Visionen für Montenegro, sei es als eigenständiger Staat, als Teil eines größeren jugoslawischen Staates (1918–1941, 1945–1991) oder eines Bündnisses mit Serbien (1992–2006). In der Zwischenkriegszeit waren die Gesellschaft und die politische Elite zwischen Fürsprechern einer stärkeren Anlehnung an Serbien einerseits und Unabhängigkeitsbefürwortern andererseits gespalten. Nach dem Zweiten Weltkrieg wurde Montenegro eine der sechs Teilrepubliken des sozialistischen Jugoslawiens. Die kommunistische Partei Montenegros bekämpfte entschlossen sowohl serbische als auch montenegrinische Nationalismen und förderte stattdessen bewusst eine jugoslawische nationale Identität, die für die montenegrinische und die serbische Identität inklusiv sein sollte (Malešević und Uzelac 2007).

Der Tod des jugoslawischen Präsidenten Josip Broz Tito 1980 sowie die Wirtschafts- und Finanzkrise der Folgejahre beförderten Konflikte innerhalb der jugoslawischen Elite. Montenegros Schwerindustrie war besonders stark von der Rezession der 1980er-Jahre betroffen. Wie auch in den anderen jugoslawischen Republiken fanden in Montenegro in dieser Zeit Massendemonstrationen statt. Einerseits waren diese von einem wachsenden Nationalismus gekennzeichnet. Andererseits waren die Demonstrationen eine Reaktionen auf die steigende Inflation und Arbeitslosigkeit und damit Ausdruck eines manifestierten Unmuts mit der politischen Elite.

Angesicht der Fluidität der montenegrinischen Identität und des Einflusses von Serbiens Intelligentsia in Montenegro keimte allerdings zunächst nicht etwa ein montenegrinischer, sondern ein serbischer Nationalismus auf. Die Mehrheit der Bevölkerung sowie Teile der politischen und intellektuellen Elite wandten sich dem serbischen Parteipräsidenten Slobodan Milošević zu. Anders als die Führung Sloweniens oder Serbiens hatte Montenegros Parteispitze der Krise Jugoslawiens kein eigenes nationales Programm entgegenzusetzen. Angesichts anhaltender Massendemonstrationen trat die montenegrinische Führungselite im Januar 1989 zurück. An ihre Stelle traten Funktionäre aus den zweiten Rängen des Parteiapparates, die sich anschließend an Milošević anlehnten (Morrison 2018b, S. 170).

Die gleichermaßen pragmatische als auch ideologische Allianz mit dem Milošević-Regime stellte eine Critical Juncture dar und leitete einen Pfadwechsel ein. Als einzige Republik neben Serbien strebte Montenegro Anfang der 1990er-Jahre nicht die Unabhängigkeit an, sondern bildete gemeinsam mit Serbien die Bundesrepublik Jugoslawien (BRJ). Der *Bund der Kommunisten Montenegros*, 1991 umbenannt in *Demokratische Partei der Sozialisten* (DPS), war dabei stets um ein gewisses Maß an Unabhängigkeit bemüht. Die DPS spiegelte zwar zunächst Miloševics nationalistische Rhetorik sowie die Praxis der Verfolgung politischer Gegner und Minderheiten. Die jugoslawischen Zerfallskriege, das resultierende internationale Embargo sowie die Wirtschaftskrise der BRJ stellten die Allianz mit Milošević allerdings auf die Probe. 1997 spaltete sich die *Sozialistische Volkspartei (Socijalstička nardona partija*, SNP) ab, die den Milošević-treuen Flügel der DPS umfasste. Der verbliebenen Führung der DPS gelang eine taktische Koalition mit Parteien des anti-Milošević und pro-Unabhängigkeitslagers, welche der Regierung des damaligen Premierministers Milo Đukanovićs weiterhin eine Mehrheit sicherte (Bieber 2003, S. 32).

Der Bruch mit Milošević leitete als zweite Critical Juncture einen abermaligen Pfadwechsel ein. Die DPS, welche nach ihrer Spaltung die absolute Mehrheit im Parlament verloren hatte, war nun von der Unterstützung anderer Parteien abhängig. Diese rekrutierten sich vorwiegend aus Parteien nationaler Minderheiten und Fürsprechern einer montenegrinischen Unabhängigkeit. Die Opposition zur DPS setzte sich nun mehrheitlich aus unionistischen und pro-Milošević-Parteien zusammen. Diese Phase war von einem inkrementellen Institution Building gekennzeichnet, das den Grundstein für die spätere Unabhängigkeit legte. So führte die Regierung 1999 die Deutsche Mark als Parallelwährung (ab 2000 als alleinige Währung) ein. Entscheidungen und Gesetze der Bundesinstitutionen wurden nicht mehr umgesetzt und Montenegro baute Verbindungsbüros im Ausland auf. Auch nach Miloševics Wahlniederlage in der föderalen Präsidentschaftswahl und seinem Sturz 2000 setzte Montenegros Regierung den Unabhängigkeitskurs fort. Die politische Führung war wenig geneigt, ihre gewonnene Autonomie aufzugeben (Morrison 2018b, S. 104). Auch hätte die Wiederannäherung an Serbien die Koalition zwischen der DPS und pro-Unabhängigkeitsparteien kompromittiert. Zuletzt war die Aussicht auf Eigenstaatlichkeit ein geeignetes Mittel, um unionistischen Parteien ihre Mobilisierungsgrundlage zu entziehen. Auch erschwerte das Ungleichgewicht zwischen Serbien und Montenegro – Serbien ohne Kosovo ist ca. zwölf Mal größer als Montenegro – eine gleichberechtigte Bundespolitik.

Im Februar 2002 kam unter Vermittlung der EU das Belgrader Abkommen zwischen der montenegrinischen und der serbischen Regierung zustande. Das Abkommen, welches als Meilenstein gewertet werden kann, wandelte die BRJ in den konföderalen Staatenbund Serbien und Montenegro um, der 2003 die BRJ ersetzte. Auf Drängen der montenegrinischen Regierung beinhaltete das Abkommen eine Klausel, die ein Unabhängigkeitsreferendum nach drei Jahren ermöglichte. Im Mai 2006 schließlich stimmte eine Bevölkerungsmehrheit von 55,5 % für Montenegros Eigenstaatlichkeit, die in der Folge auch international anerkannt wurde. Im Oktober 2007 erhielt Montenegro eine neue Verfassung (Morrison 2018b, S. 71). Aufgrund des inkrementellen Institution Building seit 1998 war das Erlangen der Unabhängigkeit keine Critical Juncture, die einen Pfadwechsel eingeleitet hätte, sondern ebenfalls ein Meilenstein.

Die Unabhängigkeit Montenegros war in der Gesellschaft zunächst umstritten. Zur Zeit des Unabhängigkeitsprozesses identifizierte sich knapp ein Drittel der Bevölkerung als Serben (Institut für Statistik der Republik Montenegro 2004, 2011). Die Unabhängigkeit entfachte Kontroversen um die Identität des Staates und dessen Symbole, um die Staatssprache und die Beziehung zur Serbisch-Orthodoxen Kirche. Seit den frühen 2000er-Jahren trieb die Regierung eine Nation-Building-Kampagne voran, welche die montenegrinische Identität als Gegenentwurf zur serbischen skizzierte. Zugleich wurde die montenegrinische Identität mit Werten wie Multikulturalismus und einem pro-westlichen und pro-europäischen Bewusstsein verknüpft. Das Nebenprodukt dieser Kampagne war die zunehmende Konsolidierung der Identität von montenegrinischen Serben und die Vertiefung der nationalen Konfliktlinie innerhalb der orthodoxen Mehrheitsbevölkerung. Die Periode nach der Unabhängigkeit Montenegros leitete eine Neujustierung des politischen Wettbewerbs ein. Die ehemaligen unionistischen Parteien entwickelten sich nach der Unabhängigkeit weitgehend zu Vertretern von serbischen Interessen. Die DPS und ihre Koalitionspartner hingegen verkörperten nun das pro-montenegrinische, bzw. das selbst ernannte „bürgerliche" („građanski") Lager. Identitätsfragen wurden seit der 2010er-Jahre wiederholt zum Politikum, begleitet von Massenprotesten und einer zunehmenden Polarisierung innerhalb der orthodoxen Mehrheitsbevölkerung (Džankic 2013). Beispielhaft seien hier die Proteste 2015 im Vorfeld der NATO-Mitgliedschaft, die Montenegro 2017 erlangte, zu nennen, sowie die Demonstrationen zwischen 2019 und 2020 gegen das Gesetz über die Religionsfreiheit, von dem die Serbisch-Orthodoxe-Kirche Enteignungen von Teilen ihrer Besitztümer fürchtete (Laštro et al. 2023, S. 229).

3   Politische Entwicklung

Seit 1990 finden in Montenegro regelmäßig kompetitive Wahlen statt. Allerdings kann für den Zeitraum zwischen 1990 bis 2020 nicht von einem fairen Wettbewerb gesprochen werden. Die DPS baute ihren Wettbewerbsvorteil durch Stimmenkauf, Wahlmanipulation, Einfluss auf die Medienlandschaft, Politisierung der Judikative sowie die Ausweitung der Beschäftigung in staatlichen Institutionen aus (Darmanović 2003, S. 147–148). Dennoch ist ein qualitativer Unterschied zwischen der ersten Regimephase von 1990 bis 1997, während derer die DPS weitgehend alleine regierte, sowie der zweiten Regimephase von 1997 bis 2020, in der die DPS in Koalitionen regierte, festzustellen. Die erstmalige Wahlniederlage der DPS 2020 ist ein Meilenstein, der eine dritte Phase einläutete.

Der Systemwechsel, also der Übergang vom sozialistischen System, spielte sich vor dem Hintergrund der politischen und wirtschaftlichen Krise des sozialistischen Jugoslawiens Ende der 1980er-Jahre ab. Im Januar 1989 gelang es einer heterogenen Gruppe innerhalb des *Bundes der Kommunisten*, sich an die Spitze der Massenproteste zu stellen, die Montenegro seit dem Sommer 1988 heimsuchten. Sie erwirkte schließlich einen Führungswechsel. Bereits vor den ersten Mehrparteiwahlen übernahm die neue Führung das nationalistische Programm Slobodan Miloševićs, der in Montenegros Bevölkerung großen Zuspruch genoss. Die Führungsstruktur der frühen 1990er-Jahre kann als „oligarchisch" charakterisiert werden (Goati 2001, S. 161). Die Macht im Staat war etwa gleichmäßig zwischen dem Präsidenten der DPS, Momir Bulatović, dem Premierminister, Milo Đukanović, und dem Parlamentspräsidenten und Chefideologen der DPS, Svetozar Marović, verteilt. Jeder dieser drei Persönlichkeiten war als Vertreter unterschiedlicher Fraktionen der sozialistischen Kontraelite 1989 aufgestiegen.

Die personelle und ideologische Reform verhalf der Partei zu einem Erdrutschsieg in den ersten freien Wahlen im Dezember 1990. Folglich musste die kommunistische Elite den Systemwechsel nicht mit anderen Parteien aushandeln und blieb in Montenegro sogar stärker verankert als in Serbien. Als sozialistische Nachfolgepartei übernahm die DPS das Vermögen und alle Immobilien des *Bundes der Kommunisten* sowie auch dessen gesamte Infrastruktur. Da die DPS bis 1996 die absolute Mehrheit hielt, konnte sie auch die öffentliche Verwaltung, die staatlichen Medien, die Judikative sowie Aufsichtsräten und Gremien kontrollieren.

Die DPS lenkte auch die wirtschaftliche Transformation. Sanktionen und Kriege beförderten eine neue para-staatliche Wirtschaftselite, die durch Schmuggel das Handelsembargo umging. Die montenegrinische Regierung, darunter auch Premierminister Milo Đukanović, war maßgeblich an der Organisation des Schmuggels beteiligt. Eine kontrollierte Privatisierung ermöglichte es regimenahen Wirtschaftseliten, staatliche Unternehmen zu erwerben, welche wiederum eine instrumentelle Funktionen im Schmuggelgeschäft übernahmen. Besonders der illegale Handel mit Zigaretten gewährleistete auch in den Jahren der Sanktionen volle Haushaltskassen sowie enormen Wohlstand für Parteifunktionäre und loyale Kräfte (Đurić 1999; Hajdinjak 2002).

Der Bruch zwischen Montenegros Regierung und Milošević 1997 läutete einen ersten posttransformatorischen Pfadwechsel ein. Der Konflikt war begleitet von einem Machtkampf zwischen dem Premierminister Milo Đukanović und dem Parteivorsitzenden der DPS sowie Präsidenten Montenegros, Momir Bulatović. Đukanović verdrängte Bulatović von der Parteispitze und konnte auch die Präsidentschaftswahlen im Oktober 1997 für sich entscheiden. Bulatović gründete in Folge, wie bereits erwähnt, die *Sozialistische Volkspartei* (SNP), die den Milošević-treuen Flügel der DPS umfasste. Mit der Gründung der SNP entstand erstmals eine ernstzunehmende Konkurrenz für die DPS. Entsprechend der Theorie von Henry Hales patronaler Politik markiert der Bruch einen Übergang von einem Einpyramiden- zu einem Zweipyramidensystem.

Die Spaltung zwang die DPS zur Suche neuer Verbündeter aus den Reihen der anti-Milošević-Opposition. Im September 1997 schlossen die DPS und die Opposition das „Abkommen über die Minimalprinzipien zur Entwicklung der demokratischen Infrastruktur in Montenegro". Das Resultat des Abkommens war die erste Mehrparteienregierung Montenegros sowie Reformen des Parteifinanzierungs-, Medien- und des Wahlgesetzes inklusive der Einführung reservierter Parlamentssitze für Vertreter der albanischen Minderheit. Die Allianz setzte die DPS auf einen pro-montenegrinischen Entwicklungspfad. Trotz der Beteiligung anderer Parteien an der Regierung blieben die Exekutive, die Judikative, der Verwaltungsapparat und Montenegros Wirtschaft weitgehend von der DPS dominiert, sodass die Gewaltenteilung weiterhin stark beeinträchtigt blieb. Đukanović erhielt durch diese taktische Kehrtwende auch Zuspruch von Montenegros unabhängigen Medien, der Zivilgesellschaft sowie der europäischen Gemeinschaft und den Vereinigten Staaten, deren ideelle wie finanzielle Unterstützung entscheidend im Konflikt mit Milošević war.

Das gute Verhältnis der DPS mit der EU und den USA dauerte bis 2020 an. Grund hierfür war einerseits die pro-westliche Ausrichtung der DPS, ihre Zusammenarbeit mit nationalen Minderheiten und ihre guten nachbarschaftlichen Beziehungen. Die Anerkennung von Montenegros Bewerbung um den EU-

Kandidatenstatus 2010, der Beginn der EU-Beitrittsverhandlungen sowie der Beitritt zur NATO 2017 sind hierbei als wichtige Meilensteine zu werten. Andererseits galt die DPS dem Westen im Hinblick auf Montenegros fragmentierte Opposition, unter der sich auch anti-Nato und pro-russische Kräfte finden, als Garant für Stabilität (Bieber 2020, S. 104).

Eine umfassende Privatisierung setzte erst mit der Unabhängigkeit des Landes ein, da zuvor der Status Montenegros für viele Investoren zu unsicher war. Ab 2006 begann die Privatisierung der größten staatlichen Betriebe und die großflächige Veräußerung von Bauland an Montenegros Adriaküste. Einem Großteil der heimischen Wirtschaftselite, die durch den Schmuggel der 1990er-Jahre zu Wohlstand gekommen war, gelang es hierdurch ihr Kapital zu legalisieren und Wirtschaftsmonopole zu erlangen. Auch ausgewählte ausländische Investoren profitierten von erheblichen Privilegien. Im Gegenzug übernahm die der DPS nahestehende Wirtschaftselite eine Schlüsselrolle in der Finanzierung der Partei und fungierte außerdem als Zwischeninstanz in der klientelistischen Maschinerie der DPS (Laštro et al. 2023, S. 217, 226–228).

Die Unabhängigkeit Montenegros trug zunächst zur Fragmentierung der Opposition bei, was die DPS zunächst stärkte. Allerdings dünnte deren Unterstützung in den 2010er-Jahren zusehends aus und die taktische Allianz zwischen der DPS und pro-montenegrinischen Akteuren begann zu bröckeln. Nach Erreichung der Unabhängigkeit rückten Themen wie Demokratisierung, Wirtschaftswachstum und der EU-Beitritt in den Vordergrund. Dabei geriet die DPS durch zahlreiche Korruptionsskandale in den Fokus der Kritik unabhängiger Medien und der internationalen Gemeinschaft. Diese Periode ist auch durch die Neugründung von Parteien im pro-montenegrinischen Lager gekennzeichnet, welche jegliche Kooperation mit der DPS ablehnten. Als Antwort verstärkte die DPS einerseits ihre nationalistische Programmatik, wodurch sie die Polarisierung innerhalb der orthodoxen Mehrheitsbevölkerung vertiefte. Andererseits wurde sie zunehmend repressiver. So verurteilte Montenegros politisierter Oberster Gerichtshof 2019 zwei Oppositionspolitiker für ihre angebliche Beteiligung an einem Putsch-Versuch am Tag der Parlamentswahlen 2016; das Urteil wurde 2021 vom Berufungsgericht annulliert (Kajosevic 2022). Zuletzt trugen zahlreiche Protestbewegungen während der 2010er-Jahre dazu bei, den öffentlichen Unmut zu bündeln. Insbesondere löste das Gesetz über die Religionsfreiheit von 2019 eine massive Protestwelle aus, die Unterstützung sowohl bei Montenegrinern als auch montenegrinischen Serben fand.

Die knappe Wahlniederlage der DPS um ein einziges Mandat im August 2020 war letztlich durch die Koalitionsbildung von Oppositionsparteien aus dem serbischen wie auch montenegrinischen Spektrum möglich. Die erste Wahlniederlage der DPS stellt somit zweifellos einen Meilenstein, aber keine Critical Juncture, dar.

Kurz nach der Abwahl der DPS zeigte sich, dass die Parteien der neuen parlamentarischen Mehrheit die gängige Praxis der Beschäftigung nach politischen Kriterien fortsetzten. Einzig die andauernden Zerwürfnisse zwischen den regierungsbildenden Parteien scheint die Konsolidierung einer neuen dominanten Machtpyramide bisher zu verhindern.

4 Die Institutionen Montenegros

4.1 Regierung und Staatspräsident

Montenegro hat ein parlamentarisches Regierungssystem mit direkt gewähltem Präsidenten, der vor allem über zeremonielle Funktionen verfügt. Im Kontext des jeweiligen pyramidalen Regimes müssen unterschiedliche Phasen beachtet werden, um das wechselseitige Verhältnis der Kerninstitutionen zu verstehen. In der Phase von 1990 bis 1997, in der die DPS mit absoluter Mehrheit regierte, waren staatliche Institutionen der dominanten Partei untergeordnet. Politische Macht speiste sich in dieser Periode vorwiegend informell aus der persönlichen Autorität der Amtsträger. Erst mit dem Bruch der DPS im Jahr 1997 gewannen politische Institutionen wie Regierung und Parlament größere Relevanz. Für die gesamte Regierungsdauer der DPS bleibt es wichtig zu betonen, dass die institutionelle Ordnung, die in der Verfassung festgelegt wird, mit informellen Entscheidungsstrukturen konkurrierte.

Die Verfassung von 1992 sah – nicht zuletzt im Vergleich mit Serbien – ein recht schwaches Präsidentenamt vor. Dies kann damit erklärt werden, dass Montenegros sozialistische Partei zum Zeitpunkt des Systemwechsels relativ heterogen und weniger personalisiert war als die *Sozialistische Partei Serbiens* unter Milošević. Das Einpyramidensystem während jener Phase existierte demzufolge auch in einer gewissen Abhängigkeit von Serbien innerhalb der Bundesrepublik Jugoslawien. Dennoch lag in dieser Periode die Hauptentscheidungsgewalt beim Staatspräsidenten, Momir Bulatović, dessen Autorität sich aus seinem Vorsitz in der DPS und seiner engen Beziehung zum serbischen Präsidenten Milošević speiste. Milošević verlor ab Mitte der 1990er-Jahre seinen Rückhalt in Montenegro. Dadurch war Momir Bulatović im innerparteilichen Konflikt gegen Milo Đukanović im Nachteil, da Đukanović als Premierminister schrittweise die Regierung, den Geheimdienst sowie auch die Privat- und Schattenwirtschaft unter seine Kontrolle bekam (Goati 2001, S. 106). Infolge der Spaltung der DPS übernahm Milo Đukanović den Parteivorsitz – nachdem dieser vorübergehend von Milica Pejanović-Đurišić bekleidet worden war (1997–1998) – und wurde 1998 zum Staatspräsidenten gewählt.

Aufgrund der Dominanz der DPS war die Zeit bis 2020 von einer starken Überlagerung der formalen Strukturen durch informelle Macht geprägt, was durch das variierende Gewicht des Präsidentschaftsamtes verdeutlicht werden kann. Zwischen 2002 und 2018 wurde das Präsidentschaftsamt von Filip Vujanović bekleidet. Besonders in der zweiten und dritten Amtsperiode von Vujanović übte der Staatspräsident eine vorwiegend symbolische Funktion aus. Diese Periode korrespondierte mit einer zunehmenden Marginalisierung von einflussreichen Funktionären innerhalb der DPS, wodurch sich das eigentliche Machtzentrum in der DPS-Pyramide zunehmend um Milo Đukanović gruppierte. Als Đukanović 2018 erneut zum Staatspräsidenten gewählt wurde, erlebte das Präsidentschaftsamt eine abermalige Aufwertung. Etwa erhielt der Präsident infolge der Wahl einen größeren Unterbau sowie eine großzügige Rente (Amtsblatt von Montenegro 2018). Zwischen der Wahlniederlage der DPS 2020 bis zur Abwahl Đukanovićs 2022 kam es erstmals zu einer spannungsreichen Kohabitation zwischen Regierung und Präsidenten. So verweigerte Đukanović unter anderem die Ernennung einiger von der Regierung vorgeschlagener Botschafter oder blockierte die Verabschiedung von Gesetzen (RFE 2021a, b). Nach der Wahlniederlage Đukanovićs 2022 schränkte eine Gesetzesänderung im Jahr 2022 die Befugnisse des Präsidenten bei der Ernennung und Abberufung von Botschaftern ein. Das Gesetz verpflichtet den Präsidenten seither auch zur Einhaltung von Fristen in der Ernennung des Premierministers oder zur Beratung mit allen Parteien über die Regierungsbildung (Venedig-Kommission 2022). Im Jahr 2023 wurde mit Jakov Milatović erstmals ein Präsident gewählt, der nicht der DPS angehört. Insgesamt lässt sich festhalten, dass die tatsächliche Stärke der Regierung, des qua Verfassung relativ schwachen Präsidenten sowie die Beziehung zwischen Regierung und Präsident in der Realität stark variierte, je nachdem, wie stark die DPS diese Positionen kontrollierte und wie stark die Partei innerlich gespalten war.

Zwischen 1998 und 2020 regierte die DPS in Koalitionen mit anderen Parteien. Die beständigste Regierungspartnerin der DPS zwischen 1998 und 2016 war die *Sozialdemokratische Partei* (*Socijaldemokratska partija*, SDP), während andere Koalitionen kurzlebiger waren. In den Jahren 2001 bis 2002, in denen sich die DPS weder zu einer Normalisierung der Beziehungen mit Serbien noch zur Unabhängigkeit Montenegros bekannte, kam es zu wiederholten Regierungskrisen. Auch Parteien nationaler Minderheiten waren wichtige Mehrheitsbeschaffer für die DPS. Die Parteien der albanischen Minderheit gehören seit 1998 der Regierung an, obwohl es keine formalen Koalitionsvereinbarungen gab. Zwischen 2008 und 2020 war außerdem die *Bosniakische Partei* (*Bošnjačka stranka*, BS) und ab 2012 die *Kroatische Bürgerinitiative* (*Hrvatska građanska inicijativa*, HGI) in den DPS-Regierungen vertreten.

Die DPS war stets darum bemüht, mehr Parteien in ihre Regierungen einzubeziehen als numerisch für eine Mehrheit notwendig gewesen wäre. Dieses Vorgehen diente dazu, die Legitimität der Regierung zu stärken, den demokratischen An-
schein zu wahren sowie auch dazu, die DPS weniger „erpressbar" für Forderungen
einzelner Regierungspartner zu machen. Mit einer einzigen Ausnahme waren sowohl Justizministerium als auch das Ministerium für Menschen- und Minderheitenrechte unter der DPS von der *Demokratischen Union der Albaner* (*Demokratska unija Albanaca*, DUA) besetzt. Die SDP, der längste Koalitionspartner der
DPS, war stets überproportional in der Regierung vertreten. Das Gewicht anderer
Parteien war unter der DPS jedoch begrenzt. Beispielsweise waren jedem nicht-
DPS Minister je zwei DPS-Vizeminister zur Seite gestellt, um den Einfluss der
DPS über die Ministerien zu gewährleisten. Die Koalitionspartner der DPS trugen
diese Praxis mit, da ihnen die DPS als strategischer Partner zur Erreichung eigener
Ziele galt (bis 2006 für die Unabhängigkeit Montenegros und ab 2006 für die euro-
atlantische Integration des Landes). Die Tatsache, dass in den 2000er- und
2010er-Jahren die Opposition mehrheitlich aus pro-serbischen und teilweise nach
Russland orientierten Parteien zusammengesetzt war, ließ die DPS in den Augen
pro-montenegrinischer Parteien als unausweichliche Partnerin erscheinen. Zudem
gewährleistete die DPS ihren Partnern Zugriff auf klientelistische Güter, wie etwa
Ämter in der öffentlichen Verwaltung; diese dienten den Koalitionspartnern zur
Alimentierung ihrer eigenen Netzwerke. Im Gegenzug mobilisierten diese ihre
Wählerschaft und schafften Loyalitäten unter der Führung der DPS. Nach der Unabhängigkeit gerieten programmatische Konflikte, die es vorher um das Thema der
staatlichen Eigenständigkeit gegeben hatte, weiter in den Hintergrund, was die
ideologische Basis der DPS-geführten Koalitionen schwächte und stattdessen
Patronagebeziehungen in den Mittelpunkt stellte.

Während der Regierungsdauer der DPS wurden Entscheidungen in der Regel
innerhalb des Führungsgremiums der DPS und damit außerhalb der Exekutive getroffen. Diese Tendenz war nicht zuletzt auch durch die personelle Besetzung des Premier-
ministerpostens verstärkt. Đukanović fungierte von 2003 bis 2006, 2008 bis 2010
sowie 2012 bis 2016 als Regierungschef. In den übrigen Perioden wurde diese Funktion von engen Vertrauten Đukanovićs ausgeübt: Zwischen 1998 und 2002 von Filip
Vujanović, 2010 bis 2012 von Igor Lukšić und von 2016 bis 2020 von Duško
Marković. Allein Željko Šturanović (2006–2008) stellte einen Kompromisskandidaten
dar, auf den sich Đukanović einließ, solange er seinen alleinigen Führungsanspruch
innerhalb der DPS nicht vollends durchsetzten konnte (Rudović 2006).

Mit der Eigenstaatlichkeit im Jahr 2006 erhielt Montenegro erstmals ein Vertei-
digungsministerium. Ebenfalls war die Unabhängigkeit von der Gründung von
Auslandsvertretungen und der Aufteilung der ehemaligen Bundesarmee zwischen

Serbien und Montenegro begleitet. Dies Neuerungen waren jedoch rein formal, zumal Montenegro bereits seit 1998 eine eigenständige Außenpolitik führte und informelle Auslandsvertretungen besaß. Die Wahl vom 20. August brachte erstmals eine Regierung hervor, an der die DPS nicht beteiligt war. Drei unterschiedliche Wahllisten, jeweils angeführt von der serbisch nationalistischen und pro-russischen *Demokratischen Front* (*Demokratski Front*, DF), den rechts-konservativen *Demokraten* (*Demokrate*), sowie den pro-montenegrinischen *Vereinten Reformkräften* (*Ujedinjena reformska akcija*, URA), konnten eine knappe Mehrheit erringen. Die neue Parlamentsmehrheit einigte sich auf die Bildung einer Expertenregierung, die allerdings bereits im April 2022 aufgrund anhaltender Konflikte das Vertrauen verlor. Ebenso entzog das Parlament der darauffolgenden Minderheitenregierung aus URA, nationalen Minderheitenparteien, SNP und SDP im August desselben Jahres das Vertrauen. Aus den Parlamentswahlen im Juni 2023 ging *Europa jetzt!* (*Evropa sad!*), eine erst im Jahre 2022 gegründete Partei, als stärkste Kraft hervor. Seit Oktober 2023 regiert sie mit den Demokraten, zwei albanischen Minderheitenparteien, sowie einer kleineren pro-montenegrinischen Partei. Die *Neue Serbische Demokratie* (*Nova srpska demokratija*, NSD) und ihre Koalitionspartner erhielt im Austausch für ihre Unterstützung den Posten des Parlamentspräsidenten (Al Jazeera 2023). Nach einem Bruch innerhalb *Europa jetzt!* zogen im Juli 2024 auch NSD, BS sowie die serbisch-nationalistische *Demokratische Volkspartei* (*Demokratska narodna partija*, DNP) in die Regierung ein. Auch in den Nachfolgeregierungen der DPS setzt sich die Praxis der Ämterpatronage fort. Da sich das Mächtegleichgewicht zwischen den Koalitionspartnern zum aktuellen Zeitpunkt die Waage hält, konnte sich noch kein Akteur als neue dominante Kraft durchsetzen.

4.2   Das Parlament

Das montenegrinische Parlament besteht aus einer Kammer und wird für vier Jahre gewählt. Obwohl in einem parlamentarischen System (mit direkt gewähltem Präsidenten) das Parlament die Herzkammer der politischen Macht bilden müsste, ist dies im Lande aber nicht der Fall. Die wichtigsten Entscheidungen wurden meist von der dominanten DPS gefällt, sodass die Wahl und Kontrolle der Regierung von nachgeordneter Bedeutung blieben. Insbesondere in der ersten Phase nach dem Systemwechsel, als die DPS über eine absolute Mehrheit verfügte, war der Einfluss des Parlaments auf den Gesetzgebungsprozess eingeschränkt. Zwischen 1991 und 1995 beruhten 98,5 % aller verabschiedeten Gesetze auf Vorschlägen der Regierung (Antonić 1998, S. 65). Doch auch in den späteren Phasen, als die DPS in Koalitionen regierte (1998–2020), übernahm das Parlament nur eine eingeschränkte Gesetzgebungs- und Kontrollfunktion. Oftmals legte die Regierung Gesetzesinitiativen in der letzten Sitzung vor der Sommer- oder Neujahrspause vor, um den Diskussions- und Prüfungsprozess zu verkürzen. Solche Gesetze begünstigten häufig der Regierungspartei nahestehende Eliten. Unter dem Vorwand, Gesetze mit EU-Regulierungen zu harmonisieren, räumte die Regierung nahestehenden Investoren Privilegien und sogar Marktmonopole ein (NGO MANS 2021, S. 16–18).

Der geringe Einfluss der Opposition auf den Gesetzgebungsprozess führte wiederholt zu Boykotten des Parlaments. Die Opposition nutzte Boykotte, um die Legitimität der politischen Institutionen aufgrund der Amtsführung der DPS anzufechten. 2016 boykottierte die Opposition das Parlament, da sie der DPS vorwarf, sie hätte einen Staatsstreich am Tag der Parlamentswahlen fingiert, um die Opposition zu diskreditieren. Nach einem Jahr kehrte die größte Oppositionsliste, die DF, wieder in das Parlament zurück (Tomović 2017). Auch seit der Abwahl der DPS boykottierten sowohl die Opposition als auch Teile der zerstrittenen parlamentarischen Mehrheit das Parlament sporadisch.

Dennoch wäre es verfehlt, während der gesamten 30-jährigen Regierungsdauer der DPS von einem reinen Schaufensterparlament zu sprechen. Insbesondere mit der Spaltung der DPS im Jahr 1997 verschob sich ein Teil der Macht auf die Legislative. Zum ersten Mal musste die DPS mit anderen Parteien Kompromisse aushandeln. Seither übernimmt das Parlament die zentrale Vermittlungsfunktion zwischen Regierung und Opposition, nicht zuletzt bei solchen Abstimmungen, die eine Zweidrittelmehrheit vorsehen, wie bei der Ausarbeitung der Verfassung im Jahr 2007. Die Funktion des Parlamentssprechers kam seit der Spaltung der DPS bis zu ihrer Abwahl stets einem ihrer Koalitionspartner zu. Das prestigereiche Amt diente einerseits als Belohnung für Loyalität, andererseits auch als Instrument, um den Dialog mit der Opposition aufrechtzuerhalten. Dennoch ist das Abstimmungsverhalten ebenso wie Montenegros Parteisystem stark polarisiert. So sind seit 2018 eine steigende Zahl an Richter- und Staatsanwaltsposten unbesetzt, da deren Ernennung an einer Zweidrittelmehrheit scheitert (Šćepanović 2022).

4.3 Parteiensystem und Parteien

Montenegros Parteienwettbewerb ist durch zwei Cleavages strukturiert. Die erste Konfliktlinie betrifft das Verhältnis mit Serbien sowie die Frage der Identität Montenegros. Diese Konfliktlinie wurde und wird entlang wichtiger Wegmarken besonders relevant, z. B. während des Konflikts mit Milošević im Jahr 1997, während des Unabhängigkeitsprozess um das Jahr 2006 oder im Kontext des NATO-

Beitritts 2017. Die zweite Konfliktlinie verläuft zwischen den politischen Gegnern der bis 2020 dominanten *Demokratischen Partei der Sozialisten* einerseits und der DPS und ihren Koalitionspartnern andererseits.

In groben Zügen lässt sich der Parteienwettbewerb in vier Phasen unterteilen. Bis 1997 bestand die Hauptopposition zur DPS aus Anti-Milošević-Parteien, von denen manche die Unabhängigkeit Montenegros anstrebten, andere hingegen konservativ, pro-serbisch orientiert waren und ein unitaristisches Jugoslawien anstrebten. Das Auseinanderbrechen der DPS läutete die bis 2006 andauernde zweite Phase ein. Der DPS gelang es, die bisherige Opposition in ein taktisches Anti-Milošević-Bündnis zu kooptieren, während sich die neue Opposition aus pro-Milošević- und unionistischen Parteien formierte, allen voran die neu gegründete SNP des ehemaligen Präsidenten Momir Bulatović. Diese Phase ist zudem von einigen Umbrüchen im Koalitionsgefüge der DPS gekennzeichnet, was zum einen Resultat ihres zunächst unentschlossenen Kurses hinsichtlich Montenegros Eigenstaatlichkeit war. Andererseits waren die wiederholten Regierungszusammenbrüche Folge des Bemühens der Koalitionspartner der DPS, ihre Unabhängigkeit gegenüber der dominanten Partei zu behaupten.

Die dritte Phase setzte mit der Unabhängigkeit Montenegros 2006 ein und hielt bis zur ersten Wahlniederlage der DPS 2020 an. Nach 2006 wandten sich unionistische Parteien mehrheitlich der Interessenvertretung montenegrinischer Serben zu, die sich einer Regierungskoalition aus DPS, pro-montenegrinischen und Minderheitenparteien gegenübersah. Durch wiederholte Korruptionsskandale und einen Stillstand hinsichtlich Montenegros EU-Beitritt in den 2010er-Jahren erlebte die DPS einen Legitimitätsverlust, welcher wiederum die Gründung von pro-montenegrinischen, anti-DPS Parteien beförderte. Die Wahlen 2020 leiteten eine vierte Phase ein. Die Wahlniederlage der DPS gegen eine Koalition aus pro-serbischen und pro-montenegrinischen Bündnissen stellt ein Novum im unabhängigen Montenegro dar. Ob derartige Koalitionen zur Regel werden könnten und damit die bisherige Trennlinie aus pro-serbisch und pro-montenegrinisch langfristig an Relevanz verliert, ist zum jetzigen Zeitpunkt noch nicht zu sagen. Der jüngste Wahlerfolg der Partei *Europa jetzt!*, die versucht hat, Wähler lagerübergreifend anzusprechen, zeugt davon, dass diese Trennlinie überwunden werden kann.

Die zahlreichen Änderungen des Wahlgesetzes während der Regierungsperiode der DPS zeugten von deren Bemühen, entweder die Opposition zu marginalisieren oder sich neue Koalitionspartner zu erschließen. Die Einführung eines gemischten Wahlsystems 1996 erschwerte kleineren Parteien den Einzug ins Parlament. Das proportionale Wahlsystem von 1998, das wiederum kleinere Parteien begünstigte, erwuchs aus dem Bedürfnis der DPS, nach ihrem Parteibruch die Unterstützung von Oppositionsparteien zu erlangen. Auch die Relevanz von Minderheitenparteien zeigte sich in der Wahlgesetzgebung. 1998 wurde ein gesonderter, aus mehrheitlich albanischen Wahlbezirken zusammengesetzter Wahlkreis eingeführt, aus dem sich fünf Abgeordnete rekrutierten. 2011 wurde dieser auf Kritik des Europarates hin abgeschafft, da er nur eine einzige Minderheit bevorteilte (Dedović und Vujović 2016, S. 110–111). Das Gesetz über die Staatsbürgerschaft von 2008 entzog Personen mit serbischer Staatsbürgerschaft und Daueraufenthaltsgenehmigung in Montenegro ihr passives wie aktives Wahlrecht, was die Opposition wiederum als Versuch deutete, pro-serbischen Parteien die Wählerbasis zu entziehen (Canka 2008). Seit 2020 wurden dagegen einige Reformen vorangetrieben, um die Wettbewerbsbedingungen zu ebnen, wie etwa die Bündelung von Lokalwahlen an einem Wahltag (RFE 2022).

Die meisten politischen Parteien in Montenegro sind von einem internen Demokratiedefizit gekennzeichnet. Parteiführungen besitzen in der Regel einen starken Einfluss auf die Zusammenstellung der Wahllisten und politische Leitlinien. Die Parteistrukturen sind am treffendsten als klientelistische Netzwerke zu beschreiben, welche auf je eine Führungsperson ausgerichtet sind. Die DPS verfügt über die differenzierteste Organisationsstruktur und größte Mitgliederbasis und ist damit mehr als nur eine politische Partei, sie ist „a mechanism through which members advance their political and economic interests" (Morrison 2018a, S. 167). Gerade in Wahlperioden nutzte die DPS ihre entwickelte Infrastruktur, um bspw. Arbeits- oder Ausbildungsplätze, günstige Kredite für Wohnraum oder Baugenehmigungen im Tausch für Wahlstimmen anzubieten; eine Praxis, die auch die Nachfolgeregierungen der DPS bisher fortgesetzt haben.

5   Fazit

Die beachtliche Regierungsdauer der sozialistischen Nachfolgepartei DPS steht in starkem Kontrast zu den Umbrüchen, die Montenegro im Hinblick auf seine Staatlichkeit und seine außenpolitische Ausrichtung durchlaufen hat. Durch ihren eigenen programmatischen wie personellen Wandel gelang es der DPS, sich den politischen Umwälzungen anzupassen, diese selbst zu lenken und dadurch ihre Dominanz über drei Jahrzehnte zu behaupten. Wenngleich die DPS weiterhin über einen großen Einfluss auf Montenegros Wirtschaft und öffentliche Verwaltung verfügt, legen die Ergebnisse der Lokal-, Präsidentschafts-, und Parlamentswahlen seit 2020 nahe, dass die DPS nicht zu ihrer einstigen Stärke zurückfinden dürfte. Seit 2020 sind auch Parteien des serbischen Lagers an der Regierungsbildung beteiligt. Allerdings ist nicht mit einem Kurswechsel im Bereich der Staatlichkeit oder Montenegros Außenpolitik zu rechnen, nicht zuletzt weil serbisch-nationalistischen Parteien dazu eine Mehrheit fehlt. Die Wahlniederlage der DPS ist ein Kennzeichen eines zunehmenden Pluralismus. Sie führte allerdings auch zu einem volatileren Parteiensystem, das sich weiterhin im Umbruch befindet. Anzeichen dafür sind das rasche Auseinanderbrechen von Koalitionen sowie Parteineugründungen. Die Beständigkeit informeller Institutionen sowie das Fortdauern von Klientelismus und Korruption bleiben eine Herausforderung. Es bleibt abzuwarten, ob eine neue dominante Machtpyramide an die Stelle der DPS treten wird oder ob sich langfristig ein pluraler Parteienwettbewerb und regelmäßige Regierungswechsel etablieren werden.

Kontrollfragen

(1) Welche Konflikte lagen der Entwicklung der politischen Institutionen sowie der Staatsgründung zugrunde?
(2) Welche Faktoren tragen zur Dominanz der Exekutive gegenüber dem Parlament bei?
(3) Welche Konfliktlinien erklären die Struktur des Parteiensystems und dessen Umstrukturierung seit 2020?

Weiterführende Literatur

1. Roberts, Elizabeth. 2007. *Realm of the Black Mountain: A history of Montenegro.* London: Hurst & Company.

Bietet einen Überblick über Montenegros Geschichte von der Antike bis in das 20. Jahrhundert.

2. Kenneth Morrison. 2018. *Nationalism, Identity and Statehood in Post-Yugoslav Montenegro.* London: Bloomsbury.

Das Buch empfehlen wir für Einblicke in die politische Entwicklung Montenegros nach dem Ende Jugoslawiens.

3. Troch, Pieter. 2014. From "and" to "either/or": Nationhood in Montenegro during the Yugoslav twentieth century. *East European Politics and Societies* 28 (1): 25–48.

Empfehlen wir für eine Auseinandersetzung mit dem Wandel der montenegrinischen Identität im 20. Jahrhundert.

Literatur

Al Jazeera. 2023. Montenegros new governemnt eyes EU membership as it finally takes power. *Al Jazeera*, 31. Oktober 2023. https://www.aljazeera.com/news/2023/10/31/montenegro-votes-in-a-new-coalition-government. Zugegriffen: 23.05.2024.

Amtsblatt von Montenegro. 2018. Zakon o Predsjedniku Crne Gore. Nr. 42/2018, 29. Juni 2018. Službeni list Crne Gore. http://sluzbenilist.me/pregled-dokumenta-2/?id={724EE115-E01D-4FB1-BB22-E72401DE8203}. Zugegriffen: 23.05.2024.

Antonić, Slobodan. 1998. Yugoslav Federalism: Functioning of the Federal and Republican Parliaments. In *Elections to the Federal and Republican Parliaments of Yugoslavia (Serbia and Montenegro) 1990–1996: Analyses, Documents and Data*, Hrsg. Vladimir Goati, 52–68. Berlin: Ed. Sigma.

Bieber, Florian, Hrsg. 2003. Montenegrin politics since the disintegration of Yugoslavia. In *Montenego in transition: problems of identity and statehood*, 11–42. Baden-Baden: Nomos.

Bieber, Florian. 2020. *The rise of authoritarianism in the Western Balkans*. London: Palgrave Macmillan.

Canka, Mustafa. 2008. Crnogorsko državljanstvo „zlata vredno". *DW*, 22. September 2008. https://www.dw.com/sr/crnogorsko-državljanstvo-zlata-vredno/a-3661637. Zugegriffen: 23.05.2024.

Darmanović, Srđan. 2003. Montenegro: The Dilemma of a Small Republic. *Journal of Democracy* 14 (1): 145–153.

Dedović, Vlado, und Zlatko Vujović. 2016. Izborni sistem u Crnoj Gori. In *Izborni i partijski sistem u Crnoj Gori: perspektive razvoja unutarpartijske demokratije*, Hrsg. Vladimir Goatim und Srđan Darmanović, 87–135. Podgorica: Centar za monitoring i istraživanje – CeMI.

Đurić, Dragan. 1999. The Shadow Economy: Between Authority and Crime. *SEER-South-East Europe Review for Labour and Social Affairs* 2 (1): 59–68.

Džankic, Jelena. 2013. Cutting the mists of the Black Mountain: Cleavages in Montenegro's divide over statehood and identity. *Nationalities Papers* 41 (3): 412–430.

Goati, Vladimir. 2001. *Elections in FRY from 1990 to 1998: will of people or electoral manipulation?* 2., aktualisierte Auflage. Belgrad: Center for Free Elections and Democracy.

Hajdinjak, Marko. 2002. *Smuggling in Southeast Europe. The Yugoslav Wars and the Development of Regional Criminal Networks in the Balkans*. CSD Reports, Bd. 10. Sofia: Center for the Study of Democracy.

Institut für Statistik der Republik Montenegro. 2004. Popis stanovništva, domaćinstava i stanova u 2003. Datensatz. Podgorica. (abbrufbar unter https://www.monstat.org/cg/page.php?id=57&pageid=57)

Institut für Statistik der Republik Montenegro. 2011. Popis stanovništva, domaćinstava i stanova u Crnoj Gori 2011. godine. „*Stanovništvo Crne Gore prema polu, tipu naselja, nacionalnoj, odnosno etničkoj pripadnosti, vjeroispovijesti i maternjem jeziku po opštinama u Crnoj Gori*". Datensatz. Podgorica. (abrufbar unter https://www.monstat.org/userfiles/file/popis2011/saopstenje/saopstenje(1).pdf.)

Kajosevic, Samir. 2022. Montenegro Arrests Ex-Head of Supreme Court für Abuse of Office. *Balkan Insight*, 18. April 2022. https://balkaninsight.com/2022/04/18/montenegro-arrests-ex-head-of-supreme-court-for-abuse-of-office/. Zugegriffen: 23.05.2024.

Laštro, Claudia, Florian Bieber, und Jovana Marović. 2023. Mechanisms of Dominance: Understanding 30 Years in Power of Montenegro's Democratic Party of Socialists. *Comparative Southeast European Studies* 71 (2): 210–236.

Malešević, Siniša, und Gordana Uzelac. 2007. A Nation-state without the nation? The trajectories of nation-formation in Montenegro. *Nations and Nationalism* 13 (4): 695–716.

Morrison, Kenneth. 2018a. Change, Continuity and Crisis. Montenegro's Political Trajectory (1988–2016). *Südosteuropa* 66 (2): 153–181.

Morrison, Kenneth. 2018b. *Nationalism, identity and statehood in post-Yugoslav Montenegro*. London/New York: Bloomsbury Academic.

NGO MANS. 2021. *State Capture: Montenegro National Report, March 2021*. Podgorica: NGO MANS.

RFE. 2021a. Đukanović potpisao izmjene vjerskog zakona. *Radio Slobodna Evropa*, 25. Januar 2021. https://www.slobodnaevropa.org/a/31068306.html. Zugegriffen: 23.05.2024.

RFE. 2021b. Vlada Crne Gore optužuje Đukanovića zbog odluke oko ambasadora. *Radio Slobodna Evropa*, 05. Januar 2021. https://www.slobodnaevropa.org/a/31034501.html. Zugegriffen: 23.05.2024.

RFE. 2022. Lokalni izbori u Crnoj Gori odloženi za jesen. *Radio Slobodna Evropa*, 09. Mai 2022. https://www.slobodnaevropa.org/a/lokalni-izbori-crna-gora/31841460.html. Zugegriffen: 23.05.2024.

Rudović, Neđeljko. 2006. Premijerska smena u Crnoj Gori: Testiranje lojalnosti. *Vreme*, 16. November 2006. https://www.vreme.com/svet/testiranje-lojalnosti/. Zugegriffen: 23.05.2024.

Šćepanović, Lela. 2022. Kratko i jasno: Blokada crnogorskog pravosuđa koja je zabrinula Brisel. *Radio Slobodna Evropa*, 31. Oktober 2022. https://www.slobodnaevropa.org/a/cg-pravosudje-brisel-blokada/32109014.html. Zugegriffen: 23.05.2024.

Tomović, Dusica. 2017. Montenegro Opposition's Parliament Boycott Starts to Fray. *Balkan Insight*, 13. Dezember 2017. https://balkaninsight.com/2017/12/13/boycott-of-montenegrin-parliament-starts-to-fray-12-13-2017/. Zugegriffen: 23.05.2024.

Venedig-Kommission. 2022. Montenegro: law on amendments to the law on the President of Montenegro, Stellungnahme Nr. 1111/2022, 06. Dezember 2022. Venice-Commission. https://www.venice.coe.int/webforms/documents/?pdf=CDL-REF(2022)068-e. Zugegriffen: 23.05.2024.

Rumänien: Parlamentarisch-präsidentielles System mit instabilen Regierungen

Christian Hagemann

Zusammenfassung

Das politische System Rumäniens ist von großer politischer Instabilität innerhalb eines stabilen institutionellen Rahmens geprägt. Die Kerninstitutionen des parlamentarisch-präsidentiellen Regierungssystems befinden sich regelmäßig im Konflikt. Das Parteiensystem ist stark polarisiert und vor allem im Mitte-rechts-Lager ständigen Veränderungen ausgesetzt. Konflikte zwischen Koalitionspartnern besiegeln oft das vorzeitige Ende der Regierungen. Der politische Wettbewerb gestaltet sich jedoch dynamisch und anders als in vielen Nachbarstaaten gibt es kaum Anzeichen demokratischer Rückschritte seit dem EU-Beitritt.

Schlüsselwörter

Parlamentarisch-präsidentielles System · Kohabitation · Kommunistische Nachfolgepartei · Korruption · Patronale Politik

C. Hagemann (✉)
Südosteuropa-Gesellschaft e.V., München, Deutschland
E-Mail: hagemann@sogde.org

© Der/die Autor(en), exklusiv lizenziert an Springer Fachmedien Wiesbaden
GmbH, ein Teil von Springer Nature 2025
S. Priebus, T. Beichelt (Hrsg.), *Die politischen Systeme im östlichen Europa*,
https://doi.org/10.1007/978-3-658-43647-6_14

259

Tab. 1 Das politische System Rumäniens im Überblick

Verfassung	Verabschiedet: 1991 Geändert: 2003
	Verfassungsänderungsregel: Initiativrecht haben Präsident auf Vorschlag der Regierung, mind. 1/4 der Abgeordneten oder Senatoren und 500.000 Wahlberechtigte. Annahme durch 2/3-Mehrheit in beiden Parlamentskammern oder 3/4-Mehrheit in gemeinsamer Sitzung beider Kammern sowie absolute Mehrheit in Referendum 30 Tage nach Beschluss des Parlaments. Einige Bestimmungen nicht änderbar
Regierungssystem	Parlamentarisch-präsidentiell
Präsident	Wahlmodus und Amtszeit: direkt gewählt für 5 Jahre, einmalige Wiederwahl möglich. Im 1. Wahlgang absolute Mehrheit nötig; andernfalls Stichwahl zwischen zwei Kandidaten mit meisten Stimmen mit absoluter Mehrheit
	Absetzung durch Mehrheit beider Parlamentskammern möglich, braucht aber Bestätigung durch Referendum mit absoluter Mehrheit
	Kompetenzen: 1) Recht, Gesetze an Parlament zurückzuweisen oder an Verfassungsgericht überweisen; 2) Recht zur Teilnahme an Regierungssitzungen; 3) Außenpolitische Kompetenzen zusammen mit Regierung und Kompetenzen in Verteidigungspolitik; 4) Vorschlag für Amt des Premierministers und Ernennung der Minister auf Vorschlag des Premiers; 5) Ernennung von 3 Verfassungsrichtern; 6) Recht zur Auflösung des Parlaments nach mind. zwei gescheiterten Vertrauensabstimmungen im Parlament und Verstreichen von mind. 60 Tagen (nach Konsultation mit beiden Kammern des Parlaments)
Regierung (Kernexekutive)	Mitglieder: Premierminister, stellvertretender Premierminister und Minister
	Auswahl: Erteilung des Auftrags zur Regierungsbildung durch Präsidenten an Premierminister, Ernennung der Regierung auf Basis eines Vertrauensvotums im Parlament
	Abberufung: einfaches Misstrauensvotum gegen ganze Regierung
Parlament	Aufbau: zwei Kammern: Abgeordnetenkammer (Camera Deputaţilor) mit aktuell 330 Abgeordneten und Senat (Senatul) mit 136 Mitgliedern, Ausschüsse und Untersuchungsausschüsse Bildung einer Fraktion durch mind. 10 Abgeordnete oder 7 Senatoren
	Dauer Legislaturperiode: 4 Jahre
	Symmetrischer Bikameralismus, d. h. beide Parlamentskammern haben gleiche Rechte und Kompetenzen Funktionen: 1) Gesetzgebung: Initiativrecht hat jeder Abgeordnete und jeder Senator; 2) Kontrolle der Exekutive: Untersuchungsausschüsse, Interpellationen und Misstrauensvotum; 3) Wahl jeweils eines Präsidiums und von 3 Verfassungsrichtern

(Fortsetzung)

Tab. 1 (Fortsetzung)

Wahlsystem	Verhältniswahl mit geschlossenen Parteilisten; Sperrklauseln variieren: für Parteien 5 % der gültigen Stimmen oder 20 % der gültigen Stimmen in mind. 4 Wahlkreisen; für Parteibündnisse 8 % der gültigen Stimmen bei zwei Partnern, 9 % bei 3 Partnern, 10 % bei 4 oder mehr Partnern

Quelle: Eigene Darstellung

1 Einleitung

Rumäniens post-kommunistische Verfassung wurde am 21. November 1991 beschlossen, am 08. Dezember 1991 in einem Referendum bestätigt und ist bis heute die wichtigste Weichenstellung für die Entwicklung des politischen Systems des Landes. Bereits damals wurde die Grundstruktur eines semipräsidentiellen Regierungssystems mit einem Zweikammer-Parlament festgelegt. Der Übergang vom Staatssozialismus zur Demokratie ist damit die zentrale Critical Juncture in den vergangenen Jahrzehnten, welche die Entwicklung des Landes in grundlegend neue Bahnen gelenkt hat. Die Verfassung wurde danach nur noch einmal im Jahr 2003 im Zuge des EU-Beitrittsprozesses geändert, ohne das System dabei aber grundlegend zu verändern. So handelt es sich hierbei, wie auch beim EU-Beitrittsprozess selbst, eher um einen Meilenstein der politischen Entwicklung des Landes. Als ein weiterer Meilenstein kann der Machtverlust der Post-Kommunisten im Jahr 1996 angesehen werden. Die Verfassung definiert Rumänien als einheitlichen Staat ohne föderale Ebene, d. h. neben der Zentralregierung gibt es nur noch 41 Kreise und Bukarest als Hauptstadt.

Das politische System Rumäniens ist von großer politischer Instabilität innerhalb eines stabilen institutionellen Rahmens geprägt. Stabil sind neben der Verfassung die Legislaturperioden (es gab noch nie vorgezogene Neuwahlen), das politische Angebot links der Mitte durch die post-kommunistischen Nachfolgepartei *Sozialdemokratische Partei* (*Partidul Social Democrat*, PSD) und die Besetzung des Präsidentenamtes (bisher nur vier Amtsinhaber in über 30 Jahren). Charakteristisch ist aber trotzdem die große Instabilität in fast allen anderen Bereichen: Wahlallianzen überleben so gut wie nie die Legislaturperiode, meistens nicht einmal die ersten Jahre. Abgeordnete wechseln regelmäßig ihre Parteizugehörigkeit oder gründen im Parlament neue Fraktionen. Regierungen wechseln im Zuge dessen regelmäßig, noch häufiger ihre Minister. Das Mitte-rechts-Lager ist von ständigen Spaltungen und Wechseln des jeweils dominierenden Akteurs geprägt.

Der Beitrag gibt einen Überblick über die wichtigsten Aspekte des politischen Systems, die Interaktionen der Kerninstitutionen und die Grundlagen des politischen Wettbewerbs. Er schließt mit einem Überblick über die zentralen Ergebnisse und einer Bewertung der Entwicklung Rumäniens über 30 Jahren nach der Wende. Wie auch in den anderen Länderbeiträgen des vorliegenden Sammelbandes liefert Tab. 1 einen Überblick über das entstandene politische System (Stand: Juli 2024).

2 Das Regierungssystem Rumäniens: Instabilität und Konflikt im stabilen institutionellen Rahmen

2.1 Präsident, Parlament und Regierung in Theorie und Praxis

Der rumänische Präsident wird für eine Amtszeit von fünf Jahren direkt vom Volk gewählt. Seine Wahlperiode unterscheidet sich damit seit der Verfassungsreform 2003 von der des Parlaments. Er ernennt Kandidaten für das Amt des Premierministers (Constituția României 2022, Art. 103, 1 VerfRum) und die übrigen Regierungsmitglieder auf dessen Vorschlag (Art. 85, 2 VerfRum). Er kann das Parlament unter eng definierten Bedingungen auflösen, aber die Regierung nicht abberufen – es handelt sich in Rumänien also um die premier-präsidentielle bzw. die parlamentarisch-präsidentielle Variante des Semipräsidentialismus nach Shugart und Carey (1992). Falls er im Gesetzgebungsprozess Einwände gegen Beschlüsse des Parlaments hegt, verfügt er über ein aufschiebendes Veto, laut dessen er Gesetze einmalig zur Prüfung an das Parlament zurückschicken (Art. 77, 2 VerfRum) oder sie an das Verfassungsgericht zur Überprüfung weiterleiten kann (Art. 77, 3 VerfRum). Darüber hinaus liegen die Kompetenzen des Präsidenten vor allem im Bereich der Außen- und Sicherheitspolitik. Der Präsident ist formal parteilos und kann sein Amt für maximal zwei Amtszeiten bekleiden. Abgesetzt werden kann er über ein parlamentarisches Amtsenthebungsverfahren, welches durch ein Referendum bestätigt werden muss.

In der politischen Praxis war der rumänische Präsident nie wirklich überparteilich, sondern immer an ein bestimmtes politisches Lager angebunden und in der Regel sogar dessen Anführer. Seit der Demokratisierung hat Rumänien mit Ion Iliescu, Emil Constantinescu, Traian Băsescu und Klaus Johannis nur vier Präsidenten erlebt, von denen alle bis auf Constantinescu für zwei Amtszeiten gewählt wurden. Das Präsidentenamt ist damit nicht nur die stabilste Institution im rumänischen Regierungssystem, sondern steht auch im starken Kontrast zu den bisher bereits 19 Premierministerinnen und -ministern seit 1990. Neben der Stabilität trägt zur Autorität des Amtes die Vorprägung durch den dominanten Posten des Staatspräsidenten im kommunistischen System (Gabanyi 2002, S. 531) bei, sowie auch die Orientierung der Rumäninnen und Rumänen auf starke Führungsfiguren (Pickel und Pickel 2022, S. 46).

Das rumänische Parlament besteht aus zwei Kammern, der Abgeordneten-kammer (Camera Deputaților, 330 Abgeordnete) und dem Senat (Senatul, 136 Senatoren), die beide für vier Jahre gewählt werden. Das Recht zur Gesetzgebungs-initiative haben die Regierung, die Abgeordneten beider Parlamentskammern, sowie unter bestimmten Umständen die wahlberechtigten Bürgerinnen und Bürger (Art. 74 VerfRum). Verabschiedet werden können Gesetze nur in Anwesenheit der Mehrheit der Mitglieder der jeweiligen Kammer (Art. 67 VerfRum). Gesetze, die vom Präsidenten verkündet wurden, erscheinen im rumänischen Staatsanzeiger (Monitorul Oficial) und treten dann nach drei Tagen in Kraft (Art. 78 VerfRum).

Die Einrichtung zweier Parlamentskammern hat in Rumänien nicht den Zweck, eine weitere Ebene der Repräsentation zu schaffen (z. B. über die Einbindung der föderalen Ebene, Vertretung bestimmter Gruppen, etc.). Bis zur Verfassungsreform 2003 hatten die Kammern sogar identische Aufgaben, Befugnisse und Verfahren, lediglich ihre Größe und das Mindestalter für das passive Wahlrecht unterschieden sich (Senatoren: 30 Jahre, Abgeordnete: 23 Jahre) (Balan 2022, S. 170). Seit der Reform wurde das Gesetzgebungsverfahren angepasst, der Status beider Kammern aber gleich belassen. Bestimmte Arten von Gesetzen werden nun der Abgeordnetenkammer zuerst zur Beratung vorgelegt, andere erst dem Senat. Obwohl die Wählerschaft in einem Referendum 2009 den Wunsch nach einem Einkammerparlament geäußert hatte, wurden die Reformpläne von den nachfolgenden Regierungen bis heute nicht aufgegriffen, sodass es bei einem Lock-in des ursprünglich gewählten Pfades geblieben ist (Stan und Zaharia 2012, S. 275).

Auf Basis der parlamentarischen Mehrheit wird die Regierung gebildet. Auf Ebene der Regierung ist die Instabilität der rumänischen Politik am besten nachzuvollziehen. So gab es seit der Demokratisierung bereits 28 Kabinette sowie zwei technische Übergangsregierungen (Döring et al. 2023). Gleichzeitig kommen dazu noch unzählige Ministerwechsel, die in der Regel zu keiner neuen Regierung führen, aber für die Ministerien aufgrund der starken Politisierung der Verwaltung regelmäßige Personalwechsel auch auf den unteren Ebenen bedeuten. Eine Analyse des Transportministeriums im Zeitraum 2007–2013 kommt beispielsweise zu dem Ergebnis, dass es durchschnittlich einen Transportminister pro Jahr gab, mit ähnlich häufigen Wechseln auf den nachgeordneten Ebenen – obwohl das Ministerium für einen Großteil der Implementierung der EU-Fördergelder Rumäniens in diesem Zeitraum zuständig war (Hagemann 2019, S. 236–240).

Die Instabilität der rumänischen Regierungen hat während der 2000er-Jahre noch zugenommen. Wichtig für diese Veränderung war unter anderem die Entkoppelung der Amtszeiten von Präsident und Parlament, wodurch es nun regelmäßig zu Kohabitationen kommt. Insofern kann diese Änderung 2003 als wichtiger Meilenstein bezeichnet werden. Präsident Băsescu setzte beispielsweise die Regierung von Premierminister Călin Popescu-Tăriceanu lange unter Druck in der Hoffnung auf Neuwahlen (Stan und Zaharia 2007, S. 1094). Ebenso wichtig für Instabilität auf Regierungsebene sind aber auch Konflikte zwischen Koalitionspartnern, wie innerhalb der sozialliberalen USL-Allianz von PSD und *Nationalliberaler Partei* (*Partidul Naţional Liberal*, PNL) um die Präsidentschaftskandidatur oder der PNL-USR-Koalition 2021 um die Umsetzung eines aus Sicht des Koalitionspartners fragwürdigen milliardenschweren Regionalförderprogramms. Grund für diese Koalitionsbrüche sind ein konfliktives Auftreten der Partner und wenig gegenseitige Rücksicht, wenn es um Koalitionsvereinbarungen geht.

Paradoxerweise wirkt die Instabilität der Parteien in solchen Situationen dann oft zumindest stabilisierend auf die Aussichten der Regierungschefs, neue Mehrheiten im Parlament zu finden. So sind einerseits Wechsel der Parteizugehörigkeit während der Legislaturperiode keine Seltenheit: Eine Berechnung geht davon aus, dass im Zeitraum 2004–2015 ein Viertel der Abgeordneten die Partei wechselten (Balan 2022, S. 171), oft sogar über Lagergrenzen hinweg und teilweise mehrfach im Jahr (Stan und Zaharia 2012, S. 272). Dieses Verhalten unterstreicht, dass es sich bei Parteien auch stark um patronale Ressourcennetzwerke handelt und weniger um ideologisch-orientierte politische Akteure. Wichtig sind zum Beispiel Parteineugründungen von Spitzenpolitikerinnen und -politikern zur Sicherung des eigenen Einflusses. Einige vormals führende Politiker gründeten nach Amtsverlust Parteien, so der ehemalige Präsident Traian Băsescu die *Partei Bewegung des Volkes* (PMP) (Stan und Zaharia 2017, S. 232). Der aus der PSD stammende frühere Premierminister Victor Ponta baute die *Pro-Rumänien Partei* (PRP) auf und der aus der PNL stammende Călin Popescu-Tăriceanu gründete die *Allianz der Liberalen und Demokraten* (ALDE) (Stan und Zaharia 2021, S. 17). Ein typisches Beispiel für einen Koalitionsbruch und die Entwicklung danach ist die sozial-liberale USL-Allianz 2012: Nach dem Austritt der PNL aus der Regierung sicherte sich die PSD die Mehrheit über die Aufnahme von Überläufern aus einer kleineren populistischen Partei (PPDD) (Stan und Zaharia 2014, S. 271–272) und die Unterstützung der neu gegründeten Partei des ehemaligen PNL-Chefs. Hinzu kam mit der *Nationalen Union für den Fortschritt Rumäniens* (UNPR) noch eine Abspaltung von Abgeordneten der PSD, die sich dadurch bessere Karriereperspektiven erhofften (Stan und Zaharia 2011, S. 1113).

Das Verfassungsgericht besteht aus neun Richterinnen und Richtern, die zu einer einmaligen Amtszeit von neun Jahren berufen werden. Dabei werden jeweils drei Richterinnen und Richter von jeder Parlamentskammer sowie drei vom Staatspräsidenten berufen (Art. 142, 3). Die Erneuerung der Richterschaft erfolgt gestaffelt, indem alle drei Jahre ein Drittel der Richterinnen und Richter erneuert wird (Art. 142, 5). Das Verfassungsgericht entscheidet über die Verfassungsmäßigkeit von Gesetzen, Änderungen der Verfassung, internationaler Verträge und Abkommen, der Geschäftsordnungen der Parlamentskammern und löst verfassungsrechtliche Konflikte zwischen öffentlichen Institutionen (Art. 146). Letztere betrafen auch immer wieder Streitigkeiten zwischen Regierung und Präsident, wie die Frage nach der Vertretung Rumäniens im Europäischen Rat oder zur Möglichkeit des Präsidenten, Nominierungen von Ministerinnen und Ministern durch den Premierminister zurückzuweisen. Große Konflikte zwischen den Institutionen führten damit in der Vergangenheit zu einer wichtigeren Rolle des Verfassungsgerichts (Stan und Zaharia 2009, S. 1091–1092).

2.2   Konflikte zwischen den drei Kerninstitutionen

Das Verhältnis von Präsident, Parlament und Regierung war in den vergangenen 30 Jahren regelmäßig von Konflikten geprägt. Eine wichtige Streitfrage betraf mehrfach die Bildung der Regierung: In Rumänien wird eine Partei aus dem Parlament mit der Regierungsbildung beauftragt, der Premierminister bestimmt dann die Regierungsmitglieder. Hier ist aber nicht genau definiert, wie groß der Entscheidungsspielraum des Präsidenten für die Erteilung des Mandats zur Regierungsbildung ist. So gewährte Präsident Băsescu seiner eigenen politischen Allianz AD im Jahr 2005 das Mandat zur Regierungsbildung, obwohl die PSD mit Abstand die stärkste Partei im Parlament war und auch einen potenziellen Koalitionspartner gehabt hätte (Stan und Zaharia 2007, S. 1093). Im Jahr 2009 weigerte sich Băsescu, das erste erfolgreiche Misstrauensvotum im rumänischen Parlament gegen die Boc-Regierung zu akzeptieren und nominierte Emil Boc im Anschluss erneut als Premierminister (Stan und Zaharia 2010, S. 1150). In ähnlicher Weise wurde Premierminister Luduvic Orban 2020 im Kontext der Covid-19 Pandemie im Amt gehalten (Stan und Zaharia 2021, S. 17).

Insgesamt kann eine deutliche Parteipolitisierung des überparteilich gedachten Präsidentenamtes beobachtet werden. Vor allem seit der Entkoppelung der Amtszeiten von Präsidenten und Parlament im Jahr 2003 und der damit häufig auftretenden Kohabitation versuchten Präsidenten die Befugnisse ihres Amtes zu nutzen, um die ihnen nahestehende Parteien an die Regierung zu bringen. Balan geht sogar so weit, dass die Trennung der Wahlen zu Konstellationen geführt habe, „in denen das Staatsoberhaupt die Parlamentsmehrheit dazu zwingen kann, ein nicht gewolltes Kabinett durch Vertrauensvotum hinzunehmen" (Balan 2022, S. 189). Empirisch lässt sich das wie oben dargestellt beobachten. Gleichzeitig spielt dabei aber auch das zersplitterte Parteiensystem eine wichtige Rolle, da die Beziehung zwischen Parlament und Regierung selbst dann von Konflikten geprägt sein kann, wenn die Partei des Präsidenten (wie im oben beschriebenen Fall Băsescus) an der Regierung beteiligt ist.

Das Parlament kann aber ebenso den Konflikt mit dem Präsidenten suchen. Unter Băsescu versuchte die Parlamentsmehrheit zweimal den Präsidenten abzusetzen, was aber nie gelang: Einmal scheiterte der Versuch an der großen Unterstützung für Băsescu im notwendigen Referendum, ein anderes Mal scheiterte das Referendum am nötigen Beteiligungsquorum (trotz breiter Ablehnung des Präsidenten; für Modus der Absetzung siehe Tabelle 1). PSD-Chef Liviu Dragnea nutzte während der PSD-Regierung 2017–2019 zumindest die Drohung mit einer möglichen Absetzung von Präsident Johannis, um diesen an der Blockade seiner umstrittenen Justizgesetzgebung zu hindern (siehe auch unten) (Balan 2022, S. 188).

Die Regierung Rumäniens spielt trotz der großen Instabilität und einem oft engen Verhältnis zum Präsidenten für das Policy-making die zentrale Rolle. Dies hat mit der regelmäßigen Nutzung von Instrumenten zu tun, die eigentlich für Ausnahmefälle gedacht sind und die de facto die Kompetenzen des Parlaments zur Gesetzgebung deutlich einschränken. Zu nennen sind hier vor allem die Eilverordnungen (ordonanță de urgență), die laut Verfassung eigentlich nur in Ausnahmefällen ohne Autorisierung des Parlaments von der Regierung erlassen werden können – eine Notwendigkeit, die so gut wie nie nachgewiesen wird (Stan und Zaharia 2012, S. 272). Detaillierte Zahlen zeigen hier, dass regelmäßig bis zu einem Drittel der gesamten Gesetzgebung einer Legislaturperiode Eilverordnungen waren.[1] Im Jahr 1999 gab es sogar mehr Eilverordnungen als offiziell verabschiedete Gesetze (Gabanyi 2002, S. 542). Ein anderes, seltener benutztes Mittel ist die Abstimmung über ein Gesetz mit einer Vertrauensabstimmung im Parlament zu verbinden. Dabei gilt das Gesetz als angenommen, wenn keine Mehrheit gegen die Regierung zustande kommt. Durch die regelmäßige Nutzung dieser beiden Verfahren wird die Gesetzgebung nicht nur ungleichgewichtig auf die Exekutive verlagert, es wird dem Parlament (und damit auch der Öffentlichkeit) auch die Möglichkeit genommen, für das Land wichtige Themen breit zu diskutieren (Balan 2022, S. 183).

3   Parteienwettbewerb in Rumänien

3.1   Die Wurzeln des Parteiensystems und der zentralen *Cleavage*

Das demokratische Parteiensystem Rumäniens entstand nach 1989 aus den Nachfolgeorganisationen der *Kommunistischen Partei Rumäniens* (*Partidul Comunist Român*, PCR), verschiedenen wiederbelebten Parteien aus der Zwischenkriegszeit

---

[1] Eigene Berechnung nach Balan 2022, S. 175–176.

(vor allem der PNȚ-CD, PNL) sowie einigen neugegründeten Parteien (z. B. UDMR). Die für das Parteiensystem im Grunde bis heute zentrale Spaltung ergab sich bereits im Jahr 1990, nachdem sich die zweite Reihe der kommunistischen Führung um Ion Iliescu mit der *Front der nationalen Rettung* (*Frontul Salvării Naționale*, FSN) die wichtigsten Machtressourcen der PCR gesichert hatte (Pop-Eleches 2008, S. 467). Demgegenüber formierte sich 1991 als *Rumänische Demokratische Konvention* (*Convenția Democrată Română*, CDR) ein Zusammenschluss der Oppositionsparteien unter Führung der PNȚ-CD (*Nationale Christdemokratische Bauernpartei, Partidul Național Țărănesc Creștin Democrat*) und der PNL (Stan und Zaharia 2007, S. 1089).

Aufgrund von Konflikten zwischen dem laut Verfassung parteilosen Präsidenten Ion Iliescu und dem Premierminister und Vorsitzenden der FSN Petre Roman kam es schon im Jahr 1992 zur Spaltung der Nachfolgepartei der PCR in die weiter von Roman kontrollierte FSN und die von Iliescus Anhängern gegründete *Demokratische Front der nationalen Rettung* (*Frontul Democrat al Salvării Naționale*, FDSN) (Mișcoiu 2022, S. 146). Beide Nachfolgerinnen der PCR gingen dann verschiedene Wege: Die Iliescu-Partei konnte gemeinsam mit weiteren kleinen linken und nationalistischen Parteien (PUNR, PRM, PSM) nach den Parlaments- und Präsidentschaftswahlen 1992 die Macht kontrollieren (Mișcoiu 2022, S. 147). Die Roman-Partei benannte sich schließlich in *Demokratische Partei* (*Partidul Democrat*, PD) um und schloss sich im Kontext der Parlamentswahlen 1996 schließlich der oppositionellen CDR, also dem „antikommunistischen" Lager, an (Mișcoiu 2022, S. 148).

Aus dieser frühen Episode lassen sich schon zentrale Merkmale erkennen, die für die weitere Entwicklung des Parteiensystems und den Wettbewerb um Macht in Rumänien zentral bleiben sollten:

- Die Rolle der von Iliescu kontrollierten Nachfolgeorganisation der PCR als wichtigstem und stabilsten Akteur im Parteiensystem, seit 2001 unter dem Namen PSD.
- Die sich daraus ergebende ausschließliche Relevanz des Mitte-rechts-Lagers als Bereich für die dynamische Entwicklung neuer parteipolitischer Angebote.
- Die Unfähigkeit einer einzelnen Organisation oder Person, die Macht auch nur auf Zeit vollständig zu monopolisieren.
- Die starke Polarisierung im Parteiensystem, die aber kaum ideologisch unterfüttert ist (z. B. ersichtlich durch Wechsel über Lagergrenzen).
- Die Relevanz von kleinen und Kleinstparteien zur Machtsicherung der jeweiligen Regierung.

Die zentrale politische Konfliktlinie betrifft seit 1989 die Bewertung der kommunistischen Vergangenheit des Landes und verläuft damit zwischen (ehemaliger) antikommunistischer Opposition und den (später reformierten) Post-Kommunisten (Stan und Zaharia 2007, S. 1090). Verstärkend hinzugekommen zu dieser Spaltung ist seit den 2000er-Jahren die Thematik der Korruptionsbekämpfung, die sich im rumänischen politischen Diskurs primär gegen das Lager der Post-Kommunisten richtet. Insofern ist hier inzwischen eine Kongruenz zwischen Antikommunismus und Antikorruption zu beobachten, wobei Antikorruption inzwischen das wichtigere Thema geworden ist. Die Spaltung in diese Lager lässt sich auch auf regionaler Ebene beobachten, besonders bei den Ergebnissen der Präsidentschaftswahlen: Generell hat die PSD ihre Hochburgen in den östlichen und südlichen Kreisen Rumäniens, den Regionen Moldova, Muntenien und Oltenien (Stan und Zaharia 2009, S. 1094) und damit im historischen Kerngebiet des rumänischen Staates (*Regatul României*). Das Mitte-rechts-Lager hat hingegen seine Hochburgen eher in den nach dem ersten Weltkrieg dazugewonnenen Gebieten wie z. B. Siebenbürgen und dem Banat. Trotz der starken Polarisierung ist die ideologische Inkohärenz der Lager interessant, auch unabhängig von einigen individuellen Lagerwechseln. Auf der einen Seite handelte es sich bei der PD(-L) selbst um eine kommunistische Nachfolgeorganisation, auch der für Antikorruption und Antikommunismus stehende Präsident Traian Băsescu war ein ehemaliges Mitglieder der PCR (Stan und Zaharia 2007, S. 1090). Auf der anderen Seite waren auch die PD-L und spätere dominierende Parteien im Mitte-rechts-Lager für Korruption und die parteipolitische Nutzung staatlicher Ressourcen bekannt und auch Präsident Băsescu für die Förderung enger Weggefährten und Familienmitglieder, die nicht selten im Nachgang seiner Amtszeit in Korruptionsverfahren verurteilt wurden. Vor diesem Hintergrund hat sich in den vergangenen Jahren auch eine kritische Perspektive auf den Antikorruptions-Diskurs entwickelt, die diesem vorwirft, in der Essenz populistisch zu sein, sich gegen Eliten zu richten und gewählte Institutionen abzulehnen (Kiss und Székely 2022).

Für die Gewinnung von Wählerinnen und Wählern spielt nicht nur das politische Profil der Parteien, sondern auch Klientelismus eine wichtige Rolle. Gerade bei ärmeren Wählerschichten versuchen Parteien z. B. mit der selektiven Verteilung staatlicher Ressourcen, Bargeldzahlungen oder Geschenken (z. B. Lebensmittel) die Wahlentscheidung zu beeinflussen (Mares et al. 2017, S. 950).

Neben dem Wettbewerb der zentralen Lager spielen noch mindestens zwei weitere Faktoren im Parteienwettbewerb eine Rolle. Zu nennen sind hier auf der einen Seite die nationalen Minderheiten, vor allem die *Demokratische Union der Ungarn in Rumänien* (*Uniunea Democrată Maghiară din România*, UDMR) als die seit den 1990er-Jahren im Parlament vertretene Partei der größten Minderheit des Landes. Ähnlich wie die 18 durch garantierte Einzelmandate im Parlament repräsentierten anderen nationalen Minderheiten unterstützt die UDMR regelmäßig Regierungen verschiedener Ausrichtung, um die Interessen ihrer Gruppe zu vertreten. Darüber hinaus spielt der Nationalismus immer wieder eine Rolle, wenn auch weniger als in anderen Ländern der Region. Nach den Wahlerfolgen der *Großrumänien-Partei* (*Partidul România Mare*, PRM) im Jahr 2000 hat es erst wieder die *Allianz für die Vereinigung der Rumänen* im Jahr 2020 (*Alianța pentru Unirea Românilor*, AUR) ins Parlament geschafft mit einer Mischung aus Irredentismus gegenüber der Republik Moldova (die in der Zwischenkriegszeit zu Rumänien gehörte), Corona-Leugnung und anti-LGBTIQ-Positionen (Mişcoiu 2022, S. 163).

3.2   Dynamik des Parteienwettbewerbs: Die PSD und ihre Herausforderer

Die Iliescu-Partei schaffte es erst nach ihrer illiberalen Phase in den 1990er-Jahren und ihrem Machtverlust 1996, sich in Richtung Sozialdemokratie zu entwickeln. So wurde sie ab 2001 als *Sozialdemokratische Partei Rumäniens* (PSD) die wichtigste Mitte-links-Partei und Mitglied der europäischen Sozialdemokraten. Ungewöhnlich für eine sozialdemokratische Partei hat sie ihre Kernwählerschaft aber eher auf dem Land, dort dann aber unter den weniger gebildeten und ärmeren Schichten (Mişcoiu 2022, S. 160). In gesellschaftspolitischen Fragen vertritt sie oft eher konservative Positionen.

Die PSD hatte es bisher im Mitte-rechts-Lager mit einer ganzen Reihe von Herausforderern zu tun. In den 1990er-Jahren konkurrierten mit der PNȚ-CD und der PNL zwei an die Tradition der Zwischenkriegszeit anknüpfende Parteien um die Position der zentralen Mitte-rechts-Partei. Zu diesen stieß 1996 wie bereits erwähnt die (zunächst sozialdemokratische) PD als andere Nachfolgeorganisation der PCR hinzu, die ab 2004 Mitglied der konservativen *Europäischen Volkspartei* (EVP) und zentrale Mitte-rechts-Kraft wurde (Stan und Zaharia 2007, S. 1082). Unter der Führung des damaligen Bukarester Bürgermeisters Traian Băsescu gelang es der PD in der *Allianz Recht und Wahrheit* (*Alianța Dreptate şi Adevăr*, DA) mit der PNL, die Macht der PSD herauszufordern und eine Regierung zu bilden, nachdem Băsescu bereits 2004 zum Präsidenten gewählt worden war. Auf beständige Konflikte zwischen Băsescu und PNL-Chef und Premierminister Popescu-Tăriceanu (Stan und Zaharia 2008, S. 1120) folgte das Ende der Allianz, wobei ein Teil der PNL zur PD wechselte (die sich in *Liberal-Demokratische Partei* umbenannte, *Partidul Democrat Liberal*, PD-L) (Mişcoiu 2022, S. 151). Diese konnte dann auch die Parlamentswahlen 2008 für sich entscheiden. Die PD-L scheiterte als führende Mitte-rechts-Partei aber bereits 2012, als sie nach unzähligen Konflikten zwischen Präsident und Parlamentsmehrheit, vier verschiedenen Kabinetten und einer großen Unzufriedenheit mit ihrem Management der Wirtschafts- und Finanzkrise nur noch auf 16,5 % der Stimmen kam (Stan 2013, S. 196).

Die Parlamentswahl im Jahr 2012 brachte erstmals seit 2004 eine Regierung unter der Führung der PSD und ihres neuen Vorsitzenden Victor Ponta zurück an die Macht. Die PNL hatte sich zur PSD umorientiert und mit ihr ein sozial-liberales Bündnis gegründet (*Uniunea Social Liberală*, USL) (Stan 2013, S. 197). Die Allianz war jedoch nur von kurzer Dauer, da die PSD kaum Rücksicht auf die Interessen ihres Koalitionspartners nahm (Balan 2022, S. 187). Nach Ausscheiden der PNL aus der Regierung im Jahr 2014 spaltete sich, wie oben bereits erwähnt, erneut ein Flügel um ex-Ministerpräsident Popescu-Tăriceanu von der Partei ab (als neue Partei ALDE), diesmal um die Regierung Ponta weiter zu stützen (Stan und Zaharia 2015, S. 252).

Im Rahmen einer weiteren Umorientierung schaffte es die PNL dann allerdings, sich als neue wichtigste Mitte-rechts-Partei im rumänischen Parteiensystem neu zu erfinden (Stan und Zaharia 2015, S. 259). Dazu absorbierte sie die verbliebenen Teile der PD-L und wechselte von der liberalen Fraktion im Europäischen Parlament zur EVP. Wichtiger war jedoch die Wahl von Klaus Johannis zum neuen Parteivorsitzenden und Präsidentschaftskandidaten. Johannis, der aus der deutschen Minderheit der Siebenbürger Sachsen stammt, hatte eine erfolgreiche Bilanz als Bürgermeister von Hermannstadt/Sibiu vorzuweisen. Bei den Präsidentschaftswahlen 2014 gelang es ihm, als gemeinsamer Kandidat des Mitte-rechts-Lagers Victor Ponta zu schlagen und als erster Angehöriger einer nationalen Minderheit zum Präsidenten gewählt zu werden. Die PNL scheiterte dann allerdings daran, aus der Beliebtheit des Präsidenten Kapital zu schlagen, sodass die PSD/ALDE-Koalition 2016 mit großer Mehrheit die Parlamentswahlen gewinnen konnte. Der neue PSD-Chef Liviu Dragnea konnte allerdings nicht zum Ministerpräsidenten gewählt werden, da er wegen Wahlbetrugs in einem Referendum erstinstanzlich verurteilt worden war (Stan und Zaharia 2018, S. 244). Dragnea versuchte daraufhin, mit von ihm kontrollierten Ministerpräsidenten eine Reihe von Justizgesetzen zu verabschieden, die unter anderem Korruption bis zu einem bestimmten Schadensbetrag legalisiert hätten (Stan und Zaharia 2018, S. 252). Die EU-Kommission kritisierte die geplanten Justizgesetze scharf als Rückschritte im Bereich der Rechtsstaatlichkeit (Stan und Zaharia 2019, S. 233). Im Inland kam es zu Massenprotesten gegen die Regierung, die unter anderem auch von Staatspräsident Johannis unterstützt wurden (Stan und Zaharia 2019, S. 236). Die Ära Dragnea endete schließlich mit dessen Verurteilung in einem weiteren Verfahren wegen Missbrauchs öffentlicher Gelder für Parteizwecke zu einer Gefängnisstrafe (Stan und Zaharia 2020, S. 1), welches der Opposition die Gelegenheit bot, im Parlament in einem Misstrauensvotum die PSD-Regierung zu stürzen und eine dem Präsidenten nahestehende PNL-geführte Regierung unter Premierminister Orban an die Macht zu bringen (Stan und Zaharia 2020, S. 12). Stabilisierend auf diese Minderheitsregierung wirkte sich die Covid-19 Pandemie aus, während welcher schließlich auch die PSD die Regierung stützte (Stan und Zaharia 2021, S. 17).

Bei den Parlamentswahlen 2020 siegte das Mitte-rechts-Lager mit Unterstützung einer neu gegründeten Partei mit Wurzeln in der Protestbewegung, der *Union Rettet Rumänien* (*Uniunea Salvaţi România – Partidul Libertate, Unitate şi Solidaritate*, USR-PLUS, ab 2021 nur noch USR). PNL, USR und UDMR schlossen sich daraufhin zu einer „Reformkoalition" zusammen, die aber schnell an divergierenden Interessen zerbrach (Freedom House 2023). Die PNL regiert seitdem mit der PSD, was ein interessantes Licht auf die frühere starke anti-PSD Rhetorik von Präsident Johannis und der PNL entlang der Antikommunismus/Antikorruption-Konfliktlinie wirft.

Die USR ist bisher relativ stabil geblieben und hat ihre politische Identität im Rahmen eines Mitgliederentscheids im Jahr 2022 schließlich als „moderne Mitte-rechts-Partei" festgelegt und sich den europäischen Liberalen angeschlossen (Mişcoiu 2022, S. 161) – erneut ein klares Zeichen, dass auf der Angebotsseite im rumänischen Parteienwettbewerb nur im bürgerlichen Spektrum Nachfrage zu bestehen scheint. Ob es im Mitte-rechts-Lager erneut zu einer Wachablösung der PNL kommt, wird sich Ende 2024 klären, wenn sowohl Parlaments- als auch Präsidentschaftswahlen anstehen und der bisherige Präsident Johannis nicht mehr antreten darf.

4   Fazit

In Rumänien hat sich in den über 30 Jahren seit der Demokratisierung ein politisches System etabliert, das noch immer mit zahlreichen Defiziten zu kämpfen hat. Zu nennen ist hier besonders die politische Instabilität in Parlament und Regierung, die nicht nur das Regieren zum Wohle des Landes erschwert, sondern auch das zur Rechenschaft ziehen durch die Wählerschaft kompliziert gestaltet. Die wichtige Rolle des Präsidenten als Chef „seines" politischen Lagers mit Anspruch, eine Regierung unter Führung seiner Partei an die Macht zu bringen, entspricht nicht der in der Verfassung festgelegten Rolle eines überparteilichen Präsidenten, der zwischen den Institutionen vermitteln kann. Dadurch ist der Präsident selbst immer wieder Quelle politischer Instabilität und ein wichtiger Grund, warum so häufig über Politics und so wenig über Policies und Reformen im Land diskutiert wird. Es fehlt Rumänien hier an informellen Institutionen, die komplementär zu den formalen Institutionen wirken und damit Präsident, Parlament und Regierung besser zusammenarbeiten lassen. Im Gegensatz dazu kann die wichtige Rolle des Präsidenten im politischen System als informelle Institution verstanden werden, die konkurrierend zur formalen Ausgestaltung seines Amtes wirkt. Verstärkend wirkt dabei, dass diese starke Rolle des Präsidenten auch dem Wunschbild eines Präsidenten in der Bevölkerung entspricht (Pickel und Pickel 2022, S. 46). Informelle Institutionen zur Zusammenarbeit fehlen ebenso, wenn es darum geht, Koalitionen zusammenzuhalten und einen Ausgleich zwischen Partnern in der Regierung zu finden. Insgesamt haben so gut wie alle politischen Akteure in den vergangenen Jahrzehnten die Regeln der Verfassung zur Durchsetzung ihrer eigenen Interessen „instrumentalisiert und einseitig oder missbräuchlich zwecks Befriedigung enger Parteiinteressen oder zur Erreichung von kurzsichtigen politischen Zielen ausgelegt. Nie waren sie bereit, politische Vorteile zugunsten der langfristigen Durchsetzung von Verfassungsprinzipien aufzugeben" (Balan 2022, S. 191).

Vor diesem Hintergrund ist es wenig verwunderlich, dass die Bürgerinnen und Bürger sich vielfach von der Politik abwenden: Die letzten Parlamentswahlen 2020 verzeichneten nur noch eine Beteiligung von 31,9 %; die politische Kulturforschung spricht von einem „systemerschütternden Misstrauen" gegenüber den Institutionen im Land (Pickel und Pickel 2022, S. 49). In den vergangenen Jahren ist zudem die Auswanderung weiter gestiegen: Allein in Deutschland leben mit knapp 900.000 Menschen aus Rumänien aktuell viermal so viele wie noch 2012. Die große Instabilität, die Herrschaft über Eildekrete und institutionelle Doppelungen wie die funktional-redundante zweite Parlamentskammer machen den Politikbetrieb intransparent, der häufige Fokus auf gegenseitige Vorwürfe und Diffamierungen vernebelt den Blick auf inhaltliche politische Debatten. Zudem wirkt delegitimierend, wenn Wählerinnen und Wähler zwar alle vier Jahre das Parlament neu bestimmten, die Politikerinnen und Politiker im Anschluss daran aber durch Parteiwechsel, Koalitionsbrüche und andere Neuorientierungen am Ergebnis Veränderungen vornehmen, ohne erneut den Wählerwillen im Rahmen von Neuwahlen abzufragen.

Es ist angesichts der geringen Repräsentationsleistung der rumänischen Parteien wenig verwunderlich, dass der rumänischen Zivilgesellschaft inzwischen die Rolle eines wichtigen Korrektivs zukommt. Vor allem in den vergangenen zehn Jahren hat sie eine nie dagewesene Mobilisierungsfähigkeit erwiesen. Leider fehlen hier aber noch sowohl eine Übersetzung dieser Bewegungen in das Parteiensystem als auch eine stärkere kontinuierliche Unterstützung zivilgesellschaftlicher Initiativen von Seiten der Gesellschaft (Stoenescu 2022, S. 94).

Der heftige Kampf gegen die Korruption unter Einbeziehung des wichtigen Akteurs DNA (Nationale Antikorruptionsbehörde, *Direcția Națională Anticorupție*), über einige Jahre ein Kernmerkmal der politischen Auseinandersetzung im Land, muss rückblickend ambivalent bewertet werden: Auf der einen Seite kam es zu umfangreichen Verurteilungen, darunter 18 ehemalige Minister, ein ehemaliger Premierminister, sowie 5000 weitere Funktionsträger und Oligarchen (Mungiu-Pippidi 2020, S. 169, 171). Auf der anderen Seite entwickelte sich „Antikorruption" zum Mittel der politischen Diffamierung und der exzessive Einsatz geheimdienstlicher Mittel im Kampf gegen die Korruption im Laufe der 2010er-Jahre bedeutete eine Grenzüberschreitung. Die späteren Verurteilungen ehemaliger Korruptionsbekämpfer, sowie die erneute Verschlechterung der Korruptions-Rankings Rumäniens unterstreichen zudem, dass hier nicht das systemische Governance-Problem gelöst wurde (Mendelski 2021, S. 2–3; Mungiu-Pippidi 2020, S. 174). Insgesamt kommt hier dem EU-Beitrittsprozess, der die Möglichkeiten der Korruptionsbekämpfung deutlich erweiterte, eher der Charakter eines Meilensteins zu, welcher wichtige Reformprozesse im Land in Gang gesetzt hat, jedoch oft ohne sie abzuschließen. Darüber hinaus ist es aber wichtig zu betonen, dass nicht nur der Beitrittsprozess und die externe Konditionalität, sondern besonders auch die EU-Mitgliedschaft als solche positive Effekte auf die Entwicklung eines Landes hat.

Trotz der insgesamt eher kritischen Einschätzung muss unterstrichen werden, dass sich Rumänien in den letzten Jahrzehnten deutlich besser entwickelt hat, als von vielen Beobachtenden befürchtet worden war. Auf der einen Seite ist Rumänien eines der Länder, in denen Debatten um die Polity, also Veränderungen des Regierungssystems oder auch der Rechtsstaatlichkeit, keine wirkliche Rolle gespielt haben. An dieser Stelle kann die Schwäche der rumänischen Politik, ihre Instabilität, auch als eine Stärke gesehen werden: Im Gegensatz zu Ländern wie Ungarn, Polen oder Serbien konnte in Rumänien nie ein politischer Akteur oder ein Lager alle Macht im Land in einer Hand konzentrieren. Das Ergebnis sind kaum demokratische Rückschritte seit dem EU-Beitritt, eine vergleichsweise hohe Medienfreiheit und eine fast durchweg positive Bilanz als verlässlicher europäischer und transatlantischer Partner. Auf der anderen Seite hat sich Rumänien auch sonst in vielen Bereichen gut entwickelt. Bei der kaufkraftbereinigten Wirtschaftsleistung hat es Griechenland inzwischen hinter sich gelassen und nähert sich langsam sogar Polen an. Lange von großer Auswanderung gebeutelt, hat sich auch die Lebenszufriedenheit der Menschen in Rumänien auf drei Viertel der Befragten inzwischen deutlich verbessert (Pickel und Pickel 2022, S. 50–51). Insofern verfügt Rumänien mit seinen stabilen Institutionen, dem starken politischen Wettbewerb, seiner klaren pro-europäischen Ausrichtung, der geringen Relevanz des Rechtspopulismus und der sich immer weiter verbessernden wirtschaftlichen Lage über gute Voraussetzungen, mittelfristig zu einer vollständig konsolidierten liberalen Demokratie zu werden.

(1) In welchen Bereichen des politischen Systems Rumäniens kann von einer „stabilen Instabilität" gesprochen werden?

(2) Inwiefern und warum kommt dem Präsidenten Rumäniens eine wichtige Rolle im Regierungssystem zu, und wie passt diese zu seiner verfassungsmäßigen Rolle?

(3) Warum sind Regierungen in Rumänien so instabil und welche negativen Effekte ergeben sich daraus?

Weiterführende Literatur

1. Lorenz, Astrid; Mariş, Daniela-Maria (Hg.) (2022): Das politische System Rumäniens. Entwicklung und Herausforderungen in Europa. Wiesbaden, Heidelberg: Springer VS.

Das Buch bietet eine umfassende Einführung in das politische System Rumäniens mit vielen Daten und Überblicksinformationen.

2. Durchblick: Politik und Gesellschaft in Rumänien, Heft 6–8 2019, Zeitschrift Osteuropa.

Das Sonderheft bietet eine umfangreiche Palette an Themen mit aktuellem und historischem Rumänienbezug, viele Karten und eine nützliche Zeitleiste mit den wichtigsten Entwicklungen.

Literatur

Balan, Marius. 2022. Instabilitäten und Kompetenzkonflikte – Parlament, Präsident und Regierung in Rumänien. In *Das politische System Rumäniens. Entwicklung und Herausforderungen in Europa*, Hrsg. Astrid Lorenz, und Daniela-Maria Mariş, 169–195 Wiesbaden, Heidelberg: Springer VS.

Constituţia României. 2022. Constituţia României. Curtea Constitutionala a României. https://www.ccr.ro/constitutia-romaniei/. Zugegriffen: 29.09.2022.

Döring, Holger, Constantin Huber, Philip Manow, Maike Hesse, und Alexandra Quaas. 2023. Parliaments and governments database (ParlGov): Information on parties, elections and cabinets in established democracies. Development version. https://www.parlgov.org/data-info/. Zugegriffen: 20.09.2023.

Freedom House. 2023. Romania: Nations in Transit 2022 Country Report. Freedom House. https://freedomhouse.org/country/romania/nations-transit/2022. Zugegriffen: 31.07.2023.

Gabanyi, Anneli Ute. 2002. Das politische System Rumäniens. In *Die politischen Systeme Osteuropas*, Hrsg. Wolfgang Ismayr, 525–562. Wiesbaden: VS Verlag für Sozialwissenschaften.

Hagemann, Christian. 2019. *EU Funds in the New Member States. Party Politicization, Administrative Capacities, and Absorption Problems after Accession.* London: Palgrave Macmillan.

Kiss, Tamás, und István Gergő Székely. 2022. Populism on the Semi-Periphery: Some Considerations for Understanding the Anti-Corruption Discourse in Romania. *Problems of Post-Communism* 69 (6): 514–527.

Mares, Isabela, Aurelian Muntean, und Tsveta Petrova. 2017. Pressure, Favours, and Vote-buying: Experimental Evidence from Romania and Bulgaria. *Europe-Asia Studies* 69 (6): 940–960.

Mendelski, Martin. 2021. 15 Years of Anti-Corruption in Romania: Augmentation, Aberration and Acceleration. *European Politics and Society* 22 (2): 237–258.

Mişcoiu, Sergiu. 2022. Eine Geschichte von Spaltungen und Fusionen. Politische Parteien und Wahlen in Rumänien, 1990 bis 2021. In *Das politische System Rumäniens. Entwicklung und Herausforderungen in Europa*, Hrsg. Astrid Lorenz, und Daniela-Maria Mariş, 143–167. Wiesbaden, Heidelberg: Springer VS.

Mungiu-Pippidi, Alina. 2020. *Europe's burden: Promoting good governance across borders.* Cambridge: Cambridge University Press.

Pickel, Susanne, und Gert Pickel. 2022. Demokratieentwicklung und politische Kultur in Rumänien. Eine Längsschnittanalyse für den Zeitraum 1990 bis 2017. In *Das politische System Rumäniens. Entwicklung und Herausforderungen in Europa*, Hrsg. Astrid Lorenz und Daniela-Maria Mariş, 31–58. Wiesbaden, Heidelberg: Springer VS.

Pop-Eleches, Grigore. 2008. A party for all seasons. Electoral adaptation of Romanian Communist successor parties. *Communist and Post-Communist Studies* 41 (4): 465–479. https://www.jstor.org/stable/48609627.

Shugart, Matthew S., und John M. Carey. 1992. *Presidents and Assemblies. Constitutional Design and Electoral Dynamics.* Cambridge: Cambridge University Press

Stan, Lavinia. 2013. Romania Political development and data for 2012. *European Journal of Political Research Political Data Yearbook* 52 (1): 196–207.

Stan, Lavinia, und Razvan Zaharia. 2007. Romania Political development and data for 2006. *European Journal of Political Research* 46 (7–8): 1082–1095.

Stan, Lavinia, und Razvan Zaharia. 2008. Romania Political development and data for 2007. *European Journal of Political Research* 47 (7–8): 1115–1126.

Stan, Lavinia, und Razvan Zaharia. 2009. Romania Political development and data for 2008. *European Journal of Political Research* 48 (7–8): 1087–1099.

Stan, Lavinia, und Razvan Zaharia. 2010. Romania Political development and data for 2009. *European Journal of Political Research Political Data Yearbook* 49 (7–8): 1139–1153.

Stan, Lavinia, und Razvan Zaharia. 2011. Romania Political development and data for 2010. *European Journal of Political Research Political Data Yearbook* 50 (7–8): 1108–1117.

Stan, Lavinia, und Razvan Zaharia 2012. Romania Political development and data for 2011. *European Journal of Political Research Political Data Yearbook* 51 (1): 269–279.

Stan, Lavinia, und Razvan Zaharia. 2014. Romania Political development and data for 2013. *European Journal of Political Research Political Data Yearbook* 53 (1): 265–272.

Stan, Lavinia, und Razvan Zaharia. 2015. Romania Political development and data for 2014. *European Journal of Political Research Political Data Yearbook* 54 (1): 250–260.

Stan, Lavinia, und Razvan Zaharia. 2017. Romania Political development and data for 2016. *European Journal of Political Research Political Data Yearbook* 56 (1): 229–236.
Stan, Lavinia, und Razvan Zaharia. 2018. Romania: Political development and data for 2017. *European Journal of Political Research Political Data Yearbook* 57 (1): 244–254.
Stan, Lavinia, und Razvan Zaharia. 2019. Romania: Political Developments and Data in 2018. *European Journal of Political Research Political Data Yearbook* 58 (1): 232–240.
Stan, Lavinia, und Razvan Zaharia. 2020. Romania: Political Developments and Data in 2019. *European Journal of Political Research Political Data Yearbook* 59 (1): 310–322.
Stan, Lavinia, und Razvan Zaharia. 2021. Romania: Political Developments and Data in 2020. *European Journal of Political Research Political Data Yearbook* 60 (1): 330–347.
Stoenescu, Roxana. 2022. Die langsame und ambivalente Entwicklung der Zivilgesellschaft in Rumänien. In *Das politische System Rumäniens. Entwicklung und Herausforderungen in Europa*, Hrsg. Astrid Lorenz, und Daniela-Maria Mariş, 79–98. Wiesbaden, Heidelberg: Springer VS

Teil III
Elektorale und geschlossene Autokratien

Belarus: Präsidentialistisches System und konsolidierte Autokratie

Silvia von Steinsdorff und Dominika Tronina

Zusammenfassung

Belarus ist eine konsolidierte elektorale Autokratie, an deren Spitze seit fast 30 Jahren Staatspräsident Aljaksandr Lukaschenka steht. Das repressive Regime basiert auf den formalen und informellen Strukturen der präsidialen Machtvertikale sowie auf der einseitigen Abhängigkeit von Russland. Die politische Opposition hat dennoch wiederholt mit friedlichem Massenprotest alternative Entwicklungspfade aufgezeigt, die bislang allerdings nicht in einen Regimewandel mündeten.

Schlüsselwörter

Belarus · Präsidialautokratie · Repressionen · Fassaden-Institutionen · Aljaksandr Lukaschenka

Teile dieses Textes basieren auf dem von Silvia von Steinsdorff verfassten Kapitel „Das politische System Weißrusslands (Belarus)" in: Ismayr, Wolfgang, Hrsg. 2010. *Die politischen Systeme Osteuropas*, 479–526. 3., aktualisierte und erweiterte Aufl. Wiesbaden: VS Verlag.

S. von Steinsdorff (✉) · D. Tronina
Institut für Sozialwissenschaften, Humboldt-Universität zu Berlin, Berlin, Deutschland
E-Mail: silvia.von.steinsdorff@sowi.hu-berlin.de; dominika.tronina@hu-berlin.de

279

Tab. 1 Das politische System von Belarus im Überblick

Verfassung	Verabschiedet: 1994
	Geändert: 1996, 2004, 2022
	Verfassungsänderungsregel: Initiativrecht haben Staatspräsident, All-Belarussische Volksversammlung, 1/3 der Abgeordneten beider Parlamentskammern und 150.000 Bürger*innen. Annahme durch Mehrheit in beiden Parlamentskammern oder Verfassungsreferendum
Regierungssystem	„präsidentialistisch"
Präsident	Wahlmodus und Amtszeit: direkt gewählt für 5 Jahre; seit 2022 erneut Begrenzung auf max. zwei Amtszeiten
	Im 1. Wahlgang und in Stichwahl zwischen den beiden erstplatzierten Kandidat*innen absolute Mehrheit der Stimmen erforderlich. Für gültige Wahl Beteiligungsquorum von 50 % nötig
	Kompetenzen:
	De jure weitreichende Kompetenzen: 1) Gesetzesinitiativrecht und Vorabkontrolle bei budgetrelevanten Gesetzentwürfen; 2) Legislatives Veto, das nur mit 2/3-Mehrheit beider Parlamentskammern überstimmt werden kann; 3) Recht zur Auflösung der Abgeordnetenkammer; 4) Leitung der Regierungsarbeit (einschließlich der Kabinettssitzungen); 5) Ernennung des Regierungschefs und Organisation des Kabinetts; 6) Ernennung und Entlassung oberster Richter, Ernennung der Vorsitzenden des Verfassungsgerichts, des Obersten Gerichts und des Wirtschaftsgerichts, 6 Mitglieder der Nationalen Wahlkommission etc.; 7) Oberbefehlshaber der Streitkräfte *De facto* autokratischer Allmachtsanspruch auch jenseits formaler Befugnisse
Regierung (Kernexekutive)	Mitglieder: Premierminister, (mehrere) stellvertretende Premierminister (meist ohne Geschäftsbereich), Fachminister
	Auswahl: Ernennung des Premierministers durch Präsidenten nach vorheriger Zustimmung der Abgeordnetenkammer. Nach zweimaliger Ablehnung seines Vorschlags löst Präsident Abgeordnetenkammer auf und setzt Neuwahlen an. Präsident ernennt und entlässt alle Minister
	Abberufung: Präsident kann Premierminister jederzeit entlassen; einfaches Misstrauensvotum mit Rücktritt ganzer Regierung oder Auflösung des Parlaments
Parlament (Nationalversammlung)	Aufbau: zwei Kammern: *Abgeordnetenkammer* mit 110 Abgeordneten und *Rat der Republik* mit je 8 Delegierten pro Region.
	Seit Verfassungsreform 2022 existiert die All-Belarusische Volksversammlung (ABV) als übergeordnetes legislatives Gremium; Kompetenzabgrenzung ungeklärt Fachausschüsse und Fraktionen spielen de facto keine Rolle
	Dauer Legislaturperiode: 5 Jahre

(Fortsetzung)

Tab. 1 (Fortsetzung)

| | Funktionen der Abgeordnetenkammer und des Rats der Republik: de jure hat jede*r Abgeordnete Initiativrecht; de facto stark eingeschränkte Rolle in der Gesetzgebung; kaum Kontrollrechte (keine Untersuchungsausschüsse o. ä.) Seit 2022: *de jure* umfassende Legislativ- und Kontrollrechte der ABV; *de facto* Umsetzung ungeklärt |
| **Wahlsystem** | Abgeordnetenkammer: absolute Mehrheitswahl in Einerwahlkreisen; 50 % Quorum im 1. Wahlgang, 25 % im 2. Wahlgang; Delegationssystem für Rat der Republik und All-Belarusische Volksversammlung |

Quelle: Eigene Darstellung

1   Einleitung

Verglichen mit den anderen, zumal europäisch geprägten, Nachfolgestaaten der Sowjetunion nimmt Belarus[1] eine Sonderrolle ein: die gerade eingeleitete institutionelle und gesellschaftliche Transformation endete abrupt, noch bevor sie greifen konnte. Nach einer kurzen und fragmentarischen Liberalisierungsphase folgte ein nahezu nahtloser Übergang von der autoritär geführten Sowjetrepublik zur Autokratie unter Präsident Aljaksandr Lukaschenka, der seit 1994 ununterbrochen an der Spitze des Staates steht. Angesichts von 30 Jahren personeller und institutioneller Kontinuität bietet die Perspektive der (Post-)Transformation kein ergiebiges Analyseraster für dieses Regime. Die frühen konstitutionellen Festlegungen sowie die machtpolitische Dominanz der „Vaterfigur" (*bac'ka*) Lukaschenka (Stykow 2020, S. 112) führten vielmehr zur raschen Konsolidierung einer elektoralen Autokratie. Die Regimeanalyse konzentriert sich deshalb stärker auf die von Präsidenten etablierten Machtstrukturen als auf die Verfassungsinstitutionen.

Die ersten Jahre nach dem Zerfall der Sowjetunion waren in Belarus von personeller und institutioneller Kontinuität geprägt. Die letzte Regierung der Sowjetzeit unter Premierminister Wjatschaslau Kebitsch blieb im Amt, als Volksvertretung fungierte weiterhin der Oberste Sowjet mit dem mächtigen Parlamentspräsidenten und Staatsoberhaupt Stanislau Schuschkewitsch an der Spitze (Steinsdorff 2010, S. 485–486). Unter diesen Umständen zog sich die Arbeit an einer neuen, den Prinzipien demokratischer Gewaltenteilung verpflichteten, Verfassung in die Länge

---

[1] Belarus/belarusisch ist die wörtliche Übersetzung der offiziellen Staatsbezeichnung. Die oft verwendeten Begriffe Weißrussland/weißrussisch/belarussisch sind problematisch, da ihre Verwendung als Unterstützung der Position gelesen werden kann, Belarus verfüge nur über eine begrenzte (kulturelle oder staatliche) Eigenständigkeit insbesondere gegenüber Russland.

(Janus 2023, S. 292–293). Sie wurde erst im März 1994 mit knapper Mehrheit vom
Obersten Sowjet verabschiedet. Bereits drei Monate später gewann Lukaschenka
überraschend die Präsidentschaftswahlen und begann unverzüglich damit, das gerade erst in der Verfassung verankerte demokratisch-präsidentielle Regierungssystem nach seinen autokratischen Vorstellungen umzubauen.

Im Rückblick stellt die erste und bislang einzige freie Präsidentschaftswahl in
Belarus im Juni 1994 eine Critical Juncture für die weitere Regimeentwicklung
dar: Der demokratisch legitimierte Staatspräsident Lukaschenka akzeptierte weder
seine verfassungsrechtlich definierte Rolle, noch setzte er den eingeschlagenen
Transformationspfad fort. Vielmehr konzentrierte er die gesamte institutionelle
und politische Macht auf das Präsidentenamt, und machte so die gerade begonnene
Demokratisierung zunichte. Spätestens mit der Wiederwahl Lukaschenkas im September 2001 kann dieser Pfadwechsel hin zu einer Präsidialautokratie als abgeschlossen gelten; eine Wiederaufnahme des Transformationsprozesses erscheint
ohne grundlegenden Regimewechsel nicht mehr möglich.

Seither gelang es dem Staatschef mit einer Mischung aus repressiven und adaptiven Herrschaftstechniken, sein autokratisches Regime ungeachtet teilweise
schwieriger Umfeldbedingungen und des allmählich schwindenden Rückhalts in
der Bevölkerung für fast zwei Jahrzehnte stabil zu halten (Silitski 2007; Frear
2019). Externer Garant dieser Stabilität war und ist das enge Bündnis mit der Russländischen Föderation, das Wirtschaft und Politik in Belarus seit Ende der 1990er-
Jahre maßgeblich prägt. Wenngleich die wiederholt propagierte staatliche Reintegration von Belarus und Russland bislang unterblieb (Turarbekava 2023),
hängt Lukaschenkas dauerhafte Herrschaftssicherung unmittelbar von der Unterstützung Moskaus ab. Auch diese außenpolitische Richtungsentscheidung während
der ersten Amtszeit Lukaschenkas kann als Critical Juncture der Regimeentwicklung bezeichnet werden, da sie die innen- und außenpolitische Souveränität
Belarus erheblich einschränkte und seither irreversible Folgen zeitigte, wie etwa
den Ausschluss aus der EU-Osterweiterung der 2010er-Jahre.

Trotz der raschen und weitgehend ungefährdeten Konsolidierung der belarusischen Autokratie sollte nicht übersehen werden, dass in allen Phasen eine politische Opposition zum Regime Lukaschenkas existierte, die sich wiederholt auch
in öffentlichen Protesten manifestierte. Eine neue Intensität erlangte der Protest
während der monatelangen Massendemonstrationen gegen Lukaschenkas sechste
Wiederwahl im August 2020. Wenngleich die landesweite Oppositionsbewegung
bislang keinen grundlegenden Systemwandel herbeiführen konnte, markiert sie
doch den Beginn einer neuen Etappe der belarusischen Politik: Die Kosten für Lukaschenkas Machterhalt steigen durch die Spirale immer drastischerer Repressions-
maßnahmen, und die Abhängigkeit von Russland bzw. dem Regime Vladimir Putins engt den Handlungsspielraum immer weiter ein. Die Effekte des Protests wur-

den indes durch den russischen Überfall auf das gesamte Staatsgebiet der Ukraine im Februar 2022 überlagert und teilweise konterkariert.

Wie auch in den anderen Länderbeiträgen des vorliegenden Sammelbandes liefert Tab. 1 einen Überblick über das entstandene politische System (Stand: Juli 2024).

2 Phasen der autokratischen Konsolidierung in Belarus

Grundsätzlich kann das heutige belarusische politische System als Prototyp der elektoralen Autokratie (z. B. Schedler 2006) in Osteuropa gelten: Allgemeine Wahlen finden zwar regelmäßig statt, aber sie dienen nicht der kompetitiven Auswahl politischer Mandatsträger*innen, sondern vielmehr der plebiszitären Akklamation des bestehenden autoritären Regimes und insbesondere des absoluten Machtanspruchs der Führungselite. Die Erklärung, warum sich dieser Regimetyp in Belarus schneller und unangefochtener etablieren konnte als in anderen sowjetischen Nachfolgestaaten, erfordert eine Kombination aus historischen, strukturellen, institutionellen und akteurszentrierten Gründen.

Aufgrund weitgehend fehlender historischer Anknüpfungspunkte für die nationale Eigenständigkeit (Jocelyn 1998) und einer vergleichsweise positiven wirtschaftlichen Entwicklung der Belarusischen Sowjetrepublik (Ioffe 2004, S. 86–87) war die Begeisterung der Republikführung und der meisten Einwohner*innen für die staatliche Unabhängigkeit und einen politischen Neubeginn gering. Bei dem unionsweiten Referendum über die Zukunft der UdSSR im März 1991 sprachen sich 83 % der belarusischen Bevölkerung für einen Verbleib in der Sowjetunion aus (Mihalisko 1992, S. 39). Die mit Auflösung der Sowjetunion zum Jahresende 1991 vollzogene, wenngleich ungewollte, staatliche Eigenständigkeit hatte negative Folgen für den relativen wirtschaftlichen Wohlstand des Landes, weil die nach sowjetischen Maßstäben hoch entwickelte Industrie besonders stark von den Rohstofflieferungen und Absatzmärkten innerhalb der Sowjetunion abhängig war (Steinsdorff 2010, S. 481). Diese schwierigen strukturellen Rahmenbedingungen trugen 1994 nicht nur wesentlich zum Wahlsieg des erklärten „Sowjetnostalgikers" Lukaschenka bei (Steinsdorff 2010, S. 486). Vielmehr nutzte der frisch gekürte Staatspräsident sie auch gezielt zur Stabilisierung seiner Machtposition. So hielt er das Land auf einem planwirtschaftlich orientierten Kurs und vermied weitgehend die negativen Folgen des „wilden Kapitalismus", der in den anderen Nachfolgestaaten der Sowjetunion in den 1990er-Jahren eine extreme Schere zwischen Arm und Reich öffnete. Aufgrund fehlender ökonomischer Bereicherungsmöglichkeiten etablierten sich kaum Oligarchen, sodass die patronalen Netzwerke, auf die sich die politische Machtpyramide auch in Belarus gründet, wesentlich auf den Staatspräsidenten und seine Entourage zugeschnitten sind (Hale 2015, S. 258–266).

Mit der Bevölkerung schloss die politische Führung eine Art Gesellschaftsvertrag, der u. a. an sowjetische Herrschaftspraktiken erinnert: Im Austausch für politische Gefolgschaft bzw. für den Verzicht auf offene Opposition bietet der Staat den Menschen relative soziale Sicherheit und ökonomische Stabilität (Silitski 2007, S. 10). Im Ergebnis konnte sich das autoritäre Regime lange auf die mehrheitliche Zustimmung der Bürger*innen stützen, die die wachsenden Freiheitsbeschränkungen angesichts der relativen ökonomischen und sozialen Sicherheit tolerierten. Sowohl die Person des Staatspräsidenten als auch seine Politik wurden überwiegend positiv beurteilt, wie unabhängige Meinungsumfragen regelmäßig zeigten (Steinsdorff 2010, S. 511). Bis in die 2000er-Jahre war der Staat aufgrund einer positiven Wirtschaftsbilanz in der Lage, seine sozio-ökonomischen Versprechen einzuhalten. Nach mehreren Finanz- und Wirtschaftskrisen rückte die politische Führung indes zunehmend davon ab und versuchte stattdessen, den Fokus des Gesellschaftsvertrages auf die Themen Sicherheit, Frieden und staatliche Souveränität zu lenken, wobei die kriegerischen Vorgänge in der Ukraine seit 2014 als abschreckendes Beispiel herangezogen wurden (Bedford 2021, S. 811).

Im Ergebnis lässt sich das politische System am besten als eine Kombination aus präemptivem und adaptivem Autoritarismus beschreiben. So werden einerseits bereits die schwächsten Anzeichen von oppositionellem Denken mit polizeistaatlichen Methoden (Luchterhandt 2023) und durch die Gleichschaltung der Medien unterdrückt. Im Laufe der Jahre wurden zudem die formalen Institutionen so stark geschwächt, dass politische Alternativen chancenlos sind. Diese präemptiven, also vorwegnehmenden, Eigenschaften der belarusischen Autokratie (Silitski 2007) werden andererseits von einer gewissen Flexibilität begleitet, mit der Lukaschenka seinen politischen Kurs stets an die wirtschaftliche, innen- sowie außenpolitische Lage „adaptiv" anpasst (Frear 2019).

3 Formale (Fassaden-)Institutionen und informelle Instrumente der Machtsicherung

Belarus ist der einzige Nachfolgestaat der Sowjetunion, in dem ursprünglich ein präsidentielles Regierungssystem eingeführt wurde, wobei einem starken Staatspräsidenten und dem von ihm abhängigen Premierminister eine ebenfalls mit signifikanten Kompetenzen ausgestattete Legislative gegenüberstand (Steinsdorff 2010, S. 483). Trotz seiner weitreichenden Kompetenzen lehnte der erste frei gewählte Präsident die gewaltenteilende Verfassungsordnung von Beginn an ab und versuchte mit allen Mitteln, seine Macht auf Kosten der anderen Verfassungsorgane zu erweitern und die Gewaltenteilung zu untergraben. Es entwickelte sich ein offener Machtkampf mit dem 1995 erstmals frei gewählten Parlament und mit dem 1994 etablierten Verfassungsgericht, den Lukaschenka im November 1996 per Verfassungsreferendum zu seinen Gunsten entschied. Rund 70 % der Wähler*innen stimmten den vom Staatspräsidenten initiierten Verfassungsänderungen zu und unterstützten somit dessen „kalten Staatsstreich" (Timmermann 1997, S. 18). Obwohl der Staatspräsident laut der zu diesem Zeitpunkt geltenden Verfassung nicht befugt war, derart weitreichende Verfassungsänderungen zu initiieren, wurden durch das Referendum zentrale Elemente der demokratischen Staatsorganisation entkernt. An die Stelle des Obersten Sowjets als Einkammerparlament trat eine verkleinerte Nationalversammlung mit deutlich eingeschränkten Gesetzgebungs- und Kontrollkompetenzen. Sie besteht aus einer direkt gewählten Abgeordnetenkammer, die der Staatspräsident jederzeit auflösen kann, und dem aus den Gebietskörperschaften rekrutierten Rat der Republik (Steinsdorff 2010, S. 495–496). Auch erlangte der Staatspräsident entscheidenden Einfluss auf die Zusammensetzung des Verfassungsgerichts (Steinsdorff 2012, S. 50).

Seither hat Lukaschenka seine autoritäre Herrschaft durch weitere Verfassungsreferenden zementiert (Burkhardt 2016). 2004 etwa wurde die bis dahin geltende Amtszeitbegrenzung des Staatspräsidenten auf zwei konsekutive Mandate abgeschafft, was Lukaschenka eine zeitlich unbeschränkte Amtsausübung ermöglichte.[2] 2022 schließlich initiierte der Staatschef das bis dato umfassendste Verfassungsreferendum, bei dem u. a. ein komplett neuer Abschnitt zur Staatsorganisation in die Konstitution eingefügt wurde. Kernstück dieser Revision ist die Aufwertung der All-Belarusischen Volksversammlung (*Usebelaruski narodny skhod*, ABV). Dieses ursprünglich eher unbedeutende, „folkloristische" (Wöllenstein 2022, S. 2) Gremium aus rund 2500 Repräsentanten der belarusischen Gesellschaft hatte Lukaschenka 1996 ins Leben gerufen, wobei weder die Zusammensetzung noch die Kompetenzabgrenzung gegenüber den beiden Parlamentskammern verfassungsrechtlich geklärt waren. Mit der Novelle von 2022 wurde die ABV formell zum „höchsten Vertretungsorgan der Volksherrschaft" aufgewertet, „das die strategischen Richtungen der Entwicklung von Gesellschaft und Staat bestimmt, die Unverletzlichkeit der verfassungsmäßigen Ordnung, die Kontinuität der Generationen und die bürgerliche Eintracht gewährleistet" (Art. 89¹ VerfBel).

Die Entscheidungen der ABV sind bindend für alle Staatsorgane einschließlich des Staatspräsidenten. Die nun maximal 1200 Delegierten der ABV bilden de jure das neue Machtzentrum des politischen Systems: Sie legen die Grundlinien der Innen-, Außen- und Wirtschaftspolitik fest, rufen den Kriegs- bzw. Ausnahmezustand aus, ernennen und entlassen – auf Vorschlag des Staatspräsidenten – höchste Richter*innen sowie die Mitglieder der Zentralen Wahlkommission, und

---

[2] Mit der Verfassungsrevision von 2022 wurde die Begrenzung auf zwei Amtszeiten wieder eingeführt; allerdings werden hierbei Mandate vor 2022 nicht mitgerechnet, wodurch Lukaschenka noch bis 2035 im Amt bleiben könnte (Burkhardt und Dollbaum 2021, S. 8).

sie können sogar ein Impeachment-Verfahren gegen den Staatspräsidenten einleiten. Trotz dieser institutionellen Machtballung werden die Mitglieder der ABV
nicht direkt gewählt; vielmehr gehören ihr der amtierende und potenziell ehemalige Staatspräsident(en) sowie „Vertreter der legislativen, exekutiven und judi-
kativen Gewalten, Vertreter der lokalen Deputierten-Räte und (…) der Zivilgesellschaft" (Art. 892 VerfBel) für eine je fünfjährige Legislaturperiode an.

Sollten diese institutionellen Neuerungen jemals vollständig in die Verfassungspraxis umgesetzt werden, sind Kompetenzkonflikte mit der fortbestehenden Nationalversammlung, der Judikative und insbesondere mit dem Staatspräsidenten vor-
programmiert (Astapenia 2022). Solange Lukaschenka das politische Regime des
Landes nach Belieben dominiert, ist dies indes nicht zu erwarten (Burkhardt und
Dollbaum 2021, S. 8). Vielmehr hat der Präsident seine Machtfülle durch die Sonder-
klausel des neuen Art. 144 VerfBel sogar noch vergrößert, die es (nur) ihm erlaubt,
den ABV-Vorsitz in Personalunion mit dem Präsidentenamt zu führen. Diese Regelung verstößt gegen mehrere Verfassungsnormen: Art. 6 VerfBel schreibt weiterhin
die Gewaltenteilung fest und Art. 86 VerfBel untersagt dem Präsidenten die Ausübung weiterer Staatsämter. Insgesamt bewerten belarusische Beobachter*innen die
tiefgreifenden konstitutionellen Neuerungen von 2022 als „Betonierung des Systems
Lukaschenka" (zitiert in Wöllenstein 2022, S. 2), da viele bereits seit langem de facto
existierenden Elemente präsidialer Machtkonzentration sowie die Verwehrung konstitutionell garantierter Freiheitsrechte nun auch de jure festgeschrieben wurden.

Die Verfassungsnovelle verdeutlicht zudem Lukaschenkas instrumentelles Institutionenverständnis: In Belarus existieren seit langem verschiedene Fassaden-
institutionen, die ihre verfassungsrechtlich garantierten Funktionen nicht oder nur
teilweise wahrnehmen können. So fungieren beide Kammern der Nationalversammlung seit Ende der 1990er-Jahre als „Taschenparlament des Präsidenten" (Timmermann 1997, S. 19), d. h. sie nutzen selbst ihre ohnehin begrenzten Rechte in der
Gesetzgebung und als Kontrollinstanz gegenüber der Exekutive nicht (Steinsdorff
2010, S. 493–501). Ähnliches gilt für das Verfassungsgericht, dessen erste
Richter*innengeneration 1996 erfolglos versucht hatte, sich dem autoritären Umbau
der Staatsorganisation entgegenzustellen. Infolge des Verfassungsreferendums von
1996 verlor das Gericht nicht nur seine Unabhängigkeit, sondern es kann auch die
verbliebenen Kompetenzen nicht mehr adäquat ausüben (Steinsdorff 2012, S. 51–52).

Die Marginalisierung der formalen Institutionen wird durch den gezielten Aufbau informeller Parallelstrukturen gefördert. Das gilt auch für die politischen Parteien, die ungeachtet zahlreicher Einschränkungen des Vereinigungsrechts durch
Präsidialdekrete de jure Verfassungsrang genießen,[3] de facto aber bedeutungslos

---

[3] Art. 5 und 36 VerfBel garantieren auch in ihrer durch das Verfassungsreferendum von 2022
weiter eingeschränkten Form grundsätzlich das Recht politischer Interessenvertretung durch
ein plurales Parteiensystem.

sind (Steinsdorff 2010, S. 508–510). Seit 2000 wurde aus administrativen Gründen keine einzige Neugründung mehr genehmigt, fast alle Abgeordneten in beiden Parlamentskammern sind parteilos. Stattdessen gehört die überwiegende Mehrheit der Deputierten der gesellschaftlichen Vereinigung *Belaja Rus* an, die bewusst keinen Parteien-Status hat (Babajew 2019, S. 1463). Diese vom Staatspräsidenten initiierte und vollständig auf ihn ausgerichtete Vereinigung ist ein typisches Beispiel für die patronalen Netzwerke, die alle Bereiche der belarusischen Gesellschaft durchziehen. Alle Patron-Klient-Beziehungen sind auf „die persönliche Loyalität der politischen Elite gegenüber dem Präsidenten anstatt einer staatsbürgerlichen Orientierung" gegründet (Babajew 2019, S. 1642).

Die präsidiale Machtvertikale bildet den wichtigsten Grundpfeiler des Regimes. Im Unterschied zu einigen anderen postsowjetischen Ländern baut sie in Belarus weniger auf eine Gruppe, Partei oder ein Geflecht von Oligarchen auf, sondern vielmehr auf die unmittelbare Abhängigkeit aller Staatsdiener vom *bac'ka* Lukaschenka. Dabei konkurrieren verschiedene Gruppierungen um die Gunst des Staatschefs, der diese je nach aktueller Nützlichkeit gewährt oder entzieht. In den 1990ern und frühen 2000ern stützte Lukaschenka sich hauptsächlich auf Angehörige der sowjetischen Nomenklatur sowie Vertreter der Magilew-Gruppe, die aus seiner Heimatregion stammen und ihn beim ersten Präsidentschaftswahlkampf unterstützt hatten (Frear 2019, S. 52). Seit den 2000ern wuchs die Bedeutung der sogenannten Silowiki, womit Beamte des staatlichen Sicherheitsapparates gemeint sind, insbesondere aus dem Geheimdienst (KGB), dem Innenministerium (MWD), der Miliz und dem Militär. Im Kern hat der Sicherheitsapparat die Aufgabe, die Interessen des Staates auch gegen die eigene Bevölkerung zu vertreten und die Stabilität des politischen Regimes um jeden Preis sicherzustellen (Luchterhandt 2023; Wojnicki 2017). Gegen Ende der 2000er-Jahre schien die Vormachtstellung der Silowiki zeitweilig von einer stärker an ökonomischen (Eigen-)Interessen ausgerichteten technokratischen Riege bedroht (Frear 2019, S. 53–54). Letztlich sind all diese Gruppierungen Bestandteile eines „einheitliche(n) Pyramidensystem(s) im neo-patrimonialen Verständnis", dessen „Hierarchiespirale" sich auf den Präsidenten an der Spitze zudreht (Babajew 2019, S. 1469).

4   Russland als externe Determinante der Regimestabilität

In den ersten Jahren staatlicher Unabhängigkeit verfolgte die Republik Belarus einen außenpolitischen Neutralitätskurs, wobei das vorrangige Ziel in der Lösung von Russland und der gleichzeitigen Öffnung nach Westen bestand. Nach seinem Amtsantritt im Juli 1994 veränderte Lukaschenka die Prioritäten der belarusischen

Außenpolitik jedoch radikal: Er propagierte eine umfassende Reintegration mit der Russländischen Föderation. Dieser abrupte Kurswechsel markiert – ähnlich wie die innenpolitische Abwendung von der präsidentiellen Demokratie – eine Critical Juncture für die politische Entwicklung des Landes: Lukaschenka führte sein Land in eine einseitige wirtschaftliche und politische Abhängigkeit von Russland, aus der es sich trotz wachsender Loyalitäts- und Souveränitäts-Konflikte nicht mehr lösen kann (Astapenia 2017; Janus 2023). Während er sich davon anfangs eine Ausweitung seiner Macht im post-sowjetischen Raum versprach, ist er nun auf die russische Unterstützung angewiesen, um seine autoritäre Herrschaft zu sichern.

Im April 1996 konstituierten die beiden Nachfolgerepubliken zunächst eine „Zweier-Gemeinschaft", die im Januar 2000 in einen umfassenden Unionsvertrag mündete. Obwohl die meisten supranationalen Organe, die der Vertrag vorsieht (u. a. einen Unionspräsidenten, einen Staatsrat und eine Parlamentarische Versammlung), bereits früh geschaffen wurden und Lukaschenka zum offiziellen Oberhaupt der Union ernannt wurde, blieb die staatliche Reintegration der beiden souveränen Staaten ungeachtet aller rhetorischen Beteuerungen weitgehend aus. Unter dem neuen russischen Staatspräsidenten Vladimir Putin wich das enge Verhältnis der beiden Staatsführungen ab 2000 einer nüchternen Interessenpolitik. Putin war zwar daran interessiert, Belarus weiterhin eng an sich zu binden und nicht nach Westen driften zu lassen, empfand die wirtschaftlich wesentlich schwächere Bruderrepublik aber als Bürde und hatte keinerlei Interesse an einer tatsächlichen Machtteilung. Lukaschenka seinerseits fürchtete zunehmend die Dominanz des östlichen Nachbarn und pochte auf Gleichberechtigung als Grundlage für die Vertiefung der bilateralen Union (Fischer 2007, S. 18–19). Ungeachtet der wachsenden Probleme auf politischer und wirtschaftlicher Ebene wurde die militärische Zusammenarbeit der beiden Länder jedoch weiter vertieft (Usow 2020).

Seit der erneuten Präsidentschaft Putins im Jahre 2012 hat die geopolitische Strategie der Russländischen Föderation eine stärker imperiale Dimension angenommen (siehe Baumann und Stykow in diesem Band), was sich auch in der Beziehung zu Belarus widerspiegelt. Nach 20 Jahren wenig erfolgreicher Versuche, die wirtschaftliche Integration der post-sowjetischen Staaten zu stärken, gründeten Armenien, Belarus, Kasachstan, Kirgistan und Russland im Jahr 2015 die Eurasische Wirtschaftsunion, die vor allem Russlands dominante Position in der Region sichern soll (Vinokurov 2016). Auch erwachte in Moskau das Interesse an dem lange vernachlässigten Unionsvertrag mit Belarus neu, jedoch war nun der um die staatliche Souveränität besorgte belarusische Machthaber weniger euphorisch (Turarbekava 2023; Usow 2020). Nach den massiven innenpolitischen Unruhen von 2020 blieb Lukaschenka indes keine Wahl: Im November 2021 unterschrieben beide Staatschefs eine umfangreiche Vereinbarung zur konkreten Umsetzung vertiefter Integrationsschritte, die unter anderem eine gemeinsame Militärdoktrin und Migrationspolitik sowie die Schaffung eines gemeinsamen Wirtschaftsraums vorsieht. Völkerrechtliche Aspekte der staatlichen Souveränität, wie etwa die „Befehlsunabhängigkeit" von anderen Staaten laut Art. 8 VerfBel, sind damit zwar noch nicht komplett ausgehebelt, erodieren aber zunehmend (Janus 2023).

Die Abhängigkeit von Russland geht so weit, dass einige Beobachter*innen von einem Marionettenregime sprechen (Hulak 2022). Gründe für das extrem ungleiche Verhältnis zwischen den beiden Staaten liegen in erster Linie in der massiven wirtschaftlichen Abhängigkeit Belarus' von günstigen Importen von Öl und Gas aus Russland. Zwar sucht Lukaschenka auch engen Kontakt zu den zentralasiatischen Ländern, doch führen diese Beziehungen sowohl politisch als auch geografisch unweigerlich über Russland (Hancock 2006). Die Dominanz Moskaus ist darüber hinaus kulturell verankert. Russisch ist nach wie vor die vorherrschende Sprache, und die Idee einer gemeinsamen „Russischen Welt" (*Russkij Mir*) ist populär (Rudkouski 2021). Ein Großteil der Bevölkerung konsumiert zudem regelmäßig russische Medien und folgt den dort verbreiteten Narrativen (Papko 2018, S. 5). Versuche, diesen Einfluss zu begrenzen, sind wenig erfolgversprechend, weil Belarus außenpolitische Alternativen fehlen.

Die Beziehungen zu Westeuropa und den USA brachen nach dem Verfassungscoup von 1996 weitgehend ab und wurden nie dauerhaft wiederbelebt. Als Reaktion auf die diktatorische Entwicklung setzte der Europarat den Beobachterstatus aus, den das Land seit 1992 innegehabt hatte, und die EU schloss Belarus fast vollständig aus allen Kooperationsprogrammen mit Mittel- und Osteuropa aus. Einige vorübergehende Tauwetterperioden, in denen das autoritäre Regime weniger repressiv auftrat und eine Besserung der Menschenrechtslage versprach, endeten stets mit neuen EU-Sanktionen, zumal wenn Massenproteste brutal niedergeschlagen wurden (für einen Überblick über die EU-Sanktionen und ihre Anlässe siehe Länder-Analysen 2022, S. 12–13). In den letzten Jahren sind auch die Kontakte zu den unmittelbaren Nachbarstaaten Polen, Litauen und Lettland abgekühlt, obwohl diese zwischenzeitlich als mögliche Alternativen zur ausschließlichen Ausrichtung an der Russländischen Föderation galten. Auch die einst regen bilateralen Beziehungen zur Ukraine, die lange „neutral und entideologisiert" waren (Melyantsou 2020, S. 10) und ein mögliches Gegengewicht zu den Allmachtsideen Russlands darstellten, sind seit 2022 vollständig abgebrochen.

Dabei spielte Belarus aufgrund der Minsker Abkommen im Ukraine-Konflikt seit 2014 zeitweise eine wichtige internationale Rolle, die sich auch positiv auf die Beziehungen zur EU auswirkte. Die Aufhebung von Sanktionen, Gespräche zur Visaliberalisierung und die Schaffung der EU-Belarus-Koordinationsgruppe im April 2016 zeugten von Kooperationswillen und stärkten Belarus angesichts des russischen Dominanzstrebens (Bosse 2021; Preiherman 2017). Diese Tauwetter-Phase endete jedoch abrupt, als Lukaschenka die innenpolitischen Proteste gegen seine Wiederwahl 2020 mit offener Unterstützung aus Moskau brutal niederschlagen ließ. Statt des bis dato üblichen Einfrierens der Beziehungen eskalierte der Konflikt, als Minsk Mitte 2021 mittels gezielter Transfers von Asylsuchenden über die belarusisch-polnische Grenze versuchte, Druck auf die EU auszuüben (Düvell 2021). Mit der Invasion in der Ukraine im Februar 2022 wurde Belarus schließlich an der Seite Russlands zur Kriegspartei, weil es den Einmarsch russischer Truppen von belarusischen Territorium aus ermöglichte (Sahm 2022).

5   Politische Proteste als Herausforderung des Regimes

Die skizzierten innen- und außenpolitischen Determinanten der stabilen Autokratie unter Lukaschenka verdecken mitunter, dass es in Belarus eine politische Opposition gibt, die sich in mehreren Mobilisierungsschüben offen gegen das repressive Regime stellte. Die präemptiven staatlichen Unterdrückungsmaßnahmen erzeugen wachsenden Gegendruck, der sich vornehmlich im Kontext von Wahlen in öffentlichen Massenprotesten äußerte. Wenngleich die Proteste bislang nicht zum Regimewechsel geführt haben, schienen insbesondere im Zuge des landesweiten, monatelangen zivilgesellschaftlichen Aufstands nach den Präsidentschaftswahlen 2020 durchaus alternative Entwicklungspfade auf.

Die Massenproteste von 2020 hatten viele Vorläufer, wie die Übersicht über die größten Protestwellen seit den 1990er-Jahren zeigt (siehe Tab. 2). Einen ersten Höhepunkt erreichte die Mobilisierung der außerparlamentarischen Opposition im Jahr 2010, als mehr als 20.000 Personen friedlich gegen die unfaire Präsidentschaftswahl protestierten (Padhol und Marples 2011, S. 10). Die Demonstrationen wurden mit Gewalt niedergeschlagen, tausende Menschen wurden verprügelt, etwa 600 Personen verhaftet (Vogel 2022). 2017 regte sich erneut landesweiter Widerstand. Anlass war ein Präsidialdekret zur „Vorbeugung gegen Sozialschmarotzertum", das eine Sondersteuer für Arbeitslose vorsah und sogar bei Anhänger*innen von Lukaschenka auf Unmut stieß. In diesem Fall war der Protest erfolgreich: Die Regierung, die den Widerstand unterschätzt hatte, zog die Regelung zurück. Der Konflikt um die Besteuerung vorgeblicher „Sozialschmarotzer" illustriert eine schleichende Abkehr von dem Gesellschaftsvertrag, der das Regime Lukaschenka lange getragen hatte.

Unübersehbar wurde die wachsende Entfremdung zwischen Machthabern und unterdrückter Bevölkerung im Sommer 2020, als Lukaschenka zum sechsten Mal als Staatspräsident gewählt wurde. Nachdem die aussichtsreichsten Oppositions-

Tab. 2 Politischer Protest in der Republik Belarus

Jahr	Anlass
1996/1997	Proteste gegen die Verfassungsänderung von 1996 und die Unionsverträge zwischen Belarus und Russland
1997	Deklaration der „Charta 97", in der zu Demokratie und Rechtsstaatlichkeit aufgerufen wurde
1999-2001	Unterschiedliche Protestaktionen für freie Wahlen, gegen die widerrechtliche Verlängerung des Mandats von Lukaschenka und das Verschwinden Oppositioneller, u. a. „Freiheitsmärsche" und symbolische Präsidentschaftswahlen
2006	Proteste im Zuge der Präsidentschaftswahlen, manchmal als „Jeans Revolution" bezeichnet
2010	Proteste im Zuge der Präsidentschaftswahlen
2011	Aufgrund starker Repressionen nach den Protesten von 2010 weniger konfrontative Protestaktionen, z. B. „Klatsch-Proteste" und „stille Proteste"
2017	Widerstand gegen das Dekret zur „Vorbeugung von sozialer Abhängigkeit", häufig als „Parasitengesetz" bezeichnet
2020	Bisher größte Proteste in der Geschichte der Republik Belarus im Zuge der Präsidentschaftswahl

Quelle: Eigene Zusammenstellung

vertreter Sjarhej Zichanouski, Wiktar Babaryka und Waleryj Zepkala nicht als Kandidaten zugelassen oder gar verhaftet worden waren, schlossen sich die Ehefrauen zweier Kandidaten, Swjatlana Zichanouskaja und Weranika Zepkala, sowie die Oppositionspolitikerin Maryja Kalesnikawa zu einem Wahlblock zusammen. Die überraschende Zulassung von Swjatlana Zichanouskaja als Präsidentschaftskandidatin, mutmaßlich weil Lukaschenka eine Frau nicht als ernsthafte Bedrohung seiner Machtposition wahrnahm (Jalalzai und Jurek 2023), erwies sich als dramatische Fehleinschätzung. Der Oppositionsblock organisierte nicht nur Protestaktionen im Vorfeld der Wahlen (Mateo 2022), sondern auch effektive Maßnahmen zur Dokumentation von Wahlfälschung. Als Lukaschenka zum Wahlsieger erklärt wurde, obwohl das den online dokumentierten Zahlen widersprach, führte die offensichtliche Manipulation noch am Wahlabend zu landesweiten Protesten; allein in Minsk demonstrierten 100.000 Menschen. Anders als bei den vorangegangenen Mobilisierungswellen konzentrierte sich der Protest nicht allein auf die Hauptstadt, sondern hielt monatelang in allen Landesteilen an.

Das autoritäre Regime reagierte auf die neue Dimension der Proteste mit einer Eskalation der Gewalt (Wjasna 2021). Die friedlichen Proteste sowie deren massive Repression durch die Sicherheitsbehörden wurden vielfach in digitalen Medien geteilt, wie etwa über den (Telegram) Kanal NEXTA, bevor dieser vom Obersten Gericht als terroristische Organisation verboten wurde. Die offene Brutalität, mit der das Regime gegen Protestierende vorging, mobilisierte Widerstand in vielen sozialen Gruppen (Mateo 2022; Shelest 2020). Als weitere wichtige Katalysatoren wirkten die Aufkündigung des systemstabilisierenden Gesellschaftsvertrags durch die Regierung (Astapova et al. 2022; Bedford 2021) und der grundlegende Wertewandel in der Bevölkerung (Krawatzek und Langbein 2022). Letztlich gelang es Lukaschenko mithilfe der systematischen Verfolgung der Opposition, seine autoritäre Herrschaft wieder zu stabilisieren. Im Ergebnis blieb den meisten Oppositionellen nur das Exil. Aus der Diaspora versuchen sie, weiterhin Einfluss auf das politische Geschehen in Belarus zu nehmen, etwa durch die Bildung einer Exilregierung (Jaroszewicz et al. 2022). Inwiefern diese Aktivitäten tatsächlich einen alternativen politischen Entwicklungspfad für Belarus bahnen können, ist gegenwärtig nicht absehbar.

6 Fazit

Der Entwicklungspfad des konsolidierten autoritären Regimes in Belarus zeichnet sich durch einige folgenschwere Richtungsentscheidungen aus, die der 1994 in einer demokratischen Wahl an die Macht gekommenen Staatspräsident Lukaschenka bereits während seiner ersten Amtszeit traf. Mithilfe eines verfassungswidrigen Referendums untergrub er die Gewaltenteilung zugunsten einer präsidialen Machtvertikale, die seither durch weitere Verfassungsänderungen und informelle, patronale Parallelstrukturen ausgebaut wurde. Außenpolitisch band er sein Land vollständig an Russland, was den Einfluss der Europäischen Union minimierte. Beide Entwicklungen können als Critical Junctures eingestuft werden. Trotz der im postsowjetischen Vergleich starken politischen Repression verfügte Lukaschenka lange über breite Unterstützung in der Bevölkerung, der er Stabilität und relative wirtschaftliche Sicherheit garantierte. Dennoch wiederholt aufflammenden gesellschaftlichen Protest unterdrückt das Regime mit einer Mischung aus repressiven und adaptiven Maßnahmen.

Wenngleich die landesweite gesellschaftliche Mobilisierung gegen die Präsidialdiktatur und für eine Demokratisierung im Sommer und Herbst 2020 durchaus Potenzial für einen politischen Pfadwechsel gezeigt hat, lässt sich eine derartige Entwicklung gegenwärtig nicht prognostizieren. Zum einen ist das Schicksal von Belarus seit Beginn des umfassenden russischen Angriffskrieges gegen die Ukraine stärker denn je mit der – ebenso ungewissen – politischen Zukunft Russlands verknüpft. Zum anderen ist die gesamte formelle und informelle Machtpyramide so stark auf den inzwischen 70-jährigen Diktator Lukaschenka zugeschnitten, dass viel von der bislang kaum öffentlich diskutierten Nachfolgefrage abhängen wird. Hier sind seriöse Prognosen unmöglich. Allerdings erscheint angesichts der seit Jahrzehnten konsolidierten Autokratie eine evolutionäre Liberalisierung des Regimes wenig wahrscheinlich; eher wäre ein grundlegender Neubeginn infolge eines exogenen oder endogenen Schocks vorstellbar.

Kontrollfragen

(1) Warum kann Belarus als Ausnahmefall der post-sozialistischen Systemtransformation gelten?

(2) Auf welche formalen und informellen Institutionen stützt der autoritär regierende Staatspräsident seine Macht?

(3) Inwiefern stellt die enge Anbindung an Russland eine Pfadabhängigkeit für die Entwicklung des politischen Regimes von Belarus dar?

Weiterführende Literatur

1. Belarus-Analysen. https://www.laender-analysen.de/belarus-analysen/. Zugegriffen: 17. Juli 2023.

Hier finden sich regelmäßige Einschätzungen und Hintergrundanalysen von Expert*innen zu aktuellen Themen der belarusischen Politik.

2. Frear, Matthew. 2019. Belarus under Lukashenka. Adaptive Authoritarianism. London: Routledge.

Das Buch gibt einen fundierten Überblick über die postsowjetische politische Geschichte des Landes mit besonderem Fokus auf die Kombination von präemptivem und adaptivem Autoritarismus, die Staatspräsident Lukaschenka seit Jahrzehnten erfolgreich zur Herrschaftssicherung nutzt.

3. Babajew, Azer. 2019. Belarus. In *Handbuch der europäischen Verfassungsgeschichte im 20. Jahrhundert. Institutionen und Rechtspraxis im gesellschaftlichen Wandel. Bd. 5: seit 1989,* Hrsg. Arthur Benz, Stephan Bröchler und Hans-Joachim Lauth, 1455–1479. Bonn: Dietz.

Die detaillierte Darstellung der Verfassungsordnung sowie der autoritären Herrschaftstechniken von Staatspräsident Lukaschenka gibt einen informativen und aktuellen Überblick über alle wichtigen Aspekte des belarusischen politischen Regimes.

Literatur

Astapenia, Ryhor. 2017. Die Verschlechterung der belarussisch-russischen Beziehungen. Immer mehr Streit und immer weniger Kompromissbereitschaft. *Belarus-Analysen* (31): 2–5. https://doi.org/10.31205/BA.031.01.

Astapenia, Ryhor. 2022. Belarus' new dubious constitution. IPS. https://www.ips-journal.eu/topics/democracy-and-society/belarus-new-dubious-constitution-5760/. Zugegriffen am 07.08.2023.

Astapova, Anastasiya, Vasil Navumau, Ryhor Nizhnikau, und Leonid Polishchuk. 2022. Authoritarian cooptation of civil society. The case of Belarus. *Europe-Asia Studies* 74 (1): 1–30.

Babajew, Azer. 2019. Belarus. In Handbuch der europäischen Verfassungsgeschichte im 20. Jahrhundert. Institutionen und Rechtspraxis im gesellschaftlichen Wandel. Bd. 5: seit 1989, Hrsg. Arthur Benz, Stephan Bröchler und Hans-Joachim Lauth, 1455–1479. Bonn: Dietz.

Bedford, Sofie. 2021. The 2020 presidential election in Belarus. Erosion of authoritarian stability and re-politicization of society. *Nationalities Papers* 49 (5): 808–819.

Bosse, Giselle. 2021. Authoritarian consolidation in Belarus. What role for the EU? *European View* 20 (2): 201–210.

Burkhardt, Fabian. 2016. Belarus. In *Constitutional Politics in Central and Eastern Europe*, Hrsg. Anna Fruhstorfer und Michael Hein. 463–493. Wiesbaden: Springer VS.

Burkhardt, Fabian, und Jan M. Dollbaum. 2021. Belarus vor dem Referendum 2022: Verfassungsreform und Protestbereitschaft. *Belarus-Analysen* (58): 7–15.

Düvell, Franck. 2021. (K)Eine Migrationskrise in Belarus? Die EU und die Funktionalisierung von Migration. *Belarus-Analysen* (58): 4–5.

Fischer, Sabine. 2007. Die russische Politik gegenüber der Ukraine und Weißrussland. *Aus Politik und Zeitgeschichte* (8–9): 16–23.

Frear, Matthew. 2019. *Belarus under Lukashenka. Adaptive authoritarianism*. Abingdon, Oxon/New York, NY: Routledge.

Hale, Henry E. 2015. *Patronal politics: Eurasian regime dynamics in comparative perspective. Problems of international politics*. New York, NY: Cambridge University Press.

Hancock, Kathleen J. 2006. The semi-sovereign state. Belarus and the Russian neo-empire. *Foreign Policy Analysis* (6): 117–136.

Hulak, Aleh. 2022. Ist das belarusische Regime als Marionettenregime zu betrachten? Was bedeutet das für den Westen? *Belarus-Analysen* (63): 2–5.

Ioffe, Grigory. 2004. Understanding Belarus: Economy and Political Landscape. *Europe-Asia Studies* (56): 85–118.

Jalalzai, Farida, und Steve Jurek. 2023. The "Accidental Candidate" versus Europe's longest dictator. Belarus's unfinished revolution for women. *Politics and Governance* 11 (1): 119–129.

Janus, Hans. 2023. Belarus: Ein Land auf schiefer Ebene – Gewinnung und Erosion nationaler Souveränität. *Osteuropa-Recht* 69 (3): 287–314.

Jocelyn, Ed. 1998. Nationalism, Identity and the Belarussian State. In *National Identities and Ethnic Minorities in Eastern Europe*, Hrsg. Ray Taras, 73–83. Houndmills/Basingstoke/London/New York: Palgrave Macmillan/St. Martin's Press.

Krawatzek, Felix, und Julia Langbein. 2022. Attitudes towards democracy and the market in Belarus. What has changed and why it matters. *Post-Soviet Affairs* 38 (1–2): 107–124.

Länder-Analysen. 2022. Statistik: EU-Sanktionen gegen Belarus. "Anlass und Umfang der EU-Sanktionen gegenüber Belarus". *Belarus-Analysen* (63): 12–13.

Luchterhandt, Otto. 2023. Die Grundrechte der Freiheit und Unverletzlichkeit der Person und ihre systematische Verletzung in Belarus. *Osteuropa-Recht* 69 (3): 315–328.

Mateo, Emma. 2022. "All of Belarus has come out onto the streets". Exploring nationwide protest and the role of pre-existing social networks. *Post-Soviet Affairs* 38 (1–2): 26–42.

Melyantsou, Dzianis. 2020. Die belarussisch-ukrainischen Beziehungen: Strategische Partnerschaft entgegen der geopolitischen Ausrichtung. *Belarus-Analysen* (47): 10–14.

Mihalisko, Kathleen. 1992. Belorussia: Setting Sail without a Compass. *RFE/RL Research Report* 1 (1): 39–41.

Padhol, Uladzimir M., und David R. Marples. 2011. The 2010 presidential election in Belarus. *Problems of Post-Communism* 58 (1): 3–16.

Papko, Aliaksandr. 2018. In der Wagenburg. Die jüngsten Veränderungen in der Medienpolitik in Belarus. *Belarus-Analysen* (39): 2–7.

Preiherman, Yauheni. 2017. Belarus und der Westen. Zeit für einen qualitativen Sprung nach vorn? *Belarus-Analysen* (35): 2–6.

Jaroszewicz, Marta, Magdalena Lesińska, und Kseniya Homel 2022. The rise of a new transnational political nation: the Belarusian diaspora and its leaders after the 2020 protests. *Rocznik Instytutu Europy Środkowo-Wschodniej* 20 (1): 35–56.

Rudkouski, Piotr. 2021. Russia's cultural leverage in Belarus. *New Perspectives* (29): 102–108.

Sahm, Astrid. 2022. Die Beziehungen zwischen Belarus und der Ukraine seit 1991. Dekoder. https://www.dekoder.org/de/gnose/beziehungen-belarus-ukraine-geschichte. Zugegriffen am 28.07.2023.

Schedler, Andreas. 2006. *Electoral Authoritarianism: The Dynamics of Unfree Competition.* Boulder/London: Lynne Rienner Publishers.

Shelest, Oksana. 2020. Revolution in Belarus – Faktoren und Werteorientierungen. *Belarus-Analysen* (53): 2–6.

Silitski, Vitali. 2007. Sonderfall Lukaschenko. *Aus Politik und Zeitgeschichte* (8–9): 8–15.

Steinsdorff, Silvia von 2010. Das politische System Weirusslands (Belarus). In *Die politischen Systeme Osteuropas,* Hrsg. Wolfgang Ismayr, 479–526. 3., aktualisierte und erweiterte Ausgabe. Wiesbaden: Springer VS.

Steinsdorff, Silvia von. 2012. Das weißrussische Verfassungsgericht: Vom Verteidiger der demokratischen Verfassung zum Notar des autoritären Präsidialregimes. *Osteuropa-Recht* 58 (3): 40–53.

Stykow, Petra. 2020. Der lange Abschied vom Bac'ka. Lukašenkas Popularität und ihr Niedergang. *Osteuropa* 70 (10/11): 107–125.

Timmermann, Heinz. 1997. Belarus: Eine Diktatur im Herzen Europas? *Berichte des BIOst* (10).

Turarbekava, Roza. 2023. Die „Integration" von Belarus und Russland. Die Roadmaps des Unionsstaates. *Belarus-Analysen* (66): 7–10.

Usow, Paweł. 2020. Evolution of the Belarus-Russia union state. From integration to attempts of incorporation. *Studia i analizy nauk o polityce* (1): 95–108.

Vinokurov, Evgenij. 2016. Unter Partnern. Die Eurasische Wirtschaftsunion. *Osteuropa* 66 (5): 129–140.

Vogel, Sasha de. 2022. Anti-opposition crackdowns and protest: the case of Belarus, 2000–2019. *Post-Soviet Affairs* 38 (1–2): 9–25.

Wjasna. 2021. Die Menschenrechtslage in Belarus. *Osteuropa* 71 (8–9): 77–85.

Wojnicki, Jacek. 2017. Miejsce KGB w systemie politycznym Republiki Białorusi. *Studia Politologiczne* (43): 238–254.

Wöllenstein, Jakob. 2022. Im Schatten des Krieges: Lukaschenka greift nach lebenslanger Macht. Konrad Adenauer Stiftung. https://www.kas.de/de/laenderberichte/detail/-/content/im-schatten-des-krieges-lukaschenka-greift-nach-lebenslanger-macht.

Russland: Präsidentialistisches System und ko-konstruierter Autoritarismus

Julia Baumann und Petra Stykow

Zusammenfassung

In den 1990er-Jahren schien Russland an der Schwelle zur Demokratie zu stehen, aber die seit den 2000er-Jahren implementierten Reformen verbanden die Wiederherstellung der Handlungsfähigkeit des Staates mit der faktischen Monopolisierung der Macht durch den Präsidenten. Die Stabilität dieses autoritären personalistischen Regimes beruht nicht nur auf der Person Putins, sondern auch auf der erfolgreichen Kooptation der politischen, ökonomischen und kulturellen Eliten des Landes, der (vorwiegend passiven) Zustimmung der Bevölkerungsmehrheit sowie in wachsendem Maße auf Repressionen.

Schlüsselwörter

Russland · Personalistisches Regime · Autoritäre Institutionen · Patronale Politik · Öffentliche Meinung

J. Baumann (✉) · P. Stykow
Geschwister-Scholl-Institut für Politikwissenschaft, Ludwig-Maximilians-Universität München, München, Deutschland
E-Mail: baumann.julia@lmu.de; petra.stykow@lmu.de

S. Priebus, T. Beichelt (Hrsg.), *Die politischen Systeme im östlichen Europa*,
https://doi.org/10.1007/978-3-658-43647-6_16

Tab. 1 Das politische System Russlands im Überblick

Verfassung	Verabschiedet: 1993 Geändert: 2008, 2014, 2020
	Verfassungsänderungsregel: Das Initiativrecht liegt beim Präsidenten, beiden Kammern der Föderalversammlung sowie Gruppen von mindestens einem Fünftel ihrer Mitglieder, der Regierung und den regionalen Legislativen. Verfassungsrevisionen werden mit 2/3-Mehrheiten in beiden Kammern angenommen; Kap. 1, 2 und 9 können nur im Zuge der Verabschiedung einer neuen Verfassung geändert werden
Regierungssystem	„präsidentialistisch"
Präsident	Wahlmodus: direkt, für 6 Jahre, maximal zwei Amtszeiten Absolute Mehrheitswahl; bei Bedarf Stichwahl
	Kompetenzen: 1) Staatsoberhaupt, das die „koordinierte Arbeitsweise und das Zusammenwirken" aller Staatsorgane gewährleistet, Richtlinienkompetenz in Innen- und Außenpolitik; 2) ernennt und entlässt den Regierungschef mit Zustimmung der Staatsduma, übt ihre „allgemeine Leitung" aus; 3) Recht zur Auflösung der Staatsduma unter bestimmten Umständen; 4) Oberbefehlshaber der Streitkräfte; 5) Initiativrecht; 6) eigenständige Rechtsetzung (Dekrete, Verfügungen, Anordnungen); 7) suspensives Veto gegen von der Legislative verabschiedete Gesetze, das mit einer 2/3-Mehrheit beider Kammern überstimmt werden kann
Parlament	Bikamerale Föderalversammlung: Staatsduma: 450 Abgeordnete Föderationsrat: je zwei Repräsentanten pro Region, entsandt von ihrer Exekutive und Legislative
	Dauer der Legislaturperiode der Staatsduma: 5 Jahre; Mitglieder des Föderationsrats: Entsendung für 6 Jahre
	Funktionen: Staatsduma: 1) Gesetzgebung: Initiativrecht hat jeder Abgeordneter; 2) Regierungskontrolle: jährliche Rechenschaftspflicht der Regierung; Misstrauensvotum; 3) Bestätigung des Regierungschefs und der Minister, die nicht unmittelbar dem Präsidenten unterstellt sind Föderationsrat: 1) Vertretung von Regionalinteressen; 2) Gesetzgebung: Initiativrecht, Mitwirkung bei Gesetzgebung; 3) Ernennung der vom Präsidenten nominierten Richter des Verfassungsgerichts und des Obersten Gerichts Beide Kammern: parlamentarische Anfragen an Staats- und Verwaltungsorgane, Zusammenwirken beim Impeachment-Verfahren gegen den Präsidenten

(Fortsetzung)

Tab. 1 (Fortsetzung)

Regierung (Kernexekutive)	Präsidialkabinett, Mitglieder: Regierungschef und Minister
	Auswahl: Ernennung des Regierungschefs sowie der ihm unterstellten Minister durch den Präsidenten mit Zustimmung der Staatsduma; Ernennung der Chefs der dem Präsidenten unterstellten „Machtministerien" (Verteidigung, Justiz, Inneres, Auswärtige Angelegenheiten, Zivil- und Katastrophenschutz; Geheimdienste) nach Konsultation mit dem Föderationsrat
	Abberufung: durch Präsidenten sowie – unter dem Vorbehalt des Präsidenten – durch Staatsduma
Wahlsystem	Staatsduma: Grabenwahlsystem mit 5%-Sperrklausel (1993–2004; seit 2011)

Quelle: Eigene Darstellung

1   Vier Jahrzehnte Regimewechsel und -wandel

Russland, das größte Land der Welt, versteht sich als „Fortsetzerstaat" und internationaler Rechtsnachfolger der 1922 gegründeten und Ende 1991 aufgelösten Sowjetunion. Seit Ende des 20. Jahrhunderts durchlief es einen tiefgreifenden Wandlungsprozess in Politik, Wirtschaft und Gesellschaft. Er führte jedoch nicht zur Demokratisierung und Westernisierung des Landes. Vielmehr etablierten sich ein autoritäres personalistisches Regime, das eine imperialistische Außenpolitik betreibt, sowie ein Wirtschaftssystem, das sowohl staatskapitalistische als auch marktwirtschaftliche Merkmale aufweist.

1.1   Liberalisierung und Demokratisierung in den späten 1980er-Jahren

In der zweiten Hälfte der 1980er-Jahre leitete Michail Gorbatschow (1931–2022), Chef der *Kommunistischen Partei der Sowjetunion* (KPdSU), den „Umbau" (*Perestrojka*) des erstarrten ökonomischen und politischen Systems des Staatssozialismus ein. Die Wirtschaftsreformen zerstörten die Grundpfeiler der staatlichen Zentralverwaltungswirtschaft und stimulierten unternehmerisches Handeln. Der außenpolitische Kurswechsel ermöglichte die Beilegung der geopolitischen Konfrontation mit dem Westen („Kalter Krieg", 1945/1947–1988/1989) und gewährte den ostmitteleuropäischen Ländern, die bis dahin unter sowjetischer Hegemonie gestanden hatten, die volle staatliche Souveränität einschließlich des Rechts auf politische Selbstbestimmung. Die Zulassung von öffentlicher Kritik, Meinungs- und Medienpluralismus (seit 1986) und schließlich von semikompetitiven Parlamentswahlen (1989) markierte die innenpolitische Liberalisierung des autoritären Einparteiregimes „von oben".

Mit den Verfassungsänderungen vom März 1990 erreichte der Regimewandel schließlich systemsprengende Qualität, denn sie zerstörten den Kern des sowjetischen Parteistaats und vollzogen den Übergang zur Demokratisierung: Der umfassende Machtanspruch der KPdSU als „führende und lenkende Kraft der Gesellschaft" wurde aufgehoben und der Pluralismus politischer Parteien und gesellschaftlicher Organisationen legalisiert. Zudem wurde das Amt eines Präsidenten geschaffen, um die institutionelle Trennung von Partei und Staat zu vollenden.

Im Zuge der *Perestrojka* war auch die Staatsorganisation der Sowjetunion unter Druck geraten: Formal als Föderation gleichberechtigter Republiken organisiert, hatte sie die nationale Identitätsbildung vieler nicht-russischer Ethnien institutionell begünstigt, aufgrund der Raumordnung, der Dominanz Russlands und des kulturellen Hegemonieanspruchs der russisch(sprachig)en Ethnie aber dennoch in weitgehender Kontinuität zum Russländischen Imperium gestanden. Daher kam es in den meisten Unionsrepubliken schnell zu einer Mobilisierung „von unten", bei der sich antikommunistische Bestrebungen, die gegen die KPdSU-Herrschaft gerichtet waren, mit nationalistischen, ihrem Wesen nach antikolonialen, Zielen überlagerten (Beissinger 2009).

In Russland verknüpften sich die Forderungen nach Demokratie und nationaler Eigenstaatlichkeit erst spät. Sie standen in engem Zusammenhang mit der Entstehung einer institutionellen Basis für die Artikulation des Konflikts mit dem Unionsstaat: Da Russland bis dahin – anders als alle anderen Sowjetrepubliken – kaum über nationalstaatliche Strukturen verfügt hatte, sondern durch den Unionsstaat verwaltet wurde, bedeutete die Schaffung eines eigenen Präsidentenamts einen entscheidenden Schritt in seiner Staatswerdung. In dieses Amt wurde im Juni 1991 Boris Jelzin (1931–2007) gewählt, der bis 1988 ein hoher KPdSU-Funktionär gewesen war, sich aber als Radikalreformer und wichtigster Gegenspieler des sowjetischen Präsidenten Gorbatschow profiliert hatte. Jelzins Amt wurde so zum institutionellen und personellen Gravitationszentrum des demokratisch-nationalistischen Lagers.

Im August 1991 scheiterte ein gegen die Föderalisierung der Sowjetunion gerichteter Putschversuch konservativer Unionspolitiker maßgeblich am Widerstand der Moskauer Bevölkerung. Nachdem sich mehr als 90 % der Bevölkerung der Ukraine – der zweitgrößten Sowjetrepublik – für ihre Unabhängigkeit ausgesprochen hatten, erklärten die Staatsoberhäupter Russlands, der Ukraine und Weißrusslands (Belarus) im Dezember 1991 die Existenz des Unionsstaates für beendet. Damit erlangten 15 neue Staaten ihre völkerrechtliche Souveränität.

1.2 Die widersprüchliche Demokratisierungsbilanz der 1990er-Jahre

Der Zeitraum bis in die zweite Hälfte der 1990er-Jahre kann als typische Critical Juncture (Capoccia und Kelemen 2007) angesehen werden, in der eine im Vergleich zu „normalen" Zeiten größere Chance auf das Verlassen des bisherigen Entwicklungspfads besteht. Viele der formal-institutionellen Beschränkungen, die das Denken und Handeln politischer Akteure konditionieren, hatten in dieser Umbruchszeit an Orientierungswirkung verloren, was ihre Handlungsmöglichkeiten und die Tragweite ihrer Entscheidungen vergrößerte. Die Vorstellungen über den einzuschlagenden politischen Kurs und die Grundlagen des neuen politischen Systems gingen in Russland weit auseinander. Sie kristallisierten sich im Konflikt zwischen „Reformern" („Demokraten") und konservativen Kräften, die institutionell im Präsidentenamt bzw. dem Parlament verankert waren. Die erbitterte Auseinandersetzung zwischen Exekutive und Legislative kumulierte im Herbst 1993 in einer Staats- und Verfassungskrise, die von Jelzin mit Militärgewalt aufgelöst wurde.

Der enorme Maßstab der postsozialistischen Reformagenda belastete die Erfolgsaussichten der Systemtransformation von Anfang an. Vor dem Hintergrund multipler Krisen mussten nahezu gleichzeitig die institutionellen Bedingungen für sowohl Demokratie wie Marktwirtschaft als auch die Attribute einer funktionierenden Nationalstaatlichkeit geschaffen werden. Die politischen Eliten sahen sich also vor die Aufgabe gestellt, in kürzester Zeit einen umfassenden Wandlungsprozess zu implementieren, der sich in westeuropäischen Ländern sequenziell, über einen langen Zeitraum und meist gradualistisch entfaltet hatte. Da sich die Reformdimensionen zum Teil gegenseitig blockierten bzw. auf Voraussetzungen beruhten, die in ihrem Rahmen erst noch geschaffen werden mussten, diagnostizierten zeitgenössische Beobachter ein „Dilemma der Gleichzeitigkeit" (Offe 1991). Der Überforderung durch dieses politische Projekt begegneten die Reformer um Jelzin damit, dass sie die Durchführung neoliberaler Wirtschaftsreformen gegenüber der weiteren Demokratisierung priorisierten.

Die Transformationsbilanz der 1990er-Jahre fiel widersprüchlich aus (z. B. McFaul 2018a; Gel'man 2015): Zum einen waren mit der Institutionalisierung kompetitiver Wahlen, der Verabschiedung einer neuen Verfassung, der Umstrukturierung der Eigentumsrechte und der Einführung von Marktmechanismen die entscheidenden institutionellen Voraussetzungen für einen demokratischen Wettbewerb um die politische Macht geschaffen worden. Zum anderen hatte der innere Machtzirkel aber auch Entscheidungen gefällt, die autoritäre Entwicklungen begünstigten: Die „superpräsidentielle" Verfassung, die Ende 1993 in einem Referendum angenommen wurde, konterkarierte das Prinzip der Gewaltenteilung (Stykow und Baumann 2023, Kap. 3). Der Bruch mit den Hinterlassenschaften der sowjetischen Zeit blieb unvollständig. Viele Institutionen des früheren Unionsstaates wurden – einschließlich ihres Personals – in die neuen russländischen Staat überführt. Jelzin reformierte zwar den sowjetischen Geheimdienst KGB, schaffte ihn aber nicht ab. Als folgenschwer für die weitere Entwicklung erwies sich schließlich auch seine im Sommer 1999 getroffene Entscheidung, den ehemaligen KGB-Offizier Wladimir Putin (geb. 1952) als Nachfolger für das Präsidentenamt zu bestimmen.

Die spezifische Form der Privatisierungspolitik führte zur Etablierung eines „Raubtierkapitalismus". Er machte große Teile der Bevölkerung zu Transformationsverlierern und brachte Großunternehmer („Oligarchen") hervor, die in der zweiten Amtszeit Jelzins erheblichen politischen Einfluss gewannen. Sie und ihre ressourcenstarken persönlichen Netzwerke, deren Wurzeln oft in die (spät-)sowjetische Zeit zurückreichten, profitierten von den Wirtschaftsreformen ebenso wie von der spontanen Dezentralisierung der Föderation. Sie agierten auch als informelle Akteure im Hintergrund des noch kaum institutionalisierten Parteienwettbewerbs.

Zum prägenden Erbe der 1990er-Jahre gehörte schließlich der extrem geschwächte Staat, der die Durchsetzung politischer Entscheidungen und allgemeinverbindlicher Regeln sowie die Bereitstellung öffentlicher Güter – also die Aufrechterhaltung der gesellschaftlichen Ordnung und des sozialen Friedens – kaum gewährleisten konnte. Privaten Gewaltakteuren, mit denen der Staat zum Teil eng verflochten war, hatte er nur wenig entgegenzusetzen (Volkov 2002). Selbst das Überleben Russlands als Föderation in den Grenzen von 1991 war aufgrund starker zentrifugaler Tendenzen bedroht. Jelzins Versuch, in seiner zweiten Amtszeit (1996–1999) ein Projekt der inklusiven nationalen Identitätsbildung zu lancieren und damit auch seine äußerst geringe Popularität zu verbessern, versandete (Laruelle 2016).

Die quantitativen Messungen durch die großen internationalen Demokratie-Indizes lassen keine eindeutige Klassifizierung der Regimequalität in den 1990er-Jahren zu (Stykow und Baumann 2023, S. 45–49), der politikwissenschaftliche Mainstream stufte Russland aber als fragile minimale („elektorale") Demokratie ein. Viele der für liberale Demokratien wesentlichen Institutionen existierten nicht oder galten als „defekt", die politischen Schlüsselpositionen wurden jedoch im Ergebnis hinreichend freier und fairer Wahlen besetzt (z. B. Colton und McFaul 2003; Merkel et al. 2003, S. 164–167).

1.3   Ein autoritärer Entwicklungspfad

Im ersten Jahrzehnt des 21. Jahrhunderts erholte sich die Wirtschaft schnell, auch dank der rapide steigenden Weltmarktpreise für fossile Rohstoffe. Die Handlungsfähigkeit des Staates wuchs ebenso wie die Zufriedenheit der Bevölkerung, und Putin gelang es, die Oligarchen aus der Politik zu verdrängen. In seinen ersten beiden Amtszeiten (2000–2008) nahm er Kurs auf die Wiederherstellung der Staatlichkeit und leitete einen grundlegenden Umbau des politischen Systems ein. Dadurch transformierte es sich in eine „elektorale Autokratie" (z. B. Gel'man 2015; Lührmann et al. 2018), d. h. in ein Regime, in dem es regelmäßig Wahlen gibt, die aber aufgrund verzerrter Wettbewerbsbedingungen nicht zu Machtwechseln führen. Das Erfolgsrezept solcher Regime liegt darin, formaldemokratische Institutionen nicht abzuschaffen, sondern sie so zu manipulieren, dass sie ihrer Herrschaftsausübung dienen (Levitsky und Way 2010; Schedler 2006).

Die Re-Autoritarisierung Russlands vollzog sich nicht als geradlinig verlaufender Prozess. Getrieben von seinem Interesse am Machterhalt reagierte das Regime auf wahrgenommene Herausforderungen mit wiederholten Rekalibrierungen und Improvisationen, um die Kontrolle über den politischen Wettbewerb herzustellen und die Zustimmung der Bevölkerung zu sichern (Hale et al. 2019). Nach einer gewissen Liberalisierung während der Präsidentschaft Dmitri Medwedews (2008–2012), die in einer Regimekrise endete, wurde der bis dahin relativ „weiche" Autoritarismus des Putin-Regimes in dessen dritter und vierter Amtszeit (2012–2024) zunehmend härter. Mithilfe punktueller Repressionen setzte das Regime nun immer stärker auf Abschreckung von Widerspruch, aber auch auf die ideologische Manipulation der Bevölkerung. Ausbleibende wirtschaftliche Erfolge wurden durch die Mobilisierung von „Patriotismus" und Militarismus in der Innenpolitik sowie durch eine zunehmend aggressive und revisionistische Außenpolitik kompensiert, deren bisherigen Höhepunkt der Krieg gegen die Ukraine darstellt.

Aufgrund dieser Entwicklungen bezeichnen einige Forscher das Regime nicht mehr als „elektorale", sondern als „geschlossene" Autokratie (z. B. McFaul 2018b; Levitsky und Way 2020). Seit Ende der 2010er-Jahre und insbesondere seit 2022 wird zudem kontrovers diskutiert, ob der offensichtliche Bedeutungszuwachs von Ideologie, Propaganda und Repression sowie deren Inhalte und Formen zutreffender mit Begriffen wie „faschistisches" oder „(neo-)totalitäres" Regime zu fassen seien (z. B. Laruelle 2022c; Gudkov 2023). Nach einer längeren Phase, in der die Zukunft mehr oder weniger offen schien, ist Russland zu einem „harten" Autoritarismus zurückgekehrt, der mit seinen Symboliken, offiziellen Narrativen und repressiven Praktiken viele sowjetische Traditionen erkennbar aufgreift.

Allerdings informiert diese Perspektive, die politische Systeme entlang der begrifflichen Achse „Demokratie – Autoritarismus" verortet, nur eingeschränkt darüber, wie das Regime real funktioniert. Im Unterschied zum (post-stalinistischen) Herrschaftssystem der Sowjetunion ist es kein autoritäres Parteien-, sondern ein personalistisches Regime (z. B. Frye 2021; Gel'man 2015). Diesen Regimetyp zeichnet aus, dass die Kontrolle über die Politik, die Auswahl des politischen Führungspersonals sowie über den Sicherheitsapparat in der Hand einer kleinen Gruppe („innerer Machtzirkel") liegt. Im Zentrum steht eine einzelne Person, die nahezu monopolistisch alle wesentlichen politischen und personellen Entscheidungen trifft (Geddes 2003, S. 50–53).

Dieses personalistische Regime, das sich in den 1990er-Jahren etablierte, korrespondiert mit einem gesellschaftlichen Kontext, der in der Forschung als „neopatrimonial" (z. B. Robinson 2017) bzw. „patronal" (Hale 2015) charakterisiert wird. Der Zugang zu Entscheidungspositionen und Ressourcen ist hier nicht genuin unpersönlich und verrechtlicht, sondern beruht – in deutlich größerem Maße als in etablierten und bürokratisierten westlichen Demokratien – auf der Zugehörigkeit zu informellen Elitennetzwerken. Das prägt auch die politischen Entscheidungen und Prozesse: Parteien sind nicht die einzigen, noch weniger die wichtigsten politischen Akteure, und die zentrale Arena des Wettbewerbs stellen weder Wahlen noch Parlamente dar. Von größerer Bedeutung sind vielmehr relativ lose integrierte, heterogene patron-klientelistische Netzwerke, deren Machtbasis in der Verfügung über ökonomische Ressourcen und der Kontrolle über regionale Prozesse bzw. über Teile des Staatsapparats besteht. In dieser Sicht liegt die erstaunliche Stabilität des Regimes darin begründet, dass es Putin – anders als seinem Vorgänger Jelzin – gelungen ist, mithilfe formaler und informeller Institutionen und Praktiken alle mächtigen Elitennetzwerke zu kooptieren und sie am Weiterbestand der bestehenden Ordnung zu interessieren.

Wie auch in den anderen Länderbeiträgen des vorliegenden Sammelbandes liefert Tab. 1 einen Überblick über das entstandene politische System (Stand: Juli 2024).

2 Formal-demokratische Institutionen als Instrumente der autoritären Herrschaftsausübung

Zunächst analysieren wir das Putin-Regime als typischen Fall einer „elektoralen Autokratie", d. h. eines Regimetyps, in dem Institutionen, die zur Grundausstattung moderner Demokratien gehören, genutzt werden, um autoritäre Machtverhältnisse zu konsolidieren.

2.1   Wahlen

Seit 1991 haben in Russland je acht Präsidentschafts- und Parlamentswahlen statt-gefunden. Verstöße gegen die Standards des fairen Wettbewerbs waren bereits in den 1990er-Jahren zu beobachten, aber erst gegen Mitte der 2000er-Jahre gelang es dem Regime, die darin begründete Chance eines friedlichen Macht- und Regime-wechsels faktisch zu liquidieren. Sie funktionieren seitdem nicht mehr als „demo-kratische Methode" (Schumpeter 2020, S. 355) der Besetzung von politischen Schlüsselpositionen, auch wenn noch immer stets mehrere Parteien bzw. Kandi-dat:innen daran teilnehmen. Darauf weisen beispielsweise die bei Präsidentschafts-wahlen seit 2004 sehr großen Abstände zwischen den Abstimmungsergebnissen hin, die Putin von seinem stärksten Rivalen – jedes Mal einem Kandidaten der Kommu-nistischen Partei – trennen. Auch die Regimepartei *Einiges Russland* (ER) erzielte bei den Parlamentswahlen 2007, 2015 und 2021 Supermehrheiten (siehe Tab. 2).

Zu erkennen sind aber auch gewisse Unterschiede, die Hinweise auf den aktu-ellen Zustand des Regimes geben. Zum einen sind das seine vergleichsweise schwachen Ergebnisse bei den Parlaments- und Präsidentschaftswahlen 2011/2012. Zwischen diesen beiden Ereignissen kam es zur bedeutendsten Protestmobilisierung seit dem Ende der Sowjetunion. In den größten Städten Russlands demonstrierten Hunderttausende Menschen monatelang gegen das Re-gime und seine mutmaßlichen Wahlfälschungen (Gabowitsch 2017). Zum ande-ren fallen die extrem hohen offiziellen Ergebnisse Putins bei der Präsidentschafts-

Tab. 2   Wahlen in Russland (1991–2024)

Präsidentschaftswahl			Parlamentswahl		
Jahr	Sieger nach Stimmen (Prozent)	Differenz zum Zweitplatzierten (Prozentpunkte)	Jahr	Sieger nach Mandaten (Prozent)	Differenz zur zweitstärksten Partei (Prozentpunkte)
1991	57,3 (Jelzin)	40,4	**1993**	14,9 (RW)	0,5
1996*	53,8 (Jelzin)	13,5	**1995**	35 (KPRF)	22,7
2000	52,9 (Putin)	23,7	**1999**	25,1 (KPRF)	8,9
2004	71,3 (Putin)	57,6	**2003**	49,9 (ER)	38,3
2008	70,3 (Medwedew)	52,6	**2007**	70 (ER)	57,3
2012	63,6 (Putin)	46,4	**2011**	52,9 (ER)	32,5
2018	76,7 (Putin)	64,9	**2016**	76,2 (ER)	66,9
2024	87,3 (Putin)	83,0	**2021**	72 (ER)	59,3

*Ergebnis der Stichwahl
Pro-präsidentielle bzw. Regimeparteien: *Russlands Wahl* (RW), *Einiges Russland* (ER); Op-position: *Kommunistische Partei der Russländischen Föderation* (KPRF)
Quelle: Hutcheson 2018, S. 15–25; Zentrale Wahlkommission Russlands

wahl 2024 auf. Sie stellen ihn endgültig in eine Reihe mit den anderen langjährigen Präsidenten im postsowjetischen Raum, deren Regime schon in den
1990er-Jahren eindeutig autoritär waren (siehe Kap. „Belarus: Präsidentialisti-
sches System und konsolidierte Autokratie").

Wie ist es dem Regime gelungen, das demokratische Potenzial von Wahlen zu
neutralisieren? Wahlbeobachtungen und die forensische Analyse der offiziellen Ergebnisse (Arutjunov und Špil'kin 2022, S. 358–361) legen nahe, dass das Ausmaß
von Fälschungen bei der Stimmabgabe, -auszählung und -dokumentation seit 2004
erheblich zugenommen hat. Der Manipulation des Wahlverhaltens kommt dabei
größere Bedeutung zu als dem Einwurf zusätzlicher Stimmzettel in die Wahlurne
und dem Fälschen von Ergebnisprotokollen. So werden am Wahltag viele Menschen durch Inhaber öffentlicher Ämter, Arbeitgeber, Universitätsleitungen oder
militärische Vorgesetzte mobilisiert und zur („richtigen") Wahlentscheidung motiviert, was häufig auf faktische Nötigung der Wähler:innen hinausläuft (Frye et al.
2019). Die Verlängerung der Abstimmung von einem auf drei Tage (seit 2020) und
die Einführung der elektronischen Stimmabgabe haben die Spielräume für die
Steuerung von Wahlbeteiligung und Abstimmungsergebnissen weiter vergrößert.

Entscheidend dafür, dass Wahlen dem Regime nicht mehr gefährlich werden
können, war schließlich die gezielte Verzerrung der Bedingungen des politischen
Wettbewerbs (Stykow und Baumann 2023, Kap. 4–5, 8.1). So berichten die staatlich kontrollierten Medien, darunter insbesondere das Fernsehen als noch immer
populärste Informationsquelle, über die Opposition weniger und deutlich kritischer
als über Regimekandidaten oder verleumden sie offen. Unerwünschte Rivalen werden auch mit legalistischen Mitteln von der Teilnahme an Wahlen ausgeschlossen,
indem die – immer wieder kleinteilig nachjustierten – Zulassungsregeln gegen sie
verwendet werden. Am effektivsten ist jedoch die nahezu durchgängige Kontrolle
des Regimes über das Parteiensystem, d. h. die Angebotsseite des politischen Wettbewerbs. Sie wurde schrittweise mit einer Reihe ineinandergreifender Maßnahmen
hergestellt, auf die wir im Folgenden eingehen.

2.2   Parteien und Parlament

Hatten Jelzin und sein Machtzirkel darauf verzichtet, sich dauerhaft auf eine Partei
zu stützen, so vollzog das Regime Anfang der 2000er-Jahre einen Strategiewechsel
zugunsten der Institutionalisierung eines gemäßigt pluralistischen Parteiensystems,
in dessen Zentrum die 2001 gegründete Partei *Einiges Russland* (ER) steht. Mithilfe von *institutional engineering* und der gezielten Patronage von „Projekt-
parteien" gelang es der Präsidialadministration, die hochgradig fragmentierte und

organisatorisch fluide Parteienlandschaft der 1990er-Jahre in ein „dominantes" Parteiensystem zu transformieren, wie es charakteristisch für viele elektorale Autokratien ist (Reuter 2017).

Nach einer Reform des Parteienrechts (2003) wurde das seit 1993 geltende Graben- durch das Verhältniswahlrecht mit einer Sperrklausel von sieben Prozent ersetzt. Davon profitierten 2007 und 2011 landesweit organisierte Parteien und deren Führungsgremien, weil Bewerber:innen um Duma-Mandate nun darauf angewiesen waren, von einer Partei auf einen aussichtsreichen Listenplatz gesetzt zu werden. Besonders kam das *Einiges Russland* zugute: Da Gouverneure seit 2004 nicht mehr in den Regionen direkt gewählt, sondern durch den Präsidenten ernannt wurden, waren diese nun klar motiviert, sich gegenüber dem Zentralstaat loyal zu verhalten. Dies ließ sich etwa dadurch demonstrieren, dass sie bei nationalen und regionalen legislativen Wahlen mit allen zur Verfügung stehenden Mitteln auf den Sieg von ER hinarbeiteten. Auch als die Direktwahl der Gouverneure und das Grabenwahlsystem 2012 bzw. 2014 wieder eingeführt wurden, profitierte die Regimepartei davon: Die Verluste, die sie aufgrund ihrer nachlassenden Popularität seit 2011 im Verhältniswahlsegment erlitt, konnte sie mit den bis zu 90 % der Direktmandate kompensieren, die sie dank der Gouverneure und ihrer Ressourcen 2016 und 2021 in den territorialen Einerwahlkreisen gewann.

Diese Reformen verdrängten auch die liberale Fundamentalopposition („außersystemische Opposition") aus dem Parlament, die in viele kleine, sich häufig reorganisierende Parteien zersplittert war. Gleichzeitig förderten sie die Kooptation der *Kommunistischen Partei* (KPRF) und der rechtsradikalen *Liberaldemokratischen Partei* (LDPR) in das Regime. Sie wurden gegen Mitte der 2000er-Jahre zu Juniorpartnern von ER und bilden seitdem den Kern der loyalen „systemischen Opposition". Ergänzt wird sie durch kleinere, mitunter wechselnde Parteien, welche ihre Existenz der gezielten, aber jederzeit revidierbaren Patronage durch die Präsidialadministration verdanken. Als „Satellitenparteien" zielen diese einerseits auf die Elektorate der KPRF bzw. der (nicht in der Duma vertretenen) liberalen Opposition, können andererseits aber auch als gewisse Gegengewichte zur „zentristischen" Regimepartei *Einiges Russland* gelten.

In der aktuellen Staatsduma (2021–2026) hält ER mit 72 % der Mandate die verfassungsändernde Mehrheit, die KPRF verfügt über knapp 13 % und die LDPR über fünf Prozent der Sitze. Hinzu kommen mit der 2007 gegründeten „linkszentristischen" Partei *Gerechtes Russland* sowie der 2020 gegründeten „rechtszentristischen", wirtschaftsliberalen Partei *Neue Leute* zwei Satellitenparteien mit etwas über sechs bzw. drei Prozent der Mandate. Diese im Parlament vertretenen Parteien bilden ein Kartell, dessen Teilnehmer die Rahmenbedingungen des politischen Wettbewerbs akzeptiert haben (Hutcheson 2018, S. 105–122). Sie stellen die

bestehenden Machtverhältnisse nicht offen in Frage, vertreten in einigen Politikfeldern jedoch zuweilen eigenständige Positionen.

Als Folge des Umbaus und der Konsolidierung des Parteiensystems änderte
sich auch der Charakter der Staatsduma, der ersten Kammer der Legislative. War
sie in den 1990er-Jahren hochgradig fragmentiert gewesen und hatte als un-
berechenbare Gegenspielerin des Präsidenten agiert, so stand sie seit 2003 unter
der Kontrolle von *Einiges Russland*. Nachdem die loyale Opposition erfolgreich
kooptiert worden war, profilierte sich das Parlament seit Mitte der 2000er-Jahre
immer stärker als zuverlässige und hyperaktive „Stempelmaschine" für die politischen Vorhaben von Präsident und Regierung. Dies schließt aber nicht aus, dass
viele Gesetzesvorhaben auf die Initiative von – oft fraktionsübergreifenden – Ab-
geordneten(gruppen) zurückgehen und im Verlauf des Gesetzgebungsprozesses
mitunter erhebliche Änderungen vorgenommen werden. Dahinter stehen vermutlich weniger Konflikte mit der Präsidialadministration als vielmehr Aushandlungs-
und Umverteilungsprozesse zwischen den Kartellparteien bzw. zwischen unterschiedlichen Interessengruppen innerhalb der Exekutive (Noble und Schulmann 2018).

2.3   Die Funktionen autoritärer Institutionen

Als Zwischenfazit lässt sich festhalten, dass in Russland die formalen Basis-
institutionen einer elektoralen Demokratie existieren. Sie erfüllen deren Funktionen
aber in wichtigen Dimensionen nicht: Wahlen sind keine Methode des friedlichen,
regulären Elitenwechsels. Das Parlament agiert ohne erkennbare Absicht, die Macht
von Präsident und Exekutive einzuhegen. *Einiges Russland* ist zwar keine autoritäre
Staatspartei wie die KPdSU, aber auch keine Regierungspartei, wie es sie in parlamentarischen Demokratien gibt – und nicht einmal die Partei des Präsidenten, wie
man sie aus (semi)präsidentiellen Regierungssystemen kennt. Auch die loyalen
Oppositionsparteien kämpfen nicht um die politische Macht. Vielmehr erkennen sie
die Dominanz der Regimepartei an und stellen bei Präsidentschaftswahlen Kandidaten auf, die Putin weder gefährlich werden können noch es auch nur wollen. Dennoch haben diese Institutionen wesentlich zur Konsolidierung des Regimes beigetragen und sind für sein alltägliches Funktionieren von Bedeutung:

- Wahlen verleihen dem Regime prozedurale Legitimität und informieren über
  das Ausmaß der Unterstützung „von unten" bzw. seine Fähigkeit, diese zu mobilisieren. Sie schwächen die Opposition, da sie deren institutionalisierte Spaltung in eine kooptierte loyale und eine marginalisierte, inzwischen überwiegend

verbotene, Fundamentalopposition verfestigen. Wenn sie vom Präsidenten bzw. der Regimepartei mit Supermehrheiten gewonnen werden, verhindern sie zudem die Entfaltung zentrifugaler Dynamiken innerhalb der Eliten, worauf wir im nächsten Abschnitt eingehen.

- Die Regimepartei *Einiges Russland* kontrolliert als verlängerter Arm des Präsidenten die elektorale und parlamentarische Arena und fungiert – auch auf regionaler und lokaler Ebene – als wichtiges Instrument der Elitenintegration, indem sie ihren Mitgliedern Zugang zu politischem Einfluss und den administrativen Ressourcen des Staates verschafft. Die Parteien der „systemischen Opposition" erfüllen ähnliche Funktionen. Ihre Kooptation in das Parteienkartell eröffnet potenziellen Herausforderern gewisse Einfluss-, Repräsentations- und individuelle Karrierechancen im Rahmen des existierenden Regimes, was dazu führt, dass auch sie an seinem Fortbestand interessiert sind. Das stärkt die Kohäsion der Eliten. Alle Parteien tragen auch zur regimekonformen – darunter elektoralen – Mobilisierung der Bevölkerung bei.
- Die Staatsduma legitimiert die politischen Entscheidungen der Exekutive und ist ebenfalls eine zentrale Arena der Elitenkooptation. Sie institutionalisiert die Kommunikation sowie Interessenaushandlung zwischen den verschiedenen Gruppen bzw. ihnen und dem inneren Machtzirkel. Diese wichtige Funktion wird ergänzend auch von weiteren Institutionen wahrgenommen, etwa dem Oberhaus des Parlaments (Föderationsrat) sowie zahlreichen konsultativen Räten beim Präsidenten bzw. der Regierung, darunter dem Sicherheitsrat und dem Staatsrat.

3   Formale Institutionen und informelle Regimedynamiken

Zwar erscheinen die elektorale und die partei-parlamentarische Arena als stabil institutionalisiert, das postsowjetische Herrschaftssystem funktioniert aber dennoch als personalistisches Regime: Die politische Macht ist auf den Präsidenten nicht nur als höchstes Staatsamt, sondern auch als Person fokussiert; alle wesentlichen Entscheidungen werden durch ihn und einen kleinen Personenkreis getroffen, deren Mitglieder nicht durch Wahlen legitimiert sind. Dies ist das Ergebnis keineswegs nur der Präferenzen, des Führungsstils und der Charaktereigenschaften Putins, sondern – und viel grundsätzlicher – des Zusammenspiels der formalen Institutionen mit den informellen Strukturen und Praktiken des patronalen politischen und gesellschaftlichen Kontexts. In dieser Perspektive rücken die Koordinationsdynamiken informeller patron-klientelistischer Netzwerke in den Vordergrund. Sie sind durch die Verfassung konditioniert.

3.1   Eine „präsidentialistische" Verfassung

Die Verfassung von 1993 ist ein widersprüchliches Dokument. Zum einen konstituiert sie Russland in ihren ersten beiden – von jeglichen Revisionen ausgenommenen – Kapiteln als „demokratischen föderalen Rechtsstaat mit republikanischer Regierungsform". Sie schreibt die Menschenrechtsbindung des Staates, die Prinzipien der Volkssouveränität, Gewaltenteilung und Sozialstaatlichkeit fest, bekennt sich zu politischem und Parteienpluralismus und verbietet die Einführung einer Staatsideologie.

Zum anderen schuf sie ein Präsidentenamt als Dreh- und Angelpunkt des politischen Systems, das institutionell nur wenig eingeschränkt ist und eine autoritäre Machtkonzentration ermöglicht. Das Staatsoberhaupt Russlands verfügt über die Richtlinienkompetenz in der Innen- und Außenpolitik, ist Oberbefehlshaber der Streitkräfte und besitzt umfassende eigenständige legislative Kompetenzen. Noch wichtiger ist jedoch sein konstitutioneller Status im Gefüge der Gewalten. Die vergleichende Forschung klassifiziert das Regierungssystem Russlands meist als (präsident-parlamentarische) Variante des Semipräsidentialismus (z. B. Shugart und Carey 1992), da es dessen Definitionskriterien formal zu erfüllen scheint: Präsident und Staatsduma werden jeweils direkt vom Volk gewählt; der Präsident kann nur im Zuge eines Impeachment-Verfahrens seines Amtes enthoben werden; theoretisch können sowohl Duma wie Präsident den Rücktritt der Regierung veranlassen. Diese typologische Einordnung ignoriert jedoch, dass die Regierung als Präsidialkabinett konstruiert ist, die Duma ihr zwar durchaus das Misstrauen aussprechen oder eine Vertrauensfrage des Regierungschefs abschlägig beantworten kann – aber allein der Präsident entscheidet, ob das Kabinett deshalb zurücktreten muss. Er darf die Duma sogar auflösen, sollte sie eine Vertrauensfrage verneinen oder ein Misstrauensvotum binnen dreier Monate wiederholen.[1] In letzter Instanz ist die Regierung demnach nicht gegenüber dem Parlament verantwortlich, was der Logik des Semipräsidentialismus im Grundsatz widerspricht.

Eine genauere Analyse der Verfassung zeigt, dass sie die organschaftliche Gewaltenteilung in gesetzgebende, ausführende und rechtsprechende Gewalt vorsieht, aber nicht auf wirksame Gewaltenhemmung bzw. *checks and balances* zielt (Stykow 2019; Partlett 2022). Der Präsident, dem auch die Aufgabe zukommt, das „aufeinander abgestimmte Funktionieren und Zusammenwirken der Organe der Staatsgewalt" (Art. 80) zu gewährleisten, steht vielmehr „jenseits" bzw. „außer-

---

[1] In derselben Logik ist auch die Regierungsbildung geregelt: Sollte die Duma drei Mal den Besetzungsvorschlag des Präsidenten für das Amt des Regierungschefs ablehnen, kann er sie entlassen.

halb" von Exekutive, Legislative und Judikative. Einige Forscher sprechen daher von einem „superpräsidentiellen" (Holmes 1993) bzw. „präsidentialistischen" (Hale 2015) System, um die Suprematie des Präsidenten zu charakterisieren, die mit den Prinzipien des liberalen Konstitutionalismus unvereinbar ist.

Die in die Verfassung eingebaute Widersprüchlichkeit erklärt sich aus ihrem Entstehungskontext Anfang der 1990er-Jahre. Zum einen wurden für die Gestaltung der Exekutive-Legislative-Beziehungen Anleihen bei den Verfassungen der USA (1787) und der Fünften Französischen Republik (1958) genommen und eklektisch kombiniert (Sharlet 1998). Zum anderen standen die „Verfassungsväter" auch in einer jahrhundertealten einheimischen Denktradition, in der die Idee des „starken Herrschers" und einer „einheitlich organisierten" Staatsgewalt verwurzelt sind (Stykow und Baumann 2023, S. 79, 218). Diese Tradition war durch die Sowjetmacht als Dogma der „führenden Rolle der KPdSU" reformuliert worden, was den Herrschaftsanspruch des Politbüros legitimierte. Auch das Präsidentenamt, mit dem es 1990/1991 ersetzt wurde, war eine ambivalente Innovation. Es stand in der gleichen Denktradition, überwand sie aber insofern, als dass die höchste Position im Staat als Wahlamt konzipiert und zunächst mit nur wenigen Kompetenzen ausgestattet wurde. Dass die Notwendigkeit einer „starken Hand" in der Krisensituation der frühen 1990er-Jahre intensiv diskutiert wurde, kam dem Reformlager entgegen, das um Jelzin versammelt war. Die gewaltsame Auflösung des Parlaments durch Jelzin im Herbst 1993 setzte das präsidentialistische Verfassungsdesign endgültig durch (McFaul 1999).

Dieses Design ist von eminenter politischer Bedeutung, denn es konditioniert die informellen Dynamiken der Elitenkoordination (Hale 2015, Kap. 4). Weil es keinen starken Premierminister gibt, der aufgrund seiner parlamentarischen Unterstützungsbasis als alternatives Machtzentrum fungieren könnte, fokussieren die politisch-ökonomischen Netzwerke ihre Ambitionen auf das Präsidentenamt. Über dieses verlaufen die entscheidenden Zugänge zu Macht und Ressourcen, sodass sie es vorziehen, sich loyal zum Amtsinhaber zu verhalten, wenn (und solange) er sein Amt glaubhaft und durchsetzungsstark ausfüllt. Selbst große und einflussreiche Netzwerke lassen sich daher in das Regime kooptieren, um ihre Interessen effektiv verfolgen zu können. Das fördert die Entstehung und eigendynamische Konsolidierung einer integrierten „Machtpyramide" (*single-pyramid system*), an dessen Spitze der Präsident steht. Er ist damit nicht nur das formale Staatsoberhaupt, sondern auch der „Chefpatron" dieser informellen Koalition der mächtigsten Elitengruppen des Landes.

Mit anderen Worten: Die autoritäre Entwicklung Russlands im vergangenen Vierteljahrhundert steht im Widerspruch zum konstitutionell verankerten Demokratiepostulat, das vom Regime immer offensichtlicher ignoriert wurde. Als „Betriebsanleitung" für das politische System kommt der Verfassung aber dennoch reale Bedeutung zu, da sie die Konzentration der politischen Macht im Präsidentenamt festschreibt. Ob der Amtsinhaber das darin angelegte autoritäre Potenzial real ausschöpfen kann, ist allerdings eine empirische Frage. Es hängt davon ab, ob es ihm gelingt, die mächtigsten Elitengruppen an seine Person zu binden.

3.2 Präsidentschaftswahlen und die Konsolidierung des personalistischen Regimes

Auch wenn das Amt des Präsidenten Ende 1993 zum konstitutionellen Gravitationszentrum mächtiger Netzwerke geworden war, blieb Jelzins Position als ihr Chefpatron schwach und umkämpft. Sein persönliches Netzwerk konnte den politischen Prozess nicht kontrollieren. Sein knapper Wahlsieg 1996 kann daher als Beleg für einen demokratisch ausgetragenen Wettbewerb und der große politische Einfluss der Oligarchen als „Kinderkrankheit" einer jungen Demokratie erscheinen. In der Perspektive der „patronalen Politik" hingegen steht beides sowohl für Jelzins Fähigkeit, eine hinreichend breite Unterstützerkoalition ökonomischer und regionaler Netzwerke zu mobilisieren, als auch für die Fragilität seines Regimes. Aufgrund seines schlechten Gesundheitszustands, seiner geringen Popularität und des absehbaren Endes seiner Amtszeit wurde er bald zur „lahmen Ente". Erst Putin gelang es mithilfe der weiter oben erörterten strategischen Nutzung formaler Institutionen und seiner persönlichen Inszenierung als starker Führer, alle relevanten Elitengruppen zu kooptieren und damit eine landesweit integrierte informelle Machtpyramide zu schaffen (Hale 2024).

Diese Interpretation lenkt die Aufmerksamkeit auf eine Funktion von Wahlen, die in der Perspektive der „elektoralen Autokratie" verdeckt bleibt. Sie besteht in der Schaffung regelmäßig wiederkehrender Anlässe für die Koordination der Elitennetzwerke. Da diese ihr Verhalten an ihren Vermutungen über den Ausgang der Wahl ausrichten und ihre Klientel entsprechend mobilisieren, bedeutet ein mit Supermehrheit errungener Sieg des Regimekandidaten bzw. der Regimepartei, dass der Chefpatron unangefochten ist. Investieren relevante Elitengruppen hingegen massiv in Gegenkandidaten, so können Wahlen zur Arena eines mit elektoralen Mitteln ausgetragenen intra-elitären Kampfes um die reale Macht werden. Präsidentschaftswahlen sind daher die Achillesferse eines personalistischen Regimes.

Tatsächlich kam es am Ende von Jelzins zweiter Amtszeit zu einem erbitterten Wettbewerb innerhalb der Machteliten. Er wurde durch die Dumawahl 1999 entschieden, die zu einer Vorwahl des Präsidentschaftskandidaten wurde. Da das von der Präsidialadministration geführte Wahlbündnis besser abschnitt als die rivalisierende Koalition regionaler Netzwerke, setzte sich Putin als gemeinsamer Bewerber durch. Er wurde auch von der unterlegenen Elitenkoalition akzeptiert, weil diese ebenfalls am Überleben des Regimes interessiert war (Shvetsova 2003). Bei der Präsidentschaftswahl 2000 besiegte er den Vorsitzenden der Kommunistischen Partei, die zu diesem Zeitpunkt noch eine genuine Regime-Alternative verkörperte, bereits im ersten Wahlgang.

Als Putins zweite Amtszeit 2008 ablief, beugte er einer erneuten Nachfolgekrise vor, indem er Medwedew als handverlesenen Nachfolger lancierte. Ob sein Rückzug vom Präsidentenamt dauerhaft gemeint war und ob er damit auch die informelle Position des Chefpatrons aufgab, ließ er aber bis Herbst 2011 offen. Er nahm als Regierungschef die formal zweite Position im Staat ein, inszenierte die Beziehungen zu Medwedew als „Tandem" und kontrollierte als Vorsitzender von *Einiges Russland* die Staatsduma sowie dank seiner persönlichen Vertrauten auch die Präsidialadministration. 2012 wurde diese zweideutige Situation beendet, weil Putin ins Präsidentenamt zurückkehrte. Die Wiedervereinigung der formalen und informellen Spitzenpositionen des Regimes war ohne Bruch der Verfassung möglich gewesen, da diese die Amtsausübung eines Präsidenten auf zwei aufeinanderfolgende Perioden beschränkte, eine spätere weitere Wahl also nicht explizit ausschloss.

Mit dieser „Rochade" von Medwedew und Putin waren die informellen Mittel zur Abwendung von Nachfolgekrisen allerdings endgültig erschöpft. Das Regime griff daher zu Verfassungsreformen. 2008 wurde die Amtszeit künftiger Präsidenten von vier auf sechs Jahre verlängert, das Problem also zunächst in das Jahr 2024 verschoben. Da die Legislaturperiode der Duma von nun an fünf Jahre betrug, büßten Parlamentswahlen gleichzeitig ihre Funktion als Vorwahlen ein. Mit der Verfassungsrevision 2020 fiel schließlich jegliche temporale Begrenzung von Putins Macht. Zwar beschränkte sie die präsidentielle Amtsausübung auf maximal zwei Wahlperioden insgesamt, aber bisherige Präsidenten wurden explizit davon ausgenommen. Das bedeutete die formale Zertifizierung der Personalisierung des Regimes. Putin konnte 2024 zum fünften Mal antreten, und kann es 2030 theoretisch auch noch einmal tun.

3.3   Die präsidentielle „Machtvertikale"

Die konstitutionelle Suprematie des Präsidenten ermöglichte es Putin auch, mithilfe informeller und formaler Mittel große Teile des Staates unter seine Kontrolle zu bringen. Einerseits übernahmen die Mitglieder seines wachsenden persönlichen Netzwerks bis zum Ende seiner zweiten Amtszeit die wichtigsten Ämter in der Präsidialadministration, der Regierung, den beiden Kammern der Föderalversammlung und in den Gewaltapparaten des Staates *(silowiki)* sowie etwa die Hälfte der Spitzenpositionen in den Regionen und der Staatswirtschaft (Baturo und El-kink 2021). Der Anteil von Personen mit Geheimdiensthintergrund an der aktuellen Führungselite des Regimes wird auf ca. ein Drittel geschätzt, sie agieren jedoch nicht als homogene Interessengruppe (Snegovaya und Petrov 2022; Rochlitz 2019).

Andererseits hielt er nicht nur an Jelzins Praxis fest, dem Präsidenten unter Berufung auf dessen besondere Verantwortung für die Politikfelder Innen- und Außenpolitik, Sicherheit und Verteidigung auch die dafür zuständigen „Machtministerien" direkt zu unterstellen, sondern ließ sie 2020 zudem konstitutionell verankern. Gleichzeitig wurden die regionalen und kommunalen Exekutiven auch formal in die präsidentielle Exekutive integriert, die sich so in eine hierarchische föderale „Machtvertikale" transformierte. Die in mehreren Schritten implementierten Föderalismus- und Verwaltungsreformen mündeten in die administrative, politische und fiskalische Zentralisierung Russlands, womit sie die Tradition des sowjetischen Pseudoföderalismus aufgriffen. Da die Gouverneure seit 2004 vom Präsidenten ernannt wurden, hing ihr politisches Überleben nun von Putin ab. Die Rückkehr zu direkten Wahlen im Jahr 2012 wurde prozedural so gestaltet, dass sich daran nichts änderte. Mit der Verfassungsreform von 2020 erhielten sie schließlich den Status von Beamten nicht nur des regionalen, sondern auch des föderalen Staatsdienstes. Sollte der Präsident das „Vertrauen" in sie verlieren, darf er sie ohne weitere Begründung entlassen.

Die Stärkung der Machtvertikale fiel mit der Abkehr von einem Entwicklungspfad zusammen, der sich angedeutet hatte, als Putin 2007 die Liste von *Einiges Russland* bei den Dumawahlen anführte und 2008 sogar ihren Vorsitz übernahm, freilich ohne Parteimitglied zu werden. Er hätte zu einem autoritären (Mehr-) Parteienregime geführt, also zu einem alternativen Regimetyp. Dass diese Option nach 2012 wieder aufgegeben wurde, kann mehrere Gründe haben: Die Idee einer Staatspartei war durch die sowjetische Erfahrung nachhaltig diskreditiert, und das präsidentialistische Verfassungsdesign sieht für Parteien keine prominente Rolle vor. Nicht zuletzt war ER als verlängerter Arm des Präsidenten gegründet worden. Ihr Umbau zu einer Regierungs- bzw. Staatspartei hätte die Autonomie des Präsidenten tendenziell eingeschränkt (Gel'man 2015, S. 111–112). Vermutlich hatte sich Putin in den Jahren 2008 bis 2012 an ihre Spitze gesetzt, um die Machtressourcen seines temporären Amtsnachfolgers Medwedew vorsorglich zu limitieren. Die Distanz zu *Einiges Russland*, die er seit seiner dritten Amtszeit wieder ostentativ demonstriert – so tritt er bei Präsidentschaftswahlen stets als „unabhängiger Kandidat" an –, steht daher ebenfalls für die weitere Verstärkung des personalistischen Charakters des Regimes.

4   Regime und Bevölkerung

Die Stabilität des Regimes beruht nicht nur auf der Bändigung des demokratischen Potenzials formaler Institutionen und der Kooptation aller relevanten Elitengruppen, sondern auch darauf, dass es durch die Bevölkerungsmehrheit hingenommen oder sogar loyal unterstützt wird. Putins große Popularität ist eine bedeutende Machtressource. Sie delegitimiert nicht nur die Anti-Regime-Opposition, sondern sichert ihn auch als Chefpatron der informellen Machtpyramide ab, denn sie signalisiert potenziellen Herausforderern innerhalb der Eliten, dass es keine realistische Alternative zu ihm gibt.

4.1   Putins Popularität, Ideologie und Propaganda

Das Regime pflegt eine geradezu obsessive Aufmerksamkeit für die öffentliche Meinung, die kontinuierlich durch eine Reihe von Forschungsinstituten beobachtet wird, welche ungeachtet methodischer Unterschiede meist zu ähnlichen Ergebnissen kommen.[2] Die Zustimmung zu Putins Amtsführung liegt – dem renommierten unabhängigen Lewada-Zentrum zufolge – bei durchschnittlich ca. 75 %. Allerdings schwankt sie im Zeitverlauf. Perioden mit Durchschnittswerten von unter 65 % (Ende 2011, Anfang 2014, 2020/2021) stehen lange Hochphasen mit über 80 % gegenüber. Ihr Beginn fiel mit dem Wirtschaftsaufschwung der 2000er-Jahre, der völkerrechtswidrigen Annexion der Krim 2014 bzw. dem Überfall auf die Ukraine im Februar 2022 zusammen.

Diese Dynamiken der öffentlichen Meinung gingen auch mit einem Wandel der Legitimationsstrategien des Regimes einher (Stykow und Baumann 2023, S. 153–167; Baturo und Tolstrup 2024): In den 2000er-Jahren betonte es volkswirtschaftliche Erfolge und die Verdienste Putins um die Wiederherstellung der öffentlichen Ordnung nach dem „Chaos der 1990er-Jahre" – eine für elektorale Autokratien typische Strategie der politischen Kommunikation. Sie zielt darauf, die Bevölkerung von ihrer Kompetenz in öffentlichen Angelegenheiten zu überzeugen, statt sie mit repressiven Mitteln ruhigzustellen (Guriev und Treisman 2019).

Seit Beginn der 2010er-Jahre wurde diese performanceorientierte Strategie immer offensichtlicher durch eine identitätsbasierte „patriotische" Strategie ergänzt, die Russlands Status als internationale Großmacht hervorhob und ge-

---

[2] Ob ein signifikanter Anteil an Respondenten aufgrund des autoritären Kontexts seine wahren Präferenzen verschleiert, was deren Ergebnisse systematisch verzerren würde, ist Gegenstand einer kontroversen Diskussion.

sellschaftlich, politisch sowie kulturell konservative Positionen betonte. Diese doktrinär „dünne" und diffuse Ideologie kann als „illiberaler Konservatismus" (Laruelle 2022b) charakterisiert werden. Sie ist mit dem Wirtschaftsliberalismus partiell vereinbar, lehnt aber den politischen Liberalismus mit seiner Verteidigung individueller Rechte gegenüber dem Staat ebenso kategorisch ab wie den auf individuelle Identitätsrechte fokussierten kulturellen Liberalismus. „Westlichen" und insofern „fremden" Vorstellungen stellt das Regime die „integrale Einheit von Volk und Staat" und die „traditionellen Werte" der multiethnischen Gesellschaft Russlands entgegen, die eine einzigartige „Staatszivilisation" hervorgebracht hätten. Auf dieser Grundlage werden auch die liberale internationale Ordnung und der „liberale Kolonialismus" zurückgewiesen, d. h. die Auffassung, dass die Demokratie westlichen Typs ein universelles Modell darstelle und daher auch durch die Länder des Globalen Südens übernommen werden müsse.

Das wichtigste Instrument der Verbreitung solcher ideologischer Botschaften sind die Medien, besonders das Fernsehen. Es orientiert sich an globalen Trends der Unterhaltungsindustrie, setzt aber auf eine starke Politisierung und Emotionalisierung der Inhalte, indem es die Werte des Regimes propagiert und „Feinde" ausgrenzt, deren Angriffe Russland in eine „belagerte Festung" verwandelt hätten (Tolz und Teper 2018; Sharafutdinova 2020, Kap. 6–7).

4.2　Der „ko-konstruierte" Autoritarismus

Heißt das, dass die Zustimmung der Bevölkerungsmehrheit zu Putin und dem Regime auf eine propagandistische „Gehirnwäsche" zurückzuführen ist? Das anzunehmen würde die Komplexität der Realität verkennen. Zum einen korrigiert das Regime seine Politik zuweilen, wenn sie sich als unpopulär erweist, ist also gegenüber den Bedürfnissen der Bevölkerung partiell responsiv. Metaphorisch kann man von einem „Nichteinmischungspakt" sprechen, demzufolge die Bürger:innen auf eigenständiges und kritisches politisches Engagement verzichten, solange der Staat zufriedenstellende Leistungen produziert. Dazu gehören nicht nur Wirtschaftswachstum, sozialstaatliche Maßnahmen sowie Stabilität und Ordnung, sondern auch eine starke Führung im Inland sowie in der internationalen Arena (Petrov et al. 2014).

Zum anderen kann das Regime die öffentliche Meinung nicht beliebig manipulieren. Vielmehr knüpft es in wesentlichen Fragen an Werte und Präferenzen an, die in der Bevölkerung weit verbreitet sind, darunter an Vorstellungen über die zivilisatorische Singularität Russlands, die sich einer über tausendjährigen Geschichte verdanke, und an die „Einheit von Volk und Staat". Vor diesem Hintergrund interpretieren nicht nur das Regime, sondern auch weite Teile der Gesellschaft die Erfahrungen der 1990er-Jahre mit ihren sozialen, wirtschaftlichen und normativen Erschütterungen und dem Verlust des Status einer Supermacht als Beschädigungen der nationalen Identität durch den „Westen" und die einheimischen Liberalen (Laruelle 2022a).

Der „Putinismus" geht demnach weit über die Person Putins hinaus. Die autoritären Verhältnisse im heutigen Russland können sogar als durch Regime und Bevölkerung „ko-konstruiert" angesehen werden: Einerseits ist Putin selbst ein Produkt der Politik, Gesellschaft und Geschichte seines Landes. Andererseits wurde er erst dank der gesellschaftlichen Euphorie über die Krim-Annexion (2014) zum „nationalen Führer". Mindestens ebenso sehr wie auf Propaganda- bzw. typische *Rally-around-the-Flag*-Effekte war diese auf die Mobilisierung patriotischer Gefühle zurückzuführen, die „von oben" wie auch „von unten" verstärkt wurden (Sharafutdinova 2020; Greene und Robertson 2019). Ähnlich können auch die Schwankungen der Popularitätskurve Putins gedeutet werden: Etwa 60–65 % der Bevölkerung, meist ältere Menschen, Geringgebildete und Einwohner von Klein- und Mittelstädten erscheinen als bedingungslos loyal, da der Präsident ihrer Auffassung nach für die Stärkung der internationalen Position Russlands verantwortlich ist; es spielt für sie keine Rolle, ob er dieses Ziel durch eine pro-westliche Außenpolitik verfolgt, wie bis Mitte der 2000er-Jahre, oder aber durch Konfrontation. Ein weiteres Segment der Bevölkerung (ca. 25–30 %) reagiert hingegen zustimmend auf militärische Aktionen, weil es darin Meilensteine in der Auseinandersetzung mit dem „Westen" als Russlands geopolitischem Feind sieht. Das wurde erstmals anlässlich des Kriegs gegen Georgien (2008) kurzzeitig deutlich und ist seit der Krim-Annexion bzw. dem umfassenden Krieg gegen die Ukraine unverkennbar geworden. Prinzipiell gegen Putin eingestellt ist mutmaßlich nur eine Minderheit von 10–15 %, darunter neben demokratisch gesinnten auch (extrem) linke und rechte Regimekritiker:innen (Levinson 2023).

Solche Beobachtungen bedeuten gleichwohl nicht, dass die Mehrheit der Bevölkerung das Putin-Regime und seine Politik engagiert unterstützt. Mithilfe der Medien inszeniert es vielmehr die Zustimmung der auf ca. 25–30 % geschätzten aktiven Minderheit als gesamtgesellschaftlichen Konsens. Das wiederum veranlasst apolitische Bevölkerungsteile, sich mit dem Präsidenten, der die politische Ordnung und die nationale Wertegemeinschaft symbolisiert, auf diffuse Weise zu identifizieren (Gudkov 2023, S. 34). Auch unter den – je nach Umfrage und Umfragezeitpunkt – zwischen mehr als der Hälfte bis zu drei Vierteln der Respondent:innen, die dem Krieg gegen die Ukraine zustimmen, stellen bedingungslose Kriegsbefürworter:innen keineswegs die Mehrheit.

4.3   Ausmaß und Bedeutung politischer Repressionen

Moderne (elektoral-)autoritäre Regime beruhen nicht auf Massenterror und dem breiten Einsatz von Gewalt gegen die Bevölkerung. Das trifft zwar auch auf das postsowjetische Russland zu, aber politische Repressionen haben im Laufe der Zeit dennoch erheblich an Bedeutung gewonnen. In Putins erste Amtszeit fallen zum einen der Zweite Tschetschenienkrieg (1999–2009) und ein hartes Vorgehen gegen die rechtsextremistische Opposition, die beide als „Kampf gegen Terrorismus und Extremismus" legitimiert wurden. Zum anderen ließ sich bereits damals die für das Regime typische Strategie beobachten, tatsächliche oder potenzielle Herausforderer drastisch, selektiv und exemplarisch zu bestrafen, um breite Abschreckungswirkung zu erzielen. So wurden im Jahr 2000 die Eigentümer der beiden größten nicht-staatlichen Medienhäuser faktisch enteignet und ins Exil getrieben. Drei Jahre später folgten die Verhaftung und Verurteilung von Michail Chodorkowski, dem Vorstandsvorsitzenden des Erdölkonzerns *Yukos*, der öffentliche Kritik an Putin geübt sowie mehrere Oppositionsparteien und zivilgesellschaftliche Projekte finanziert hatte. Das waren starke, wirkungsvolle Signale an die Oligarchen, sich in die informelle Machtpyramide des Regimes zu integrieren und sich für den Verzicht auf politische Ambitionen mit einer unternehmerfreundlichen Wirtschafts- und Ordnungspolitik belohnen zu lassen.

Um der politischen Mobilisierung „von unten" vorzubeugen, entwickelte das Regime seit Mitte der 2000er-Jahre – und verstärkt nach 2012 – ein Arsenal der „präventiven Konterrevolution" (Etkind und Shcherbak 2008). Ebenso wie auf dem Feld der Elitenkooptation griff es in erster Linie zu *institutional engineering*, um die Zivilgesellschaft zu regulieren. Unpolitische und loyale Vereinigungen wurden zunehmend systematisch gefördert, bis hin zum gezielten Sponsoring „patriotischer" Organisationen. Die prominentesten Beispiele dafür stellen die *Bewegung ,Naschi'* (2005–2013), die *Jugendarmee* („*Junarmija*", seit 2016) sowie die *Bewegung der Ersten* (seit 2022) dar, die unverhohlen auf Kinder- und Jugendorganisationen der Sowjetära anspielen.

Gegen politisch unliebsame NGOs hingegen wurden seit 2012 Gesetze über „ausländische Agenten" erlassen und in mehreren Schritten erheblich verschärft. Ihr Geltungsbereich wurde später auch auf unabhängige Medien, informelle Gruppen, Unternehmen und einzelne Personen erweitert, d. h. auf zivilgesellschaftliche Aktivist:innen, Journalist:innen und *public intellectuals*. In Übereinstimmung mit der Ideologie des Regimes werden sie als Kollaborateure des feindlichen westlichen Auslands und Propagandisten „fremder Werte" diskriminiert. Durch immer weiter verschärfte Regelungen wurden ihre Handlungsspielräume nach 2022 auf ein Minimum reduziert. Bisher werden sie aber nur dann strafrechtlich verfolgt, wenn sie wiederholt dagegen verstoßen oder – wie etwa Alexei Nawalnys Organisationsnetzwerk – zusätzlich des „Extremismus" oder „Terrorismus" beschuldigt werden (Stykow und Baumann 2023, S. 190–197).

Diese Entwicklungen sind Bestandteile der Strategie einer demonstrativen Einschüchterung, Diskreditierung und selektiven Verfolgung von Andersdenkenden, die seit dem Beginn von Putins dritter Amtszeit an Bedeutung gewann. Seit 2021 und ein weiteres Mal seit dem Überfall auf die Ukraine eskaliert sie immer weiter. Die einschlägige Gesetzgebung wurde (und wird weiterhin) permanent verschärft. Die Zahl zeitweiliger Festnahmen, Verwaltungs- und Strafverfahren hat deutlich zugenommen. Nach Einführung der faktischen Kriegszensur wurden alle offen regimekritischen Medien verboten oder stellten ihre Tätigkeit ein bzw. verlagerten sie ins Ausland. Führende Oppositionspolitiker wurden, wenn sie nicht ins Exil gingen, zu mehrjährigen Haftstrafen verurteilt, darunter Ilja Jaschin (8,5 Jahre) und Wladimir Kara-Mursa (25 Jahre); im Februar 2024 verstarb Nawalny unter ungeklärten Umständen in einem Straflager.

Mitunter werden auch weniger bekannte Aktivist:innen, vereinzelt auch einfache Bürger:innen, zur Abschreckung strafrechtlich belangt, etwa wegen „Diskreditierung der Streitkräfte" oder der „Verbreitung von Falschinformationen". Nach einer in mehreren Schritten verschärften Gesetzgebung gegen die „Propaganda nicht-traditioneller sexueller Beziehungen und Vorlieben" wurde Ende 2023 die „internationale LGBT-Bewegung" zu einer „extremistischen Organisation" erklärt. Damit sind nun tendenziell alle Menschen von strafrechtlicher Verfolgung bedroht, die sich nicht der sozialen Norm der Heteronormativität unterwerfen.

Noch immer bleibt die Gewaltanwendung des Regimes aber selektiv, und das quantitative Ausmaß der Repressionen ist relativ gering: Im März 2024 waren 583 Organisationen bzw. Personen beim Justizministerium als „ausländische Agenten" registriert. Als politische Häftlinge im Sinne internationaler Standards galten fast 700 Personen, darunter 420, die wegen der Ausübung ihres Rechts auf Religionsfreiheit verurteilt worden waren.

5 Fazit und Ausblick

Aufgrund der Ausgangsbedingungen und des Maßstabs der Herausforderungen waren die Aussichten auf eine erfolgreiche Demokratisierung Russlands von Anfang an ungünstig, ihr Scheitern aber nicht strukturell vorherbestimmt. Die Re-Etablierung und Konsolidierung eines autoritären Regimes ist vielmehr das Ergebnis eines vielschichtigen Prozesses, der wahrscheinlich längere Zeit tendenziell revidierbar blieb.

Für die Entwicklung des Regimes waren einerseits die seit 1990 entstandenen formalen Institutionen von großer Bedeutung. Ihr Design bildete das Kräfteverhältnis der relevanten Akteure zum Zeitpunkt ihrer Entstehung (bzw. späterer Reformen) ab und konditionierte die Politik. Das Regime ist andererseits in einen hochgradig informellen Kontext eingebettet, der die Funktionsweise der formalen politischen Spielregeln modifiziert. Beides zusammen führte dazu, dass nominell demokratische Institutionen zu wesentlichen Pfeilern der Stabilität und Langlebigkeit eines eindeutig autoritären Regimes geworden sind, in dem Macht und Entscheidungskompetenzen nahezu monopolistisch beim Präsidenten und seinem intransparenten inneren Machtzirkel konzentriert sind. Seit den frühen 2010er-Jahren, speziell seit 2012–2014, gewannen mit der stärkeren Hinwendung des Regimes zu einer „patriotischen" Legitimationsstrategie und seiner zunehmenden Repressivität zwei weitere Säulen der Herrschaftssicherung – Ideologie sowie Gewalt – an Bedeutung. Dies ist mit dem Bestreben verbunden, in das Wertesystem und die private Lebensführung der Menschen einzugreifen, hat aber bisher weder zu Massenterror noch zu einer totalitären Mobilisierung der Gesellschaft geführt.

In vielen Dimensionen der russländischen Politik und Gesellschaft finden sich institutionelle, performative, rhetorische und symbolische Bezüge auf die Sowjetunion. Die Funktionsweise des personalistischen Regimes ist jedoch grundsätzlich von dem eines Parteienregimes verschieden, was es u. a. tendenziell fragiler als dieses macht. Die Ablehnung des westlichen Entwicklungsmodells wird nicht mit einer holistischen, eschatologischen Zukunftsvision begründet, wie sie für die KPdSU-Herrschaft konstitutiv war. Der identitäre Konservatismus des Putin-Regimes ist vielmehr antikommunistisch und antiliberal. Er bezieht sich auf die imaginierte Vergangenheit einer eigenständigen „tausendjährigen Zivilisation" sowie auf „traditionelle" – gleichwohl als universell vorgestellte – Werte, die gegen die Dekadenz der westlichen Postmoderne verteidigt werden müssten. Damit stellt er eine nationale Variante des Illiberalismus dar. Diese intellektuelle und politische Strömung gewinnt aktuell in vielen Ländern an Zuspruch, die in den vergangenen Jahrzehnten intensive Erfahrungen mit dem Liberalismus gemacht haben, darunter nicht nur in Ungarn und der Türkei, sondern auch in etablierten Demokratien (Laruelle 2022b; siehe Priebus/Végh sowie Karolewski in diesem Band).

Eine statistische Analyse der Lebensdauer hochgradig personalistischer Regime zeigt, dass etwa die Hälfte ihrer Führer erst mit dem Tod aus dem Amt schieden; weitaus seltener verloren sie es aufgrund von Massenprotesten (20 %), Putschen (ca. 10 %) oder Bürgerkriegen (13 %) (Kendall-Taylor und Frantz 2022). Ob Putins Nachfolger die Macht usurpieren oder als Sieger aus kompetitiven Wahlen hervorgehen wird, oder ob die Wähler:innen eine vorab durch die Eliten mehr oder weniger friedlich ausgehandelte Personalie quasi-plebiszitär „zertifizieren" werden, entzieht sich jeglicher Prognose. Der Zeitpunkt, an dem sich die Frage nach Putins Nachfolger und damit nach der Zukunft seines Regimes akut stellen wird, ist jedoch nicht mehr fern. Aus der hier entwickelten Argumentation folgt allerdings, dass die Aussichten auf eine erneute Demokratisierung Russlands aktuell noch deutlich ungünstiger sind als vier Jahrzehnte zuvor.

Kontrollfragen

(1) Welche Bilanz lässt sich aus dem Transformationsprozess Russlands in den 1990er-Jahren ziehen?
(2) Welche Rolle spielen die nominell demokratischen politischen Institutionen für die tatsächliche Funktionsweise des autoritären Regimes? Wie hängen die formalen Institutionen mit informellen Strukturen und Praktiken zusammen?
(3) Warum unterstützt ein großer Teil der Bevölkerung das Putin-Regime? Ist das für seine Stabilität von Bedeutung?

Weiterführende Literatur

Aktuelle und detailreiche Gesamtdarstellungen des politischen Systems Russlands finden sich bei:

1. Stykow, Petra, und Julia Baumann. 2023. *Das politische System Russlands*. Baden-Baden: Nomos.
2. Hale, Henry E., Juliet Johnson, und Tomila Lankina, Hrsg. 2024. *Developments in Russian Politics 10*. London: Bloomsbury.
3. Slider, Darrell, und Stephen K. Wegren, Hrsg. 2023. *Putin's Russia*. 8., aktualisierte und erweiterte Aufl. Lanham: Rowman & Littlefield.
4. Wengle, Susanne A., Hrsg. 2023. *Russian Politics Today: Stability and Fragility*. Cambridge: Cambridge University Press.

Literatur

Arutjunov, Andronik, und Sergej Špil'kin. 2022. Matematičeskie metody fiksacii sposobov dostiženija celej i zadač avtoritarnoj vlasti. In *Vybory strogogo režima*, Hrsg. Elena Luk'janova, und Evgenij Porošin, 341–364. Moskau: Mysl'.

Baturo, Alexander, und Johan A. Elkink. 2021. *The New Kremlinology: Understanding Regime Personalization in Russia*. Oxford: Oxford University Press.

Baturo, Alexander, und Jakob Tolstrup. 2024. Strategic Communication in Dictatorships: Performance, Patriotism, and Intimidation. *The Journal of Politics* 86 (2): 582–596.

Beissinger, Mark R. 2009. Nationalism and the Collapse of Soviet Communism. *Contemporary European History* 18 (3): 331–347.

Capoccia, Giovanni, und R. Daniel Kelemen. 2007. The Study of Critical Junctures: Theory, Narrative, and Counterfactuals in Historical Institutionalism. *World Politics* 59 (3): 341–369.

Colton, Timothy J., und Michael McFaul. 2003. Russian Democracy under Putin. *Problems of Post-Communism* 50 (4): 12–21.

Etkind, Alexander, und Andrei Shcherbak. 2008. The Double Monopoly and Its Technologists: The Russian Preemptive Counterrevolution. *Demokratizatsiya* 16 (3): 229–239.

Frye, Timothy. 2021. *Weak Strongman: The Limits of Power in Putin's Russia*. Princeton: Princeton University Press.

Frye, Timothy, Ora John Reuter, und David Szakonyi. 2019. Vote Brokers, Clientelist Appeals, and Voter Turnout: Evidence from Russia and Venezuela. *World Politics* 71 (4): 710–746.

Gabowitsch, Mischa. 2017. *Protest in Putin's Russia*. Cambridge: Polity.

Geddes, Barbara. 2003. *Paradigms and Sand Castles: Theory Building and Research Design in Comparative Politics*. Ann Arbor: University of Michigan.

Gel'man, Vladimir. 2015 *Authoritarian Russia: Analyzing Post-Soviet Regime Changes*. Pittsburgh: University of Pittsburgh Press.

Greene, Samuel A., und Graeme B. Robertson. 2019. *Putin v. the People*. New Haven: Yale University Press.

Gudkov, Lev. 2023. Der „Führer der Nation“: Putin und das Kollektivbewusstsein in Russland. *Osteuropa* 73 (5–6): 23–71.

Guriev, Sergei, und Daniel Treisman. 2019. Informational Autocrats. *Journal of Economic Perspectives* 33 (4): 100–127.

Hale, Henry E. 2015. *Patronal Politics: Eurasian Regime Dynamics in Comparative Perspective*. New York: Cambridge University Press.

Hale, Henry E. 2024. Putin and the Dynamics of Russia's Political System. In *Developments in Russian Politics 10*, Hrsg. Henry E. Hale, Juliet Johnson, und Tomila Lankina, 1–18. London: Bloomsbury.

Hale, Henry E., Maria Lipman, Nikolay Petrov. 2019. Russia's Regime-on-the-Move. *Russian Politics* 4 (4): 168–195.

Holmes, Stephen. 1993. Superpresidentialism and Its Problems. *East European Constitutional Review* 2 (4): 123–126.

Hutcheson, Derek S. 2018. Parliamentary Elections in Russia. Oxford: Oxford University Press.

Kendall-Taylor, Andrea, und Erica Frantz. 2022. After Putin: Lessons from Autocratic Leadership Transitions. *The Washington Quarterly* 45 (1): 79–96.

Laruelle, Marlene. 2016. Russia as an Anti-Liberal European Civilisation. In *The New Russian Nationalism: Ethnicity and Authoritarianism 2000–2015*, Hrsg. Pål Kolstø, und Helge Blakkisrud, 275–297. Edinburgh: Edinburgh University Press.

Laruelle, Marlene. 2022a. A Grassroots Conservatism? Taking a Fine-Grained View of Conservative Attitudes among Russians. *East European Politics* 39 (2): 173–193.

Laruelle, Marlene. 2022b. Illiberalism: A Conceptual Introduction. *East European Politics* 38 (2): 303–327.

Laruelle, Marlene. 2022c. So, Is Russia Fascist Now? Labels and Policy Implications. *The Washington Quarterly* 45 (2): 149–168.

Levinson, Alexei. 2023. What is Really Behind Putin's Approval Ratings. Russia.Post. https://www.russiapost.info/politics/putinism. Zugegriffen am 03.11.2023.

Levitsky, Steven, und Lucan A. Way. 2010. *Competitive Authoritarianism*. Cambridge: Cambridge University Press.

Levitsky, Steven, und Lucan A. Way. 2020. The New Competitive Authoritarianism. *Journal of Democracy* 31 (1): 51–65.

Lührmann, Anna, Marcus Tannenberg, und Staffan I. Lindberg. 2018. Regimes of the World (RoW): Opening New Avenues for the Comparative Study of Political Regimes. *Politics and Governance* 6 (1): 60–77.

McFaul, Michael. 1999. Institutional Design, Uncertainty, and Path Dependency during Transitions: Cases from Russia. *Constitutional Political Economy* 10 (1):27–52.

McFaul, Michael. 2018a. Choosing Autocracy: Actors, Institutions, and Revolution in the Erosion of Russian Democracy. *Comparative Politics* 50 (3): 305–325.

McFaul, Michael. 2018b. Is Putinism the Russian Norm or an Aberration? *Current History* 117 (801): 251–257.

Merkel, Wolfgang, Hans-Jürgen Puhle, Aurel Croissant, Claudia Eicher, und Peter Thiery. 2003. *Defekte Demokratie: Theorie*. Wiesbaden: Springer VS.

Noble, Ben, und Ekaterina Schulmann. 2018. Not Just a Rubber Stamp: Parliament and Lawmaking. In *The New Autocracy. Information, Politics, and Policy in Putin's Russia*, Hrsg. Daniel Treisman, 49–82. Washington, D.C.: Brookings Institution.

Offe, Claus. 1991. Das Dilemma der Gleichzeitigkeit: Demokratisierung und Marktwirtschaft in Osteuropa. *Merkur* 45 (505): 279–292.

Partlett, William. 2022. Crown-Presidentialism. In: *International Journal of Constitutional Law* 20 (1): 204–236.

Petrov, Nikolay, Maria Lipman, und Henry E. Hale. 2014. Three Dilemmas of Hybrid Regime Governance: Russia from Putin to Putin. *Post-Soviet Affairs* 30 (1): 1–26.

Reuter, Ora John. 2017. *The Origins of Dominant Parties*. New York: Cambridge University Press.

Robinson, Neil. 2017. Russian Neo-Patrimonialism and Putin's 'Cultural Turn'. *Europe-Asia Studies* 69 (2): 348–366.

Rochlitz, Michael. 2019. The Return of the Siloviki: An Introduction. *Russian Politics* 4 (4): 492–498.

Schedler, Andreas, Hrsg. 2006. *Electoral Authoritarianism*. Boulder: Lynne Rienner.

Schumpeter, Joseph A. 2020. *Kapitalismus, Sozialismus und Demokratie*. 10., aktualisierte und erweiterte Aufl. Stuttgart: utb.

Sharafutdinova, Gulnaz 2020. *The Red Mirror: Putin's Leadership and Russia's Insecure Identity*. New York: Oxford University Press.

Sharlet, Robert. 1998. Legal Transplants and Political Mutations: The Reception of Constitutional Law in Russia and the Newly Independent States. *East European Constitutional Review* 7 (Fall 1998): 59–68.

Shugart, Matthew Soberg, und John M. Carey. 1992. *Presidents and Assemblies: Constitutional Design and Electoral Dynamics*. Cambridge: Cambridge University Press.

Shvetsova, Olga. 2003. Resolving the Problem of Preelection Coordination: The 1999 Parliamentary Election as an Elite Presidential "Primary". In *The 1999–2000 Elections in Russia*, Hrsg. Vicki L. Hesli, und William M. Reisinger, 213–231. Cambridge: Cambridge University Press.

Snegovaya, Maria, und Kirill Petrov. 2022. Long Soviet Shadows: The Nomenklatura Ties of Putin Elites. *Post-Soviet Affairs* 38 (4): 329–348.

Stykow, Petra. 2019. The Devil in the Details: Constitutional Regime Types in Post-Soviet Eurasia. *Post-Soviet Affairs* 35 (2): 122–139.

Stykow, Petra, und Julia Baumann. 2023. *Das politische System Russlands*. Baden-Baden: Nomos.

Tolz, Vera, und Yuri Teper. 2018. Broadcasting Agitainment: A New Media Strategy of Putin's Third Presidency. *Post-Soviet Affairs* 34 (4): 213–227.

Volkov, Vadim. 2002. *Violent Entrepreneurs: The Use of Force in the Making of Russian Capitalism*. Ithaca: Cornell University Press.

Serbien: Parlamentarisch-präsidentielles System und patronale Strukturen

Daniel Bochsler und Marko Žilović

Zusammenfassung

Proteste, eine Revolution, aber auch informelle Netzwerke, politische Einschüchterung und Gewalt spielen eine zentrale Rolle in den multiplen Transformationen des politischen Regimes Serbiens. Nach einem Jahrzehnt autoritärer Herrschaft läutete die Bulldozer-Revolution 2000 eine Periode der Demokratisierung ein. Zwölf Jahre später erfolgte mit dem Regierungswechsel zur *Serbischen Fortschrittspartei* eine Abkehr von der fragilen Demokratie; Serbien rutschte in einen kompetitiven Autoritarismus ab.

Schlüsselwörter

Demokratisierung · Kompetitiv-autoritäres Regime · Regimepartei · Ethnische Minderheiten · Europäische Integration

D. Bochsler (✉)
Central European University (CEU), Department of Political Science, Wien, Österreich
E-Mail: BochslerD@ceu.edu

M. Žilović
Politikwissenschaftliche Fakultät, Universität Belgrad, Belgrad, Serbien

© Der/die Autor(en), exklusiv lizenziert an Springer Fachmedien Wiesbaden GmbH, ein Teil von Springer Nature 2025
S. Priebus, T. Beichelt (Hrsg.), *Die politischen Systeme im östlichen Europa*,
https://doi.org/10.1007/978-3-658-43647-6_17

325

Tab. 1 Das politische System Serbiens im Überblick

Verfassung	Verabschiedet: 1990, 2006 Geändert: 2022
	Verfassungsänderungsregel: Initiativrecht haben mind. 1/3 der Abgeordneten, Präsident, Regierung und 150.000 Wahlberechtigte. Annahme durch 2/3-Mehrheit im Parlament Bestätigendes Referendum obligatorisch, wenn Änderung Präambel, Grundprinzipien, Menschenrechte, Rechte der Minderheiten oder horizontale Gewaltenteilung betrifft Ansonsten entscheidet Parlament über bestätigendes Referendum, dessen Ergebnisse sind verbindlich
Regierungssystem	Parlamentarisch-präsidentiell
Präsident	Wahlmodus: direkt gewählt auf 5 Jahre, einmalige Wiederwahl möglich Im 1. Wahlgang absolute Mehrheit der abgegebenen Stimmen nötig, andernfalls Stichwahl zwischen zwei Kandidaten mit meisten Stimmen
	Kompetenzen: 1) Verkündung von verabschiedeten Gesetzen; 2) Recht, gegen Gesetze Veto einzulegen, welches mit absoluter Mehrheit aller Abgeordneten überstimmt werden kann; 3) Regierungsbildung: Vorschlag für Amt des Ministerpräsidenten; 4) Auflösung des Parlaments a) auf Initiative der Regierung oder b) wenn Parlament nicht in der Lage, innerhalb von 90 Tagen nach der Parlamentswahl oder innerhalb von 30 Tagen nach Rücktritt der alten eine neue Regierung zu wählen; 5) Repräsentation im In- und Ausland
Regierung (Kernexekutive)	Mitglieder: Premierminister, stellvertretender Premierminister und Minister
	Auswahl: Ernennung des designierten Premierministers durch Staatspräsidenten nach Konsultationen mit allen Fraktionen; Ernennung des stellvertretenden Premierministers und Minister der Regierung durch Premierminister. Vorlage des Regierungsprogramms, Bestätigung der Regierung und Regierungsprogramm mit absoluter Mehrheit der Abgeordneten Abberufung: einfaches Misstrauensvotum gegen Premierminister, stellvertretenden Premierminister oder Minister der Regierung mit absoluter Mehrheit der Abgeordneten Abberufung des Premierministers führt zur Abberufung gesamter Regierung

(Fortsetzung)

Tab. 1 (Fortsetzung)

Parlament	Aufbau: eine Kammer (Nationalversammlung) mit 250 Abgeordneten, ständige und Ad-hoc-Ausschüsse Bildung einer Fraktion durch mind. 5 Abgeordnete
	Dauer Legislaturperiode: 4 Jahre
	Funktionen: 1) Gesetzgebung: Verabschiedung von Gesetzen und des Staatshaushalts, Initiativrecht hat jeder Abgeordnete; 2) Verabschiedung der Grundgesetze der autonomen Provinzen; 3) Ratifizierung internationaler Abkommen, Kriegs- und Notstandserklärungen; 4) Kontrolle: Untersuchungsausschüsse, Interpellationen, Fragestunden, Misstrauensvotum; 5) Wahl der Regierung, Wahl und Abberufung der Verfassungsrichter, des Gouverneurs der Nationalbank und anderer öffentlicher Amtsträger nach Maßgabe der gesetzlichen Bestimmungen
Wahlsystem	1990 Mehrheitswahl mit zwei Runden, danach Variationen eines Verhältniswahlsystems Seit 2000 ist Land ein einziger Wahlkreis; bis 2020 5 %-Hürde, danach auf 3 % gesenkt, niedrigere Hürden für Listen ethnischer Minderheiten

Quelle: Eigene Darstellung

1   Einleitung[1]

Die politische Entwicklung in Serbien ist seit dem Ende der 1980er-Jahre durch die Abfolge einer Reihe von Regimen und Pfadwechseln geprägt. Zugleich ist eine Reihe von Kontinuitäten festzustellen, besonders mit Blick auf die Macht informeller Institutionen und die Dominanz der Regierungspartei. Zu Beginn der Transformation war Serbien noch ein Teilstaat der Sozialistischen Föderativen Republik Jugoslawien (SFRJ). Diese wurde 1992 zur Bundesrepublik Jugoslawien (BRJ), bestehend aus Montenegro und Serbien. Im Jahr 2003 wurde daraus der Staatenbund Serbien und Montenegro – ein Zwischenschritt, der dazu führte, dass Serbien 2006 formale Souveränität erlangte, allerdings nicht aus eigenem Willen, sondern weil Montenegro seine Unabhängigkeit erklärte. Die politische Geschichte Serbiens war oft stürmisch und gewalttätig – nicht nur mit Blick auf die Kriege in Jugoslawien, sondern auch hinsichtlich interner Auseinandersetzungen und Konflikte.

---

[1] Teile dieses Kapitels basieren auf dem Horizon Europe-Projekt, *Overcoming obstacles and advancing democracy in the European Neighbourhood*. Wir danken Timm Beichelt und Sonja Priebus für die hilfreichen Kommentare und die Übersetzung des Kapitels aus dem Englischen.

Das vorliegende Kapitel untersucht die Veränderungen der politischen Institutionen Serbiens im Spiegel der verschiedenen Regime, welche zudem durch die jüngste Kriegsgeschichte und ein schwieriges Verhältnis zur internationalen Gemeinschaft geprägt waren. Neben den Eckpfeilern des politischen Systems – einem semipräsidentiellen System mit einem mächtigen Präsidenten und einer über weite Strecken dominanten Regierungspartei – geht es auch um die informellen Kräfte und Netzwerke, welche die serbische Politik prägen.

Wie auch in den anderen Länderbeiträgen des vorliegenden Sammelbandes liefert Tab. 1 einen Überblick über das entstandene politische System (Stand: Juli 2024).

2 Staat, Regime, Institutionen

Die Politik Serbiens ab 1990 lässt sich analytisch in zwei jeweils durch Critical Junctures eingeleitete Phasen einteilen. Die erste in der Posttransformationsphase war die sogenannte Bulldozer-Revolution, bei der sich im Oktober 2000 Proteste gegen die Manipulation der Präsidentschaftswahlen entfalteten und in deren Folge eine pro-demokratische Regierung unter Premierminister Zoran Đinđić an die Macht kam. Đinđić wurde im März 2003 von einem ehemaligen Paramilitär und Mitglied einer Sondereinheit der Polizei ermordet, was jedoch keinen weiteren Pfadwechsel auslöste: Die nachfolgenden Regierungen hielten in unterschiedlichem Maße an einer Politik der Westorientierung und perspektivischen EU-Integration fest. Das demokratische Intermezzo endete mit einer zweiten Critical Juncture, dem durch Wahlen eingeleiteten Machtwechsel im Jahr 2012, welcher die autoritären Kräfte, die Serbien in den 1990er-Jahren regierten, wieder in die Regierung zurückbrachte. Diese Entwicklungen spielten sich nicht nur innerhalb der formalen politischen Institutionen ab, sondern auch in den im Zusammenhang mit den Kriegen entstandenen informellen Machtnetzwerken.

2.1 Kompetitiver Autoritarismus in den 1990er-Jahren

Serbien wandte sich zeitgleich mit dem Rest der Region vom kommunistischen Regimetypus der Nachkriegszeit ab. Noch als Teilstaat der SFRJ fanden 1990 die ersten Mehrparteienwahlen statt und wurden von der kommunistischen Nachfolgepartei, der *Sozialistischen Partei Serbiens* (*Socijalistička partija Srbije*, SPS) unter der Führung von Slobodan Milošević, gewonnen. Die reformierten Sozialisten traten vor allem gegen Oppositionsparteien mit nationalistischen Programmen an und versprachen, aus dem zerfallenden Jugoslawien ein Großserbien zu machen. Serbien trat mit dem Machtwechsel zwar in eine Phase des politischen Pluralismus ein und etablierte formal demokratische Institutionen, hauchte diesen jedoch kaum Leben ein. Stattdessen behielt die Partei ihre starke Kontrolle über die Medien, die staatliche Verwaltung, die Gerichte und die Wirtschaft. Dies schuf ungleiche Bedingungen für die Opposition und ermöglichte es dem Regime, trotz formal demokratischer Institutionen autoritär zu regieren. Politikwissenschaftler bezeichnen diese Art von Regime als kompetitiven Autoritarismus (Levitsky und Way 2010). Dennoch waren die 1990 eingeführten demokratischen Institutionen nicht völlig bedeutungslos. Die Vorteile für die Amtsinhaber machten die Wahlen zwar unfair, aber sie waren dennoch kompetitiv und ermöglichten es der Opposition, allmählich zu lernen, wie man Wahlen und Straßenproteste nutzen kann, um das Regime herauszufordern.

Zwischen 1990 und 1995, also in der Zeit der Kriege in bzw. mit Kroatien und Bosnien, sank Miloševićs Popularität. Wichtige Gründe dafür waren die internationale Isolierung Serbiens und ein starker wirtschaftlicher Niedergang. Die SPS konnte nie wieder an ihr starkes Ergebnis bei den ersten Mehrparteienwahlen anknüpfen und musste für parlamentarische Mehrheiten Koalitionen bilden. Meistens fand Milošević in der nationalistischen *Serbischen Radikalen Partei* (*Srpska radikalna stranka*, SRS) einen willigen Partner. Gleichzeitig ermöglichte es die internationale Isolation dem Regime, in der Bevölkerung Abneigung gegen den Westen zu schüren. In Verbindung mit dem Kriegszustand beförderte dies die Ausbreitung informeller politischer und wirtschaftlicher Institutionen, die von regimetreuen Sicherheitsdiensten und Geschäftsleuten kontrolliert wurden.

Gemäß offizieller Deutung des Regimes war Serbien nicht in die Kriege in Kroatien und Bosnien verwickelt, sondern unterstützte die ethnischen Serben in den beiden ehemaligen jugoslawischen Republiken lediglich politisch. Es gab allerdings sehr wohl ein direktes militärisches Engagement. Dabei stützte sich das Regime auf irreguläre Milizen, die mit dem organisierten Verbrechen verbunden waren, aber stark von den staatlichen Sicherheitsdiensten instrumentalisiert wurden. Dies führte zur Entstehung informeller Machtstrukturen und zur teilweisen Verschmelzung von Sicherheitskräften mit der organisierten Kriminalität. Die informellen Netzwerke ermöglichten zudem die staatliche Kontrolle über den lukrativen Schmuggel. Zudem veränderte das Entstehen informeller Netzwerke den Charakter des Regimes, weg von einer straffen Parteikontrolle hin zu einem eher klientelistischen, auf persönlichen Beziehungen beruhenden Machtstil (Vladisavljević 2016).

2.2 Demokratisierung in den 2000er-Jahren

Mehrere wichtige Ereignisse ebneten den Boden für den bis dato bedeutendsten politischen Wandel in der politischen Geschichte Serbiens, die Wahlrevolution von 2000. Unter der Last der Wirtschaftskrise und politisch geschädigt durch die Niederlage im Kosovo-Krieg, verlor Milošević weiter an Zuspruch in der Bevölkerung und ging zu offener Repression über. Den demokratischen Parteien und der Zivilgesellschaft gelang es jedoch, sich zusammenzuschließen. Bei den Präsidentenwahlen hatte Vojislav Koštunica (*Demokratische Partei Serbiens*, DSS) offensichtlich mehr als 50 % der Stimmen erhalten, aber das Regime propagierte eine Stichwahl zwischen ihm und Slobodan Milošević. Dessen Schicksal wurde anschließend durch eine gewaltige Volksmobilisierung entschieden. Sie gipfelte in der sogenannten Bulldozer-Revolution vom 5. Oktober 2000 und leitete einen Machtwechsel ein. Koštunica wurde zum Präsidenten erklärt. Im Anschluss an die Parlamentswahlen im Dezember 2000 übernahm zudem im Januar 2001 Zoran Đinđić aus der anderen großen Koalitionspartei, der *Demokratischen Partei* (DS), das Amt des Ministerpräsidenten.

Was folgte, war der Versuch, die Institutionen mit demokratischem Leben zu füllen, Serbien in die internationale Gemeinschaft zu integrieren, eine stabile regionale Ordnung zu schaffen und dringend benötigte Wirtschaftsreformen durchzuführen. Die Regierung verhandelte bis 2003 mit Montenegro über einen föderalen Verfassungsrahmen; 2006 wurde die endgültige Auflösung des gemeinsamen Staates beschlossen. Die Unabhängigkeitserklärung des Kosovo im Jahr 2008 brachte zwar die damalige Regierung zu Fall, nicht aber die serbische Demokratie. Bis 2012 folgten vier weitere Regierungswechsel in weitgehend freien und kompetitiven Wahlen. Der Pluralismus kann als Ausdruck rivalisierender klientelistischer Netzwerke verstanden werden, wobei ultranationalistische und/oder kriminelle Gruppen anders als vor dem Jahr 2000 nicht an der Spitze der staatlichen Macht vertreten waren.

Dennoch blieb die serbische Demokratie fragil. Dies zeigte insbesondere die Ermordung von Ministerpräsident Zoran Đinđić im Jahr 2003. Er wurde von einem Scharfschützen der Polizei ermordet, als kriminelle informelle Netzwerke versuchten, die Zusammenarbeit der Regierung mit den Anklägern für Kriegsverbrechen am Internationalen Strafgerichtshof für das ehemalige Jugoslawien (ICTY) in Den Haag zu unterbinden. Die Ereignisse stellten die Macht der demokratischen Institutionen auf die Probe. Die starke Reaktion des Staates zeigte jedoch gleichzeitig die Widerstandsfähigkeit der serbischen Demokratie trotz ungünstiger Bedingungen.

2.3   Der Untergang der Demokratie nach 2012

Das Ende des demokratischen Zwischenspiels wurde mit den Wahlen 2012 eingeleitet und mit der anschließenden Umwandlung des Regimes in einen kompetitiven Autoritarismus unter der *Serbischen Fortschrittspartei (Srpska napredna stranka*, SNS) abgeschlossen. Deren Wahlsieg war eine Folge der Auswirkungen der Weltwirtschaftskrise, der steigenden Arbeitslosigkeit und zunehmender Unternehmensinsolvenzen. Die Wähler waren zunehmend frustriert über die Unfähigkeit der demokratischen Parteien, die Korruption unter Kontrolle zu bringen. Die SNS, eine Abspaltung der nationalistischen SRS, gewann sowohl die Präsidentschafts- als auch die Parlamentswahlen 2012. Sie distanzierte sich von ihrer extrem nationalistischen Vorgängerin, gab sich als gemäßigt nationalistische sowie pragmatisch EU-freundliche Partei und trat mit dem Versprechen an, die serbische Politik von Korruption zu befreien. Die Herrschaft der SNS hat zu einer allmählichen Koordinierung ehemals rivalisierender klientelistischer Netzwerke geführt, die sich bis heute in einem Einpyramidensystem (Hale 2015, S. 65) mit dem SNS-Vorsitzenden und Präsidenten Aleksandar Vučić an der Spitze organisiert haben. Seit etwa 2020 gehört das Land zu den Staaten mit dem stärksten Rückgang der Demokratiequalität (Alizada et al. 2021).

Obwohl der formale institutionelle Aufbau des Regimes weitgehend unverändert geblieben ist, wurde die schrittweise Umwandlung in ein kompetitives autoritäres Regime durch den Aufbau einer starken Parteiorganisation herbeigeführt, die den größten Teil des Landes abdeckt und in allen Bereichen von Staat und Gesellschaft präsent ist. Sie wird von einem ausgedehnten klientelistischen Netzwerk unterstützt, welches sich über die Medien, das Justizwesen, die Polizei, den öffentlichen Dienst und andere öffentliche Einrichtungen erstreckt. Die Regimepartei hat ein System von Parteiaktivisten und -anhängern aufgebaut, die in staatlichen und kommunalen Verwaltungen beschäftigt sind, auch in Schulen, Krankenhäusern und staatlichen Kindergärten. Ihre Aufgabe besteht auch darin, sich an orchestrierten Kampagnen in den sozialen Medien zu beteiligen, an Parteiversammlungen teilzunehmen oder um Wählerstimmen zu werben, welche umgekehrt durch eine von oben gesteuerte Parteiorganisation gesichert und kontrolliert werden. Führungspositionen in der staatlichen Wirtschaft, bis hin zur untersten Ebene, werden Parteitreuen, aber auch Oppositionsmitgliedern angeboten, um die Seite zu wechseln.

Die nationalen öffentlich-rechtlichen Rundfunkanstalten wurden verschlankt. Große private Medienunternehmen profitieren von der Zusammenarbeit mit dem Regime, insbesondere durch Anzeigen oder durch den Erhalt der wenigen verfügbaren

nationalen Fernsehlizenzen. Im Gegenzug beteiligen sie sich an Verleumdungs-
kampagnen, mit denen Oppositionelle und unabhängige Journalisten diskreditiert
werden. Kritische Journalisten sind immer wieder Opfer von Drohungen oder Gewalt geworden, oft von Banden, die sich aus Fußballfans rekrutieren und mit der
kriminellen Unterwelt verbunden sind. Dennoch gibt es in Serbien immer noch
eine kritische öffentliche Debatte, auch wenn diese nur einen Bruchteil der serbischen Bürger erreicht, da die früher unabhängigen Medien entweder ihre Unabhängigkeit oder ihre nationalen Sendefrequenzen verloren haben. Letztlich wird
aber das Ausmaß der umfassenden Kontrolle der Regierungspartei über staatliche
Institutionen und Öffentlichkeit erst durch einen Blick auf die anderen Staats-
ebenen klar. Auf lokaler Ebene wurde eine der letzten regierungsunabhängigen
Kommunalverwaltungen in der Stadt Šabac im Jahr 2022 entmachtet. Zuvor war
diese durch massiven Druck untergraben worden, der von Erpressung durch die
Staatsbürokratie, Polizeirazzien bis hin zu Versuchen des Wahlbetrugs und massi-
ver Einschüchterung durch regimetreue Schläger bei Kommunalwahlen reichte.

3 Institutionen und politische Trennlinien

3.1 Verfassung und territoriale Ordnung

Serbien hatte seit 1990 zwei Verfassungen. Die Verfassung von 1990 führte, obwohl sie vom kommunistischen Einparteienparlament verabschiedet wurde, ein
breites Spektrum an demokratischen bürgerlichen Rechten, Parteienpluralismus
sowie das Privateigentum ein. In der Praxis blieben jedoch viele dieser Rechte in
den 1990er-Jahren eingeschränkt. Die zweite Verfassung von 2006 stützte sich
weitgehend auf die alte, mit dem Unterschied, dass Serbien nach der Auflösung des
Staatenbundes mit Montenegro ein vollkommen eigenständiger Staat wurde und
somit frühere föderale Zuständigkeiten übernahm, insbesondere in der Außen-,
Verteidigungs- und Währungspolitik. Einer der Hauptgründe für die Verabschiedung der Verfassung von 2006 war der Versuch, den Herrschaftsanspruch Serbiens
über den Kosovo zu bekräftigen, als sich auf internationaler Ebene Versuche zur
Lösung des Kosovo-Status abzeichneten. Die Verfassung von 2006 beginnt mit
einer Präambel, die den Kosovo als unveräußerlichen Teil des serbischen Staates
definiert und alle Staatsbeamten verpflichtet, seine Unabhängigkeit niemals anzuerkennen. Außerdem wird dem Kosovo eine „substantielle Autonomie" innerhalb
Serbiens zugesagt, die durch ein Verfassungsgesetz geregelt werden soll (siehe
Infobox 1).

Bei der Ausarbeitung beider Verfassungen war die umstrittenste Frage die der territorialen Staatsordnung. Die Verfassung von 1990, welche auf dem Höhepunkt der nationalistischen Mobilisierung verabschiedet wurde, (re)etablierte Serbien als Zentralstaat. Sie schränkte die in den 1970er-Jahren gewährten Autonomierechte des Kosovo (im Süden mit albanischer Bevölkerungsmehrheit) und der Vojvodina (einer multiethnischen Region im Norden) ein. Die Verfassung erkannte die beiden Provinzen weiterhin als autonom an, mit eigenen gewählten Versammlungen und Provinzverwaltungen, übertrug aber das öffentliche Eigentum und die Steuerbefugnisse auf den Zentralstaat. Auf diese Weise wurden die autonomen Regionen weitgehend von den Zuwendungen der Zentralregierung abhängig. Die von der regierenden SNS dominierte Provinzverwaltung in der Vojvodina fungiert bis heute weitgehend als Kanal für die in Belgrad getroffenen politischen Entscheidungen und als zusätzliche Quelle der Parteipatronage (Kleibrink 2015).

Infobox 1: Status des Kosovo aus serbischer Sicht
Nach der Unabhängigkeitserklärung des Kosovo im Jahr 2008 besteht Serbien immer noch darauf, dass der Kosovo gemäß der serbischen Verfassung von 2006 eine Provinz Serbiens ist, die allerdings vorübergehend unter internationaler Verwaltung steht. Ein Hauptziel der serbischen Außenpolitik besteht folglich darin, die weitere internationale Anerkennung des Kosovo zu verhindern oder rückgängig zu machen. Während diese Politik innenpolitisch fast einhellig unterstützt wird, steht die institutionelle Praxis hierzu teilweise im Widerspruch. Nachdem die nicht-serbische Bevölkerung des Kosovo die serbischen Wahlen regelmäßig boykottierte, hat Serbien den Großteil der Bevölkerung des Kosovo aus dem Wählerregister gestrichen und sie damit de facto entrechtet. Unter Vermittlung der internationalen Gemeinschaft verhandeln Belgrad und Pristina über die Normalisierung der Beziehungen. Dabei fordert Belgrad einen Sonderstatus für die serbische Minderheit im Kosovo.

In der Zwischenzeit unterhält Serbien seine eigenen Institutionen und informellen politischen Strukturen im Kosovo. Im Norden des Kosovo, wo ethnische Serben die Mehrheit bilden, unterhält Serbien „Parallelstrukturen", was bedeutet, dass die kommunalen Verwaltungen, Gerichte, Sicherheitskräfte sowie Bildungs- und Gesundheitseinrichtungen de facto innerhalb des serbischen Systems und nach serbischen Gesetzen geführt werden und einige ihrer Mitarbeiter sowohl vom serbischen als auch vom kosovarischen Staat bezahlt werden (OSCE Mission in Kosovo 2007). Serbien war bei der Gründung der *Serbischen Liste* behilflich, der dominierenden serbischen Partei im Norden des Kosovo, und bei der Unterdrückung der internen Opposition.

3.2 Präsident und Exekutive

Das Regierungssystem Serbiens wurde als semipräsidentielles System mit direkt gewähltem Präsidenten und Einkammerparlament konzipiert. Nach der Klassifizierung von Shugart und Carey (1992) handelt es sich um ein parlamentarisch-präsidentielles Regime. Der Präsident nominiert einen Formateur zur Bildung der Regierung; davon abgesehen kommt ihm keine weitere Rolle bei der Bildung der Regierung zu. Die Regierung ist allein dem Parlament verantwortlich, der Präsident verfügt über kein Auflösungsrecht. In den letzten 30 Jahren hat der Präsident dennoch aus zwei Gründen innerhalb des politischen Systems eine dominante Rolle eingenommen. Zum einen gab es wenige Konstellationen der Cohabitation, sodass die verschiedenen Präsidenten ihre politischen Vorstellungen über Parlamentsmehrheiten und die Regierung hinweg verwirklichen konnten. Zum anderen rückt der autoritäre Patrimonialismus die Persönlichkeit des direkt gewählten Präsidenten in den Mittelpunkt. Daher konnten früher Slobodan Milošević und heute Aleksandar Vučić die Politik vom Präsidentenamt aus dominieren, obwohl Parlament und Regierung formal die Kompetenzen besäßen, die Leitlinien der Politik selbst zu gestalten. Doch auch in der demokratischen Phase erwies sich Präsident Boris Tadić zwischen 2008 und 2012, während seine Partei die Regierung führte, als eine mächtigere Figur als der Premierminister. Der Hauptunterschied war, dass er im Gegensatz zu den autoritären Präsidenten der Rechenschaftspflicht gegenüber den Wählern Vorrang einräumte, was sich bei seiner Niederlage bei den Präsidentschaftswahlen 2012 zeigte.

Ein eher offenes Wahlsystem (siehe nächster Abschnitt) und ein zersplittertes Parteiensystem machten oft komplizierte Mehrparteienkoalitionen mit kleineren Regierungsparteien erforderlich, was die Macht aller Regierungen – auch in den autoritären Phasen – einschränkte. Allerdings nutzten die kleineren Parteien diese Macht oft, um im Rahmen der patronalen Pyramiden einen größeren Anteil an Ressourcen für sich zu beanspruchen und nicht, um die Regierungspolitik zu steuern oder autoritäre Übertretungen zu bestrafen. Nach 2014 setzte die *Serbische Fortschrittspartei* (SNS) trotz ihrer absoluten Mehrheit im Parlament die Tradition der Koalitionsregierungen fort, auch wenn es sich nun um überdimensionierte Koalitionen handelte, die der Partei dazu dienten, die *Sozialistische Partei Serbiens* (SPS) und andere kleinere Parteien als Juniorpartner zu kooptieren. Auch Parteien, die ethnische Minderheiten vertreten, sind seit 2000 in jedem Kabinett vertreten, obwohl es keine entsprechende Verfassungsnorm gibt.

3.3 Parlament, Wahlen

Das reformierte serbische Einkammerparlament von 1990 mit 250 Sitzen ist in seinen Grundzügen bis heute unverändert geblieben. Nachdem die kommunistischen Parteien Sloweniens und Kroatiens 1990 einseitig beschlossen hatten, für ihre Parlamente auf teilstaatlicher Ebene kompetitive Wahlen abzuhalten, blieb der serbischen Seite nichts anderes übrig, als sich dem anzuschließen. Die Mehrparteienwahlen 1990 führten zu einer explosionsartigen Vermehrung politischer Parteien. Bis heute sind üblicherweise mehr als ein Dutzend Parteien im Parlament vertreten. Die starke Kontrolle der Abgeordneten durch die Parteien und die Dominanz der Regierungsparteien haben jedoch zu einem schwachen Parlament geführt, worauf die Opposition regelmäßig mit Boykottaktionen reagiert.

Hinzu kommt eine Geringschätzung der parlamentarischen Verfahren. Die Befugnisse des Parlaments werden häufig untergraben, indem Gesetze im letzten Moment eingebracht und entscheidende Reformen ohne vorherige Beratungen und oft im Eilverfahren verabschiedet werden. Insgesamt spielt das Parlament daher in der Gesetzgebung eine schwache Rolle, wobei die demokratische Zwischenperiode in den 2000er-Jahren eine Ausnahme bildet (Đurašinović Radojević 2012, S. 88–94). Ab dem Jahr 2019, nachdem die Regimepartei wiederholt Parlamentsdebatten verschleppt und damit die Opposition behindert hatte, boykottierte diese das Parlaments bis zu den vorgezogenen Wahlen von 2020, an denen große Teile der Opposition wiederum nicht teilnahmen (Ilić 2022).

Ein weiterer Faktor, welcher das Funktionieren des Parlaments beeinträchtigt, ist die Verlagerung der Macht auf die Parteiführungen durch Wahlen mit geschlossenen Parteilisten und formellen wie informellen Regeln. Seit 1997 verlieren Abgeordnete ihr Mandat, wenn sie aus ihrer Partei austreten oder von der dieser ausgeschlossen werden. Als Folge haben sich sogenannte Blanko-Rücktrittsschreiben zu einer informellen Praxis entwickelt, bei welcher die Abgeordneten nach der Wahl dem Vorsitzenden ihrer Fraktion ein undatiertes Rücktrittsschreiben überreichen, das von der Parteiführung als Mittel zur Kontrolle ihrer Fraktionen verwendet wird. Diese Praxis wurde fortgesetzt, bis sie 2010 vom Verfassungsgericht als verfassungswidrig eingestuft wurde (Ilić 2020). Die wichtigste Parteispaltung konnte jedoch durch das System der Blanko-Austritte nicht verhindert werden. Im Jahr 2008 spaltete sich ein großer Teil der Nomenklatura der ultranationalistischen *Serbischen Radikalen Partei* ab, um die neue *Serbische Fortschrittspartei* zu gründen. Die Spaltung war möglich, weil der Fraktionsvorsitzende Tomislav Nikolić sie unterstützte. Er behauptete, die Blanko-Briefe verloren zu haben, sodass keine Rücktritte erzwungen werden konnten (siehe unten).

Das Wahlsystem wurde seit 1990 häufig verändert. Während 1990 noch in Einpersonenwahlkreisen mit Mehrheitswahl gewählt wurde, wurde anschließend eine Verhältniswahl mit Mehrpersonenwahlkreisen eingeführt. Das Verhältniswahlsystem mit moderaten Hürden begünstigt ein Vielparteiensystem, sodass zweitweise 18 Fraktionen im Parlament vertreten waren. In den 1990er-Jahren, also während der Herrschaftszeit der *Sozialistischen Partei*, gab es eine erhebliche Dynamik bei der Größe der Wahlbezirke. Im Jahr 2000 wurden die Bezirke abgeschafft und die Wahlen in einem einzigen Wahlkreis mit 250 Sitzen und einer Sperrklausel von fünf Prozent durchgeführt (Jovanović 2005). Im Jahr 2020 wurde diese auf drei Prozent gesenkt, da durch einen Wahlboykott der meisten Oppositionsparteien ein Parlament ohne oppositionelle Vertreter drohte. Der Eintritt neuer Parteien wird zudem durch die Praxis erleichtert, dass Parteien zunächst als Wahlbündnis antreten, dann aber ihre eigenen Fraktionen bilden. Auch wurde 2007 die gesetzliche Hürde für Parteien ethnischer Minderheiten abgeschafft, nachdem diese im Jahr 2003 keine Vertretung erringen konnten (Bochsler 2008).

3.4   Parteiensystem

Der bedeutendste Cleavage im Parteiensystem besteht zwischen den pro-demokratischen Parteien und den Parteien, die in den 1990er-Jahren mit dem Milošević-Regime verbunden waren und ab 2012 wieder an die Macht kamen. Während sich der regimetreue Block von 1990 bis 2000 und nach 2012 auf parlamentarische Mehrheiten stützen konnte, dominierte der pro-demokratische Block das Parlament in der Zeit von 2000 bis 2003. Dies war jedoch die einzige Periode, in welcher die Demokraten in einem Wahlbündnis antraten und anschließend gemeinsam als *Demokratische Opposition Serbiens (Demokratska opozicija Srbije*, DOS) regierten. Danach bestand der pro-demokratische Block aus verschiedenen post-elektoralen Koalitionen, die programmatisch gespalten blieben.

Die programmatischen Dimensionen des Parteienwettbewerbs bildeten sich in den 1990er-Jahren heraus, und obwohl sich einige der Parteien entlang dieser Trennlinien gespalten, aufgelöst oder verändert haben, bestehen sie bis heute fort. Wirtschaftliche Not, Kriege, die Isolierung von der internationalen Gemeinschaft, die Verhängung katastrophaler Wirtschaftssanktionen gegen Serbien und die autoritäre Herrschaft haben die großen politischen Gräben geprägt. Die reformierte *Sozialistische Partei Serbiens* (SPS) trat als ehemalige Regimepartei mit enormen finanziellen und organisatorischen Vorteilen in den Wettbewerb, da sie die Parteistruktur und das Vermögen ihrer kommunistischen Vorgängerin übernommen hatte. Sie war wirtschaftspolitisch links positioniert, aber auch nationalistisch-autoritär, obwohl sie in der nationalistischen Dimension von der *Serbischen Radikalen Partei* über-flügelt wurde, welche konsequenter und offener für ein aus den Gebieten des zer-fallenden Jugoslawiens gebildeten Großserbiens eintrat. Die als pro-demokratisch apostrophierten Oppositionsparteien waren in ihrer Ablehnung des autoritären Regierungsstils vereint. Insgesamt stand die Opposition für marktwirtschaftliche Reformen und für eine Integration in die Europäische Union, war aber intern über den besten Weg zur Erreichung dieser Ziele sowie über andere programmatische Punkte uneinig.

Als die pro-demokratischen Parteien von 2000 bis 2003 gemeinsam regierten, vertiefte sich die interne Kluft zwischen dem pro-europäischen und liberalen Lager einerseits und dem konservativ-nationalistischen Lager andererseits. Ersteres wurde von der *Demokratischen Partei (Demokratska Stranka,* DS) angeführt, um-fasste unter anderem auch *G17+* sowie die spätere *Liberal-Demokratische Partei (Liberalno-demokratska partija,* LDP). Das konservativ-nationalistische Lager gruppierte sich um die *Demokratische Partei Serbiens (Demokratska stranka Srbije,* DSS) mit der *Serbischen Erneuerungsbewegung (Srpski Pokret Obnove,* SPO). Seit den 2010er-Jahren haben sich die Gegensätze zwischen proeuropäischen und nationalistisch-konservativen Parteien innerhalb des prodemokratischen La-gers verschärft, wobei neue rechtsextreme Bewegungen (*Dveri, Zavetnici*) stär-ker geworden sind. In der Zwischenzeit hat sich eine Reihe von Neugründungen von der DS abgespalten; zusätzlich hat sich eine neue ökologische Linke for-miert. Die ideologischen Unterschiede zwischen den Oppositionsparteien ma-chen es für oppositionelle Parteien schwierig, eine gemeinsame Basis zu finden, obgleich diese nötig wäre, um die zunehmend autoritäre SNS-geführte Koalition zu besiegen.

In der Zwischenzeit hat sich die SPS während ihrer Zeit in der Opposition refor-miert, nachdem ihr ehemaliger Parteichef Slobodan Milošević an den Inter-nationalen Strafgerichtshof ausgeliefert worden war. Die Partei war allerdings nicht in der Lage, sich vollständig von Miloševićs Erbe zu lösen und verwandelte sich schließlich in eine gut funktionierende Klientelmaschine mit schwacher poli-tischer Identität. Dies ermöglichte es ihr, von 2004 bis 2012 in zwei von pro-demokratischen Parteien geführten Regierungskoalitionen als Königsmacher auf-zutreten. Mit dem Ziel, der politischen Isolation zu entkommen und regierungsfä-hig zu werden, spaltete sich im Jahr 2008 die *Serbische Fortschrittspartei* (SNS) von der *Serbischen Radikalen Partei* ab (Spoerri 2010). Die SNS, welche zunächst mit dem Versprechen angetreten war, die serbische Politik zu säubern, verband die etablierte nationalistische Rhetorik ihrer Führung mit einem neuen, geschliffeneren Image. Die Partei vollzog eine wichtige programmatische Kehrtwende und sprach sich für die EU-Integration aus (Mylonas und Žilović 2019).

4   Interethnische Beziehungen

Während mehrere Nachbarstaaten Serbiens über eine Vielzahl von Machtteilungs-
regelungen verfügen, welche die Einbeziehung ethnischer Minderheiten in die
Zentralregierungen und die Entscheidungsfindung garantieren, werden in Serbien
die Minderheiten nicht standardmäßig in Regierung und Verwaltung einbezogen.
Auch erhalten sie keine besonderen Rechte. Von den zahlreichen ethnischen
Minderheiten in Serbien wurden jedoch einige politisch mobilisiert und sind seit
1990 durch eigene politische Parteien vertreten.

Seit 2010 haben die Minderheiten eigene Minderheitenräte. Mit der Einführung
dieser direkt gewählten Nationalräte für 16 nationale Minderheiten ist Serbien
einer der bekanntesten Fälle von nicht-territorialer Autonomie. Die Ratsmitglieder
werden nominell von überparteilichen Listen gewählt, in der Realität aber sind die
meisten Listen entweder mit einer Minderheitenpartei oder einer etablierten Partei
verbunden. Ein solches System ist ideal für die Untersuchung des innerethnischen
Wahlwettbewerbs (Zuber und Muś 2013). Die Minderheitenräte konstituieren sich
selbst, haben aber sehr eingeschränkte Kompetenzen in den Bereichen Bildung,
Kultur, Information (mit eigenen Medien in den Minderheitensprachen) und Sprache und verfügen über ein noch begrenzteres Budget.

Dies führt zu einer paradoxen Situation: Da die meisten ethnischen Minderheiten territorial konzentriert sind, spielen in der Praxis die kommunale Selbstverwaltung in Gemeinden mit Minderheitenmehrheit oder in heterogenen Gemeinden
sowie die regionale Autonomie der Vojvodina eine viel wichtigere Rolle für die
Selbstverwaltung der Minderheiten als die nicht-territorialen Institutionen, welche
formell für die Selbstverwaltung der Minderheiten vorgesehen sind. Forderungen
nach einer echten territorialen Autonomie für die von Minderheiten bewohnten Regionen im Norden (Nord-Bačka/Ungarn), im Südwesten (Sandžak/Bosniaken) und
im Süden (Preševo-Tal/Albaner) werden von den etablierten Parteien weitgehend
abgelehnt, die solche Forderungen als separatistisch bezeichnen und dabei auch
auf die Erfahrungen mit der Auflösung des ehemaligen Jugoslawien in seine ehemaligen Teilrepubliken verweisen.

Ethnische Bosniaken, Ungarn und Albaner haben schon früh ihre eigenen ethnischen Parteien gegründet. Bosniakische und ungarische Parteien waren ununter-
brochen im nationalen Parlament vertreten und regelmäßig an Regierungen beteiligt, mit Ausnahme von 2000 bis 2007, als ethnische Minderheiten aufgrund der
Fünfprozenthürde nur auf der Liste der etablierten Parteien vertreten waren. Umgekehrt sind die Spannungen zwischen den serbischen staatlichen Institutionen
und den albanischen Parteien nach wie vor groß. Interessant ist, dass in Serbien einige Minderheitenparteien versuchen, ihre Wählerschaft auf andere Ethnien zu er-

weitern (Zuber 2013). Sie betonen nicht-ethnische politische Themen oder versuchen, inter-ethnische Koalitionen zu bilden. Demgegenüber versuchen Parteien, die im Wettbewerb um die Stimmen der eigenen ethnischen Gruppen stehen, sich durch radikalere Positionen zu überbieten (Szöcsik und Bochsler 2013). Minderheitenvertreter, die von Minderheitenparteien gewählt werden, sind dabei nicht nur Verfechter kultureller Rechte, sondern auch anderer (zum Beispiel wirtschaftlicher) Forderungen der Minderheiten. Demgegenüber vertreten die auf den Listen der etablierten Parteien gewählten Vertreter in erster Linie die Ansichten ihrer Parteien, selbst wenn dies im Widerspruch zu ihrer persönlichen Meinung und Wünschen ihrer Gemeinschaft steht (Lončar 2016).

5   Europäische Integration

Nach einem Jahrzehnt der Kriege und Sanktionen wurde die Revolution vom 5. Oktober 2000 als eine Hinwendung zu Europa gesehen. Die erste pro-demokratische Koalition des Jahres 2000 erklärte sowohl die Demokratisierung als auch die EU-Integration zu ihren Zielen und unternahm weitreichende politische Veränderungen sowie zügige, mitunter hastige, Reformen. Umgekehrt leisteten die EU und ihre Mitgliedstaaten der neuen Regierung zwar wichtige finanzielle und wirtschaftliche Unterstützung (Grimm und Mathis 2015), versäumten es aber, auf der politischen Ebene schnelle Antworten zu finden (Noutcheva 2012). So wurde Serbien erst 2012 offizieller EU-Kandidat.

Allerdings hat auch die Mitgliedschaftsperspektive nicht die gewünschte konsolidierende Wirkung auf die Demokratie entfaltet. Dies hat zum einen mit den außerordentlichen innenpolitischen Hindernissen bei der Erfüllung der Anforderungen der EU zu tun. Ein notwendiger Schritt in Richtung Integration wäre zum anderen eine Aufarbeitung der Kriege der 1990er und die Verbesserung der Beziehungen zu den Nachbarn. Stattdessen haben die Regierungen der 2000er-Jahre nur teilweise mit der internationalen Justiz zusammengearbeitet, während sie es vermieden, die Gräueltaten anzusprechen, für welche die Kriegsverbrecher zur Rechenschaft gezogen werden sollten (Subotić 2010). Konsequente Reformen entlang der EU-Agenda würden auch die Interessen krimineller Netzwerke und Sicherheitskräfte gefährden, die ihre Macht und ihre Drohungen dazu nutzen, den Integrationsprozess zu behindern, insbesondere die Zusammenarbeit mit den internationalen Justizbehörden. Auch die Normalisierung der Beziehungen zum Kosovo bleibt innenpolitisch heikel (Ejdus 2019).

Die zögerliche Hinwendung zur EU setzte sich auch unter der SNS-geführten Regierung seit 2012 fort. Präsident Vučić vermeidet zwar eine vollständige externe Isolierung, welche den Parteien des alten Regimes in den 1990er-Jahren geschadete hatte. Gleichzeitig nutzt er jedoch seine nationalistische Rhetorik innenpolitisch, um seine Zugeständnisse an die EU zu entschuldigen – insbesondere seine Beteiligung an dem von der EU geförderten Prozess der Normalisierung der Beziehungen mit dem Kosovo (siehe nochmals Infobox 1). Da viele der potenziellen Vorteile einer EU-Integration nicht schnell genug sichtbar werden, lassen sich der heimischen Öffentlichkeit mögliche Zugeständnisse an die Nachbarn oder Schritte zur Normalisierung der Beziehungen zum Kosovo nur schwer verkaufen. Stattdessen haben die Regierung und die regierungsnahen Medien nach 2012 ein alternatives geopolitisches Projekt für Serbien propagiert, in dessen Zentrum ein stark prorussischer Diskurs in Verbindung mit Geschichtsrevisionismus steht. Obgleich nicht weniger als zwei Drittel der serbischen Importe und Exporte in die EU fließen und die wichtigsten Investitionen in Serbien aus der EU kommen, propagiert die Regierung enge politische, soziale und wirtschaftliche Verbindungen zu Russland. Im Jahr 2016 unterzeichnete die SNS sogar ein formelles Kooperationsabkommen mit Putins Partei *Einiges Russland.*

Aufgrund innerer Herausforderungen räumte die Europäische Union der Demokratisierung der Region weniger Priorität ein und fokusierte sich stattdessen auf sicherheitspolitische Herausforderungen und die Bekämpfung der Migration. Dies ermöglichte es der serbischen Regierung, EU-freundlich zu bleiben, während sie politische Reformen nur auf dem Papier durchführte. Sie ließ zwar den Zustrom von Investitionen zu, nutzte aber sowohl die wirtschaftlichen Beziehungen zur EU als auch die politischen Reformen in erster Linie zur Stärkung ihrer klientelistischen Netzwerke. Im Gegenzug für diese Form der Stabilität hat die EU diesen latent autoritären Kräften ein gewisses Maß an externer Legitimität verliehen (Richter und Wunsch 2020; Bieber 2019). Der stockende Beitrittsprozess im Zusammenspiel mit nationalistischen Ressentiments der Regierung hat dazu geführt, dass die öffentliche Unterstützung für die europäische Integration in Serbien bis 2022 auf 31 % gesunken ist, dem niedrigsten Wert aller Kandidatenländer (Europäische Kommission 2022).

6 Fazit

Die Aussichten auf einen Demokratisierungsschub bleiben in Serbien ungewiss. Zu den Herausforderungen für die Stabilität von Präsident Vučićs autoritärem Regime gehören sowohl interne Misswirtschaft und Korruption als auch externe

Herausforderungen. Sie erschweren dem Regime, sich nach innen wie nach außen zu legitimieren. In der Außenpolitik stellt die russische Aggression gegen die Ukraine Serbiens Politik des Ausgleichs zwischen dem Westen, Russland und China auf die Probe. Eine klare geopolitische Ausrichtung würde allerdings eine Gefahr für die interne Legitimität des Regimes darstellen. Eine Entscheidung für den Westen würde die nationalistische Glaubwürdigkeit des Regimes schwinden lassen, während eine Entscheidung gegen den Westen es dem Regime erschweren würde, das Wirtschaftswachstum aufrechtzuerhalten, von welchem sein klientelistischer Apparat abhängig ist. Zugleich zeigt die Erfahrung der 2000er-Jahre, dass der Sturz eines undemokratischen Regimes einerseits zunächst vorteilhaft für die Stabilisierung demokratischer Normen und Institutionen ist, andererseits aber nicht notwendigerweise zu einer nachhaltigen Konsolidierung führen muss.

Kontrollfragen

(1) Der Kosovo bleibt auch nach seiner Unabhängigkeitserklärung im Jahr 2008 ein wichtiges Thema der serbischen Innenpolitik. Was sind die institutionellen Besonderheiten dieses ungelösten Konflikts?

(2) Wie kam es zu der Abfolge dreier unterschiedlicher Regime seit 1990, obwohl viele konstitutionelle Merkmale des politischen Systems weitgehend unverändert geblieben sind?

(3) Was ist die Machtbasis der derzeitigen serbische Regimepartei?

Weiterführende Literatur

1. Ejdus, Filip. 2019. Crisis and Ontological Insecurity: Serbia's Anxiety over Kosovo's Secession. Houndmills: Palgrave.

Erläutert die Entstehung des Kosovo-Mythos in der Narrative Serbiens und welche tiefen Ängste die Abspaltung des Kosovo ausgelöst hat.

2. Richter, Solveig, und Natasha Wunsch. 2020. Money, power, glory: the linkages between EU conditionality and state capture in the Western Balkans. *Journal of European Public Policy* 27 (1): 41–62.

Zeigt auf, wie die serbische Regimepartei den EU-Annäherungsprozess unterläuft, indem sie mit EU-Mitteln ihre klientelistischen Netzwerke stärkt.

3. Spoerri, Marlene. 2014. *Engineering Revolution: The Paradox of Demo-cracy Promotion in Serbia.* Philadelphia: University of Pennsylvania Press.

Geht am Falle Serbiens der Frage nach, ob die externe Demokratieför-derung ungewollte elektorale Folgen hat – nämlich die Stärkung ultra-nationalistischer Kräfte.

Literatur

Alizada, Nazifa, Rowan Cole, Lisa Gastaldi, Sandra Grahn, Sebastian Hellmeier, Palina Kol-vani, und Jean Lachapelle. 2021. *Autocratization Turns Viral. Democracy Report 2021.* Gothenburg: University of Gothenburg: V-Dem Institute.

Bieber, Florian. 2019. *The Rise of Authoritarianism in the Western Balkans.* Houndmills: Palgrave.

Bochsler, Daniel. 2008. The parliamentary elections in Serbia, 21 January 2007. *Electoral Studies* 27 (1): 160–165.

Đurašinović Radojević, Dragana 2012. Legislative Function of the National Assembly of the Republic of Serbia. In *Comparative Analysis of Democratic Performances of the Parlia-ments of Serbia, Bosna and Herzegovina and Montenegro*, Hrsg. S. Orlović, 83–102. Bel-grade: University of Belgrade.

Ejdus, Filip. 2019. *Crisis and Ontological Insecurity: Serbia's Anxiety over Kosovo's Seces-sion.* Houndmills: Palgrave.

Europäische Kommission. 2022. Standard Eurobarometer 97, Summer 2022. "Generally spea-king, do you think that Serbia's membership of the EU would be a good thing?". Datensatz. https://europa.eu/eurobarometer/api/deliverable/download/file?deliverableId=84791.

Grimm, Sonja, und Okka Lou Mathis. 2015. Stability First, Development Second, Demo-cracy Third: The European Union's Policy towards the Post-Conflict Western Balkans, 1991–2010. *Europe-Asia Studies* 67 (6): 916–947.

Hale, Henry E. 2015. *Patronal politics. Eurasian regime dynamics in comparative perspec-tive.* New York, NY: Cambridge University Press.

Ilić, Vujo. 2020. Stranačko odmetanje narodnih poslanika u Srbiji 1990–2020. In *Kako, koga i zašto smo birali. Izbori u Srbiji 1990–2020. godine*, Hrsg. Milan Jovanović, und Dušan Vučićević, 959–989. Beograd: Službeni glasnik.

Ilić, Vujo. 2022. Parliamentary and Election Boycotts in Hybrid Regimes: Evidence From Southeastern Europe. *Serbian Political Thought* 78 (4): 197–217.

Jovanović, Milan. 2005. Izborni prag i stranački sistem. In *Političke stranke u Srbiji. Struk-tura i funkcionisanje*, Hrsg. Z. Lutovac, 187–206. Beograd: Friedrich Ebert Stiftung/In-stitut društvenih nauka.

Kleibrink, Alexander. 2015. *Political Elites and Decentralization Reforms in the Post-Socialist Balkans: Regional Patronage Networks in Serbia and Croatia.* Houndmills: Palgrave.

Levitsky, Steven, und Lucan A. Way. 2010. *Competitive Authoritarianism. Hybrid Regimes after the Cold War*. Cambridge: Cambridge University Press.

Lončar, Jelena. 2016. Electoral Accountability and Substantive Representation of National Minorities: The Case of Serbia. *East European Politics, Societies and Cultures* 30 (4): 703–724.

Mylonas, Harris, und Marko Žilović. 2019. Foreign Policy Priorities and Ethnic Return Migration Policies: Group-Level Variation in Greece and Serbia. *Journal of Ethnic and Migration Studies* 45 (4): 613–635.

Noutcheva, Gergana. 2012. *European Foreign Policy and the Challenges of Balkan Accession: Conditionality, Legitimacy and Compliance*. London: Routledge.

OSCE Mission in Kosovo. 2007. *Parallel Structures in Kosovo, 2006–2007*. Pristina: Organization for Security and Co-operation in Europe.

Richter, Solveig, und Natasha Wunsch. 2020. Money, power, glory: the linkages between EU conditionality and state capture in the Western Balkans. *Journal of European Public Policy* 27 (1): 41–62.

Shugart, Matthew, und John M. Carey. 1992. *Presidents and Assemblies: Constitutional Design and Electoral Dynamics*. Cambridge: Cambridge University Press.

Spoerri, Marlene. 2010. Crossing the line: partisan party assistance in post-Milošević Serbia. Democratization 17 (6): 1108–1131.

Subotić, Jelena. 2010. *Hijacked Justice: Dealing with the Past in the Balkans*. Ithaca NY: Cornell University Press.

Szöcsik, Edina, und Daniel Bochsler. 2013. All jointly or everyone on its own? On fissions and fusions of ethnic minority parties. In *New Nation-States and National Minorities*, Hrsg. Julian Danero Iglesias, Nenad Stojanović, und Sharon Weinblum, 233–256. Colchester: ECPR Press.

Vladisavljević, Nejboša. 2016. Competitive Authoritarianism and Popular Protest: Evidence from Serbia under Milošević. *International Political Science Review* 37 (1): 36–50.

Zuber, Christina Isabel. 2013. Beyond Outbidding? Ethnic Party Strategies in Serbia. *Party Politics* 19 (5): 758–777.

Zuber, Christina Isabel, und Jan Jakub Muś. 2013. Representative claims and expected gains. Minority council elections and intra-ethnic competition in Serbia. *East European Politics* 29 (1): 52–68.

Ungarn: Parlamentarisches System und patronale Herrschaft

Sonja Priebus und Zsuzsanna Végh

Zusammenfassung

Die Entwicklung des politischen Systems Ungarns wurde durch zwei Critical Junctures bestimmt. Die erste war der ausgehandelte Systemwechsel 1989 sowie weitere institutionelle Anpassungen 1990, im Zuge derer ein parlamentarisches System geschaffen und die Weichen für eine frühe demokratische Konsolidierung gestellt wurden. Dennoch zeigten sich bereits gegen Ende des ersten Jahrzehnts nach dem Systemwechsel Spannungen, die sich ab 2006 zu einer Krise der Demokratie verdichteten. Die zweite Critical Juncture war der Erdrutschsieg Viktor Orbáns 2010, der einen Pfadwechsel von einer konsolidierten Demokratie hin zu einer elektoralen Autokratie in Form eines patronalen Einpyramidensystems einleitete.

Schlüsselwörter

Ungarn · Viktor Orbán · Hybrides Regime · Patronales Einpyramidensystem · Entdemokratisierung

S. Priebus (✉) · Z. Végh
Kulturwissenschaftliche Fakultät, Europa-Universität Viadrina,
Frankfurt (Oder), Deutschland
E-Mail: priebus@europa-uni.de; vegh@europa-uni.de

© Der/die Autor(en), exklusiv lizenziert an Springer Fachmedien Wiesbaden   345
GmbH, ein Teil von Springer Nature 2025
S. Priebus, T. Beichelt (Hrsg.), *Die politischen Systeme im östlichen Europa*,
https://doi.org/10.1007/978-3-658-43647-6_18

Tab. 1 Das politische System Ungarns im Überblick

Verfassung	Verabschiedet: 1989 (reformierte sozialistische Verfassung), Grundgesetz 2011 Geändert: 2011 (sog. Übergangsbestimmungen von 30.12.2011), 2012 (drei Änderungen), 2013 (zwei Änderungen), 2016, 2018, 2019, 2020, 2022 (zwei Änderungen), 2023, 2024
	Verfassungsänderungsregel: Initiativrecht haben Staatspräsident, Regierung, Parlamentsausschuss und jeder Abgeordnete. Annahme mit 2/3-Mehrheit aller Abgeordneten des Parlaments
Regierungssystem	Parlamentarisch
Präsident	Wahlmodus und Amtszeit: indirekt durch Parlament für 5 Jahre; einmalige Wiederwahl möglich Nominierung durch 1/5 der Abgeordneten. Wahl in max. zwei Wahlgängen: Im 1. Wahlgang 2/3-Mehrheit nötig, im 2. Wahlgang einfache Mehrheit zwischen zwei bestplatzierten Kandidaten
	Kompetenzen: 1) Recht zur Initiierung von Gesetzen und Referenden; 2) Rechtliches und politisches Veto gegen Gesetze: politisches Veto kann vom Parlament mit absoluter Mehrheit überstimmt werden; 3) Regierungsbildung: unterbreitet Vorschlag für Amt des Ministerpräsidenten; 4) Auflösung des Parlaments, wenn a) vom Präsidenten vorgeschlagener Regierungschef nicht innerhalb von 40 Tagen gewählt, b) Parlament Haushaltsplan bis zum 31.03. des Jahres nicht verabschiedet; 5) Recht auf Wortmeldung im Parlament; 6) Ernennung verschiedener Amtsträger (Minister, Präsident und Vizepräsident der Ungarischen Nationalbank, Universitätsprofessoren und -Rektoren, Generäle, Richter, Intendanten des Öffentlichen Rundfunks (Fernsehen und Radio)) oder Vorschlag zentraler Akteure (Präsident der Kurie, Oberster Staatsanwalt, Beauftragter für Grundrechte)
Regierung (Kernexekutive)	Mitglieder: Regierungschef und Fachminister, darunter stellv. Regierungschef
	Auswahl: Wahl des Regierungschefs durch Parlament mit einfacher Mehrheit auf Vorschlag des Staatspräsidenten; Ernennung der Minister durch Staatspräsidenten auf Vorschlag des Regierungschefs
	Abberufung: 1) konstruktives Misstrauensvotum auf Antrag von 1/5 der Abgeordneten gegen Ministerpräsidenten bei gleichzeitiger Nominierung eines neuen Kandidaten; Zustimmung Parlament mit absoluter Mehrheit; 2) Vertrauensfrage durch Regierungschef: Abstimmung über Sachfrage verbunden mit Vertrauensfrage führt zum Rücktritt ganzer Regierung

(Fortsetzung)

Tab. 1 (Fortsetzung)

Parlament	Dauer Legislaturperiode: 4 Jahre
	Aufbau: eine Kammer (Nationalversammlung) mit 199 Abgeordneten (bis 2014: 386 Abgeordnete), funktional gegliedert in Plenum und Fachausschüsse, seit 2011 Gesetzgebungsausschuss Bildung einer Fraktion durch mind. 5 Abgeordnete
	Funktionen: 1) Gesetzgebung: Initiativrecht bei allen Abgeordneten und Ausschüssen, Gesetzgebungsausschuss kann Entwürfe grundlegend verändern; 2) Wahl des Parlamentspräsidenten und Stellvertreter, des Regierungschefs und des Staatspräsidenten; mit 2/3-Mehrheit Wahl des Obersten Staatsanwalts, des Beauftragten für Grundrechte, der Verfassungsrichter, des Präsidenten des Rechnungshofes und Stellvertreter, des Präsidenten der Kurie; 3) Kontrolle der Exekutive: konstruktives Misstrauensvotum, Interpellationsrecht und Fragen, Fragestunden, Untersuchungsausschüsse auf Antrag von 1/5 der Abgeordneten
Wahlsystem	Bis 2011 gemischtes Wahlsystem mit Mehrheits- und Verhältniswahlelementen (176 Mandate in Einpersonenwahlkreisen mit absoluter Mehrheit, 52 Mandate in 20 Mehrpersonenwahlkreisen über regionale Parteilisten nach Verhältniswahl, 58 Mandate über Landeslisten durch nichtverwertete Reststimmen verteilt); 4 %-, ab 1994 5 %-Hürde Seit 2011: gemischtes Wahlsystem mit Mehrheits- und Verhältniswahlelementen (106 Mandate in Einpersonenwahlkreisen mit relativer Mehrheit, 93 Mandate über landesweite Parteilisten); 5 %-Hürde

Quelle: Eigene Darstellung

1 Einleitung

Ungarn stellt im Gesamtbild der post-sozialistischen Transformation einen in mancher Hinsicht einzigartigen Fall dar.[1] Am Ende der staatssozialistischen Epoche hatte sich das Land zu einem Vorreiter an Liberalisierung und Demokratisierung entwickelt, an dem sich zahlreiche Nachbarstaaten orientierten. Das infolge einer ausgehandelten Transition etablierte politische System mit seiner parlamentarischen Regierungsform konsolidierte sich rasch. Auch war Ungarn eines der ersten Länder Mittel- und Osteuropas, welches die Bedingungen für die EU-Mitgliedschaft erfüllte. Da infolge der ausgehandelten Transition das Argument, wonach Teile der alten Eliten ihre Macht in das neue System retten konnten, vor allem vom *Bund*

---

[1] Wir danken András Bozóki für Hinweise zu einer vorherigen Version des Kapitels.

Junger Demokraten (*Fiatal Demokraták Szövetsége,* Fidesz) strategisch ausge-
nutzt wurde, lebte jedoch der Regimekonflikt insbesondere nach dem EU-Beitritt
wieder auf.

2010 kam die Partei im Bündnis mit der *Christlich-Demokratischen Volkspartei*
(*Kereszténydemokrata Néppárt,* KDNP) an die Macht und legitimierte weite Teile
ihres Handelns damit, das alte Regime überwinden zu müssen. Unter Ministerpräsident Viktor Orbán hat sich ab 2010 ein personalisiertes und klientelistisches Einpyramidensystem herausgebildet, in dem nicht formale Regeln die politischen und
wirtschaftlichen Entscheidungen bestimmen, sondern informelle Netzwerke und
die Loyalität gegenüber den Machthabern (Hale 2015, S. 9–10). Demnach wird
Ungarn nunmehr als hybrides Regime (Filippov 2020) bzw. als elektorale Autokratie (Varieties of Democracy Institute 2022) typisiert und ist zu einem Vorreiter
einer Entdemokratisierung geworden, die auch in anderen Staaten der Region,
wenn auch in verminderter Form, zu beobachten ist.

Wie auch in den anderen Länderbeiträgen des vorliegenden Sammelbandes
liefert Tab. 1 einen Überblick über das entstandene politische System (Stand:
Juli 2024).

2 Von der Institutionalisierung der Demokratie über die Konsolidierung bis zur Krise (1990–2010)

2.1 Das ausgehandelte politische System und nachfolgende Änderungen

Der Regimewechsel von 1989/1990 markierte die erste Critical Juncture. Ungarns
Weg vom Sozialismus zur Demokratie erfolgte über einen ausgehandelten Systemwechsel (siehe hierzu Bozóki 2002a). An den trilateralen Verhandlungen am so
genannten Nationalen Runden Tisch 1989 waren die *Ungarische Sozialistische
Arbeiterpartei* (*Magyar Szocialista Munkáspárt,* MSZMP), der *Runde Tisch der Opposition* und die so genannte *Dritte Seite* (Organisationen und Bewegungen der Zivilgesellschaft) beteiligt. Sie gipfelten in der Verabschiedung einer neuen demokratischen
Verfassungsordnung und der Ausrufung der Republik am 23. Oktober 1989.

Die Grundlage für dieses neue demokratische System war keine neue, sondern
die revidierte kommunistische Verfassung von 1949. Deren umfassende Änderung
führte ein parlamentarisches Regierungssystem mit der unikameralen Nationalversammlung als gesetzgebender Institution ein und teilte die Exekutivgewalt zwischen der dem Parlament verantwortlichen Regierung und dem indirekt gewählten
Präsidenten der Republik mit schwachen, weitgehend repräsentativen, Befugnissen auf. Gemäß der konsensualen Logik wurden sogenannte Zweidrittelgesetze

eingeführt, d. h. Gesetze mit Verfassungsrang, die grundlegende institutionelle Fragen (zum Beispiel Wahlsystem, Verfassungsgericht oder Medien) regeln und die Zustimmung von Teilen der Opposition erforderten. Auch für die Wahl wichtiger Amtsträger wurde die Zweidrittelmehrheit festgelegt (zum Beispiel Ombudsleute, Verfassungsrichter oder Präsident des Rechnungshofs) (Körösényi et al. 2003, S. 352–365). Es entstand somit eine durch eine breite Machtstreuung und starke konsensuale Elemente gekennzeichnete fragmentierte Demokratie (Ágh 2000).

Nach den ersten freien Wahlen im Jahr 1990 führte die größte Regierungspartei, das *Ungarische Demokratische Forum* (*Magyar Demokrata Fórum*, MDF), in Zusammenarbeit mit der größten Oppositionspartei, der *Allianz Freier Demokraten* (*Szabad Demokraták Szövetsége*, SZDSZ), eine Verfassungsreform durch, welche die mehrheitsdemokratischen Elemente zulasten der konsensualen stärkte. So wurde der Regierungschef gegenüber dem Parlament gestärkt, indem eine Abberufung der Regierung durch die Einführung eines konstruktiven Misstrauensvotums erschwert wurde. Auch wurde der Ministerpräsident durch das Recht, seine Regierungsmitglieder selbst auszuwählen, gegenüber dem Präsidenten gestärkt. Nicht zuletzt wurde endgültig die indirekte Wahl des Präsidenten durch das Parlament eingeführt. Insgesamt veränderte diese Reform den Charakter des Systems von einem parlamentarisch-konsensualen zu einem parlamentarischen System, welches der deutschen Kanzlerdemokratie mit starken Mehrheitselementen ähnelt (Bos 2004, S. 253–257).

Der Präsident wurde mit vergleichsweise schwachen Befugnissen ausgestattet (Körösényi et al. 2003, S. 557). Dabei fehlten ihm einerseits für parlamentarische Systeme übliche Kompetenzen wie das allgemeine Recht zur Parlamentsauflösung, während er andererseits über eine zeremonielle Funktion hinausgehende Kompetenzen wie etwa das Recht zur Initiierung von Gesetzen und Referenden erhielt (Nábelek und Török 2015, S. 187). Einige Befugnisse waren jedoch nicht eindeutig geregelt und öffneten „semipräsidentielle Hintertüren" (Körösényi et al. 2003, S. 567). Der Präsident konnte zum Beispiel aus wichtigen Gründen ein politisches Veto gegen Gesetze einlegen und bestimmte hohe Beamte ernennen. Diese Unklarheiten führten zu Kompetenzkonflikten zwischen der Regierung und dem ersten frei gewählten Präsidenten Árpád Göncz in den Jahren 1990 bis 1992. Das Verfassungsgericht präzisierte daraufhin in mehreren Urteilen die Befugnisse des Präsidenten und stärkte die Regierung. So entschied es, dass die Regierung allein die Exekutivbefugnis ausübt, und beschränkte das Recht des Präsidenten zur Ablehnung von Nominierungen für staatliche Institutionen auf Situationen, in denen der Kandidat deren demokratisches Funktionieren zu gefährden droht (Dieringer 2006, S. 186–188).

Am Runden Tisch einigte man sich zudem auf ein Verfassungsgericht mit 15 Richtern (1994 auf 11 reduziert), die von einem paritätisch besetzten parlamentarischen Sonderausschuss ernannt und mit einer parlamentarischen Zweidrittelmehrheit für neun Jahre gewählt wurden. Der Präsident wurde von den Richtern selbst und aus ihrer Mitte gewählt. Im Vergleich zu anderen Verfassungsgerichten war das ungarische Gericht außergewöhnlich stark. Es konnte über Verfassungs-beschwerden entscheiden, konkrete Normenkontrollen (Überprüfung der Verein-barkeit von Gesetzgebungsakten mit der Verfassung in konkreten Fällen) und abs-trakte Normenkontrollen (Überprüfung der Vereinbarkeit von Gesetzgebungsakten mit der Verfassung ohne konkrete Fälle) durchführen, über Konflikte zwischen staatlichen Institutionen entscheiden, abstrakte Verfassungsinterpretationen liefern und die Vereinbarkeit von Gesetzen mit internationalen Verträgen überprüfen (Hal-mai 1991).

Da keine Partei am Runden Tisch einseitig ihre Präferenzen durchzusetzen ver-mochte, wurde ein gemischtes Wahlsystem eingeführt. Um die Auswirkungen des Mehrheitswahlrechts in Einzelwahlkreisen auszugleichen, in denen 176 Abgeord-nete mit einfacher Mehrheit gewählt wurden, wurden Elemente des Verhältnis-wahlrechts etabliert. 152 Abgeordnete wurden über 20 regionale Parteilisten und 58 Abgeordnete über eine nationale Parteiliste gewählt. Die 386 Abgeordneten wurden also auf drei verschiedenen Wegen bestellt. Das kompensatorische Wahl-system sollte eine proportionale Repräsentation bewirken, führte aber aufgrund des systematischen Vorteils der stärksten Partei in der Praxis zu einem hohen Dis-proportionalitätseffekt (Szoboszlai 1998). Trotz Kritik kleinerer Parteien und meh-rerer Reformversuche blieb das System bis 2011 unverändert, abgesehen von klei-neren Änderungen wie der Anhebung der Sperrklausel für eine Parteiliste von vier auf fünf Prozent im Jahr 1994.

2.2 Konsolidierung mit Anomalien: Anfang der 1990er-Jahre bis 2006

Obgleich als Übergangslösung gedacht, wurde die reformierte Verfassung nicht er-setzt, sondern im Laufe der Zeit durch Verfassungsänderungen und Gerichts-entscheidungen angepasst. Die Institutionen und das System als Ganzes funktio-nierten und wurden mehr oder weniger von allen wichtigen politischen Akteuren akzeptiert (Körösényi 2006, S. 33). Es bildete sich ein stabiles bipolares Parteien-system heraus (siehe unten) und die Wahlen führten zu regelmäßigen und fried-lichen Regierungswechseln zwischen dem linken und rechten Spektrum sowie zu im regionalen Vergleich stabilen Regierungen.

Trotz der Stabilität des Verfassungsrahmens veränderte sich in den 1990er und frühen 2000er-Jahren die Funktionsweise des politischen Systems durch formalen und informellen Wandel. Insbesondere fand eine schrittweise Verlagerung der Macht von der Legislative zur Exekutive statt. Unter der ersten Orbán-Regierung

(1998–2002) wurde das Amt des Ministerpräsidenten nach dem Vorbild des deutschen Bundeskanzleramtes umgestaltet und gestärkt, indem es mit der Gesamtkoordination der Regierungspolitik beauftragt wurde (Schiemann 2004; Körösényi 2001). Das Kabinett wurde geschwächt, da Entscheidungen zunehmend in anderen (informellen) Sitzungen statt in Kabinettssitzungen getroffen und formale Abstimmungen seltener wurden (Pesti et al. 2015, S. 126–130). Obwohl die Verfassung keine Richtlinienkompetenz enthielt, wurde eine solche de facto etabliert und gegenüber dem Kabinetts- und Ressortprinzip gestärkt (Körösényi 2001). Gleichzeitig glich sich die Rolle des formal starken Parlaments an die der Parlamente in etablierten parlamentarischen Systemen an, indem die Interdependenz zwischen den Mehrheitsfraktionen und der Regierung zunahm (Dieringer 2009, S. 218–219).

Diese Prozesse vollzogen sich zwar kontinuierlich, wurden aber besonders unter der ersten Regierung Orbán vorangetrieben, sodass sogar vor einer „Diktatur des Ministerpräsidenten" gewarnt wurde (Körösényi 2001). Während es in dieser Periode kaum formale Veränderungen in Bezug auf das Parlament gab, behinderte die Regierungsmehrheit dieses de facto bei der Erfüllung einiger seiner Funktionen. Insbesondere schränkte sie die Kontrollfunktion der Opposition ein, indem sie zum Beispiel Interpellationen selbst nutzte oder sich weigerte, Untersuchungsausschüsse einzusetzen (Szente 2009). Die erste Orbán-Regierung war somit ein Meilenstein, da sie die Basis für den Umbau des Systems nach 2010 legte und diesen in manchen Bereichen vorwegnahm.

Das Parteiensystem war durch eine frühe Konzentration und Stabilisierung gekennzeichnet (Tóth 2001). Zunächst dominierte der Transformations-Cleavage, der Konflikt zwischen der kommunistischen Nachfolgepartei *Ungarische Sozialistische Partei* (*Magyar Szocialista Párt*, MSZP) und den neu gegründeten Anti-Regime-Parteien (MDF, SZDSZ und Fidesz). Darüber hinaus bildeten sich Cleavages zwischen „Urbanisten" und Agrarpopulisten sowie zwischen Traditionalisten und sog. Westernizern heraus, die das Parteiensystem bis heute prägen (Barlai 2021, S. 97–98). Mit der Parlamentswahl 1990 entstand zunächst ein gemäßigter Pluralismus in einem tripolaren System mit Sozialisten (MSZP), Liberalen (SZDSZ, Fidesz) und Konservativen (MDF) sowie die historischen Parteien FKGP und die *Christlich-Demokratische Volkspartei* (KDNP).

Die Wahlen von 1994 waren jedoch ein Meilenstein für das Parteiensystem: Die Bedeutung des Transformations-Cleavage nahm ab, nachdem die kommunistische Nachfolgepartei MSZP stärkste Kraft geworden war und eine Koalition mit der antikommunistischen SZDSZ gebildet hatte. Mit dem Eintritt der SZDSZ in die Koalition zerfiel zudem der liberale Block und die zweite liberale Partei Fidesz begann, nach rechts zu rücken (Sóos 2012, S. 24). Mitte der 1990er-Jahre wurden die drei konservativen, ehemals die erste Regierung bildenden, Parteien politisch so unbedeutend, dass ein politisches Vakuum auf der rechten Seite entstand. Die Fidesz-Fraktion füllte diese Lücke, indem sie die KDNP-Abgeordneten aufnahm und ein Wahlbündnis mit dem MDF einging, sodass sie bis 1998 zur dominierenden Partei auf dem rechten Spektrum und zugleich größte Oppositionsgruppe wurde (Szarvas 1998). Die Übernahme einer konservativen und nationalistischen Agenda und die Absorption der kleineren rechts-konservativen Parteien markierten den Beginn eines stabilen Zweiblocksystems, mit der MSZP als dominierender Partei auf der linken und Fidesz auf der rechten Seite (Sóos 2012). All diese Entwicklungen zusammen stärkten die majoritären Züge des Systems. Während die Reformen zur Stärkung der Exekutive Effizienz und Regierbarkeit gegenüber Konsens und Kompromiss betonten (Ágh 2000), förderte das zunehmend polarisierte Parteiensystem ein wettbewerbsorientiertes statt kooperatives Elitenverhalten (Körösényi et al. 2003, S. 605).

2.3   Die Krise der Demokratie von 2006 bis 2010

Trotz demokratischer Konsolidierung kam es um die Jahrtausendwende zu Spannungen (siehe Bos 2021). Zum einen vollzog sich eine parteipolitische Polarisierung, die über das Wahlverhalten hinausging, da beide Blöcke ihre Parallelstrukturen in Medien, Zivilgesellschaft und Wirtschaft schufen (Körösényi 2012, S. 290–291). Zum anderen führte der Antagonismus zwischen der MSZP als kommunistischer Nachfolgepartei und Fidesz als ehemaliger Anti-Regime-Partei zu einer Wiederbelebung des Transformations-Cleavages, verbunden mit einer zunehmenden Infragestellung der 1989/1990 etablierten Struktur durch Fidesz.

Die extrem polarisierenden Wahlen 2002, bei denen Fidesz eine Niederlage erlitt, verstärkten diese Prozesse weiter (Bozóki 2002b). Die gesamte politische Strategie von Fidesz der folgenden Jahre spiegelte das Trauma der Niederlage gegen die MSZP wider. Eine stark antikommunistische Sprache, ein antagonistischer Rahmen und die kontinuierliche Infragestellung der Legitimität der MSZP-geführten Regierung wurden zum Kern der Strategie der Partei. Dabei bemühte Fidesz das Argument eines unvollendeten Regimewechsels und sprach von einem faulen Kompromiss sowie einer angeblichen Kontinuität der Eliten.

Im September 2006 wurde eine interne Rede von Ministerpräsident Ferenc Gyurcsány bekannt, in der er vor seiner Fraktion gestand, dass seine Regierung die Wähler vor den Wahlen 2006 getäuscht hatte. Trotz der darauffolgenden gewalttätigen Proteste, deren Höhepunkt die Belagerung des Budapester Hauptsitzes des ungarischen Fernsehens war, blieb der Ministerpräsident im Amt und wurde durch ein positives Vertrauensvotum bestätigt (Ahn 2006). Dieses Ereignis markierte den Beginn des Niedergangs des demokratischen politischen Systems. Fidesz stellte zunehmend die Legitimität der demokratisch gewählten Regierung in Frage, missachtete die formalen parlamentarischen Verfahren, boykottierte das Parlament und verlagerte die Politik auf die Straße (Dieringer 2009, S. 137). Im Vorfeld der Wahlen 2010 wurde die „majoritäre Politikauffassung" (Bos 2011, S. 51) der Partei und ihres Chefs immer deutlicher, so etwa als Orbán von der Entstehung eines „zentralen Kräftefelds" sprach, welches das Zweiblocksystem für die nächsten 15–20 Jahre durch eine einzige Kraft ersetzen und „nationale" Fragen ohne ermüdende Debatten lösen würde (Bos 2011, S. 51).

3 Von der konsolidierten parlamentarischen Demokratie zur elektoralen Autokratie (seit 2010)

3.1 Der Umbau des politischen Systems

Die Parlamentswahlen 2010 stellen eine zweite Critical Juncture für das politische System und die Entwicklung des Regimes dar. Verstärkt durch das Wahlsystem bescherten sie dem Fidesz-KDNP-Wahlbündnis mit 52,7 % der Stimmen und einer Zweidrittelmehrheit im Parlament einen erdrutschartigen Sieg. Die bisher regierende MSZP musste sich mit 19,3 % geschlagen geben, während die ehemaligen Regierungsparteien MDF und SZDSZ die Fünfprozenthürde verfehlten und allmählich in der Bedeutungslosigkeit versanken. Gleichzeitig schaffte es eine neue Generation von Parteien ins Parlament: Die rechtsradikale *Jobbik – Bewegung für ein besseres Ungarn* (*Jobbik Magyarországért Mozgalom*, Jobbik)[2] erhielt 16,7 % und die grüne *Politik kann anders sein* (*Lehet Más a Politika*, LMP)[3] 7,5 %.

Die Zweidrittelmehrheit ermöglichte Fidesz-KDNP eine beispiellose Verfassungsrevision, die mit zwölf Änderungen der Verfassung begann (Priebus 2016a, S. 113–117). Einige davon formalisierten lediglich bestehende Praktiken, zum Beispiel die Schaffung des Amtes eines stellvertretenden Ministerpräsidenten, oder hatten symbolischen Charakter wie die Reduzierung der Größe des Parlaments auf 200 Abgeordnete.[4] Andere hingegen schwächten nachhaltig gegenseitige Kontrollmechanismen: Der Modus der konsensualen Auswahl von Verfassungsrichtern wurde abgeschafft, dem Verfassungsgericht wurden die Befugnisse zur Überprüfung von Gesetzen über Steuern, den Haushalt oder andere Finanzfragen entzogen und die Kontrolle der Regierung über die Medien wurde verstärkt (siehe unten).

Parallel dazu wurde in einem intransparenten und kurzen Prozess eine neue Verfassung ausgearbeitet, welche die Opposition de facto aus dem Prozess ausschloss

---

[2] Seit 2023 *Jobbik – Konservative* (*Jobbik – Konzervatívok*).
[3] Seit 2020 *Grüne Partei Ungarns* (LMP – *Magyarország Zöld Pártja*).
[4] Mit dem neuen Wahlgesetz von 2011 wurde diese Anzahl auf 199 festgelegt.

(Priebus 2016a, S. 117–120). Die neue Verfassung, das so genannte Grundgesetz (GG, Magyarország Alaptörvénye), wurde am 25. April 2011 von der Regierungs-mehrheit angenommen. Auf den ersten Blick stellte das GG keinen radikalen Bruch mit dem etablierten System dar, da es lediglich kleinere institutionelle Änderungen wie etwa die Verankerung des Richtlinienprinzips vornahm. Insgesamt wurde je-doch das System der verfassungsmäßigen Kontrollen und Vetopunkte genau auf-grund des Zusammenspiels solch kleinerer Veränderungen ausgehöhlt und dessen Funktionsweise erheblich verändert (Bánkúti et al. 2012, S. 142). So wurde die Unabhängigkeit der ordentlichen Gerichtsbarkeit durch ein neu eingerichtetes Na-tionales Justizamt mit dem Recht, Richter auszuwählen und Fälle zu übertragen, geschwächt. Auch wurde die Dauer von Amtszeiten verlängert und das Spektrum der Ämter, die mit einer Zweidrittelmehrheit gewählt werden, erweitert, um Fidesz-Kandidaten auf längere Zeit zu installieren. Dies verschafft Fidesz auch nach einem möglichen Regierungswechsel einen erheblichen Einfluss (Priebus und Lorenz 2015, S. 294).

Die Regierung übernahm zudem die Kontrolle über die Medien. Im Jahr 2010 hob sie die verfassungsmäßige Verpflichtung der Regierung zur Verhinderung von Medienmonopolen auf. Außerdem wurde eine mächtige Nationale Medien- und Infokommunikationsbehörde als Aufsichtsbehörde für die Medienregulierung ein-gerichtet, deren Präsident auf Vorschlag des Ministerpräsidenten mit einer Zweidrittelmehrheit im Parlament für neun Jahre gewählt wird. Diese Änderungen bereiteten den Boden für das Gesetz über die Medienfreiheit und die grundsätzli-chen Regeln der Medieninhalte sowie für das Gesetz über die Mediendienste und die Massenkommunikation, welche mehr Kontrollen und Zentralisierung ein-führten. Ein neu gegründeter Medienrat, geleitet vom Präsidenten der Medien-behörde und zuständig für die Regulierung der Inhalte von Rundfunk, Printmedien und Internetmedien, erhielt außerdem die Befugnis, Medien zu überwachen und zu bestrafen oder sogar ihren Betrieb auszusetzen, wenn er ihre Berichterstattung für unausgewogen, unmoralisch oder für Hass erregend hält. Mit der Reform wurden auch der Betrieb und die Produktion von Inhalten der öffentlichen Medien unter dem Fonds zur Unterstützung des Mediendienstes und der Ver-mögensverwaltung (MTVA) zentralisiert, der autonome Betrieb der öffentlichen Radio- und Fernsehsender beendet und der Kontrolle des Medienrats unterstellt (Nagy und Polyák 2011).

Weitere wichtige, den Charakter des Systems verändernde institutionelle Refor-men wurden zudem unterhalb der Verfassungsebene durchgeführt. Durch die Än-derung der Geschäftsordnung und ein neues Gesetz über die Nationalversammlung von 2012 wurden die Beratungs- und Kontrollfunktionen des Parlaments und die Chancen der Opposition auf substanzielle Mitwirkung erheblich geschwächt.

Unter anderem wurde die Anwendung von beschleunigten Gesetzgebungsverfahren ausgeweitet, was eine Verabschiedung von Gesetzen im Schnellverfahren innerhalb von nur sechs Tagen ermöglichte und eine umfassende Debatte verhinderte. Darüber hinaus wurde ein neuer Gesetzgebungsausschuss unter Vorsitz der stärksten Fraktion eingerichtet, welcher über die Weiterbefassung eingereichter Gesetzentwürfe entscheidet und noch vor Weiterleitung an das Plenum Änderungen durchführen kann. Der neue Ausschuss stellt damit sicher, dass nur von der Regierungsmehrheit unterstützte Initiativen die Schlussabstimmung im Plenum erreichen. Insgesamt wurde das Parlament durch eine Aushöhlung seiner Gesetzgebungs- und Kontrollfunktionen durch formalrechtlich korrekte Verfahren so stark geschwächt, dass es inzwischen kaum mehr als ein Abnickverein für Regierungsinitiativen ist.

2011 verabschiedete die Mehrheit eine umfassende Wahlsystemreform. Diese verkleinerte das Parlament auf 199 Abgeordnete und gestaltete die Größe der Wahlbezirke proportionaler, wodurch Kritik über die Veränderung der Bezirksgrößen im Laufe der Zeit adressiert wurde (Tóth 2015, S. 241). Der Neuzeichnung der Wahlkreise mangelte es jedoch an Transparenz und ließ Gerrymandering, also einen strategischen Zuschnitt zum Vorteil von Fidesz, erkennen (László 2012, S. 8–12). Das gemischte Wahlsystem wurde beibehalten, allerdings wurden die Mehrheitselemente gestärkt. Im Einklang mit der majoritären Politikauffassung von Fidesz wurde der Anteil der Mandate, die über Einpersonenwahlkreise verteilt werden, auf 106 erhöht, während 93 Mandate proportional über nationale Parteilisten verteilt werden. Außerdem wurde für die Einpersonenwahlkreise die relative statt der bisherigen absoluten Mehrheit eingeführt, wodurch der zweite Wahlgang entfällt (László 2014, S. 1–2). Darüber hinaus wurde der Disproportionalitätseffekt durch die Einführung der sogenannten Siegerkompensation verschärft (Priebus 2016b, S. 78).

Schließlich eröffnete das neue Wahlgesetz den im Ausland lebenden ethnischen Ungarn, die die Staatsbürgerschaft im Rahmen eines neuen, vereinfachten Einbürgerungsverfahrens erhalten können, die Möglichkeit, auch ohne offizielle Adresse in Ungarn per Briefwahl an den Parlamentswahlen teilzunehmen. Gleichzeitig können Bürger mit eingetragenem Wohnsitz in Ungarn, die sich zum Zeitpunkt der Wahl im Ausland aufhalten, nur persönlich in den Vertretungen Ungarns wählen, was ihre Teilnahme erheblich erschwert. Letztlich trug das einseitig konzipierte und verabschiedete Wahlsystem dazu bei, die Machtposition von Fidesz zu stärken: Bei den Parlamentswahlen 2014 wiederholte das Fidesz-KDNP-Bündnis seinen früheren Wahlerfolg. Obwohl es lediglich 44,87 % der Wählerstimmen erhielt, verhalf ihm der verstärkte Mehrheitscharakter des neuen Wahlsystems erneut zu zwei Dritteln der Parlamentssitze (133 der 199 Mandate).

Zusammenfassend lässt sich sagen, dass die Wahlen 2010 ein Fenster für Verfassungsreformen öffneten, welche Fidesz-KDNP für eine strategische Institutionenpolitik nutzte. Oberflächlich betrachtet – und im Einklang mit dem mehrheitsorientierten Politikverständnis der Regierungsparteien – schien die Reform zunächst in die Richtung einer parlamentarischen Mehrheitsdemokratie nach dem Westminster-Modell zu weisen. Ganz untypisch für Mehrheitsdemokratien wurden jedoch nur selektiv majoritäre Elemente übernommen (zum Beispiel die Einführung der einfachen Mehrheit im neuen Wahlsystem), während konsensuale Elemente (insbesondere die qualifizierte Mehrheitsregel) ausgeweitet wurden. Der Umbau verfolgte also nicht das Ziel einer Mehrheitsdemokratie, sondern war auf die Steigerung der eigenen Regierungseffizienz sowie auf die Sicherung des langfristigen politischen Einflusses ausgelegt (Priebus und Lorenz 2015). Dementsprechend bewirkten diese Reformen nicht einfach einen Übergang von einer Konsens- zu einer Mehrheitsdemokratie (so etwa Lang 2015). Vielmehr markierten sie den Beginn eines Abdriftens von einem demokratischen zu einem autoritären Regimetyp.

3.2   Machtsicherung durch informelle Praktiken und Ausnutzung formaler Verfahren

Die Parlamentswahlen 2014, bei denen Fidesz-KDNP eine neue Zweidrittelmehrheit erringen konnte, stellte innen- wie auch außenpolitisch einen Meilenstein dar. Zum einen begann damit die allmähliche Konsolidierung des neuen politischen Systems. Im Sommer 2014 skizzierte Premierminister Orbán seine politische Vision einer „illiberalen Demokratie" und nannte Staaten wie Russland, China und die Türkei als Vorbilder (Tóth 2014). Zum anderen änderte sich der pragmatische Kurs gegenüber der Europäischen Union und wich zunehmend einem stark konfrontativen und hart euroskeptischen Kurs. Gleichzeitig setzte die Regierung im Rahmen ihrer sogenannten Politik der Ostöffnung auf engere Verbindungen zu den genannten Staaten.

Während der große Verfassungsumbau bis 2012 abgeschlossen war, fanden weitere formale Änderungen sowohl auf Verfassungs- als auch einfachgesetzlicher Ebene statt. Bis Sommer 2024 wurde das Grundgesetz dreizehnmal geändert, wobei sich einige der oben genannten Trends wie etwa die weitere Schwächung des Verfassungsgerichts, die Politisierung der Justiz oder die Konstitutionalisierung von verfassungswidrigen Bestimmungen (zum Beispiel die Verankerung von Obdachlosigkeit als illegal) fortsetzten. Eine Änderung von 2022 erlaubt der Regierung, per Dekret zu regieren, wenn in einem Nachbarland ein Krieg oder ein bewaffneter Konflikt herrscht (was in der benachbarten Ukraine der Fall ist) (Priebus und Végh 2022, S. 18). Die Regierungsmehrheit hat zudem weitere politisch motivierte Änderungen des Wahlsystems vorgenommen.

Neben der gezielten Schwächung von Kontrollinstanzen werden die noch vorhandenen institutionellen Vetospieler sukzessive neutralisiert. Ein üblicher Weg ist die Praxis politischer Nominierungen für höhere Ämter. So wählte das von der Mehrheit kontrollierte Parlament ab 2010 ehemals aktive Fidesz-Politiker in das Amt des Staatspräsidenten (Pál Schmitt, János Áder und Katalin Novák).[5] Auch andere höhere Staatsämter, zum Beispiel der Generalstaatsanwalt oder die Präsidenten der Medienbehörde und des höchsten ungarischen Gerichts, der Kurie, werden politisch besetzt.

Einige dieser Entwicklungen, insbesondere die Schwächung des Parlaments, wurde seit 2020 durch eine kontinuierliche und ausgedehnte Herrschaft per Dekret noch weiter verschärft. Das Regieren per Dekret wird mit verschiedenen Krisen gerechtfertigt, wobei als rechtliche Grundlage verschiedene Ausnahme- bzw. Notstandssituationen aufgrund besonderer Gefahren, angefangen mit Migration im Jahr 2015, über Covid-19 im Jahr 2020 und zuletzt der Krieg gegen die Ukraine 2022, dienen. Diese Praxis ist problematisch, weil sich die Regierung nicht auf die Regelung dringender, im Zusammenhang mit der jeweiligen Krise stehende Fragen beschränkt, sondern beispielsweise auch reguläre Änderungen am Haushalt durchführt oder Vorschriften für die Entlassung von streikenden Lehrern per Dekret lockert (Dobszay 2023). Dabei kann der Beginn der Corona-Pandemie 2020 als weiterer Meilenstein betrachtet werden, da ab diesem Zeitpunkt das Regieren per Dekret zum Normalzustand wurde.

Daneben spielen weitere informelle Dynamiken eine wichtige Rolle (siehe Zgut 2022), insbesondere die Vereinnahmung des Staates durch Freunde und Familienmitglieder des Ministerpräsidenten und der Schaffung hochgradig klientelistischer Strukturen, sodass bisweilen von einem „Mafia-Staat" gesprochen wird (Magyar 2016). Das Netzwerk um Orbán kontrolliert mittlerweile einen erheblichen Teil der ungarischen Wirtschaft und gewinnt überproportional oft lukrative staatliche Ausschreibungen (Tóth 2022). So hat sich das Einpyramidensystem unter Führung des Ministerpräsidenten auch auf die Verteilung staatlicher Ressourcen ausgedehnt. Ein zentraler Mechanismus, der die Stabilität dieser Pyramide sichert, ist somit die finanzielle Abhängigkeit: Politische und wirtschaftliche Akteure, die der Regierung gegenüber loyal sind, werden finanziell belohnt, während diejenigen, die dies nicht sind (wie oppositionell geführte Kommunen), finanziell bestraft werden.

---

[5] Mit der Nominierung und Wahl des Präsidenten des Verfassungsgerichts Tamás Sulyok als Staatspräsident Anfang 2024 brach die Regierungsmehrheit mit diesem Muster, da dieser vorher kein aktiver Fidesz-Politiker und nicht einmal Fidesz-Mitglied war.

3.3   Das konfliktreiche Verhältnis zur EU

Die Konsolidierung in den 1990er und frühen 2000er-Jahren wurde durch den parteiübergreifenden Wunsch befördert, Ungarn in die EU und die NATO zu integrieren (Dunay 2004, S. 226–236). Da bereits der erste Länderbericht der Europäischen Kommission konstatierte, dass Ungarn den Übergang zur parlamentarischen Demokratie erfolgreich vollzogen habe und die neuen staatlichen Institutionen innerhalb ihrer verfassungsmäßigen Kompetenzen arbeiteten (European Commission 1997), konzentrierten sich die Beitrittsverhandlungen lediglich auf die Rechtsharmonisierung, nicht auf verfassungsrechtliche Fragen. Mit dem Beitritt Ungarns zur Europäischen Union am 01. Mai 2004 wurde ein wichtiger Meilenstein erreicht.

Nach dem Fidesz-Wahlsieg 2010 verschlechterten sich die Beziehungen Ungarns zur EU erheblich. Die Rhetorik der Regierung wurde zunehmend euroskeptisch und konfrontativ (Buras und Végh 2018). Auf den Umbau des Systems reagierte die Europäische Kommission zunächst mit einer Reihe von Vertragsverletzungsverfahren in Fällen, in denen die Reformen eindeutig gegen EU-Recht verstießen (Anders und Priebus 2021). 2018 leitete das Europäische Parlament das Verfahren nach Artikel 7 Absatz 1 des Vertrages über die Europäische Union (EUV) gegen Ungarn ein, um festzustellen, ob die Gefahr einer schwerwiegenden Verletzung der EU-Grundwerte besteht. Aufgrund eines gegenseitigen Bündnispaktes zwischen der ungarischen und der bis Ende 2023 amtierenden polnischen, von der Partei *Recht und Gerechtigkeit* (*Prawo i Sprawiedliwość*, PiS) geführten Regierung und weil nicht klar ist, ob eine ausreichende Mehrheit für eine Verurteilung Ungarns zustande kommt, stockt das Verfahren im Rat jedoch seit Jahren (Priebus 2022). Auch wenn die EU somit bisher nicht in der Lage war, dem Abbau von Demokratie und Rechtsstaatlichkeit entschieden entgegenzuwirken, hat sie möglicherweise den Autokratisierungsprozess verlangsamt (Bozóki und Hegedűs 2018).

Im Jahr 2022 initiierte die Europäische Kommission schließlich zum ersten Mal die sogenannte Rechtsstaatskonditionalität gegen Ungarn aufgrund des Missbrauchs von EU-Mitteln. Der Rat setzte 55 % der Strukturfondsmittel im Rahmen von drei operationellen Programmen bis zur Erfüllung einer Reihe von Reformen aus, welche insbesondere Verbesserungen bei der Unabhängigkeit der Justiz und Korruptionsbekämpfung fordern. Darüber hinaus hat die Kommission weitere Mittel im Rahmen zwei weiterer Konditionalitätsmechanismen – der Aufbau- und Resilienzfazilität sowie der Gemeinsamen Bestimmungen der EU-Fonds – ausgesetzt (Priebus 2023). Mit den Meilensteinen hat die EU zum ersten Mal eine Liste von Anforderungen aufgestellt, die Bedenken hinsichtlich der Rechtsstaatlichkeit in einer systematischeren Weise adressieren und die, wenn sie umgesetzt werden, die Qualität des politischen Systems beeinflussen könnten.

Der Graben zwischen Budapest und Brüssel ist mittlerweile jedoch so tief, dass auch ein durch die Verträge nicht vorgesehener Ausschluss des Landes nicht mehr tabu ist. Ministerpräsident Orbán seinerseits vermeidet es jedoch, über einen „Huxit" zu sprechen. Der Grund der Regierung, an einer Mitgliedschaft festzuhalten, obwohl sie deren Grundlagen angreift und ihre Legitimität in Frage stellt, ist, dass Ungarn einer der größten Nutznießer von EU-Geldern ist: Nach Angaben der Kommission beläuft sich die finanzielle Unterstützung durch die EU auf durchschnittlich 2,5 % des jährlichen BIP des Landes (European Commission 2023, S. 3).

4 Fazit

Betrachtet man die Entwicklung des politischen Systems in den letzten drei Jahrzehnten, so lässt sich in Ungarn ein Pfadwechsel beobachten, der – abgesehen von Polen – unter den Osterweiterungsstaaten einmalig ist. Von einem Land, das in den 1990er-Jahren schnell seine neuen institutionellen Strukturen einer parlamentarischen Demokratie konsolidierte und 2004 als einer der demokratischen Vorreiter in der Region der EU beitrat, durchlief Ungarn in den 2010er-Jahren einen spektakulären Prozess der Entdemokratisierung. Die durch die Regierungsmehrheit vorangetriebene Machtakkumulation führte zur Etablierung einer elektoralen Autokratie bis Anfang der 2020er-Jahre (Varieties of Democracy Institute 2022).

Unter Orbán hat sich ein klientelistisches Einpyramidensystem (Hale 2015) etabliert, in dessen Zentrum der Patron, Ministerpräsident Orbán, steht, welcher als Chef seiner Regierung und seiner Partei sowohl den Staat als auch die Partei kontrolliert. Das Parlament ist de facto entmachtet, Vetospieler wie der Präsident oder der Staatsanwalt durch politische Ernennungen neutralisiert. Ab 2020 wurde das Regieren durch Verordnungen zur neuen Normalität. Der institutionelle Rahmen ist somit zu einer Fassade für intransparente und häufig informelle Praktiken geworden; die formellen Regeln und Verfahren werden durch informelle Netzwerke und durch eine Abhängigkeit von der Nähe und Loyalität zum Ministerpräsidenten ersetzt. Auch wenn der Erhalt des Systems immer kostspieliger wurde, haben sich die Machtstrukturen nach fast anderthalb Jahrzehnten so verfestigt, dass die Chancen auf einen Machtwechsel über Wahlen und eine anschließende Redemokratisierung lange kaum möglich schienen. Seit Frühling 2024 erlebt jedoch die vom ehemaligen Fidesz-Insider Péter Magyar gegründete Partei TISZA einen kometenhaften Aufstieg und etabliert sich nun als Alternative zur Regierungspartei. Bei den Wahlen zum Europäischen Parlament 2024, den ersten Wahlen, bei denen die Partei antrat, erzielte diese aus dem Stand heraus 29,6 % und wurde nach Fidesz-KDNP die zweitstärkste Kraft. Bereits im Herbst

2024 sahen unterschiedliche Meinungsforschungsinstitute TISZA in Umfragen wenige Prozentpunkte vor Fidesz-KDNP. Das Aufkommen dieses neuen Akteurs und sein unerwartetes Erstarken stellen das System vor eine Herausforderung bisher unbekannten Ausmaßes. Da TISZA als neue politische Initiative noch nicht gefestigt und ihr programmatisches Profil bisher wenig konturiert ist, bleibt jedoch unklar, was ein möglicher Sieg der Partei bei den nächsten Parlamentswahlen für das System bedeuten würde.

Kontrollfragen

(1) Welche Entwicklungen ab den späten 1990ern beeinträchtigten zunehmend die Konsolidierung des politischen Systems?

(2) Wie hat sich das Verhältnis zwischen mehrheits- und konsensdemokratischen Elementen im politischen System seit Anfang der 1990er-Jahre bis heute verändert?

(3) Wie lässt sich erklären, dass Ungarn mittlerweile zwar formal noch eine parlamentarische Demokratie ist, jedoch von einschlägigen Demokratieindizes als hybrides Regime oder elektorale Autokratie eingestuft wird?

Weiterführende Literatur

1. Barlai, Melani, Florian Hartleb, Dániel Mikecz. 2023. *Das politische System Ungarns*. Baden-Baden: Nomos.

   Das momentan aktuellste Lehr- und Einführungsbuch zum politischen System Ungarns.

2. Bos, Ellen, Astrid Lorenz, Hrsg. 2021. *Das politische System Ungarns. Nationale Demokratieentwicklung, Orbán und die EU.* Wiesbaden: Springer VS.

   Gibt einen Überblick über verschiedene Institutionen und Funktionsweisen des Systems sowie einige Politikfelder.

3. Magyar, Bálint. 2016. *Post-Communist Mafia State – The Case of Hungary.* Budapest: CEU Press.

   Beleuchtet die systematische Vereinnahmung staatlicher Ressourcen durch die regierende Mehrheit und deren Familien- sowie Freundeskreis nach 2010.

Literatur

Ágh, Attila (2000): A fragmentált demokrácia feszültségei. A központi kormányzat reformja az Orbán-kormányban (1998–1999). In: Sándor Kurtán, Péter Sándor und László Vass (Hg.): Magyarország politikai évkönyve 1999: 17–28. Budapest: Demokrácia Kutatások Központja Alapítvány.

Ahn, Thomas von (2006): Demokratie oder Straße? Fragile Stabilität in Ungarn. In: *Osteuropa* 56 (10), S. 89–103.

Anders, Lisa H.; Priebus, Sonja (2021): Does it Help to Call a Spade a Spade? Examining the Legal Bases and Effects of Rule of Law Related Infringement Procedures against Hungary. In: Astrid Lorenz und Lisa H. Anders (Hg.): Illiberal Trends and Anti-EU Politics in East Central Europe: Palgrave Macmillan, S. 235–261.

Bánkúti, Miklós; Halmai, Gábor; Scheppele, Kim Lane (2012): Disabling the constitution. In: *Journal of Democracy* 23 (3), S. 138–145.

Barlai, Melani (2021): Tradierte gesellschaftliche Konfliktlinien und ihre Einflüsse auf das ungarische Parteiensystem. In: Ellen Bos und Astrid Lorenz (Hg.): Das politische System Ungarns. Nationale Demokratieentwicklung, Orbán und die EU. Wiesbaden: Springer VS, S. 93–109.

Bos, Ellen (2004): Verfassungsgebung und Systemwechsel. Die Institutionalisierung von Demokratie im postsozialistischen Osteuropa. Wiesbaden: VS Verlag für Sozialwissenschaften.

Bos, Ellen (2011): Ungarn unter Spannung. Zur Tektonik des politischen Systems. In: *Osteuropa* 61 (12), S. 39–64.

Bos, Ellen (2021): Politisches System und Demokratieentwicklung in Ungarn: Funktionsdefizite und Instrumentalisierung demokratischer Verfahren durch die Regierungsparteien. In: Ellen Bos und Astrid Lorenz (Hg.): Das politische System Ungarns. Nationale Demokratieentwicklung, Orbán und die EU. Wiesbaden: Springer VS, S. 25–55.

Bozóki, András (2002a): Politikai fordulat Magyarországon. In: *Politikatudományi Szemle* (1–2), S. 5–19.

Bozóki, András (Hg.) (2002b): The Roundtable Talks of 1989. The genesis of Hungarian democracy: analysis and documents. Budapest: Central European University Press.

Bozóki, András; Hegedűs, Dániel (2018): An externally constrained hybrid regime: Hungary in the European Union. In: *Democratization* 25 (7), S. 1173–1189.

Buras, Piotr; Végh, Zsuzsanna (2018): Stop, Brüssel! Polen und Ungarn in der Europäischen Union. In: *Osteuropa* 68 (3), S. 99–114.

Dieringer, Jürgen (2006): Árpád Göncz: Wegbereiter der ungarischen „Kanzlerdemokratie" wider Willen. In: Ellen Bos (Hg.): Zwischen Diktatur und Demokratie. Staatspräsidenten als Kapitäne des Systemwechsels in Osteuropa. Berlin, Münster: Lit, S. 175–192.

Dieringer, Jürgen (2009): Das politische System der Republik Ungarn. Entstehung, Entwicklung, Europäisierung. Opladen: B. Budrich.

Dobszay, János (2023): A király álruhája. In: *hvg*, 03.02.2023.

Dunay, Pál (2004): Az átmenet magyar külpolitikája. In: Ferenc Gazdag und László Kiss J. (Hg.): Magyar külpolitika a 20. században. Tanulmányok. Budapest: Zrínyi Kiadó, S. 221–240.

European Commission (1997): Commission Opinion on Hungary's Application for Membership of the European Union. DOC/97/13. Brussels. Online verfügbar unter https://ec.europa.eu/commission/presscorner/api/files/document/print/en/doc_97_13/DOC_97_13_EN.pdf, zuletzt geprüft am 14.02.2024.

European Commission (2023): 2023 Country Report – Hungary. Brussels, 24.5.2023 SWD(2023) 617 final. https://economy-finance.ec.europa.eu/system/files/2023-05/HU_SWD_2023_617_en.pdf

Filippov, Gábor (2020): Hungary. Nations in Transit 2020 Country Report. Online verfügbar unter https://freedomhouse.org/country/hungary/nations-transit/2020, zuletzt aktualisiert am 15.08.2023, zuletzt geprüft am 15.08.2023.

Hale, Henry E. (2015): Patronal politics. Eurasian regime dynamics in comparative perspective. New York, NY: Cambridge University Press.

Halmai, Gábor (1991): Alkotmány és alkotmánybíráskodás. In: Sándor Kurtán, Péter Sándor und László Vass (Hg.): Magyarország politikai évkönyve 1990. Budapest: Demokrácia Kutatások Központja Alapítvány, S. 149–155.

Körösényi, András (2001): Parlamentáris vagy „elnöki" kormányzás. Az Orbán-kormány összehasonlító perspektívából. In: Századvég, Új folyam, S. 3–38. Online verfügbar unter http://scripta.c3.hu/szazadveg/20/korosuj.htm, zuletzt geprüft am 23.11.2022.

Körösényi, András (2006): Mozgékony patthelyzet. Reform és változatlanság között: a politikai és alkotmányos alapszerkezet változásai, 1990–2005. In: Politikatudományi Szemle XV (1), S. 29–68.

Körösényi, András (2012): A politikai polarizáció és következményei a demokratikus elszámoltatásra. In: Zsolt Boda und András Körösényi (Hg.): Van irány? Trendek a magyar politikában. Budapest: Új Mandátum Könyvkiadó, S. 284–309.

Körösényi, András; Tóth, Csaba; Török, Gábor (2003): A magyar politikai rendszer. Budapest: Osiris Kiadó.

Lang, Kai-Olaf (2015): Ungarn: Demokratischer Staatsumbau oder Autokratie? Innere Merkmale und außenpolitische Folgen des Systems Orbán. In: SWP-Aktuell 6, S. 1–8.

László, Róbert (2012): Új választókerületi térkép. In: Félúton a választási reform. Political Capital. Budapest, S. 4–12.

László, Róbert (2014): A választójogi szabályozás átalakulása 2010–2014. In: MTA Law Working Papers 2014 (21).

Magyar, Bálint (2016): Post-Communist Mafia State. The Case of Hungary. Budapest, New York: Central European University Press.

Nábelek, Fruzsina; Török, Gábor (2015): Az államfő. In: András Körösényi (Hg.): A magyar politikai rendszer – negyedszázad után. Budapest: OSIRIS; MTA Társadalomtudományi Kutatóközpont Politikatudományi Intézet, S. 183–202.

Nagy, Krisztina; Polyák, Gábor (2011): Die neuen Mediengesetze in Ungarn. Kritische Betrachtung von Normen und Praxis. In: Osteuropa Recht 57 (3), S. 262–273.

Pesti, Sándor; Fazekas, Anikó; Franczel, Richárd (2015): A kormány működési és szervezeti rendje. In: András Körösényi (Hg.): A magyar politikai rendszer – negyedszázad után. Budapest: OSIRIS; MTA Társadalomtudományi Kutatóközpont Politikatudományi Intézet, S. 109–133.

Priebus, Sonja (2016a): Das ungarische Wahlsystem im Zentrum eines strategischen Institutionendesigns. In: Herbert Küpper, Zoltán Csehi und Csaba Láng (Hg.): Vier Jahre ungarisches Grundgesetz. Frankfurt a. M. [u. a.]: Peter Lang Publishing Group, S. 65–87.

Priebus, Sonja (2016b): Hungary. In: Anna Fruhstorfer und Michael Hein (Hg.): Constitutional politics in Central and Eastern Europe. From post-socialist transition to the reform of political systems. Wiesbaden: Springer VS, S. 101–143.

Priebus, Sonja (2022): Watering down the 'nuclear option'? The Council and the Article 7 dilemma. In: *Journal of European Integration* 44 (7), S. 995–1010. https://doi.org/ 10.1080/07036337.2022.2052055.

Priebus, Sonja (2023): Finanzielle Daumenschrauben gegen Rechtsstaatssünder. Der Konflikt Ungarns mit der Europäischen Union um das liebe Geld. In: *Südosteuropa Mitteilungen* 63 (2), S. 45–59.

Priebus, Sonja; Lorenz, Astrid (2015): Strategische Institutionenpolitik. Inhalte, Effekte und Risiken der Parlamentsreformen in Ungarn seit 2010. In: *ZParl* 46 (2), S. 292–309. https://doi.org/10.5771/0340-1758-2015-2-292.

Priebus, Sonja; Végh, Zsuzsanna (2022): Hungary after the General Elections. Down the Road of Autocratisation? In: *Südosteuropa-Mitteilungen* 62 (03), S. 7–20.

Schiemann, John W. (2004): Hungary: the emergence of chancellor democracy. In: *The Journal of Legislative Studies* 10 (2–3), S. 128–141. https://doi.org/10.1080/1357233042000322265.

Sóos, Gábor (2012): Kétblokkrendszer Magyarországon. In: Zsolt Boda und András Körösényi (Hg.): Van irány? Trendek a magyar politikában. Budapest: Új Mandátum Könyvkiadó, S. 14–40.

Szarvas, László (1998): Sok mozgás közben helybejárás – pártfrakciók '97. In: Sándor Kurtán, Péter Sándor und László Vass (Hg.): Magyarország politikai évkönyve 1997. Budapest: Demokrácia Kutatások Központja Alapítvány, S. 189–198.

Szente, Zoltán (2009): Az Országgyűlés húsz éve. In: Péter Sándor, Anna Stumpf und László Vass (Hg.): Magyarország politikai évhuszadkönyve: A magyar demokrácia kormányzati rendszere (1988–2008). Budapest: Demokrácia Kutatások Központja Alapítvány, DVD.

Szoboszlai, György (1998): Pártrendszer és választások a rendszerváltás után. In: Sándor Kurtán, Péter Sándor und László Vass (Hg.): Magyarország évtizedkönyve. Budapest: Demokrácia Kutatások Központja Alapítvány, S. 302–324.

Tóth, Csaba (2001): A magyar pártrendszer fejlődésének fő iránya. In: *Politikatudományi Szemle* (3), S. 81–103.

Tóth, Csaba (2014): Full text of Viktor Orbán's speech at Băile Tuşnad (Tusnádfürdő) of 26 July 2014. In: *The Budapest Beacon*, 29.07.2014. Online verfügbar unter https://budapestbeacon.com/full-text-of-viktor-orbans-speech-at-baile-tusnad-tusnadfurdo-of-26-july-2014/, zuletzt geprüft am 28.09.2023.

Tóth, Csaba (2015): Választási rendszer. In: András Körösényi (Hg.): A magyar politikai rendszer – negyedszázad után. Budapest: OSIRIS; MTA Társadalomtudományi Kutatóközpont Politikatudományi Intézet, S. 231–248.

Tóth, István J. (2022): Corruption risk and the crony system in Hungary. CRCB Research Notes: 2022:3. Budapest: CRCB.

Varieties of Democracy Institute (2022): Democracy Report 2022. Autocratization Changing Nature? Stockholm.

Zgut, Edit (2022): Informal Exercise of Power: Undermining Democracy Under the EU's Radar in Hungary and Poland. In: *Hague Journal on the Rule of Law*. https://doi.org/ 10.1007/s40803-022-00170-0.

Postsowjetische De-facto Staaten: Präsidentialistische Systeme im Schatten Russlands

Mikhail Minakov

Zusammenfassung

In diesem Kapitel werden die politischen Systeme postsowjetischer De-facto-Staaten analysiert, insbesondere Abchasiens und Transnistriens. Dabei werden die Aufgaben und Rolle der Präsidenten, Parlamente und anderer Elemente der politischen Systeme sowie die Beziehungen der nicht oder nur teilweise anerkannten Staaten zu ihrem Patenstaat (Russland) und den Mutterstaaten (Georgien und Moldau) analysiert.

Schlüsselwörter

Nicht oder teilweise anerkannte Staaten · Patenstaat · Mutterstaat · Abchasien · Transnistrien

M. Minakov (✉)
Europa-Universität Viadrina, Frankfurt (Oder), Deutschland

Tab. 1 Die politischen Systeme Abchasiens und Transnistriens im Überblick

	Abchasien	Transnistrien
Verfassung	Verabschiedet: 1994 Reformiert und per Referendum angenommen: 1999 Geändert: 2014 und 2016	Verabschiedet: 1991 Reformiert und per Referendum angenommen: 1995 Reformiert und erneut angenommen: 2011 Geändert: 2000, 2005, 2006, 2017, 2018 und 2019
	Verfassungsänderungsregel: Annahme durch parlamentarische 2/3-Mehrheit und Volksreferendum; Initiierung durch Präsidenten, Parlament, Obersten Gerichtshof und Generalstaatsanwalt	Verfassungsänderungsregel: Annahme durch parlamentarische 2/3-Mehrheit und Volksreferendum; Initiierung durch 1/3 der Abgeordneten oder mindestens 15.000 Wähler*innen
Regierungs-system	Stabiles autoritäres Regime in „präsidentialistischer" Republik	Stabiles autoritäres Regime in „präsidentialistischer" Republik
Präsident	Wahlmodus und Amtszeit: direkt gewählt für 5 Jahre, einmalige Wiederwahl möglich Absolute Mehrheit im ersten oder zweiten Wahlgang Nominierung durch Parteien, die mind. 5 Jahre existieren oder durch Initiativgruppen	Wahlmodus und Amtszeit: direkt gewählt für 5 Jahre, einmalige Wiederwahl möglich Absolute Mehrheit im ersten oder zweiten Wahlgang Nominierung durch Wählervereinigung, Wahlblöcke, Selbstnominierung
	Kompetenzen: 1) Recht zur Vorlage von Gesetzen, aber nicht auf Einbringen dieser in das Parlament; kein politisches oder rechtliches Veto bei Gesetzen; 2) Recht, außerordentliche Sitzungen des Parlaments in dringenden Fällen zu verlangen; 3) Recht zur Teilnahme an Regierungs- und Parlamentssitzungen; 4) Recht zum Erlass von Dekreten in Ausnahmesituationen (mit anschließender Zustimmung des Parlaments); 5) alle außenpolitischen Befugnisse; 6) Schlüsselrolle bei Bildung des Kabinetts: Ernennung aller Mitglieder; 7) Vorschläge an Parlament zur Wahl des Generalstaatsanwalts und des Vorsitzenden der Nationalbank sowie deren Entlassung; 8) Kein Parlamentsauflösungsrecht, jedoch Ansetzen der Parlamentswahlen	Kompetenzen: 1) Recht, Parlament Gesetzesentwürfe vorzulegen; kein politisches oder rechtliches Veto bei Gesetzen; 2) Recht zur Teilnahme an Regierungssitzungen und Führung des Vorsitzes; 3) Recht zum Erlass von Dekreten und Durchführungsbestimmungen; 4) wichtige außenpolitische Befugnisse; 5) Recht zur Ernennung des Kabinettspräsidenten sowie Entlassung des Kabinetts (mit Zustimmung des Parlaments); 6) Vorschläge an Parlament zur Wahl des Leiters der Nationalbank und anderer wichtiger Exekutivbeamter; 7) Recht zur Auflösung des Parlaments (aus in der Verfassung aufgeführten Gründen)

(Fortsetzung)

Tab. 1 (Fortsetzung)

	Abchasien	Transnistrien
Regierung (Kern-Exekutive)	Mitglieder: Premierminister, 2 Vizepremierminister, Leiter der Präsidialverwaltung, 14 Minister und Leiter 7 staatlicher Ausschüsse	Mitglieder: Vorsitzender, erster und weitere stellvertretende Vorsitzende, 13 Minister, Leiter 6 staatlicher Ausschüsse und 7 Gouverneure der transnistrischen Regionen
	Auswahl: Ernennung des Kabinetts und aller Mitglieder durch Präsidenten Abberufung: einfaches Misstrauensvotum gegenüber einzelnen Kabinettsmitgliedern durch Parlament; Recht des Präsidenten zur Abberufung der Kabinettsmitglieder oder Entlassung des Kabinetts	Auswahl und Abberufung durch den Präsidenten; Vorschlag der Kabinettsmitglieder an Parlament durch Kabinettschef Abberufung: einfaches Misstrauensvotum gegenüber Kabinett durch Parlament; Recht des Präsidenten zur Entlassung des Kabinetts
Parlament	Dauer Legislaturperiode: 5 Jahre	Dauer Legislaturperiode: 5 Jahre
	Aufbau: eine Kammer mit 35 Abgeordneten, 9 ständige Ausschüsse Bildung einer Fraktion oder einer Gruppe durch mind. 5 Abgeordnete	Aufbau: eine Kammer mit 33 Abgeordneten, 8 ständige Ausschüsse und Kommissionen Bildung einer Fraktion durch mind. 15 Abgeordnete
	Funktionen: 1) Verabschiedung von Gesetzen und jährlichem Staatshaushalt, Gesetzesinitiativrecht hat jeder Abgeordnete; 2) Kontrolle der Exekutive: Misstrauensvotum gegenüber einzelnen Kabinettsmitgliedern und Einleitung eines Amtsenthebungsverfahrens gegen Präsidenten; 3) Wahl des Parlamentspräsidenten und der Vizepräsidenten und Wahl des Generalstaatsanwalts und Leiters der Nationalbank	Funktionen: 1) Verabschiedung von Gesetzgebung, jährlichem Staatshaushalt und Steuern (vorbehaltlich der Zustimmung des Präsidenten), Gesetzesinitiativrecht hat jeder Abgeordnete; 2) Bestätigung aller dem Präsidenten unterstellten wichtigen Exekutivbeamten; 3) Kontrolle der Exekutive: Anklage des Präsidenten und Misstrauensvotum gegenüber Kabinett; 4) Wahl des Sprechers und Vizepräsidenten
Wahlsystem	Mehrheitswahlsystem auf Grundlage des allgemeinen, gleichen und direkten Wahlrechts in geheimer Abstimmung; einige gesetzliche Beschränkungen für ethnische, nicht-abchasische Kandidaten Wahlen als informeller Mechanismus zur Reproduktion des klientelistischen Ein-Pyramiden-Systems	Mehrheitswahlsystem auf Grundlage des allgemeinen, gleichen und direkten Wahlrechts in geheimer Abstimmung; keine gesetzlichen Beschränkungen für die Kandidaten Wahlen als informeller Mechanismus zur Reproduktion des klientelistischen Ein-Pyramiden-Systems

Quelle: Eigene Darstellung

1   Einleitung

Nach dem österreichischen Staatsrechtler Georg Jellinek verfügen Staaten über drei Elemente: Staatsgebiet, Staatsvolk und Staatsgewalt (Jellinek und Jellinek 2013, S. 7–9). Aus politikwissenschaftlicher Sicht können die drei Elemente in vier Hauptmerkmale überführt werden: (1) die Verteidigung des Territoriums gegen äußere Bedrohungen, (2) die vollständige Kontrolle über die eigene Bevölkerung, (3) die Bereitstellung exklusiver Dienstleistungen des Staates und (4) der Akkumulierung der für die Funktionsfähigkeit des Staates erforderlichen Ressourcen (Bahcheli et al. 2004, S. 2; Hoch und Kopeček 2020, S. 2–4; Minakov et al. 2021, S. 7–9). Seit der Konvention von Montevideo über die Rechte und Pflichten der Staaten (1933) sowie einigen internationalen Abkommen der Nachkriegszeit ist zu den genannten Merkmalen ein fünftes hinzugekommen: Um ein vollwertiger Staat zu sein, muss er von anderen Subjekten des internationalen Rechts anerkannt werden, denn ohne diese Anerkennung kann ein Staat seine sonstigen Rechte und Pflichten nicht effizient wahrnehmen. Ein nicht anerkannter Staat ist also ein politisches Gebilde, das sich von seinem Mutterstaat abgespalten hat und die vier staatlichen Funktionen erfüllt, aber von keinem anderen Staat anerkannt wird. Wenn dagegen eine abgespaltene Einheit von einigen Staaten anerkannt wurde, wird sie als teilweise anerkannter Staat verstanden. Der nicht oder teilweise anerkannte Staat kann auch als De-facto-Staat bezeichnet werden, um seine Transitivität und fehlende staatliche Legitimität hervorzuheben.

Im Zusammenhang mit De-facto-Staaten sind auch Sponsor- bzw. Patenstaaten und Mutterstaaten von Bedeutung. Mutterstaaten sind diejenigen Staaten, auf deren international anerkanntem Territorium sich De-facto-Staaten gebildet haben. Gesponsort werden die nach Unabhängigkeit strebenden Gebiete von Paten, deren Ansinnen auf zwei Motive zurückgehen kann. Entweder geben politische Akteure in den Kernstaaten der vormaligen Unionsstaaten – also Russland für die Sowjetunion oder Serbien für Jugoslawien – vor, Interessen der Bevölkerung in den De-facto-Staaten schützen zu wollen oder die Patenstaaten verweisen auf ethnische Bande zwischen der Bevölkerung der De-facto-Staaten und dem Sponsorstaat (zum Beispiel Armenien für Bergkarabach).

Das Völkerrecht erkennt zwar das Selbstbestimmungsrecht an, doch wurde es in der Regel auf die Kolonien der zerfallenden europäischen Imperien angewandt. Der Zerfall der UdSSR, der Tschechoslowakei und der Sozialistischen Föderativen Republik Jugoslawien änderte in Europa das Verständnis staatlicher Selbstbestimmung. Bis zum Präzedenzfall Kosovo (2008) beschränkte das Völkerrecht die Anwendung des Selbstbestimmungsrechts auf national konnotierte Bestandteile von Staaten, nicht aber auf Verwaltungseinheiten. Die Auflösung der Sowjetunion brachte indes mit sich, dass auf den Territorien der 15 „Nachfolgestaaten" Gegenbewegungen entstanden. In Aserbaidschan führte der ethnische Konflikt zwischen der aserbaidschanischen und der armenischen Volksgruppe zum Krieg und zur Gründung der selbst ernannten Republik Bergkarabach, die von der armenischen Regierung unterstützt wurde.[1] In Georgien hat sich der Konflikt zwischen der nationalen Regierung und den regionalen Verwaltungen in Abchasien und Südossetien zu einem militärischen Konflikt ausgeweitet, der zur Gründung zweier De-facto-Staaten führte, die von Moskau unterstützt werden. In der Republik Moldau endete der Konflikt mit der Abspaltung Transnistriens. Auch die Regierungen Kasachstans, Russlands, der Ukraine und Usbekistans waren mit Abspaltungsversuchen konfrontiert. Ende der 1990er-Jahre, als die Auflösung der UdSSR vollzogen war, gab es vier nicht anerkannte Staaten im postsowjetischen Raum (Walker 2003; Minakov 2021): Abchasien, Berkarabach, Südossetien und Transnistrien. Wie auch in den anderen Länderbeiträgen des vorliegenden Sammelbandes liefert Tab. 1 einen Überblick über die entstandenen politischen Systeme, in diesem Fall der Systeme Abchasiens und Transnistriens (Stand: Juli 2024).

Seit ihrer Gründung haben sich die nicht anerkannten Staaten unter ungünstigen Bedingungen entwickelt. Als abtrünnige Gebiete standen sie in ständigem Konflikt mit ihren Mutterstaaten (Armenien, Aserbaidschan, Georgien und Moldau) und ihre Behörden wurden von den Mitgliedern des globalen zwischenstaatlichen Systems als illegitim angesehen. Seit einer militärischen Offensive im Herbst 2023 übt Aserbaidschan vollständige Kontrolle über Bergkarabach aus. Trotz aller Herausforderungen überlebten jedoch die drei übrigen postsowjetischen De-facto-Staaten und konnten ein hohes Maß an Widerstandsfähigkeit entwickeln. Ihr soziopolitisches Modell wurde 2014 reproduziert, als Russland zwei weitere nicht anerkannte Staaten gründete – die Volksrepubliken Donezk und Luhansk (DVR, LVR). Alle der genannten De-facto-Staaten sind in Tab. 2 dargestellt.

In der Entwicklung der De-facto-Staaten lassen sich mehrere Phasen identifizieren.

• Die erste Phase begann 1989 bis 1993 mit der „Parade der Souveränitäten" und vielen nationalen Befreiungsbewegungen, die zur Auflösung der UdSSR und den daraus folgenden politischen, ethnischen und militärischen Konflikten führten. In dieser Zeit riefen die Behörden der rebellischen Regionen ihre Unabhängigkeit aus und kämpften dafür gegen ihre Mutterstaaten, die bis Ende 1991 Sowjetrepubliken waren.
• Um 1994 begann mit dem Einfrieren der militärischen Konflikte, dem Einzug von Friedenstruppen (die in der Regel von der Russischen Föderation gestellt

---

[1] Im Folgenden werden die Namen von nicht-anerkannten bzw. De-facto-Staaten ohne Anführungszeichen verwendet, um die Lesbarkeit zu erleichtern. Dies ist jedoch nicht so zu verstehen, dass diesen politischen Gebilden Legitimation verliehen werden soll.

Tab. 2 De-facto-Staaten in Osteuropa. (Stand 2024)

NPRS	Mutterstaat	Sponsorstaat	Erklärung der Unabhängigkeit Mutterstaat	Nicht-anerkannter Staat	Krieg mit dem elterlichen Staat
Abchasien	Georgien	Russland	09.04.1991	23.07.1992	August 1992–September 1993
Volksrepublik Donezk (DVR)	Ukraine	Russland	24.08.1991	07.04.2014	April 2014 – heute. Völkerrechts-widrige Annexion durch Russland im September 2022
Volksrepublik Luhansk (LVR)	Ukraine	Russland	24.08.1991	27.04.2014	April 2014 – heute. Völkerrechts-widrige Annexion durch Russland im September 2022
Bergkarabach	Aserbaidschan	Armenien	30.08.1991	02.09.1991	April 1992–Januar 1994; September–November 2020. Seit September 2023 vollständig unter der Kontrolle Aserbaidschans. Auflösung zum 1. Januar 2024
Südossetien	Georgien	Russland	09.04.1991	21.12.1991; 22.05.1992	Januar 1991–Juli 1992
Transnistrien	Moldau	Russland	27.08.1991	25.08.1991	März–August 1992

Quellen: Malyarenko und Wolff 2019, S. 10–13; Minakov 2021, S. 72–89; Broers 2024; Freedom House 2024.

wurden) und der Verhängung von Sanktionen gegen die selbst ernannten Entitäten die zweite Periode. In dieser Zeit wurden neue politische, rechtliche und sozioökonomische Institutionen geschaffen, um der lokalen Bevölkerung das notwendige Maß an Sicherheit und Prosperität zu bieten.

- 2001 stellt einen Meilenstein dar, da die russische Regierung, die ihre eigenen separatistischen Probleme lösen musste, ihre Politik gegenüber den nicht anerkannten Staaten änderte, indem sie die Zusammenarbeit vertiefte. In dieser Phase schlossen Russland und die nicht anerkannten Staaten Abkommen über die Schaffung formeller und informeller Strukturen, welche die russische Unterstützung in den Bereichen Sicherheit, Wirtschaft und Finanzen gewährleisteten. Im Gegenzug wurde die politische Kontrolle Moskaus über seine

Klientelstaaten etabliert oder ausgebaut. Die Beziehungen zwischen den nicht anerkannten Staaten haben sich ebenfalls weiterentwickelt und zur Schaffung eines institutionellen Netzwerks geführt, das die politische, soziale, kulturelle und wirtschaftliche Zusammenarbeit zwischen seinen Mitgliedern unterstützt.

- 2008 markiert eine Critical Juncture, weil sich die zwischenstaatlichen Beziehungen in Osteuropa durch den russisch-georgischen Krieg und den Beginn der Anerkennung der Unabhängigkeit des Kosovo verändert hatten. Russland und einige seiner Verbündeten erkannten nach dem Krieg die Unabhängigkeit von Abchasien und Südossetien an. Auch in Transnistrien wurden die staatsbildenden Maßnahmen intensiviert. In dieser Zeit verstärkten sich die Beziehungen zwischen Russland und den De-facto-Staaten weiter, während sich die Beziehungen zwischen der Russischen Föderation sowie Georgien und Moldau verschlechterten.

- Nachdem die Anti-Euromaidan-Bewegung im Februar 2014 gescheitert war, kam es zu einer Radikalisierung der sezessionistischen und irredentistischen Bestrebungen auf dem Gebiet der Ukraine. Russland annektierte völkerrechtswidrig die Krim und leistete militärische, politische und finanzielle Unterstützung für die separatistischen Regierungen der selbst ernannten Republiken Donezk und Luhansk. Russland und die Behörden der aufständischen Regionen wurden international sanktioniert. Während der Krieg im Donbass andauerte, baute die Ukraine ihre Streitkräfte auf, um ihre territoriale Integrität wiederherstellen zu können. Auch in der DVR und der LVR wurden öffentliche und militärische Einrichtungen ausgebaut. Im Februar 2022 erfolgte dann der Großangriff Russlands auf die Ukraine.

- Seit 2020 wurde das Netzwerk der De-facto-Staaten immer schwächer und löste sich teilweise auf. Aserbaidschan führte mehrere Militäroperationen gegen die selbst ernannte Republik Bergkarabach durch und stellte damit die Kontrolle Bakus über den größten Teil der Region wieder her. Am 21. Februar 2022 erkannte Russland die Unabhängigkeit der DVR und der LVR an und annektierte diese schließlich völkerrechtswidrig während ihres Einmarsches in die Ukraine am 30. September 2022. Durch den Krieg und die internationalen Sanktionen geschwächt, war Russland nicht mehr in der Lage, Abchasien und Transnistrien die notwendigen Sicherheitsgarantien zu geben, die ihnen die Möglichkeit zur Wiedereingliederung in den Patenstaat eröffnen.

Bis zum Jahr 2023 haben die postsowjetischen De-facto-Staaten mithin mehrere Phasen – Gründung, Stabilisierung und Ausbreitung, Krise und Niedergang – durchlaufen. Auf dem Höhepunkt der Entwicklung der postsowjetischen De-Facto-Staaten lebten dort über 4,5 Mio. Menschen (Tab. 3).

Tab. 3 Nicht- und teilweise anerkannte postsowjetische Staaten

Selbstbezeichnung der Entität	International anerkanntes Gebiet von	Bevölkerung	Territorium (km2)	Zeitraum des Bestehens	Anerkennungen durch Staaten	Durch De-facto-Staaten
Republik Abchasien/Apsny	Georgien	245.400 (2020)	8.665	seit über 30 Jahren	Nauru, Nicaragua, Russland, Syrien und Venezuela	Bergkarabach, DVR, LVR, Südossetien, und Transnistrien
Volksrepublik Donezk (DVR)	Ukraine	2.244.548 (2020)	k.A. (laufender Krieg)	2014–2022	Russland, 2022; im selben Jahr von Russland annektiert	Abchasien, LVR und Südossetien
Volksrepublik Lugansk (LVR)	Ukraine	1.400.000 (2022)	k.A. (laufender Krieg)	2014–2022	Russland, 2022; im selben Jahr von Russland annektiert	Abchasien, Südossetien
Bergkarabach/ Republik Artsakh	Aserbaidschan	150.932 (vor 2020); weniger als 100.000 in Folge des Krieges von 2020	11.500 (vor 2020)	1992–2023/2024	–	Abchasien, Südossetien und Transnistrien
Südossetien/ „Republik Alanien"	Georgien	56.405 (2021)	3.900	seit über 30 Jahren	Nauru, Nicaragua, Russland, Syrien und Venezuela	Bergkarabach, DVR, LVR, Südossetien und Transnistrien
Transnistrien/ Pridnestrowische Moldawische Republik (PMR)	Moldau	475.665 (2015)	4.163	seit über 30 Jahren	–	Abchasien, Bergkarabach und Südossetien

In Anlehnung an Minakov 2021, S. 72–89; Broers 2024; Freedom House 2024.

2   Abchasien und Transnistrien: Machtstrukturen und internationale Einbettung

Im folgenden Abschnitt werden die Rolle der postsowjetischen De-facto-Staaten in den internationalen Beziehungen sowie ihre politischen Systeme anhand der beiden Beispiele Abchasien und Transnistrien beschrieben. Diese politischen Gebilde stellen zwei idealtypische Fälle von De-facto-Staaten dar, die alle oben beschriebenen Phasen durchlaufen haben und bis heute existieren. Zudem repräsentieren sie zwei unterschiedliche Typen von De-facto-Staaten. Abchasien ist ein politisches Gebilde, welches aus einem Konflikt zwischen der ethnischen Mehrheit und Minderheit hervorgegangen und teilweise anerkannt ist. Transnistrien ging dagegen aus einem politischen Konflikt hervor und wurde von keinem Mitglied des zwischenstaatlichen Systems anerkannt.

Sowohl die Republik Abchasien als auch Transnistrien wurden im Zuge des Konflikts mit ihren Mutterstaaten Georgien bzw. Moldau gegründet. Im postsowjetischen Kontext verlief die Staats- und Nationenbildung der Elternstaaten und der De-facto-Staaten gleichzeitig, sodass die Konflikte zwischen Georgien und Abchasien sowie zwischen Moldau und Transnistrien ihre Entstehung gleichermaßen beeinflussten.

Abchasien. Der georgisch-abchasische Konflikt entstand aus dem politischen Streit zwischen der georgischen Regierung, welche die Unabhängigkeit anstrebte, und der Verwaltung der autonomen Republik Abchasien in den Jahren 1989 bis 1991. Im August 1992 verwandelte sich der Streit zwischen Regierungsstellen und politischen Gruppen in einen bewaffneten ethnischen Konflikt. Nach dreizehn Monaten des Blutvergießens erlangten die abchasischen Streitkräfte im September 1993 die Kontrolle über das gesamte Autonomiegebiet, während die ethnischen Georgier – etwa 250.000 Personen oder 46 % der Bevölkerung der Region – gezwungen wurden, in die von der Regierung kontrollierten Gebiete zu emigrieren (Broers 2005, S. 334; Dale 1996, S. 14–17).

Die internationale Gemeinschaft griff ein, um den ethnischen Konflikt zu beenden und den Binnenvertriebenen und Flüchtlingen die Rückkehr in ihre Heimat zu ermöglichen. Im Mai 1994 wurde ein Waffenstillstandsabkommen unterzeichnet, das formell bis 2008 galt. Die OSZE und die Vereinten Nationen haben zahlreiche Dokumente über die Rechte der Vertriebenen infolge des georgisch-abchasischen Konflikts herausgegeben, die bisher nicht umgesetzt wurden (OSCE 1994; UN GV 2008).

Die Republik Abchasien wurde in ihren Anfangsjahren mit internationalen Sanktionen belegt. Auf der Grundlage der Resolution Nr. 876 (1993) des UN-Sicherheitsrats, welche die Lieferung von Waffen und Munition an Abchasien untersagte, verhängte die georgische Regierung eine See-, Luftverkehrs- und Eisenbahnblockade über die Region und stellte jegliche offizielle wirtschaftliche Zusammenarbeit ein. 1994 unterstützte die Gemeinschaft Unabhängiger Staaten (GUS) die Sanktionen und stellte Friedenstruppen an der Trennlinie zwischen den von Tiflis kontrollierten und den nicht kontrollierten Gebieten auf. Die GUS-Sanktionen gegen Abchasien waren nicht nur wirtschaftlicher Natur, sondern untersagten zum Beispiel die Einreise abchasischer Männer auf russischen Boden (Francis 2011, S. 43–47; Gegeshidze 2008). Auch die Türkei und andere Schwarzmeerländer schlossen sich den internationalen Sanktionen gegen Abchasien an. Ein informeller Waren- und Waffenhandel mit Georgien, Russland und der Türkei besteht jedoch seit Anfang 1994 (Kukhianidze et al. 2007, S. 70–72).

Zwischen 1993 und 2008 gab es nur einen minimalen Dialog zwischen Tiflis und Sochumi, während die eingefrorene Frontlinie de facto zu einer Grenze wurde. Der Waffenstillstand zwischen Georgien und Abchasien wurde mehrmals gebrochen (1998, 2001, 2006, 2008), aber jeweils schnell wiederhergestellt. Die georgische Regierung hat eine „Exilregierung" der Autonomen Republik Abchasien eingesetzt, welche sich besonders um die Belange der Binnenvertriebenen kümmert.

Die russische politische und wirtschaftliche Unterstützung für Abchasien wurde in den Jahren 2001/2002 informell wiederhergestellt, gefolgt von der Migration von Teilen der abchasischen Bevölkerung nach Russland sowie einem wachsenden Handel und der Wiederaufnahme des grenzüberschreitenden Verkehrs. Zeitgleich begann die Gewährung der russischen Staatsbürgerschaft – der so genannten „Passportisierung" – für Abchasen (Nagashima 2019, S. 190; Nygren 2007, S. 13–17; Skakov 2005, S. 159–162). In diesem Zeitraum wurden wichtige informelle Institutionen, insbesondere das russische *Kuratorium*[2] über die abchasischen Sicherheits-, Politik- und Wirtschaftssektoren – so weit entwickelt, dass sie eine permanente Koordination zwischen Moskau und Sochumi gewährleisten konnten (Isachenko 2019, S. 1482–1485).

Im Jahr 2008 hat der russisch-georgische Krieg die Lage in der Region radikal verändert. Am 11. August 2008 drangen russische Streitkräfte von Abchasien aus in Westgeorgien ein. Das Waffenstillstandsabkommen zwischen Moskau und Tiflis

---

[2] *Kuratoren* (Verwalter/Kuratoren auf Russisch) sind spezielle, von der russischen Regierung für die Koordination und Kontrolle der Beziehungen zwischen Paten- und De-facto-Staaten eingesetzte Bürokraten. Die Kuratoren verwalten die offiziellen Regierungsfunktionen und die Beziehungen zwischen den informellen (persönlichen, geschäftlichen und Clan-)Interessen der russischen Machthaber und den Führungen der De-facto-Staaten, um den Austausch von Ressourcen und Verantwortlichkeiten herzustellen (Isachenko 2019, S. 1484; Toal 2017, S. 357).

wurde unter Vermittlung westlicher Politiker ausgearbeitet, doch der endgültige Entwurf wurde auch von der abchasischen und südossetischen Führung gebilligt. Am 26. August 2008, unmittelbar nach Beendigung des Krieges, erkannte die russische Regierung die Unabhängigkeit Abchasiens und Südossetiens an. Obwohl diese Entscheidung vom Europarat, der OSZE und der NATO verurteilt wurde, bewirkte die russische Anerkennung eine Änderung des Rangs Abchasiens von einem nicht anerkannten zu einem teilweise anerkannten Staat. Im Laufe der Zeit wurde das Gebiet zudem von vier Staaten sowie weiteren vier De-facto-Staaten anerkannt. Die Russische Föderation unterzeichnete mehrere zwischenstaatliche Abkommen mit der Republik Abchasien, darunter das Abkommen über eine russische Militärbasis (2011) und einen Bündnis- und Strategischen Partnerschaftsvertrag (2014).

Auch wenn die russisch-abchasischen Beziehungen seit 2008 formalisiert wurden, blieben die informellen Strukturen in den bilateralen Beziehungen dominant. Die Rolle von Wladislaw Surkow und Dmitri Kosak, den *Kuratoren* des Kremls in der Republik Abchasien in den Jahren 2003 bis 2018, erschien wichtiger als die des russischen Außenministeriums (Isachenko 2019, S. 1480; Minakov 2021, S. 93–96).

Bis heute sind die Beziehungen zwischen Georgien und Abchasien durch den andauernden eingefrorenen militärischen Konflikt gekennzeichnet. Die Republik Abchasien ist selbst mit ihrem teilweise anerkannten Status kein Mitglied der zwischenstaatlichen Beziehungen, während ihre Wirtschaft und Sicherheit von der Russischen Föderation abhängen. Gleichzeitig führt die Existenz des teilweise anerkannten Abchasiens zu einer dauerhaften Beeinträchtigung der georgischen Souveränität und stellt die Beziehungen Georgiens zu Russland, der EU und der NATO vor große Herausforderungen. Die konsequent verfolgte Politik der Nichtanerkennung und Nichtzusammenarbeit mit Abchasien lässt Georgien wenig Raum für eine künftige Aussöhnung mit der abtrünnigen Region.

Transnistrien. Die politische Phase des moldauisch-transnistrischen Konflikts begann bereits 1989, als die moldauische Unabhängigkeitsbewegung und die unionistische Bewegung für die Vereinigung mit Rumänien in Chişinău an Stärke gewann, während sich die Gemeinschaften in der transnistrischen Region zunehmend der Sowjetunion und Russland zuwandten. Der Konflikt verschärfte sich, als sich Moldau 1991 von der UdSSR abspaltete, und eskalierte zwischen März und Juli 1992 zu einer bewaffneten Konfrontation. Diese Phase endete am 01. August 1992, als das Abkommen zwischen der Republik Moldau und Russland über eine friedliche Beilegung des Konflikts (dem auch die transnistrischen Abtrünnigen zustimmten) in Kraft trat und russische Friedenstruppen eingesetzt wurden (Sanchez 2009, S. 154, 156; Popescu und Litra 2012, S. 2–4).

Seit Juli 1992 wird die Sicherheit in der moldauisch-transnistrischen Konflikt-zone formell von den Gemeinsamen Friedenstruppen gewährleistet, welche aus russischen, moldauischen und transnistrischen Streitkräften unter Beteiligung ukrainischer Beobachter bestehen sollten. Tatsächlich wurde die Mission allerdings von der russischen Vierzehnten Gardearmee durchgeführt. Alle Versuche der moldauischen Regierung, die ausländischen Truppen zum Abzug zu bewegen und die Kontrolle über die Region Transnistrien zu übernehmen, blieben bisher erfolglos (Potter 2022, S. 170).

Der eingefrorene Konflikt drohte mehrmals zu aufzutauen, zum Beispiel in den Jahren 2001 und 2003. Nach mehreren diplomatischen Versuchen wurde im November 2003 der Entwurf eines Memorandums über die Grundprinzipien der Staatsstruktur eines vereinigten Staates in der Republik Moldau erzielt. Die Vereinbarung wurde von Dmitri Kosak, einem russischen Beamten und Berater von Präsident Putin, dem späteren *Kurator* der von Russland unterstützten De-facto-Staaten, vorangetrieben. Deshalb wird es auch mitunter als Kosak-Memorandum bezeichnet. Das Dokument sah die Gründung eines vereinigten asymmetrisch föderalen moldauischen Staates mit Sonderrechten Transnistriens und einem kleinen Regiment russischer Friedenstruppen für eine Übergangszeit vor. Der Vertragsentwurf wurde von Moldau, der EU und den USA nicht akzeptiert (Popescu 2006, S. 7–8).

Nach dem Scheitern des Kosak-Memorandums blieb der Konflikt für die nächsten zwanzig Jahre eingefroren. Anders als Georgien akzeptierte allerdings die Republik Moldau das Modell der sanften Reintegration der abtrünnigen Region (Popescu und Litra 2012, S. 9; Potter 2022, S. 180). Die Regierung in Chișinău ermöglichte es Einzelpersonen sowie wirtschaftlichen und zivilgesellschaftlichen Organisationen aus Transnistrien, sich im moldauischen Kernstaat zu registrieren und dort tätig zu werden. Diese Annäherung Moldaus an die abtrünnige Bevölkerung wurde von der Regierung in Tiraspol nur widerwillig zugelassen, denn sie führte zu einem gewissen Grad an Reintegration zwischen den geteilten Bevölkerungsgruppen.

Nach der völkerrechtswidrigen russischen Annexion der Krim, der Gründung der DVR und der LVR erhielt die moldauische Regierung stärkere internationale Unterstützung für ihre Forderung nach einem Abzug der russischen Truppen aus der Region. Gleichzeitig ließen sich die transnistrischen Behörden von der Gründung der DVR und der LVR inspirieren und versuchten, den Prozess des Anschlusses an Russland wieder in Gang zu bringen. Trotz der aufkommenden Spannungen gelang es dem sogenannten 5 + 2-Format der OSZE, das Vertreter der Republik Moldau, der PMR, der OSZE, Russlands, der Ukraine, der EU und der USA umfasste, den Konflikt bis Anfang 2023 einzufrieren (OSCE 2023).

3   Formelle und informelle Machtstrukturen

Die Entwicklung der politischen Regime der postsowjetischen De-facto-Staaten begann in der Zeit der Demokratisierung der UdSSR. Allerdings herrschten von Anfang an ethnische und zivile Konflikte, die neben demokratischen Akteuren auch Hasardeuren und Radikalen auf die politische Bühne verhalfen. Die Legitimation dieser Akteure beruht sowohl auf den Ereignissen der Regimeöffnung als auch auf militärischen und charismatischen Ressourcen. Sowohl in Abchasien als auch in Transnistrien lassen sich demzufolge bis heute – allerdings in unterschiedlicher Mischung – demokratische wie autokratische Elemente finden.

3.1   Politisches System Abchasiens

Die Verfassung Abchasiens wurde am 26. November 1994 vom Obersten Rat der Republik Abchasien angenommen und im Oktober 1999 mit Änderungen in einem Volksentscheid bestätigt. Seitdem hat sich Abchasien zu einer Republik präsidentiellen Zuschnitts entwickelt, in der das Parlament nur eine begrenzte Kontrolle über die Exekutive hat. Allerdings existiert eine vergleichsweise starke Selbstverwaltung, die in der Lage ist, auf die grundlegenden lokalen Bedürfnisse einzugehen. Die reale Machtverteilung in Abchasien wird jedoch nur teilweise von der Verfassung der Republik Abchasien normiert. Im Zuge mehrerer politischer Krisen (z. B. in den Jahren 2004 und 2020) war es das Zusammenspiel der Verfassungsprinzipien und der Moderation des *Kurators,* welche die abchasischen Politiker dabei unterstützte, friedliche und formal legale Lösungen für die Konflikte zu finden (Kolstø und Blakkisrud 2021, S. 45–47).

Abchasien ist eine Präsidialrepublik, die in Anlehnung an die Einordnungen dieses Bandes als präsidentialistisch gekennzeichnet werden kann (vgl. Beichelt und Priebus in diesem Band). Der Präsident der Republik Abchasien ist das Staatsoberhaupt, der Hüter der Verfassung und der Chef der Exekutive. Er wird direkt für eine Amtszeit von fünf Jahren gewählt und kann einmal wiedergewählt werden (Art. 48, 53 VerfAbch). Bisher gab es sieben Präsidentschaftswahlen, die fünf Personen ins Amt brachten: Wladislaw Ardzinba (1994–2005), Sergej Bagapsh (2005–2011), Aleksander Ankvab (2011–2014), Raul Khajimba (2014–2020) und Aslan Bschania (2020 bis heute). Präsidentschaftskandidaten können in Abchasien nur aus dem Kreis der ethnischen Abchasen stammen (Art. 49 VerfAbch).

Der Präsident der Republik Abchasiens ist Oberbefehlshaber der Armee (Art. 53 VerfAbch). Derzeit verfügt die abchasische Armee über 2200 Offiziere, Soldaten und Matrosen sowie über die Möglichkeit, bis zu 50.000 Reservisten einzuberufen

(Versia.Ru 2020). Der Präsident wird von einem Vizepräsidenten unterstützt, der die Kontinuität des Kommandos über die Streitkräfte sicherstellt, falls der Präsident nicht in der Lage ist, diese Aufgaben zu erfüllen.

Formal kann der Präsident mit mindestens zwei Dritteln der Stimmen im Parlament seines Amtes enthoben werden, wenn der Oberste Gerichtshof zu dem Schluss kommt, der Präsident habe gegen die Verfassung und/oder die Gesetze der Republik Abchasien verstoßen (Art. 64 VerfAbch). Während einer politischen Krise im Jahr 2019, als Amtsinhaber Raul Khajimba bei den Präsidentschaftswahlen einen zweifelhaften Sieg davontrug, kam dieser Artikel jedoch nicht zur Geltung. Stattdessen wurde die Krise durch eine informelle Vereinbarung zwischen Bschania, dem Präsidenten Abchasiens sowie Raschid Nurgalijew, dem Vermittler und Sekretär des Russischen Sicherheitsrats, gelöst. Diese Vereinbarung wurde durch den Obersten Gerichtshofs sanktioniert, der die Ergebnisse der Präsidentschaftswahlen 2019 für ungültig erklärte (Kolstø und Blakkisrud 2021, S. 50–52; Komakhia 2021). Unregelmäßigkeiten bei den Präsidentschaftswahlen führten im Januar 2020 zu Massenprotesten. Der Oberste Gerichtshof erklärte die Ergebnisse der Stichwahl von 2019 für ungültig und Präsident Khajimba trat zurück. Bei den Präsidentschaftsneuwahlen im März 2020 gewann anschließend der Oppositionsführer Bschania mit 56 % der Stimmen im ersten Wahlgang. Die informelle Wahlbeobachtung und die öffentliche Meinung kamen zu dem Schluss, dass die Wahl und der Wahlkampf dieses Mal relativ frei verliefen (Freedom House 2022a).

Die Präsidenten der Republik Abchasien stützen sich in hohem Maße auf ihre Präsidialadministration. Diese stellt eine hybride Organisation dar, welche die formalen und informellen Beziehungen zwischen allen Elementen der abchasischen Machtpyramide verwaltet – also zwischen Ministerien, Sicherheitsdiensten, den Chefs der Streitkräfte, Parlamentsfraktionen, Gerichten, lokalen Verwaltungen und regionalen Clans, privaten Unternehmen und Medienholdings sowie zivilgesellschaftlichen Organisationen und kriminellen Gruppen. Die Präsidialadministration ist auch der Ort der systemischen Kommunikation mit der russischen Regierung durch den *Kurator* und sein Büro sowie durch die formalen Strukturen des Außenministeriums, des Verteidigungsministeriums und der Sicherheitsdienste.

Das Ministerkabinett der Republik Abchasien ist für die Koordination der öffentlichen Einrichtungen der Exekutive verantwortlich und untersteht der vollständigen Führung und Kontrolle des Präsidenten: Das Parlament kann vom Präsidenten die Entlassung einzelner Minister verlangen, die Entscheidung darüber trifft jedoch allein der Präsident (Art. 56–58 VerfAbch). Zwischen 1992 und 2023 gab es in Abchasien insgesamt 22 Premierminister.

Nach der Übergangszeit von 1990 bis 1994 wurde das Parlament – die Volksversammlung der Republik Abchasien – als Einkammerparlament mit 35 Mitgliedern eingerichtet. Bislang wurde die Versammlung acht Mal gewählt; zunächst in vierjährigem und seit 2012 in fünfjährigem Rhythmus. Die Abgeordneten verfügen über eine starke Immunität und sind nicht an ein imperatives Mandat gebunden, dürfen aber keine Ämter in der Exekutive oder Judikative bekleiden. Die überwiegende Mehrheit der Abgeordneten ist den ethnischen Abchasen zuzurechnen, mit einer gewissen Präsenz von Abgeordneten mit armenischem und russischem Hintergrund; Georgier finden sich üblicherweise nicht im Parlament wieder (Freedom House 2022a). Das Parlament verfügt über typische Funktionen: Es verabschiedet Verfassungsänderungen, Gesetze inklusive des Haushaltsgesetzes und ratifiziert internationale Abkommen. Auf Vorschlag des Präsidenten billigt das Parlament die Ernennung des Generalstaatsanwalts und des Leiters der Nationalbank. Es kann auch einzelnen Ministern das Misstrauen aussprechen und Anklage gegen den Präsidenten der Republik Abchasien erheben, um einen Prozess der Amtsenthebung einzuleiten.

Das Mehrheitswahlsystem bindet die Abgeordneten an Wahlkreise und nicht an politische Organisationen. Die politischen Parteien, welche vom linksradikalen bis zum rechtsradikalen Spektrum reichen, sind weniger wichtig als die Verbindung mit einer be0stimmten Region oder die Zugehörigkeit zu einer informellen Machtgruppe (Kopeček 2016, S. 75–77; Shesterinina 2022, S. 40–43).

Wahlen erfüllen wichtige Funktionen für die Rotation der Eliten und auch für die partizipative Einbindung der Bürger Abchasiens. Präsidentschafts-, Parlaments- und Kommunalwahlen finden alle fünf Jahre auf der Grundlage des allgemeinen, gleichen und direkten Wahlrechts in geheimer Abstimmung statt, wobei alle volljährigen Bürger das Wahlrecht haben (Art. 37, 49, 79 VerfAbch). Die Zentrale Wahlkommission der Republik Abchasien besteht aus acht vom Parlament gewählten und sieben vom Präsidenten ernannten Mitgliedern. Insgesamt werden die Wahlgesetzgebung und das Wahlsystem als nicht wettbewerblich eingestuft (Freedom House 2022a).

In Abchasien gibt es etwa 300 offiziell registrierte Nichtregierungsorganisationen (NGOs), von denen jedoch nur ein kleiner Teil aktiv ist. Die NGOs, die Gelder von ausländischen Regierungen oder internationalen Organisationen erhalten, stehen unter wachsendem Druck der Regierung. Ein Gesetz über „ausländische Agenten" nach russischem Vorbild wurde allerdings bisher nicht verabschiedet. Es gibt Gewerkschaften, die allerdings über geringes Gewicht verfügen (Freedom House 2022a).

Das größte abchasische Medienunternehmen ist die Abchasische Staatliche Fernseh- und Rundfunkgesellschaft (AGTRK), die aus einem Fernsehkanal, einer Zeitung und einer Nachrichtenagentur besteht. Die AGTRK steht unter vollständiger Kontrolle der Regierung; ihre redaktionelle Linie hängt von der Agenda der Präsidialadministration ab. Fünf große russische Fernsehsender haben die meisten Zuschauer in Abchasien. Die Bewohner der Region Gali haben auch Zugang zu georgischen Fernsehsendern (Freedom House 2022a). Etwa 50 % der abchasischen Bevölkerung sind aktive Nutzer von Online-Nachrichten und sozialen Netzwerken (Datareportal 2023a). Während die Zensur in den traditionellen Medien eher stark ist, sind die Freiheiten der Meinungsäußerung und Diskussion auf den Social Media Plattformen in Abchasien kaum eingeschränkt (Freedom House 2022a).

Wie die Massenproteste von 2004, 2008, 2011 und 2020 gezeigt haben, wird die Versammlungsfreiheit und die Äußerung von abweichenden politischen Positionen in Abchasien weitgehend respektiert. Oppositionelle und zivilgesellschaftliche Organisationen können regelmäßig öffentliche Demonstrationen organisieren. Die abchasische Zivilgesellschaft ist aus den sozialen Bedürfnissen der Kriegs- und Nachkriegssituation heraus entstanden. Das Festhalten an lokalen Bedürfnissen statt einer Orientierung an den Entwicklungsplänen ausländischer Geber ist „die Quelle der Stärke und internen Stabilität des Sektors und des hohen Grades an Unterstützung für [zivilgesellschaftliche Organisationen] innerhalb der abchasischen Gesellschaft" (Hoch et al. 2017, S. 333). Viele zivilgesellschaftliche Organisationen werden von konservativen sozialen Wertevorstellungen, Nachkriegspatriotismus und einer weit verbreiteten Ablehnung „nicht-traditioneller" sexueller Orientierungen beherrscht (Freedom House 2022a).

3.2 Politisches System Transnistriens

Das politische System Transnistriens durchlief mehrere Phasen, die jeweils mit der Einsetzung oder Veränderung der Verfassung einhergingen, wobei anfangs sehr unklar war, in welcher Form sich eine Eigenstaatlichkeit oder auch nur Autonomie Transnistriens verwirklichen lassen würde. Die Herausbildung der transnistrischen Eigenständigkeit in den finalen Jahren der Sowjetunion lässt sich maßgeblich damit erklären, dass die *Volksfront in der Sowjetrepublik Moldau* (*Frontul Popular din Moldova*) eine Angliederung an Rumänien anstrebte, was den Interessen und auch der Identität der russischstämmigen Bevölkerung in Transnistrien entgegenstand. Eine erste Verfassung Transnistriens wurde 1991 vom Kongress der Abgeordneten aller Räte der Region angenommen, deren Legitimität allerdings sehr zweifelhaft war. Auch das Dokument war ziemlich vage gehalten. Die endgültige Verfassung wurde 1994/1995 vom Parlament ausgearbeitet und 1995 in einem Referendum angenommen. Dieses Dokument sah ein präsidentiell dominiertes Regierungssystem mit einem Zweikammerparlament vor.

Im Jahr 2009 versuchte Präsident Smirnow, der von 1991 bis 2011 regierte, die Macht noch stärker in seinen Händen zu konzentrieren, was zu einer verfassungsrechtlichen und politischen Krise führte. Die Krise wurde 2011 beigelegt, als das Parlament Verfassungsänderungen vornahm, welche die starken Befugnisse des Präsidenten mit stärkeren Kontrollmechanismen kombinierten. Die Verfassung enthält seither eine klarere Trennung der Befugnisse des Präsidenten und des Kabinetts sowie ein Einkammersystem mit dem Obersten Rat als Parlament. Im Jahr 2019 wurden nochmals kleinere Verfassungsänderungen vorgenommen, die jedoch das Regierungssystem nicht mehr maßgeblich veränderten. Ähnlich wie in Abchasien hat sich die Verfassung in Transnistrien als flexibel genug erwiesen, um politische Krisen friedlich zu lösen (Kolstø und Blakkisrud 2021, S. 50–53).

Der Präsident Transnistriens wird direkt für fünf Jahre gewählt (Art. 59, 60 Verf Transn). Bislang fanden sieben Wahlen statt (1991, 1996, 2001, 2006, 2011, 2016 und 2021), die zu drei unterschiedlichen Präsidenten führten. Vor 2011 war die Wiederwahl von Präsidenten nicht begrenzt, sodass Igor Smirnow (1991–2011) viermal gewählt werden konnte; seither besteht nur noch die Möglichkeit einer einmaligen Wiederwahl. Die Präsidentschaft Smirnows endete in einem Konflikt mit dem Parlament und dem russischen *Kuratorium*, was eine große Rolle bei der Amtsbeschränkung der folgenden Präsidenten – Jewgenij Schewtschuk (2011–2016) und Wadim Krasnoselskij (seit 2016) – spielte.

Der Präsident ist Oberbefehlshaber der transnistrischen Streitkräfte, die offiziell aus 15.000 Offizieren und Soldaten bestehen. Dazu kommt die Möglichkeit, bis zu 80.000 Reservisten einzuberufen (Pridnestrovie.Net. 2023). Bis zur Verfassungsreform 2010/2011 gab es das formale Amt des Vizepräsidenten, welches jedoch aufgrund der weniger konfliktreichen Beziehungen zu Moldau und dem damit als geringer eingeschätzten Risikos für das Leben des Präsidenten abgeschafft wurde (Popescu und Litra 2012).

Bis zur politischen Krise im Jahr 2010 waren die transnistrischen Präsidenten gleichzeitig Staatsoberhaupt und Leiter der Exekutive. Nach den Verfassungsänderungen von 2011 blieb der Präsident das Staatsoberhaupt, aber es wurde ein neuer Posten eingeführt: der Kabinettschef, der auch der Chef der Exekutive ist. Der Präsident ernennt den Kabinettschef mit der Zustimmung des Parlaments (Kap. 2 VerfTransn). Dennoch hat der Präsident weiterhin die volle Kontrolle über die Exekutive, da er über das Ernennungs- und Entlassungsrecht für den Premierminister und alle Mitglieder des Kabinetts verfügt. Hinzu kommt die informelle Macht, loyale Persönlichkeiten in Schlüsselpositionen jenseits der Regierung zu ernennen und die Zustimmung des Parlaments zu diesen Ernennungen durch loyale Fraktionen sicherzustellen.

Wichtige formale und informelle Entscheidungen werden durch die Präsidialadministration getroffen. Vor der Abschaffung des Amtes leiteten die gewählten Vizepräsidenten die Präsidialadministration. Seit 2011 wird diese von einem durch den Präsidenten ernannten Beamten geleitet, während die Administration selbst durch ein formales Dekret des Präsidenten institutionalisiert wurde. Das Parlament hat keinen Einfluss auf die Kader oder Strukturen der Präsidialadministration (PMR Präsidialadministration 2011).

Die Machtpyramide Transnistriens umfasst die formalen Regierungsinstitutionen, die Sicherheits- und Verteidigungsorganisationen, die größte Parlamentsfraktion, die Richter, die Leiter der lokalen Verwaltungen, die meisten zivilgesellschaftlichen Organisationen, kriminelle Gruppen und die Oligarchenclans mit ihren Unternehmen und Massenmedien. Diese Pyramide wird von der Präsidentiellen Administration unter der Kontrolle des russischen *Kuratoriums* koordiniert. In Transnistrien lässt sich die Verflechtung formaler und informeller Institutionen und Organisationen derzeit am Beispiel der Firma Sheriff erkennen. Das Unternehmen wurde Anfang der 1990er-Jahre von zwei Unternehmern – Victor Guşan und Ilja Kasmaly – gegründet, die Mitglieder des sowjetischen Sicherheitsdienstes waren und über weitreichende Verbindungen zur kriminellen Szene in Moldau, der Ukraine und der Region verfügten. Bis 2004 wuchs Sheriff zu einem der größten Unternehmen in Transnistrien heran und umfasste alle Formen profitabler Privatunternehmen, wichtige Massenmedien, die politische Partei *Obnowlenie* (*Erneuerung*), mehrere NGOs und einen Fußballverein, der in der obersten Liga von Moldau spielt und in der Saison 2021/2022 als Vertreter der Republik Moldau in die Champions League vorstieß (Całus 2013; Necsutu 2021). Seit 2005 hat die Partei die Mehrheit im Parlament und steht in enger Verbindung mit den Präsidenten der PMR und verschiedenen Gruppen aus Putins Umfeld (Weselowsky 2021).

Der Oberste Rat Transnistriens, das Parlament, wurde im September 1990 durch den Beschluss des Außerordentlichen Kongresses der Abgeordneten aller Ebenen Transnistriens gegründet – einer selbst ernannten Versammlung der Mitglieder der lokalen Räte in der rebellischen Region, deren Autorität weder von der Regierung der Moldauischen SSR noch von der Führung der UdSSR anerkannt wurde. Seitdem wurde das Parlament in fünfjährigem Rhythmus sieben Mal gewählt. Das Parlament hat Kompetenzen in der Steuerpolitik, beeinflusst die Wirtschafts- und Währungspolitik und ratifiziert Abkommen mit anderen Staaten. Es kann zudem die Verfassung ändern und billigt die Dekrete des Präsidenten über die Einführung des Kriegsrechts und des Ausnahmezustands (Art. 70–73 VerfTransn).

Vor 2011 genügte das Wahlsystem Transnistriens nicht den Ansprüchen, um kompetitive bzw. freie und faire Wahlen zu ermöglichen. Der Umbruch von 2011 änderte dies zu einem gewissen Grad (Protsyk 2012, S. 179). Im Jahr 2021 wurde das Wahlgesetz jedoch erneut überarbeitet und die Wähler in ihren Rechten erheblich beschnitten (PMR ZWK 2022; Freedom House 2022b). Faktisch bestehen nur sehr beschränkte politische Aktivitäten außerhalb der oben skizzierten klientelistischen Pyramide.

Die jüngste Parlamentswahl (2020) war demzufolge durch eine geringe Wahlbeteiligung und einen begrenzten Wettbewerb gekennzeichnet. Die Parlamentswahlen, welche auf der Abstimmung in 33 Einzelmandatsbezirken basierten, waren fast wettbewerbslos. In 23 der 33 Wahlbezirke gab es nur einen Kandidaten bei sehr niedriger Wahlbeteiligung. Die Mitglieder der *Obnowlenie*-Partei gewannen 29 Sitze, der Rest wurde von Kandidaten des Sheriff-Unternehmensnetzwerks besetzt (Freedom House 2022b).

Die transnistrischen zivilgesellschaftlichen Organisationen waren in den 1990er-Jahren zunächst um Veteranengruppen und die humanitären Bedürfnisse der Bevölkerung in der Region organisiert. Später, in den frühen 2000er-Jahren, befassten sich diese Organisationen mit weiteren Themen, wobei ihre gesellschaftspolitische Rolle wuchs. Dies wurde von den Machteliten als Bedrohung erkannt und führte zu Repressionen gegen Aktivisten oder zur Einbindung dieser Organisationen in die klientelistische Pyramide (Komm et al. 2021, S. 42).

In den letzten zwei Jahrzehnten wuchs die Zahl der lokalen NGOs auf weit über 200 registrierte Einrichtungen an. Die Gesetzgebung Transnistrien ist jedoch viel restriktiver gegenüber den zivilgesellschaftlichen Organisationen als in Abchasien (Komm et al. 2021, S. 43, 49). Auch das Gewerkschaftssystem wurde seit den 1980er-Jahren nicht mehr reformiert und befindet sich in den Händen der transnistrischen Führung, während „unabhängiger Gewerkschaftsaktivismus nicht toleriert wird" (Freedom House 2022b). Das 2018 verabschiedete Gesetz über die Tätigkeit von Nichtregierungsorganisationen (in Anlehnung an das russische Gesetz über „ausländische Agenten") macht es aus dem Ausland finanzierten NGOs unmöglich, sich für den Schutz von Bürgerrechten zu engagieren. Darüber hinaus werden die Aktivitäten der transnistrischen Zivilgesellschaft durch die restriktive Praxis der Gerichte, den Mangel an lokalen Finanzmitteln, den Druck der lokalen Sicherheitsdienste und durch Abwanderung eingeschränkt (Komm et al. 2021, S. 44–45). Ebenfalls eingeschränkt ist die Versammlungsfreiheit (Freedom House 2022b).

Die Behörden Transnistriens überwachen und kontrollieren die öffentlichen Medien über formale und informelle Kanäle. Im Jahr 2016 ermöglichte eine neue Gesetzgebung den Beamten die einfache Ernennung von Redakteuren staatlicher Medien und die Verwaltung ihrer Aktivitäten. Der Sheriff-Konzern fördert seine privaten und politischen Interessen durch den größten lokalen Fernsehsender TSV und einige andere Medienkanäle. Die russischen Sender haben das größte Publikum, aber auch die moldauischen Sender sind zugänglich. Die wenigen unabhängigen transnistrischen Medien haben nur ein sehr kleines Publikum, und ihre Journalisten werden wegen kritischer Berichterstattung strafrechtlich verfolgt (Freedom House 2022b).

Es gibt gesetzliche Beschränkungen für die Themen der öffentlichen Debatten. Das Strafgesetzbuch stellt insbesondere die öffentliche Diskreditierung und Missachtung der Behörden und der russischen Friedensmission unter Strafe. Dies zeigte sich in der wachsenden Zahl von Verfahren, welche gegen Nutzer sozialer Netzwerke eingeleitet wurden, die das Verhalten von Politikern oder des russischen Militärs in Transnistrien kritisch diskutierten (Freedom House 2022b). Es überrascht nicht, dass die Zahl der Internetnutzer und der aktiven Nutzer sozialer Netzwerke gering ist: Die erste Gruppe liegt bei knapp über 31 % und die zweite bei etwa 26 % der lokalen Bevölkerung (Datareportal 2023b).

4   Vergleich und Schlussfolgerungen

Die politischen Systeme Abchasiens und Transnistriens weisen eine Reihe von Parallelen, aber auch erhebliche Unterschiede auf. In diesem abschließenden Abschnitt sollen sie mit dem Ziel nebeneinandergestellt werden, exemplarisch die Vielfalt nicht anerkannter Staaten im postsowjetischen Raum aufzuzeigen.

Zunächst fällt ins Auge, dass unterschiedliche Legitimitätsgrundlagen die unterschiedliche Ausgestaltung von Verfassungen beeinflussten und weiter beeinflussen. Die Verfassung der Republik Abchasien sieht vor, dass Abchasien ein „Staat ist, der historisch durch das Recht eines Volkes auf freie Selbstbestimmung entstanden ist" (Kap. 1 VerfAbch). Hier hat der Begriff „Volk" einen klaren ethnonationalen Klang. Die transnistrische Verfassung steht im Gegensatz zu dieser abchasischen Norm, indem sie festlegt, dass ihre Legitimationsquelle „das multinationale Volk der Pridnestrowischen Moldauischen Republik" ist und damit eine staatsbürgerliche Dimension aufweist (Präambel VerfTransn).

Dagegen hat die abchasische Verfassung die abchasische Sprache als erste „Staatssprache" festgelegt, während Russisch eine „weitere Staatssprache" ist und die georgische Sprache überhaupt nicht erwähnt wird (Kap. 6 VerfAbch). Auch kann nur ein ethnischer Abchase Präsident werden (Art. 49 VerfAbch). Der staatsbürgerliche Akzent der transnistrischen Verfassung zeigt sich dagegen auch darin, dass moldauisch, russisch und ukrainisch gleichermaßen als „Staatssprache" geführt werden.

Trotz dieser Unterschiede haben beide Verfassungen gemeinsam, dass sie in Volksabstimmungen angenommen wurden. Dies kann als Versuch gewertet werden, auf das internationale Legitimationsdefizit dieser politischen Gebilde zu reagieren. Die Einschränkungen bei der Gewaltenteilung, die in beiden Republiken zu verzeichnen sind, gehen auch auf die Verflechtungen der De-facto-Staaten mit ihren jeweiligen Mutter- und Patenstaaten zurück. Sie beschränken die Möglichkeiten zur freien Entfaltung der Demokratie; die Folge sind formale demokratische Fassaden, die in starke informelle Institutionen eingebettet sind.

Sowohl in Abchasien wie auch in Transnistrien erscheint die starke Stellung des Präsidentenamts folgerichtig. Insbesondere besteht die funktionale Notwendigkeit zur Verbindung politischer und sicherheitspolitischer Kompetenzen. Der Verteidigungssektor und die internationalen Beziehungen sind Bestandteile des Machtgleichgewichts, in welches sich der Wirtschaftssektor ebenso einfügt wie die öffentlichen Institutionen und informelle Machtgruppen. Ursprünglich stammten die Präsidenten aus den Kadern der *Kommunistischen Partei der Sowjetunion*, den Sicherheitsdiensten oder den Netzwerken der Armee. Die ersten Präsidenten Abchasiens und Transnistriens, Ardzinba und Smirnow, waren angeblich mit Partei- und KGB-Netzwerken verbunden. Die derzeitigen Präsidenten beider Republiken – Aslan Bschania und Wadim Krasnoselskij – stammen aus den Reihen der postsowjetischen *Silowiki*: Ersterer begann seine Karriere beim KGB und setzte sie in den Sicherheitsdiensten Abchasiens fort; der zweite machte Karriere bei der transnistrischen Polizei (Beacháin 2015; Kolstø 2020, 2021; Zofka 2015).

Die Karrieren der Staatsoberhäupter der De-facto-Staaten hängen in der Tat von ihrer langfristigen Zusammenarbeit mit russischen Behörden ab, die historisch im bürokratischen Regime der Sowjetunion wurzeln. Wenn die Loyalität zu Russland in Frage gestellt wird oder wenn der Staatschef eines De-facto-Staates mit einer russischen informellen Gruppe verbunden ist, die im Wettbewerb in Moskau verliert, kann dies, wie im Fall von Igor Smirnow, zum Ende der Karriere führen. Dies trifft auch den auf Smirnow folgenden Präsidenten Jewgenij Schewtschuk zu, dessen enge Verbindungen zu den Netzwerken des russischen Innenministeriums ihm 2011 den Sieg ermöglicht hatten. Im Jahr 2016 nahm er gegen den Willen des Kreml an den Präsidentschaftswahlen teil. Wie sein Vorgänger scheiterte er bei den Wahlen und musste sogar zu seiner eigenen Sicherheit das Land verlassen (Beyer und Wolff 2016; Kolstø und Blakkisrud 2021).

Dennoch hat die russische Regierung keine absolute Kontrolle über die Regierungen der De-facto-Staaten und muss ständig mit deren formalen Institutionen und informellen Gruppen verhandeln. Ein gutes Beispiel für einen solchen Handel ist die politische Krise in Abchasien von 2019/2020. Hier waren sowohl Chadschimba als auch Bschania pro-russische Persönlichkeiten, was sie jedoch nicht daran hinderte, untereinander zu konkurrieren. Bschania akzeptierte daher nicht die Entscheidung des Kremls, Chadschimba bei den Präsidentschaftswahlen 2019 zu unterstützen. Entgegen vieler Erwartungen setzte sich Bschania durch und zwang den Kreml, ihn als Führer Abchasiens zu akzeptieren (Kolstø 2020). Das gleiche Muster ist in der politischen Krise in Abchasien im Jahr 2004, in Transnistrien im Jahr 2016 und in anderen De-facto-Staaten zu beobachten (Beyer und Wolff 2016; Hale 2014, S. 12–15; Kolstø und Blakkisrud 2021, S. 45–52).

Wie die Fälle zeigen, haben die politischen Krisen in den postsowjetischen De-facto-Staaten den Präsidentialismus und die klientelistischen Pyramiden nie zerstört. Die patronalen Pyramiden Abchasiens und Transnistriens schließen in ihre Hierarchien sowohl formale Regierungsinstitutionen als auch informelle Gruppen ein, die ihre Führer oder Rollen in der Pyramide wechseln können. Die Struktur selbst blieb hingegen intakt, ebenso wie die Kontrolle der Präsidialadministration und der russischen Kuratoren.

Weiterhin lassen sich Schlussfolgerungen für die Institutionen jenseits des Präsidialamts ziehen. Das Ministerkabinett und die Ministerien als formal höchste Exekutivorgane in Abchasien und Transnistrien entwickelten sich von vergleichsweise schwachen zu starken formalen Exekutivorganen. Funktional begründen lässt sich dies mit der Notwendigkeit, neben dem starken Präsidialamt eine funktionsfähige öffentliche Verwaltung zu gewährleisten. Bemerkenswert ist darüber hinaus, dass die Parlamente in beiden politischen Systemen eine nicht unwichtige Rolle spielen. Sie sind die einzigen gesetzgebenden Organe, die eine Wählerschaft vertreten, die stärker als in vollstaatlichen Gebilden immer in der Gefahr steht, zur Republikverteidigung zu den Waffen gerufen zu werden. Da die postsowjetischen De-facto-Staaten in eingefrorenen Konflikten unter den Bedingungen einer Notstandspolitik leben, sehen sie sowohl eine zivile als auch eine militärische Perspektive für die Ordnung vor, was die Relevanz der Parlamente erhöht. Außerdem haben die russischen Kuratorien in der Regel Kontakt zu allen Fraktionen in den Parlamenten der De-facto-Staaten, was die informelle Bedeutung der Legislative weiter erhöht.

Wie andere Elemente des politischen Systems haben auch die abchasischen und transnistrischen zivilgesellschaftlichen Organisationen und Massenmedien ihren Ursprung in den demokratischen Tendenzen der späten 1980er- bis frühen 1990er-Jahre sowie in den militärischen Konflikten der 1990er-Jahre. Heute hat die Zivilgesellschaft einen zweideutigen Einfluss auf die politischen Systeme und Regime. Neben der demokratisierenden Wirkung von Bürgervereinigungen, welche ein wichtiges Element des Systems der Checks and Balances darstellen, gibt es auch eine antidemokratische Wirkung des dritten Sektors, denn oft hängen sie nationalistischen und konservativen Ideologien an, die der Bevölkerung der Elternstaaten und des Westens feindlich gesinnt sind (Hug 2018, S. 3–4; Hoch et al. 2017, S. 339).

Die politischen Systeme sowohl Abchasiens als auch Transnistriens sind folglich so gestaltet, dass sie als „unfreie" Regime eingestuft werden müssen (Freedom House 2023). Ihr Grad an Unfreiheit variiert allerdings. Die Republik Abchasien verfügt über das im Vergleich freieste Regime der postsowjetischen De-facto-Staaten. In Transnistrien sind die politischen und Freiheitsrechte deutlich eingeschränkter. Aufgrund des entwickelten politischen und rechtlichen Systems verfügen die Bürger allerdings immer noch über einen größeren Spielraum als dies in Südossetien, Bergkarabach oder erst recht in den „Volksrepubliken" in Donezk und Lugansk der Fall war (Kolstø und Blakkisrud 2021).

Kontrollfragen

(1) Warum entstanden nicht oder nur teilweise anerkannte Staaten auf dem Gebiet der ehemaligen Sowjetunion?

(2) Wie können nicht anerkannte Staaten ihr eigenes Legitimationsdefizit ausgleichen?

(3) Wie stellen sich die Verhältnisse zwischen dem Mutterstaat und dem Patenstaat dar? Können diese Beziehungen normalisiert werden, ohne die Frage der De-facto-Staatlichkeit zu klären?

Weiterführende Literatur

1. Bahcheli, Tozun, Barty Bartmann, und Henry Srebrnik. 2004. *De Facto States. The Quest for Sovereignty*. London/New York: Routledge.
   Ein allgemeiner Überblick über die De-facto-Staaten und ihre Rolle in den internationalen Beziehungen.
2. Hoch, Tomas, und Vincenc Kopeček, Hrsg. 2020. *De Facto States in Eurasia*. London: Routledge
   Ein Überblick über die postsowjetischen De-facto-Staaten und ihre Rolle in den internationalen Beziehungen.
3. Minakov, Mikhail, Gwendolyn Sasse, und Daria Isachenko, Hrsg. 2021. *Post-Soviet Secessionism. Nation-Building and State-Failure after Communism*. Stuttgart: ibidem Verlag.
   Eine Erörterung internationaler Aspekte bzw. Probleme, die durch postsowjetische De-facto-Staaten entstanden sind.

Literatur

Bahcheli, Tozun, Barty Bartmann, und Henry Srebrnik. 2004. *De Facto States. The Quest for Sovereignty*. London/New York: Routledge.

Beacháin, Donnacha Ó. 2015. Elections without recognition: presidential and parliamentary contests in Abkhazia and Nagorny Karabakh. *Caucasus Survey* 3 (3): 239–257.

Beyer, James, und Stefan Wolff. 2016. Linkage and leverage effects on Moldova's Transnistria problem. *East European Politics* 32: 335–354.

Broers, Laurence. 2005. After the ‚revolution‘: civil society and the challenges of consolidating democracy in Georgia. *Central Asian Survey* 24 (3): 333–350.

Broers, Laurence. 2024. The Nagorno-Karabakh Republic: The life and death of an unrecognized state. EurasiaNet, 2. Januar. https://eurasianet.org/the-nagorno-karabakh-republic-the-life-and-death-of-an-unrecognized-state. Zugegriffen: 06. Dezember 2024.

Całus, Kamil. 2013. An aided economy: The characteristics of the Transnistrian economic model. *OSW Commentary* 108: 1–7.

Dale, Catherine. 1996. Abkhazia and South Ossetia: Dynamics of the Conflicts. In *Conflicts in the Caucasus*, Hrsg. Pavel Baev, und Olga Berthelsen, 13–26. Oslo: International Peace Research Institute.

Datareportal. 2023a. Digital 2023: Abkhazia. Datareportal. https://datareportal.com/reports/digital-2023-abkhazia. Zugegriffen: 08. Februar 2023.

Datareportal. 2023b. Digital 2023: Transnistria. Datareportal. https://datareportal.com/reports/digital-2023-transnistria. Zugegriffen: 08. Februar 2023.

Francis, Celine. 2011. *Conflict resolution and status: The case of Georgia and Abkhazia (1989–2008.)* Brüssel: Vubpress/Upa.

Freedom House. 2022a. Freedom in the World report – Abkhazia. Freedom House. https://freedomhouse.org/country/abkhazia/freedom–world/2022. Zugegriffen: 08. Februar 2023.

Freedom House. 2022b. Freedom in the World report – Transnistria. Freedom House. https://freedomhouse.org/country/transnistria/freedom–world/2022. Zugegriffen: 08. Februar 2023.

Freedom House. 2023. Freedom in the World Report. Freedom House. https://rb.gy/d7lt4x. Zugegriffen: 08. Februar 2023.

Freedom House. 2024. Eastern Donbas: Freedom in the World 2024 Country Report. Freedom House. https://freedomhouse.org/country/eastern-donbas/freedom-world/2024. Zugegriffen: 06. Dezember 2024.

Gegeshidze, Archil. 2008. The isolation of Abkhazia: A failed policy or an opportunity. Powers of persuasion: Incentives, sanctions and conditionality in peacemaking. Conciliation resources. https://rb.gy/9tfzuu. Zugegriffen: 08. Februar 2023.

Hale, Henry E. 2014. *Patronal politics: Eurasian regime dynamics in comparative perspective*. Cambridge: Cambridge University Press.

Hoch, Tomas, und Vincenc Kopeček, Hrsg. 2020. *De Facto States in Eurasia*. London: Routledge.

Hoch, Tomas, Vincenc Kopeček, und Vladimir Baar. 2017. Civil society and conflict transformation in de facto states: The case of Abkhazia. *Problems of Post–Communism* 64 (6): 329–341.

Hug, Adam. 2018. *The rise of illiberal civil society in the former Soviet Union?* London: The Foreign Policy Centre.

Jellinek, Georg, und Walter Jellinek. 2013. *Allgemeine Staatslehre*. Berlin/Heidelberg: Springer-Verlag.

Isachenko, Daria. 2019. Coordination and control in Russia's foreign policy: travails of Putin's curators in the near abroad. *Third World Quarterly* 40 (8): 1479–1495.

Kolstø, Pal. 2020. Biting the hand that feeds them? Abkhazia–Russia client–patron relations. *Post–Soviet Affairs* 36 (2): 140–158.

Kolstø, Pal. 2021. Authoritarian diffusion, or the geopolitics of self–interest? Evidence from Russia's Patron–Client relations with Eurasia's de facto states. *Europe–Asia Studies* 73 (5): 890–912.

Kolstø, Pal, und Helge Blakkisrud. 2021. Russian Neighborhood Policy and its Eurasian Client States: No Autocracy Export. *Russia in Global Affairs* 19 (2): 38–62.

Komakhia, Mamuka. 2021. 2020 Developments in Abkhazia. Rondeli Foundation. https://rb.gy/l7b6qw. Zugegriffen: 08. Februar 2023.

Komm, Tomas, Anna Zamejc, und Elena Terzi. 2021. Under the spotlight: A Close Look into the Established and Emerging Civil Society Actors in Moldova and the South Caucasus. People in Need. https://rb.gy/bqqsrx. Zugegriffen: 08. Februar 2023.

Kopeček, Vinsenc. 2016. Political institutions in the post–Soviet de facto states in comparison: Abkhazia and Nagorno–Karabakh. *Annual of Language & Politics and Politics of Identity* 10: 73–99.

Kukhianidze, Aleksandre, Alexander Kupatadze, und Roman Gotsiridze. 2007. Smuggling in Abkhazia and the Tskhinvali Region in 2003–2004. In *Organized crime and corruption in Georgi*, Hrsg. Louise Shelley, Erik R. Scott, und Anthony Latta, 69–92. London: Routledge.

Malyarenko, Tatyana, und Stefan Wolff. 2019. *The dynamics of emerging de–facto states: Eastern Ukraine in the post–Soviet space*. London: Routledge.

Minakov, Mikhail. 2021. The World–System and Post–Soviet De Facto States. In *Post–Soviet Secessionism. Nation–Building and State–Failure after Communism,* Hrsg. Minakov, Mikhail, Gwendolyn Sasse, und Daria Isachenko, 59–112. Stuttgart: ibidem Verlag.

Minakov, Mikhail, Gwendolyn Sasse, und Daria Isachenko, Hrsg. 2021. *Post–Soviet Secessionism. Nation–Building and State–Failure after Communism.* Stuttgart: ibidem Verlag.

Nagashima, Toru. 2019. Russia's passportization policy toward unrecognized republics: Abkhazia, South Ossetia, and Transnistria. *Problems of Post–Communism* 66 (3): 186–199.

Necsutu, Madalin. 2021. *Crypto and Caviar: The Empire behind Footballing Giant Slayer ‚Sheriff'*. BalkanInsite. https://rb.gy/wghysp. Zugegriffen: 08. Februar 2023.

Nygren, Bertil. 2007. *The rebuilding of Greater Russia: Putin's foreign policy towards the CIS countries*. London and New York: Routledge.

OSCE. 1994. The Budapest Memorandum – Towards a genuine partnership in a new era. OSCE. https://rb.gy/v2giay. Zugegriffen: 08. Februar 2023.

OSCE. 2023. Press releases and statements related to the 5+2 negotiations on the Transdniestrian settlement process. OSCE. https://rb.gy/cervfe. Zugegriffen: 08. Februar 2023.

PMR ZWK. 2022. Izbyratel'nyj kodeks Pridnestrovskoj Moldavskoj Respubliki [aus dem Rus.: Wahlgesetzbuch der Pridnestrowischen Moldauischen Republik]. Zentrale Wahlkommission der PMR. https://rb.gy/ta2cvd. Zugegriffen: 08. Februar 2023.

PMR Präsidialadministration. 2011. Administracija prezidenta Pridnestrov'ja [aus dem Rus.: Verwaltung des Präsidenten von Transnistrien]. Präsident der PMR. https://www.president–pmr.org/material/55.html. Zugegriffen: 08. Februar 2023.

Popescu, Nicu. 2006. ‚Outsourcing' de facto statehood: Russia and the secessionist entities in Georgia and Moldova. *CEPS Policy Briefs* 12: 1–8.

Popescu, Nicu, und Leonid Litra. 2012. Transnistria: a bottom–up solution. European Council on Foreign Relations Policy Brief. ECFR. https://rb.gy/mfl0rp. Zugegriffen: 08. Februar 2023.

Potter, Benjamin. 2022. Unrecognized Republic, Recognizable Consequences: Russian Troops in ‚Frozen' Transnistria. *Journal of Advanced Military Studies* 13: 168–188.

Pridnestrovie.Net. 2023. Law enforcement and armed forces of Pridnestrovie. https://web.archive.org/web/20091104073203/http://pridnestrovie.net/armedforces.html.Zugegriffen: 14. Juni 2024.

Protsyk, Oleh. 2012. Secession and hybrid regime politics in Transnistria. *Communist and Post–Communist Studies* 45 (1–2): 175–182.

Sanchez, Alejandro W. 2009. The „Frozen" Southeast: How the Moldova–Transnistria question has become a European geo–security issue. *Journal of Slavic Military Studies* 22 (2): 153–176.

Shesterinina, Anastasia. 2022. Civil war as a social process: actors and dynamics from pre–to post–war. *European journal of international relations* 28 (3): 538–562.

Skakov, Alexander. 2005. Abkhazia at a crossroads: On the domestic political situation in the Republic of Abkhazia. *Iran and the Caucasus* 9 (1): 159–186.

Toal, Gerard. 2017. *Near abroad: Putin, the West and the contest over Ukraine and the Caucasus*. Oxford: Oxford University Press.

UN GV. 2008. General Assembly adopts Resolution recognizing right of return by refugees, internally displaced persons to Abkhazia, Georgia. United Nations. https://press.un.org/en/2008/ga10708.doc.htm. Zugegriffen: 08. Februar 2023.

Versia.Ru. 2020. Finansirovanie armii Abchazii lyažet na rossijskoj bjudžet. https://versia.ru/finansirovanie-armii-abxazii-lyazhet-na-rossijskij-byudzhet. Zugegriffen: 14. Juni 2024.

Walker, Edward W. 2003. *Dissolution: Sovereignty and the breakup of the Soviet Union*. New York: Rowman & Littlefield.

Weselowsky, Tony. 2021. The Shadowy business empire behind the meteoric rise of Sheriff Tiraspol. RFERL. https://rb.gy/f3o6zk. Zugegriffen: 08. Februar 2023.

Zofka, Jan. 2015. *Postsowjetischer Separatismus. Die pro–russländischen Bewegungen im moldauischen Dnjestr–Tal und auf der Krim 1989–1995*. Götingen: Wallstein Verlag.

Teil IV
Dynamische Regime

Moldau: Parlamentarisch-präsidentielles System und fragile Demokratie

Jan Matti Dollbaum

Zusammenfassung

Dieses Kapitel zeichnet die Entstehung und Entwicklung des politischen Systems in der Republik Moldau nach, welche seit der Unabhängigkeit des Landes von geopolitischer Polarisierung, separatistischen Konflikten – insbesondere mit Transnistrien – und widerstreitenden informellen Netzwerken gekennzeichnet ist. Diese Faktoren erschwerten zwar die Herausbildung eines geschlossenen autoritären Systems, aber behinderten auch die Konsolidierung einer liberalen Demokratie. Als Ergebnis offen ausgetragener Konflikte und nicht verwirklichter autoritärer Ambitionen der ersten Präsidenten entwickelte sich ein politisches System mit einem starken Parlament, das von 2000 bis 2016 sogar die Kriterien eines rein parlamentarischen Systems erfüllte und damit eine Ausnahme im postsowjetischen Raum darstellte.

Schlüsselwörter

Parlamentarismus · Oligarchisierung · Separatismus · Westintegration · Verhältnis zu Russland

J. M. Dollbaum (✉)
Universität Fribourg, Fribourg, Schweiz
E-Mail: jan.dollbaum@unifr.ch

S. Priebus, T. Beichelt (Hrsg.), *Die politischen Systeme im östlichen Europa*,
https://doi.org/10.1007/978-3-658-43647-6_20

393

Tab. 1 Das politische System der Republik Moldau im Überblick[1]

Verfassung	Verabschiedet: 1994 Geändert: 1996, 2000, 2001, 2002, 2003, 2006, 2010[1], 2016, 2017
	Verfassungsänderungsregel: Initiativrecht haben mind. 200.000 Bürger:innen mit aktivem Wahlrecht, mind. 1/3 der Abgeordneten des Parlaments und Regierung. Unterstützung des Vorschlags von mind. 4 Verfassungsrichtern:innen nötig. Annahme durch parlamentarische 2/3-Mehrheit
Regierungssystem	Parlamentarisch-präsidentiell (zwischen 2000 und 2016 rein parlamentarisch)
Präsident:in	Wahlmodus und Amtszeit: direkt gewählt für 4 Jahre, max. 2 aufeinanderfolgende Amtszeiten Im 1. Wahlgang absolute Mehrheit der Stimmen nötig, andernfalls Stichwahl zwischen zwei Kandidat:innen mit meisten Stimmen. Kandidat:in mit der Mehrheit der Stimmen gewählt, wenn nicht insgesamt mehr Stimmen gegen ihn/sie abgegeben wurden
	Kompetenzen: 1) Gesetzesinitiativrecht; 2) Vetorecht gegen verabschiedete Gesetze, welches mit einfacher Mehrheit überstimmt werden kann; 3) Recht zur Teilnahme an Parlamentssitzungen; 4) Recht, Dekrete zu erlassen (in einigen Fällen Gegenzeichnung des Premierministers/der Premierministerin erforderlich); 5) Führung außenpolitischer Verhandlungen und Abschluss internationaler Abkommen, die Ratifizierung Parlaments bedürfen; 6) Oberkommandeur:in der Streitkräfte; 7) Benennung Kandidat:in für Amt des Premierministers/der Premierministerin nach Konsultationen mit Parlament; 8) Ernennung von Richter:innen auf Vorschlag des Obersten Rates der Magistratur; 9) Recht zur Parlamentsauflösung bei a) Scheitern der Regierungsbildung, b) Blockierung des Verfahrens zur Verabschiedung von Gesetzen für 3 Monate; 10) Recht zur Ausrufung eines konsultativen Referendums
Regierung (Kernexekutive)	Mitglieder: Premierminister:in, erste:r Stellvertretende:r Premierminister:in, Stellvertretende:r Premierminister:in, Minister:innen und weitere per Gesetz bestimmte Mitglieder
	Auswahl: Vorschlag des Regierungschefs/der Regierungschefin durch Präsident:in nach Beratungen mit Parlamentsfraktionen; Parlament bestätigt innerhalb von 15 Tagen Regierungschef:in im Rahmen der Abstimmung über gesamte Regierung. Regierung kommt zustande nach Abstimmung des Parlaments über das Regierungsprogramm und Liste der Regierungsmitglieder Abberufung: einfaches Misstrauensvotum des Parlaments gegen gesamte Regierung

(Fortsetzung)

Tab. 1 (Fortsetzung)

Parlament	Aufbau: eine Kammer mit 101 Abgeordneten; aktuell 11 ständige Fachausschüsse, Bildung einer Fraktion durch mind. 5 Abgeordnete
	Dauer Legislaturperiode: 4 Jahre
	Funktionen: 1) Repräsentation; 2) Gesetzgebung: Gesetzesinitiativrecht durch jede:n Abgeordnete:n, beinhaltet Budgetrecht (Haushalt der autonomen Region Gagausien durch separates Gesetz bestimmt, Ausrufung von Referenden; 3) Kontrolle der Exekutive: im Falle schwerer Verstöße gegen Bestimmungen der Verfassung Amtsenthebung des Präsidenten/der Präsidentin mit 2/3-Mehrheit, Misstrauensvotum gegen Regierung, Fragen, Interpellationen und Untersuchungsausschüsse; 4) Entscheidung über Ausnahmezustand, Belagerungs- und Kriegsrecht; 5) Wahl der Parlamentspräsidentschaft, 2 von 6 Verfassungsrichter:innen und des „Volksanwalts"/der „Volksanwältin" zur Überwachung der Einhaltung der Menschenrechte
Wahlsystem	Verhältniswahl mit Parteilisten in einem einzigen nationalen Wahlkreis. Sperrklausel variiert nach Art der Liste: für einzelne Parteien oder Organisationen 5 %, für Wahlblock aus zwei oder mehr Parteien 7 %, für unabhängige Kandidat:innen 2 %
	Reform 2015: Einführung eines gemischten Wahlsystems (revidiert 2019)

Anmerkungen: [1] Die Verfassungsänderung von 2010 wurde vom Verfassungsgericht in ihrer Gesamtheit für verfassungswidrig erklärt
Quelle: Eigene Darstellung

1 Einleitung

Als einziges Land im postsowjetischen Raum verfügte die Republik Moldau in den Jahren 2000 bis 2016 über ein rein parlamentarisches Regierungssystem. In den 1990er-Jahren und wieder seit 2016 handelt es sich um ein Regierungssystem parlamentarisch-präsidentiellen (oder premier-präsidentiellen) Typs. Dabei bewegte sich die Republik Moldau stets zwischen einer elektoralen Demokratie und einem kompetitiv-autoritären Regime. Zwar waren die Voraussetzungen für eine Demokratisierung mit hoher Armut, wirtschaftlicher Abhängigkeit von Russland und einer vergleichsweise schwachen Zivilgesellschaft denkbar schlecht. Doch im Sinne des „pluralism by default" (Way 2015) fehlten den politischen Eliten zugleich die Machtressourcen, um das politische System formal und informell zu zentralisieren und eine „single pyramid" (Hale 2014) bzw. ein geschlossenes autoritäres System zu errichten.

Drei pluralismusfördernde Hintergrundbedingungen sind dabei besonders herauszustellen. Erstens bestand seit den späten 1980er-Jahre eine identitäts- und geopolitische Konfliktlinie zwischen pro-rumänischen, westorientierten und pro-moldauischen bzw. russophilen Orientierungen. Diese Konfliktlinie hatte, ähnlich wie in der Ukraine, starkes Mobilisierungspotenzial auf beiden Seiten, was eine autoritäre Schließung erschwerte. Zweitens verhinderte der separatistische Konflikt mit Transnistrien den vollständigen Schulterschluss mit Russland auch für so genannte „pro-russische" Kräfte. Drittens war der Konkurrenzkampf zwischen unterschiedlichen wirtschaftlichen Netzwerken förderlich für den politischen Wettbewerb, auch wenn dieser oft wenig konstruktiv verlief. Auf alle drei Faktoren wird im Laufe des Kapitels genauer einzugehen sein.

Die politischen Institutionen entwickelten sich entlang dreier Critical Junctures – Momenten der Entscheidungsfindung über das Verhältnis von Exekutive und Legislative, welche die politischen Auseinandersetzungen über die folgenden Jahre prägten. Die erste war im Jahr 1994 die Verabschiedung der Verfassung des unabhängigen Staates Republik Moldau und die Einführung eines parlamentarisch-präsidentiellen Regierungssystems. Die zweite Critical Juncture bestand in der hochkonfliktiven Verfassungsänderung zum rein parlamentarischen System, die das Parlament im Jahr 2000 gegen den Präsidenten durchsetzte. Die dritte war schließlich die Rückkehr zur Direktwahl des Präsidenten durch eine Entscheidung des Verfassungsgerichts im Jahr 2016. Die ersten beiden Critical Junctures waren die Ergebnisse von inter-elitären Aushandlungsprozessen zwischen den Präsidenten und ihren fragilen parlamentarischen Allianzen einerseits und Gegeneliten mit ihren Verbündeten andererseits (Frye 1997). So wurden die aktuellen Kräfteverhältnisse zwischen verschiedenen Akteuren in der Verfassung festgeschrieben und prägten damit ihrerseits die Gestalt der politischen Auseinandersetzung.

Das Kapitel ist wie folgt strukturiert. Die Abschn. 2 und 3 analysieren zunächst die Machtkämpfe der Präsidenten Mircea Snegur (1991–1997) und Petru Lucinschi (1997–2001) mit ihren jeweiligen Gegnern im Parlament, aus denen in jeweils einer Critical Juncture die entscheidenden Weichenstellungen für die formalen Institutionen hervorgingen. In den Abschn. 4 und 5 nimmt das Kapitel dann insbesondere die Wirkung zweier informeller Einflussgrößen im Rahmen des in den 1990er-Jahren implementierten politischen Systems in den Blick. Dies ist zum einen die Stärke und Bindekraft der im Parlament dominanten Partei oder Koalition. Durch die deutlich kohärentere Struktur der *Kommunistischen Partei der Republik Moldau* (KPRM), die von 2001 bis 2009 regierte, ergab sich bei formal ähnlicher Machtverteilung ein völlig anderes Bild als bei den fragilen Allianzen der 1990er- und der 2010er-Jahre. Um diese Tatsache zu unterstreichen, fokussiert dieser Abschnitt auf die Herrschaft der *Kommunistischen Partei* von 2000 bis 2009, wenngleich es in dieser Zeit nicht zu einer formalen Critical Juncture kam. Zweitens nahm auch die Durchdringung der formalen Institutionen durch Angehörige konkurrierender wirtschaftlicher Netzwerke, beschrieben insbesondere in Abschn. 5, Einfluss auf die Ausgestaltung der Verfassungswirklichkeit. Der Schlussabschnitt gibt einen Ausblick vor dem Hintergrund der partiellen De-Oligarchisierung und des russischen Angriffs auf die Ukraine.

Wie auch in den anderen Länderbeiträgen des vorliegenden Sammelbandes liefert Tab. 1 einen Überblick über das entstandene politische System (Stand: Juli 2024).

2 Critical Juncture I: Etablierung des parlamentarisch-präsidentiellen Regierungssystems

Die politischen Auseinandersetzungen der 1990er-Jahre – und damit auch ihre Festschreibung in der Verfassung von 1994 – fanden vor dem Hintergrund verschiedener Kontextfaktoren statt, welche die Herausbildung stabiler politischer Machtverhältnisse erschwerten und immer wieder die Ambitionen einzelner Akteure durchkreuzten. Erstens formierte sich um den Komplex der nationalen Identität und der damit eng verbundenen außenpolitischen Orientierung eine beharrungskräftige Konfliktlinie, die sich bereits vor der Unabhängigkeit der Republik Moldau abzeichnete. Die Sowjetmacht hatte nach dem Anschluss Bessarabiens im Zweiten Weltkrieg Argumente einer kulturellen und sprachlichen Ähnlichkeit zwischen der Moldauischen SSR und Rumänien systematisch unterdrückt und stattdessen die Erzählung einer von Rumänien unabhängigen „moldawischen" Nationalität produziert. Zugleich waren ethnische Moldauer:innen bei hochrangigen Posten in Wirtschaft und Verwaltung gegenüber Russ:innen und Ukrainer:innen oft diskriminiert, was zu latenter Unzufriedenheit insbesondere bei der urbanen Bevölkerung führte. Die hohe Mobilisierungskraft dieses Themas zeigte sich im August 1989, als Reformer aus der Intelligentsia in Chișinău über 100.000 Menschen auf die Straße brachten, um gegen die gesetzlich verankerte Dominanz des Russischen in der öffentlichen Kommunikation und des Kyrillischen in der rumänischen/moldauischen Schriftsprache zu protestieren und eine Gesetzesänderung zu bewirken. Die Frage nach der nationalen Identität und ihrer Konsequenzen, insbesondere für Kultur-, Bildungs- und Außenpolitik, prägte die politischen Auseinandersetzungen beständig fort.

Zweitens band der Konflikt mit dem separatistischen und von Russland unterstützten Transnistrien Aufmerksamkeit und Ressourcen beim Aufbau des neuen unabhängigen Staates. Kandidat:innen der *Volksfront Moldaus* (*Frontul Popular din Moldova*), die sich für eine Vereinigung mit Rumänien einsetzte, gewannen die ersten freien Wahlen zum Obersten Sowjet im Frühjahr 1990 deutlich. Die Erklärung der Unabhängigkeit folgte im Juni, auch wenn die de-facto-Unabhängigkeit erst nach

dem Putsch gegen Gorbatschow im August 1991 eintrat (de jure dann mit der Auflösung der Sowjetunion im Dezember 1991). Zu diesem Zeitpunkt hatten die mehrheitlich mit ethnischen Minderheiten besiedelten Regionen Gagausien und Transnistrien bereits ihre Unabhängigkeit von der Moldauischen SSR erklärt und den August-
putsch mit dem Ziel unterstützt, die Sowjetunion zu erhalten. Während Gagausien
1994 in die Republik Moldau reintegriert werden konnte, besteht der Konflikt über
Transnistrien bis heute – mit allen Konsequenzen der geopolitischen Polarisierung
und des konstanten russischen Eskalationspotenzials, welches nicht nur Moldaus Integration in westliche Organisationen, sondern paradoxerweise auch den Aufbau stabiler autoritärer Strukturen behinderte (siehe insbesondere Abschn. 4).

Drittens schließlich zog, wie in anderen ehemaligen sowjetischen Teilrepubliken,
das Verbot der *Kommunistischen Partei* ein Problem der formellen Elitenintegration
nach sich, sodass informelle Netzwerke an Bedeutung gewannen. Diese waren jedoch
in der jungen Republik Moldau schwach (Way 2005), was zusammen mit einer (von
der pro-rumänischen Bewegung abgesehenen) kaum existenten und unorganisierten
Zivilgesellschaft und der durch die Privatisierung fragmentierten Wirtschaft die Bildung stabiler Allianzen zunächst erschwerte.

In dieser Ausgangslage dominierte die aus der Demokratiebewegung der 1980er-
Jahre hervorgegangene Volksfront, die zusammen mit reformorientierten kommunistischen Abgeordneten die Mehrheit im Obersten Sowjet stellte. Dieser wählte 1990
Mircea Snegur, einen Reformer aus dem Establishment, zum Präsidenten der Moldauischen SSR. Bereits vor der Unabhängigkeit geriet Snegur jedoch mit seinen ursprünglichen Unterstützern aus der *Volksfront* zusehends in Konflikt. Dies betraf zum
einen die Politik gegenüber ethnischen Minderheiten und die Angliederung an Rumänien, die Snegur zu verhindern versuchte. Zum anderen waren Snegur und die *Volksfront* uneins über die zu schaffende Verfassung, bei der Snegur ein präsidentielles, die
Abgeordneten ein parlamentarisches Regierungssystem präferierten (Roper 2008).
Gleichwohl gelang es Snegur vorübergehend, seine Unterstützung im Parlament an
der *Volkfront* vorbei zu festigen und ein Gesetz zur direkten Wahl des Präsidenten
durchzusetzen. Sowohl die *Volkfront* als auch die regionalen Behörden in Transnistrien und Gagausien boykottierten die Wahl, sodass Snegur ohne Konkurrenz bei einer
Wahlbeteiligung von 83 % mit 98 % der Stimmen gewählt wurde.

So war der Grundstein für ein präsidentielles Regierungssystem gelegt. Der Prozess der Ausgestaltung der Verfassung war jedoch geprägt von Konflikten in Parlament und Gesellschaft – und vom wiederkehrenden Unvermögen des Präsidenten,
diese zu seinen Gunsten zu entscheiden. Snegur gelang es zwar, „die militantesten
pro-rumänischen Elemente aus der Regierung zu entfernen" und den kriegerischen
Konflikt mit Transnistrien durch einen moderierenden Kurs einzufrieren (Crowther
2023, S. 35), doch konnte er keine stabile Mehrheit im Parlament bilden. Neuwahlen
wurden für 1994 angesetzt, und auch hierbei spielte Transnistrien eine entscheidende

Rolle: Um das Problem zu vermeiden, Wahlkreise in den nicht kontrollierten Gebieten unbesetzt und damit unrepräsentiert zu lassen, verabschiedete das Parlament Ende 1993 ein neues Wahlrecht, welches in Moldau als einzigem postsowjetischen Land eine reine Verhältniswahl mit einem landesweiten Wahlkreis implementierte. Damit wurde es schwieriger, lokale klientelistische Wahlmaschinen zu etablieren. Auch dies schwächte langfristig die autoritäre Konsolidierung (Hale 2014, S. 171).

Abgehalten schon unter dem Einfluss der Konfliktlinie zwischen westorientierten Kräften und solchen, die zumindest eine wirtschaftliche Anbindung an Russland und die GUS-Staaten suchten, bescherte die Parlamentswahl 1994 dem Lager der Letzteren einen deutlichen Aufschwung. Die 1991 gegründete *Agrarische Demokratische Partei* (PDAM), bestehend größtenteils aus der ehemaligen sowjetischen Landwirtschafts- und Agroindustrieelite, erreichte die absolute Mehrheit der Mandate. Es schien, als könnte die PDAM Snegur, der vor der Wahl für sie geworben hatte, als stabilere Machtbasis dienen und seine Pläne eines präsidentiellen Systems bei der Gestaltung der Verfassung umsetzen. Doch die PDAM erwies sich als fragmentiert und illoyal gegenüber Snegur – und dieser war nicht bereit, die Beziehungen zu Europa durch autoritäre Manöver zu gefährden (Hale 2014, S. 167). So gewann das Parlament die Oberhand bei der Ausarbeitung der Verfassung, vermied es aber unter Parlamentssprecher Petru Lucinschi seinerseits, ein vollständig parlamentarisches System einzuführen. Dies war auch seitens der Abgeordneten in der Unsicherheit angesichts fehlender stabiler Netzwerke und Parteien begründet, sodass alle Beteiligten ein System der Machtteilung präferierten (Roper 2008).

Das Ergebnis war eine parlamentarisch-präsidentielle Verfassung mit direkt gewähltem Präsidenten (Roper 2002). Dieser nahm zwar gegenüber dem Premierminister eine dominante Rolle ein, stand aber gleichwohl einem starken Parlament gegenüber (Fruhstorfer 2016, S. 363). Der Präsident hatte ein Recht zur Gesetzesinitiative und ein eingeschränktes Recht, Dekrete zu erlassen (Art. 94 Verf. MD), sowie ein Vetorecht gegenüber dem Parlament, das jedoch mit einfacher Mehrheit aufgehoben werden konnte. Hinzu kam das uneingeschränkte Recht, Referenden einzuberufen (Art. 88 Verf. MD). Für bindende Referenden jedoch war eine parlamentarische Mehrheit notwendig (Roper 2002, S. 268). Der Präsident benannte den Premierminister in Konsultation mit dem Parlament und konnte konkrete Kabinettsmitglieder nur infolge einer Eingabe des Premierministers benennen. Die Befugnis zur Auflösung des Parlaments war auf die Fälle beschränkt, in denen keine Regierung gebildet oder ein neues Gesetz für drei Monate nicht verabschiedet werden konnte (Roper 2008, S. 118). Hinzu kam das Recht, zwei von sechs Verfassungsrichter:innen zu ernennen[1] (Art. 136 Verf. MD) sowie alle weiteren Richterämter zu besetzen (Art. 116 Verf. MD).

---

[1] Jeweils zwei wurden zudem vom Parlament und vom Obersten Rat der Magistratur, einem eigenen Organ mit Verfassungsrang (Artikel 122 Verf. MD), benannt.

Die Konsequenz dieser ersten Critical Juncture war zunächst vor allem ein System, das die Unbeständigkeit zum Zeitpunkt seiner Erschaffung zementierte, indem es immer den Konsens zwischen Parlament und Präsident erforderte – was zu wiederholten Blockaden führte. Es kam immer wieder zu Auseinandersetzungen, etwa 1996 zwischen Snegur und Premierminister Anderi Sangheli über die Besetzung des Verteidigungsministeriums, in der das Verfassungsgericht gegen Snegur und im Sinne des Parlaments entschied. Zur Präsidentschaftswahl 1996 traten mit Premierminister Sangheli und Parlamentssprecher Lucinschi gleich zwei einstige Unterstützer Snegurs gegen ihn an. Laut Lucan Way war Snegur noch zehn Jahre später darüber empört, denn er selbst hatte Sangheli auf seinem Aufstieg protegiert (Way 2015, S. 100).

3   Critical Juncture II: Übergang zum parlamentarischen System

Der offen ausgetragene Konflikt der drei Bewerber führte auch dazu, dass es keinem von ihnen gelang, die Lokalregierungen für Wahlmanipulationen einzuspannen oder Protest repressiv einzudämmen. Im Ergebnis fand die Präsidentschaftswahl in einem hochkompetitiven Umfeld statt (Way 2005, S. 249). Während sich Snegur von der PDAM wieder abgewandt und erneut eine Allianz mit der *Volksfront* eingegangen war, traten Sangheli als PDAM-Kandidat und Lucinschi als Unabhängiger an. Beide sahen trotz der relativen Schwäche Snegurs das Präsidentenamt als den Ort an, an dem sich Macht konsolidieren ließ (Hale 2014). Lucinschi setzte sich in der Stichwahl mit 54 % gegen Snegur durch, auch weil die Bevölkerung ihm als Reformkommunisten und ehemaligem Botschafter in Moskau eher zutraute, den Konflikt mit Transnistrien beizulegen (Crowther 2023, S. 35).

Nach seinem Amtsantritt im Januar 1997 versprach Lucinschi, mit der *Agrarpartei* zusammenzuarbeiten. Diese jedoch verschwand 1998 vollständig, als – in einem Sinnbild der Volatilität des Parteiensystems – die Wahlen vier neue Parteien ins Parlament brachten und die bisherigen Kräfte vollständig ablösten. Unter den neu im Parlament vertretenen Parteien war auch die bis 1994 verbotene PKRM unter der Führung Vladimir Voronins, des letzten sowjetischen Innenministers in Moldau, die sich in der andauernden Wirtschaftskrise als wichtigste und disziplinierteste Oppositionskraft zu etablieren begann (Quinlan 2002, S. 84–85). Lucinschi gelang es zunächst jedoch, ohne die PKRM eine Koalition zu formen, in der die Allianz „Für ein demokratisches und prosperierendes Moldau" (*Pentru o Moldovă Democratică și Prosperă*, PMDP) dominierte. Lucinschis Gefolgsleute kamen in Schlüsselpositionen (z. B. wurde PMDP-Chef Dumitru Diacov Parlamentssprecher) und er begann, seine Gegner unter Druck zu setzen. Eine neu etablierte Antikorruptionsagentur etwa stand im starken Verdacht der Parteinahme für Lucinschi (Way 2015, S. 100).

Der Einfluss des Präsidenten auf das Parlament war überwiegend informell und damit abhängig von der Stabilität der Allianzen. Bald stieß Lucinschis ökonomischer Reformkurs auf Widerstand und es setzte eine Periode der Cohabitation ein. Diese wurde verstärkt durch Lucinschis Taktik des divide-and-rule, bei der er keiner Gruppe im Parlament den alleinigen Vorzug gab, was den Eindruck erweckte, er würde Loyalität nicht belohnen. Hatte er als Parlamentssprecher noch die Kämpfe gegen den Präsidenten angeführt, sah er sich nun selbst mit einem immer autonomeren Parlament konfrontiert: Im Jahr 1999 brauchte er vier Anläufe, um seinen präferierten Kandidaten für das Amt des Premierministers durchzusetzen (Roper 2002).

Die Lösung sah Lucinschi darin, den in der Verfassung implementierten Balanceakt zugunsten des Präsidentenamtes zu entscheiden. Da ihm, wie Snegur zuvor, aufgrund der fragilen außenpolitischen Situation an der Unterstützung der europäischen Institutionen gelegen war (Hale 2014, S. 167), warb er am 25. Juni 1999 für sein Vorhaben vor der Parlamentarischen Versammlung des Europarates. Er argumentierte, dass die politische Instabilität zur Überwindung des Reformstaus die Machtkonzentration erfordere. Lucinschi brachte Änderungen ins Parlament ein, welche nicht nur das Präsidentenamt gestärkt, sondern ein gemischtes Wahlsystem mit 70 % der Mandate in Einerwahlkreisen eingeführt hätten. Er setzte die Parlamentarier:innen zusehends unter Druck und rief, um dem Vorschlag Legitimität zu verleihen, ein konsultatives Referendum aus, in dem die Vorschläge – allerdings bei geringer Beteiligung – eine Mehrheit von 58 % erhielten.[2] Sein Ziel war es, damit das Parlament dazu zu bringen, ihm qua Verfassungsänderungen das uneingeschränkte Recht zur Auflösung des Parlaments und des Kabinetts (Semenova und Dowding 2021, S. 232) sowie zur Ernennung des Generalstaatsanwalts einzuräumen und sich so eine bessere Verhandlungsposition gegenüber Transnistrien und Russland zu verschaffen (Fruhstorfer 2016, S. 369).

Das Parlament, sonst tief gespalten und uneins, reagierte auf Lucinschis Angriff in seltener Geschlossenheit. Es verabschiedete seinerseits eine Verfassungsreform, mit der es eine parlamentarische Regierungsform einführte. Dieser Moment kann retrospektiv als zweite Critical Juncture erachtet werden. Der Vorschlag kam von der *Christdemokratischen Volkspartei* (einer Nachfolgeorganisation der *Volksfront*), also aus dem rechtsnationalen Spektrum, erhielt aber die nötige verfassunggebende Mehrheit erst durch die Unterstützung der *Kommunisten*. Die Reform sah die Abschaffung der Direktwahl des Präsidenten vor und beschnitt seine Kompetenzen, wenn auch nicht umfassend: Zwar verlor er das Recht, Richter:innen des Verfassungsgerichts zu ernennen, an Kabinettssitzungen teilzunehmen und Verfassungsänderungen zu initi-

---

[2] Die der Bevölkerung vorgelegte Frage lautete: „Befürworten Sie eine Änderung der Verfassung, um in der Republik Moldau eine präsidiale Regierungsform einzuführen, bei der der Präsident der Republik für die Bildung und Führung der Regierung sowie für die Ergebnisse der Regierungsführung des Landes verantwortlich sein soll?" (zitiert nach Jeffries 2004, S. 333).

ieren. Er konnte jedoch weiterhin in Absprache mit der Parlamentsmehrheit den Premierminister ernennen und behielt sein (allerdings mit einfacher Mehrheit überstimmbares) Vetorecht (Roper 2008, S. 123). Eine Critical Juncture war diese Reform daher insbesondere, weil sie für die Präsidentenwahl, die nun im Parlament abgehalten wurde, mit 61 von 101 Stimmen eine qualifizierte Mehrheit erforderte, die im hochfragmentierten Parlament schwer zu erreichen war. Dies erhöhte – in Abwesenheit eindeutiger Mehrheiten und starker Parteien – die Relevanz informeller Absprachen mit einzelnen Abgeordneten, um Verfassungskrisen abzuwenden (Crowther 2023).

Lucinschis Präsidentschaft war damit von Auseinandersetzungen innerhalb des Parlaments einerseits und zwischen Parlament und Exekutive andererseits gekennzeichnet – ein Doppelkonflikt, der sich auf die Ausgestaltung der Institutionen auswirkte. Zunächst schien es, als könnte Lucinschi seine Macht in einer „single pyramid" (Hale 2014) konsolidieren. Dass es dazu nicht kam, lag zum einen an persönlichen Entscheidungen Lucinschis, den Widerstand des Parlament nicht durch stärkere Repression bis hin zum Einsatz von Gewalt im Stile Jelzins zu brechen. Gründe waren, dass er zu lange überzeugt von seiner Taktik des divide-and-rule war, dass er nach dem blutigen Bürgerkrieg Gewalt vermeiden wollte, und auch dass die Präsenz der russischen Armee in unmittelbarer Nähe solche Pläne höchst riskant machte (Hale 2014, S. 166). Ein weiterer Grund war die Schwäche des Parteiensystems. Wie die vergleichende Forschung zeigt, helfen kohäsive Regierungsparteien dabei, autoritäre Herrschaft zu stabilisieren (Geddes 1999; Svolik 2012), indem sie stabile Kanäle für die Verteilung von Patronage bereitstellen und dabei helfen, die Bevölkerung zielgenau zu mobilisieren (Reuter 2022). Weder Snegur noch Lucinschi gelang es, eine solche Partei aufzubauen. Ohne kohärente Organisationsstrukturen und damit ohne stabile Kanäle zur Belohnung und Bestrafung fiel daher die Etablierung eines effektiven patronalen Systems schwer.

4   Autoritarismus im Parlamentarismus: Die Herrschaft der Kommunistischen Partei

Auf die Verfassungsreform folgte unmittelbar eine erneute Regierungskrise. Die Einigkeit des Parlaments in der Auseinandersetzung mit dem Präsidenten löste sich auf und es gelang nicht, sich auf einen neuen Präsidenten zu einigen, was Lucinschis Mandat effektiv verlängerte und damit das Gegenteil dessen bewirkte, was die Abgeordneten angestrebt hatten. Die Folge waren Neuwahlen im Februar 2001, in denen bei einer Wahlbeteiligung von 67 % die PKRM mit knapp über 50 % der Stimmen 71 von 101 Mandaten erhielt. Quinlan weist jedoch darauf hin, dass über ein Viertel der abgegebenen Stimmen an Parteien gegangen war, die an der Sechsprozenthürde scheiterten (Quinlan 2004, S. 487). Die Forderungen der *Kommunistischen Partei* nach einer Rückabwicklung der marktwirtschaftlichen Reformen, Preiskontrollen, einer stärkeren Hinwendung zu Russland und Sowjetnostalgie hatten also breite Unterstützung, aber weniger als die Mandatsverteilung nahelegte.

Die PKRM, eine klassisch unreformierte kommunistische Nachfolgepartei (Grzymala-Busse 2002), war die erste ihrer Art, die im postsowjetischen Raum in Regierungsverantwortung kam. Aufgrund ihrer starken Parteiorganisation, die sie aus der Sowjetunion übernommen und über die vier Jahre des Verbots hinübergerettet hatte, war sie deutlich stabiler als die bisherigen Regierungskoalitionen. Wenngleich die politische Korruption nicht zurückging und politische Macht mit ökonomischen Vorteilen für das PKRM-Netzwerk einhergingen, so basierte die Loyalität der Parlamentarier doch zunächst vor allem auf der Zugehörigkeit zur Partei, außerhalb derer die meisten Abgeordneten keine Machtbasis hatten. Zusätzlich zu ihrer Fraktionsstärke, welche über der verfassungsgebenden Zweidrittelmehrheit lag, machte dieser Umstand die Partei zu einer deutlich effektiveren politischen Kraft. Sie wählte Vladimir Voronin zum Präsidenten, dessen Kompetenzen zwar formal leicht unter denen Snegurs und Lucinschis lagen, der jedoch als Vorsitzender der PKRM ihren Kurs bestimmen konnte (das Verfassungsgericht entschied, dass Präsidialamt und Parteivorsitz vereinbar seien). So ergab sich der paradoxe Befund, dass de facto der Präsident im parlamentarischen System gestärkt statt geschwächt wurde (Roper 2008, S. 113).

Dieses Zusammenspiel der neuen formalen Regeln (Machtkonzentration im Parlament) und der Änderung der informellen Konstellation (deutlich kohärentere Regierungspartei unter Führung des Präsidenten) bereitete die Voraussetzungen für die autoritärste Periode der postsowjetischen Epoche. Die PKRM ersetzte Richter:innen durch loyale Personen und schränkte ihre Autonomie durch eine Verfassungsänderung ein (Fruhstorfer 2016), erweiterte die zentrale Kontrolle der lokalen Exekutive, und ging zusehends repressiv gegen Medien, NGOs und die seit 2002 von der *Christdemokratischen Volkspartei* (*Partitur Popular Creştin Democrat, PPCS*) organisierten Proteste vor (Quinlan 2004). Auch Levitsky und Way verzeichnen deutliche Verschlechterungen bei den bürgerlichen Freiheiten unter der PKRM (Levitsky und Way 2010). Gleichwohl gelang dem Präsidenten Voronin nicht die autoritäre Schließung. Auch wenn einige Indizes während der Herrschaft der PKRM deutlich ausschlugen – etwa der V-Dem-Index zur Repression zivilgesellschaftlicher Organisationen, siehe Abb. 1 – wurde Moldau weiterhin nur als „kompetitives autoritäres Regime" (Levitsky und Way 2010, S. 371) eingestuft, in dem trotz zahlreicher Manipulationen und Einschüchterungen noch echter Wettbewerb stattfand (siehe auch den nur leichten Rückgang des „liberal democracy index" in Abb. 1).

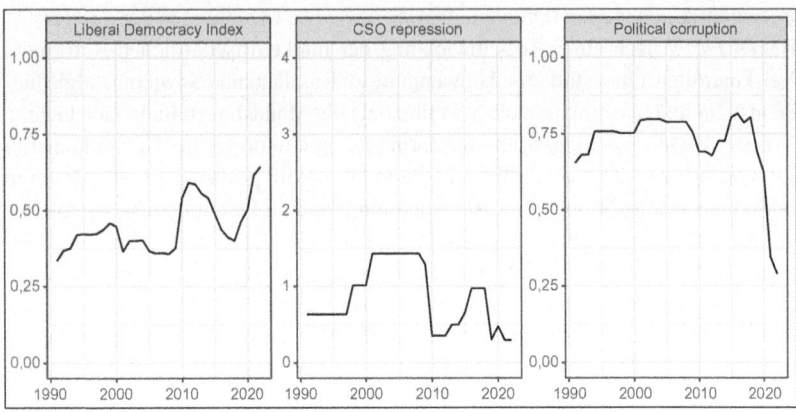

Abb. 1 V-Dem-Indizes für die Ausprägung der Liberalen Demokratie, der Repression zivilgesellschaftlicher Organisationen und der politischen Korruption. (Quelle: Coppedge et al. 2023. Der Indikator für die Repression zivilgesellschaftlicher Organisation wurde rekodiert, sodass höhere Werte eine höhere Repression angeben)

Auch hier lag die Erklärung weniger in Voronins mangelnder autokratischer Motivation als in der geopolitischen Lage Moldaus. Die gewaltvolle Auseinandersetzung in Transnistrien war 1992 weitgehend beigelegt worden, jedoch bedeutete der Fortbestand des Konflikts eine beständige Gefahr des Wiederaufflammens und der Verwundbarkeit gegenüber Russland, dessen 14. Armee in Transnistrien stationiert war. Die PKRM und Voronin persönlich, der selbst aus Transnistrien stammt, erhofften sich im Gegenzug für ihre Annäherung an Russland einen deutlich konzilianteren Kurs. Doch Moskau blieb prinzipiell bei seiner Unterstützung der Separatisten. Weil weiterhin fundamentale Differenzen bestanden, die auch durch ökonomischen Druck Russlands unterstrichen wurden, konnte Moldau sich nicht auf die volle Unterstützung Moskaus beim Aufbau eines autoritären Regimes verlassen. Voronin war so weiterhin auf ein gutes Verhältnis zu der EU angewiesen und war daher bereit, schon auf moderaten Druck des Westens manche Repressalie zurückzunehmen, wie etwa die Inhaftierung des oppositionellen Bürgermeisters von Chişinău im Jahr 2005 oder den Plan, die Eigentümer des oppositionellen Senders „Pro TV" 2008 auszutauschen (Way 2015, S. 107–108).

Voronins Präsidentschaft war damit nicht nur vom Versuch des Aufbaus einer „single pyramid", sondern auch von großem Pragmatismus gekennzeichnet. Dieser zeigte sich auch 2005, als die PKRM zwar die absolute, aber nicht mehr die Dreifünftelmehrheit der Mandate erhielt und Voronin ausgerechnet mit Unterstützung der *Christdemokratischen Volkspartei* wiedergewählt wurde. Im Austausch (auch für eine beschleunigte EU-Annäherung und IWF-Kredite) ließ sich die Regierung auf Privatisierungen und eine liberalere Wirtschaftspolitik ein. Dabei profitierten gleichwohl insbesondere die Insider, darunter Voronins Sohn Oleg, der mit Unternehmen in der Banken-, Bau-, und Immobilienbranche vorübergehend zum reichsten Geschäftsmann des Landes wurde (Marandici 2021, S. 75), sowie Wladimir Plahotniuc, der zu einem zentralen Broker in Voronins Netzwerk avancierte. Politische Korruption wurde damit in der zweiten Hälfte der 2000er-Jahre zum wichtigsten Thema der sich festigenden, rechtsliberalen und westorientierten Opposition, die darin von westlich finanzierten NGOs unterstützt wurde (Crowther 2023, S. 39). Doch auch in ihrem Lager war die Verquickung wirtschaftlicher und politischer Interessen verbreitet (s. Abschn. 5). Vladimir Filat, unter Lucinschi zuständig für die Privatisierung und dabei mutmaßlich selbst zu Reichtum gekommen, gründete 2006 die *Liberal-Demokratische Partei Moldaus* (PLDM). Im Vorfeld der Wahlen 2009 erhielten dann Personen, die mit oligarchischen Netzwerken in Verbindung standen, Listenplätze der PLDM und der *Liberalen Partei*, darunter Lucinschis Sohn Chiril und gleich mehrere Vertreter des ASCOM-Konzerns – was nahelegte, dass sich dessen Eigentümer Anatol Stati, der sich zuvor mit der PKRM arrangiert hatte, nun der Opposition anschloss (Hale 2013, S. 490).

Die Wahlen im April 2009 waren begleitet von großen Protesten und Vorwürfen von Wahlfälschungen. Die Regierung ging hart gegen die Protestierenden vor, es gab Vorwürfe der Folter und es kam zu drei Todesfällen. Die PKRM erhielt knapp 50 % der Stimmen, es fehlte ihr jedoch ein Mandat zur Dreifünftelmehrheit für die Wahl eines Präsidenten. Im Gegensatz zu 2005 sah sie sich einer Totalblockade der neuen Opposition im Parlament gegenüber, sodass Neuwahlen im Juli die einzige Möglichkeit waren, die erneute Krise zu lösen. Aufgrund ihrer repressiven Reaktion auf die Proteste verlor die PKRM nun deutlich an Stimmen, sodass eine antikommunistische Vierparteienkoalition die *Allianz für Europäische Integration* (AEI) formte und eine neue Regierung bilden konnte.

5   Critical Juncture III: Rückkehr zum parlamentisch-präsidentiellen Regierungssystem

Die Herrschaft der PKRM war beendet und damit auch die Periode der schleichenden Autokratisierung. Stattdessen kehrte mit der elektoralen Dezimierung der PKRM unmittelbar die Instabilität der parlamentarischen Mehrheiten und Kabinette der 1990er-Jahre zurück. Schon 2010 mussten neue Parlamentswahlen stattfinden und es gelang bis März 2012 nicht, die erforderliche Mehrheit für die Wahl eines Präsidenten oder einer Präsidentin zu finden – und auch dann nur mithilfe dreier kommunistischer Abgeordneter, die schließlich für den ohne eigene Machtbasis antretenden Kompromisskandidaten Nicolae Timofti stimmten. Im Jahr 2010 unternahm die regierende AEI zwei Änderungen des Wahlrechts: Für die Parlamentswahlen tauschte sie das d'Hondtsche System zur Umrechnung von Stimmen in Mandate aus, sodass große Parteien (sprich: die PKRM) weniger stark profitierten. Nach den Wahlen änderte sie das Wahlrecht erneut, sodass parlamentarisch initiierte Referenden schon mit einem Quorum von 33 % bindend waren. Das folgende Referendum, mit dem sie die Dreifünftelmehrheit zur Präsidentenwahl auf eine einfache Mehrheit reduzieren wollte, scheiterte jedoch knapp an der Wahlbeteiligung von 30 % (Fruhstorfer 2016, S. 372). Bei den Parlamentswahlen 2014 trat dann Igor Dodon, Wirtschaftsminister unter Voronin, mit seiner neuen linkspopulistischen *Partei der Sozialisten* (PSRM) an, welche die PKRM als stärkste Oppositionsfraktion ablöste und die prowestlichen Kräfte zwang, eine Minderheitsregierung zu formen.

In dieser Zeit verstärkte sich die Oligarchisierung von Politik und Gesellschaft. In den 1990er- und 2000er-Jahren hatten Akteure wie Snegur, Lucinschi und Voronin dominiert, die zwar Renten abschöpften und patronale Netzwerke bedienten, jedoch in erster Linie Politiker waren. Diese Generation wurde abgelöst durch Geschäftsleute wie Vladimir Filat und Vladimir Plahotniuc, aber auch Oleg Voronin und Ilan Shor, die in den 1990ern und 2000ern zu Reichtum gekommen waren und diesen durch politische Intervention zu sichern und auszubauen suchten (Ciurea 2016, S. 122–123). In der AEI konkurrierten die Netzwerke Filats und Plahotniucs beständig miteinander. Doch auch darüber hinaus war die politische Elite von komplexen klientelistischen Beziehungen durchzogen, die sich auf Gerichte, Polizei, Finanzaufsicht und andere zentrale Institutionen erstreckten, was die Regierungsführung erheblich beeinträchtigte. Anti-oligarchische Kritik der linken Oppositionsparteien wehrte die Regierung dabei als russische Propaganda zur Unterminierung der Westintegration ab (Marandici 2021) und pflegte gute Beziehungen zur EU und zu den USA, was in der Bevölkerung angesichts der für viele offensichtlichen Korruption zu einem Rückgang in der Unterstützung des europäischen Kurses führte (Crowther 2023, S. 43). Höhepunkt dieser Entwicklung war der Bankenskandal im Jahr 2014, bei dem in einem komplexen Prozess eine Milliarde US-Dollar veruntreut wurde. Zentrale Akteure waren Ilan Shor, der einige Jahre später wegen strafrechtlicher Verfolgung das Land verließ, sowie Ex-Premierminister Vlad Filat. Im Jahr 2015 verlor Filat seine parlamentarische Immunität und wurde 2016 zu einer Haftstrafe verurteilt. Von der Ausschaltung der oligarchischen Konkurrenz profitierte Plahotniucs Netzwerk, was in der Literatur mit „oligarchic state capture" (Marandici 2021, S. 68) beschrieben wird.

Der Bankenskandal zog große Proteste in den Jahren 2015 und 2016 nach sich, die teils sogar die ethnolinguistische Spaltung und geopolitische Polarisierung der Gesellschaft und des Parteiensystems überwinden konnten. Die Proteste erhoben unter anderem die Forderung der Wiedereinführung direkter Präsidentschaftswahlen mit dem Ziel, so den oligarchischen Einfluss zurückzudrängen. In dieser Situation entschied das Verfassungsgericht, dass die Verfassungsänderung vom Jahr 2000 zur Einführung des parlamentarischen Systems verfassungswidrig gewesen sei (Freedom House 2017). Dies kann als die letzte der drei Critical Junctures betrachtet werden, da sie de facto wieder die Direktwahl des Präsidenten einführte. Die überraschende Entscheidung wird Plahotniuc zugeschrieben, der 56 bis 58 Mandate kontrollierte und daher damit rechnen musste, die Dreifünftelmehrheit für die Präsidentschaftswahl nicht zu erreichen (Całus 2016a, S. 8). Sie erlaubte Plahotniuc zugleich, die Opposition durch den unmittelbaren Beginn des Wahlkampfs zu spalten – und war zudem im Sinne einer überwiegenden Mehrheit der Bevölkerung (Całus 2016b). Im Wahlkampf versprachen sowohl Igor Dodon als auch Maia Sandu, die Kandidatin der neuen *Partei für Aktion und Solidarität* (PAS), die sich in den Protesten gebildet hatte, nicht mit Plahotniuc zusammenzuarbeiten.

6   De-Oligarchisierung und Ausblick

Dodon gewann die Wahl, doch das Parlament blieb weiterhin von Plahotniuc dominiert. Durch eine Umstellung auf ein gemischtes Wahlsystem mit Einerwahlkreisen versuchte seine PDM, ihre Macht zu konsolidieren (revidiert 2019), und nutzte ihren Einfluss auf die Gerichte, um die Wahl Andrei Năstases – Vorsitzender der ebenfalls neuen Protestpartei *Plattform Würde und Wahrheit* (PPDA) – zum Bürgermeister von Chișinău zu revidieren, was auch der PSRM gelegen kam (Freedom House 2018). Der Einfluss Plahotniucs konnte erst nach der Parlamentswahl 2019 zurückgedrängt werden (siehe den Index zur politischen Korruption in Abb. 1), als die beiden neuen Protestparteien und die PSRM zusammenarbeiteten, um Plahotniucs Netzwerk abzulösen. Durch eine Entscheidung des Verfassungsgerichts, die höchstwahrscheinlich einmal mehr politischer Einflussnahme von Plahotniuc geschuldet war (Olechno 2020), kam es 2019 kurzfristig zu einer Doppelherrschaft, welche aber, auch auf internationalen Druck, gegen Plahotniuc gelöst wurde. Personen aus seinem Netzwerk in Parlament, Verfassungsgericht und Strafverfolgung verließen ihre Posten „en masse" und er selbst emigrierte (Marandici 2021, S. 87).

Maia Sandu, die schon 2016 angetreten und 2019 kurz Premierministerin war, löste 2020 Igor Dodon im Präsidentenamt ab. Wenig später, im Jahr 2021, erhielt ihre zentristische Anti-Establishment-Partei PAS eine komfortable (wenn auch keine verfassungsgebende) Mehrheit im Parlament.[3] Mit der faktischen Ausschaltung Plahotniucs wurde der Einfluss von Wirtschaftseliten auf die Politik in Moldau deutlich reduziert. Inwieweit es Sandu und der PAS gelingt, ihr Ziel der

---

[3] Zum Konzept der zentristischen Anti-Establishment-Parteien siehe Engler et al. (2019).

effektiven Bekämpfung politischer Korruption zufriedenstellend umzusetzen, bleibt noch abzuwarten. Dass dies insbesondere vor dem Hintergrund der weiter salienten geopolitischen Konfliktlinie und Russlands Überfall auf die Ukraine vom 24. Februar 2022 enorm schwierig werden dürfte, zeigt der Fall Ilan Shors. Mit seiner bis dato marginalen *Shor-Partei* gelang es ihm, im Jahr 2019 sieben und im Jahr 2021 sechs Parlamentssitze zu gewinnen. Und obwohl Shor seit 2019 im Ausland lebt, um der Strafverfolgung im Zusammenhang mit dem Bankenskandal von 2014 zu entgehen, war seine Partei die treibende Kraft hinter den Protesten im Herbst und Winter 2022/2023, die angesichts von Energiekrise und Inflation den Rücktritt der PAS-geführten Regierung forderten.[4] Die Regierung ersuchte das Verfassungsgericht, die Partei zu verbieten und argumentierte mit den mutmaßlichen Verbindungen Shors zum russischen Geheimdienst und dessen Ziel, Moldau zu destabilisieren. Das Gericht gab dem Ersuchen im Juni 2023 statt (Tanas 2023). Ob dieser Eingriff als politisch motivierte Einflussnahme oder als legitimer Selbstschutz des politischen Systems vor äußerer Einmischung bewertet werden muss, bleibt unklar.

Die De-Oligarchisierung ist in jedem Fall weniger erfolgreich als viele sich infolge der Proteste von 2015/2016 und der Zurückdrängung Plahotniucs erhofft hatten. Außerdem gibt es, anders als in der Ukraine, weiterhin ein starkes politisches Lager, das die EU-Integration Moldaus ablehnt. In einem von Maia Sandu initiierten Referendum zur Verankerung der EU-Ambitionen des Landes in der Verfassung im Oktober 2024 erreichte die pro-EU-Position nur eine hauchdünne Mehrheit. Der Konflikt mit Transnistrien besteht fort. Zurzeit scheint die Eskalation in der Ukraine die existenten Konfliktlinien und Verhaltensmuster in der moldauischen Politik also eher zu verstärken als fundamental zu verschieben. Ob der Krieg oder die Beitrittsperspektive, welche die EU der Republik Moldau im Jahr 2022 infolge der russischen Invasion zugestanden hatte, zu einer weiteren Critical Juncture werden, ist daher noch nicht abzusehen.

Kontrollfragen

(1) Warum hat sich in der Republik Moldau ein relativ starkes Parlament etabliert?

(2) Wie ist es zu erklären, dass die Kohäsion der Regierungspartei einen so starken Einfluss auf die Verfassungswirklichkeit hat?

(3) Warum gelingt es nicht, den Einfluss organisierter wirtschaftlicher Netzwerke auf die Politik nachhaltig zurückzudrängen?

---

[4] Die Regierung trat im Februar 2023 zurück und wurde, wieder unter PAS-Führung, neu gebildet.

Weiterführende Literatur

1. Crowther, William. 2023. Moldova's First Quarter Century: Flawed Transition and Failed Democracy. *Nationalities Papers 51*(1): 33–46.
   Knappe und pointierte Zusammenfassung der politischen Geschichte der Jahre 1990 bis 2018.
2. Fruhstorfer, Anna. 2016. Moldova. In *Constitutional Politics in Central and Eastern Europe: From Post-Socialist Transition to the Reform of Political Systems*, Hrsg. Anna Fruhstorfer & Michael Hein, 359–387. Wiesbaden: Springer Fachmedien.
   Analyse der Verfassung und ihrer Änderungen zwischen 1994 und 2014.
3. Hale, Henry. E.. 2014. *Patronal Politics: Eurasian Regime Dynamics in Comparative Perspective*. New York, NY: Cambridge University Press.
   Analyse des Zusammenwirkens formaler und informeller Institutionen in den ersten zwei Jahrzehnten der Unabhängigkeit.

Literatur

Całus, Kamil. 2016a. *Mołdawia: Sąd Konstytucyjny zmienia tryb wyboru prezydenta*. Analizy. Ośrodek Studiów Wschodnich, Center for Eastern Studies.

Całus, Kamil. 2016b. Moldova: From oligarchic pluralism to Plahotniuc's hegemony. *OSW Commentary* 208. Ośrodek Studiów Wschodnich, Center for Eastern Studies. https://www.files.ethz.ch/isn/196728/commentary_208.pdf.

Ciurea, Cornel. 2016. Political risks in Moldova: A barrier to international investment? In *State Capture, Political Risks and International Business*, Hrsg. Johannes Leitner und Hannes Meissner, S. 120–135. London: Routledge.

Coppedge, Michael, John Gerring, Carl H. Knutsen, Staffan I. Lindberg, Jan Teorell, David Altman, Michael Bernhard et al. 2023. *V-Dem codebook v13*. Varieties of Democracy (V-Dem) Project.

Crowther, William. 2023. Moldova's First Quarter Century: Flawed Transition and Failed Democracy. *Nationalities Papers 51*(1): 33–46. https://doi.org/10.1017/nps.2021.93.

Engler, Sarah., Pytlas, Bartek., & Deegan-Krause, Kevin. 2019. Assessing the diversity of anti-establishment and populist politics in Central and Eastern Europe. *West European Politics*, *42*(6), 1310–1336. https://doi.org/10.1080/01402382.2019.1596696

Freedom House. 2017. *Moldova: Freedom in the World 2017 Country Report*. Freedom House. https://freedomhouse.org/country/moldova/freedom-world/2017. Zugegriffen: 06.09.2023.

Freedom House. 2018. *Why the Annulment of a Mayoral Election Is a Blow to Moldova's Democracy*. https://freedomhouse.org/article/why-annulment-mayoral-election-blow-moldovas-democracy. Zugegriffen: 06.09.2023.

Fruhstorfer, Anna. 2016. Moldova. In *Constitutional Politics in Central and Eastern Europe: From Post-Socialist Transition to the Reform of Political Systems*, Hrsg. Anna Fruhstorfer und Hein Michael, 359–387. Wiesbaden: Springer Fachmedien.

Frye, Timothy. 1997. A politics of institutional choice: Post-communist presidencies. *Comparative Political Studies 30*(5): 523–552.

Geddes, Barbara. 1999. What Do We Know About Democratization After Twenty Years? *Annual Review of Political Science 2*(1): 115–144. https://doi.org/10.1146/annurev.polisci.2.1.115.

Grzymala-Busse, Anna M.. 2002. *Redeeming the Communist Past: The Regeneration of Communist Parties in East Central Europe.* Cambrigde: Cambridge University Press.

Hale, Henry E.. 2013. Did the Internet Break the Political Machine? Moldova's 2009 ‚Twitter Revolution that Wasn't'. *Demokratizatsiya 21*(3): 481–505.

Hale, Henry E.. 2014. *Patronal Politics: Eurasian Regime Dynamics in Comparative Perspective.* New York, NY: Cambridge University Press.

Jeffries, Ian. 2004. *The countries of the Former Soviet union at the turn of the twenty-first century: The baltic and European States in transition.* London: Routledge.

Levitsky, Steven. und Lucan A. Way. 2010. *Competitive authoritarianism: Hybrid regimes after the Cold War.* New York, NY: Cambridge University Press.

Marandici, Ion. 2021. Taming the Oligarchs? Democratization and State Capture: The Case of Moldova. *Demokratizatsiya: The Journal of Post-Soviet Democratization 29*(1): 63–89.

Olechno, Artur. 2020. Constitutional Aspects of the Government Crisis in Moldova in 2019. *Przegląd Prawa Konstytucyjnego 5 (57)*: 379–387. https://doi.org/10.15804/ppk.2020.05.28

Quinlan, Paul D. 2002. Moldova under Lucinschi. *Demokratizatsiya 10*(1): 83–103.

Quinlan, Paul D. 2004. Back to the future: An overview of Moldova under Voronin. *Demokratizatsiya 12*(4): 485–504.

Republica Moldova. 1996. *Regulamentul Parlamentului.* Site Oficial Parlamentul Republicii Moldova. https://www.parlament.md/CadrulLegal/RegulamentulParlamentului/tabid/294/language/ro-RO/Default.aspx. Zugegriffen: 06.09.2023.

Republica Moldova. 2016. *CONSTITUŢIA REPUBLICII MOLDOVA.* Republica Moldova. https://www.legis.md/cautare/getResults?doc_id=111918&lang=ro. Zugegriffen: 06.09.2023.

Republica Moldova. 2020. *CODUL ELECTORAL.* Republica Moldova. https://www.legis.md/cautare/getResults?doc_id=122633&lang=ro. Zugegriffen: 06.09.2023.

Reuter, Ora L. 2022. Why is party-based autocracy more durable? Examining the role of elite institutions and mass organization. *Democratization 29*(6): 1014–1034. https://doi.org/10.1080/13510347.2021.2024166.

Roper, Steven D. 2002. Are All Semipresidential Regimes the Same? A Comparison of Premier-Presidential Regimes. *Comparative Politics 34*(3): 253–272. https://doi.org/10.2307/4146953.

Roper, Steven D. 2008. From semi-presidentialism to parliamentarism: Regime change and presidential power in Moldova. *Europe-Asia Studies, 60*(1): 113–126. https://doi.org/10.1080/09668130701760364.

Semenova, Elena und Keith Dowding. 2021. Presidential power effects on government and ministerial durability: Evidence from Central and Eastern Europe. *European Political Science Review, 13*(2): 227–248. https://doi.org/10.1017/S1755773921000059.

Svolik, Milan W.. 2012. *The politics of authoritarian rule.* Cambridge: Cambridge University Press.

Tanas, Alexander. 2023, 19. Juni. Moldova bans pro-Russian Shor party after months of protests. *Reuters.* https://www.reuters.com/world/europe/moldova-bans-pro-russian-shor-party-after-months-protests-2023-06-19/. Zugegriffen: 06.09.2023.

Way, Lucan A.. 2005. Authoritarian State Building and the Sources of Regime Competitiveness in the Fourth Wave: The Cases of Belarus, Moldova, Russia, and Ukraine. *World Politics*, *57*(2): 231–261. https://doi.org/10.1353/wp.2005.0018.

Way, Lucan A.. 2015. *Pluralism by default: Weak autocrats and the rise of competitive politics*. Baltimore: JHU Press.

Nordmazedonien: Parlamentarisches System und andauernde ethnische Spaltung

Oliver Schwarz

Zusammenfassung

Nordmazedonien ist ein Staat auf dem westlichen Balkan, der 1991 seine Unabhängigkeit von der Bundesrepublik Jugoslawien erklärte. Seitdem hat das Land einen komplexen und konfliktreichen politischen Transformationsprozess durchlaufen, der von ethnischen Spannungen, institutionellen Reformen, internationaler Intervention und regionaler Integration geprägt war. Der Text analysiert die Entwicklung des politischen Systems Nordmazedoniens anhand wichtiger Meilensteine und einschneidender Critical Junctures.

Schlüsselwörter

Nordmazedonien · Prespa-Abkommen · Rahmenabkommen von Ohrid · State Capture · Transformation

O. Schwarz (✉)
Institut für Politikwissenschaft, Universität Duisburg-Essen, Duisburg, Deutschland
E-Mail: oliver.schwarz@uni-due.de

© Der/die Autor(en), exklusiv lizenziert an Springer Fachmedien Wiesbaden
GmbH, ein Teil von Springer Nature 2025
S. Priebus, T. Beichelt (Hrsg.), *Die politischen Systeme im östlichen Europa*,
https://doi.org/10.1007/978-3-658-43647-6_21

Tab. 1 Das politische System Nordmazedoniens im Überblick

Verfassung	Verabschiedet: 1991 Reformiert: umfassendste Reform 2001 nach dem Rahmenabkommen von Ohrid Geändert: 1992, 1998, 2001, 2003, 2005, 2009, 2011, 2019
	Verfassungsänderungsregel: Initiativrecht haben mind. 1/3 der Abgeordneten des Parlaments und Präsident; Annahme durch 2/3-Mehrheit aller Abgeordneter; in einigen Fällen Bestätigung durch Referendum nötig
Regierungssystem	Parlamentarisch mit direkt gewähltem Präsidenten
Präsident	Wahlmodus und Amtszeit: direkt gewählt für 5 Jahre, einmalige Wiederwahl möglich Nominierung durch 10.000 Wahlberechtigte oder mind. 30 Abgeordnete. Wahl nach modifiziertem Zwei-Runden-System, d. h. Kandidat im 1. Wahlgang gewählt, wenn er mehr als 50 % der Stimmen aller registrierten Wähler erhält, andernfalls Stichwahl zwischen zwei Kandidaten mit meisten Stimmen bei mind. 40 % Wahlbeteiligung
	Kompetenzen: 1) Recht, vom Parlament verabschiedete Gesetze zur erneuten Beratung zurückzuweisen (suspensives Veto); 2) Oberbefehlshaber der Streitkräfte und Präsident des Sicherheitsrates; 3) Erteilung des Auftrags zur Regierungsbildung; 4) Pflege diplomatischer Beziehungen, Ernennung von Botschaftern; 5) Ernennung und Entlassung von Beamten und Staatsfunktionären, Überreichung von Auszeichnungen, Begnadigungen
Regierung (Kernexekutive)	Mitglieder: Ministerpräsident, ein oder mehrere Mitglieder des Kabinetts als Stellvertreter des Ministerpräsidenten, Minister, oft auch Minister ohne Ressort Inkompatibilität von Regierungs- und Parlamentsmandat; Ministerpräsident kann Ministerien einrichten oder auflösen; Ministerien für Sicherheit, Verteidigung, Äußeres und Justiz qua Verfassung vorgeschrieben
	Auswahl: Verpflichtung des Präsidenten zur Erteilung des Mandats zur Regierungsbildung an Kandidaten der stärksten Partei oder Parteien innerhalb von 10 Tagen nach Konstituierung der Versammlung. Innerhalb von 20 Tagen nach Erteilung des Mandats Vorlage des Regierungsprogramms und Vorschlag zur Zusammensetzung der Regierung. Wahl der Regierung mit Mehrheit aller Abgeordneten
	Abberufung: einfaches Misstrauensvotum gegen Regierung auf Antrag von mind. 20 Abgeordneten, Annahme mit Mehrheit aller Abgeordneten

(Fortsetzung)

Tab. 1 (Fortsetzung)

Parlament	Aufbau: eine Kammer, die Versammlung (Sobranie) mit 120 bis 140 Abgeordneten gemäß Verfassung. Zuschnitt der Ausschüsse entspricht in der Regel der der Ministerien; Ausschuss für Inter-Gemeinschafts-Beziehungen in Verfassung verankert (besteht aus 19 Abgeordneten, je 7 Mitglieder Albaner und Mazedonier und je ein Mitglied der Bosniaken, Roma, Serben, Türken und Vlachen) Bildung einer Fraktion durch mind. 5 Abgeordnete
	Dauer Legislaturperiode: 4 Jahre
	Funktionen: 1) Gesetzgebung: Gesetzesinitiativrecht hat jeder Abgeordnete, Gesetzgebungsverfahren in der Regel in drei Lesungen; 2) Budgetrecht; 3) Wahl der Regierung und der Richter des Verfassungsgerichts; 4) Kontrolle der Exekutive: parlamentarische Debatte, Interpellationen, Untersuchungsausschüsse, Misstrauensvotum gegen Regierung
Wahlsystem	Wahl von aktuell 120 Sitzen in 6 20-Sitze-Wahlkreisen mit geschlossener Listenverhältniswahl Zuteilung Sitze mit d'Hondt-Methode; drei zusätzliche Sitze für mazedonische Diaspora

Quelle: Eigene Darstellung

1 Einleitung

Nordmazedonien ist eine Republik mit dem Regierungssystem einer parlamentarischen Demokratie. Die Verfassung des Landes stammt im Wesentlichen aus dem Jahr 1991 und wurde seither mehrfach überarbeitet und angepasst. Dem Paradigma des historischen Institutionalismus entsprechend wird im Folgenden die Entwicklung des politischen Systems Nordmazedoniens anhand wichtiger Meilensteine und einschneidender Critical Junctures analysiert. Als Critical Junctures werden dabei solche Ereignisse verstanden, die zu einem dezidierten Bruch des bis dahin vorherrschenden Pfades führten.

Im Einzelnen werden für Nordmazedonien insgesamt fünf zentrale Ereignisse ausgemacht: Erstens die politische Loslösung Nordmazedoniens von der Sozialistischen Föderativen Republik Jugoslawien und die 1991 erfolgende Konstituierung als Ehemalige Jugoslawische Republik Mazedonien, zweitens der bewaffnete Konflikt zwischen mazedonischen Sicherheitskräften und albanischen Rebellen im Jahr 2001 und die anschließende Umsetzung des Rahmenabkommens von Ohrid zur Gewährleistung der Rechte der albanischen Minderheit, drittens die Staatsvereinnahmung durch die regierende *Innere Mazedonische Revolutionäre Organisation – Demokratische Partei für Mazedonische Nationale Einheit* (VMRO-

DPMNE) ab 2006 sowie die daraus resultierende innenpolitische Krise 2016, viertens der Namensstreit mit Griechenland und dessen Beilegung durch das Prespa-Abkommen 2018 sowie fünftens die Annäherung Nordmazedoniens an EU und NATO. Von diesen skizzierten Ereignissen wird lediglich die Ablösung von Jugoslawien als Critical Juncture gewertet. Alle weiteren Ereignisse werden als Meilensteine verstanden, welche die Entwicklung des Systems zwar maßgeblich beeinflusst, jedoch nicht zu einem Pfadwechsel geführt haben.

Wie auch in den anderen Länderbeiträgen des vorliegenden Sammelbandes liefert Tab. 1 einen Überblick über das entstandene politische System (Stand: Juli 2024).

2 Die Unabhängigkeit: Post-kommunistische Institutionalisierung zwischen Kontinuität und Erneuerung (1991–2001)

Der Gründung des mazedonischen Staates 1991 geht mit dem Ende des jugoslawischen Vielvölkerstaates ohne Zweifel eine Critical Juncture voraus. Die Volksrepublik Mazedonien war am 2. August 1944 ausgerufen worden. Mit der Verfassung vom 31. Januar 1946 wurde das Land als Teilrepublik in die Föderative Volksrepublik Jugoslawien aufgenommen. Die Bezeichnung der Teilrepublik änderte sich mit der neuen Verfassung vom 7. April 1963 analog zur Sozialistischen Föderativen Republik Jugoslawien in Sozialistische Republik Mazedonien. Als Bestandteil der jugoslawischen Republik war der Staatssozialismus das vorherrschende Paradigma im politischen und wirtschaftlichen System des mazedonischen Staates.

Mit dem Systemzusammenbruch 1989 begann für Nordmazedonien ein tiefgreifender Transformationsprozess von einem staatssozialistischen zu einem kapitalistischen Gesellschaftssystem, der zum Teil bis heute noch andauert. Hatschikjan hat den unpolitischen Charakter dieses Übergangs und die friedliche Koexistenz von Kontinuität und Erneuerung als wesentliche Merkmale hervorgehoben (Hatschikjan 1996, S. 24). Wie die anderen jugoslawischen Republiken novellierte und ergänzte auch Nordmazedonien seine Verfassung in den Jahren 1989 und 1990. Bereits Ende 1988 waren auf zentraler Ebene 39 Änderungen der jugoslawischen Verfassung verabschiedet worden, die den jeweiligen Teilrepubliken neue Kompetenzen zu Lasten des Bundesstaates zugestanden. Durch diese verfassungsrechtlichen Änderungen wurden die Voraussetzungen für die ersten freien Wahlen in Nordmazedonien im November 1990 geschaffen. Unter dem Eindruck der kriegerischen Auseinandersetzungen in Kroatien und Slowenien wurde am 8. September 1991 ein Referendum über die staatliche Unabhängigkeit durchgeführt. 95,1 % der Wähler stimmten bei einer Wahlbeteiligung von 71,9 % für die

Unabhängigkeit Nordmazedoniens. Am 17. September 1991 erklärte das Parlament die Unabhängigkeit der Republik Mazedonien. Obwohl sich mit dieser Unabhängigkeitserklärung ein Konflikt mit Griechenland über die Ausgestaltung des Staatsnamens entzündete, kann Nordmazedonien damit als das Musterbeispiel einer friedlichen Staatswerdung im westlichen Balkan gelten.

Bereits am 17. November 1991 verabschiedete das mazedonische Parlament eine neue Verfassung und setzte damit die alte Verfassung von 1974 mit den Änderungen der Jahre 1989/1990 außer Kraft. Der Verfassung nach ist Nordmazedonien eine parlamentarische Demokratie mit direkter Wahl des Staatspräsidenten vom Volk. Das Parlament (Sobranie) besteht aus nur einer Kammer mit aktuell 123 Abgeordneten, von denen 120 nach einem Verhältniswahlsystem mit geschlossenen Listen gewählt werden und drei der mazedonischen Diaspora zustehen. Die Regierung wird vom Parlament – nach einem Regierungsauftrag des Präsidenten und einem Vorschlag des mit der Regierungsbildung Beauftragten – mit der einfachen Mehrheit aller Abgeordneten gewählt.

In den ersten Jahren der Unabhängigkeit gab es eine große Diskrepanz zwischen dem Verfassungstext und der politischen Realität in Bezug auf das Verhältnis zwischen Parlament und Präsident. Dies hing vor allem mit der Person des ersten Präsidenten, Kiro Gligorov, zusammen, der die Politik des Landes sowohl im Inneren als auch nach außen in den ersten Jahren nach der Unabhängigkeit maßgeblich bestimmte. Unter Gligorov nahm das politische System Nordmazedoniens deutlich präsidentielle Züge an, sodass Beobachter bereits von einer Präsidialdemokratie sprachen (Reuter 1993, S. 88; Schrameyer 1997, S. 688). Ermöglicht wurde dies durch eine gewisse gesellschaftliche Disposition für eine starke Führungspersönlichkeit, welche aus der jahrzehntelangen Dominanz Josip Broz Titos im politischen System der ehemaligen jugoslawischen Republik resultierte.

Mit der neuen Verfassung entbrannte zudem eine Diskussion zwischen der mazedonischen Bevölkerungsmehrheit und der albanischen Minderheit darüber, ob der neue Staat ethnisch konstituiert sein sollte. Die in der Verfassung befindliche Präambel definierte Nordmazedonien zwar als „bürgerlichen" Staat, gleichzeitig sprach diese jedoch auch von einem „Nationalstaat des mazedonischen Volkes". Obwohl die Verfassung ausdrücklich allen Staatsbürgern Nordmazedoniens die volle Gleichberechtigung zusicherte, erklärte die mazedonische Bevölkerungsmehrheit sich damit de facto zum alleinigen Staatsvolk (Schrameyer 1994). Die hieraus resultierende Sonderstellung der Mazedonier war bereits in der Nationalitätenpolitik Titos angelegt. Die als Nation anerkannte Gemeinschaft der Mazedonier konstituierte eine der sechs sozialistischen Teilrepubliken. Die albanische Bevölkerung wurde hingegen nicht als konstitutiver Bestandteil der Föderation angesehen, da diese mit Albanien bereits einen Bezugsstaat besaß (Ramet 1992).

Infolge der fortgeführten politischen Benachteiligung boykottierte die albanische Bevölkerung nicht nur die erste Volkszählung, sondern auch das Unabhängigkeitsreferendum und die Parlamentsentscheidung über die neue Verfassung Nordmazedoniens. Viele Albaner empfanden sich als Bürger zweiter Klasse und forderten eine angemessenere Repräsentation in öffentlichen Institutionen, den gleichberechtigten Status des Albanischen als Amtssprache, höhere Bildung in albanischer Sprache, die Beachtung ihrer Kultur und Identität sowie die Stärkung der lokalen Selbstverwaltung. Bereits bei der Parlamentswahl 1990 hatte sich eine ethnische Fragmentierung abgezeichnet. Das Wahlergebnis wurde von der VMRO-DPMNE und dem *Bund der Kommunisten Mazedoniens*, der späteren *Sozialdemokratischen Liga Mazedoniens* (SDSM), dominiert.

Insbesondere den Bemühungen von Präsident Gligorov ist es zu verdanken, dass die politischen Vertreter der Albaner in die erste Regierung Nordmazedoniens eingebunden wurden. Nach schwierigen Verhandlungen formierte sich unter der Führung von Nikola Kljusev eine weitgehend von den Parteien des Landes unabhängige „Regierung der Experten" mit insgesamt drei albanischen Kabinettsmitgliedern. Trotz der damit erfolgten formalen Integration der albanischen Minderheit wurde die erste demokratisch gewählte Regierung des Landes von politischen Vertretern der mazedonischen Bevölkerung bestimmt und verfügte über eine Tendenz zum Ausschluss der Albaner. Folglich blieben grundlegende Zugeständnisse an die Forderungen der albanischen Bevölkerung aus.

Der Ruf nach größerer politischer Mitbestimmung gipfelte daraufhin im Januar 1992 in einem von der *Partei für Demokratische Prosperität* (PPD) initiierten Referendum über die territoriale Autonomie der mehrheitlich von Albanern bewohnten Gebiete im Westen und Nordwesten Nordmazedoniens. Bei einer Wahlbeteiligung von 92 % sprachen sich 99 % für eine Autonomie ihrer Gebiete aus, wodurch es im April 1992 zur Ausrufung der „Albanischen Autonomen Republik Ilirida" kam. Auch wenn diese Republik im Endeffekt nie existierte, so kam es doch im politischen Spektrum der Albaner zu einer immer stärkeren Radikalisierung. Die im Dezember 1990 gegründete *Demokratische Partei der Albaner* (PDSH), welche die PPD bald an Einfluss überholen sollte, setzte zunehmend auf eine Massenmobilisierung der Albaner anstatt auf institutionelle Kompromisse.

3 Das Rahmenabkommen von Ohrid: Dezentralisierung und Ethnisierung (2001–2006)

Im Zuge des Kosovo-Kriegs flüchteten rund 350.000 Menschen nach Nordmazedonien und mussten dort untergebracht und versorgt werden. Für den noch jungen Staat mit seinen rund zwei Millionen Einwohnern war dies eine außerordentliche Herausforderung, die ihn beinahe an den Rand seiner Leistungsfähigkeit brachte. Nach dem Einsatz der NATO-Sicherheitstruppe Kosovo Force (KFOR) gelang es albanischen Rebellen mit Unterstützung der Befreiungsarmee des Kosovo (UÇK), mehrere Dörfer im Norden des Landes zu besetzen und zur „befreiten Zone" zu erklären. Die mazedonische Regierung ergriff daraufhin sofortige Gegenmaßnahmen, doch die Kämpfe eskalierten und drohten die Städte Kumanovo und Tetovo zu erfassen. Zum Teil erreichten die Kämpfe bereits die Vororte von Skopje.

Die zunehmende Destabilisierung rief die internationale Gemeinschaft, namentlich die EU und die NATO, auf den Plan. Im Rahmen der im August 2001 begonnenen NATO-Operation *Essential Harvest* konnten in Nordmazedonien insgesamt 3300 Waffen sichergestellt werden. Aufgrund der Bitte des mazedonischen Präsidenten Boris Trajkovski verlängerte die NATO ihre militärische Präsenz in Nordmazedonien zunächst über den Abschluss von *Essential Harvest* hinaus. Die hieraus resultierende Operation *Amber Fox* begann im September 2001 mit einem dreimonatigen Mandat. Nach einer weiteren Verlängerung der NATO-Präsenz unter dem Operationsnamen *Allied Harmony* ging die Verantwortung für die Aufrechterhaltung der Sicherheit und Stabilität Nordmazedoniens schließlich auf die EU über. Diese begann im März 2003 mit der Operation *Concordia* ihre erste selbstständige militärische Mission im Rahmen der Europäischen Sicherheits- und Verteidigungspolitik (ESVP). Die militärische Präsenz der internationalen Gemeinschaft wurde schließlich auf die ebenfalls von der EU verantworteten Polizeimission *Proxima* reduziert. Durch die unmittelbare und zugleich längerfristige Präsenz von EU und NATO war die Staatskrise Nordmazedoniens vorerst abgewendet worden.

Um den mazedonischen Staat dauerhaft zu stabilisieren, drängten EU und NATO zusätzlich auf das am 13. August 2001 verabschiedete Rahmenabkommen von Ohrid, welches als Meilenstein gewertet werden kann. Das Abkommen bildete die Basis für eine Reihe von Verfassungsänderungen, die in einem dreistufigen Verfahren vom Parlament verabschiedet wurden. So wurde zunächst die Präambel der mazedonischen Verfassung geändert. Diese definierte nun nicht mehr nur die mazedonische Bevölkerung als Staatsvolk, sondern bezog alle Bevölkerungsgruppen mit ein.

Des Weiteren legte das Ohrider Abkommen ein Regierungsmodell fest, welches sich am Prinzip der doppelten Mehrheit orientierte (so genanntes Badinter Prinzip). Gesetzesinitiativen in ethnisch sensiblen Politikbereichen wie Bildung, Kultur und Sprache sollten fortan unabhängig von den faktischen Mehrheitsverhältnissen im Parlament von mindestens der Hälfte der albanischen Volksvertreter akzeptiert werden müssen. In Folge des Abkommens wurde auch die Repräsentanz der Albaner innerhalb des Polizeidienstes, in der Verwaltung und in anderen staatlichen Einrichtungen erhöht. In Gebieten, in denen der Anteil der albanischen Bevölkerung bei mindestens 20 % lag, wurde Albanisch neben dem Mazedonischen als offizielle Amtssprache anerkannt. Ein weiterer wichtiger und zugleich auch symbolträchtiger Punkt zur sprachlichen Gleichberechtigung stellte zudem die Gründung einer staatlich anerkannten Universität in Tetovo dar. Schließlich wurde zur Förderung des inter-ethnischen Dialogs der Ausschuss für Inter-Gemein-schafts-Beziehungen geschaffen. Dieser Ausschuss besteht aus insgesamt 19 Parla-mentsabgeordneten, davon sieben Albanern, sieben Mazedoniern und jeweils einem Vertreter der bosnischen, romanischen, serbischen, türkischen und walachi-schen Volksgruppen. Der Ausschuss hat die Aufgabe, inter-ethnische Fragen zu er-örtern und entsprechende Lösungen auszuarbeiten. Das Parlament ist dazu ver-pflichtet, die Vorschläge des Ausschusses anzuhören und bei der Entscheidungs-findung zu berücksichtigen. Nach ähnlichem Muster wurden in den einzelnen Gemeinden weitere Einrichtungen geschaffen.

Ein weiterer wesentlicher Bestandteil des Ohrider Abkommens war die De-zentralisierung des Landes. Durch eine weitgehende Gebietsreform sollte den alba-nisch dominierten Gemeinden eine stärkere lokale Selbstverwaltung ermöglicht werden. Die ersten vom Ohrider Abkommen vorgesehenen Maßnahmen zur Stär-kung der Selbstverwaltung wurden im Januar 2002 vom Parlament angenommen. Hiermit konnte in den Gemeinden erstmals ein effektiver Mechanismus zum Minderheitenschutz sowie ein Minderheitenveto verankert werden. Gegen die avi-sierte Neuordnung der Gemeindegrenzen, welche die Anzahl der Gemeinden von 124 auf 85 reduzieren sollte, regte sich jedoch breiter Widerstand seitens der ma-zedonischen Bevölkerung. Die Grenzverschiebung hatte in einigen Gemeinden zur Folge, dass die bisherige Mehrheitsbevölkerung zur Minderheit wurde. Zusammen mit dem ultranationalistischen *Mazedonischen Weltkongress* (WMC) initiierte die VMRO-DPMNE daher ein Referendum gegen das Gesetz zur territorialen Neu-gliederung Nordmazedoniens. Bei der am 7. November 2004 durchgeführten Ab-stimmung konnte das in der mazedonischen Verfassung vorgeschriebene Be-teiligungsquorum von 50 % jedoch nicht erreicht werden. Trotz gewisser Fort-schritte bei der Versöhnung der ethnischen Gruppen bleibt die Stabilität des mazedonischen Staates weiterhin fragil (Zorić und Němec 2023).

Die durch das Ohrider Abkommen initiierten Verfassungsänderungen haben den konkordanzdemokratischen Charakter (siehe Infobox 1) des politischen Sys-tems Nordmazedoniens enorm verstärkt. Das für Nordmazedonien entwickelte Modell des Power Sharing beziehungsweise des „state sharing" (Piacentini 2019) ging dabei insbesondere für die albanischen Akteure mit neuen Vetomöglichkeiten einher. Den politischen Prozess hat dieses Modell in Folge oft zum Erliegen ge-bracht. Das Ergebnis des Ohrider Rahmenabkommens und der damit einher-gehenden Verfassungsänderungen wird von einigen Autoren daher als „ver-nichtend" bewertet (Cobanov 2016, S. 337).

Infobox 1: Konkordanzdemokratische Züge des politischen Systems Nordmazedoniens

Während politische Konflikte in der Konkurrenzdemokratie überwiegend auf Basis von Mehrheitsregeln entschieden werden, werden diese in der Konkordanzdemokratie vor allem durch Verhandlungen und Kompromisse gelöst. Zentral ist hier also nicht das Erreichen einer politischen Mehrheit, sondern die möglichst breite Einbindung von Akteuren in Form von Parteien, Interessensgruppen und Minderheiten. Nach Lijphart (2008, S. 4) sind die Schlüsselelemente der Konkordanzdemokratie:

- die Bildung von Großkoalitionsregierungen,
- die kulturelle Autonomie der beteiligten Gruppen,
- die Verhältnismäßigkeit der politischen Repräsentation sowie
- gesicherte Vetorechte von Minderheiten.

Spätestens mit dem Rahmenabkommen von Ohrid erfüllt das politische System Nordmazedoniens drei dieser vier Merkmale, mit Ausnahme einer entsprechenden Regierungskoalition. Lediglich die von März 1991 bis Juli 1992 amtierende „Regierung der Experten" unter Nikola Kljusev lässt sich als ein breites Mehrparteienkabinett im Sinne Lijpharts verstehen. Je mehr sich der Konflikt zwischen den politischen Parteien der mazedonischen Bevölkerungsmehrheit und der albanischen Minderheit in den vergangenen Jahren abgeschwächt hat, desto mehr hat die Polarisierung zwischen der konservativen VMRO-DPMNE und der sozialdemokratischen SDSM zugenommen. Eine Große Koalition bestehend aus beiden um die politische Macht konkurrierenden Parteien ist aktuell kaum vorstellbar. In der empirischen Wirklichkeit ist das politische System Nordmazedoniens daher eher als ein Konkurrenzmodell mit starken konkordanzdemokratischen Zügen zu verstehen.

---

4   Das „System Gruevski": Nationalisierung, Parteienpatronage und Staatsvereinnahmung (2006–2016)

Unter der von 2006 bis 2016 andauernden Amtszeit von Ministerpräsident Nikola Gruevski kann Nordmazedonien als ein Musterbeispiel von State Capture verstanden werden (Dzancik 2018). Im Parlament übernahm die VMRO-DPMNE die Kontrolle über die politische Agenda und bildete hierfür Koalitionen mit den albanischen

Minderheitenparteien, zunächst der PDSH (2006–2008) und später mit der *Demokratischen Union für Integration* (BDI) (2008–2016). Die öffentliche Verwaltung wurde dahingehend umgestaltet, dass sowohl Schlüsselpositionen als auch die einfache Arbeitsebene mit parteitreuen Personen besetzt waren. Gerade nach der erfolgreichen Wiederwahl 2008 intensivierte die VMRO-DPMNE ihre Aktivitäten, die mazedonische Justiz und die Antikorruptionsbehörden zu manipulieren und zu kontrollieren. In ihrem Fortschrittsbericht des Jahres 2010 monierte die Europäische Kommission den offensichtlich politisch motivierten Zuwachs an Personal im öffentlichen Dienst und die dortige Häufung von teilweise rechtswidrigen Entlassungen (European Commission 2010, S. 10–11). Jusufi erklärt Nordmazedonien daher folgerichtig zum „Lehrbuchbeispiel" eines Patronagenetzwerks (Jusufi 2022, S. 837).

Die VMRO-DPMNE verstand sich zudem gut darin, aufkommende Krisen ideologisch aufzuladen und aus diesen politisches Kapital zu schlagen (Auerbach und Kartner 2022, S. 548–549). Dies zeigte sich besonders 2008, als der griechisch-mazedonische Namensstreit dahingehend eskalierte, dass Griechenland ein Veto gegen die NATO-Mitgliedschaft des Landes einlegte. Anstatt die Situation zu deeskalieren und in Verhandlungen mit der griechischen Regierung einzutreten, behandelte die VMRO-DPMNE den Namensstreit als Angriff auf die nationale Identität Nordmazedoniens. Diese Taktik verfing bei der mazedonischen Bevölkerungsmehrheit: Aus den vorgezogenen Parlamentswahlen 2008 ging die VMRO-DPMNE mit einem Zuwachs von 26 Sitzen erneut als stärkste Partei hervor und verfügte damit über eine absolute Mehrheit. Der Zugriff auf den mazedonischen Staat vergrößerte sich dann noch einmal, als bei den Präsidentschaftswahlen 2009 der von der VMRO-DPMNE nominierte Kandidat gewann. Gjorge Ivanov hielt das Präsidentenamt bis 2019 inne. Immer offener versuchte daraufhin die VMRO-DPMNE, in Nordmazedonien eine autoritäre Herrschaft zu etablieren (Schrader 2023). Zivilgesellschaftliche Akteure und Journalisten wurden eingeschüchtert, kritische Medien von der VMRO-DPMNE nahestehenden Unternehmen gekauft, Richter und Staatsanwälte unter Druck gesetzt.

Dass die Opposition auf diese ausgeprägte Form von State Capture zunehmend mit einem formalen Boykott des politischen Prozesses reagierte, wirkte sich dabei noch verstärkend aus. Allein 2011 verabschiedete die Regierung in vier Monaten Boykott rund 200 Gesetze im mazedonischen Parlament. Darunter befand sich auch das besonders umstrittene Lustrationsgesetz, wonach alle politischen Amtsträger in Nordmazedonien eine schriftliche Erklärung unterzeichnen sollten, dass sie in der Vergangenheit nicht mit Organen der Staatssicherheit zusammengearbeitet und keine Informationen des ehemaligen kommunistischen Geheimdienstes für ihre berufliche Karriere genutzt haben. Das Gesetz sah zudem die Einrichtung einer Wahrheitskommission vor, die mit der Direktion für Sicherheit des

Innenministeriums, dem direkt beim Staatspräsidenten angesiedelten Nachrichtendienst, dem Staatsarchiv und dem Nachrichtendienst des Verteidigungsministeriums zusammenarbeiten sollte.

Da die Regierung sogar beabsichtigte, den Wirkungskreis des Lustrationsgesetzes auf Journalisten, Lehrer, Professoren und andere zivilgesellschaftliche Akteure auszuweiten, wurde es 2012 vom mazedonischen Verfassungsgericht vorläufig ausgesetzt (Czymmeck 2012). In dieser Zeit, nur zwei Monate vor den vorgezogenen Parlamentswahlen im Juni 2011, änderte die VMRO-DPMNE auch das Wahlgesetz des Landes mit einer knappen parlamentarischen Mehrheit. Durch diese Änderung wurden unter anderem drei zusätzliche Parlamentssitze geschaffen, die an Vertreter der mazedonischen Diaspora vergeben wurden. Die Kandidaten der VMRO-DPMNE gewannen diese Sitze. Dieses Muster aus Nationalisierung, Parteienpatronage und Staatsvereinnahmung setzte sich während der gesamten Regierungszeit der VMRO-DPMNE fort. Die formalen Institutionen des Landes blieben dabei zwar vordergründig bewahrt, in der politischen Praxis standen diese jedoch unter dem direkten Einfluss der Regierungspartei. Im jährlichen Liberal Electoral Index des Demokratieindikators V-Dem rutschte Nordmazedonien daraufhin im Jahr 2011 zum ersten Mal seit einem Jahrzehnt unter den wichtigen Schwellenwert von 0,5 und wurde damit als elektorale Autokratie gewertet (Coppedge et al. 2024).

In welchem Ausmaß die VMRO-DPMNE die demokratischen Institutionen und Verfahren des Landes untergraben hatte, kam erst ab Februar 2015 vollständig ans Licht. Die oppositionelle SDSM ging mit einer Reihe von Telefonmitschnitten an die Öffentlichkeit, die Amtsmissbrauch, Korruption und Wahlfälschung im großen Ausmaß dokumentierten. Über Jahre hinweg hatte die VMRO-DPMNE Minister der eigenen Regierung, Oppositionspolitiker, Journalisten, Unternehmer und zahlreiche Mitglieder des Justiz- und Sicherheitsapparats abgehört. Die Beweise waren derart erdrückend, dass schließlich eine Sonderstaatsanwaltschaft einberufen wurde. Wie die Ermittlungen ergaben, war die VMRO-DPMNE dabei unter anderem auch an einer Manipulation der Kommunalwahlen 2013 beteiligt, um ihren Anteil an Bürgermeistern und Gemeinderäten im Land zu erhöhen. Gruevski musste seinen Rücktritt vom Amt des Ministerpräsidenten erklären. Aus den Parlamentswahlen im Dezember 2016 ging die SDSM als stärkste Kraft hervor. Für Nordmazedonien war dies ein wichtiger Meilenstein, wobei sich das zivilgesellschaftliche Leben erst langsam von der Ära Gruevski erholt (Deralla 2016) und Patronage bis auf Weiteres ein Ausgestaltungsmerkmal mazedonischer Politik bleiben dürfte (Jusufi 2022). Als Ergebnis erhielt das Land 2017 im Liberal Democracy Index von V-Dem wieder seinen Status als elektorale Demokratie zurück.

5 Das Prespa-Abkommen: Beendigung des Namensstreits und dysfunktionale Europäisierung (2019 bis heute)

Einer der wichtigsten Gründe, dass sich die politischen Akteure Nordmazedoniens 2001 auf das Ohrider Rahmenabkommen einlassen konnten, war die Perspektive einer vertieften Integration in die euro-atlantische Gemeinschaft. Einen Antrag auf EU-Beitritt stellte die mazedonische Regierung am 22. März 2004. Bereits im Dezember 2005 wurde Nordmazedonien der offizielle Kandidatstatus verliehen. Obwohl die Kommission seither jedes Jahr die Eröffnung von Beitrittsverhandlungen mit Nordmazedonien empfohlen hat, ist der Europäische Rat dieser Empfehlung erst im März 2020 nachgekommen. Die erste Regierungskonferenz zwischen der EU und Nordmazedonien fand dann mit erneuter Verspätung am 19. Juli 2022 statt.

Diese Verzögerung ist in der Geschichte des europäischen Erweiterungsprozesses ein bislang einmaliger Vorgang. Verantwortlich hierfür ist in erster Linie der Namensstreit mit Griechenland. Die beiden Länder hatten sich zwar im September 1995 auf ein Interimsabkommen geeinigt, indem der provisorische Name „Ehemalige Jugoslawische Republik Mazedonien" festgelegt worden war, bei den Verhandlungen unter Ägide der Vereinten Nationen konnte infolge jedoch kein für beide Konfliktparteien akzeptabler endgültiger Staatsname festlegt werden. Mit Verweis auf die ungelöste Namensfrage hatte Athen im April 2008 sein Veto gegen den Beitritt Nordmazedoniens zur NATO eingelegt und gleichzeitig angekündigt, es werde im Rahmen der EU ebenso verfahren, falls Skopje nicht zur Abänderung seines Staatsnamens bereit sei. Auch wenn der griechisch-mazedonische Namensstreit zu Beginn einige sicherheitspolitische Komponenten aufwies, so ist er überwiegend als Identitätskonflikt zu charakterisieren (Axt et al. 2008, S. 210–212). Die zunehmend nationalistisch orientierte Politik der Regierung Gruevski erklärt das Nichteinlenken Griechenlands. So wurden von Nordmazedonien eine Reihe von Entscheidungen getroffen, welche den gutnachbarlichen Beziehungen mit Griechenland wenig dienlich waren. Besonders hervorzuheben ist hier das im Februar 2010 von der mazedonischen Regierung lancierte Großprojekt „Skopje 2014", in dessen Rahmen die mazedonische Hauptstadt im dezidiert traditionellen Stil umgestaltet wurde. Das Ziel dieser „Antiquisierung" lässt sich am ehesten als ein Versuch von Nation Branding begreifen, in dessen Mittelpunkt die Rückbesinnung auf eine antike mazedonische Zivilisation beziehungsweise auf europäische Kulturnormen stand (Skoulariki 2020, S. 250–251). Dass diese Politik sowohl für die interethnischen Beziehungen Nordmazedoniens als auch die bilateralen Beziehungen zu Griechenland eine schwere Hypothek darstellte, nahm die Regierung Gruevski billigend in Kauf.

Eine inhaltliche Wendung vollzog sich auf mazedonischer Seite erst mit der Amtsübernahme von Zoran Zaev im Mai 2017 als neuem Ministerpräsidenten. Im

Rahmen der „neuen Sachlichkeit" stellte Zaev die Beschleunigung des euro-atlantischen Integrationsprozesses und die Aussöhnung mit benachbarten Staaten in den Mittelpunkt (Schwarz 2018, S. 387–388). Hierzu wurde am 2. August 2017 zunächst ein Nachbarschaftsvertrag mit Bulgarien geschlossen. Auch auf griechischer Seite stießen die Bemühungen der neuen mazedonischen Regierung auf Wohlwollen. Dies wurde dadurch befördert, dass auch hier seit Januar 2015 mit Alexis Tsipras ein sozialistischer Ministerpräsident in Amt war. Tatsächlich gelang es den beiden Akteuren, innerhalb kürzester Zeit den über Jahrzehnte hinweg andauernden Namensstreit beizulegen. Am 17. Juni 2018 schlossen die griechische und mazedonische Regierung das Prespa-Abkommen, welches als wichtiger Meilenstein gewertet werden soll. Das Abkommen trat durch eine am 11. Januar 2019 vorgenommene Änderung der mazedonischen Verfassung und mit dessen Ratifizierung im griechischen Parlament am 25. Januar 2019 in Kraft. Seit dem 12. Februar 2019 wird die ehemalige jugoslawische Republik Mazedonien nun offiziell Nordmazedonien genannt (Hagemann 2019). Für die mazedonische Regierung stellte diese Änderung eine große Herausforderung dar, ist doch die Wahl des verfassungsmäßigen Namens ein wichtiger Bestandteil nationaler Selbstbestimmung.

Während die NATO umgehend auf das Prespa-Abkommen reagierte und Nordmazedonien am 27. März 2020 als neues Mitglied aufnahm, tat sich die EU erheblich schwerer damit, ihren Beitrag zur Umsetzung des Abkommens zu leisten und die Beitrittsverhandlungen mit Nordmazedonien zu eröffnen. So beschäftigte sich die EU zunächst auf Druck Frankreichs mit einer internen Nabelschau und diskutierte über eine mögliche Überarbeitung des Erweiterungsprozesses (Schwarz 2020, S. 459–460). Anschließend wurde der konkrete Beginn von Beitrittsverhandlungen von Bulgarien blockiert. Die rechtskonservative Regierung unter Ministerpräsident Bojko Borissow hatte im August 2020 die Beweggründe ihres Vetos in einer Verbalnote und in einem Memorandum dargestellt: Sie lehnte die eigenständige Existenz einer mazedonischen Sprache und damit ein Kernelement der mazedonischen Identität ab (Gutschker und Martens 2020). Trotz erheblichen Protests seitens der europäischen Partner und Institutionen an dieser nationalistischen und geschichtsrevisionistischen Sicht gelang es weder der deutschen, der portugiesischen noch der slowenischen Ratspräsidentschaft, Bulgarien zum Einlenken zu bewegen. Erst eine bilaterale Einigung im Streit um die Umsetzung des Freundschaftsvertrages zwischen Bulgarien und Nordmazedonien im Juli 2022 machte den Weg frei zur Eröffnung der Beitrittsverhandlungen.

Für den mazedonischen Ministerpräsidenten Zaev kam diese Einigung hingegen zu spät. Er war mit der Änderung des verfassungsmäßigen Namens ein hohes politisches Risiko eingegangen. Ende Oktober 2021 kündigte Zaev seinen Rücktritt an. Auch für seinen Amtsnachfolger Dimitar Kovačevski stellte das Nicht-Agieren der Europäischen Union eine schwere Hypothek dar (Kacarska 2022).

6   Fazit

Ziel des vorliegenden Beitrags war es, die Kontinuitäten und Brüche im politischen System Nordmazedoniens seit 1991 zu erklären und zu bewerten sowie dessen Herausforderungen und Perspektiven für die Zukunft aufzuzeigen. Die Analyse ergibt, dass trotz erheblicher Umbrüche die grundlegende Regimelogik des Landes seit der Unabhängigkeit fortdauert. So wurden etwa die interethnischen Spannungen durch das Rahmenabkommen von Ohrid nicht obsolet. Das Ende des Systems Gruevski führte nicht zu einer vollständigen Auflösung von Patronage als Merkmal mazedonischer Parteipolitik. Und das Ende des Namensstreits mit Griechenland bedeutete nur den Auftakt einer weiteren bilateralen Streitigkeit mit einem anderen EU-Mitglied. Doch solche Meilensteine sind keinesfalls als unbedeutende Ereignisse einzustufen, da sie jeweils zu Auslösern von Selbstverstärkungsprozessen werden können, aus denen wiederum Critical Junctures resultieren können.

Eine derartige Critical Juncture wäre vermutlich das Erreichen der EU-Mitgliedschaft. Kaum ein anderer Faktor hat die politische und wirtschaftliche Transformation in den vergangenen Jahrzehnten so stark beeinflusst wie die europäische Beitrittsperspektive. Dies gilt sowohl im positiven als auch im negativen Sinne. So hat das von der EU initiierte Rahmenabkommen von Ohrid zwar den Erhalt des mazedonischen Gesamtstaates gesichert, gleichzeitig kam es damit jedoch zur Ausbildung eines Proporzsystems, in das die albanische Minderheit eingebunden wurde, um weitere massive Konflikte im politischen System zu vermeiden. Anders als intendiert führten diese verstärkten Mitspracherechte der albanischen Minderheit jedoch nicht ohne weiteres zu einer Beschleunigung des Demokratisierungs- und Konsolidierungsprozesses, sondern die politischen Parteien nutzen die verfassungsrechtlich vorgesehenen Möglichkeiten vielmehr zum eigenen Vorteil. Die parteipolitische Konkordanz hat die formalen Institutionen des Landes zunehmend untergraben und ebnete damit letztlich auch den Weg zu den herrschaftspolitischen Auswüchsen des System Gruevskis. Dieses System ist inzwischen überwunden, eine neue Regierung ist im Amt. Gleichzeitig hat Nordmazedonien endlich mit den lang erwarteten Beitrittsverhandlungen beginnen können. Wie sich der weitere Beitrittsprozesses auf das Funktionieren des politischen Systems auswirken wird, bleibt abzuwarten.

Kontrollfragen

(1) Welche Umstände trugen dazu bei, dass der griechisch-mazedonische Namensstreit erst nach Jahrzehnten beigelegt werden konnte?

(2) Welche Ziele verfolgte das Ohrider Rahmenabkommen und inwieweit können diese heute als erfüllt angesehen werden?

(3) Inwiefern beeinflusst die Beitrittsperspektive zur Europäischen Union die Politikgestaltung des Landes?

Literaturempfehlungen

1. Pettifer, James. 2001. *The New Macedonian Question*. London: Palgrave Macmillan.

Sammlung unterschiedlicher Beiträge zu den inneren und äußeren Entwicklungen des mazedonischen Staates seit der Unabhängigkeit bis zum Jahrtausendwechsel.

2. Hudson, Robert, und Ivan Dodovski. Hrsg. 2023. *Macedonia's Long Transition. From Independence to the Prespa Agreement and Beyond*. Cham: Palgrave Macmillan.

Umfassender Überblick über den Transitionsprozess Nordmazedoniens seit der Unabhängigkeit bis heute.

3. Troebst, Stefan. 2007. *Das mazedonische Jahrhundert. Von den Anfängen der nationalrevolutionären Bewegung zum Abkommen von Ohrid 1893–2001*. München: Oldenbourg.

Überblick über wichtige Episoden der mazedonischen Geschichte vom Ende des 19. Jahrhunderts bis zur Jahrtausendwende.

Literatur

Auerbach, Kiran Rose, und Jennifer Kartner. 2022. How Do Political Parties Capture New Democracies? Hungary and North Macedonia in Comparison. *East European Politics and Societies and Cultures* 37 (2): 538–562.

Axt, Heinz-Jürgen, Oliver Schwarz, und Simon Wiegand. 2008. *Konfliktbeilegung durch Europäisierung? Zypernfrage, Ägäis-Konflikt und griechisch-mazedonischer Namensstreit*. Baden-Baden: Nomos.

Cobanov, Goran. 2016. Die Verfassung Mazedoniens. *Osteuropa Recht* 62 (3): 317–338.

Coppedge, Michael et al. 2024. „V-Dem [Country-Year/Country-Date] Dataset v14" Varieties of Democracy (V-Dem) Project. https://doi.org/10.23696/mcwt-fr58. Zugegriffen: 13. Dezember 2024.

Czymmeck, Anja. 2012. Lustrationsprozess in Mazedonien wieder auf dem Prüfstand. https://www.kas.de/mk/web/nordmazedonien/laenderberichte/detail/-/content/lustrationsprozess-in-mazedonien-wieder-auf-dem-pruefstand. Zugegriffen: 10. Dezember 2022.

Deralla, Xhabir. 2016. Macedonia: a captured society. https://www.boell.de/en/2016/12/14/macedonia-captured-society. Zugegriffen: 12. Dezember 2022.

Dzancik, Jelena. 2018. Capturing contested states: structural mechanisms of power repro-
    duction in Bosnia and Herzegovina, Macedonia and Montenegro. *Southeastern Europe*
    42 (1): 83–106.
European Commission. 2010. The former Yugoslav Republic of Macedonia Progress Report
    2010. https://neighbourhood-enlargement.ec.europa.eu/system/files/2016-12/mk_rapport_
    2010_en.pdf. Zugegriffen: 10. November 2022.
Gutschker, Thomas, und Michael Martens. 2020. Mazedonien, eine Erfindung der jugo-
    slawischen Propaganda? *Frankfurter Allgemeine Zeitung*, 2. November.
Hagemann, Christian. 2019. Goodbye FYROM, Welcome North Macedonia. Solving the
    Name Dispute with Greece and the Way Forward. *Südosteuropa Mitteilungen* 59 (1): 6–19.
Hatschikjan, Magarditsch. 1996. Mazedonien: Variable Balancen, fragile Strukturen. *Euro-
    päische Rundschau* 24 (2): 23–35.
Jusufi, Islam. 2022. How the EU-induced Institutional Changes Facilitated Patronage over
    and Capture of Judiciary in North Macedonia. *Journal of Balkan and Near Eastern Stu-
    dies* 24 (5): 836–859.
Kacarska, Simonida. 2022. The Opening of Accession Negotiations with North Macedonia –
    Glass Half Full or Half Empty? *Südosteuropa Mitteilungen* 62 (5–6): 7–19.
Lijphart, Arend. 2008. *Thinking about Democracy. Power sharing and majority rule in
    theory and practice*. London: Routledge.
Piacentini, Arianna Maria. 2019. State Ownership and "State-Sharing": The Role of Collec-
    tive Identities and the Sociopolitical Cleavage between Ethnic Macedonians and Ethnic
    Albanians in the Republic of North Macedonia. *Nationalities Papers* 47 (3): 461–476.
Ramet, Sabrina P. 1992. *Nationalism and Federalism in Yugoslavia, 1962–1991*. Blooming-
    ton: Indiana University Press.
Reuter, Jens. 1993. Politik und Wirtschaft in Makedonien. *Südosteuropa* 42 (2): 83–99.
Schrader, Lutz. 2023. Nordmazedonien. https://www.bpb.de/themen/kriege-konflikte/dos-
    sier-kriege-konflikte/54789/nordmazedonien/. Zugegriffen: 1. März 2023.
Schrameyer, Klaus. 1994. Die Verfassung der Republik Makedonien vom 17. November
    1991. *Jahrbuch für Ostrecht* 35 (1): 37–54.
Schrameyer, Klaus. 1997. Makedonien: Friedlichkeit, Maß und Vernunft – mit balkanischem
    Charme. *Südosteuropa* 46 (12): 661–694.
Schwarz, Oliver. 2018. Mazedonien. In *Jahrbuch der Europäischen Integration 2018*, Hrsg.
    Werner Weidenfeld, Wolfgang Wessels, 387–388. Baden-Baden: Nomos.
Schwarz, Oliver. 2020. Nordmazedonien. In *Jahrbuch der Europäischen Integration 2020*,
    Hrsg. Werner Weidenfeld, Wolfgang Wessels, 459–460. Baden-Baden: Nomos.
Skoulariki, Athena. 2020. Skopje 2014: Antiquisation, urban identity and the rejection of Bal-
    kan otherness. In *Post-Urbanities, cultural reconsiderations and tourism in the Balkans*,
    Hrsg. Aikaterini S. Markou, Meglena Zlatkova, 225–259. Athen: Éditions Hêrodotos.
Zorić, Bojana, und Jiří Němec. 2023. Gospels of (Re)conciliation in North Macedonia: Ska-
    ting on the Thin Ice of Albanian-Macedonian Inter-Ethnic Dialogue. *Peace Review*
    35 (1): 38–51.

Polen: Parlamentarisch-präsidentielles System und gesellschaftliche Polarisierung

Ireneusz Paweł Karolewski

Zusammenfassung

Seit 1989 verzeichnete das politische System Polens eine doppelte und zugleich gegensätzliche Entwicklungsdynamik mit zwei Critical Junctures: den semi-demokratischen Parlamentswahlen von 1989 und den demokratischen Präsidentschaft- und Parlamentswahlen von 2015. Während mit den Wahlen 1989 ein demokratisches, semipräsidentielles System etabliert worden ist, leiteten die Präsidentschaft- und Parlamentswahlen von 2015 einen wesentlichen Rückbau des demokratischen politischen Systems ein. Wenngleich Verfassungsinstitutionen formal nicht tangiert wurden, erfolgte eine hohe Machtkonzentration in den Händen einer Partei. Nach den Parlamentswahlen vom Oktober 2023 bildete sich eine Koalitionsregierung der demokratischen Opposition mit der Absicht, den Rechtsstaat wiederaufzubauen.

Schlüsselwörter

Polen · Semipräsidentialismus · Entdemokratisierung · Demokratur · PiS

I. P. Karolewski (✉)
Institut für Politikwissenschaft, Universität Leipzig, Leipzig, Deutschland
E-Mail: karolewski@uni-leipzig.de

© Der/die Autor(en), exklusiv lizenziert an Springer Fachmedien Wiesbaden
GmbH, ein Teil von Springer Nature 2025
S. Priebus, T. Beichelt (Hrsg.), *Die politischen Systeme im östlichen Europa*,
https://doi.org/10.1007/978-3-658-43647-6_22

Tab. 1 Das politische System Polens im Überblick

Verfassung	Verabschiedet: Kleine Verfassung von 1992; Verfassung von 1997 Geändert: 2006, 2009
	Verfassungsänderungsregel: Initiativrecht haben mind. 1/5 der Abgeordneten, der Senat und Präsident der Republik. Annahme mit 2/3-Mehrheit im Sejm bei Anwesenheit von mind. 50 % der Sejm-Abgeordneten und Bestätigung durch Senat mit absoluter Mehrheit und Anwesenheit von mind. 50 % Senatoren
Regierungssystem	Parlamentarisch-präsidentiell
Präsident	Wahlmodus und Amtszeit: direkt gewählt für 5 Jahre, einmalige Wiederwahl möglich Für Kandidatur 100.000 Unterstützungserklärungen nötig. Im 1. Wahlgang absolute Mehrheit nötig, andernfalls Stichwahl zwischen zwei Kandidaten mit meisten Stimmen. Stichwahl gewinnt Kandidat mit meisten Stimmen
	Kompetenzen: 1) Gesetzesinitiativrecht; 2) Politisches Veto gegen Gesetze, welches mit 3/5-Mehrheit im Sejm überstimmt werden kann; 3) Recht zur Verkürzung der Legislaturperiode des Sejm wenn Haushaltsgesetz nicht innerhalb von 4 Monaten nach Einbringen verabschiedet; 4) Recht, eine Regierungssitzung unter seinem Vorsitz einzuberufen; 5) Verordnungsrecht in Ausnahmesituationen; 6) Außenpolitische Kompetenzen in Abstimmung mit Premier und zuständigem Minister; 7) Regierungsbildung: Ernennung des Regierungschefs; 8) Ernennung zentraler Akteure, wie Oberbefehlshaber der Streitkräfte und Richter des Verfassungsgerichts
Regierung (Kernexekutive)	Mitglieder: Regierungschef, stellvertretende Regierungschefs, Minister, Minister ohne Portfolio
	Auswahl: Vorschlag und Ernennung des Regierungschefs durch Präsidenten, Wahl des Regierungschefs und Regierungsmitglieder durch Mehrheit des Sejms, Ernennung aller durch Präsidenten. Bei gescheiterter Regierungsbildung geht Vorschlagsrecht an Sejm zurück Abberufung: 1) konstruktives Misstrauensvotum gegen ganze Regierung, initiiert durch mind. 46 Abgeordnete, einfaches Misstrauensvotum gegen einzelne Mitglieder durch mind. 69 Abgeordnete; 2) Präsident nimmt nach Misstrauensvotum Abberufung von Regierungsmitgliedern vor

(Fortsetzung)

Tab. 1 (Fortsetzung)

Parlament	Aufbau: zwei Kammern, Sejm als Unterkammer mit 460 Abgeordneten und Senat mit 100 Mitgliedern, 29 ständige Fachausschüsse, Untersuchungsausschüsse je nach Bedarf Bildung einer Fraktion durch mind. 15 Abgeordneten im Sejm bzw. 7 Senatoren im Senat
	Dauer Legislaturperiode: 4 Jahre
	Asymmetrisches System mit beschränkter Rolle des Senats Funktionen Sejm: 1) Gesetzgebung; Initiativrecht haben 15 Abgeordnete und Fachausschüsse; Sejm kann eine Verordnung des Präsidenten über den Ausnahmezustand mit absoluter Mehrheit ablehnen; 2) Kontrolle der Exekutive: Untersuchungsausschüsse, Interpellationen, Anfragen an Regierungsmitglieder; 3) Wahl nach innen, z. B. Parlamentspräsident, Regierungschef und andere Kabinettsmitglieder und außen, z. B. Verfassungsrichter, Richter des Staatsgerichtshofs, Mitglieder des Landesrats für Gerichtsbarkeit (mit Beteiligung des Senats), Mitglieder des Rates für Geldpolitik (mit Beteiligung des Senats), auch Präsidenten zentraler Institutionen, z. B. Nationalbank Funktionen Senat: 1) Gesetzgebung: Initiativrecht haben 10 Senatoren und Senatsausschüsse; Annahme, Ablehnung oder Änderung von durch Sejm beschlossene Gesetze, wobei dies vom Sejm überstimmt werden kann (suspensives Veto); 2) Zustimmung zu Verfassungsänderungen; 3) Kontrolle der Exekutive: begrenzte Kontrollbefugnisse, lediglich Anfragen an öffentliche Institutionen; 4) Wahl nach innen, z. B. Senatsmarschall und begrenzt nach außen, z. B. Beteiligung an Wahl der Mitglieder des Landesrats für Gerichtsbarkeit und Mitglieder des Rates für Geldpolitik
Wahlsystem	Sejm: Verhältniswahl mit 41 Wahlbezirken und Sitzverteilung nach D'Hondt-Verfahren, 5 %-Hürde für Parteien, 8 % für Wahlbündnisse Senat: Mehrheitswahl

Quelle: Eigene Darstellung

1   Einleitung

Seit 1989 verzeichnete das politische System Polens eine doppelte und zugleich gegensätzliche Entwicklungsdynamik, die durch zwei Critical Junctures eingeleitet wurden: (1) die semi-demokratischen Parlamentswahlen von 1989 und (2) die demokratischen Präsidentschafts- und Parlamentswahlen von 2015. Vermutlich bilden die Parlamentswahlen vom Oktober 2023 eine dritte Critical Juncture, da sich die neue Regierung die Wiederherstellung des Rechtsstaates auf die Fahnen geschrieben hat. Allerdings ist der Erfolg dieses Prozesses nicht zuletzt aufgrund verbliebener Vetopunkte des vorherigen Regimes, insbesondere in der Person des Staatspräsidenten, noch ungewiss.[1]

Die zwei ersten Critical Junctures leiteten Prozesse des Regimewechsels ein: Im ersten Fall die Demokratisierung, im zweiten die schleichende Entdemokratisierung (z. B. Sata und Karolewski 2020; Karolewski 2021). Aus diesem Grund stellen die beiden Ereignisse die Schlüsselaspekte dieses Kapitels dar und strukturieren dieses entsprechend. Den Schwerpunkt des Textes bilden dabei Interaktionen zwischen den Akteuren, Veränderungen des Institutionengefüges und informelle Machtdynamiken, die den doppelten Regimewandel seit 1989 erklären (Ziemer und Matthes 2004). Von den Critical Junctures sind Meilensteine zu unterscheiden, die ebenfalls bedeutend waren, aber keine wesentlichen Wendepunkte in der Entwicklung des politischen Systems oder Regimes darstellten. Zu den Meilensteinen nach 1989 bis 2015 gehören die ersten freien Präsidentschaftswahlen von 1990, die Parlamentswahlen von 1991, die Verabschiedung der Kleinen Verfassung 1992 und der bis heute gültigen Verfassung von 1997.

Zu den Meilensteinen nach 2015 gehören die Vereinnahmung des Verfassungsgerichts 2016 sowie die Parlaments- und Präsidentschaftswahlen von 2019 und 2020. Während die Übernahme des Verfassungsgerichts durch die Regierungspartei *Recht und Gerechtigkeit* (*Prawo i Sprawiedliwość*, PiS) ein entscheidender Schritt auf dem Weg zur Aushöhlung der Gewaltenteilung war, konsolidierten die Wahlen die Herrschaft der PiS und beschleunigten die Entdemokratisierung.

Den Beitritten Polens zur NATO und zur EU wird oft eine hohe Bedeutung beigemessen, was in außenpolitischer und geopolitischer Hinsicht zweifelsohne zutrifft, weshalb besonders der EU-Beitritt als Meilenstein gelten kann. Im Hinblick auf das Regierungssystem war dieser jedoch nur bedingt von Bedeutung. So tangierten die Europäisierungsprozesse vor allem rechtliche, verwaltungstechnische und außenpolitische Aspekte, aber kaum das Wesen des politischen Systems. Daher werden sie in dem Kapitel nicht besprochen.

Als einer der entscheidenden Aspekte des polnischen Regierungssystems 1990 bis 2015 wird der Semipräsidentialismus (Beichelt und Keudel 2011) diskutiert, der die konfliktbehaftete Dynamik zwischen dem Präsidenten und den Regierungen zu einem guten Teil erklärt. Die Entwicklungen nach 2015 stellen einen Bruch mit der bisherigen Regimedynamik dar, da sich in Polen ein semi-kompetitives Regime herausgebildet hat, welches als hybrides System oder „Demokratur" (Legge-

---

[1] Das Manuskript wurde im März 2024 abgeschlossen.

wie und Karolewski 2022) bezeichnet werden kann, bei dem der Typ des Regierungssystems keine Erklärgröße mehr darstellt. Auch in diesem Sinne stellen die Präsidentschafts- und Parlamentswahlen von 2015 eine Zäsur dar.

Den historischen Hintergrund für diese Regimedynamik bieten die Jahre 1944 bis 1989, in denen Polen als Volksdemokratie, d. h. als kommunistische Einparteiendiktatur der *Vereinigten Polnischen Arbeiterpartei* (*Polska Zjednoczona Partia Robotnicza*, PZPR) organisiert war. Dies war insofern auch in den Jahren 2015 bis 2023 relevant, als dass Kritiker der PiS-Regierungen, zum Beispiel der Philosoph Jan Woleński, auf Parallelen zwischen der Regierungspraxis der PiS und der kommunistischen Herrschaft hinwiesen (Woleński 2018). Diese Ähnlichkeiten bezogen sich vor allem auf die Rolle der Partei als das eigentliche Zentrum der politischen Herrschaft und zugleich auf die Rolle formaler Institutionen – wie etwa des Parlaments, der Gerichte, Wahlkommissionen und der Zentralbank – als bloße Fassaden, die den Machtinteressen der Regierungspartei untergeordnet waren (z. B. Sadurski 2019). Während das kommunistische Regime gemäß der Ideologie des Marxismus-Leninismus die Stimme des Volkes für sich beanspruchte, wurde und wird durch die PiS ein ähnlicher Anspruch formuliert, allerdings nun in Gestalt eines klerikalen Nationalismus. Beteiligt an der Propaganda des Kommunismus waren staatskontrollierte Massenmedien, Funktionäre des Parteiapparates, Institutionen des Einparteienstaates und loyale Intellektuelle (z. B. Wiatr 1966). Ähnliche Entwicklungen ließen sich nach 2015 identifizieren, da die durch den Staat organisierte Propaganda sowie politische Säuberungen in den Massenmedien, Institutionen der Kultur und Unternehmen wieder eine zentrale Rolle spielten.

Wie auch in den anderen Länderbeiträgen des vorliegenden Sammelbandes liefert Tab. 1 einen Überblick über das entstandene politische System (Stand: Juli 2024).

2   Critical Juncture 1: Die Parlamentswahlen von 1989 und die nachfolgenden Entwicklungen

2.1   Der Runde Tisch

Der Demokratisierungsprozess in Polen wurde durch die semidemokratischen Parlamentswahlen vom 04. Juni 1989 eingeleitet.[2] Bei den freien Senatswahlen gewannen *Solidarność*-Vertreter 99 von hundert Sitzen, was als Zeichen des mas-

---

[2] Sie werden als semidemokratisch bezeichnet, weil nur die Wahlen zum Senat frei waren, während 65 % der Sitze im Sejm für die Regimepartei reserviert waren.

siven Legitimationsverlustes des Ancien Régime interpretiert wurde – auch innerhalb der PZPR, die zuvor mit größerer Unterstützung innerhalb der Gesellschaft gerechnet hatte (Kaminski 1999). Den Wahlen waren Gespräche am Runden Tisch von Februar bis April 1989 vorausgegangen. Dabei waren die kommunistischen Machthaber, die Katholische sowie die Evangelisch-Augsburgische Kirche und vor allem Vertreter der demokratischen Opposition um die Gewerkschaft *Solidarność* beteiligt, die zum diesem Zeitpunkt bereits eine soziale Bewegung mit bisweilen zehn Millionen Mitgliedern war (Obst 1990). Beratungen am Runden Tisch wurden in drei Hauptarbeitsgruppen geführt: Wirtschafts- und Sozialpolitik, politische Reformen und Gewerkschaftspluralismus. Diese waren in noch weiter spezialisierte Arbeitsgruppen unterteilt, die sich unter anderem mit Fragen des Umweltschutzes, der Landwirtschaft, der Massenmedien, der Kommunalverwaltung und mit Reformen der Gerichtsbarkeit befassten. Vereinbart wurden am Runden Tisch eine Reihe von Reformen: die Errichtung des Senats als zweiter Parlamentskammer mit hundert frei gewählten Senatoren, eine Quotenwahl für den Sejm (65 % der Sitze waren unabhängig vom Wahlausgang den Vertretern des kommunistischen Regimes vorenthalten), die Einführung des Amtes eines Staatspräsidenten (gewählt durch beide Parlamentskammern für sechs Jahre), die Abschaffung des Staatsrates sowie größere Kompetenzen für das Verfassungsgericht und den Ombudsmann für Bürgerrechte (Ziemer 1989). Das Zweikammersystem diente dabei dem Interessenausgleich zwischen den politischen Gegnern am Runden Tisch; der Senat hatte nicht die Aufgabe, regionale Interessen zu vertreten, wie dies in föderalen Systemen der Fall ist.

Trotz der Einrichtung von neuen Institutionen und der Einigung auf Reformen blieb der institutionelle Ausgang der Gespräche am Runden Tisch ungewiss, da das Machtverhältnis der einzelnen Institutionen zueinander offenblieb. Die Offenheit der Machtrelationen war intendiert, da nur auf diese Weise ein Kompromiss erreicht werden konnte; erst im Zuge der politischen Dynamiken 1990/1991 kristallisierten sich neue Machtverhältnisse heraus. Zur Vereinbarung am Runden Tisch gehörte unter anderem, dass das kommunistische Staatsoberhaupt Wojciech Jaruzelski durch die nationale Versammlung der beiden Parlamentskammern zum Staatspräsidenten gewählt werde, wodurch die Interessen der Vertreter des alten Systems bewahrt werden sollten. Allerdings wurde Jaruzelski mit der Mehrheit von nur einer Stimme gewählt, was dem neugewählten Präsidenten eine äußerst schwache Legitimation verlieh.

Diese Ereignisse ebneten 1990 den Weg für die direkte Wahl des Präsidenten und stellten damit den ersten Schritt zum Semipräsidentialismus dar (Brunclík und Kubát 2018). Dieses von Maurice Duverger (1974) stammende Konzept wurde später ausdifferenziert (Shugart und Carey 1992) und hinsichtlich des Verhältnisses vom Präsidenten auf der einen und Parlament bzw. Regierung auf der anderen Seite spezifiziert. Die Einordnung Polens als semipräsidentielles Regierungssystem war unstrittig: Es verfügte ab 1990 über einen direkt gewählten Präsidenten, während der Premierminister nur mit Unterstützung der Parlamentsmehrheit regieren konnte. Strittig war allerdings die Frage, ob das System im Sinne von Shugart und Carey (1992) als präsidentiell-parlamentarisch oder als parlamentarisch-präsidentiell einzustufen sei. Sowohl Präsident als auch Premierminister konnten eine zentrale Rolle in der Exekutive beanspruchen und verfügten über Kompetenzen in unterschiedlichen Politikfeldern, darunter der Außen- und Sicherheitspolitik. Die von Duverger als „Cohabitation" bezeichnete Konstellation, also wenn Präsident und Regierungschef unterschiedlichen politischen Lagern entstammen (Duverger 1980; Elgie 2004), wurde somit im politischen System des postkommunistischen Polen verankert. Der potenzielle Konflikt zwischen Regierung und Präsident über die politische Ausrichtung des Landes war eines der prägenden Elemente der ersten Jahre der jungen Demokratie.

Die Gespräche des Runden Tischs mündeten nicht in einem vollständig etablierten politischen System, obwohl sie manchmal als paktierter Übergang zur Demokratie, vereinbart zwischen den liberalen Kräften in der Opposition und (quasi-)liberalen Kräften des Regimes, interpretiert werden (z. B. Kennedy 2002). Am Runden Tisch ging es jedoch weder um Demokratisierung noch um die Einführung der Marktwirtschaft (Hayden 2001), sondern lediglich um eine Liberalisierung und Pluralisierung des kommunistischen Systems. Auch deshalb wurde nicht sofort eine Verfassung verabschiedet.

2.2   Die ersten freien Wahlen

Das nach den Parlamentswahlen konstituierte Parlament brachte zwei Monate vor dem Fall der Berliner Mauer mit dem Christdemokraten Tadeusz Mazowiecki den ersten nichtkommunistischen Premierminister im Ostblock ins Amt. Dies war nur möglich, weil die kommunistischen Blockparteien ZSL (die *Vereinigte Bauernpartei, Zjednoczone Stronnictwo Ludowe*) und SD (das *Demokratenbündnis, Stronnictwo Demokratyczne*) die Seiten gewechselt hatten und eine Koalition mit der *Solidarność* eingegangen waren. Dies ermöglichte den Oppositionsparteien um die *Solidarność*, eine neue Parlamentsmehrheit zu bilden und so einen Machtwechsel ohne Neuwahlen herbeizuführen. Gleichzeitig wurden damit Vereinbarungen am Runden Tisch über die Dominanz des Kommunisten obsolet, was den eigentlichen Demokratisierungsprozess ermöglichte (Colomer und Pascual 1994). Schließlich unterstützte sogar die PZPR die neue Mazowiecki-Regierung, auch weil die Kommunisten die Kontrolle über die Schlüsselressorts des Inneren und der Verteidigung (die sogenannten Gewaltressorts) behalten durften – nicht zuletzt im Hinblick auf mögliche negative Reaktionen aus Moskau. Die Dynamik beschleunigte sich im Januar 1990, als sich die PZPR freiwillig auflöste und eine Nachfolgepartei – die *Sozialdemokratie der Republik Polen* (*Socjaldemokracja Rzeczypospolitej Polskiej*, SdRP) – ins Leben rief. Diese hatte dem Marxismus-Leninismus abgeschworen und eine neue sozialdemokratische Identität angenommen. Damit wurde bereits zu Beginn der 1990er-Jahre die liberale Demokratie zum akzeptierten politischen Paradigma in der neuen politischen Landschaft Polens.

Die Präsidentschaftswahlen von 1990 und die Parlamentswahlen von 1991 waren in dieser Phase die wichtigsten Meilensteine. Die Präsidentschaftswahl vom November/Dezember 1990 als erste vollständig demokratische Wahl bescherte Lech Wałęsa – dem legendären Anführer der *Solidarność* – den Sieg. Wałęsa setzte sich gegen Mazowiecki in der ersten Runde und gegen Stanisław Tymiński in der Stichwahl durch. Überraschend war vor allem, dass der bislang völlig unbekannte Populist Tymiński (ein Polen-Kanadier mit dem Versprechen, in Polen ein neues Kanada aufzubauen) den Intellektuellen und Dissidenten Mazowiecki besiegen konnte, was die Anfälligkeit von jungen Demokratien für populistische Versuchungen verdeutlichte.

Im Oktober 1991 folgten die ersten demokratischen Parlamentswahlen. Diesmal war Polen eines der letzten Länder des Ostblocks, welches ein demokratisches Parlament wählte. Der Semipräsidentialismus mit dem direkt gewählten Präsidenten und dem durch die Parlamentsmehrheit hervorgebrachten Regierungschef zeigte sein hohes Konfliktpotenzial. Den Parlamentswahlen waren zahlreiche Kontroversen über das neue Wahlgesetz vorausgegangen, vor allem zwischen dem Präsidenten und den Regierungschefs Tadeusz Mazowiecki (bis Dezember 1990) und Jan Krzysztof Bielecki (ab Januar 1991). Wałęsa legte im Juni 1991 gegen das geplante Wahlgesetz sein Veto ein, unter anderem mit dem Hinweis auf die vermeintliche Diskriminierung der Katholischen Kirche, da die Gesetzesvorlage politische Agitation in den Kirchen verbot. Dieses Veto erscheint auf den ersten Blick wenig bedeutend, verdeutlicht aber den wachsenden Einfluss der Katholischen Kirche als privilegiertem politischem Akteur in Polen nach 1989.

Ein Merkmal des Wahlgesetzes war, dass es keine Sperrklausel vorsah, was eine große Fragmentierung der Parteienlandschaft mit teilweise absurden Zügen zur Folge hatte. So zogen 29 Parteien (darunter mehrere Pseudo-Parteien) ins Parlament ein, was instabile Koalitionsregierungen mit vier bis sieben Parteien zur Folge hatte. Die von dem Satiriker Janusz Rewiński gegründete Pseudo-Partei *Polnische Partei der Bierfreunde* (*Polska Partia Przyjaciół Piwa*, PPPP) konnte beispielsweise mit nur 3,3 % der Stimmen 16 Sitze im Sejm gewinnen. Die extreme Fragmentierung führte dazu, dass die Regierungen von kurzer Lebensdauer und die ersten Jahre der Demokratisierung in Polen insgesamt durch hohe politische Volatilität gekennzeichnet waren.

Zugleich hatten sich die demokratischen Verfassungsnormen zu Beginn der 1990er-Jahre noch nicht verfestigt. Dies machte sie anfällig für Impulse einzelner Akteure. Präsident Wałęsa erwies sich in dieser Hinsicht als Instabilitätsfaktor. Seit 1990 führte er einen „Krieg an der Spitze" (der Macht) gegen einzelne Regierungen, überschritt dabei häufig seine Verfassungskompetenzen und löste 1993 sogar den durch die *Solidarność* dominierten Sejm auf. Die so herbeigeführten Neuwahlen von 1993 führten zur Rückkehr der (Post-)Kommunisten an die Regierung (Simpson 1996).

Während seiner Amtszeit hatte Wałęsa sich stark für eine stärkere Rolle der Katholischen Kirche in der Armee, den Schulen und dem öffentlichen Leben eingesetzt. Bereits 1990 wurden Abtreibungsregelungen verschärft und 1993 wurden Abtreibungen, abgesehen von wenigen Ausnahmefällen, weitgehend verboten, was Polen zu einem der repressivsten Länder hinsichtlich reproduktiver Rechte machte. Seitdem steht eine noch weitere Verschärfung des Abtreibungsrechts immer wieder auf der Agenda der Katholische Kirche und konservativer Parteien. 1992 wurde von zivilgesellschaftlichen Organisationen versucht, ein nationales Bürgerbegehren über das Abtreibungsrecht zu organisieren, wofür insgesamt 1,7 Mio. Unterschriften gesammelt wurden, obwohl nur 500.000 notwendig gewesen wären. Die Katholische Kirche, Lech Wałęsa und die konservative Premierministerin Hanna Suchocka bemühten sich jedoch, diese Unterschriften mit dubiosen Argumenten über den zu bewahrenden gesellschaftlichen Frieden zu ignorieren und ein Referendum zu verhindern (Simpson 1996, S. 332). Insgesamt veranschaulichen auch diese Ereignisse, wie die Katholische Kirche als informelle politische Institution Macht ausübt, ohne formal über Machtbefugnisse zu verfügen.

2.3   Die Verfassungen von 1992 und 1997

Die Kompetenzen des Präsidenten wurden in der Kleinen Verfassung von 1992 festgehalten, die formal zwar lediglich eine Modifikation der stalinistischen Verfassung von 1952 darstellte, deren Verabschiedung im Parlament jedoch als weiterer Meilenstein anzusehen ist. Sie formulierte gewisse Kompetenzen des Präsidenten gegenüber der Regierung, vor allem im Bereich der Außen- und Sicherheitspolitik. Allerdings legte Wałęsa manche dieser Kompetenzen expansiv und übergriffig aus, so zum Beispiel das Recht auf die Nominierung bestimmter Minister. Insgesamt neigte Wałęsa zu einer kontroversen Personalpolitik, indem er

Amtsträger impulshaft entließ und auch öffentlich kritisierte. Er agierte oft an der Grenze der Verfassungskonformität, umgab sich mit dubiosen Beratern und führte heftigere Auseinandersetzungen mit seinen ehemaligen Mitarbeitern aus dem *Solidardność*-Milieu als mit früheren Kommunisten.

Dennoch erklärt die semipräsidentielle Struktur des politischen Systems nur zum Teil die konfliktbehaftete politische Entwicklung in der Frühphase der Demokratie. Die Konflikte zwischen Wałęsa und Teilen der *Solidarność* ergaben sich auch aus den Ausdifferenzierungsprozessen innerhalb der *Solidarność*, bei denen sich der linksliberale Flügel um Adam Michnik (dem einflussreichen Chefredakteur der linksliberalen Gazeta Wyborcza) und Bronisław Geremek (dem künftigen Außenminister) sowie der klerikal-rechte Flügel mit Jarosław Kaczyński (dem damaligen Chef des Präsidialamtes unter Wałęsa und dem heutigen Vorsitzenden der PiS) gegeneinander positionierten. Aus diesen Flügeln entstanden eigenständige Parteien wie die linksliberale *Demokratische Union* (*Unia Demokratyczna*, DU, später *Freiheitsunion, Unia Wolności*, UW) von Geremek und die christdemokratische *Zentrumsallianz* (*Porozumienie Centrum*, PC) von Kaczyński, die heute den personellen Kern der PiS darstellt. Bei den Präsidentenwahlen von 1995 scheiterte Wałęsa gegen den post-kommunistischen Kandidaten Aleksander Kwaśniewski.

Erst 1997 wurde eine neue Verfassung verabschiedet, die als weiterer Meilenstein angesehen werden kann. Die Verfassung schränkte die Rolle des Präsidenten ein und etablierte ein parlamentarisch-präsidentielles Regierungssystem. Die Direktwahl des Präsidenten wurde beibehalten, sodass Präsident Kwaśniewski und alle seiner Nachfolger direkte demokratische Legitimation beanspruchen konnten. Seitdem hat der Präsident jedoch keinen Einfluss mehr auf die Auswahl der Regierungsmitglieder, er darf diese nur formal berufen. Spannungen traten vor allem in Zeiten der Cohabitation aufn. Dies war von 1997 bis 2000 bei Aleksander Kwaśniewski (Präsident) und Jerzy Buzek (Premier) und 2007 bis 2010 bei Lech Kaczyński (Präsident) und Donald Tusk (Premier) der Fall. Der Präsident kann mit der Verfassung von 1997 jedoch weiterhin ein Vetorecht gegen die Gesetzesvorlagen des Parlaments einlegen und kann somit, wenn er dies in Betracht zieht, im Sinne der Opposition handeln.

2.4 Innenpolitische Instabilität und außenpolitische Kontinuität

Zwischen 1989 und 2001 war das politische System durch hohe Volatilität und Konflikte im Parteiensystem geprägt. Viele Parteien verloren ihre politische Bedeutung, neue wurden gegründet (oft mit denselben Gesichtern), um wieder von der Oberfläche zu verschwinden. Trotz dieser Entwicklungen gab es unter den Eliten wie auch in der Bevölkerung einen breiten Konsens darüber, dass Polen demokratisch regiert sowie Mitglied der westlichen Gemeinschaft werden sollte. 1995 übergab Wałęsa das Amt an Kwaśniewski, ohne den Ausgang der Wahlen zu beanstanden. 1999 wurde Polen Mitglied der NATO, 2004 folgte der Beitritt zur EU; beide können als Meilensteine bezeichnet werden.

Sowohl die NATO- als auch die EU-Mitgliedschaft wurde in Polen in allen maßgeblichen politischen Lagern als langfristige Ziele Polens definiert – nicht nur außenpolitisch, sondern auch im Hinblick auf die Entwicklung der Demokratie. Die USA spielten seit 1989/1990 sowieso eine Schlüsselrolle bei der Unterstützung der Demokratisierung in Polen, genauso wie zuvor bei der Unterstützung der *Solidarność*. Der Weg in die NATO war daher ein Aspekt des souveränen Weges Polens in die Demokratie und bedeutete die tatsächliche Befreiung vom sowjetischen Kommunismus sowie von der Zwangsausgrenzung aus Westeuropa, zu welchem sich die Polen traditionell zugehörig fühlten. Die EU hat auch ihrerseits die Demokratisierung in Polen, wie auch in anderen Beitrittskandidaten, unterstützt und diese anhand der sogenannten Kopenhagener Kriterien überprüft. Ob die EU mit ihrer externen Demokratisierungsstrategie und Fortschrittsmessung bei den Beitrittskriterien tatsächlich einen wesentlichen Beitrag zur demokratischen Konsolidierung des Landes geleistet hat, bleibt offen. In der Forschung wird in diesem Kontext auch vom Begriff der Potemkin'schen Europäisierung (z. B. Mikulova 2014) gesprochen, die nur oberflächlichen verwaltungsrechtlichen Wandel bewirkt hätte, aber den institutionellen Kern der Transformationsländer nicht veränderte und somit möglicherweise für die spätere Entdemokratisierung mit verantwortlich sei.

3   (Vorübergehende?) Re-Autokratisierung seit 2015

3.1   Critical Juncture 2: Die Präsidentschaft- und Parlamentswahlen von 2015

Die Wahlen von 2015 markieren die zweite Critical Juncture nach 1989. In der Phase nach 2015 lassen sich bisher zwei Meilensteine unterscheiden: die Vereinnahmung des Verfassungsgerichts und die Parlaments- und Präsidentschaftswahlen von 2019 und 2020, welche die Herrschaft der PiS konsolidierten.

2015 kam es zu einem doppelten Sieg der nationalkonservativen PiS-Partei unter der Führung von Jarosław Kaczyński, einer Partei, die bereits von 2005 bis 2007 regierte und unter anderem die Ratifizierung des Vertrags von Lissabon mittrug. Der erste Wahlerfolg von PiS ergab sich im Mai 2015, als der seit 2010 amtierende liberal-konservative Präsident Bronisław Komorowski abgewählt wurde. Die Niederlage Komorowskis war unerwartet, denn er verlor gegen Andrzej Duda, einen unbekannten PiS-Politiker dritter Reihe. Dies verdeutlicht die Strategie Jarosław Kaczyńskis, sich politischer Statisten zu bedienen, die einfach zu kontrollieren sind und seine Alleinherrschaft innerhalb der Partei nicht gefährden können. Überraschenderweise konnte sich Duda durchsetzen, was vor allem an den rapiden Desintegrationsprozessen innerhalb der konkurrierenden *Bürgerplattform* (*Platforma Obywatelska*, PO) lag, nachdem Donald Tusk 2014 zum Präsidenten des Europäischen Rates gewählt worden war und die Parteileitung seinen sich gegenseitig bekämpfenden Nachfolgern überließ.

So wurden nach den gewonnenen Parlamentswahlen auch stets unbekannte Personen in das Amt des Premierministers befördert, so zunächst Beata Szydło (2015–2017) und dann Mateusz Morawiecki (2017–2023). Kaczyński selbst war seit 2015 nie Premierminister, womit er formal keine politische Verantwortung für Regierungsentscheidungen trägt. Als „einfacher Abgeordneter" trug er auch kaum rechtliche Verantwortung für die systemverändernden Reformen, die in vielerlei Hinsicht Rechtsverletzungen darstellten und nach dem 2023 erfolgten Machtwechsel strafrechtlich geahndet werden können (Pech et al. 2021). Vor allem aber erhöhte dieses Entscheidungssystem den informellen Charakter der Machtausübung an Verfassungsinstitutionen vorbei. Dies verdeutlicht, dass der Regimewechsel nach 2015 im Spanungsfeld formaler Institutionen und informeller Entscheidungsprozesse zu verorten ist (Zgut 2022).

Der zweite Wahlsieg von PiS erfolgte bei den Parlamentswahlen im Oktober 2015. Zwar konnte die Partei nur 32 % der Stimmen (nur 2 % mehr als bei den Parlamentswahlen von 2011) auf sich vereinigen (Markowski 2019), jedoch dank eines Wahlbündnisses mit zwei Splitterparteien, *Solidarisches Polen* (*Solidarna Polska*, SP) und *Verständigung* (*Porozumienie*), mit 37,58 % der Stimmen eine Parlamentsmehrheit bilden. Dies war unter anderem deshalb möglich, weil die post-kommunistische Linke die Achtprozenthürde für Parteibündnisse verpasste und Parlamentssitze auf eine geringere Anzahl von Parteien verteilt wurden, was die PiS zusätzlich stärkte.

Bereits im November 2015 leitete die PiS eine Reihe von Reformen ein, die der Machtkonzentration der Partei im Institutionengefüge dienten. Unabhängige Institutionen wie das Verfassungsgericht, die Nationale Wahlkommission, aber auch bestimmte Massenmedien, wurden durch die Partei vereinnahmt (Sata und Karolewski 2020). Ferner wurde die Kontrolle über alle Staatsunternehmen übernommen, welche die Partei finanziell und ideologisch unterstützten. Damit wurde eine neue Nomenklatura gebildet, die strukturell der kommunistischen Ära ähnelte: Politiker, Staatsbedienstete und Unternehmer waren vom politischen Erfolg der

PiS abhängig. Vor diesem Hintergrund spricht Radosław Markowski (2019) von der Errichtung eines autoritären Klientelismus nach 2015.

Zwar wurde die Verfassung nach 2015 formal nicht verändert und es gab keine Etablierung neuer Institutionen. Dennoch vollzog die PiS einen Staatsumbau auf subkonstitutioneller Ebene, der darauf abzielte, unabhängige Institutionen des Staates der Parteikontrolle zu unterwerfen und die Gewaltenteilung auszuhebeln (Grzymala-Busse 2018). In institutionalistischer Hinsicht ging es um die möglichst große Machtkonzentration in den Händen einer Partei (Bill und Stanley 2020), welche zugleich den Anspruch erhebt, die Stimme des Volkes zu sein. Vor diesem Hintergrund haben einige Beobachter auf Parallelen zum autoritären Kommunismus sowjetischer Prägung hingewiesen (z. B. Sadurski 2022, S. 36). In ideologischer Hinsicht wurde der Marxismus-Leninismus, wie oben bereits angedeutet, durch einen klerikalen Nationalismus ersetzt, bei dem die Rolle der Katholischen Kirche als Hauptpfeiler der polnischen Nation definiert wurde. Wie Wojciech Sadurski konstatiert, ist dadurch nach 2015 trotz formalen Fortbestands der Verfassung die liberal-demokratische Verfassungsordnung Polens zusammengebrochen (Sadurski 2019) und die Verfassung zu einer Fassade verkommen.

3.2   Das Prinzip der Re-Autokratisierung: Regimeveränderung durch einfache Gesetzgebung und informelle Absicherung

Anders als die Regierung in Ungarn ab 2010 hatte die PiS nie eine Verfassungsmehrheit im Parlament. Auch mit einfachen Gesetzen ist es der PiS jedoch gelungen, in die Funktionsweise der Verfassungsorgane einzugreifen. Beispielsweise bedürfen Änderungen der Entscheidungsmehrheit der Richter am Verfassungsgericht keiner Verfassungsänderung. Durch eine deutliche Erhöhung der erforderlichen Richtermehrheiten versuchte die PiS 2015/16, die Arbeit des Verfassungsgerichts zu lähmen. Verfassungsinstitutionen wurden so zur Fassade, hinter der das eigentliche Machzentrum agieren konnte. Im Grunde wurden zentrale Entscheidungen auf der Ebene des Parteivorsitzenden getroffen, während das Parlament ausgehöhlt wurde und das Verfassungsgericht keine Kontrolle mehr ausübte, sondern entlang der Interessen der regierenden Parteien agierte.

Die endgültige Vereinnahmung des Verfassungsgerichts 2016 stellt den ersten Meilenstein in dieser Phase dar. 2015 wurden gleich fünf PiS-Kandidaten für Verfassungsrichter durch einen PiS-dominierten Parlamentsausschuss nominiert, auch wenn unklar war, ob drei davon zu diesem Zeitpunkt überhaupt besetzt werden durften. Die Opposition wurde zugleich aus dem Entscheidungsprozess ausgeschlossen. Der Ausschussvorsitzende Stanisław Piotrowicz, ein PiS-Politiker und ehemaliger kommunistischer Staatsanwalt, verwehrte den Oppositionsabgeordneten die Teilnahme an der Diskussion; die einzelnen Bewerber wurden im Sejm auch nicht angehört. Präsident Duda unterstützte die Vorgehensweise, indem er am selben Tag kurz nach Mitternacht den PiS-Kandidaten den Amtseid abnahm. Einige Juristen sprechen in dem Kontext von „fake judges" (z. B. Kochenov 2021) und einer weiteren Aushöhlung der Gewaltenteilung. Solche Nacht-und Nebel-Aktionen, mit denen der Einfluss des Parlaments deutlich eingeschränkt wurde, wurden zu einer üblichen Methode der PiS.

Diese Art von Staatsvereinnahmung wird in der Forschung als State Capture bezeichnet, d. h. die Unterwanderung von unabhängigen Staatsinstitutionen durch einen kleinen Kreis politischer oder ökonomischer Akteure (Innes 2014; Grzymala-Busse 2008). Das Ziel der State Capture ist eine möglichst große Machtkonzentration hinter der Fassade der demokratischen Verfassungsinstitutionen. Die Vereinnahmung des Staates veränderte zugleich die Bedingungen, unter denen die späteren Wahlen stattfanden, da die regierende Partei die öffentlich-rechtlichen Massenmedien für Propaganda missbrauchte und die Staatsanwaltschaft sowie das Innenministerium Geheimdienste zur Ausspähung und Bedrängung der Oppositionspolitiker benutzten.

Vor diesem Hintergrund konnte die PiS ihr Wahlergebnis 2019 auf 43,6 % ausbauen, obgleich die Partei ihre Mehrheit im Senat verlor. Als Überbleibsel der Kompromisse am Runden Tisch spielt der Senat jedoch keine wesentliche Rolle in der Gesetzgebung, weil Ablehnungen oder Änderungen von Gesetzesvorlagen durch den Senat mit einfacher Sejm-Mehrheit überstimmt werden können. Da folglich der Senat die Gesetzgebung der PiS lediglich verzögern, aber nicht verhindern konnte, tat die verlorene Senatsmehrheit dem Umbau des Staates durch PiS keinen Abbruch. Auch der amtierende Präsident Duda konnte die Präsidentschaftswahlen 2020 mit knappen 51,0 % für sich entscheiden. Allerdings gab es Zweifel, ob diese fair durchgeführt worden sind, vor allem vor dem Hintergrund der massiven Parteinahme der Staatsverwaltung, der staatlichen Medien und der Kirche für Duda (Tatarczyk und Wojtasik 2023). Zudem gibt es Belege dafür, dass prominente Politiker der Opposition während des Wahlkampfes mit der Spionage-Software Pegasus bespitzelt wurden.

Mit dem Wahlsieg der PiS und der zweiten Amtsperiode Dudas entfalteten sich die Eigenschaften des parlamentarisch-präsidentiellen Regimes (Shugart und Carey 1992) gewissermaßen in erwartbarer Weise. Präsident Duda verzichtete auf ein eigenständiges Profil und erwies sich als williger Vollstrecker des PiS-Willens. Auch Verfassungsverletzungen ließ der Präsident passieren (Kelemen 2016). Beispielsweise verabschiedete der Sejm mit seiner PiS-Mehrheit im Jahr 2018 eine Neuformulierung des Gesetzes über die Arbeitsweise der ordentlichen Gerichte, des Landesrates für Gerichtsbarkeit (ein Verfassungsorgan, das über die Unabhängigkeit der Justiz wachen soll) und des Obersten Gerichts. Damit sollten auch diese Institutionen mit PiS-Loyalisten besetzt werden. Am Obersten Gericht wurden mehrere Richter und Richterinnen durch eine plötzliche Absenkung des Rentenalters zwangsweise in den Ruhestand versetzt. Ferner wurde die Struktur des Obersten Gerichts so verändert, dass eine Disziplinarkammer eingerichtet wurde, um unliebsame und unabhängige Richter unter Druck zu setzen (Bugarič und Ginsburg 2016). All diese Veränderungen wurden durch eine massive Propaganda der Staatsmedien begleitet, wobei gegen kritische Richter Schmierkampagnen (Kustra-Rogatka 2023) und gegen politische Widersacher Einschüchterungskampagnen organisiert wurden. Darüber hinaus versuchte die PiS, immer mehr Medien unter ihre Kontrolle zu bringen. So kaufte der im polnischen Staatsbesitz befindliche Energiekonzern Orlen im Dezember 2020 etwa 20 regionale und lokale Tageszeitungen, 120 Wochenzeitungen und 500 Nachrichtenportale von der deutschen Verlagsgruppe Passau. Damit erhielt der Konzern Zugang zu 17,4 Mio. Lesern, womit weitere Teile der Regional- und Lokalpresse zu Propagandaplattform der Regierungspartei wurden.

Ein weiterer zentraler Aspekt des Regimewandels war die fortdauernde Verflechtung der Katholischen Kirche mit der PiS, die sich zu einem system- und identitätstragenden ideologischen Bündnis entwickelte (Żuk und Żuk 2019). Trotz etlicher Missbrauchsskandale, welche die gesellschaftliche Legitimität der Kirche schwinden ließen, leistete der Staat finanzielle Unterstützung an die Kirche und gewährte weitere Privilegien. Auch erhielt die Kirche Grundstücke vom Staat geschenkt, die sie dann zu Marktpreisen oder zu Vorzugspreisen an befreundete Politiker veräußerte oder für kommerzielle Zwecke nutzte. Im Gegenzug wurden PiS-Kandidaten bei unterschiedlichen Wahlen in Gottesdiensten direkt unterstützt und die Gegenkandidaten der Partei dämonisiert. Die Kirche beteiligte sich auch an der Identitätspolitik der Partei. Beispielsweise sprach der Erzbischof von Krakau Marek Jędraszewski 2019 über die „Regenbogen-Seuche, die schlimmer als Cholera ist" (Bill und Stanley 2020) und unterstützte damit einen zentralen Aspekt der Präsidentschaftswahlkampagne Dudas im Jahr 2020.

3.3 Die Wahlen von 2023 als mögliche dritte Critical Juncture: Rückkehr zur Demokratie?

Die Parlamentswahlen vom Oktober 2023 haben eine Koalitionsregierung der demokratischen Opposition an die Macht gebracht. Die PiS wurde zwar mit 35,4 %

der Stimmen erneut zur stärksten Kraft im Sejm, war aber ohne Koalitionspartner unfähig, eine Mehrheit zu bilden. Die neue Koalitionsregierung von Donald Tusk (*Bürgerkoalition/Koalicja Obywatelska*/KO, *Dritter Weg/Trzecia Droga*/TD, *Linke/Lewica*) hat kurz nach ihrer Formierung die ersten Maßnahmen zum Wiederaufbau des Rechtsstaats eingeleitet. So hat der neue Kulturminister beispielsweise die Leitung der Staatsmedien abgesetzt, die unter den PiS-Regierungen zu Propaganda- und Hetzinstitutionen geworden waren (Sata und Karolewski 2023). Als Reaktion darauf haben PiS-Politiker und bisherige Mitarbeiter der Staatsmedien das Gebäude des Staatsfernsehens und der Polnischen Presseagentur okkupiert. Dies zeigt, dass der Rückbau der Demokratie von PiS nicht ohne Weiteres akzeptiert wird.

Mit der neuen Regierung entstand gewissermaßen eine neue Cohabitation, die jedoch aufgrund des Ausmaßes der Vereinnahmung staatlicher Schlüsselfunktionen durch PiS über eine in semipräsidentiellen Systemen übliche Cohabitation hinausgeht. Nebst des gewichtigen Amtes des Staatspräsidenten behielt die PiS weitere entscheidende Positionen im politischen System: das Verfassungsgericht, Teile des Obersten Gerichts (einschließlich der vorsitzenden Richterin und zweier Gerichtskammern) und den Präsidenten der Zentralbank (nebst Vorstand). Dabei sind insbesondere der Staatspräsident und das Verfassungsgericht Vetoplayer, die im Interesse der PiS agieren. Beide versuchten bis zum Redaktionsschluss dieses Manuskripts (März 2024) die Vorhaben der Regierung zu blockieren, um die Rückkehr zur Rechtsstaatlichkeit zu erschweren. So hat Präsident Duda zwei PiS-Abgeordnete, die im Dezember 2023 zu Haftstrafen verurteilt wurden und dadurch ihre Abgeordnetenmandate verloren, begnadigt. Zugleich drohte der Präsident, alle Gesetzesvorlagen ohne Beteiligung der beiden Politiker an das Verfassungsgericht zur Überprüfung weiterzuleiten. Auch hat das PiS-kontrollierte Verfassungsgericht eine Reihe von Urteilen gefällt, die jenseits seiner Kompetenzen liegen, wie zum Beispiel ein Urteil zu den Reformen des Staatsfernsehens. Die Regierung erklärte deshalb im Februar 2024, die Urteile des Verfassungsgerichts zu ignorieren, da dieses illegal gewählt sei. Zugleich drohte sie an, das Verfassungsgericht mit einer Null-Option neu zu besetzen. Präsident Duda stellte daraufhin die Verteidigung des Verfassungsgerichts unter Rückgriff auf seine Kompetenzen als Oberbefehlshaber der Streitkräfte in Aussicht. Bereits in den ersten Monaten nach der Regierungsbildung ist somit deutlich geworden, dass die durch die PiS-kontrollierten Institutionen ihre Rolle als Vetoplayer bei der Rückkehr zum Rechtsstaat wahrnehmen und eine Destabilisierung der neuen Regierung beabsichtigen. Die weitere Entwicklung bleibt abzuwarten.

4   Fazit

Dieser Beitrag hat gezeigt, dass das politische System Polens seit dem Ende des Staatssozialismus zwei dramatische Veränderungen rund um die Jahre 1989 und 2015 erfuhr. Paradoxerweise haben die semidemokratischen Wahlen von 1989 eine Demokratisierung eingeleitet, während die demokratischen Präsidentschafts- und Parlamentswahlen von 2015 eine Entdemokratisierung nach sich zogen. Nach 1990/1991 hat sich ein präsidentiell-parlamentarisches Regierungssystem mit einem relativ starken Präsidentenamt herausgebildet, welches mit der der Verfassung von 1997 geschwächt wurde, sodass wir nach 1997 von einem parlamentarisch-präsidentiellen System sprechen können. Nach 2015 setzte ein umgekehrter Prozess ein, der in einer Machtkonzentration und Aushöhlung der Gewaltenteilung resultierte. Die Folge war eine Entdemokratisierung, durch die ein hybrides Regime bzw. eine „Demokratur" entstand (Leggewie und Karolewski 2022), d. h. ein System, in dem demokratische mit autokratischen Elementen der Herrschaft zusammenkommen. Trotz Entdemokratisierung beanspruchen solche hybriden Regime demokratische Legitimation durch Wahlen; es handelt sich um eine „Demokratie zwischen den Wahlen" (Leggewie und Karolewski 2022).

Bei der Entdemokratisierung spielten informelle Arrangements eine zentrale Rolle, die die Aushöhlung der Verfassungsorgane beförderten, wie zum Beispiel die Steuerung der Urteile des Verfassungsgerichts aus der Parteizentrale der PiS. Zugleich haben mächtige informelle Akteure – in erster Linie die katholische Kirche – politische Entscheidungen mitgeprägt. Gegen State Capture und schleichende Entdemokratisierung organisierte sich allerdings gesellschaftlicher Widerstand. Es gab zahlreiche Proteste gegen die parteiliche Kolonisierung des Verfassungsgerichts, gegen die Verschärfung des Abtreibungsrechts und die Ideologisierung des Schulwesens. Zugleich leisteten unabhängige Richter Widerstand und weigerten sich, Urteile im Sinne der Partei zu fällen (Bodnar 2021). Damit lässt sich von einer gewissen Resilienz von Teilen der Gesellschaft sprechen.

Wie bei der Demokratisierung spielte auch bei der Einrichtung der Demokratur der internationale Kontext eine wichtige Rolle, vor allem die EU. Bei dem Regimewechsel nach 2015 versuchte die EU eine aktive Rolle zu spielen, um der Entwicklung entgegenzusteuern und Polen auf seine Verpflichtungen als EU-Mitglied hinzuweisen (Grimmel und Karolewski 2020). Kritik wurde insbesondere von der Europäischen Kommission und der Venedig-Kommission des Europarates geäußert. Im Anschluss daran wurde ein Soft-Law-Verfahren – der sogenannte Rahmen zur Wahrung der Rechtsstaatlichkeit – angewandt, welches auf Empfehlungen der Europäischen Kommission basierte, jedoch erfolglos blieb. Auch das Verfahren nach Art. 7 Abs. 1 des EU-Vertrags erwies sich bei Polen als unwirksam. Als effektiver erwies sich die Suspendierung von 35,4 Mrd. € aus dem Corona-Aufbaufonds und 76,5 Mrd. € aus den regulären Strukturfonds.

Die politische Entwicklung nach den Wahlen vom Oktober 2023 deutet darauf hin, dass sich eine Rückkehr zum Rechtsstaat und demokratischen System kompliziert gestalten wird. Da die PiS über institutionelle Vetoplayer verfügt, ist der Semipräsidentialismus in Polen in eine konfliktive Phase übergangen. Die Verfassung von 1997 hat sich dabei als wenig robust erwiesen, weil sie die Konflikte um Entscheidungshoheit von Staatsinstitutionen nicht löst. Bei der neuen Cohabitation handelt es sich nicht nur um eine Rivalität zwischen der Regierung und dem Präsidenten. Vielmehr schließt der Konflikt Institutionen mit Verfassungsrang ein – insbesondere das Verfassungsgericht, welches zwar laut Verfassung unabhängig sein sollte, aber bis ins Jahr 2024 faktisch als verlängerter Arm einer Partei agierte. Damit kommt die Cohabitation einer Verfassungskrise nahe, in der sich führende Institutionen des Staates gegenseitig Legitimation absprechen und die Gültigkeit ihrer Entscheidungen in Frage stellen.

Kontrollfragen

(1) Welche Motivationen waren für die Beteiligten an den Gesprächen am Runden Tisch 1989 von Bedeutung?

(2) Wie lässt sich die besondere Neigung des politischen Systems zum parteipolitischen Konflikt 1990 bis 1997 erklären?

(3) Wie war es möglich, das politische System Polens nach 2015 substanziell zu verändern, ohne die Verfassung zu ändern?

Weiterführende Literatur

1. Sulowski, Stanislaw, und Tomasz Slomka, Hrsg. 2021. *The Political System of Poland: Tradition and Contemporaneity*. Berlin: Peter Lang.

Ein breit angelegter Sammelband, dessen Autoren sowohl bisherige Entwicklungen als auch den jetzigen Stand der politischen Institutionen und Politiken in Polen schildern.

2. Sadurski, Wojciech. 2019. *Poland's constitutional breakdown*. Oxford: Oxford University Press.

Eine fokussierte Monografie, die verfassungsrechtliche und institutionelle Aspekte der Entwicklung nach 2015 vertieft behandelt.

3. Leggewie, Claus, und Ireneusz Pawel Karolewski. 2022. *Die Visegrád-Connection: Eine Herausforderung für Europa*. Berlin: Bundeszentrale für Politische Bildung.

Eine kompakte Monografie, die die Entdemokratisierung in Polen im Vergleich zu ähnlichen Entwicklungen in Tschechien, Ungarn und der Slowakei diskutiert.

Literatur

Beichelt, Timm, und Dorothea Keudel. 2011. Horizontale Gewaltenteilung: Präsidenten, Regie-rungen und Parlamente. In *Regierungssysteme in Mittel- und Osteuropa. Die neuen EU-Staaten im Vergleich*, Hrsg. Florian Grotz, und Ferdinand Müller-Rommel, 68–85. Wiesbaden: VS Verlag für Sozialwissenschaften.

Bill, Stanley, und Ben Stanley. 2020. Whose Poland is it to be? PiS and the struggle between monism and pluralism. *East European Politics* 36 (3): 378–394.

Bodnar, Adam. 2021. Polish Road toward an Illiberal State: Methods and Resistance. *Indiana Law Journal* 96 (4): 1059–187.

Brunclík, Miloš, und Michal Kubát. 2018. *Semi-presidentialism, parliamentarism and presidents: Presidential politics in Central Europe*. London: Routledge.

Bugarič, Bojan, und Tom Ginsburg. 2016. The Assault on Postcommunist Courts. *Journal of Democracy* 27 (3): 69–82.

Colomer, Joseph M., und Margot Pascual. 1994. The Polish Games of Transition. *Communist and Post-Communist Studies* 27 (3): 275–294.

Duverger, Maurice. 1974. *La monarchie républicaine*. Paris: Laffont.

Duverger, Maurice. 1980. A New Political System Model: Semi-Presidential. *European Journal of Political Research* 8 (2): 165–187.

Elgie, Robert. 2004. Semi-Presidentialism, Concept, Consequences and Contesting Explanations. *Political Studies Review* 2: 314–330.

Grimmel, Andreas, und Ireneusz Pawel Karolewski. 2020. Democratic Backsliding in der EU: Herausforderung gemeinschaftlicher Politik und mitgliedstaatlicher Rechtsstaatlichkeit. In *Die neue Europäische Union*, Hrsg. Andreas Grimmel, 95–116. Baden-Baden: Nomos.

Grzymala-Busse, Anna. 2008. Beyond clientelism: Incumbent state capture and state formation. *Comparative political studies* 41 (4–5): 638–673.

Grzymala-Busse, Anna. 2018. Poland's Path to Illiberalism. *Current History* 117 (797): 96–101.

Hayden, Jacqueline. 2001. Explaining the Collapse of Communism in Poland: How the Strategic Misperception of Round Table Negotiators Produced an Unanticipated Outcome. *Polish Sociological Review* 136: 397–424.

Innes, Abby. 2014. The Political Economy of State Capture in Central Europe. *Journal of Common Market Studies* 52 (1): 88–104.

Kaminski, Marek M.1999. How communism could have been saved: Formal Analysis of Electoral Bargaining in Poland in 1989. *Public Choice* 98 (1–2): 83–109.

Karolewski, Ireneusz Paweł. 2021. Towards a political theory of democratic backsliding? Generalising the East Central European experience. In *Illiberal Trends and Anti-EU Politics in East Central Europe,* Hrsg. Astrid Lorenz, und Lisa Anders, 301–321. Cham: Palgrave Macmillan.

Kelemen, R. Daniel. 2016. Poland's Constitutional Crisis: How the Law and Justice Party is Threatening Democracy. *Foreign Affairs*, 25. August 2016. https://www.foreignaffairs.com/articles/poland/2016-08-25/polands-constitutional-crisis. Zugegriffen am 23.04.2024.

Kennedy, Michael D. 2002. *Negotiating Revolution in Poland: Conversion and Opportunity in 1989*. Washington: The National Council for Euroasian and East European Research.

Kochenov, Dimitry. 2021. Mad in Poland. *EU Law Live*, 22. Oktober 2021. https://ssrn.com/abstract=3990420. Zugegriffen am 23.04.2024.

Kustra-Rogatka, Aleksandra. 2023. The Hypocrisy of Authoritarian Populism in Poland: Between the Facade Rhetoric of Political Constitutionalism and the Actual Abuse of Apex Courts. *European Constitutional Law Review* 19 (1): 25–58.

Leggewie, Claus, und Ireneusz Pawel Karolewski. 2022. Die Visegrád-Connection: Eine Herausforderung für Europa. Berlin: Bundeszentrale für Politische Bildung.

Markowski, Radoslaw. 2019. Creating Authoritarian Clientelism: Poland After 2015. *Hague Journal on the Rule of Law* 11: 111–132.

Mikulova, Kristina. 2014. Potemkin Europeanisation? Dynamics of Competition in Poland and Hungary in 1998–2004. *East European Politics and Societies* 28 (1): 163–186.

Obst, David. 1990. *Solidarity and the Politics of Anti-Politics: Opposition and Reform in Poland since 1968*. Philadelphia: Temple University Press.

Pech, Laurent, Patryk Wachowiec, und Dariusz Mazur. 2021. Poland's Rule of Law Breakdown: A Five-Year Assessment of EU's (In)Action. *Hague Journal on the Rule of Law* 13 (1): 1–43.

Sadurski, Wojciech. 2019. *Poland's constitutional breakdown*. Oxford: Oxford University Press.

Sadurski, Wojciech, Hrsg. 2022. Nowe Hybrydy. In *Demokracja na czarna godzine*. Publicystyka, eseje, mowy obrończe, 23–36. Krakow: Austeria.

Sata, Robert, und Ireneusz Pawel Karolewski. 2020. Caesarean politics in Hungary and Poland. *East European Politics* 36 (2): 206–225.

Sata, Robert, und Ireneusz Pawel Karolewski. 2023. Illiberal Spectatorship: the Disfugurement of Citizenship in Hungary and Poland. *Journal of Contemporary European Studies* (2023), 1–18. https://doi.org/10.1080/14782804.2023.2280977.

Shugart, M.S., und J. M. Carey. 1992. *Presidents and Assemblies*. Cambridge: Cambridge University Press.

Simpson, Peggy. 1996. The Troubled Reign of Lech Walesa in Poland. *Presidential Studies Quarterly* 26 (2): 317–336.

Tatarczyk und Wojtasik 2023: The Incumbency Advantage during the COVID-19 Pandemic: Examining the 2020 Polish Presidential Election. *East European Politics and Societies and Cultures* 37(2): 608–626. https://doi.org/10.1177/08883254221085307.

Wiatr, Jerzy. 1966. Elements of Pluralism in the Polish Political System. *The Polish Sociological Bulletin* 13: 19–26.

Woleński, Jan. 2018. Kim sa 'wspolczesni bolszewicy' i czy Polska PiS to nowa PRL. *Polityka*, 02. Dezember 2018. https://www.polityka.pl/tygodnikpolityka/kraj/1773028,1,kim-sa-wspolczesni-bolszewicy-i-czy-polska-pis-to-nowa-prl.read. Zugegriffen am 23.04.2023.

Zgut, Edit. 2022. Informal Exercise of Power: Undermining Democracy Under the EU's Radar in Hungary and Poland. *Hague Journal on the Rule of Law* 14 (2–3): 287–308.

Ziemer, Klaus. 1989. Auf dem Weg zum Systemwandel in Polen: II. Vom „Runden Tisch" zur „IV Republik"? *Osteuropa* 39 (11–12): 957–980.

Ziemer, Klaus, und Claudia-Yvette Matthes. 2004. Das politische System Polens. In *Die politischen Systeme Osteuropas*, Hrsg. Wolfgang Ismayr, 189–246. 2., aktualisierte Auflage. Opladen: Leske + Budrich.

Żuk, Piotr, und Paweł Żuk. 2019. Dangerous Liaisons between the Catholic Church and State: the religious and political alliance of the nationalist right with the conservative Church in Poland. *Journal of Contemporary Central and Eastern Europe* 27 (2–3): 192–212.

Ukraine: Instabiles Regierungssystem und umkämpfte Demokratisierung

Heiko Pleines

Zusammenfassung

Das Kapitel gibt einen Überblick über das politische System der Ukraine seit der Unabhängigkeit im Jahr 1992. Es beginnt mit der formalen Verfassungsordnung und ihrer teilweisen Umgehung durch informelle Institutionen. Ergänzend wird der Einfluss der EU und Russlands beschrieben. Für eine konzeptionelle Einordung des ukrainischen politischen Systems werden anschließend zentrale Ansätze der politikwissenschaftlichen Forschung vorgestellt. Abschließend wird ein Ausblick auf mögliche Entwicklungen in Reaktion auf den großflächigen russischen Angriffskrieg seit 2022 gegeben.

Schlüsselwörter

Ukraine · Politisches System · Verfassung · Autokratie · Informelle Institutionen

H. Pleines (✉)
Forschungsstelle Osteuropa, Universität Bremen, Bremen, Deutschland
E-Mail: pleines@uni-bremen.de

451

Tab. 1 Das politische System der Ukraine im Überblick

Verfassung	Verabschiedet: 1996
	Größte Reform: 2004, weitere Änderungen: 2010, 2011, 2013, 2014, 2016, 2019
	Verfassungsänderungsregel: Initiativrecht haben Parlament, mind. 1/3 der Abgeordneten und Präsident; Annahme durch parlamentarische 2/3-Mehrheit
Regierungssystem	Parlamentarisch-präsidentiell (seit 2014)
Präsident	Wahlmodus und Amtszeit: direkt gewählt für 5 Jahre, einmalige Wiederwahl möglich
	Nominierung von Kandidaten durch politische Parteien oder Selbstnominierung mit 500.000 Unterschriften von Wahlberechtigten in breiter geografischer Verteilung. Im 1. Wahlgang absolute Mehrheit der abgegebenen Stimmen erforderlich, andernfalls Stichwahl zwischen zwei Kandidaten mit den meisten Stimmen mit einfacher Mehrheit
	Kompetenzen: 1) Recht zur Einbringung von Verfassungsänderungs- und Gesetzesinitiativen; 2) Vetorecht im Gesetzgebungsprozess (suspensives Veto); 3) Erlass von Dekreten (im Rahmen der Gesetze); 4) Regierungsbildung: Vorschlag des Ministerpräsidenten; 5) Weitreichende Vollmachten in der Außen- und Verteidigungspolitik: Vorschlag des Verteidigungs- und Außenministers; 6) Auswahl zentraler Akteure (u. a. ein Drittel der Verfassungsrichter, Generalstaatsanwalt, Leiter der Zentralbank, Hälfte der Mitglieder des Nationalen Rundfunk- und Fernseherrates); 7) Recht zur Auflösung des Parlaments wenn a) binnen eines Monats nach Eröffnung keine Koalition von Fraktionen gebildet, b) bei gescheiterter Zusammenstellung eines neuen Kabinetts innerhalb von 60 Tagen nach Rücktritt der Regierung und wenn c) Parlament innerhalb von 30 Tagen Arbeit nicht aufnimmt
Regierung (Kernexekutive)	Mitglieder: Ministerpräsident, Stellvertreter und Minister
	Auswahl: Vorschlag des Ministerpräsidenten durch Parlament, Ernennung durch Präsidenten
	Abberufung: einfaches Misstrauensvotum durch Mehrheit des Parlaments gegen ganze Regierung

(Fortsetzung)

Tab. 1 (Fortsetzung)

Parlament	Dauer Legislaturperiode: aktuell 5 Jahre (gemäß Verfassung verlängert bis zum Ende des Kriegsrechts)
	Aufbau: eine Kammer (*Werchowna Rada*) mit 450 Abgeordneten, 23–29 Ausschüsse sowie temporäre Sonder- und Untersuchungsausschüsse
	Bildung einer Fraktion durch mind. 15 Abgeordnete
	Funktionen: 1) Gesetzgebung, einschließlich des Staatshaushaltes: Recht zur Gesetzesinitiative hat jeder Abgeordnete; 2) Recht auf Einleitung eines Amtsenthebungsverfahrens gegen den Präsidenten; 3) Ernennung und Entlassung der Regierung; 4) Kontrolle der Exekutive: Untersuchungsausschüsse, Misstrauensvotum; 5) Auswahl und Ernennung zentraler Akteure (u. a. ein Drittel der Verfassungsrichter)
Wahlsystem	Seit 1996 regelmäßige Wechsel zwischen Grabenwahlsystem und allgemeinem Verhältniswahlrecht, seit 2020 Verhältniswahlrecht mit 5 %-Hürde

Quelle: Eigene Darstellung

1 Einleitung

Die Verfassungsordnung der Ukraine hat sich in den ersten drei Jahrzehnten seit der Unabhängigkeit 1992 kaum verändert. In der Ukraine hat es durchgehend ein semipräsidentielles Regierungssystem gegeben, das zwischen der präsiden-tiell-parlamentarischen und der parlamentarisch-präsidentiellen Ausprägung wechselt. Nur beim Wahlrecht gab es mehrfach durchgreifende Reformen.

Prägend für das politische System der Ukraine sind aber vor allem informelle Institutionen. Auch hier zeigt sich eine langfristige institutionelle Stabilität, obgleich es gleichzeitig zwischen den beteiligten Akteuren zu massiven Konflikten und Machtverschiebungen kam. Insbesondere diejenigen informellen Institutionen, die mit dem Aufstieg einer kleinen Zahl einflussreicher Unternehmer, sogenannter Oligarchen, Ende der 1990er-Jahre aufkamen – vor allem die „Organisation" von Parlamentsmehrheiten, die Kontrolle der Medienberichterstattung und die Instrumentalisierung von Gerichtsverfahren – kennzeichneten die ukrainische Politik für mehr als zwei Jahrzehnte. Dabei gab es begrenzten Wandel, insbesondere zwischen Phasen autoritärer Machtkonzentration und solchen mit „oligarchischem Pluralismus" (Way 2016, S. 88–89). Insgesamt war die ukrainische Politik aber vor allem aufgrund des Einflusses der Oligarchen von einem Gleichgewicht geprägt, das sowohl eine autoritäre Machtkonsolidierung ohne politischen Wettbewerb als auch eine durchgreifende Demokratisierung verhinderte (Pleines 2016).

Die Massenproteste der Orangen Revolution von 2004 und des Euro-Maidans von 2013/2014 hatten das erklärte Ziel, aus diesem Gleichgewicht auszubrechen. Ihrem Anspruch, eine Critical Juncture für den Aufbruch zu einer konsolidierten Demokratie zu nutzen, wurden sie letzten Endes beide nicht gerecht. Nach der Terminologie des vorliegenden Bandes handelt es sich dementsprechend lediglich um Meilensteine. Die alten Eliten und die etablierten informellen Institutionen zeigten ein von vielen beteiligten Akteuren und wissenschaftlichen Beobachtern nicht erwartetes Beharrungsvermögen. Mit dem großflächigen russischen Angriffskrieg seit 2022 steht das politische System der Ukraine nun möglicherweise vor einer Critical Juncture. Zum Zeitpunkt der Fertigstellung dieses Beitrags im März 2024 lassen sich dazu jedoch nur einige Entwicklungsszenarien aufzeigen, ohne dass eine abschließende Bewertung möglich wäre.

Wie auch in den anderen Länderbeiträgen des vorliegenden Sammelbandes liefert Tab. 1 einen Überblick über das entstandene politische System (Stand: Juli 2024).

2   Das formale politische System im Überblick

Die Entwicklung eines politischen Systems für die Ukraine als selbstständigen Staat begann 1990, als das Parlament der Ukrainischen Sozialistischen Sowjetrepublik die Souveränität der Ukraine erklärte (noch nicht die Unabhängigkeit) und eine Verfassungskommission einsetzte. Die Arbeit der Kommission war geprägt von Konflikten zwischen dem im Dezember 1991 gewählten Präsidenten, der Regierung und dem Parlament, die jeweils ihre eigenen Vollmachten in einer neuen Verfassung stärken wollten. Ein demokratisches Regierungssystem wurde in der seit 1992 unabhängigen Ukraine so durch regelmäßige, umfangreiche Änderungen der alten sowjetischen Verfassung eingeführt (Frenzke 1995). Aus diesem Stückwerk ergaben sich Unstimmigkeiten, Legitimationsdefizite und ein eskalierender politischer Machtkampf. Erst am 28. Juni 1996 verabschiedete das ukrainische Parlament in einer 16-stündigen Sitzung mit der erforderlichen Zweidrittelmehrheit eine vollwertige Verfassung (Vorndran 2000; Wolczuk 1998). Auch wenn die Phase zwischen Gründungswahlen, staatlicher Unabhängigkeit und der endgültigen Verabschiedung der Verfassung sich über mehrere Jahre erstreckte, lässt sich insgesamt von einer Critical Juncture sprechen.

Die neue Verfassung wurde aber gleich wieder zum Gegenstand politischer Machtkämpfe. In der Ukraine wurde „mit den Regeln gespielt und nicht nach den Regeln" (Whitmore 2007). Zentraler Konfliktpunkt war dabei die Gewaltenteilung zwischen Präsident, Regierung und Parlament (Luchterhandt 2010). Diese wurde in einer Verfassungsänderung 2004 neu geregelt, wobei dem Parlament mehr Macht zugesprochen wurde. 2010 erklärte das Verfassungsgericht auf Druck des neu gewählten Präsidenten Wiktor Janukowytsch diese Änderung für ungültig (Gall 2011). Im Jahr 2014 setzte das Parlament die Verfassungsänderung jedoch wieder in Kraft.[1]

Ein weiterer Konfliktpunkt war das Wahlrecht. Vor fast jeder Parlamentswahl gab es große Reformdebatten, da verschiedene politische Parteien versuchten, über den Wechsel zwischen Mehrheitswahl in Einzelwahlkreisen und landesweiter Verhältniswahl mit unterschiedlichen Prozenthürden die eigenen Erfolgsaussichten zu verbessern.

Trotz der Verfassungsänderungen hatte die Ukraine durchgehend ein semipräsidentielles Regierungssystem, wenn auch mit unterschiedlich stark ausgeprägten Vollmachten des Präsidenten. Dementsprechend ist die ukrainische Regierung (offizielle Bezeichnung: Ministerkabinett) formal sowohl vom Präsidenten als auch vom Parlament (offizielle Bezeichnung: Oberster Rat – Werchowna Rada) abhängig. Nach der alten Regelung, die von 1996 bis 2005 und noch einmal von 2010 bis 2014 galt, wurde die Regierung vom Präsidenten ernannt und musste vom Parlament bestätigt werden. Sowohl Präsident als auch Parlament konnten allein die Absetzung der Regierung beschließen. Die Gewichtsveränderungen zwischen präsidentiell-parlamentarischem und parlamentarisch-präsidentiellem Regime, welche im Kontext politischer Machtkämpfe in den Jahren 2004, 2010 und 2014 erfolgten, können als Meilensteine der Regimeentwicklung gelten.

Nach der seit 2014 erneut bestehenden Regelung kann die Regierung nur durch ein Misstrauensvotum des Parlaments abgesetzt werden. Das Parlament bildet eine Koalition, aus der eine Regierung hervorgeht. Die Regierungsmitglieder werden durch das Parlament gewählt, wobei allerdings der Außen- und der Verteidigungsminister durch den Präsidenten vorgeschlagen werden. Damit verbunden ist eine starke Rolle des Präsidenten in der Außen- und Sicherheitspolitik, etwa auch als Oberbefehlshaber der Streitkräfte und als Vorsitzender des Nationalen Sicherheits- und Verteidigungsrates. Zudem hat er das Recht zur Besetzung von Schlüsselpositionen in der Armee, im Geheimdienst und diplomatischem Dienst sowie zur Ausrufung des Kriegsrechts und zur Generalmobilmachung. Der Präsident kann weiterhin im Rahmen existierender Gesetze mit Hilfe von Dekreten Politik gestalten und besitzt sowohl das Recht zur Gesetzesinitiative als auch ein Vetorecht, welches Gesetze zur erneuten Abstimmung ans Parlament zurückgibt.

---

[1] Die aktuelle Version der ukrainischen Verfassung mit Erläuterungen ist online abrufbar unter: https://hcj.gov.ua/en/page/constitution-ukraine. Zugegriffen: 05. März 2024.

Die Verfassung erlaubt dem Präsidenten maximal zwei Amtszeiten von je fünf Jahren. Eine Amtsenthebung ist nur unter dem Vorwurf einer Straftat oder des Landesverrats möglich. In diesem Fall muss das Oberste Gericht den Straftatbestand und das Verfassungsgericht die Korrektheit des Verfahrens bestätigen. Abschließend müssen drei Viertel der Parlamentsabgeordneten der Amtsenthebung zustimmen.

Das nationale Parlament besteht aus einer Kammer mit 450 Abgeordneten. Das Wahlrecht wird per Gesetz geregelt. Dabei sind die konkreten Regeln mehrfach geändert worden. Bei den ersten freien demokratischen Parlamentswahlen 1994 wurden noch alle Abgeordneten in absoluter Mehrheitswahl in Einzelwahlkreisen bestimmt. Im Jahr 1998 wurde nur eine Hälfte der Abgeordneten in Einzelwahlkreisen bestimmt, während die andere Hälfte der Parlamentssitze nach Verhältniswahlrecht mit einer Vierprozenthürde besetzt wurde (sogenanntes gemischtes oder Grabenwahlsystem). Ab den Wahlen von 2006 galt für die Bestimmung aller Abgeordneten die Verhältniswahl mit einer Dreiprozenthürde. Das Wahlgesetz von 2012 brachte dann die Rückkehr zum Grabenwahlsystem, wobei für die Hälfte der Sitze, die per Verhältniswahl vergeben wurde, weiterhin die Dreiprozenthürde galt. Mit der Wahlrechtsreform von 2020 wurde erneut das Verhältniswahlrecht für die Vergabe aller Parlamentssitze vorgesehen, wobei jetzt die Einführung einer Fünfprozenthürde erfolgte (Kortukov 2020).

Das Parteiensystem in der Ukraine konnte sich bisher nicht stabilisieren. Daran hat auch das Verhältniswahlrecht nichts geändert, mit dem seit 1998 mindestens die Hälfte der Parlamentssitze über Parteilisten vergeben werden. In den 1990er-Jahren stellte die *Kommunistische Partei der Ukraine* (KPU) die größte Fraktion, die allerdings auch nur etwa ein Viertel der Abgeordneten umfasste. Zweitstärkste Partei, mit maximal einem Zehntel der Abgeordneten, war die aus der ukrainischen Nationalbewegung hervorgegangene Partei *Narodnyj Ruch Ukrajiny*.

In den 2000er-Jahren war die ukrainische Parteienlandschaft geprägt vom Konflikt zwischen der *Partei der Regionen* unter Wiktor Janukowytsch, der vor allem die kulturell und wirtschaftlich eher an Russland orientierten Kräfte aus dem Osten und Süden der Ukraine repräsentierte, sowie dem orangen Lager – ursprünglich dominiert von den beiden Parteien *Unsere Ukraine* von Wiktor Juschtschenko und dem *Block Julija Tymoschenko* (BJuT) –, welches sich eher auf die Tradition der ukrainischen Nationalbewegung bezog und die europäische Integration der Ukraine betonte. Bei den Wahlen von 2006 bis 2012 wurde die *Partei der Regionen* mit jeweils etwa 40 % der Abgeordneten stärkste Kraft im Parlament. Die beiden größten Parteien aus dem zersplitterten orangen Lager kamen aber zusammen bei den Wahlen 2006 und 2007 auf mehr Stimmen. In der Parlamentswahl von 2014 dominierte das weiterhin zersplitterte orange Lager, jetzt im Parlament vertreten durch die *Volksfront* (NF), den *Block Petro Poroschenko „Solidarität"*, die *Vereinigung Selbsthilfe (Samopomitsch)* und die *Allukrainische Vereinigung „Vaterland"* als Nachfolgepartei des *Blocks Tymoschenko*. Die drei erstgenannten bildeten die größten Fraktionen und erreichten zusammen eine absolute Mehrheit der Parlamentssitze (Fedorenko et al. 2016; Rybiy 2013; Whitmore 2014). 2019 stellte mit der vom frisch gewählten Präsidenten Wolodymyr Selenskyj neugegründeten Partei *Diener des Volkes* erstmals eine Fraktion selbstständig die absolute Mehrheit der Abgeordneten (Chaisty und Whitefield 2022).

Auch in der Exekutive gab es wenig Kontinuität. Von den ersten fünf Präsidenten nach der Unabhängigkeit wurde nur einer für eine zweite Amtszeit gewählt, während zwei ihre erste Amtszeit vorzeitig beendeten. In den ersten 30 Jahren nach der Unabhängigkeit gab es 21 Regierungen mit 17 verschiedenen Ministerpräsidenten.

Die Ukraine ist ein Zentralstaat, in dem die Leiter der regionalen Verwaltungen vom Präsidenten ernannt werden. Die gewählten regionalen Parlamente können allerdings mit einem Misstrauensvotum, welches eine Zweidrittelmehrheit benötigt, den Präsidenten zur Entlassung des Verwaltungsleiters zwingen. Im Zuge einer Dezentralisierung hat die lokale Ebene ab 2014 zusätzliche Regulierungskompetenzen erhalten (Umland 2018). Die Verfassung sieht Sonderregelungen für die Krim sowie die Städte Kyjiw und Sewastopol vor.

3   Informelle Manipulation der Verfassungsordnung

Zentral für die Funktionsweise des ukrainischen politischen Systems sind aber nicht die formalen Institutionen und Organisationen wie Parteien, Fraktionen und Regierungen, sondern vielmehr konkurrierende informelle Akteure gewesen. In der Literatur werden sie zum einen als informelle Netzwerke, regionale Clans oder auch Machtpyramiden bezeichnet (Hale 2015) und zum anderen auf die Analyse politisch einflussreicher Großunternehmer, sogenannter Oligarchen, zugespitzt (Pleines 2016). Dabei können Oligarchen durchaus als zentrale informelle Akteure in Machtpyramiden verstanden werden, sodass sich die beiden Ansätze in ihrer Schwerpunktsetzung, aber nicht in ihrem Verständnis des ukrainischen politischen Systems unterscheiden.

Im Kern geht es darum, dass staatliche Akteure, oft unter Verletzung rechtlicher Vorgaben, konkreten Unternehmern eine Vorzugsbehandlung gewähren. Bei der Privatisierung von Staatsunternehmen (Pleines 2008), im Energiesektor (Balmaceda 2013), bei der Vergabe von Staatsaufträgen (Stewart 2013) oder staatlichen

Subventionen (Dimitrova und Dragneva 2013) ging es dabei meist um Milliarden-beträge. Gleichzeitig konnten staatliche Akteure auch erheblichen Druck auf Wirt-schaftsunternehmen ausüben, insbesondere über Kontrollbehörden etwa im Fi-nanz- und Steuerbereich oder auch beim Brandschutz, mit dessen Hilfe Gebäude geräumt und damit Geschäftsaktivitäten lahmgelegt werden konnten (Dar-den 2008).

Um eine Vorzugsbehandlung zu erhalten und staatliche Kontrolle zu vermeiden, finanzierten Oligarchen Wahlkämpfe, mobilisierten ihre Angestellten für Wahlen und übernahmen die Kontrolle über wichtige Massenmedien, wodurch sie die Be-richterstattung im Interesse ihrer politischen Verbündeten gestalten konnten. In den 2000er- und 2010er-Jahren nutzten in der Regel etwa zwei Drittel der ukrainischen Bevölkerung von Oligarchen kontrollierte Medien, um sich über Politik zu infor-mieren (Somfalvy und Pleines 2021). Zusätzlich organisierten die Oligarchen vor allem mit Hilfe informeller Einflussnahme Parlamentsmehrheiten. Der politische Aufstieg der Oligarchen begann, als sie im 1998 gewählten Parlament eine Mehr-heit für den Präsidenten schufen. Innerhalb einer Legislaturperiode wechselte da-mals über die Hälfte der Abgeordneten die Fraktion (Herron 2002; Pleines 2016).

Gleichzeitig waren Oligarchen in der Lage, politische Akteure unter Druck zu setzen. Sie konnten ihren Einfluss auf Parlamentsabgeordnete nutzen, um Reform-vorhaben zu blockieren und in ihren Massenmedien Kampagnen gegen Politiker starten. Die Justiz wurde ebenfalls sowohl von Politikern als auch von Oligarchen manipuliert. Am deutlichsten wurde dies zum Beginn der Präsidentschaft von Wik-tor Janukowytsch im Jahr 2010. Durch massiven Druck auf Verfassungsrichter be-wirkte er die Annullierung der Verfassungsänderung von 2004 (Gall 2011) und damit eine Stärkung seiner Position. In einem unfairen Gerichtsverfahren verur-teilte ein Kiewer Strafgericht die prominenteste Oppositionspolitikerin, Julija Ty-moschenko, zu einer langjährigen Haftstrafe (Pleines und Wićaz 2016).

---

4   Der internationale Kontext

In der Amtszeit von Wiktor Janukowytsch zeigte sich dabei auch der zunehmende Einfluss der EU auf das politische System der Ukraine. Die Ukraine verfolgte offi-ziell eine sogenannte multivektorale Außenpolitik, welche gute Beziehungen in alle Richtungen anstrebte. Als die Ukraine 2004 durch die EU-Osterweiterung eine direkte Grenze mit der EU erhielt und Russland im Verlauf eines Ölbooms ver-stärkt die wirtschaftliche Integration der Staaten auf dem Gebiet der ehemaligen Sowjetunion vorantrieb, entstand de facto eine Integrationskonkurrenz.

Da eine Mitgliedschaft der Ukraine von Seiten der EU als unrealistisch ein-geschätzt wurde, bot die EU der Ukraine 2008 Verhandlungen über den Abschluss eines Assoziierungsabkommens an, welches eine intensive Kooperation einschließ-lich einer Freihandelszone vorsah, aber keine konkrete Option eines EU-Beitritts. Zu den Bedingungen des Abkommens gehörte die Erfüllung demokratischer und rechtsstaatlicher Prinzipien. Die Verstöße gegen diese Prinzipien nach dem Amts-antritt von Janukowytsch, international sichtbar im Prozess gegen Tymoschenko, führten dazu, dass die Verhandlungen verzögert wurden.

In dieser Situation versuchte Russland, die Ukraine über eine Handelsblockade sowie das Angebot von Vorzugskrediten für eine Mitgliedschaft in einer Zollunion zu gewinnen, die zur Eurasischen Wirtschaftsunion ausgebaut werden sollte. Auch dem russischen Angebot wurde eine politische Dimension zugeschrieben. Die rus-sische Führung betrachtete Massenproteste für Demokratie als Bedrohung der politischen Stabilität und der nationalen Sicherheit. Ein Mittel, um erfolgreiche Demokratisierungen zu verhindern, war auch die Stabilisierung von Russland wirtschaftlich abhängiger, autoritärer Regime in angrenzenden Staaten. Dement-sprechend wurde Russland in der wissenschaftlichen Literatur auch als „Auto-kratie-Förderer" bezeichnet (Way 2015, S. 692). Eine systematische Analyse zeigt, dass Russland grundsätzlich pro-russische Kräfte im Ausland förderte und dass diese oft, wie auch im Fall der Ukraine, im Interesse der eigenen Machtsicherung demokratische Standards manipulierten. Autokratie-Förderung war damit eher Ne-benprodukt als zentrales Ziel der russischen Strategie (Way 2015).

Als Janukowytsch im November 2013 seine Unterschrift unter das Assoziierungs-abkommen mit der EU im letzten Moment verweigerte, löste er damit in der Ukra-ine zuerst als „Euro-Maidan" bezeichnete Massenproteste aus. Sein Versuch, die Demonstration auf dem zentralen Platz in der Hauptstadt Kiew mit Polizeigewalt und dann mit der Einschränkung zentraler Freiheitsrechte zu beenden, führte je-doch zu einer Eskalation der Proteste, die sich nun grundsätzlich gegen das zuneh-mend autoritäre Regime richteten und deshalb auch als „Revolution der Würde" bezeichnet wurden. Janukowytsch verlor die Unterstützung zentraler Machteliten und setzte sich im Februar 2014 nach Russland ab. Russland reagierte mit der völkerrechtswidrigen Annexion der Krim und der Organisation einer gewaltsamen Separationsbewegung in der Ostukraine. Damit nahm sich das Land selbst den Rückhalt in der ukrainischen Politik und Bevölkerung. Die Option einer Integra-tion mit Russland war seitdem nicht mehr mehrheitsfähig. Die ukrainische Über-gangsregierung unterzeichnete bereits im März 2014 den ersten Teil des Assoziierungsabkommens mit der EU (Dragneva und Wolczuk 2015).

Die EU gewann damit auch einen größeren Einfluss auf politische Reformen in der Ukraine. Eine konsequente Demokratisierung erfolgte zwar nicht, unter anderem durch den Einfluss der EU konnten aber einige zentrale Reformen, vor allem bei der Korruptionsbekämpfung, längerfristig verfolgt werden (Richter 2023). Die Justizreform hingegen wurde regelmäßig blockiert (Kuybida 2017; Popova und Zhernakov 2020).

In Reaktion auf den groß angelegten russischen Angriffskrieg gegen die Ukraine verlieh die EU der Ukraine im Sommer 2022 den Status eines Bewerberlandes und stimmte im Dezember 2023 der Aufnahme von Beitrittsverhandlungen zu. Damit vergrößerten sich die Einflussmöglichkeiten der EU auf das politische System der Ukraine erneut. Die EU verlangte von der Ukraine als ersten Verhandlungsschritt Reformen in sieben Bereichen, die alle einen Bezug zum politischen System hatten. Unter anderem betrafen sie Rechtsstaatlichkeit, Korruptionsbekämpfung, Medienfreiheit und Rechte nationaler Minderheiten (EEAS 2022).

5   Konzeptionelle Einordnung des politischen Systems: Eine dynamische Perspektive

Während Änderungen der formalen Verfassungsordnung nur zu einer begrenzten Kompetenzverschiebung zwischen dem Präsidenten und Parlament führten, haben sich die Machtverhältnisse zwischen konkurrierenden politischen Kräften deutlich stärker gewandelt. Für ein Verständnis der Funktionsweise des ukrainischen politischen Systems ist deshalb eine dynamische Betrachtung über den Zeitverlauf erforderlich. Dies zeigt sich auch im schnellen Wechsel der in der wissenschaftlichen Literatur zum Verständnis ukrainischer Politik verwendeten Konzepte.

In den ersten Jahren der Unabhängigkeit wurde ukrainische Politik oft als demokratische Transformation verstanden. Schwerpunkt der Analyse war die Schaffung und Konsolidierung der formalen demokratischen Institutionen, von freien Wahlen über ein Mehrparteiensystem bis hin zur Medienfreiheit, in Kombination mit dem Übergang zu einer freien Marktwirtschaft. Die Erwartung war, dass Pfadabhängigkeiten aus dem alten sowjetischen System relativ schnell überwunden werden. Insbesondere die *Kommunistische Partei*, die im Parlament die stärkste Fraktion stellte, und die im Amt verbliebenen Leiter großer Wirtschaftsbetriebe, sogenannte rote Direktoren, wurden hier als bremsende Kräfte betrachtet (Birch 1997; Kubicek 2000; Zimmer 2004).

Dies änderte sich Ende der 1990er-Jahre, als die KPU an Einfluss verlor und mit den Oligarchen neue, oft junge Unternehmer in Wirtschaft und Politik aufstiegen. Anstelle einer Fortsetzung des politischen Patts setzten die regierenden politischen

Eliten um Präsident Leonid Kutschma auf eine Koalition mit den Oligarchen und damit auf einen Entwicklungspfad, der politische Korruption förderte und den Oligarchen de facto ein Vetorecht in vielen Politikbereichen einräumte. Auftakt für diese Entwicklung war die Parlamentswahl 1998. Während politische Parteien, die Präsident Kutschma unterstützten, nur etwa ein Drittel der Sitze erreichten, konnten sie zwei Jahre später eine knappe Mehrheit aufweisen – unter anderem mit Hilfe der Fraktion der *Arbeiterpartei (Trudowa Ukrajina)*, die vom Oligarchen Wiktor Pintschuk erst nach der Wahl initiiert wurde, aber trotzdem im Jahr 2000 eine Fraktion mit acht Prozent der Abgeordneten stellte. Die Oligarchen wurden damit zu Mehrheitsbeschaffern für Präsident Kutschma, der sich mit einer Vorzugsbehandlung der jeweiligen Wirtschaftsinteressen revanchierte. An der formalen Verfassungsordnung wurde nichts geändert. Durch Manipulationen, wie das „Anwerben" von Parlamentsabgeordneten und die Koordination der Medienberichterstattung in Abstimmung mit den oligarchischen Eigentümern, wurden aber demokratische Vorgaben pervertiert (D'Anieri 2003; Protsyk und Wilson 2003; Puglisi 2003).

Die Ukraine wurde damit zum paradigmatischen Fall für das Konzept des „competitive authoritarianism", also eines Autoritarismus mit politischem Wettbewerb (Way 2004). Das Konzept bezieht sich auf ein politisches System, das formal demokratisch ist, in welchem jedoch demokratische Standards durch die politischen Machthaber im Interesse ihrer Machtsicherung so stark eingeschränkt werden, dass es sich insgesamt nicht mehr um eine funktionierende Demokratie handelt. Wettbewerb findet zwar statt, dieser ist jedoch nicht fair ausgestaltet (Levitsky und Way 2010, S. 5).

Der nicht faire Wettbewerb zeigte sich in der Ukraine deutlich im Jahr 2004. Der Versuch, die zweite Runde der Präsidentschaftswahlen im Interesse von Kutschmas Wunschkandidat Wiktor Janukowytsch zu manipulieren, wurde schon am Wahltag breit und öffentlich dokumentiert und führte zu Massenprotesten auf dem Unabhängigkeitsplatz im Kiewer Stadtzentrum. Die Wahl wurde wiederholt und anstelle von Janukowytsch gewann der Kandidat des sogenannten orangen politischen Lagers, Wiktor Juschtschenko. Während sich hierfür der Begriff „Orange Revolution" etabliert hat, handelt es sich de facto um einen ausgehandelten Machtwechsel. Die Neuwahl wurde am runden Tisch vereinbart, nachdem das Oberste Gericht das Ergebnis der Stichwahl offiziell annulliert hatte (Wilson 2005; D'Anieri 2010). Die Orange Revolution war insofern ein Meilenstein, als dass die Akteure erneut zum parlamentarisch-präsidentiellen Regierungssystem zurückkehrten.

Anstelle des Autoritarismus mit politischem Wettbewerb sollte nun, so die explizite Botschaft der Orangen Revolution, eine konsolidierte Demokratie geschaffen werden. Tatsächlich wurden Wahlen frei und fair. Die informelle Kontrolle über die Medienberichterstattung durch die Präsidialverwaltung wurde eingestellt. Während viele Experten anfangs einen erneuten Demokratisierungsschub sahen (Aslund und McFaul 2006), zeigte sich schnell, dass die Oligarchen weiterhin genug Einfluss besaßen, um durchgreifende Reformen zu verhindern. Sie kontrollierten immer noch einen beachtlichen Teil des Parlaments. 15 Oligarchen waren selbst Abgeordnete, acht in orangen Fraktionen, und viele beförderten über ihren Einfluss auf Parteilisten auch enge Vertraute ins Parlament. 2006 wurde dann Wiktor Janukowytsch zum Ministerpräsidenten gewählt, nachdem es ihm gelungen war, die Unterstützung einer Partei aus der orangen Koalition zu erhalten. Der resultierende Konflikt zwischen der Regierung und dem Präsidenten – im Sinne einer für semipräsidentielle Systeme üblichen Cohabitation – führte jedoch zu einer weitgehenden Politikblockade (D'Anieri 2007; Pleines 2011).

Dieses Muster wiederholte sich von 2010 bis 2014. Janukowytsch gewann die Präsidentschaftswahl 2010 und schwächte die demokratische Kontrolle schon im ersten Amtsjahr so weit, dass die Ukraine erneut als Autokratie mit politischem Wettbewerb bezeichnet werden konnte. Erneut spielten Oligarchen bei der autoritären Machtsicherung eine zentrale Rolle. Schon 2012 unterstützte kein einziger Oligarch mehr orange Fraktionen, während sich elf der Partei von Janukowytsch angeschlossen hatten. Auch die Kontrolle über die Berichterstattung der großen Massenmedien wurde mit Hilfe von Oligarchen wiederhergestellt, die eine Reihe kritischer Medien übernahmen (Pleines 2016).

Wie zuvor waren es Massenproteste in Kombination mit Verhandlungen am runden Tisch, die 2014 zum Machtwechsel führten. Dieses Mal war der Bruch größer (Onuch 2015). Die Proteste waren in Gewalt mit über 100 Toten eskaliert. Janukowytsch hatte so stark an Rückhalt im eigenen Lagers eingebüßt, dass er nicht die vereinbarte Übergangszeit bis zum Jahresende durchhielt, sondern fluchtartig das Land verließ. Erneut wurde von der Opposition ein Demokratisierungsschub versprochen, welcher im Erfolgsfall eine Critical Juncture bedeutet hätte. Wichtige Regimeelemente blieben jedoch unangetastet, weshalb hier letztendlich nur ein Meilenstein in der ukrainischen Regimeentwicklung gesehen werden kann. Zwar erlangten die Massenmedien viele Freiheiten zurück und auch die Fairness der Wahlen nahm wieder zu; die Machtposition der alten Eliten wurde dagegen jedoch nicht entscheidend verändert. Mit Petro Poroschenko wurde schließlich ein Oligarch zum Präsidenten gewählt. In den folgenden Jahren machte die Korruptionsbekämpfung nur begrenzte Fortschritte und die Justizreform scheiterte vollkommen.

Die Ukraine wurde so, neben Georgien oder Moldau, zu einem Fall, der zeigte, dass politische Regime als „Hybride" langfristig in der „Grauzone" zwischen Demokratie und Autokratie verbleiben können. Als zentrale Ursache hierfür gilt der Einfluss der Oligarchen bzw. der informellen Netzwerke, denen sie angehörten. Die Oligarchen waren in der Lage, die Manipulation demokratischer Regeln durch den Präsidenten so weit zu unterstützen, dass ein autoritäres Regime mit politischem Wettbewerb entstand. Es gelang aber keinem ukrainischen Präsidenten – im Gegensatz etwa zum russischen Präsidenten Wladimir Putin – den politischen Wettbewerb ganz auszuschalten. Wenn dann nach Massenprotesten ein Demokratisierungsschub erwartet wurde, waren die Oligarchen immer noch stark genug, eine durchgreifende Demokratisierung zu verhindern, damit Korruptionsbekämpfung und Rechtsstaat ihre eigenen Wirtschaftsinteressen nicht gefährdeten (Pleines 2012). Lucan Way beschreibt diese Situation als „pluralism by default" (Way 2016). Demokratie und Zivilgesellschaft sind nicht stark genug, um eine demokratische Konsolidierung zu erreichen. Gleichzeitig gibt es aber starke Interessenkonflikte innerhalb der politischen Eliten, die eine autoritäre Konsolidierung verhindern. Auf Bevölkerungsebene sind demokratische und „utopische" Einstellungen zu verzeichnen, die sich allerdings nicht mit der Bereitschaft zu dauerhaftem politischem Engagement verbinden (Szostek und Orlova 2022).

In einer pessimistischen Betrachtung bestätigt sich im Fall der Ukraine Hales These, dass Ereignisse, die oberflächlich nach Regimewechsel aussehen, tatsächlich von den etablierten informellen Institutionen bestimmt werden (Hale 2015, S. 15). Sie passen sich zwar an geänderte Umstände an, verbleiben dabei aber im Rahmen des festgelegten Pfades. Aus einer optimistischeren Perspektive betrachtet, entstanden jedoch insbesondere nach 2014 die Rahmenbedingungen für einen inkrementellen Wandel hin zu Demokratie und Rechtsstaat, weshalb dieser als Meilenstein klassifiziert werden kann.

Medienfreiheit und faire Wahlen bedeuteten gleichzeitig, dass Außenseiter im politischen Wettbewerb eine Chance hatten. Dies demonstrierte der populäre Schauspieler Wolodymyr Selenskyj, der als Quereinsteiger innerhalb von Monaten eine neue politische Bewegung schuf und 2019 sowohl die Präsidentenwahl als auch – mit einer neuen Partei namens *Diener des Volkes* – die Parlamentswahlen gewann. Sein Erfolg wurde in der politikwissenschaftlichen Forschung als weiteres Beispiel für den Aufstieg populistischer Politiker gesehen. Im Gegensatz zu den meisten Populisten, die eher am Rande des politischen Spektrums angesiedelt sind, präsentiert Selenskyj jedoch, ähnlich vielleicht wie in Frankreich Emmanuel Macron, einen Populismus der Mitte, der als technokratischer Populismus beschrieben worden ist. Diese Art von Populismus versucht, eine politische Polarisierung durch eine „Politik für alle" zu überwinden, die eine „Normalisierung" durch die Abgrenzung von alten Eliten und das Einbringen von „unpolitischer" Expertise verspricht (Viedrov 2022, S. 483; siehe auch Ash und Shapovalov 2022).

Während umstritten blieb, inwieweit Selenskyj tatsächlich unabhängig von oligarchischen Interessen war, zeigte sich in den ersten zwei Jahren seiner Amtszeit,

dass Oligarchen weiterhin Reformen verhindern konnten, die ihren Wirtschaftsinteressen widersprachen. Erleichtert wurde dies durch die politische Unerfahren-
heit der Mitglieder von Regierung, Partei und Parlamentsfraktion. Präsident Selenskyj konnte so trotz der komfortablen Parlamentsmehrheit seiner Partei in den
Jahren 2020 und 2021 viele seiner Reformvorhaben nicht umsetzen, was vor allem
dem Einfluss des Oligarchen Ihor Kolomojskyi auf eine ausreichende Zahl von
Fraktionsmitgliedern zugeschrieben wurde. Der Oligarch Rinat Achmetow wiederum nutzte seine Massenmedien, um Selenskyjs Politik und Person zu kritisieren.
Selenskyjs Vorgänger, Petro Poroschenko, wurde hingegen mit einer Vielzahl von
Gerichtsverfahren unter Druck gesetzt. Im Ergebnis war die Zustimmung zu Se-
lenskyj schnell auf die Werte seiner Vorgänger gesunken (Onuch und Hale 2022,
Kap. 6).

6   Ausblick

Der groß angelegte russische Angriffskrieg gegen die Ukraine im Februar 2022 änderte erneut die politische Konstellation. In der wissenschaftlichen Literatur wird
in diesem Zusammenhang von einem *Rally round the Flag*-Effekt gesprochen. Im
Falle einer existenziellen Bedrohung von außen sammelt sich die Bevölkerung um
die politische Führung, um gemeinsam die Bedrohung abzuwenden. In der Ukraine stieg aber nicht nur die Unterstützung für Selenskyj auf neue Höchstwerte. Repräsentative Meinungsumfragen zeigen gleichzeitig eine fast einstimmige Unterstützung für Demokratie und EU-Mitgliedschaft sowie eine weitgehende Homogenisierung der nationalen Identität hin zur ukrainischen Kultur (siehe Tab. 2 sowie
Onuch 2022; Onuch und Hale 2022, S. 227–260).

Gleichzeitig nutzte Selenskyj die Situation, um die „Oppositionsplattform", die
Nachfolgepartei der von Janukowytsch geschaffenen *Partei der Regionen*, sowie
weitere kleine Parteien aus dem „pro-russischen" Lager zu verbieten. Politische
Führungspositionen wurden in großem Umfang umbesetzt. In den ersten zwei
Kriegsjahren wurde beispielsweise die Hälfte der Minister sowie über die Hälfte
der regionalen Gouverneure neu ernannt. Ebenso wurde im Februar 2024 die Leitung der Streitkräfte ausgetauscht. Der Einfluss der Oligarchen wurde durch das
Verbot von Medienkontrolle und durch Verstaatlichung von strategischen Unternehmen reduziert. 2022 wurden Gesetze verabschiedet, die als Einschränkung der
Medienfreiheit und der Unabhängigkeit des Verfassungsgerichtes kritisiert wurden. Auf Druck der EU wurde die Ernennung der Verfassungsrichter aber bereits
2023 erneut reformiert. Während so einerseits durch den Krieg die Unterstützung
für Demokratie und durch die Beitrittsverhandlungen mit der EU der externe

Tab. 2 Politische Haltung der ukrainischen Bevölkerung. (Umfrageergebnisse – Anteil Zustimmung)

	1996	2006	2011	2020	2022
Ein demokratisches politisches System zu haben, ist „gut"	55 %	66 %	85 %	72 %	94 %*
Vertrauen in Präsidenten	–	37 %	19 %	62 %	80 %
Vertrauen in Regierung	35 %	24 %	26 %	17 %	41 %
Vertrauen in Parlament	30 %	18 %	20 %	18 %	35 %
Vertrauen in Justizsystem	34 %	29 %	25 %	19 %	18 %
Vertrauen in EU	31 %	38 %	–	46 %	–
Zustimmung zu EU-Beitritt	–	–	49 % (2013)	56 %	87 %

Anmerkung: * – Kyiv International Institute of Sociology. 2022. „Wichtig, dass die Ukraine eine vollständig funktionierende Demokratie wird". https://www.kiis.com.ua/materials/pr/20220920_o/August%202022_wartime%20survey%20Public%20fin.pdf
Quellen: World Value Survey. 1996, 2006, 2011, 2020. https://www.worldvaluessurvey.org/WVSOnline.jsp
Außer: Daten für 2022: Ilko Kucheriv Democratic Initiatives Foundation, Razumkov Centre. 2022. The Political Mood in Ukraine. v.1.2. *Discuss Data.* https://doi.org/10.48320/90CC86CA-C465-4416-9961-AFEC2250288E
Daten für Vertrauen in den Präsidenten: Ukraine-Analysen 94: 14 und 238: 7; Daten für Zustimmung EU-Beitritt: Ukraine-Analysen 271: 16, https://laender-analysen.de/ukraine-analysen/archiv

Demokratisierungsdruck stieg, wurde der Krieg andererseits von Selenskyj auch für Maßnahmen genutzt, die nicht unbedingt als Förderung demokratischer Standards gesehen werden können (Chorna und Pleines 2024; Pleines 2023).

Mit dem großen russischen Angriffskrieg stand das ukrainische politische System somit an einer potenziellen Critical Juncture. Die politische Landschaft wurde durch die Auflösung des pro-russischen politischen Lagers, welches für zwei Jahrzehnte eine zentrale politische Kraft gewesen war, neu geordnet. Die Oligarchen sahen sich durch Kriegsverluste und einen Präsidenten, der auch ohne ihre Unterstützung populär war, mit der wohl größten Herausforderung für ihren Einfluss konfrontiert. Die von allen relevanten politischen Kräften und einer überwältigenden Bevölkerungsmehrheit getragene Aufnahme von Beitrittsverhandlungen mit der EU machte die Festigung von Demokratie und Rechtsstaat zur zentralen politischen Aufgabe.

(1) Welchen Einfluss haben die „Revolutionen" 2004 und 2014 sowie der groß-flächige russische Angriffskrieg 2022 auf die Entwicklung des politischen Systems?
(2) Wieso wird das Parlament nicht zum zentralen politischen Akteur?
(3) Wieso ist der Einfluss der Oligarchen auf die ukrainische Politik so dauerhaft?

Weiterführende Literatur

1. Worschech, Susann, Hrsg. 2025. *Ukraine – Portrait einer europäischen Gesellschaft*. Baden-Baden: Nomos (im Erscheinen).

Im ersten Teil einführende Beiträge zur Entwicklung des politischen Systems.

2. Onuch, Olga, und Henry E. Hale. 2022. *The Zelensky effect*. London: C. Hurst.

Trotz des Titels ein allgemeinverständlicher Überblick über die politische Entwicklung der Ukraine seit den 1990ern.

3. Pleines, Heiko. 2016. Oligarchs and Politics in Ukraine. *Demokratizatsiya* 24 (1): 105–127.

Systematischer Überblick über die politische Rolle der Oligarchen.

Literatur

Ash, Konstantin, und Miroslav Shapovalov. 2022. Populism for the ambivalent: anti polarization and support for Ukraine's Sluha Narodu party. *Post-Soviet Affairs* 38 (6): 460–478.
Aslund, Anders, und Michael McFaul. 2006. *Revolution in Orange. The Origins of Ukraine's Democratic Breakthrough*. Washington: Carnegie Endowment for International Peace.
Balmaceda, Margarita. 2013. *Politics of Energy Dependency: Ukraine, Belarus, and Lithuania between Domestic Oligarchs and Russian Pressure*. Toronto: University of Toronto Press.

Birch, Sarah. 1997. Nomenklatura Democratization. Electoral clientelism in post-Soviet Ukraine. *Democratization* 4 (4): 40–62.

Chaisty, Paul, und Stephen Whitefield. 2022. How challenger parties can win big with frozen cleavages: Explaining the landslide victory of the Servant of the People party in the 2019 Ukrainian parliamentary elections. *Party Politics* 28 (1): 115–126.

Chorna, Oksana, und Heiko Pleines. 2024. Ukraine's Political Elites: Composition and Changes from 1992 to 2023. *Ukrainian Analytical Digest 7*: 13–21.

D'Anieri, Paul. 2003. Leonid Kuchma and the personalization of the Ukrainian presidency. *Problems of Post-Communism* 50 (5): 58–65.

D'Aneri, Paul. 2007. *Understanding Ukrainian politics: power, politics, and institutional design*. Armonk, NY: Sharpe.

D'Anieri, Paul, Hrsg. 2010. *Orange Revolution and aftermath: mobilization, apathy, and the state in Ukraine*. Washington, D.C.: Woodrow Wilson Center Press.

Darden, Keith. 2008. The Integrity of Corrupt States: Graft as an Informal State Institution. *Politics & Society* 36 (1): 35–60.

Dimitrova, Antoneta, und Rilka Dragneva. 2013. Shaping convergence with the EU in foreign policy and state aid in post-Orange Ukraine. Weak external incentives, powerful veto players. *Europe-Asia Studies* 65 (4): 658–681.

Dragneva, Rilka, und Kataryna Wolczuk. 2015. *Ukraine Between the EU and Russia: The Integration Challenge*. Basingstoke: Palgrave.

EEAS. Delegation to Ukraine. 2022. EU Commission's Recommendations for Ukraine's EU candidate status. European Union. https://www.eeas.europa.eu/delegations/ukraine/eu-commissions-recommendations-ukraines-eu-candidate-status_en?s=232. Zugegriffen am 17.07.2022.

Fedorenko, Kostyantyn, Olena Rybiy, und Andreas Umland. 2016. The Ukrainian Party System before and after the 2013–2014 Euromaidan. *Europe-Asia Studies* 68 (4): 609–63.

Frenzke, Dietrich. 1995. Die Entwicklung des ukrainischen Verfassungsrechts von 1978 bis 1995. *Osteuropa Recht* 41 (4): 338–397.

Gall, Caroline von. 2011. Neue Justizgesetz – alte Probleme. *Ukraine-Analysen* 87:2–5.

Hale, Henry E. 2015. *Patronal politics. Eurasian regime dynamics in comparative perspective*. New York: Cambridge University Press.

Herron, Erik S. 2002. Causes and consequences of fluid faction membership in Ukraine. *Europe-Asia Studies* 4:625–639.

Kortukov, Dima. 2020. The Politics of Electoral Reform in Ukraine. *Problems of Post-Communism* 67 (6): 488–499.

Kubicek, Paul. 2000. *Unbroken ties. The state, interest associations, and corporatism in post-Soviet Ukraine*. Ann Arbor: University of Michigan Press.

Ilko Kucheriv Democratic Initiatives Foundation, Razumkov Centre. 2022. The Political Mood in Ukraine. v.1.2. *Discuss Data*. Datensatz. https://doi.org/10.48320/90CC86CA-C465-4416-9961-AFEC2250288E.

Kyiv International Institute of Sociology. 2022. Opportunities and Challenges Facing Ukraine's Democratic Transition. "How important is it to you that Ukraine becomes a fully functioning democracy?". National Democratic Institute, August 2022. Datensatz. https://www.kiis.com.ua/materials/pr/20220920_o/August%202022_wartime%20survey%20Public%20fin.pdf.

Kuybida, Roman. 2017. Die Gerichtsreform in der Ukraine – Erfolge und Misserfolge im Kampf für einen Systemwechsel. *Osteuropa Recht* 63 (1): 27–40.

Levitsky, Steven und Lucan Way. 2010. *Competitive Authoritarianism: Hybrid Regimes After the Cold War*. Cambridge: Cambridge University Press.

Luchterhandt, Otto. 2010. Der Kampf um das Regierungssystem der Ukraine – eine unendliche Geschichte. *Ukraine-Analysen* 80:2–6.

Onuch, Olga. 2015. Maidans Past and Present. Comparing the Orange Revolution and the Euromaidan. In *Ukraine's Euromaidan. Analyses of a civil revolution*, Hrsg. David Marples und Frederick Mills, 27–56. Stuttgart: Ibidem.

Onuch, Olga. 2022. Why Ukrainians Are Rallying Around Democracy. *Journal of Democracy* 33 (4): 37–46.

Onuch, Olga, und Henry E. Hale. 2022. *The Zelensky effect*. London: Oxford University Press.

Pleines, Heiko. 2008. Manipulating politics. Domestic investors in Ukrainian privatisation auctions 2000–2004. In *Europe-Asia Studies* 60 (7): 1177–1197.

Pleines, Heiko. 2011. Die politische Rolle der Oligarchen. *In Die Ukraine auf dem Weg nach Europa*, Hrsg. Juliane Besters-Dilger, und Alois Woldan, 129–146. Frankfurt/M.: Peter Lang.

Pleines, Heiko. 2012. From competitive authoritarianism to defective democracy. Political regimes in Ukraine before and after the Orange Revolution. In *Presidents, Oligarchs and Bureaucrats: Forms of Rule in the Post-Soviet Space*, Hrsg. Susan Stewart, Margarete Klein, Andrea Schmitz, und Hans-Henning Schröder, 125–138. Farnham: Ashgate.

Pleines, Heiko. 2016. Oligarchs and Politics in Ukraine. *Demokratizatsiya* 24 (1): 105–127.

Pleines, Heiko. 2023. Zwischen Kriegsrecht und Reformen. Die innenpolitische Entwicklung der Ukraine. *Ukraine-Analysen* 285:2–4.

Pleines, Heiko und Stanij Wićaz. 2016. Der Prozess gegen Julija Tymoschenko. Ukraine 2010–2011 und seit 2012. In *Lexikon der Politischen Strafprozesse*, Hrsg. Kurt Groenewold, Alexander Ignor, und Arnd Koch. https://www.lexikon-der-politischen-strafprozesse.de/glossar/tymoschenko-julija-wolodymyriwna/. Zugegriffen am 02.09.2023.

Popova, Maria, und Mykhailo Zhernakov. 2020. Das Trugbild vom Durchbruch zum Rechtsstaat: Justizreform nach der Revolution der Würde. *Ukraine-Analysen* 238:14–19.

Protsyk, Oleh, und Andrew Wilson. 2003. Centre politics in Russia and Ukraine. Patronage, power and virtuality. *Party Politics* 9 (6): 703–729.

Puglisi, Rosaria. 2003. The rise of the Ukrainian oligarchs. *Democratization* 10 (3): 99–123.

Richter, Michael Martin. 2023. Diversity of Actors in Reform Backsliding and its Containment in the Ukrainian Hybrid Regime. *Politics and Governance* 11:1.

Rybiy, Olena. 2013. Party system institutionalization in Ukraine. *Demokratizatsiya* 21 (3): 401–423.

Somfalvy, Esther, und Heiko Pleines. 2021. The agency of journalists in competitive authoritarian regimes. A case study of Ukraine during the Yanukovich presidency. *Media and Communication* 9 (4): 82–92.

Stewart, Susan. 2013. Public Procurement Reform in Ukraine: The Implications of Neopatrimonialism for External Actors. *Demokratizatsiya* 21 (2): 197–214.

Szostek, Joanna, und Dariya Orlova. 2022. Understandings of democracy and "good citizenship" in Ukraine: utopia for the people, participation in politics not required. *Post-Soviet Affairs* 38 (6): 479–496.

Umland, Andreas. 2018. Warum die ukrainische Dezentralisierungsreform für den gesamten postsowjetischen Raum wichtig ist. *Ukraine-Analysen* 209:11–13.

Verfassung der Ukraine. 2023. Constitution of Ukraine. High Council of Justice. Zugegriffen am 05.03.2024.

Viedrov, Oleksii. 2022. Back-to-normality outsiders: Zelensky's technocratic populism, 2019–2021. *East European Politics*. https://doi.org/10.1080/21599165.2022.2146092.

Vorndran, Oliver. 2000. *Die Entstehung der ukrainischen Verfassung*. Berlin: Duncker & Humblot.

Way, Lucan. 2004. The sources and dynamics of competitive authoritarianism in Ukraine. *Journal of Communist Studies and Transition Politics* 20 (1): 143–161.

Way, Lucan. 2015. The limits of autocracy promotion: The case of Russia in the 'near abroad'. *European Journal of Political Research* 54 (4): 691–706.

Way, Lucan. 2016. *Pluralism by Default: Weak Autocrats and the Rise of Competitive Politics*. Baltimore: Johns Hopkins University Press.

Whitmore, Sarah. 2007. Man spielt mit den Regeln und nicht nach den Regeln. Politische Ungewissheit in der Ukraine. *Ukraine-Analysen* 19:2–5.

Whitmore, Sarah. 2014. *Political party development in Ukraine*. GSDRC Helpdesk Research Report 1146. Birmingham: GSDRC, University of Birmingham.

Wilson, Andrew. 2005. *Ukraine's Orange Revolution*. New Haven: Yale University Press.

Wolczuk, Kataryna. 1998. The politics of constitution making in Ukraine. In *Contemporary Ukraine*, Hrsg. Taras Kuzio, 118-138. Armonk: M.E. Sharpe.

Zimmer, Kerstin. 2004. The captured region. Actors and institutions in the Ukrainian Donbas. In *The Making of Regions in Post-Socialist Europe – the Impact of Culture, Economic Structure and Institutions. Case Studies from Poland, Hungary, Romania and Ukraine. Volume 2*, Hrsg. Melanie Tatur, 231–248. Wiesbaden: Springer VS.

Teil V

Zusammenfassung

Zusammenfassung: Politische Entwicklungen und Dynamiken im östlichen Europa

Timm Beichelt und Sonja Priebus

Zusammenfassung

In diesem zusammenfassenden Kapitel werden die Erkenntnisse aus den Einzelbeiträgen zusammengetragen. Dabei wird der Frage nachgegangen, welchen Charakter die politischen Systeme haben und wie stabil sie im Zeitverlauf waren. Auch die Regimeentwicklung sowie das Verhältnis zwischen formalen und informellen Institutionen wird in vergleichender diachroner Perspektive betrachtet.

Schlüsselwörter

Regierungssystem · Formale und informelle Institutionen · Regime · Regimeentwicklung · Demokratie

T. Beichelt (✉) · S. Priebus
Kulturwissenschaftliche Fakultät, Europa-Universität Viadrina,
Frankfurt (Oder), Deutschland
E-Mail: beichelt@europa-uni.de; priebus@europa-uni.de

Tab. 1 Typen von Regierungssystemen im östlichen Europa

Typeneinteilung	Empirische Zuordnungen in diesem Band
Präsidentialistisch	Abchasien
	Belarus
	Russland
	Transnistrien
Präsidentiell-Parlamentarisch	Kroatien (bis 2000)
	Polen (bis 1997)
	Ukraine (1992–2005, 2010–2014)
Parlamentarisch-Präsidentiell	Moldau (1992–2000, erneut seit 2016)
	Polen (seit 1997)
	Rumänien
	Serbien
	Ukraine (2005–2010, erneut seit 2014)
Parlamentarisch (mit direkt gewähltem Präsidenten)	Bulgarien
	Kroatien (seit 2000)
	Litauen
	Montenegro
	Nordmazedonien
	Slowakei (seit 1999)
	Slowenien
	Tschechien (seit 2012)
Parlamentarisch (ohne direkt gewählten Präsidenten)	Albanien
	Bosnien und Herzegowina
	Estland
	Kosovo
	Lettland
	Moldau (2000–2016)
	Slowakei (bis 1999)
	Tschechien (bis 2012)
	Ungarn

Quelle: Eigene Darstellung

1 Einleitung

In diesem zusammenfassenden Kapitel unseres Bandes werden die Erkenntnisse aus den Einzelbeiträgen hinsichtlich der Entwicklung der politischen Systeme und der Regierungssysteme im östlichen Europa zusammengetragen.[1] Dabei wird der Frage nachgegangen, welchen Charakter die politischen Systeme und insbesondere die Regierungssysteme im Zeitverlauf hatten. Waren sie stabil oder unterlagen sie

---

[1] Wir danken Almuth Müller für umfangreiche Zuarbeiten.

etwaigem Wandel? Falls ja, lassen sich auslösende Faktoren für die Dynamiken ausmachen? Auch die Regimeentwicklung wird in vergleichender diachroner Perspektive betrachtet. Entsprechend der Konzeption des Sammelbandes wird zudem erörtert, wie sich das Zusammenspiel zwischen formalen und informellen Institutionen entwickelt hat; auch hier sind etwaige Regelmäßigkeiten über einzelne Länder hinweg von Interesse.

2 Regierungssysteme im Vergleich

Zu Zeiten des Staatssozialismus bestand eine Gemeinsamkeit der Staaten des östlichen Europa in der Existenz einer Einparteienherrschaft durch eine Partei mit marxistisch-leninistischer Staatsideologie. Im Gefüge der sozialistischen Staatsordnung nahmen diese Parteien die führende Rolle ein; staatliche oder sonstige Organisationen waren ihr untergeordnet oder an den zentralen Stellen durch Parteikader besetzt. Die Systemwechsel in den einzelnen Ländern vollzogen sich vor diesem Hintergrund zunächst auf zwei Pfaden (Przeworski 1991). Entweder zeigten sich Brüche innerhalb der Regimeeliten, bei denen „Reformer" Teile der Systemopposition in ein (teilweise) geöffnetes Regime zu integrieren versuchten, so wie es in den späten 1980er-Jahren in Polen, Ungarn und auch in der Sowjetunion geschah. Oder die staatssozialistischen Eliten verweigerten sich einer Öffnung, konnten sich jedoch angesichts von Massenprotesten nicht an der Macht halten und wurden innerhalb weniger Wochen durch Repräsentanten der Regimeopposition ersetzt – diesem Pfad entsprach beispielsweise die Tschechoslowakei im Jahr 1989.

Allerdings bilden diese Muster die Bandbreite der Systemwechselverläufe im östlichen Europa nicht vollständig ab. Zunächst existieren einige Staaten, in denen – vor allem im Rückblick – eine Hinwendung zur Demokratie nur oberflächlich und für kurze Zeit stattfand: Belarus, Russland sowie einige postsowjetische De-Facto-Staaten. In Russland wurden in den frühen 1990er-Jahren lediglich „institutionelle Voraussetzungen für einen demokratischen Wettbewerb um die politische Macht" geschaffen (Baumann/Stykow in diesem Band). Diese konnten aber nicht wirksam werden, nachdem im Jahr 1993 eine Staats- und Verfassungskrise mit Militärgewalt beendet und eine Verfassung etabliert wurde, die dem Präsidentenamt nur eine schwache Gewaltenkontrolle im Sinne von Checks and Balances entgegensetzte. In Belarus wurde im Jahr 1996 in einem manipulierten Referendum ebenfalls eine präsidentielle Verfassung geschaffen, im Rahmen derer Präsident Aljaksandr Lukaschenka das Parlament rasch entmachtete und in späteren (ebenfalls manipulierten) Wahlen mit regimetreuen Personen besetzen ließ (Steinsdorff/Tronina in diesem Band). Auch Abchasien und Transnistrien folgen einem ähnlichen institutionellen Muster (Minakov in diesem Band).

Eine weitere Gruppe von Fällen lässt sich deshalb nicht gut in das von Prze-worski skizzierte Muster einreihen, weil der Zerfall Jugoslawiens sowie der Sowjetunion neue Staaten hervorbrachte. Mit Belarus, Estland, Lettland, Litauen, Moldau, der Ukraine (alle 1992) sowie Slowenien, Kroatien, (Nord-)Mazedonien (alle 1991), Bosnien-Herzegowina (1995), Montenegro (2006) und dem Kosovo (2008) handelt es sich um etwa die Hälfte der in unserem Band erörterten Länder. Abchasien und Transnistrien können ebenfalls als quasi-staatliche Neugründungen gelten, selbst wenn sie von kaum einem Staat anerkannt werden. Auch Russland und Serbien sind zu nennen, allerdings mit dem Unterschied, dass es hier eine viel höhere institutionelle und auch personelle Kontinuität gab. In allen neu ge-gründeten Staaten wurden formal demokratische Institutionenordnungen etabliert. Da diese aber die neue Staatlichkeit erst begründeten, geschah dies vor einem Hintergrund volatiler informeller Institutionen. Schließlich waren nicht nur die politischen, sondern auch die gesellschaftlichen, kulturellen und wirtschaftlichen Beziehungen der früheren Teilrepubliken von Jugoslawien und der Sowjetunion stark auf Serbien und Russland bzw. auf Belgrad und Moskau ausgerichtet gewesen.

Die Beiträge in unserem Band zeigen vor diesem Hintergrund, dass es eine große Zahl informeller Institutionen, historischer Traditionen und kontingenter Transformationsverläufe gab, die die Herausbildung von Regierungssystemen in der Phase der Liberalisierung und der Institutionalisierung der neuen Regime nach dem Ende des Sozialismus beeinflussten. Trotz der im Prinzip fallspezifischen Ge-nese der politischen Systeme wurden allerdings in der Transformationsforschung gewisse Regelmäßigkeiten herausgearbeitet, die sich auch in den Beiträgen unse-res Bandes widerspiegeln.

Erstens spielt eine Rolle, ob ein Staat über eine vorsozialistische Eigenstaatlich-keit oder eine demokratische Vergangenheit vor der Phase des Sozialismus ver-fügte. War dies der Fall, verfügten die Eliten der Umbruchsphase über einen An-knüpfungspunkt bei der Erarbeitung – oder sogar der Wiederinkraftsetzung – der historischen Verfassung bzw. wichtiger institutioneller Elemente des politischen Systems. Dieses „politisch-institutionelle Orientierungswissen" (Offe 1998, S. 101) wurde in manchen Fällen reaktiviert. So stützen sich die Verfassungen von Estland und Lettland auf Verfassungen aus der Zwischenkriegszeit. In Estland wur-den Elemente der Vorkriegsverfassungen kombiniert, in Lettland sogar die Verfas-sung von 1922 weitgehend unverändert wieder in Kraft gesetzt. In beiden Fällen handelt es sich auch um hochgradig symbolische Akte, mit denen die Unrechtmä-ßigkeit der sowjetischen Besatzung im Jahr 1940 und die spätere Eingliederung in die Sowjetunion unterstrichen werden sollte (Solska/Gugelmann a, Solska/Gugel-mann b sowie Matthes in diesem Band).

Wenn sich zweitens in der Regimewechselphase weder das Lager der „Reformer" noch das Lager der „demokratischen Opposition" vollständig durchsetzen konnte, stellte eine institutionelle Machtteilung einen möglichen Entwicklungspfad dar. In Konstellationen einer „paktierten Transition" (Linz et al. 1995, S. 116) bestand ein Anreiz für beide Lager, in „semipräsidentiellen Systemen" (Duverger 1980) eine Balance zwischen einem von den alten Eliten gestützten Präsidenten und einem von der Systemopposition dominierten Parlament herzustellen. Auch in Ländern, in denen die alten Regimeeliten den Regimewechsel angeschoben hatten, stellte die Einrichtung eines starken Präsidentenamtes einen Weg dar, dem demokratischen Lager ein Gegengewicht entgegenzusetzen. Eine Konfrontation um den grundlegenden Charakter des politischen Systems, einen sogenannten „Regimekonflikt" (Beichelt 2001, S. 190–202), gab es in der Phase des Regimewechsels in einer großen Zahl von Ländern. Beschrieben wird die Konstellation unter anderem für Bulgarien, Polen, (Nord)Mazedonien, Moldau, Rumänien, Russland, Serbien und die Ukraine. In der Tat entstanden in den meisten dieser Fälle zunächst Regierungssysteme, in denen ein direkt gewählter Präsident und das Parlament aufgrund fehlender parlamentarischer Mehrheiten in ein System gegenseitiger Checks and Balances eingewoben wurden (siehe Spirova, Karolewski, Schwarz, Dollbaum, Hagemann, Baumann/Stykow, Bochsler/Žilović, Dolný/Malová und Pleines in diesem Band). Stärker als in anderen Transformationsregionen ist daher das östliche Europa von einem komplexen Wechselspiel zwischen vom Parlament abhängigen Regierungen auf der einen und direkt legitimierten Präsidenten auf der anderen Seite gekennzeichnet.

Um diesem wichtigen Charakteristikum gerecht zu werden, stützen sich die Autor*innen unseres Bandes auf unterschiedliche Konzepte. Ein wichtiger Referenzpunkt liegt bei Matthew Shugart und John Carey, die anstelle des Semi-Präsidentialismus die zwei Kategorien „premier-presidential" sowie „president-parliamentary" für die Kategorisierung von Regierungssystemen verwendeten (Shugart und Carey 1992, S. 23–27). Die beiden Autoren sahen bei ersterem Typ „keine", bei zweitem eine „maximale" Autorität gegenüber dem Kabinett (ebd., S. 26). Wenigstens im deutschsprachigen Raum setzte sich diese Typenbildung aber nicht durch, sondern wurde durch eine Setzung von Wolfgang Merkel verdrängt. Dieser sprach von „präsidentiell-parlamentarischen" und „parlamentarisch-präsidentiellen" Regimen, die sich dadurch voneinander abheben, dass in präsidentiell-parlamentarisch Regimen der Präsident die Möglichkeit hat, „die Regierung oder den Regierungschef gegen den Willen der Parlamentsmehrheit zu entlassen" (Merkel 1996, S. 78). Die Konzentration auf ein einziges Kriterium zur Unterscheidung der beiden Typen mag allzu vereinfachend sein, denn so wird verdeckt, dass es eine Reihe von weiteren Regeln geben kann, mit denen Parlamente ihren Handlungsspielraum gegenüber dem Präsidenten ausweiten können. Dennoch wurde Merkels Vorschlag insbesondere in der mittel- und osteuropabezogenen Regierungslehre häufig verwendet (u. a. Beichelt und Keudel 2011). Sie liegt auch dem Schema zugrunde, das wir im Folgenden verwenden und an dem sich viele Autor*innen unseres Bandes orientiert haben.

Weniger zielführend als bei den „semipräsidentiellen" Regierungssystemen ist der Rückgriff auf Shugart/Carey allerdings mit Blick auf die Systeme, die diese „präsidentiell" nannten. Shugart und Carey hatten im Jahr 1992 in Übereinstimmung mit vielen anderen regimetypologischen Schriften präsidentielle Regierungssysteme mit vier Kriterien verknüpft: der Direktwahl des Präsidenten, der Fixierung und Aneinanderknüpfen der Wahlperioden von Präsident und Parlament, der Ernennung und Leitung der Regierung durch den Präsidenten sowie gesetzgebenden Kompetenzen des Präsidenten (Shugart und Carey 1992, S. 19). Historisch hergeleitet wurde der Typ über die Verfassungsgeschichte und Verfassungsentwicklung der USA (ebd.), was eine wichtige Nebenbedingung des präsidentiellen Typs offenbart: Wie in den meisten Typologien von Regierungssystemen (z. B. Friedrich 1953; Steffani 1979) erfolgte die Typenbildung an Beispielen aus der Welt der Demokratie.

In bestimmten Phasen der Systemtransformation, z. B. in den 1990er-Jahren, als eine umfassende Demokratisierung des postsozialistischen Raums möglich erschien, gab es keinen zwingenden Anlass, die Bindung von Regierungssystemtypen an den Regimestatus in Zweifel zu ziehen. So hatte Matthew Shugart in einer etwas späteren Publikation keine Probleme damit, Belarus, Russland und andere postsowjetische Staaten als „presidential" anzusehen (Shugart 1997). Im deutschsprachigen Raum stand mitunter zur Debatte, ob der Terminus mit „präsidentiell" oder mit „präsidial" übersetzt werden sollte. Ersteres genoss Sympathie in der Politikwissenschaft (Merkel 1996, S. 77–80), für letzteres optierten Verfassungsrechtler (z. B. Luchterhandt 2002).

Bereits in jenen Jahren wurde aber deutlich, dass das vielleicht zentralste Element des US-amerikanischen Präsidentialismus, nämlich ein von der Regierung rechtlich wie faktisch unabhängiges Parlament, in vielen postsowjetischen Staaten nicht gegeben war. Stephen Holmes (1993/1994) verwendete vor diesem Hintergrund den Begriff des Super-Präsidentialismus, gerade um zu kennzeichnen, dass sich beispielsweise in Russland der Präsident durch das Auflösungsrecht des Parlaments und weitere Kompetenzen nur noch eingeschränkt in einem System von Checks und Balances befand. Auf die typenbezogenen Eigenschaften des „Präsidentialismus/Präsidialsystem[s]" (Jesse und Nohlen 2011) hatten diese Erkenntnisse jedoch keine nachhaltigen Auswirkungen. Die verfassungstypologische Diskussion um die Einordnung autokratischer Systeme mit starken Präsidenten hält bis heute an, ohne dass es zu einer Typologie gekommen wäre, die sich in ähnlicher Weise wie diejenige von Shugart und Carey bzw. von Wolfgang Merkel hätte durchsetzen können (vgl. Partlett 2022).

In seinem schon mehrfach zitierten Werk „Patronal Politics" stieß Henry Hale in diese Lücke, indem er von „präsidentialistischen" Verfassungen sprach („presidentialist constitutions", Hale 2015, S. 78–80). In der ursprünglichen Konzeption unseres Bandes (siehe Priebus/Beichelt in diesem Band) haben wir dieses Konzept nicht als typengebend verwendet, weil Hale nur indirekt die Absicht verfolgt, einen Beitrag zur allgemeinen Lehre von Regierungssystemen zu leisten. Es geht ihm nicht um präsidentialistische *Regierungssysteme*, sondern eben um präsidentialistische *Verfassungen*, die ein spezifisches Koordinierungsproblem lösen, nämlich die Integration unterschiedlicher Pyramidensysteme unter ein koordinierendes Zentrum – den Präsidenten bzw. das Präsidentenamt.

Nichtsdestotrotz verwenden wir für unsere Übersicht den Begriff des präsidentialistischen Regierungssystems (Tab. 1). Wir verstehen dies als vorläufiges und insbesondere aus den Beiträgen zu Belarus, Russland sowie den postsowjetischen De-Facto-Staaten resultierendes Ergebnis (Steinsdorff/Tronina, Baumann/Stykow, Minakov in diesem Band, siehe Stykow und Baumann 2023, S. 76–81). In Anlehnung an Hale kann dieser Typ dann als verwirklicht angesehen werden, wenn in einem Regierungssystem einerseits starke Präsidenten über die Verfassung abgesichert sind, die formale Präsidentschaft es andererseits jedoch ermöglicht, über eine größere Anzahl informeller Instrumente die übrigen politischen Eliten in ein „formales und informelles Machtnetz" einzubinden (Hale 2015, S. 79). Dies beschreibt die Funktionsweise der genannten Präsidialsysteme im östlichen Europa zutreffend und enthält zudem mindestens implizit einen Hinweis darauf, dass präsidentialistische Systeme durch die Tendenz zur pyramidalen Machtkonzentration einen starken Hang zur Autokratisierung haben.

Freilich hat die Einführung des Typs an dieser Stelle den Nachteil, dass ein systematischer Bezug zu den übrigen Regierungssystemen nicht mehr vollständig gegeben ist. Wir verstehen die Bezeichnung des präsidentialistischen Typs daher als Anregung, die Debatte zur Kategorisierung von Präsidialsystemen dahingehend weiterzuführen, inwieweit demokratische und autokratische Regierungssysteme tatsächlich in eine einzige Typologie integriert werden können.

Auf der empirischen Ebene wird in den präsidentialistischen Systemen (Belarus, Russland sowie den De-Facto-Staaten Abchasien und Transnistrien) der Präsident direkt gewählt und ist zugleich berechtigt, die Regierung zu bestimmen oder abzusetzen. In demokratischen präsidentiellen Systemen stellen das Parlament und auch weitere Institutionen, wie etwa das Verfassungsgericht, Gegengewichte zum

Präsidenten dar. In den vier genannten Staaten ist dies aber nicht nur faktisch, sondern auch in den jeweiligen Verfassungen nicht gegeben (Baumann/Stykow, Steinsdorff/Tronina sowie Minakov in diesem Band).

Als nächstes gilt es die Gruppe von Regierungssystemen etwas eingehender zu diskutieren, die Duverger „semipräsidentiell" genannt hatte, die also über einen direkt gewählten Präsidenten verfügen, in denen aber das Parlament die Regierung und/oder den Regierungschef wählt und trägt. Eine wichtige empirische Frage besteht darin, wie ausgeprägt die Kompetenzen des Präsidenten sind, wenn es um die Wahl oder Abwahl der Regierung geht. Es ist häufig so, dass die Präsidenten eine Fraktion mit der Regierungsbildung beauftragen oder einen Regierungschef vorschlagen können. Entscheidend ist jedoch, ob die Präsidenten auch jenseits des Vorschlagsrechts Eingriffsmöglichkeiten haben oder ob die Regierungsbildung allein von der Zustimmung des Parlaments abhängt. Ebenso gibt es – mitunter informelle – Möglichkeiten, mit denen Präsidenten Regierungen oder Regierungschefs auch gegen den Willen des Parlaments zum Rückzug bewegen können.

Auch darüber hinaus existiert eine Reihe von Instrumenten, mit denen Präsidenten dann eine Regierung dominieren können, wenn diese gemäß Verfassung vor allem vom Parlament kontrolliert oder gestützt wird. Dazu gehören ein absolutes Veto im Hinblick auf Gesetzesakte, das Recht zur Benennung einzelner Minister oder das Recht zur Auflösung des Parlaments. Über Merkel hinausgehend sind Regierungssysteme auch dann präsidentiell-parlamentarisch, wenn diese Instrumente (oder einzelne von ihnen) in ausgeprägter Form vorliegen (Beichelt und Keudel 2011; siehe auch Shugart 1996, 1997). In solchen Systemen wird zwar der Präsident direkt gewählt, er kann aber das Parlament nicht aus politischen Gründen absetzen und die Regierung ist dem Parlament auch im Sinne eines etwaigen Misstrauensvotums verantwortlich. Jedoch verfügt der Präsident über konstitutionelle oder faktische Möglichkeiten, die Regierung zum Rücktritt zu bewegen. Im östlichen Europa handelt es sich allerdings um Auslaufmodelle, welche zeitweise in Kroatien, Polen und der Ukraine bestanden, schließlich aber durch die parlamentarisch-präsidentielle Variante abgelöst wurden (Petak/Raos, Karolewski sowie Pleines in diesem Band).

Auch in parlamentarisch-präsidentiellen Regierungssystemen verfügt der direkt gewählte Präsident über nicht unbeträchtliche Rechte und Kompetenzen. Shugart und Carey (1992, S. 23–24) hatten von „considerable powers" gesprochen und damit Gesetzgebungsmöglichkeiten (z. B. Dekrete), die Kompetenz zur Ansetzung von Referenden, Vetomöglichkeiten in der Gesetzgebung, Nominierungsfunktionen sowie das Recht zur Auflösung des Parlaments gemeint. Die Abgrenzung zum präsidentiell-parlamentarischen Regierungssystem verläuft also nicht entlang eines einzigen Kriteriums. Daher ist nicht verwunderlich, dass in unserem Band einige

Autor*innen immer dann an der Kategorie des Semipräsidentialismus festhalten, wenn sich im Zeitverlauf unterschiedliche Machtverteilungen zwischen „Presidents and Assemblies" – so der Titel des Werks von Shugart/Carey – feststellen lassen. Fälle mit parlamentarisch-präsidentiellem Regierungssystem sind Moldau (1992–2000, erneut seit 2016), Polen seit 1997, Rumänien, Serbien sowie die Ukraine (2005–2010, erneut seit 2014).

Ein wichtiger Sachverhalt in parlamentarisch-präsidentiellen Regierungssystemen ist der Zustand der Cohabitation, also dass der Präsident und die vom Parlament gestützte Regierung aus unterschiedlichen politischen Lagern stammen (Shugart und Carey 1992, S. 56–58; ursprünglich Duverger 1980). Einerseits kann das Parlament dazu neigen, die legislativen Kompetenzen des Präsidenten zu negieren. Andererseits kann der gewählte Präsident Regierung und Parlament als zweiten Pfeiler der dualen Legitimation ablehnen und deren Kompetenzen anzweifeln. In wenig verfestigten Demokratien kann eine Cohabitation daher die Stabilität des Gesamtsystems beeinträchtigen. Sie stellen im Grunde eine Spezialform des fortdauernden Regimekonflikts dar, der ja häufig – wie oben erläutert – gerade der Grund für die Etablierung eines Systems mit doppelter Exekutive gewesen war.

Tab. 1 lässt deutlich erkennen, dass sich das Fortdauern des Regimekonflikts in der Post-Transformation in Wechseln von Regierungssystemen manifestiert. In Kroatien (2000) und der Ukraine (2005, 2014) fanden nach hart umkämpften Wahlen Verfassungsänderungen statt, im Rahmen derer präsidentielle Kompetenzen in die Parlamente verlagert wurden (siehe Petak/Raos sowie Pleines in diesem Band). Die Hoffnung bestand in diesen Fällen vor allem darin, vorübergehende Mehrheiten mit einer pro-integrationistischen Haltung in Bezug auf NATO und EU parlamentarisch einzubetonieren und gegen zukünftige Präsidenten mit abweichender politischer Ausrichtung abzusichern.

Unübersichtlicher gestaltete sich die Lage in Moldau, wo sich im Jahr 2000 das Parlament gegen einen – nicht verfassungskonformen – Vorstoß des Präsidenten Petru Lucinschi zur Präsidialisierung wandte. Anders als in den meisten Nachbarstaaten wurde ein parlamentarisches Regime etabliert. Diese Umwandlung wurde 2016 in Massenprotesten stark kritisiert, da sich das parlamentarische System ohne präsidentielles Gegengewicht nicht gegen das Oligarchentum im Parlament zu wehren wusste. Die tatsächliche Rückkehr zum parlamentarisch-präsidentiellen Regime wurde dann allerdings durch ein Urteil des moldauischen Verfassungsgerichts ausgelöst. Auch in Moldau fand der doppelte Regierungssystemwechsel vor dem Hintergrund eines Regimekonflikts statt, ob sich nämlich die Republik wie z. B. Rumänien auf den Pfad der Westintegration begeben oder ob es sich stärker Russland hinwenden sollte (siehe Dollbaum in diesem Band).

Den nächsten Typ (siehe erneut Tab. 1) bilden parlamentarische Regierungssysteme. Diese können mit oder ohne gewählten Präsidenten vorkommen. Vordergründig zeichnen sie sich im Vergleich mit parlamentarisch-präsidentiellen oder präsidentiell-parlamentarischen Systemen durch eine höhere Stabilität aus. So führte Kroatien nach der präsidentiell-autokratischen Phase unter Franjo Tuđman ein parlamentarisches Regierungssystem mit direkt gewähltem Präsidenten ein; im Grunde wurde erst damit der Systemwechsel zur Demokratie vollzogen. Seitdem blieb das Regierungssystem stabil. Änderungen erfolgten indes innerhalb des parlamentarischen Rahmens. In der Slowakei war es in der Spätzeit von Mečiars Regierungszeit nicht gelungen, die erforderliche Dreifünftelmehrheit für die Wahl des Staatspräsidenten zu erlangen (Dolný/Malová in diesem Band). Nachdem die autokratisch geführte Regierung unter Vladimir Mečiar 1998 von einer prowestlichen Regierung abgelöst worden war, wurde 1999 die Direktwahl des Staatspräsidenten eingeführt. In Tschechien ging die Entscheidung für die Einführung der Direktwahl im Jahr 2012 darauf zurück, dass vor dem Hintergrund einer polarisierten Politik – verkörpert durch Staatspräsident Václav Klaus (2003–2013) – erhofft wurde, mit einer Direktwahl eine eindeutigere Legitimierung des Staatsoberhauptes herbeizuführen (Gehring und Reslová 2013, siehe Novotný in diesem Band). In beiden Fällen blieb es allerdings bei einem parlamentarischen System.

Die Stabilität parlamentarischer Regierungssysteme bemisst sich nicht nur daran, auf welche Weise der Staatspräsident gewählt wird. In einer bestimmten Phase der Transformationsforschung wurde argumentiert, parlamentarische Systeme seien für Demokratisierung und Konsolidierung erheblich günstiger als semipräsidentielle Arrangements (Linz 1994). Begründet wurde dies vor allem damit, dass in parlamentarischen Systemen die potenziell destabilisierende Konkurrenz zwischen Präsident und Parlament/Regierung entfalle. Die parlamentarische Arena sei der geeignetere Ort, gesellschaftliche Konflikte auszutragen und politische Kompromisse zu erreichen.

Mit Blick auf das östliche Europa der letzten 30 Jahre kann das Argument nur noch bedingt überzeugen. Mit Albanien, Bosnien und Herzegowina, Moldau und Ungarn findet sich eine Reihe von parlamentarischen Regimen mit Demokratieproblemen (siehe Osterberg-Kaufmann, Banović/Išerić, Dollbaum sowie Priebus/Végh in diesem Band). Insbesondere das ungarische Beispiel zeigt, dass sich mögliche Vorteile des Parlamentarismus für die demokratische Konsolidierung dann umkehren, wenn Parteien absolute oder sogar verfassungsändernde Mehrheiten erringen können. Einer Mehrheitsfraktion und einem Premierminister mit illiberalen und autokratischen Absichten stehen dann nur noch wenige Gegengewichte entgegen, und staatliche Institutionen wie der öffentliche Rundfunk sowie das Justizwesen lassen sich regierungskonform umgestalten. Vor diesem Hintergrund wird mittlerweile argumentiert, parlamentarische Regierungssysteme seien besonders anfällig für Autokratisierung (Weyland 2020, S. 393).

Am ungarischen Fall lässt sich zeigen, dass das Zusammenspiel mit weiteren Institutionen wie dem Wahlsystem von Bedeutung ist. In Ungarn wurde die parlamentarische Vormacht des Fidesz-Ungarischen Bürgerbundes (FIDESZ) mit einem Wahlsystem erreicht, das die Repräsentation stark zugunsten relativer Wahlsieger verzerrt (siehe Priebus/Végh in diesem Band). Parlamentarische Systeme sind also dann gefährdet, wenn es Institutionen gibt, die übergroßen Mehrheiten einen Weg bahnen können.

Neben der Polarisierung ist auch die Fragmentierung von Parteiensystemen (auf Parlamentsebene) als Bestandteil der Stabilität eines politischen Systems diskutiert worden, wobei auch die Wahlsysteme ins Spiel kommen (siehe Tab. 2). In der ersten Hochphase der Parteienforschung wurde ein enger Zusammenhang zwischen Polarisierung und Fragmentierung von Parteiensystemen gesehen: Beides beschädige die Stabilität von Demokratien (Sartori 1976, S. 126–127). In der Systemwechselliteratur wurde diese Besorgnis dadurch fortgeschrieben, dass eine hohe Volatilität – also die Unbeständigkeit von Wählerverhalten und demnach der Stärke von Parteien im Parlament – als bedenklich für Demokratisierung und Konsolidierung angenommen wurde (siehe z. B. Segert 1997, S. 64–66). Nur stabile und strukturierte Parteiensysteme, so die dahinterstehende Annahme, seien auf Dauer geeignet, den Wählerwillen in repräsentative und effektive Politikergebnisse zu übersetzen.

Viele Beiträge in unserem Band zeugen von einem hohen Grad an Instabilität der Parteiensysteme und/oder der sich auf sie stützenden Regierungen. In den Beiträgen finden sich Hinweise auf instabile Parteiensysteme für Bulgarien, Estland, Lettland, Litauen, Kroatien, Moldau, Rumänien, die Slowakei, Slowenien, Tschechien und die Ukraine.[2] Notorisch instabile Regierungen, die sich in schwierigen Regierungsbildungen oder dem vorzeitigen Auseinanderfallen von Koalitionen äußern können, werden für Bulgarien, Estland, Kosovo, Lettland, Moldau, Montenegro, die Slowakei, Slowenien und Tschechien vermerkt (siehe Spirova, Solska/Gugelmann a und b, Matthes, Petak/Raos, Dollbaum, Bieber/Laštro, Hagemann, Dolný/Malová, Pickel/Bickl/Kustec, Novotný sowie Pleines in diesem Band).

---

[2] Nicht in allen Beiträgen werden Parteien und Parteiensysteme ausführlich behandelt. Daher handelt es sich um eine kursorische Auflistung.

Tab. 2 Wahlsysteme im östlichen Europa. (Stand: 2023)

	Empirische Zuordnungen	Mechanismen zu Konzentration des Parteiensystems*
Verhältniswahlsystem	Albanien	1 %-Hürde
	Bosnien und Herzegowina	nein
	Bulgarien	4 %-Hürde
	Estland	5 %-Hürde
	Kosovo	5 %-Hürde
	Kroatien	5 %-Hürde
	Lettland	nein
	Moldau	5 %-Hürde
	Montenegro	3 %-Hürde
	Nordmazedonien	nein
	Polen	5 %-Hürde
	Rumänien	5 %-Hürde
	Serbien	3 %-Hürde
	Slowakei	5 %-Hürde
	Slowenien	4 %-Hürde
	Tschechien	5 %-Hürde
	Ukraine	5 %-Hürde
Gemischtes bzw. Grabenwahlsystem	Litauen	5 %-Hürde
	Russland	5 %-Hürde
	Ungarn	5 %-Hürde
Mehrheitswahlsystem	Abchasien	
	Belarus	
	Transnistrien	

* Es werden nur die wichtigsten Mechanismen genannt. Nicht berücksichtigt werden insbesondere Sonderregeln für Parteibündnisse sowie Ausnahmeregeln für Parteien ethnischer Gruppen. Im Falle von Zweikammersystemen erfolgt die Zuordnung des Wahlsystems und der Prozenthürde für die zweite Kammer

Quelle: Eigene Darstellung auf der Basis der Beiträge in diesem Band

Damit wird erneut deutlich, dass viele der in Tab. 1 abgetragenen parlamentarischen Regierungssysteme zwar auf der Regimeebene stabil sind, hinsichtlich der politischen Kräfteverhältnisse aber mit einer erheblichen Instabilität zu kämpfen haben. Diese gehen insbesondere auf ideologische und sozialstrukturelle gesellschaftliche Gegebenheiten zurück. In nicht wenigen Staaten (z. B. Bosnien-Herzegowina, Bulgarien, Estland, Lettland, Litauen, Moldova, Nordmazedonien, Slowakei) existiert ein ethnisches Cleavage, sodass Parteien von ethnischen Minderheiten eine maßgebliche Rolle für die Rahmenbedingungen von Regierungsbildungen spielen. Auch vor diesem Hintergrund ist verständlich, dass die Mehrheit der Wahlsysteme in der Region über Prozenthürden und häufig über weitere Mechanismen verfügen, die einer Fragmentierung entgegenwirken sollen.

Instabilitätsmerkmale wie Fragmentierung und Volatilität sind daher zwar einerseits in den parlamentarischen Regierungssystemen des östlichen Europa weit verbreitet. Andererseits aber zeigt sich im Abgleich mit der Regimequalität (siehe unten, Abschn. 4), dass sie den Demokratiegehalt kaum systematisch beschädigen. In Bulgarien, der Slowakei oder Slowenien waren nicht unklare Mehrheitsverhältnisse oder die parlamentarische Fragmentierung Auslöser für Demokratierückschritte, sondern populistische Regierungschefs (siehe Spirova, Dolný/Malová sowie Pickel/Bickl/Kustec in diesem Band). Diese Länder können – neben Polen und Ungarn – als weitere Belege für die allgemeine These gelten, dass demokratische Erosion häufig von Eliten in Regierungsämtern ausgeht (Levitsky und Ziblatt 2018). Anders gesagt: Die Fragmentierung von Parteiensystemen auf Parlamentsebene wird erst dann zu einem Problem, wenn Parteiensysteme polarisiert sind und sich zugleich in ihrem Rahmen eine populistische Führungsfigur etabliert (siehe auch Valentim und Dinas 2024).

3 Politische Dynamiken im Vergleich

Wenn man die europäische Entwicklung der letzten dreißig Jahre als krisenhaft bezeichnen möchte, trifft dies für das östliche Europa in besonderem Maße zu. Bevor die Eurozonen-, Klima-, Migrations- und Corona-Krisen die europäische Politik erreichten, hatten sich bereits mehrere Krisenherde durch Mittel-, Südost- und Osteuropa gewälzt. Den eigentlichen Systemwechseln, die zu einer großen sozialen und wirtschaftlichen Krise führten, war noch eine Phase der Stagnation vorausgegangen, die in der Sowjetunion und einigen ihrer Satellitenstaaten sogar zeitweise zu Versorgungsengpässen führte. Die erste Transformationskrise fand demnach in einer Region statt, die im Vergleich als sozio-ökonomisch „zurückgeblieben" galt (Janos 2000). Hinzu kamen kriegerische Auseinandersetzungen, nicht nur auf dem Gebiet des ehemaligen Jugoslawiens, sondern auch in Tschetschenien. Der in Mitteleuropa einsetzende Beitrittsprozess zur EU mündete in einen großflächigen ökonomischen Umstrukturierungsprozess, der nicht nur pauschal die Einführung der Marktwirtschaft betraf, sondern die Eingliederung in das Regelwerk des EU-Binnenmarktes (Baun 2000). Ein dabei wenig beachteter Aspekt ist die massive Emigration aus im Grunde allen Ländern des östlichen Europa, die zwar als rationale Reaktion auf eine innereuropäische Krise eingeordnet werden kann (Ther 2016, S. 266–267), die aber in vielen wirtschaftlichen und sozialen Sektoren zu einem erheblichen Brain Drain geführt hat.

Vor diesem Hintergrund erschien es uns bei der Konzipierung dieses Bandes als angemessen, die politischen Systeme des östlichen Europa nicht in einem systemischen Ist-Zustand zu betrachten, sondern auch die dynamischen Prozesse der Gesellschafts- und Politikentwicklung der letzten Jahrzehnte in den Blick zu nehmen. Folglich haben wir unsere Autor*innen dazu ermuntert, bei der Analyse der politischen Systeme nicht nur die formalen, sondern auch die informellen Institutionen einzubeziehen und die Perspektive des historischen Institutionalismus zu berücksichtigen (siehe Priebus/Beichelt in diesem Band). Die einzelnen Texte in diesem Band zeugen nicht nur davon, dass diese Analyseelemente auf vielerlei Art kombiniert werden können. Sie reflektieren auch die Tatsache, dass die Gesellschaften und die politischen Systeme in der Region auf sehr unterschiedliche Weise auf die riesigen Herausforderungen der (länger als) dreißigjährigen Transformation und Post-Transformation reagiert haben.

Um einen vergleichenden Überblick über die politischen Entwicklungen der Region zu gewinnen, haben wir dazu angeregt, mit Critical Junctures und Meilensteinen zwei Markierungen für größere Umbrüche zu setzen. Critical Junctures haben wir in diesem Zusammenhang definiert als „Perioden signifikanten Wandels" (Collier und Collier 1991, S. 29), in denen sich die Funktionsweise des politischen Systems grundlegend ändert und einen Pfadwechsel auslöst. Meilensteine dagegen sehen wir als Ereignisse mit hoher Strahlkraft, die aber keinen Bruch mit der grundlegenden Funktionsweise des politischen Systems auslösen (siehe Priebus/Beichelt in diesem Band). Die beiden Definitionen wurden bewusst vage gehalten, nicht zuletzt weil der Begriff der Critical Juncture in vielen unterschiedlichen wissenschaftlichen Kontexten verwendet wird (vergleiche nur Lipset und Rokkan 1967; Putnam 1993; Ikenberry 2019). Im Kontext unseres Bandes erschien uns eine konzeptionell-theoretische Problematisierung weniger relevant als die Möglichkeit, pfadverändernde von sonstigen wichtigen Ereignissen unterscheidbar zu machen.

Auf dieser Basis werden für den Zeitraum von 1991/1992 bis heute in ungefähr der Hälfte der Länder Critical Junctures verzeichnet. Nach den unmittelbaren Regimewechseln hat es keine weiteren grundsätzlichen Pfadveränderungen in Bosnien-Herzegowina, Estland, Kosovo, Lettland, Litauen, Montenegro, Nordmazedonien, Rumänien, Russland und Slowenien gegeben.[3] Critical Junctures diagnostiziert werden dagegen von den Autor*innen dieses Bandes in Albanien (1997/1998), Belarus (1994), Bulgarien (2007), Kroatien (2000), Moldau (2000,

---

[3] Staatliche Neugründungen werden nicht pauschal als Critical Junctures gezählt. Für Bosnien und Herzegowina werten wir das Abkommen von Dayton (1995), für Montenegro das Unabhängigkeitsreferendum (2006), für den Kosovo die Unabhängigkeitserklärung (2008) als staatsgründende Ereignisse. Vor den jeweiligen Jahren der Staatsgründung zu verzeichnende Critical Junctures lassen wir außen vor. Nicht berücksichtigt werden bei dieser Auflistung Abchasien und Transnistrien.

2016), Polen (2015, evtl. 2023), Serbien (2000, 2012), der Slowakei (1998), der Ukraine (evtl. 2022) und Ungarn (2010) (vgl. Tab. 3). Regionale oder zeitliche Muster lassen sich aus dieser Auflistung kaum ableiten. Das in der frühen Transformationsliteratur als begünstigt angesehene Mitteleuropa ist ebenso in beiden Gruppen vertreten wie Südosteuropa und die osteuropäisch-postsowjetischen Staaten. Auch lassen sich aus der Existenz von Critical Junctures nicht ohne weiteres Diagnosen über die Qualität eines politischen Regimes ableiten.

Tab. 3 Critical Junctures in der politischen Entwicklung der Systeme im östlichen Europa

Fall/Land	Auslösendes Ereignis	Wichtigster Konflikt
Belarus 1994	Wahlsieg von Aljaksandr Lukaschenka sowie außenpolitische Anlehnung an Russland	Muster 2: Regimekonflikt (Variante: Demokratie vs. Autokratie)
Albanien 1997	Soziale Krise durch manipulierte Geldanlagesysteme	Muster 1: Singuläres Ereignis
Slowakei 1998	Wahlsieg der demokratischen Opposition	Muster 2: Regimekonflikt (Variante: Demokratie vs. Autokratie)
Kroatien 2000	Wahlsieg der demokratischen Opposition nach Tod von Tuđman	Muster 2: Regimekonflikt (Variante: Demokratie vs. Autokratie)
Serbien 2000	„Bulldozer-Revolution" und anschließender Wahlsieg der demokratischen Opposition	Muster 2: Regimekonflikt (Variante: Demokratie vs. Autokratie)
Moldau 2000	Verfassungsänderung, Einführung parlamentarisches System	Muster 1: Singuläres Ereignis
Bulgarien 2007	EU-Beitritt	Muster 3: Längerfristige Transformation durch EU-Beitritt
Ungarn 2010	Wahlsieg der konservativen/ souveränistischen Opposition	Muster 2: Regimekonflikt (Variante: Liberalismus vs. Kommunitarismus)
Serbien 2012	Wahlsieg der konservativen/ souveränistischen Opposition	Muster 2: Regimekonflikt (Variante: Liberalismus vs. Kommunitarismus)
Polen 2015	Wahlsieg der konservativen/ souveränistischen Opposition	Muster 2: Regimekonflikt (Variante: Liberalismus vs. Kommunitarismus)
Moldau 2016	Verfassungsgericht verfügt Rückkehr zum parlamentarisch-präsidentiellen System	Muster 1: Singuläres Ereignis
Ukraine 2022 (evtl.)	Russischer Überfall auf die Ukraine	Muster 1: Singuläres Ereignis
Polen 2023 (evtl.)	Wahlsieg der liberalen Opposition	Muster 2: Regimekonflikt (Variante: Liberalismus vs. Kommunitarismus)

Quelle: Eigene Darstellung auf der Basis der Beiträge in diesem Band

Die Critical Junctures, die seit den Regimewechseln bzw. den Staatsgründungen stattgefunden haben, lassen sich in drei Muster teilen: Sie folgen auf singuläre Ereignisse, werden durch Regimekonflikte ausgelöst oder erfolgen durch den EU-Beitritt. Das erste Muster, also der Bezug zu singulären Ereignissen, lässt sich mit einzelnen „Episoden von Innovation" auf den Begriff bringen (Collier und Munck 2017, S. 2); Collier/Collier (1991) hatten von „Schocks" als Auslösern für Critical Junctures gesprochen. Als singulär können die gewalttätigen Unruhen in Albanien 1997/98 bezeichnet werden, die auf den Zusammenbruch von finanziellen Schneeballsystemen zurückgingen, in deren Verlauf ein großer Teil der Bevölkerung seine Ersparnisse verlor (Osterberg-Kaufmann in diesem Band). Als weiteres singuläres Ereignis, das möglicherweise in der Ukraine einen Pfadwechsel auslöste, kann der großflächige Überfall Russlands im Februar 2022 gelten (Pleines in diesem Band).

Ebenfalls als singuläre Fälle können, wenn auch weniger klar, die beiden Critical Junctures in der Republik Moldau eingeordnet werden. Die beiden Regierungssystemwechsel, die weiter oben schon beschrieben wurden, trugen sich im Rahmen von Verfassungsänderungen zu. Im Jahr 2000 verbündete sich das ansonsten polarisierte Parlament gegen einen Versuch der Präsidentialisierung, im Jahr 2016 ordnete das Verfassungsgericht eine Rückkehr zum alten, parlamentarisch-präsidientiellen, System an (Dollbaum in diesem Band). Zwar ließen sich die beiden Critical Junctures in Moldau mit einigem Recht auch als Ergebnis des – in vielen Ländern präsenten – Konflikts zwischen West- und Russlandorientierung sehen. Sie wurden aber nicht durch Regierungswechsel als Folge von Wahlen ausgelöst, was in anderen Fällen der wichtigste Grund für Pfadwechsel war (siehe unten).

Moldau steht damit neben weiteren postsowjetischen Staaten, in denen Machtwechsel gerade keine Pfadveränderungen auslösten. In Moldau gab es ebenso wie in der Ukraine zwar abwechselnde Phasen von „autoritärer Machtkonzentration" und „oligarchischem Pluralismus". Durch die Wirksamkeit informeller Institutionen, die den Einfluss mächtiger extrakonstitutioneller Akteure – der sogenannten Oligarchen – absicherten, lässt sich in unserer Terminologie für die Ukraine eher von Meilensteinen sprechen (Pleines in diesem Band). In einer gewissen Analogie wird auch für Russland argumentiert, dass formale und informelle Institutionen und Praktiken ein patronales Netzwerk begründen, an dessen Erhalt die allermeisten Elitengruppen im Land ein fortdauerndes Interesse haben. Insofern gilt auch die Wahl von Wladimir Putin zum Präsidenten im Jahr 2000 nicht als Critical Juncture, sondern ist als wichtiges Ereignis im Rahmen eines „erstaunlich stabilen Regimes" (Baumann/Stykow in diesem Band).

Die größte Zahl der Critical Junctures ist mit Regierungswechseln verbunden, die auf Wahlen zurückgehen und mit einer grundlegenden Richtungsänderung der politischen Agenda verbunden waren. Dies ist das zweite Muster. In der Reihenfolge der Ereignisse betrifft dies Belarus im Jahr 1994 (Wahl Aljaksandr Lukaschenkas zum Präsidenten), die Slowakei im Jahr 1998 (Ablösung der Regierung unter Vladimír Mečiar), Kroatien im Jahr 2000 (Neuwahlen nach dem Tod von Franjo Tuđman), Serbien im Jahr 2000 (Ablösung von Slobodan Milošević), Ungarn im Jahr 2010 (Wahlsieg von *Fidesz-KDNP*), erneut Serbien im Jahr 2012 (Wahlsieg der *Serbischen Fortschrittspartei*), Polen im Jahr 2015 (Wahlsieg von *Recht und Gerechtigkeit*) und möglicherweise erneut im Jahr 2023 (siehe Steinsdorff/Tronina, Dolný/Malová, Petak/Raos, Bochsler/Žilović, Priebus/Végh und Karolewski in diesem Band).

Die politischen Richtungswechsel wurden in der ersten Dekade nach den Systemwechseln überwiegend als Auseinandersetzung zwischen Demokratie und Autokratie gesehen (siehe etwa McFaul 2002) und stellen die erste Variante des Regimekonflikts dar. Die Deutungen liefen darauf hinaus, dass etwa Lukaschenka und Mečiar an der Rückkehr zur Autokratie arbeiteten oder dass mit Tuđman und Milošević autoritäre Führungsfiguren abgelöst wurden. Das Narrativ stand in enger Verbindung mit dem Thema der Westbindung. Darunter wurden nicht nur die Anlehnung oder Integration der neuen Demokratien in die EU und die NATO gefasst, sondern auch die (Perzeption der) Bereitschaft der postsozialistischen Regierungen, sich den Mechanismen der ökonomischen Schocktherapie zu unterwerfen (Pickel und Wiesenthal 1997). Die jeweiligen Machtablösungen bewirkten dann Pfadwechsel, wenn Regierungen oder Präsidenten auch einen größeren Teil der weiteren politischen Eliten auf den neuen Kurs verpflichten konnten. Mitunter war dies nicht der Fall: So werden etwa die Ablösung der *Sozialdemokratischen Partei* unter Ion Iliescu (1996) oder die Rückkehr des ehemaligen Bulgarischen Königs Simeon II (2001) als Meilensteine und gerade nicht als Critical Junctures eingestuft (Hagemann sowie Spirova in diesem Band).

Etwa ein Jahrzehnt nach den Systemwechseln hatte sich herausgestellt, dass sich die Demokratie keineswegs überall im östlichen Europa durchgesetzt hatte. In manchen Staaten hatte sie sich etabliert, in anderen erodierte sie. Folglich wurde das „Ende des Transitionsparadigmas" ausgerufen (Carothers 2002). Der Regimekonflikt verlagerte sich zu einem gewissen Grad, nicht zuletzt, weil 2004 und 2007 insgesamt zehn Staaten der Region in die EU aufgenommen wurden. Während des Beitrittsprozesses verschwanden allerdings die EU-kritischen und möglicherweise autokratieaffinen Bevölkerungsteile und Eliten nicht. Die oben genannten Krisen trafen die neuen Mitgliedstaaten zusätzlich zum sozio-ökonomischen Wandel, der durch die Eingliederung in den Binnenmarkt verschärft worden war.

Die EU-Mitgliedschaft und der EU-Beitrittsprozess rührten noch an einem weiteren Punkt, der wichtig für das Selbstverständnis der neuen Demokratien war: dem Stellenwert des Nationalen und der nationalen Politik. Es wird häufig übersehen, dass diese Frage im östlichen Europa unter anderen Vorzeichen diskutiert wird als im westlichen Europa. Hauptgründe dafür bestehen zum einen in der wenig gefestigten Staatlichkeit – es wurde oben bereits darauf hingewiesen, dass die Systemtransformation von einer Reihe staatlicher Neugründungen begleitet war. Zum anderen blicken auch die meisten nicht neu gegründeten Staaten auf eine Geschichte von Besetzungen, Kriegen und Auslöschungsversuchen zurück. Die Phase zwischen 1939 und 1945 stellte nur die grausamste Phase der Jahrhunderte überdauernden Beherrschungsversuche durch Russland, Deutschland/Preußen sowie bis 1918 Österreich-Habsburg und das Osmanische Reich dar (Mazower 2000, 2007; Schulze-Wessel 2023).

Die einen Pfadwechsel auslösenden Regierungswechsel der Post-Transformationsphase – also in Ungarn im Jahr 2010, in Serbien im Jahr 2012 und in Polen im Jahr 2015 – müssen auch in diesem Licht gesehen werden. Einerseits handelte es sich um Wahlsiege nationalistisch-populistischer Parteien, die in der Folge vieles daransetzten, ihre politischen Gegner zu marginalisieren und dabei wenig Wertschätzung für unabhängige Medien und den Rechtsstaat zeigten. Als Folge der Machtwechsel wurde in allen drei Fällen die Demokratie erheblich beschädigt: Priebus/Végh sowie Bochsler/Žilović sprechen für Ungarn und Serbien von einem autokratischen bzw. autoritären Regime, Karolewski für Polen von einer „Demokratur" (Beiträge jeweils in diesem Band).

Andererseits spielen auch der Schutz der nationalen Souveränität vor der vermeintlichen Dominanz durch Brüssel eine wichtige Rolle bei der Rechtfertigung dafür, das gesamte politische System im Sinne der eigenen Mehrheit zu gestalten. Hier handelt es sich um ein historisches Muster, das bereits in der Zwischenkriegszeit eine wichtige Rolle spielte: Konservative bzw. nationalistische Eliten waren im Baltikum, in Bulgarien, Polen, Rumänien oder Ungarn bereit, die Demokratie zu opfern, um die Souveränität des eigenen Landes zu erhalten (Kuisz und Wigura 2023). Die auf Regierungswechsel zurückgehenden Critical Junctures der letzten 15 Jahren verweisen darauf, dass der Prozess der Westintegration – Ausnahmen sind nur noch Belarus und Russland – die Konfliktlinie zwischen Kosmopolitismus und Kommunitarismus (Merkel und Zürn 2019) auf eine spezifische Weise prägt. Der Kommunitarismus im östlichen Europa ist vor dem Hintergrund historischer Erfahrungen abwehrender ausgestaltet als in vielen Staaten des westlichen Europa und trägt deutlichere souveränistische Züge. Somit können wir hier eine zweite, etwas anders gelagerte Variante des Regimekonflikts beobachten, bei der es weniger um die Frage Demokratie oder Autokratie geht, sondern um die Frage, was für ein Idealbild der Demokratie vorherrscht: ein liberales oder kommunitaristisch geprägtes Verständnis.[4]

Vielleicht ist dies auch ein tieferer Grund dafür, dass der EU-Beitritt nur in einem Fall als pfadverändernd eingestuft wurde, nämlich in Bulgarien. An diesem dritten Muster von Critical Junctures im östlichen Europa lässt sich deutlich machen, dass die „transformative Kraft der EU" (Grabbe 2014) zwar umfassend gewesen ist, sich aber über einen langen Zeitraum erstreckt hat. In Bulgarien stellte der EU-Beitritt einen „Kulminationspunkt" dar, der deswegen als Critical Juncture eingestuft wird, weil sich damit die Legitimität der Demokratie entscheidend festigte, was die Einhegung antidemokratischer Kräfte ermöglichte (Spirova in diesem Band).

Eine lange Anpassungsphase an die Kopenhagener Kriterien der EU wird allerdings auch für weitere Länder festgestellt, nämlich für Estland, Lettland, Kroatien, Polen, Rumänien, Slowenien und Ungarn (Skolska/Gugelmann a, Matthes, Petak/Raos, Karolewski, Hagemann, Pickel/Bickl/Kustec sowie Priebus/Végh in diesem Band). In diesen Beiträgen wird der EU-Beitritt von den jeweiligen Autor*innen als Meilenstein benannt. Ob ein entscheidender Unterschied zwischen diesen sieben Ländern und Bulgarien besteht, lässt sich aus Herausgebersicht schlecht beurteilen. Argumentiert wird übrigens für den rumänischen Fall, dass der EU-Beitritt auch deshalb keinen allzu großen Einschnitt dargestellt habe, weil sich wichtige Netzwerke an die Gegebenheiten der EU anpassen konnten und daher informelle Praktiken weiterhin eine große Rolle spielten (Hagemann in diesem Band).

Interessant ist darüber hinaus, dass der EU-Beitritt in Litauen, der Slowakei und Tschechien die Funktionsweise des politischen und des Regierungssystems kaum tangiert hat (Skolska/Gugelmann b, Dolný/Malová und Novotný in diesem Band). Für diese Länder wird argumentiert, dass das sozio-ökonomische Profil, die Rechtsstaatlichkeit und die politischen Institutionen bereits während des Beitrittsprozesses an die Erfordernisse des EU-Beitritts angepasst wurden. Der 1. Mai 2004 wird demzufolge für diese Staaten als symbolisches Ereignis ohne transformative Qualität dargestellt.

Die unterschiedliche Behandlung und Einordnung des EU-Beitritts kann damit zum einen auf unterschiedliche Gegebenheiten in den neuen Mitgliedstaaten

---

[4] Dies bedeutet jedoch nicht, dass dieser später nicht in einem Regimekonflikt der ersten Variante übergehen kann. Dies verdeutlichen die Parlamentswahlen in Polen 2023, die als grundlegende Entscheidung zwischen Demokratie und Rechtsstaatlichkeit auf der einen sowie Autokratie auf der anderen Seite ausgefochten wurden (Markowski 2024; Priebus 2024).

zurückgeführt werden. Zum anderen ist nicht zu verkennen, dass die Ein-schätzungen auch auf subjektive Faktoren zurückgehen, die aber nicht als willkür-lich anzusehen sind. Vielmehr greifen die Autor*innen auf eine erhebliche Band-breite an Annahmen darüber zurück, was eine Critical Juncture ausmacht. In Folge von Stein Rokkans Forschungen über die Herausbildung von Repräsentations-mustern (Rokkan 2000; siehe auch Lipset und Rokkan 1967) wurde viel über insti-tutionelle Strukturen gesprochen, die sich als Folge von Pfadwechseln verändern. Die Studie von Putnam (1993) zur Demokratisierung Italiens richtete den Blick stärker auf die Weggabelungen, die Legacy-Forschung interessierte sich für Mechanismen der Institutionenbildung (Jowitt 1992; Crawford und Lijphart 1997). In jüngerer Zeit dagegen richtete sich das Interesse stärker auf die langfristige Kontinuität institutioneller Arrangements unter der Berücksichtigung der sozialis-tischen bzw. sowjetischen Phase (Wittenberg 2015; Lussier und LaPorte 2022). Alexander Libman und Anastassia Obydenkova (2024, S. 2) sprechen in einem vor kurzem erschienenen Themenband von einem „boomenden Feld" der „persistence studies" und finden in einer Reihe von eurasischen Staaten hohe Grade an Konti-nuität zwischen gesellschaftlichen und politischen Institutionen der Jetztzeit sowie der sowjetischen Epoche.

Vor diesem gesamten Hintergrund bietet Tab. 3 zwar einen nützlichen Überblick über grundlegende politische Dynamiken, ist aber hinsichtlich der Trennung zwi-schen Critical Junctures und Meilensteinen insofern vage, als in manchen Fällen andere Autor*innen möglicherweise auch zu anderen Einordnungen gekommen wären. Zugleich sollte aus den Ausführungen deutlich werden, dass die drei heraus-gearbeiteten Muster nicht unabhängig voneinander, sondern in einer Wechselwir-kung entstanden sind.

4   Regionale Muster von Demokratie/Autokratie und Demokratisierung/Autokratisierung

Die Ausführungen in Abschn. 3 zeigen, dass sich die Dynamik der politischen Sys-teme der Region nur noch bedingt mit dem Paradigma der Transformation be-schreiben lässt. Die eigentliche Transformation, die sich mit den Prozessen der Li-beralisierung, Demokratisierung und Institutionalisierung verbindet, kann bereits mit der Verabschiedung einer neuen formal-demokratischen Verfassung als abge-schlossen gelten (Merkel 2010, S. 105). Idealtypisch erst im Anschluss daran be-ginnt die Phase der demokratischen Konsolidierung, der eine Zeitlang das Haupt-augenmerk der Transformationsforschung galt (Linz und Stepan 1996; Sched-ler 1998).

Vor diesem Hintergrund hatten wir in der Einleitung (Priebus/Beichelt in diesem Band) den Begriff der Post-Transformation verwendet. Gefasst werden damit die dem Systemwechsel nachgelagerten Entwicklungen, welche durch eine Mischung transformatorischer und nicht-transformatorischer Aspekte gekennzeichnet sind. Somit erfasst dieses Konzept sowohl Verschiebungen innerhalb von Regimetypen (z. B. innerhalb der Demokratie) als auch zwischen Regimetypen (z. B. in Form einer (Re-)Autokratisierung), kurz alle der Transformation nachgelagerten Regimeentwicklungen im Sinne eines „secondary trajectory" (Magyar und Madlovics 2020, S. 622).

Diese post-transformatorischen Pfade lassen sich auch im Hinblick auf die Frage betrachten, in welchem Maße die entstanden Regime über Charakteristika von demokratischen und/oder autokratischen Regimen verfügen. Deren systematische Diskussion gehörte nicht zu den Schwerpunkten der in diesem Band versammelten Texte. Dennoch bleibt die Regime- bzw. Demokratieentwicklung für die Entwicklung der Regierungssysteme ein relevanter Aspekt, der besonders in vergleichender Perspektive viel über die weiteren Entwicklungsperspektiven der einzelnen Staaten aussagt. Aus diesem Grund tragen wir in diesem Abschnitt einige einschlägige Beobachtungen zusammen. Dabei greifen wir auf Untersuchungen des Varieties of Democracy Projekts (V-Dem) zurück, einem an der Universität Göteborg angesiedelten Projekt zur Konzeptionalisierung und Messung von Demokratiequalität, und verknüpfen diese mit den Aussagen aus den Texten dieses Bands. Im Unterschied zur Einleitung (Priebus/Beichelt in diesem Band) geht es uns dabei vorrangig um die Regimeentwicklung, also die Verläufe der Regimequalität. Grundlage für die Einordnung zu den vier identifizierten Entwicklungspfaden (siehe unten) sind die letzten beiden Jahrzehnte.

Dafür werfen wir zunächst einen Blick auf die Regime, wie sie sich im Jahr 2023 – den jüngsten am Redaktionsschluss verfügbaren Daten – darstellen. V-Dem nimmt folgende Einordnungen vor:

- Über eine *liberale Demokratie*, in der die Exekutive durch rechtliche und legislative Schranken begrenzt wird und in der Freiheitsrechte umfassend gewährleistet werden, verfügen Estland, Lettland und Tschechien.
- Eine *elektorale Demokratie*, in der freie und faire Mehrparteienwahlen existieren und in der grundlegende Freiheitsrechte gewährt werden, findet sich im Jahr 2023 in Albanien, Bosnien und Herzegowina, Bulgarien, Kosovo, Kroatien, Litauen, Moldau, Montenegro, Nordmazedonien, Polen, Rumänien, in der Slowakei und Slowenien.

- Eine *elektorale Autokratie*, in der es zwar Wahlen gibt, die allerdings nicht frei und fair sind und in denen Freiheitsrechte nur partiell gewährt werden, besteht in Belarus, Russland, Serbien, Ungarn und der Ukraine.[5]

Diese punktuelle Betrachtung verdeckt allerdings einen großen Teil der Dynamiken, die die Beiträge dieses Bandes festhalten. Auch berücksichtigt sie nicht Unterschiede innerhalb der Gruppen. Daher wenden wir uns weiteren Beobachtungen des V-Dem-Projekts zu, nämlich zwei Indikatoren zur Messung von Demokratiequalität. Dafür ziehen wir zum einen den Liberal Democracy Index (LDI), zum anderen den Electoral Democracy Index (EDI) heran.[6] Mit ihnen lassen sich für die post-transformatorische Phase mehrere Entwicklungspfade zwischen Demokratie und Autokratie herausarbeiten.

a) Liberale Demokratie und fragile Konsolidierung

Während im Jahr 2023 nur drei Länder – eben Estland, Lettland und Tschechien – von V-Dem als liberale Demokratien eingestuft werden, wäre die Aussage verfehlt, nur diese drei Staaten verfügten über auf Prinzipien der Rechtsstaatlichkeit fußende demokratische Systeme. Abb. 1 beinhaltet weitere Länder, die in den letzten dreißig Jahren überwiegend als liberale Demokratien eingeordnet wurden. Erkennbar sind ähnliche Verläufe, nämlich ein Schwanken zwischen liberaler und elektoraler Demokratie. Der aus dem LDI-Indikator rekonstruierbare Sachverhalt läuft darauf hinaus, dass in den Staaten die Wahlen frei und fair sind, dass zentrale Kontrollinstitutionen wie der Rechtsstaat, die parlamentarische Opposition, politische Parteien oder die Medien etabliert sind, in bestimmten Phasen aber Schwächen aufweisen. Der Democracy Report des Jahres 2023 von V-Dem zeigt zudem,

---

[5] Es bleibt abzuwarten, ob die erhebliche Ausweitung der Repression in Belarus und Russland dazu führen wird, dass diese beiden Staaten bald möglicherweise als geschlossene Autokratien eingestuft werden. Wegen des russischen Angriffskriegs befindet sich zudem die Ukraine in einer besonderen Situation, die den Regimecharakter beeinflusst.

[6] Siehe Codebook des V-Dem-Projekts (https://v-dem.net/documents/38/V-Dem_Codebook_v14.pdf, dort S. 47–48). Der LDI bezieht die Verwirklichung von Bürgerrechten, den Rechtsstaat, die Unabhängigkeit der Justiz, die Wirksamkeit von Checks and Balances sowie Aspekte der Wahldemokratie ein. Bei einem Wert von 1 wären die Institutionen der liberalen Demokratie in vollem Umfang gegeben. Der EDI konzentriert sich auf die „minimale" Demokratie nach Robert Dahl (1989), also auf die Existenz freier und fairer Wahlen inklusive ihrer Begleitinstitutionen wie z. B. Rede-, Versammlungs- und Vereinigungsfreiheit. Bei einem Wert von 1 wären freie und faire Wahlen sowie ihr institutionelles Umfeld in vollem Umfang gegeben.

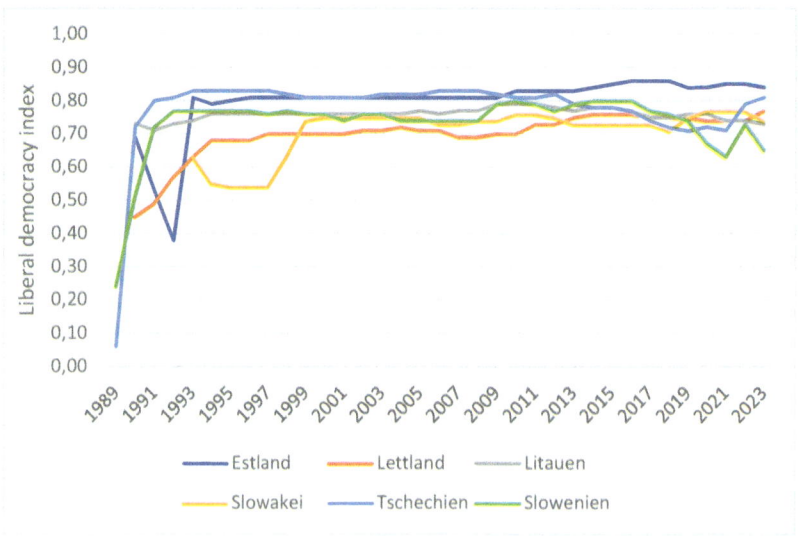

Abb. 1 Verläufe der liberalen Demokratie im östlichen Europa. (Quelle: https://v-dem.net/data/the-v-dem-dataset/)

dass der LDI-Wert für Estland höher ausfällt als für Finnland, für Tschechien und die Slowakei liegt der Wert höher als für das Vereinigte Königreich und Portugal sowie für Slowenien höher als für Österreich (Papada et al. 2023). Auf der Ebene der Demokratiequalität lassen sich mithin keine klaren Unterschiede zwischen dem östlichen Europa sowie älteren EU-Mitgliedstaaten erkennen (vgl. auch Sedelmeier 2024).

Die Beiträge in diesem Band geben allerdings Hinweise darauf, welche Gründe es für immer wieder vorkommenden Schwankungen bei der Qualität der liberalen Demokratie im östlichen Europa gibt. In Estland, Lettland und Litauen gab es im ersten Jahrzehnt der Konsolidierung Probleme mit der politischen Repräsentation der russischen bzw. russischsprachigen Minderheit, deren Auswirkungen sich bis heute finden (vgl. Skolska/Gugelmann a und b sowie Matthes in diesem Band). In Tschechien dagegen haben illiberale Praktiken der Regierung Babiš ab 2017, insbesondere aber in den Jahren 2020 und 2021 die Qualität der Demokratie beeinträchtigt (Novotný in diesem Band). In der Slowakei deckte der Mord an Ján Kuciak im Jahr 2018 die systematische Korruption auf höchster Regierungsebene unter der damaligen Regierung von Robert Fico auf; seit seinem erneuten Amtsantritt im Herbst 2023 übt dieser erneut zunehmend Druck auf die Justiz, die Korruptionsverfolgung und Medien aus. Ähnlich war es in Slowenien unter der

Regierung von Janez Janša 2020 bis 2022 (vgl. Dolný/Malová sowie Pickel/Bickl/ Kustec in diesem Band). In auffälliger Häufigkeit waren es also Regierungs- praktiken im Anschluss an Regierungswechsel, in deren Folge Kontrollinstanzen und Freiheitsrechte unter Druck gerieten.

Von Relevanz ist hierfür nicht nur in Tschechien, Slowenien und der Slowakei, sondern in vielen weiteren Staaten Europas das Erstarken rechtspopulistischer Kräfte, die als Gegner der liberalen Demokratie auftreten. Kommen diese Parteien in Regierungsverantwortung, bildet die Schwächung der liberalen Aspekte der Demokratie deren Agenda (Mudde und Rovira Kaltwasser 2013; Pappas 2019).

Ein weiterer Grund für die Fragilität der liberalen Demokratie besteht in einer – als Folge der ökonomischen Transformation – häufig anzufindenden Verflechtung von politischer und ökonomischer Macht. Entsprechende Hinweise finden sich bei- spielsweise in Lettland und Tschechien, wo in bestimmten Phasen der Versuch unternommen wurde, um die Regierungen Machtpyramiden mit beachtlicher sys- temischer Korruption zu errichten (Matthes sowie Novotný in diesem Band). Ins- gesamt lässt sich die Entwicklung in dieser Gruppe als Demokratie „mit Schwen- kern" (Bustikova und Guasti 2017) bezeichnen.

b) Elektorale Demokratie und stabile Post-Transformation

Obwohl wir oben festgestellt hatten, dass im Jahr 2023 immerhin 13 Staaten von V-Dem als elektorale Demokratien eingestuft werden, besteht die Gruppe bei einer diachronen Betrachtung aus weniger Fällen. Einige der oben genannten Län- der verfügen im Zeitverlauf eher über das Profil einer liberalen Demokratie, andere folgen anderen charakteristischen Entwicklungspfaden (siehe unten). Mit Alba- nien, Bosnien und Herzegowina, Bulgarien, Kosovo, Kroatien, Montenegro und Rumänien ordnen wir sieben Staaten einer Gruppe zu, in der der Verlauf einer sta- bilen Post-Transformation auf elektoral-demokratischem Niveau zu erkennen ist. Eine solche Entwicklung war von der Transformationsforschung der 1990er-Jahre nicht unbedingt prognostiziert worden. Wenigstens implizit bestand seinerzeit die Erwartung, im Fortgang der Transformation werde es alternativ zu einer Hinent- wicklung zur liberalen Demokratie oder zu einer Rückkehr zur Autokratie kommen (vgl. etwa Jowitt 1992; Linz und Stepan 1996).

In Abb. 2 ist dagegen zu erkennen, dass sich auch Demokratien mit nicht un- erheblichen Defiziten gut stabilisieren können. Auf einem etwas höheren Niveau gelingt dies in Bulgarien, Kroatien und Rumänien; im Kosovo gibt es eine Ent- wicklung in Richtung des Niveaus dieser drei Staaten. Auf niedrigerem Niveau, aber ebenfalls stabil, befinden sich seit vielen Jahren Albanien, Bosnien und Her- zegowina sowie Montenegro. Anders als in einigen Nachbarstaaten lässt sich hier

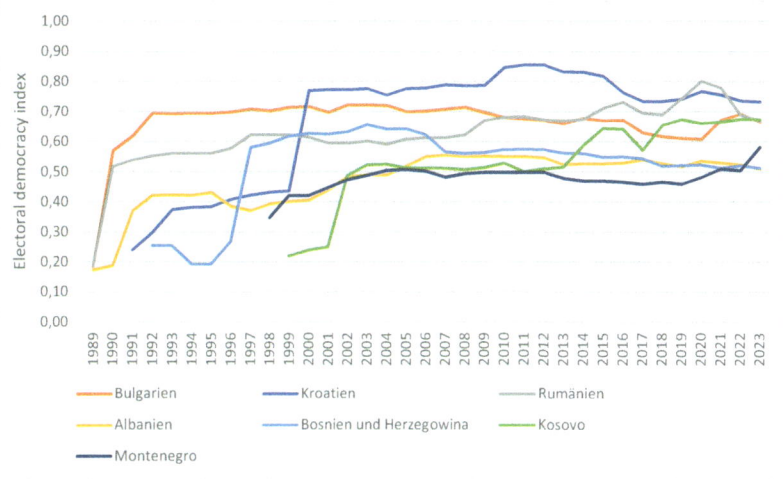

Abb. 2 Konsolidierung der elektoralen Demokratie. (Quelle: https://v-dem.net/data/the-v-dem-dataset/)

nicht von einem dezidierten „democratic backsliding", sondern vielmehr von einem „arrested democratic consolidation" (Stanley 2019, S. 351) sprechen. Wichtig zu betonen ist erneut, dass Länder an den unteren oder oberen Rändern der Indikatorenwerte Grenzfälle sind.

Interessant ist bei der Betrachtung dieser Ländergruppe, dass hier Kräfte mit einer dezidiert anti-liberalen Agenda stärker vertreten sind als in der Gruppe der fragilen liberalen Demokratien. Es lässt sich hier deutlich eine Verquickung politischer und ökonomischer Macht erkennen, die von unseren Autor*innen viel expliziter als beim liberal-demokratischen Verlauf mit der Existenz informeller Institutionen begründet wird. Wenn die in der Post-Transformation gewachsenen Eigentumsverhältnisse auf die Mechanismen des Rechtsstaats treffen, entsteht ein Konflikt zwischen liberalen Kräften (im jeweiligen Land sowie in Brüssel) und den nationalen und/oder regionalen Machtpyramiden. Dieser Konflikt spielt in allen Beiträgen zu den genannten Ländern eine prominente Rolle (Banović/Išerić, Bieber/Laštro, Hagemann, Mexhuani, Petak/Raos, Osterberg-Kaufmann sowie Spirova in diesem Band).

Im Licht der Ausdehnung des Machteinflusses der EU in Südosteuropa findet sich ein weiterer Befund. Auf der einen Seite ist der Verwirklichungsgrad elektoraler Demokratien in Mitgliedstaaten höher als in den Nicht-Mitgliedstaaten. Angesichts der enormen Anstrengungen, die die EU in den Aufbau rechtsstaatlicher Verfahren in seinen Mitgliedstaaten unternommen hat, sollte dies ein erwartbares Ergebnis sein. Auf der anderen Seite scheint es eine gläserne Decke zu geben, was den Zusammenhang von EU-Konditionalität und Demokratieentwicklung angeht. Jedenfalls lässt sich – und auch dies weicht von früheren theoretischen Erwartungen ab (Grabbe 2003) – nicht erkennen, dass die Konditionalitätsprozesse der EU vor und nach einem EU-Beitritt zu einer immer stärkeren Verfestigung der Institutionen der liberalen Demokratie führen.

c) Elektorale Autokratie und zunehmende Autokratisierung

Der Begriff der Autokratie bezeichnet einen Zustand und Regimetyp, während Autokratisierung ein umfassender Begriff für alle Veränderungen eines Regimes in Richtung Autokratie, unabhängig vom Startpunkt zu Beginn der Autokratisierung ist (Cassani und Tomini 2020, S. 277). Er umfasst somit sowohl Autokratisierungsprozesse innerhalb eines bereits autokratischen als auch solche in demokratischen Systemen. Vor diesem Hintergrund gruppieren wir Belarus, Polen, Russland, Serbien und Ungarn als Länder, in denen entweder in einer früheren oder einer späteren Phase nach dem Systemwechsel Prozesse der Autokratisierung stattgefunden haben (siehe Abb. 3).[7]

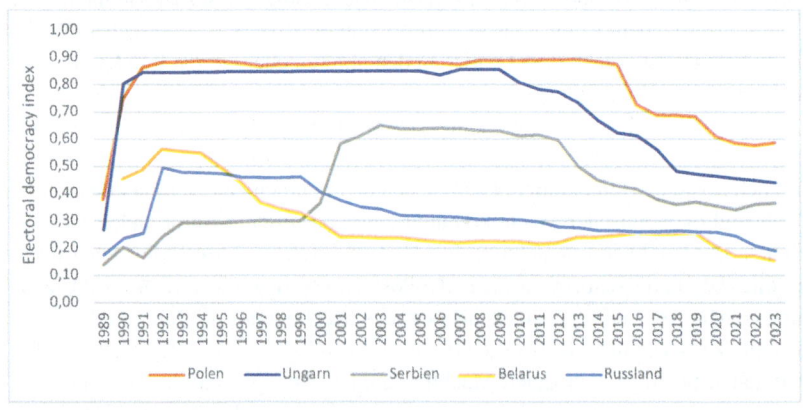

Abb. 3 Autokratisierung. (Quelle: https://v-dem.net/data/the-v-dem-dataset/)

---

[7] Bei der Strukturierung unseres Bandes haben wir Polen der Gruppe der „dynamischen Regime" zugeordnet. Die unterschiedliche Einordnung begründen wir damit, dass wir bei der Struktur des Bandes nach Regimetypen geordnet haben, während im vorliegenden Text die Regimedynamik im Mittelpunkt steht.

Natürlich bestehen jedoch zwischen diesen Ländern erheblich Unterschiede. Bei Belarus und Russland handelt es sich um verfestigte post-transformatorische Autokratien. In beiden Staaten entstanden nach dem Zusammenbruch der Sowjetunion Institutionenordnungen, die auf Einpyramidensysteme ausgelegt waren. Die überaus starken Präsidentenämter wurden nicht zuletzt mit dem Ziel geschaffen, Entscheidungsblockaden zu überwinden. Sie neigten allerdings von Anfang an wegen der zu starken Konzentration der Macht in einer Hand zu einem „authoritarian overreach" (Hale 2015, S. 80). Während sich im Rückblick eine recht geradlinige Entwicklung erkennen lässt (vgl. Baumann/Stykow sowie Steinsdorff/Tronina in diesem Band), war während der 1990er-Jahre unsicher, ob es sich um eine eindeutige Re-Autokratisierung oder eine Systemtransformation handelte.

Im Gegensatz zu Belarus und Russland zeichnen sich Polen, Serbien und Ungarn durch eine Re-Autokratisierung aus, die sogar vom Status einer liberalen – und nicht nur elektoralen – Demokratie erfolgte. In allen drei Fällen resultierten Critical Junctures aus den Wahlsiegen nationalistischer und souveränistischer Regierungen und/oder Staatspräsidenten. In Ungarn handelte es sich um den Antritt der Fidesz-KDNP-Regierung von Viktor Orbán im Jahr 2010, in Serbien um den Aufstieg Aleksandar Vučićs ab 2012 – zunächst als Ministerpräsident, ab 2017 als Präsident – und in Polen um den Regierungsantritt der von *Recht und Gerechtigkeit* (PiS) angeführten Regierungen ab dem Jahr 2015. Polen unterscheidet sich von den beiden Fällen durch mehrere Eigenschaften. Erstens war der Personalisierungsgrad der Herrschaft weitaus geringer und zweitens erfolgte kein vollständiger Rückfall in die elektorale Autokratie; in Polen geriet der Autokratisierungsprozess ins Stocken, bevor es zu einem demokratischen Zusammenbruch kommen konnte (Papada et al. 2023, S. 23). Paweł Karolewski spricht allerdings – wie bereits erwähnt – von einer „Demokratur", also einem hybriden Regime mit Autokratieelementen (Karolewski in diesem Band). Und drittens wurde die PiS-Regierung im November 2023 in den Parlamentswahlen abgelöst, sodass eine Re-Demokratisierung möglich erscheint.

In Serbien und Ungarn dagegen verbinden sich Nationalismus, Souveränismus und State Capture auf besonders ausgeprägte Weise. In beiden Ländern ist nach den Critical Junctures von 2010 (Ungarn) und 2012 (Serbien) die national gesinnte Korruption weit verbreitet; Bálint Magyar (2016) spricht von Ungarn als „postkommunistischem Mafia-Staat". Auch deshalb finden sich in den Regimecharakterisierungen unserer Autor*innen keine Hinweise mehr auf die Demokratie. Serbien wird als „kompetitives autoritäres Regime" charakterisiert, während Ungarn als „elektorale Autokratie in Form eines patronalen Einpyramidensystems" bezeichnet wird (Bochsler/Žilović und Priebus/Végh in diesem Band).

d) Zyklische Instabilität

Ein letzter Verlaufspfad lässt sich dahingehend identifizieren, dass eine begrenzte Zahl von Ländern weder in der elektoralen Autokratie noch der elektoralen Demokratie eine Konsolidierung erzielt. Moldau, Nordmazedonien und die Ukraine zeichnen sich durch zyklische Instabilität aus, d. h. durch eine Abfolge von demokratischen und autoritären Phasen. Henry Hale spricht von „Regimezyklen" und beschreibt damit einen Mechanismus, wonach vermeintlich demokratische Durchbrüche vor dem Hintergrund informeller Institutionen nicht in liberal-demokratischen Regimen, sondern in einem Wettbewerb konkurrierender Pyramiden münden. Dies kann selbst bei liberal-demokratisch gesinnten Regierungen oder Präsidenten der Fall sein, wenn die formalen Institutionen nicht stark genug sind und daher zum Machterhalt die informell-patronalen Strukturen genutzt werden müssen (Hale 2015, S. 87–91) (Abb. 4).

Wie die Beiträge in unserem Band zeigen, lassen sich Regimezyklen auf eine Reihe von Faktoren zurückführen (vgl. für das Folgende Dollbaum, Schwarz sowie Pleines in diesem Band). Die Erschöpfung eines Einpyramidensystems kann auf Popularitätsverluste von Amtsinhabern zurückgehen; Wiktor Janukowytsch in der Ukraine oder Vladimir Voronin in Moldau wären einschlägige Beispiele. Der montenegrinische Ministerpräsident Nikola Gruevski musste wegen allzu offensichtlicher politischer Korruption zurücktreten (was auch bei Janukowytsch eine Rolle spielte). Der Vergleich mit Belarus oder Russland, wo ähnliche Vergehen kaum zu einem Rückzug eines Patrons führen würden, zeigt zweierlei. Zum einen

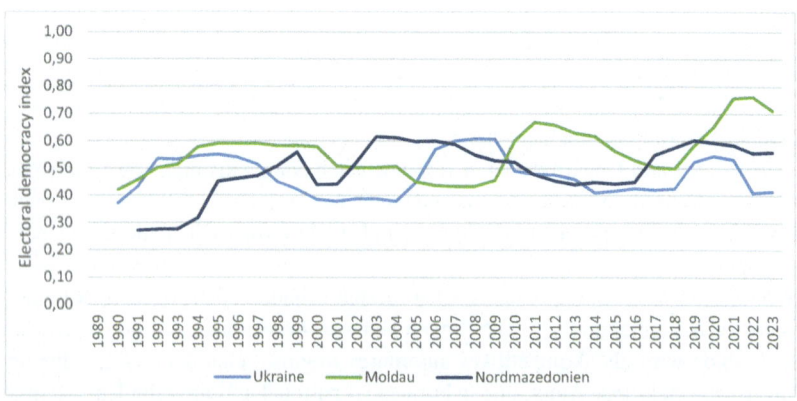

Abb. 4 Zyklische Instabilität. (Quelle: https://v-dem.net/data/the-v-dem-dataset/)

ist die Zivilgesellschaft, vor allem der Teil mit liberal-demokratischen Vorstellungen, stärker. Zum anderen bleiben konkurrierende Pyramiden, in manchen Fällen mit regionalen Schwerpunkten, bestehen und bilden Kristallisationspunkte eines Elitenpluralismus. Damit bleiben selbst in Phasen der elektoralen Autokratie die Erwartungen von Wähler*innen und Eliten auf mehrere politische Akteure oder Gruppen verteilt, was die vollständige Manipulation von Wahlen erschwert. In der Ukraine und auch Moldau korrespondierten die Phasen zudem mit Verschiebungen in der Ausgestaltung des Regierungssystems, wobei dies eher als Folge, weniger als Ursache für die Zyklen gesehen werden kann.

In jüngerer Zeit ist darüber hinaus immer deutlicher geworden, dass die zyklische Instabilität durch ausländische Einflussnahme mitverursacht wird. Die systematischen Versuche Russlands zur Ausweitung seiner Einflusszone zeigen sich insbesondere in Moldau und der Ukraine. Nicht nur die Beeinflussung von Wahlen, sondern auch die systematische Destabilisierung der politischen Regime, gehören zu den Zielen des russischen Regimes (vgl. Toal 2020). Phasen der Demokratisierung sind in beiden Ländern daher auch als Momente der Stärkung der eigenen Souveränität anzusehen, die sich gegen den russischen Vormachtanspruch in seinem „nahen Ausland" richten (vgl. Dollbaum sowie Pleines in diesem Band). Aber auch in Nordmazedonien wurden Regierungen systematisch durch Nachbarstaaten geschwächt. In verschiedenen Phasen versuchten albanische, griechische und bulgarische (i. d. R. nationalistische) Akteure, die innere Stabilität des Landes oder seine Integration in NATO und EU zu erschweren (vgl. Schwarz in diesem Band). Die im Vergleich höhere Intensität von Demokratisierung und Autokratisierung in ihren jeweiligen Phasen kann daher wenigstens teilweise als Abwehrmechanismus gegen Einfluss von außen verstanden werden.

Zusammenfassend zeigen die Beiträge unseres Bandes, dass sich die Erwartungen der 1990er-Jahre auf eine mehr oder weniger umfassende Demokratisierung der Region durchaus in vielen Fällen erfüllt haben. In immerhin 13 unserer 21 näher betrachteten Fälle hat sich eine Konsolidierung der Demokratie eingestellt; mit Polen könnte in den kommenden Jahren ein weiteres Land in den Kreis der Demokratie zurückkehren. Das Modell, zu dem viele Vektoren hin verlaufen, lautet allerdings in zahlreichen Fällen „elektorale Demokratie". Dieser Typ stand in der Frühphase der Transformationsforschung im Zentrum. Beispielsweise hatte Samuel Huntington in seiner viel zitierten Studie „The Third Wave" (Huntington 1991) lediglich von zwei auf Wahlen zurückgehende Machtwechseln als Kriterium für eine konsolidierte Demokratie gesprochen. Die Vorstellung eines viel umfassenderen, liberalen Demokratiemodells setzte sich erst allmählich als Referenzmodell durch (siehe hierzu Pickel 2024).

Bei den skizzierten Prozessen der Erosion der Demokratiequalität kommt es daher nicht zuletzt darauf an, zwischen Angriffen auf Wahlen als Kernelement der Demokratie und Angriffen auf die sonstigen Institutionen der Machtkontrolle zu unterscheiden. Zu dauerhaften und möglicherweise unumkehrbaren Prozessen der Autokratisierung ist es dabei in solchen Fällen gekommen, in denen Wahlsieger durch das Errichten einer einzigen Machtpyramide nicht nur Gerichte, Verwaltung und die Medien, sondern auch das Wahlregime auf die zentrale Figur ausrichten und einen fairen Parteienwettbewerb aushebeln konnten. Dies erklärt vielleicht auch die länderübergreifende Faszination populistischer Führer für den russischen Präsidenten Wladimir Putin, dem es in einem zuvor notorisch instabilen politischen System gelungen ist, sein personalistisches Herrschaftsregime zu zementieren.

5   Zum Verhältnis formaler und informeller Institutionen

Der Zugang zu den einzelnen Ländern des östlichen Europa erfolgt in unserem Band auf unterschiedliche Weise. Nicht immer werden die Regierungssysteme in den Mittelpunkt gerückt, wenn es um das Verständnis der politischen Systeme geht. Manche Texte orientieren sich stark am Parteienwettbewerb, andere an der politischen Kultur oder sonstigen Aspekten der gesellschaftlichen Verankerung der Politik. Auch historische Hinterlassenschaften oder die internationale Einbettung werden unterschiedlich gewichtet. Dies signalisiert, dass die politischen Systeme im östlichen Europa am besten über spezifische Analyseperspektiven zu verstehen sind. Die einzelnen Kapitel sind dadurch zwar nur bedingt direkt miteinander vergleichbar. Sie eröffnen allerdings im Gegenzug wertvolle Einblicke in die Vielfalt der Entstehungs- und Existenzbedingungen von Staaten in einer Region, die von außen immer noch als einigermaßen homogen betrachtet wird.

Dazu passt, dass die Ausführungen zum Gewicht und zur Bedeutung informeller Institutionen anders ausgefallen sind als von uns erwartet. Als informelle Institutionen hatten wir all jene „shared rules" bezeichnet, die nicht formal kodifiziert sind, von denen aber dennoch eine regelsetzende Wirkung ausgeht (Priebus/Beichelt in diesem Band). Insbesondere hatten wir vermutet, dass sich zwischen formalen und informellen Institutionen ein Verhältnis von Komplementarität bzw. von Konkurrenz feststellen lasse. Eine Erwartung hatte darin bestanden, dass die Inkongruenz von formalen und informellen Institutionen einen demokratieabträglichen Charakter haben könne, wenn z. B. klientelistische Praktiken mit den Institutionen der liberalen Demokratie in Konflikt geraten.

Tatsächlich finden sich zwar in vielen Beiträgen Hinweise darauf, dass patronale Netzwerke das Institutionengefüge der liberalen Demokratie untergraben. Dies wird für solche Fälle und Phasen betont, in denen sich pro-westliche und souveränistische Kräfte in scharfer Konfrontation befinden, z. B. in Moldau, Rumänien, Serbien oder der Ukraine (Dollbaum, Hagemann, Bochsler/Žilović sowie Pleines in diesem Band). Auch in Ländern mit einer ungefestigten Staatlichkeit wie Kosovo (ein De-Facto-Staat) oder Bosnien-Herzegowina werden patronale Strukturen in dem Sinne als politikrelevant beschrieben, dass Regelwerke außerhalb der formalen Institutionen relevant für den Charakter und die Inhalte der Politik sind (Mexhuani sowie Banović/Išerić in diesem Band).

Zu diesem altbekannten Befund (Burawoy und Verdery 1999; Erdmann und Engel 2007) tritt indes in einigen Staaten ein anderer Sachverhalt hinzu. Julia Baumann und Petra Stykow sprechen mit Bezug auf Russland von einem „konstitutionell verankerten Demokratiepostulat", das „ignoriert" werde (Baumann/Stykow in diesem Band). Die russische Verfassung sieht (wie erwähnt) Gewaltenteilung nur im arbeitsteiligen Sinne vor, nicht jedoch im Sinne relevanter institutioneller Checks and Balances gegenüber dem Präsidentenamt. Mögliche Gegengewichte, z. B. regionale Eliten oder Medienkonzerne, konnten unter Putin durch eine Mischung aus Kooptation und Repression für das Regime dienstbar gemacht werden. Ähnliche Mechanismen lassen sich auch in anderen Staaten finden. Aljaksandr Lukaschenka schuf im Jahr 1996 eine Präsidialverfassung mit hohem Potenzial zur Marginalisierung insbesondere des Parlaments. Aber auch die Regeln zur Besetzung des Verfassungsgerichts ließen keinen Willen zur Gewaltenteilung erkennen (Steinsdorff/Tronina in diesem Band). Ebenfalls ein patronales Netzwerk wurde in Ungarn aufgebaut, wo das Wahlsystem zum entscheidenden Instrument für die Durchsetzung einer stark machtkonzentrierenden Verfassung genutzt wurde (Priebus/Végh in diesem Band). Mit Blick auf das Verhältnis von informellen und formalen Institutionen lässt sich damit erkennen, dass in mehreren Staaten der Region „formal-demokratische Institutionen als Instrumente der autoritären Herrschaftsausübung" fungieren (so die Formulierung von Baumann/Stykow in diesem Band).

In den Fällen, die in den ersten beiden Jahrzehnten der Transformation unter dem Ansatz des Neopatrimonialismus diskutiert wurden, zeichnete sich das Nebeneinander von formalen und informellen Institutionen dadurch aus, dass z. B. Regelungen zur Unabhängigkeit der Medien oder des Verfassungsgerichtes nur zum Teil befolgt wurden. In der jüngeren Zeit dagegen haben sich nicht nur in Ungarn, sondern mindestens auch in Polen, der Slowakei und Slowenien Regierungen darum bemüht, mithilfe formaler Reformen Institutionen auszuschalten, die der Machtkontrolle dienen. Beispiele sind Gesetze zur Kontrolle des öffentlichen

Rundfunks, die Schaffung zusätzlicher Institutionen im Justizwesen und die Änderungen von Regeln zur Bestellung von Verfassungsgerichten (Priebus/Végh, Karolewski, Dolný/Malová sowie Pickel/Bickl/Kustec in diesem Band). Vielleicht am illustrativsten zeigte sich der Sachverhalt zwischen den Jahren 2015 und 2023 in Polen. Mit dem „Präses" Jarosław Kaczyński moderierte eine im Hintergrund agierende Person eine Reihe informeller Regeln, mit denen formale Gesetze und Institutionen auf die inhaltliche Linie des patronalen Netzwerks gebracht werden sollten.

Die hier diskutierten Länder, in denen konservative bzw. souveränistische Kräfte eine Verschiebung von latent informellen zu majoritär-formalen Praktiken der Politikausübung vollzogen haben, befinden sich in Mitteleuropa und sind seit mittlerweile zwei Jahrzehnten Mitglieder der Europäischen Union. Wenn also die Regierungen in Polen (in indirekter Steuerung durch Jarosław Kaczyński), der Slowakei (unter Robert Fico), Slowenien (unter Janez Janša) und Ungarn (unter Viktor Orbán) versuchen oder versucht haben, ihren autoritär-majoritären Machtanspruch durch formale Gesetzes- und Verfassungsreformen durchzusetzen, kann dies als Versuch zur Anpassung an die formalen Gegebenheiten des supranationalen Kontextes gewertet werden. Da in der EU nicht zuletzt aufgrund der begrenzten Kapazitäten der EU-Kommission üblicherweise eine rein formal-rechtliche Befolgung von Regeln als Bewertungsmaßstab gilt, sind der EU dann die Hände gebunden, wenn Regierungen durch formal korrekte Verfahren Demokratie und Rechtsstaatlichkeit untergraben.

6   Ausblick

In den 1980er-Jahren hatten führende Regimeoppositionelle den Begriff „Mitteleuropa" als Gegenentwurf zur Dominanz des östlichen Europa durch die Sowjetunion entwickelt. Auch Intellektuelle aus Jugoslawien und sowjetrussische Dissidenten wie Aleksandr Sinowjew konnten sich mit diesem Konzept identifizieren (vgl. Busek und Wilflinger 1986), das an die Stelle eines Blocks einen anderen setzte. Die Beiträge in diesem Band zeigen aus Sicht der Herausgeber*innen, dass das Denken in größeren regionalen Zusammenhängen zwar einerseits Vorteile für Generalisierungen auf der Basis von Vergleichen haben kann. Andererseits ist unverkennbar, dass auch innerhalb von geografischen oder historischen Subregionen abweichende Politikdynamiken zu verzeichnen sind. Die Slowakei ist durch andere Handlungslogiken geprägt als Tschechien, Kroatien und Slowenien weisen große Unterschiede auf, Belarus und die Ukraine haben sich diametral auseinander entwickelt. Und wer hätte vor 20 Jahren darauf gewettet, dass Rumänien in der demokratischen Entwicklung seinem ungarischen Nachbarn inzwischen voraus ist? So lassen sich in der Bilanz unseres Bandes zwar eine Reihe von Charakteristika nennen, die das östliche Europa auch 35 Jahre nach dem Beginn der Systemtransformation prägen. Dazu gehören ein Regimekonflikt, der sich an manchen Orten zwischen Demokratie und Autoritarismus, an anderen zwischen Liberalismus und einem Kommunitarismus souveränistischer Prägung bewegt. Dazu gehören vielerorts fragmentierte Parteiensysteme mit einem Hang zu instabilen Regierungen, was aber auch in anderen Gegenden Europas keine Seltenheit darstellt. Und dazu gehört ein Wissens- und – damit einhergehend – Anerkennungsdefizit seitens der Eliten und Gesellschaften in Westeuropa inklusive der politisch-administrativen Zentren von Madrid bis Berlin und von Straßburg bis Brüssel.

Vor diesem Hintergrund möchten wir insbesondere die Studierenden unter den Leser*innen dazu ermuntern, sich in die kulturellen, politischen und sozialen Gegebenheiten des östlichen Europa und der einzelnen Länder einzuarbeiten. Auf sie wartet das Wissen über eine Region, in der sich nicht nur wichtige Entwicklungen des Zusammenlebens in Gesamteuropa und darüber hinaus vor unseren Augen abspielen. Es ist auch eine Region, deren politische Systeme sich bereits in der Vergangenheit als „Trendsetter" (Bos und Segert 2008) für spätere Entwicklungen in Westeuropa erwiesen haben, und sei es hinsichtlich der allgegenwärtigen Angriffe auf den Rechtsstaat. Insofern hilft uns Wissen über die politischen Systeme und Regime der Region auch, um gesamteuropäische und globale Entwicklungen zu verstehen.

Literatur

Baun, Michael J. (2000): A Wider Europe. The Process and Politics of European Union Enlargement. Lanham u. a.: Rowman & Littlefield.

Beichelt, Timm (2001): Demokratische Konsolidierung im postsozialistischen Europa. Die Rolle der politischen Institutionen. Opladen: Leske+Budrich.

Beichelt, Timm; Keudel, Dorothea (2011): Horizontale Gewaltenteilung. Präsidenten, Regierungen und Parlamente. In: Florian Grotz und Ferdinand Müller-Rommel (Hg.): Regierungssysteme in Mittel- und Osteuropa. Die neuen EU-Staaten im Vergleich. Wiesbaden: VS Verlag, S. 68–85.

Bos, Ellen; Segert, Dieter (Hg.) (2008): Osteuropäische Demokratien als Trendsetter? Parteien und Parteiensysteme nach dem Ende des Übergangsjahrzehnts. Opladen: Verlag Barbara Budrich.

Burawoy, Michael; Verdery, Katherine (Hg.) (1999): Uncertain Transition. Ethnographies of Change in the Postsocialist World. Lanham u. a.: Rowman & Littlefield.

Busek, Erhard; Wilflinger, Gerhard (Hg.) (1986): Aufbruch nach Europa. Rekonstruktion eines versunkenen Kontinents. Wien: Edition Atelier.

Bustikova, Lenka; Guasti, Petra (2017): The Illiberal Turn or Swerve in Central Europe? In: *Politics and Governance* 5 (4), S. 166–176. https://doi.org/10.17645/pag.v5i4.1156.

Carothers, Thomas (2002): The End of the Transition Paradigm. In: *Journal of Democracy* 13 (1), S. 5–21.

Cassani, Andrea; Tomini, Luca (2020): Reversing regimes and concepts: from democratization to autocratization. In: *European Political Science* 19 (2), S. 272–287. https://doi.org/10.1057/s41304-018-0168-5.

Collier, David; Munck, Gerardo L. (2017): Building Blocks and Methodological Challenges: A Framework for Studying Critical Junctures. In: *Qualitative and Multi-Method Research* 15 (1), S. 2–9.

Collier, Ruth Berins; Collier, David (1991): Shaping the political arena. Critical junctures, the Labor Movement, and regime dynamics in Latin America. Princeton: Princeton University Press.

Crawford, Beverly; Lijphart, Arend (Hg.) (1997): Liberalisation and Leninist Legacies. Comparative Perspectives on Democratic Transitions. Berkeley: University of California Press.

Dahl, Robert A. (1989): Democracy and its Critics. New Haven: Yale University Press.

Duverger, Maurice (1980): A New Political System Model. Semi-Presidential Government. In: *European Journal of Political Research* 8 (2), S. 165–187.

Erdmann, Gero; Engel, Ulf (2007): Neopatrimonialism Reconsidered. Critical Review and Elaboration of an Elusive Concept. In: *Journal of Commonwealth and Comparative Studies* 45 (1), S. 95–119.

Friedrich, Carl Joachim (1953): Der Verfassungsstaat der Neuzeit. Berlin: Springer.

Gehring, Hubert; Reslová, Alena (2013): Tschechien führt die Direktwahl des Präsidenten ein. Hg. v. Konrad-Adenauer-Stiftung. Konrad-Adenauer-Stiftung. Online verfügbar unter https://www.kas.de/de/web/tschechien/laenderberichte/detail/-/content/tschechien-fuehrt-die-direktwahl-des-praesidenten-ein.

Grabbe, Heather (2003): The EU's Transformative Power. Europeanization Through Conditionality in Central and Eastern Europe. Basingstoke: Palgrave.

Grabbe, Heather (2014): Six Lessons of Enlargement Ten Years On: The EU's Transformative Power in Retrospect and Prospect. In: *Journal of Common Market Studies* 52, S. 40–56. https://doi.org/10.1111/jcms.12174.

Hale, Henry E. (2015): Patronal politics. Eurasian regime dynamics in comparative perspective. New York: Cambridge University Press.

Holmes, Stephen (1993/1994): Superpresidentialism and its Problems. In: *East European Constitutional Review* (2/4 und 3/1 (fall 1993/winter 1994)), S. 123–126.

Huntington, Samuel P. (1991): The Third Wave. Democratization in the Late Twentieth Century. Norman: University of Oklahoma Press.

Ikenberry, Gilford John (2019): After Victory. Institutions, Strategic Restraint, and the Rebuilding of Order after Major Wars, New Edition. Princeton: Princeton University Press.

Janos, Andrew C. (2000): East Central Europe in the Modern World. The Politics of the Borderland from Pre- to Postcommunism. Stanford: Stanford University Press.

Jesse, Eckhard; Nohlen, Dieter (2011): Präsidentialismus/Präsidialsystem. In: Dieter Nohlen und Florian Grotz (Hg.): Kleines Lexikon der Politik. München: Beck, S. 492–494.

Jowitt, Ken (Hg.) (1992): New World Disorder: The Leninist Distinction. Berkeley: University of California Press.

Kuisz, Jarosław; Wigura, Karolina (2023): Posttraumatische Souveränität. Berlin: Suhrkamp Verlag.

Levitsky, Steven; Ziblatt, Daniel (2018): How democracies die. New York: Crown.

Libman, Alexander; Obydenkova, Anastassia (2024): Introduction to the Special Issue on Eurasian Continuities. In: *Communist and Post-Communist Studies* 57 (1), S. 1–18. https://doi.org/10.1525/cpcs.2024.1820016.

Linz, Juan (1994): Presidential or Parliamentary Democracy. Does it make a Difference? In: Juan Linz und Arturo Valenzuela (Hg.): The Failure of Presidential Democracy. Baltimore: The Johns Hopkins University Press, S. 3–87.

Linz, Juan; Stepan, Alfred (1996): Problems of Democratic Transition and Consolidation. Baltimore/London: Johns Hopkins University Press.

Linz, Juan; Stepan, Alfred; Gunther, Richard (1995): Democratic Transition and Consolidation in Southern Europe, with Reflections on Latin America and Eastern Europe. In: Richard Gunther, Nikiforos Diamandouros und Hans-Jürgen Puhle (Hg.): The Politics of Democratic Consolidation. Southern Europe in Comparative Perspective. Baltimore/London: Johns Hopkins University Press, S. 77–123.

Lipset, Seymor; Rokkan, Stein (Hg.) (1967): Party Systems and Voter Alignments. Cross-National Perspectives. New York: The Free Press.

Luchterhandt, Otto (2002): Präsidentialismus in den GUS-Staaten. In: Otto Luchterhandt (Hg.): Neue Regierungssysteme in Osteuropa und der GUS. Probleme der Ausbildung stabiler Machtinstitutionen. Zweite Auflage. Berlin: Berlin Verlag, S. 255–371.

Lussier, Danielle N.; LaPorte, Jody (2022): Leninist Extinction? Critical Junctures, Legacies, and the Study of Post-Communism. In: David Collier und Gerardo L. Munck (Hg.): Critical junctures and historical legacies. Insights and methods for comparative social science. Lanham: Rowman & Littlefield, S. 289–314.

Magyar, Bálint (2016): Post-communist mafia state. The case of Hungary. Budapest: Central European University Press.

Magyar, Bálint; Madlovics, Bálint (2020): The Anatomy of Post-Communist Regimes. A Conceptual Framework. Budapest, New York: Central European University Press.

Markowski, Radoslaw (2024): The Polish election of 2023: mobilisation in defence of liberal democracy. In: *West European Politics*, S. 1–16. DOI: https://doi.org/10.1080/0140238 2.2024.2346436.

Mazower, Mark (2000): Dark continent. Europe's twentieth century. 1st Vintage book ed. New York: Vintage Books.

Mazower, Mark (2007): Balkans. A short history. New York: Random House.

McFaul, Michael (2002): The Fourth Wave of Democracy and Dictatorship. Noncooperative Transitions in the Postcommunist World. In: *World Politics* 54 (1), S. 212–244.

Merkel, Wolfgang (1996): Institutionalisierung und Konsolidierung der Demokratien in Ostmitteleuropa. In: Wolfgang Merkel, Eberhard Sandschneider und Dieter Segert (Hg.): Systemwechsel 2. Die Institutionalisierung der Demokratie. Opladen: Leske + Budrich, S. 73–112.

Merkel, Wolfgang (2010): Systemtransformation. Eine Einführung in die Theorie und Empirie der Transformationsforschung. Zweite Auflage. Wiesbaden: VS Verlag für Sozialwissenschaften.

Merkel, Wolfgang; Zürn, Michael (2019): Wolfgang Merkel, Michael Zürn: Kosmopolitismus, Kommunitarismus und die Demokratie. In: Julian Nida-Rümelin, Detlef Daniels und Nicole Wloka (Hg.): Internationale Gerechtigkeit und institutionelle Verantwortung. Berlin/Boston: de Gruyter, S. 67–101.

Mudde, Cas; Rovira Kaltwasser, Cristóbal (2013): Populism and (liberal) democracy: a framework for analysis. In: Cas Mudde und Cristóbal Rovira Kaltwasser (Hg.): Populism in Europe and the Americas. Threat or corrective for democracy? Cambridge: Cambridge Univ. Press, S. 1–26.

Offe, Claus (1998): Die politisch-kulturelle „Innenseite" der Konsolidierung. Eine Anmerkung über Besonderheiten der postkommunistischen Transformation. In: Hans-Jürgen Wagener und Heiko Fritz (Hg.): Im Osten was Neues. Aspekte der EU-Osterweiterung. Bonn: Dietz, S. 110–114.

Papada, Evie; Altman, David; Angiolillo, Fabio; Gastaldi, Lisa; Köhler, Tamara; Lundstedt, Martin et al. (2023): Defiance in the Face of Autocratization. Democracy Report 2023. University of Gothenburg: Varieties of Democracy Institute (V-Dem Institute). Online verfügbar unter https://www.v-dem.net/documents/29/V-dem_democracyreport2023_lowres.pdf.

Pappas, Takis S. (2019): Populists in Power. In: *Journal of Democracy* 30 (2), S. 70–84. https://doi.org/10.1353/jod.2019.0026.

Partlett, William (2022): Crown-Presidentialism. In: *International Journal of Constitutional Law* 20 (1), S. 204–236. https://doi.org/10.1093/icon/moac006.

Pickel, Andreas; Wiesenthal, Helmut (Hg.) (1997): The Grand Experiment. Debating Shock Therapy, Transition Theory, and the East German Experience. Boulder: Westview Press.

Pickel, Susanne (2024): Was ist Demokratie? Vom substanziellen Streit zum autokratischen (Miss-)Verständnis. In: *Aus Politik und Zeitgeschichte* 74 (27), S. 4–11.

Priebus, Sonja (2024): Die Wiederherstellung der Rechtsstaatlichkeit in Polen nach dem Regierungswechsel. Mission Impossible? Online verfügbar unter https://regierungs-forschung.de/die-wiederherstellung-der-rechtsstaatlichkeit-in-polen-nach-dem-regierungswechsel/.

Przeworski, Adam (1991): Democracy and the Market. Political and Economic Reforms in Eastern Europe and Latin America. Cambridge: Cambridge University Press.

Putnam, Robert D. (1993): Making Democracy Work. Civic Traditions in Modern Italy. Princeton: Princeton University Press.

Rokkan, Stein (2000): Staat, Nation und Demokratie in Europa. Die Theorie Stein Rokkans aus seinen gesammelten Werken rekonstruiert und eingeleitet von Peter Flora. Frankfurt: Suhrkamp.

Sartori, Giovanni (1976): Parties and Party Systems. Cambridge: Cambridge University Press.

Schedler, Andreas (1998): What is Democratic Consolidation? In: *Journal of Democracy* 9 (2), S. 91–107.

Schulze-Wessel, Martin (2023): Der Fluch des Imperiums. Die Ukraine, Polen und der Irrweg in der russischen Geschichte. München: C.H. Beck.

Sedelmeier, Ulrich (2024): Is there an East–West divide on democracy in the European Union? Evidence from democratic backsliding and attitudes towards rule of law interventions. In: *Journal of European Public Policy* 31 (3), S. 825–849. https://doi.org/10.1080/13501763.2023.2198569.

Segert, Dieter (1997): Parteien und Parteiensysteme in der Konsolidierung der Demokratien Osteuropas. In: Wolfgang Merkel und Eberhard Sandschneider (Hg.): Systemwechsel 3. Parteien im Transformationsprozeß. Opladen: Leske + Budrich, S. 57–97.

Shugart, Matthew Soberg (1996): Executive-Legislative Relations in Post-Communist Europe. In: *Transition* 2 (25), S. 6–11.

Shugart, Matthew Soberg (1997): Politicians, Parties, and Presidents. An Exploration of Post-Authoritarian Institutional Design. In: Beverly Crawford und Arend Lijphart (Hg.): Liberalisation and Leninist Legacies. Comparative Perspectives on Democratic Transitions. Berkeley: University of California Press, S. 40–90.

Shugart, Matthew Soberg; Carey, John M. (1992): Presidents and Assemblies. Constitutional Design and Electoral Dynamics. Cambridge: Cambridge University Press.

Stanley, Ben (2019): Backsliding Away? The Quality of Democracy in Central and Eastern Europe. In: *Journal of Contemporary European Research* 15 (4), S. 343–353. https://doi.org/10.30950/jcer.v15i4.1122.

Steffani, Winfried (1979): Parlamentarische und präsidentielle Demokratie. Strukturelle Aspekte westlicher Demokratien. Opladen: Westdeutscher Verlag.

Stykow, Petra; Baumann, Julia (2023): Das politische System Russlands. Baden-Baden: Nomos.

Ther, Philipp (2016): Die neue Ordnung auf dem alten Kontinent. Eine Geschichte des neoliberalen Europa. Berlin: Suhrkamp.

Toal, Gerard (2020): Near abroad. Putin, the West, and the contest over Ukraine and the Caucasus. New York: Oxford University Press.

Valentim, Vicente; Dinas, Elias (2024): Does Party-System Fragmentation Affect the Quality of Democracy? In: *British Journal of Political Science* 54 (1), S. 152–178. https://doi.org/10.1017/S0007123423000157.

Weyland, Kurt (2020): Populism's Threat to Democracy: Comparative Lessons for the United States. In: *Perspectives on Politics* 18 (2), S. 389–406. https://doi.org/10.1017/S1537592719003955.

Wittenberg, Jason (2015): Conceptualizing Historical Legacies. In: *East European Politics & Societies* 29 (2), S. 366–378. https://doi.org/10.1177/0888325415577864.

The manufacturer's authorised representative in the EU is Springer
Nature Customer Service Centre GmbH, Europaplatz 3, 69115 Heidelberg,
Germany. If you have any concerns regarding our products, please
contact ProductSafety@springernature.com

Printed and bound by CPI Group (UK) Ltd, Croydon, CR0 4YY

28/04/2026

02098516-0006